ÉTICA

Newton Bignotto • Gerd Bornheim • Antonio Candido • Marilena Chaui • Jorge Coli • Jurandir Freire Costa • Catherine Darbo-Peschanski • José Arthur Gianotti • Maria Rita Kehl • Celso Lafer • Nelson Levy • Nicole Loraux • Scarlett Marton • Adauto Novaes • Alcir Pécora • Nelson Brissac Peixoto • José Américo Motta Pessanha • Paulo Sérgio Pinheiro • Renato Janine Ribeiro • Sergio Paulo Rouanet • José Miguel Wisnik

ÉTICA

Organização
Adauto Novaes

3ª reimpressão

COMPANHIA DE BOLSO

Grafia atualizada segundo o Acordo Ortográfico da Língua Portuguesa de 1990, que entrou em vigor no Brasil em 2009.

Capa
Jeff Fisher

Preparação
Márcia Copola

Revisão
Renato Potenza Rodrigues
Vivian Miwa Matsushita

Atualização ortográfica
Verba Editorial

Dados Internacionais de Catalogação na Publicação (CIP)
(Câmara Brasileira do Livro, SP, Brasil)

Ética / organização Adauto Novaes. — São Paulo : Companhia das Letras, 2007.

Vários autores.
Bibliografia.
ISBN 978-85-359-0954-8

1. Ética – Coletâneas I. Novaes, Adauto.

06-9266 CDD-170

Índice para catálogo sistemático:
1. Ética : Coletâneas : Filosofia 170

2016

EDITORA SCHWARCZ S.A.
Rua Bandeira Paulista, 702, cj. 32
04532-002 — São Paulo — SP
Telefone: (11) 3707-3500
Fax: (11) 3707-3501
www.companhiadasletras.com.br
www.blogdacompanhia.com.br

SUMÁRIO

Estes textos foram originalmente produzidos para o ciclo de conferências *A ética*, coordenado pela Assessoria de Projetos Especiais da Secretaria Municipal de Cultura de São Paulo. O curso foi realizado em São Paulo, Curitiba, Belo Horizonte e Brasília em 1991, com os apoios do Museu de Arte de São Paulo, Secretaria Municipal de Cultura/Fundação Cultural de Curitiba, Universidade de Brasília/Decanato de Extensão, Universidade Federal de Minas Gerais/Pró-Reitoria de Extensão. No Rio de Janeiro, foi apresentada uma versão reduzida do curso em 1992, com o apoio da Casa da Gávea.

CENÁRIOS

Adauto Novaes

Diferentes noções éticas estão expostas neste livro. Elas se apresentam sob a forma daquilo a que os gregos chamavam *diálogo*, estrutura original do curso "Ética", realizado pela Secretaria Municipal de Cultura em abril de 1991: cada autor interroga o outro, uma reflexão remete à outra, procura-se entender as razões de cada pensamento, e mesmo sabendo que não havia nenhuma intenção prática imediata, apesar da crise moral, todos estão convencidos de que alguma coisa de novo pode surgir dessa fala comum. A primeira delas, a mais importante talvez, é a experiência traduzida neste livro: a prática da democracia dos espíritos, ponto de partida da liberdade e crepúsculo das tiranias. Na ética do pensamento, observa Valéry, a existência dos *outros* é sempre inquietante para o esplêndido egoísmo de um pensador: não

> *compreender* isso equivale, pois, a pensar em se construir uma ciência dos valores da ação e uma ciência dos valores da expressão ou da criação das emoções — uma *Ética* e uma *Estética* — como se o Palácio do seu pensamento parecesse imperfeito sem essas duas alas simétricas nas quais seu Eu todo-poderoso e abstrato pudesse manter cativas a paixão, a ação, a emoção e a invenção.[1]

Estas diferenças permitem, pois, ao leitor atento aos pensadores aqui envolvidos ter uma visão mais clara das próprias teorias. A palavra *ética*, por exemplo, não tem o mesmo sentido para todos. Se comparamos as definições que os antigos e os modernos dão à noção de ética, percebemos que são tão radicalmente diferentes que se cria em torno delas um verdadeiro campo de contradições. Os filósofos gregos sempre subordinaram a ética às ideias de felicidade da vida presente e de soberano bem: ainda que os comentadores tenham mostrado uma infinidade de distinções sutis na moral antiga, é certo que o que está sempre em jogo é o desejo do homem de realizar o soberano bem, isto é, a vida feliz; ou melhor, o objetivo supremo da moral é "encontrar uma definição de soberano bem de tal maneira que o sábio se baste a si mesmo, isto é, que dependa dele mesmo para ser feliz, ou que a felicidade esteja ao alcance de todo homem racional". Victor Brochard anota que o que todos combatem, em particular Epicuro, é a doutrina da felicidade tal como a entendiam Platão e Aristóteles, que "subordinavam o bem de certa maneira às circunstâncias exteriores ou à Fortuna".[2] Livrar-se do fatalismo, dominar as paixões, eis os postulados dominantes. "Dizer que o homem é livre, quando é um filósofo grego que fala, equivale a reconhecer que a felicidade está ao alcance de cada um."[3] Hoje, a felicidade não é pensada mais nos termos da moral antiga, mas em termos de eficácia técnica, de consumo. Mais ainda, ela depende cada vez mais da roda da Fortuna, das forças externas que tudo controlam e dominam, o que por si só demonstra que entre as duas concepções existe muito mais que simples diferença: há uma verdadeira ruptura, uma contradição. Este é o ponto mais crítico da moral moderna. É como se houvesse um lento enfraquecimento da noção de ética e das conquistas do espírito com o avanço da técnica. Ou melhor, a moral passa a ter uma importância quase convencional.

Este livro foi pensado, pois, a partir de uma cisão radical, a partir de dois momentos da história do pensamento: se começamos com os gregos — voltamos sempre a eles, em particular nos momentos de crise —, não é porque eles sejam uma realidade dada para todo o sempre, um modelo a ser seguido, mas porque a própria maneira de narrar a sua história e de pensar o político leva a diferentes origens e diferentes interpretações. Permite situar, também, o momento e a origem de uma perda irreparável, a ideia de felicidade, e a sua substituição pelas noções de obrigação, dever, obediência; o desaparecimento do modelo ideal de virtude, que poderia ser seguido optativamente,[4] e o surgimento das normas éticas e dos preceitos a que se deve obedecer. "As duas ideias de obrigação e preceito só teriam razão de ser em uma moral em que o bem se diferencia da felicidade",[5] distinção que os gregos jamais fizeram. Da mesma maneira, a ideia de virtude é definida de forma inteiramente diferente: se, do ponto de vista moderno, virtude é o "hábito de obedecer a uma lei nitidamente definida e de origem suprassensível", para o pensamento antigo é a posse de uma qualidade natural. Mas é na ideia de origem suprassensível que se situa a grande transformação.

Lemos no Livro II da *Ética a Nicômaco*, de Aristóteles:

> [...] este estudo não é teórico como os outros (pois estudamos não para saber o que é a virtude, mas para sermos bons, já que de outra maneira não tiraríamos nenhum benefício dela). Devemos examinar o que é relativo às ações, como realizá-las, pois elas são as principais causas da formação dos diversos modos de ser.

Ao definir a natureza das ações de acordo com a virtude, Aristóteles concluiu que as ações são chamadas de justas e moderadas quando concebidas de tal maneira que um homem justo e moderado poderia realizá-las:

> é justo e moderado não o que as faz, mas o que as faz como as fazem os justos e moderados. É correto, pois, dizer que realizando ações justas e moderadas faz-se, respectivamente, um justo e moderado. Sem fazê-las, ninguém poderia chegar a ser bom. Mas a maioria não faz essas coisas, a não ser que, refugiando-se na teoria, acreditam filosofar e poder, assim, ser homens virtuosos.

A virtude tem, portanto, por origem o exercício prático, a ação; e é a ação que dá sentido político à moral. O Bem é o ato próprio de cada ser, e a felicidade está na atividade, em fazer, em se construir uma ciência dos valores da ação, como disse Valéry, e não na potencialidade. Pierre Aubenque comenta uma segunda ideia contida nesta parte do Livro II da *Ética a Nicômaco*: o ato próprio de cada ser é aquilo que está mais de acordo com sua essência, com a parte essencial do homem, que é a alma. Ora, como existem duas partes da alma, a racional e a irracional, existirão, segundo a ética de Aristóteles, duas espécies de virtudes: as virtudes intelectuais e as virtudes éticas. As virtudes intelectuais originam-se e se desenvolvem principalmente através do ensino e, por isso, diz Aristóteles, "requerem experiência e tempo"; as virtudes éticas procedem dos costumes, e exprimem a excelência (*areté*) daquilo que "na parte irracional é acessível aos apelos da razão".[6]

A virtude moral é, pois, "uma disposição adquirida da vontade, consistindo em um justo meio relativo a nós, que é determinado pela justa regra, tal como o determina o homem prudente". Dizer que a virtude é uma disposição adquirida da vontade, isto é, um hábito, conclui Aubenque, é negar que ela seja um dom da natureza (o que suprimiria o mérito), mas negar também que ela seja uma ciência, como afirmavam os socráticos. Como Aristóteles reafirma tantas vezes, não basta conhecer o bem para fazê-lo, porque a paixão pode se misturar entre o saber do bem e sua realização: "A moralidade não está apenas na ordem do logos, mas também no *páthos* [paixão] e no *éthos* [os costumes, de onde vem a palavra *ética*]". Diríamos, em termos modernos, que a educação moral deve esforçar-se para introduzir de forma duradoura a razão nos costumes, por intermédio da afetividade, graças à constituição de hábitos... A virtude, mesmo se ela deve penetrar na parte irracional da alma, é racional no seu princípio, como o atesta, na sua definição, a referência à "regra justa".[7]

A parte racional e a parte irracional da alma estão em permanente conflito e contradição uma com a outra. Se a virtude não pertence apenas ao mundo da razão e não é, portanto, uma ciência una, invariável, absoluta, ela pode ser múltipla, mutante e até mesmo falsa. Mais ainda: se as virtudes estão relacionadas com as ações e as paixões, como afirma Aristóteles, estes movimentos e estas paixões são um dado da natureza humana. Como define Gérard Lebrun, não é em razão dos *pathé* que sentimos que somos julgados bons ou maus:

> Isso seria um absurdo, pois eles estão inscritos em nosso aparelho psíquico, e não podemos deixar de senti-los. Ninguém se encoleriza intencionalmente. Ora, a qualificação bom/mau supõe que aquele que assim julga escolheu agir assim. Um homem não escolhe as paixões. Ele não é então responsável por elas, mas somente pelo modo como faz com que elas se submetam à sua ação. É deste modo que os outros o julgam sob o aspecto ético, isto é, apreciando seu caráter. Só pode, aliás, ser desta forma. Pois um juízo ético seria simplesmente impossível se não houvesse como regular as paixões. A excelência ética (*areté*) — que traduzimos muito imperfeitamente por virtude — só pode ser determinada pelo modo de reagir às paixões, e mais precisamente como o homem pode temperá-las. Sempre que eu ajo de modo a revelar meu caráter, meu comportamento emotivo entra em jogo, pois os outros não dispõem de outro critério para me julgar. Sem as paixões também não haveria uma escala de valores éticos. Sem as paixões, ou antes, sem a possibilidade que nós temos de dosá-las. Pois as paixões e as ações são movimentos, e, como tais, contínuas, isto é, grandezas que podem ser divididas sempre em partes menores e em graus menores, de tal forma que, quando ajo, me é sempre possível fixar a intensidade passional exata apropriada à situação [...] o homem virtuoso não é aquele que renunciou às suas paixões (como seria possível?), nem o que conseguiu abrandá-las ao máximo. O homem virtuoso ou "bom" é o que aprimora a sua conduta de modo a medir da melhor maneira possível e em todas as circunstâncias o quanto de paixão seus atos comportam *inevitavelmente*.[8]

Ora, o que se quer dizer, em última análise, é que a alma não é um ser que subsista por si mesmo. Isto está dito no primeiro capítulo do Livro I do tratado *Sobre a alma*, quando Aristóteles responde de maneira negativa à própria pergunta: "A alma tem atributos próprios?". Como a substância não é apenas alma, mas o composto de corpo e alma, o ser por inteiro — corpo e alma — é afetado pelas paixões (ira, medo, coragem, inveja, alegria, amor, ódio, desejo, ciúmes e, em geral, tudo o que vem acompanhado de prazer e dor). É por isso que Aristóteles afirma na *Ética a Nicômaco* que as paixões são a matéria da virtude, isto é, o uso mesurado das paixões torna o homem virtuoso. É por isso também que ele diz que a ética não é ciência, e, portanto, não pode ser ensinada: não pode haver um sistema moral. É o que ele afirma no Livro II da *Ética*:

> Se as virtudes estão relacionadas com as ações e as paixões, e o prazer e a dor acompanham toda paixão, por esta razão a virtude estará relacionada com os prazeres e as dores [...] todo modo de ser da alma tem uma natureza que está implicada e ligada às coisas pelas quais se faz naturalmente pior ou melhor; e os homens tornam-se maus por causa dos prazeres e dores, por procurá-los ou evitá-los [...] é por isso que alguns definem também a virtude como um estado de impossibilidade e serenidade; mas não a definem bem, porque se fala de um modo absoluto.[9]

Resta, portanto, o problema do conhecimento. Ou melhor, sem um sistema moral, um "modo absoluto", como pensar em um aprimoramento ético, uma vez que as paixões podem ser obstáculo ao conhecimento intelectual? Não se diz, comumente, que as paixões cegam? Mais precisamente: o apaixonado agita-se em torno apenas de um pensamento — amor, ódio, ciúme etc. — e obscurece todos os outros objetos que se oferecem aos seus sentidos; não é comum também dizer que a paixão opõe-se à razão e, portanto, torna-se ignorância de si, porque não se vê como paixão, e ignorância de nós mesmos? Distração para o espírito, ela põe o homem fora do estado de sonhar com outro bem. Perde-se a faculdade de julgar. Mas, é preciso reconhecer, as paixões seduzem e, por seduzirem, imprimem na alma uma incerteza e a necessidade de uma escolha que Léon Brunschvicg aponta como decisiva, talvez sem volta, para nosso destino moral: entregar-se por inteiro às paixões vulgares e

> arriscar-se a perder a felicidade suprema que pode estar em outro lugar, ou deixar escapar essas vantagens, talvez as únicas que o homem possa ter, para consagrar a vida à busca de um bem do qual não se pode afirmar com certeza não apenas que ele pode ser alcançado, mas até mesmo que ele exista.[10]

Levada às últimas consequências, uma paixão acaba por "esquecer" a própria origem: dessa maneira, uma cólera ou um ódio "embriagam-se" a si mesmos com o som da própria voz ou com o espetáculo de uma mímica dos quais eles são, apesar de tudo, a causa: exaltam-se ao se escutarem falar ou se verem fazer e, finalmente, não se sabe mais, nessa emulação infernal de causa e efeito, se a cólera se irrita porque gesticula ou gesticula porque se irrita; os dois juntos, sem dúvida, são verdadeiros.

Como passar de uma relação da imanência — a virtude ligada às sensações do corpo e da alma — a uma relação de transcendência, relação intelectual? As indicações dessa passagem são dadas por Aristóteles em uma frase enigmática e, por isso mesmo, como afirma Pierre Aubenque, "ponto de partida de uma longa tradição de exegese": "O que existe em potência só passa ao ato pela ação de algo que já é ato". É o que, em outras palavras, diz Epicuro: nada se aprende nem se compreende a partir do nada. É o que afirma também a teoria bergsoniana da intelecção, para a qual "compreender" pressupõe um mínimo de saber, uma "gnose infinitesimal". Jankélévitch, no seu livro clássico *As virtudes e o amor*, sintetiza de forma precisa o problema da passagem:

> De fato, o círculo "vicioso" era um círculo virtuoso, *circulus sanus*. Este círculo de nenhuma maneira exclui o progresso.

Como tornar-se o que se é, uma vez que já se o era? É que, na realidade, era-se sem ser. O homem era e não era justo, sincero ou fiel. Ele será, pois, *intensamente*, o que era *um pouco*, seria em ato o que era em potência. É isso, *Fieri* ou vir-a-ser: não vir-a-ser qualquer coisa quando não se é nada, mas ir de um *Esse* a um *Esse*, de um ser a outro ser, e do virtual ao consciente, mas sempre de totalidade em totalidade! Pela mesma razão, pode-se continuar a procurar aquilo que já foi encontrado, mas que tinha sido encontrado vagamente, que apenas se pressentia... Como o saber passa não da ignorância ao saber, da nescidade à ciência, do vazio ao cheio, mas da ciência confusa à ciência lúcida e precisa, assim a virtude, segundo Aristóteles, vai da ação à ação mediante as regras éticas: a virtude confirmada pelos atos vai a outros atos cada vez mais numerosos e assegurados.[11]

Essa concepção moral do "vazio-cheio", carregada, portanto, de negatividade e positividade, traz nela toda a confusão do mundo: ela é a expressão da ruína; basta interrogar a experiência, consultar a memória da sociedade. Mas é também expressão de novos valores: de totalidade em totalidade, ela realiza o desejo do Fausto de Goethe: "no teu nada, espero encontrar o Todo". Essa moral dos seres que vão do virtual (no duplo sentido do termo) ao consciente é a crítica mais radical que se pode fazer à versão da moral teológica: o cristianismo, por exemplo, observa Montaigne,

> apresenta o homem nu e vazio, reconhecendo sua fragilidade natural, pronto para receber do alto alguma força estranha, desprovido de toda humana ciência, e cada vez mais apto a louvar em si a ciência divina, anulando seu julgamento para dar mais lugar à fé [...] É um mapa em branco preparado para assumir, segundo a mão de Deus, formas que agradem a Ele.[12]

Esse vazio é, pois, a fonte de ilusões, quimeras e superstições, momento preliminar no qual se abre espaço para a imaginação.

Mais ainda, esse vazio é ocupado por dois absolutos: um, divino, na versão religiosa, outro, terreno, na versão da lei e da ordem. Ora, uma moral pensada e constituída a partir da ideia do "vazio-vazio", isto é, uma moral que abole a experiência, a história presente e a antecipação, e que leva em conta apenas uma consciência formada de nadas cotidianos, de mil lacunas e intervalos desconhecíveis e desconhecidos, é o ponto de partida para o artifício e as aparências. Essa moral constrói, pois, um outro mundo, artifício do pensamento dominante. Dá-se à ideia de realidade uma virtude muito própria e peculiar, ligada às concepções daqueles que criam essa realidade. Como diz Valéry, aquele que faz da ideia de realidade um ídolo, comunica-lhe sua própria excitação. Assim, somos convidados a assistir ao espetáculo do mundo e a participar dele sem o desejarmos: temos, portanto, pouca coisa ou quase nada de real no que vemos, em particular em um mundo dominado por imagens e espetáculos incoerentes dos novos meios de comunicação — qualquer coisa é mostrada ou dita, aparece e desaparece por força de uma vontade estranha a nós. Se lidamos apenas com a noção de realidade dada, ficamos diante de um problema insolúvel, uma vez que

> os dados jamais serão inteiramente dados e pode-se sempre dizer que há dados ocultos... A tarefa da inteligência é tornar *relativo* aquilo que o sentido e o corpo apresentam como *absoluto*. Ela deve, pois, descobrir ou imaginar as operações (mudanças de pontos de vista etc.) que tornam as coisas/fenômenos *partes* de alguma relação — que deve anular-se.[13]

A realidade é, portanto, aquilo que é dado pela nossa ação, ou o que é pressentido como estando em nossa potência realizar: pensado dessa maneira, visto dessa maneira pelo olho humano, o mundo da aparência, das utopias, das fantasias, que se contrapõem ao "real dado", é o próprio mundo real.

Mas a moral moderna fascina exatamente pelo artifício, pela aparência, e pelas respostas que ela promete. No livro clássico *Montaigne en mouvement*, Jean Starobinski adverte que a denúncia das aparências não passa de um lugar-comum da mais antiga retórica moral. Mas é impossível fugir dela: por que Montaigne fala em "malefício do parecer"? Por que, para Rousseau, aparência e mal são quase sinônimos?:[14] "O mundo inteiro encena a comédia, o mundo inteiro é um teatro"; "A aparência nos engana", escreve Montaigne. Ora, o que Valéry expõe nos *Cahiers*, o que Nietzsche deixa nos textos póstumos, e Starobinski analisa em Rousseau e Montaigne, é o que se pode chamar de dialética da máscara ou da aparência. Há uma contradição efetiva no interior da própria aparência (o contrário da aparência não é o real): o não da negação volta-se contra si mesmo, e funda a contradição fundando a própria superação. "Contradição operante", diz Merleau-Ponty,[15] negação que não se esgota ou se limita a excluir o positivo, mas que "o reconstrói além das suas limitações": é o que Valéry atesta ao dizer que uma obra do espírito é importante quando sua existência determina, chama, suprime outras obras já feitas ou não. O comentário de Bento Prado à questão da aparência no livro de Starobinski sobre Rousseau é preciso:

> [...] o tema trivial da diferença entre a essência e a aparência é alimentado em Rousseau por uma experiência viva que jamais se apagaria (a descoberta do mundo infernal da *invisibilidade e da culpabilidade* da acusação, no episódio infantil do pente quebrado... descoberta infantil da injustiça e da violência, ou a trágica descoberta da impotência persuasiva da consciência inocente). E o esquema dessa experiência servirá de modelo à reflexão teórica: esse véu que se infiltra entre as almas (e que impede, também, o acesso à Natureza, que começa a aparecer "deserta e sombria [...] coberta de um véu que lhe escondia as belezas"), é esse mesmo véu que será invocado no nível da teoria, para dar conta da passagem da boa natureza à essencial perversidade da vida social... Para quem foi acusado injustamente, não resta outro recurso senão o de esconder-se. Se só as aparências têm peso, é preciso criar a aparência necessária, fugindo ao campo da presença imediata.[16]

Na relação com a aparência, não há apenas o engodo, a máscara, o vazio ou a ausência que a realidade vai revelar posteriormente. O que há é uma resposta à interrogação da própria aparência, e, portanto, sempre um começo, e sempre uma *experiência* do pensamento. Como experiência, a dialética não pertence, pois, à ordem fixa e sólida dos conceitos. Lemos nos textos póstumos de Nietzsche: "Sou o mais dissimulado de todos os dissimulados"; "Tudo o que é profundo gosta da máscara". Esse postulado, observa Eugen Fink, revela que a verdadeira realidade para Nietzsche é o vir-a-ser e não o ser.

Teatro do mundo para Montaigne, dissimulação e máscara em Nietzsche, experiência do mundo em Merleau-Ponty, artifício, admiração, encenação, ilusões e fantasias para os contemporâneos, esses são os fundamentos da ética da aparência que não cessa de desafiar o humano. Do ponto de vista negativo, do ponto de vista do poder, os homens manipulam e representam os valores, "descobrem posições axiológicas e orientam os outros homens, as massas, a título de legisladores — legisladores não por meio de alguns Mandamentos ou de algo no gênero, mas despertando atitudes afetivas em relação à vida, orientações axiológicas. Tratam os homens como joguetes".[17] Mas o que é surpreendente para Fink, no seu comentário à ética da aparência em Nietzsche, é que esses senhores têm certa inocência do vir-a-ser, precisamente na medida em que representam: "eles não são tiranos, nem Napoleões ou Hitlers etc., mas representam com aquilo que os homens têm na mais alta estima: as religiões, as morais, a arte, com todas as dimensões tradicionais da civilização".[18] E o que caracteriza o civilizado, como observa Alain, é a aceitação de certa ordem de potências e deveres que faz nascer em cada um costumes, opiniões, julgamentos.

Mas vemos também a contrapartida da ética da aparência: os homens não são apenas joguetes, escolhem por razões, têm a capacidade de agir intencionalmente, especulam sobre o mundo e sobre o conhecimento, mudam o curso das coisas, em síntese, têm a capacidade de *iniciativa*,[19] o que torna muitas vezes impossível o comércio com os inventores de morais. Nas aparências não há apenas ruínas; há também a recusa de se inclinar diante da potência, e isso é o próprio domínio da liberdade; cindir os valores em dois, permitir que nasçam e renasçam os pensamentos e os valores: é o retorno refletido às aparências e aos artifícios. É isso o real: agir para que as aparências realizem aquilo que prometem. Não quer dizer que se aceitem as aparências tais como elas se apresentam: em dois ensaios fundamentais, *Exil, satire, tyrannie* e *Montaigne en mouvement*, Starobinski demonstra que o retorno às aparências não é, de nenhuma maneira, o resultado de uma atitude convencional nem "quietista" em relação ao poder — Montaigne, como o Montesquieu de Starobinski, dá às aparências um sentido inteiramente diferente:

> recomendando o uso das máscaras em circulação, Montaigne entende antes de tudo preservar o espaço individual de cada um, e, portanto, sua liberdade. Dessa maneira, a máscara não é senão a garantia que se dá ao social, atrás da qual pode exercer-se a inteira liberdade individual: em síntese, o respeito das aparências políticas institui uma nova divisão entre o domínio social e o domínio privado, a fim de preservar este último de todas as intromissões dos poderes.[20]

É o "remédio no mal", como reafirma Starobinski em título de um dos mais oportunos livros, dedicado, entre outros temas, à moral moderna. Abolir a ilusão não consiste em optar por uma "realidade" já dada, mas em tornar-se de fato e pela ação aquilo que se simulava ser. Se reconhecemos que a aparência é o outro lado de uma realidade e não o seu contrário, e se nos tornamos aquilo que, de início, apenas representávamos, abrimos caminho para a autenticidade: a moral deixa de ser apenas objeto de teoria, como criticou Aristóteles, ou um simples projeto. O artifício da aparência provoca a entrada em cena "do natural que nem mesmo se esperava ver surgir".[21] A aparência, levada ao extremo, tende, pois, à contradição: torna-se *natural* para aqueles que praticam a autenticidade e a consciência.

Assim, o imaginário toma corpo, isto é, passa a ter a "aparência necessária": a dissimulação readquire o sentido original de, literalmente, simulação que se perde, para se reencontrar em novos signos, desta vez desejados.

NOTAS

1. Valéry, Paul, "Varieté", em *Oeuvres I*, Bibliothèque de la Pléiade, Gallimard, p. 1238.
2. Brochard, Victor, "La morale de Platon", em *Études de philosophie ancienne et de philosophie moderne*, Bibliothèque d'histoire de la philosophie, Vrin, 1974.
3. Brochard, Victor, "La morale ancienne et la morale moderne", em *Études de philosophie ancienne et de philosophie moderne*, Bibliothèque d'histoire de la philosophie, Vrin, 1974.
4. Idem, ibid., vol. I, p. 492.
5. Idem, ibid., vol. II, p. 493.
6. Aubenque, Pierre, "Aristote et le Lycée", em *Histoire de la philosophie I*, Encyclopédie de la Pléiade, p. 674.
7. Idem, ibid., p. 674.
8. Lebrun, Gérard, "O conceito de paixão", em *Os sentidos da paixão*, Companhia das Letras, pp. 19, 20.
9. Aristóteles, *Ética a Nicômaco*, livro II, Editorial Gredos.
10. Brunschvicg, Léon, *Spinoza*, Félix Alcan, 1894.
11. Jankélévitch, Vladimir, *Les vertus et l'amour*, Flamarion, pp. 52-3.
12. Citado em J. Starobinski, "Vide et création", *Magazine littéraire*, setembro de 1990, p. 42.
13. Valéry, Paul, *Cahiers II*.
14. Starobinski, Jean, *La transparence et l'obstacle*, Gallimard.
15. Merleau-Ponty, *Résumés de cours* (Collège de France, 1952/1960), Gallimard.
16. Bento Prado Jr., "Starobinski penetra no silêncio de Rousseau", *Folha de S.Paulo*, 11/1/1992, caderno "Letras", p. 3.
17. Fink, Eugen, "Nouvelle expérience du monde chez Nietzsche", em *Nietzsche aujourd'hui?*, 10/18.
18. Idem, ibid., p. 369.
19. Ricoeur, Paul, "Étique et morale", em *Lectures 1*, Autour du politique, Seuil, p. 257.
20. Bollon, Patrice, "Une éthique de l'apparence", *Magazine littéraire*, septembre 1990, p. 57.
21. Valéry, Paul, *Cahiers II*.

A TRAGÉDIA GREGA E O HUMANO

Nicole Loraux

Algumas palavras, inicialmente, para explicar por que não vou tratar do tema "Tragédia e destino", que me foi proposto por Adauto Novaes. Senti-me esmagada pelo simples título de um tema tão grandioso. Preferi, então, tratar de "A tragédia grega e o humano", deslocando a questão para um terreno que me permitisse uma alternância mais fácil entre o passado muito antigo que frequento assiduamente e a ética no presente, cuja exigência nos concerne a todos, a vocês e a mim.

Não é que tal alternância seja necessariamente fácil. Convém, em todo o caso, não enveredar por aí sem as precauções próprias do historiador. Assim, já que se tratará muito da relação a uma só vez estreita e complexa que o gênero trágico mantém com a cidade, não é inútil lembrar brevemente o que era o ancoradouro da tragédia. Isso pode ser feito em três tempos.

1) Examinada de nosso ponto de vista, a cidade grega aparece descritivamente constituída como uma estrutura de exclusão, já que apenas os cidadãos, concebidos como todos iguais entre si no exercício de seus direitos políticos, aí tomam todas as decisões; essa cidade *política* — a única que conta aos olhos dos gregos — é, portanto, numericamente, uma minoria no seio de uma sociedade que contabiliza também as mulheres, as crianças, os escravos e, em uma posição um pouco diferente, os estrangeiros.[1]

2) Mas Atenas, onde floresce o gênero trágico, é, na tragédia, a referência cívica por excelência e, reconstituída em seu tempo, a democracia ateniense aparecerá como o regime que foi mais longe na redução da distância entre os cidadãos e os outros, ao integrar no corpo cívico o grupo daqueles que deviam trabalhar para viver, geralmente excluídos da cidadania nas cidades oligárquicas.

3) Não é então por acaso que a tragédia "grega" é na realidade, de lado a lado, *ateniense* — entendamos: nascida da democracia. Mas, para se tornar o gênero trágico ainda atual que é para nós, ela precisou — é, ao menos, a aposta que faço — colocar também questões que não fossem estritamente políticas, no sentido em que a política é coisa partilhada apenas por uma parte da sociedade.

Isso, de saída, significa que a atualidade ateniense do gênero trágico acompanha-se de uma tendência constitutiva à inatualidade. E, para dizer as coisas em outros termos, se por *inatualidade* entendo aqui a faculdade de exceder os limites de sua época, é a essa essencial inatualidade que deveríamos *hic et nunc* o fato de ainda podermos ser espectadores de tragédia.

"OS PERSAS" NO TEATRO DE ATENAS

Em 1961, a televisão francesa transmitiu uma adaptação de *Os persas* de Ésquilo[2] cuja repercussão foi grande e que logo foi qualificada de transmissão "histórica". Revendo bem recentemente (março de 1991) essa adaptação, eu me perguntava: como explicar a amplitude desse impacto? Com certeza, a alta qualidade da realização, a beleza das tomadas de cena e do som contribuíram muito para isso, e, nessa época, as encenações de tragédias gregas eram tão raras na França — o que, hoje, não é mais o caso — que o choque foi bastante forte para o público assim introduzido, no imediato da percepção, na grandeza da dramaturgia antiga. Mas outras razões devem, sem dúvida, ser buscadas alhures, nesse ano de 1961 em que a Guerra da Argélia caminhava para o fim sem que se pudesse na época afirmá-lo ainda com certeza — duas semanas antes dessa transmissão, manifestações proibidas de argelinos nas ruas de Paris eram todos os dias reprimidas com violência.[3] De minha parte levanto a hipótese de que há, nessa adaptação memorável de *Os persas*, levada a bom termo por um diretor e por atores de esquerda, uma lição, sem dúvida parcial, certamente anacrônica mas não desprovida, afinal, de pertinência, que uma parte do público retém: condenação do imperialismo, destinado ao malogro e à morte pela transmutação de suas esperanças em desastre, exaltação da pequena cidade sublevada por sua independência e que enfrentou a imensa exibição da expedição militar, hino à vitória necessária das causas justas.

Mas, para tirar essa lição, o que não simplifica as coisas, era preciso associar a Atenas os argelinos insurgidos contra a ordem colonial, e não a França, cuja tradição republicana, centrada no elogio da democracia, constituía, no entanto, uma outra Atenas, mas que sua política de repressão colocava do lado do agressor injusto. Pelos múltiplos deslocamentos que supunha, essa identificação era no mínimo delicada e, supondo-se que tenha sido consciente, com certeza foi fácil apenas de um ponto de vista declaradamente terceiro-mundista: a esse respeito, a representação, quatro anos mais tarde, em plena Guerra do Vietnã, de *As troianas* de Eurípides em uma adaptação de Sartre,[4] com os gregos no papel do imperialismo americano e Troia no da vítima heroica, dependeu de uma identificação mais fácil — e mais facilmente compartilhável — para o público francês.

Mas, quando o lamento sobre a grandeza perdida alcança a acuidade atingida em *Os persas*, trata-se ainda e apenas de *identificação*? E, se se trata mesmo disso, seu terreno é apenas *político*? Questões abertas, às quais não se poderia responder sem tê-las antes colocado no longínquo contexto da Atenas antiga. Haveria a possibilidade de que, desde 472, alguns anos apenas depois de Salamina, a tragédia que Ésquilo consagrou à derrota persa tenha dependido, tanto por seu argumento como por sua forma, de uma recepção em si problemática junto ao público ateniense, pois o objeto de identificação proposto aos espectadores não era de modo algum evidente. Expliquemo-nos.

Cerca de vinte anos antes de *Os persas*, o trágico Frínico, grande predecessor de Ésquilo, fora multado pela cidade ateniense por ter feito representar uma tragédia intitulada *A captura de Mileto*. Submetendo os atenienses ao espetáculo do que estes consideravam como um desastre que lhes dizia respeito em particular, a tragédia fizera derramar-se em lágrimas o teatro inteiro — ou seja, a comunidade dos cidadãos —, o que lhe valeu ser doravante proibida de representação.[5] Se *Os persas* foram, ao contrário, um grande êxito, é que, diz-se, a situação aí era inversa, tendo os gregos, e muito especialmente Atenas, triunfado dos bárbaros. Assim, costuma-se afirmar que só os infortúnios de outrem podem prestar-se a uma encenação trágica, sobretudo quando o outro é bárbaro e foi Atenas que o venceu.[6] Ao ouvir a lista das ilhas — Lesbos, Samos, Quios, Paros, Naxos (*Os persas*, 879--87) — que os bárbaros perderam e que já passaram para a alta proteção de Atenas, ao ouvir Xerxes, o rei vencido, evocar esses "desgostos" que, "para o inimigo" (grego) são "alegrias" (*Os persas*, 1034), ninguém duvida, estima-se, que o público ateniense não tenha sucumbido ao narcisismo da vitória. Se as lamentações dos bárbaros soam para um ouvido grego como hinos,[7] como os cidadãos não teriam sentido antes de tudo o orgulho de ouvir evocar Atenas, "odiosa" ao persa, radiosa para seus soldados?

Que seja. Mas, sem falar por ora da resistência que pode legitimamente provocar a ideia de uma tragédia que despertasse o júbilo do público, perguntar-se-á: se a fórmula de *Os persas* era tão boa, por que não fez escola? Por que os trágicos, a começar por Ésquilo, se desviaram do que estava em jogo no presente, manifestando uma predileção extrema pelo tempo do mito? Para isso também os helenistas têm resposta: adiantam que, para Atenas, o inimigo já mudara e que, a fim de encenar os embates de Atenas com outros gregos, mais valia sair do tempo vivido da história. Com a distância que o desvio pela origem garante, o mito permitiria ataques tão vigorosos quanto indiretos.[8]

Quem não vê, entretanto, que raciocinar assim equivale a tratar a tragédia como um gênero inteiramente político? Apenas, toma-se aqui esse termo em seu sentido mais estrito, pois se creditam à tragédia os valores próprios de um discurso oficial, como a oração fúnebre, para o qual só há *ándres* (cidadãos-soldados) dignos desse nome em Atenas, oposta ao resto da humanidade — isto é, aos outros gregos, já que os bárbaros recuaram no horizonte do discurso ao ponto de mal poderem ocupar a condição de outro.[9]

Sem dúvida, pode-se reivindicar o valor cívico de semelhante configuração: essa leitura de *Os persas* tem seus títulos de nobreza gregos, ela é, muito precisamente, a de Aristófanes em *As rãs*. Para maior segurança, o cômico aí dá a palavra ao próprio Ésquilo, que, do mundo dos mortos, louva os méritos didáticos[10] dos *Persas*, afirmando que, com essa tragédia, ensinou aos atenienses (e, mais exatamente, aos *hēbṓntes*, aos homens em idade de combater) "que é preciso aspirar continuamente a vencer seus adversários" (*As rãs*, 1026-7; 1041-2; 1055). Não há dúvida também de que se pode, entre outras funções, atribuir ao gênero trágico um objetivo pedagógico na Atenas do século V;[11] mas o fato de que tenha havido gregos, e não dos menores, para reduzir seu objetivo a essa única dimensão não basta para obrigar os modernos a adotar, sem nuance, tal interpretação. Pois nem sempre se deve seguir os gregos quando sugerem o que desejariam que a posteridade dissesse deles...

Faço pelo menos a aposta de pensar as coisas de outra maneira. Convencida de que cada gênero depende de uma recepção que lhe é própria, recuso-me a analisar a de *Os persas* em termos que conviriam melhor à de um *epitáphios*: não foi, portanto, um elogio de Atenas que os cidadãos reunidos nas arquibancadas do teatro de Dioniso escutaram na tragédia de Ésquilo. Ou, ao menos, não apenas. Porque toda tragédia — concebo pelo menos esta hipótese — tem muito a ver com a encenação de um luto; é quase certo que, em um drama que se assemelha a um longo *thrēnos* (a uma lamentação versificada), os cidadãos de Atenas tenham ouvido, nas queixas do inimigo abatido, algo que lhes dizia respeito para além de sua identidade de atenienses.[12] Algo que chamarei *o humano*: o sentimento, embora confuso em cada um, de que se é irrevogavelmente tocado por outrem.

A hipótese é, então, de que a representação teatral do recentíssimo desastre dos persas podia, sobre aqueles mesmos que tinham vencido o bárbaro e não cessavam de glorificar-se por isso, ter um efeito propriamente trágico. Para me apressar e avançar, resta-me formular sem outra precisão a ideia de que o trágico tem sempre, e em proporções variáveis, cumplicidade com o que chamarei não tanto de "apolítico" (o que supõe simplesmente o desengajamento, ou mesmo o desinteresse) mas de *antipolítico* — tudo aquilo que a cidade recusa e que, em Ésquilo, Sófocles ou Eurípides, recusa de certa maneira a cidade e sua ideologia.

É tempo de examinar o que a tragédia grega diz em seu próprio nome sobre o homem e o humano. A investigação dirá respeito às maneiras de designar-lhes a noção e as aporias ou, pelo menos, às hesitações da elaboração trágica de um pensamento do humano, antes de poder levantar com novos esforços a questão do gênero e o célebre problema da *kátharsis*.

QUESTÕES DE NOME

Brotós, ou o homem enquanto mortal (diz-se também, a partir de uma outra raiz que significa "morrer", *thnētós*); *ánthrōpos*, o homem em sua humanidade de ser social; *anḗr*, o homem viril. Na cena trágica, tudo do homem se enuncia, com pouca diferença, nesses três termos.

É *brotós* que prevalece, e de muito longe, pelo número de suas ocorrências nos três trágicos. Assim na *Oréstia* de Ésquilo, do *Agamêmnon*, em que *brotós* denota a condição de aflição que caracteriza o homem nas mãos dos deuses, até as *Eumênides*, em que se procede solenemente à fundação da justiça cívica. Talvez cause espanto a recorrência de *brotós* nesta última peça em que os conflitos do passado encontram sua solução na cidade, e é verdade que o sintagma *pólis brotós th' homoíōs* ("a cidade assim como o mortal": *Eumênides*, 523-4) surpreende ali onde se esperaria, como no historiador Tucídides, *pólis kaì idiṓtès* (a cidade e o particular), ou ainda, no modo platônico, *polis kaì ánthrōpos* (a cidade e o homem). Mas, além de as *Eumênides* serem uma tragédia entre deuses a propósito de um humano e de os deuses designarem habitualmente os homens por sua mortalidade,[13] observar-se-á que a cidade, assumindo em si e por seu enraizamento divino uma função de imortalidade, assegura sua transcendência ao lembrar aos seus homens que eles são mortais; é apenas mais seguramente um recurso para isso, ao garantir a concórdia em que "muitos sofrimentos, entre os mortais, encontram seu remédio" (*Eumênides*, 987). E, se, no *Prometeu*, *brotós* domina ainda incontestavelmente, em detrimento do tema antropológico, no entanto esperado, que faz do Titã o inventor do regime de vida propriamente humano,[14] é que, também aí, a tragédia se passa entre deuses — mesmo Io, por ter sido amada por Zeus e transformada em novilha, não tem mais seu lugar entre os homens. Conflito entre divindades, acima da cabeça dos humanos que estão em jogo, tal poderia ser ainda a definição do *Hipólito* de Eurípides, em que *brotós* é recorrente; mas é igualmente verdade que os humanos aí desempenham sua parte de infelicidade, de cegueira e de morte, pois o amor, como em *Medeia*, é para os mortais, com seu cortejo de sofrimentos, um poderosíssimo revelador de sua condição perpetuamente em *sursis*. De fato, na tragédia, os homens também podem apoderar-se da palavra *brotós* para designar a si próprios, quando são tomados pelo pensamento de sua essencial mortalidade (como, em *Os persas*, a rainha que teme a catástrofe) ou quando querem fazer voltar à lei um dos seus, perdido no excesso: é a palavra que, como uma censura, o coro objeta inutilmente ao luto obstinado de Electra, em Sófocles.

Se *brotós* é então habitualmente empregada em uma perspectiva "vertical" — a da relação com os deuses ou da confrontação entre a fraqueza dos homens e a elevação de seus ideais de sabedoria —, *ánthrōpos* em geral denota, na tragédia, as relações "horizontais" no seio da sociedade dos homens:[15] assim, dizer, por exemplo, que as Erínias não estão em seu lugar ao redor das "casas dos homens" (*Eumênides*, 56) é evocar na mesma ocasião a vida de trocas e de relações que caracteriza as comunidades humanas. Ocorre mesmo que se ater ao ponto de vista dos *ánthrōpoi* seja equivalente a negar a onipotência dos deuses: afirmar, como Clitemnestra, que ao caminhar sobre o suntuoso tapete estendido diante dele Agamêmnon não deve temer "a reprovação dos homens" (*Agamêmnon*, 937), é esquecer deliberadamente que existem deuses e que a única cólera que conta é a deles.

Essa é, sem dúvida, a significação que é preciso atribuir à recorrência da palavra *ánthrōpos* na *Antígona* de Sófocles: por certo, a heroína aí proclama sua preocupação com os deuses, mas, ao supervalorizar o mundo dos mortos, Antígona esquece a esfera do *hierón*, onde os deuses estão em majestade, para agarrar-se à do *hósion*, onde os homens negociam com o divino, e o debate entre Creonte e a filha de Édipo não afronta, na realidade, mais que escolhas humanas, demasiado humanas. Portanto, o célebre elogio do *ánthrōpos* cantado pelo coro deve ser entendido em toda a sua ambiguidade: sem dúvida, aí se proclama que nada no mundo é mais espantoso (*deinóteron*) do que o homem (Sófocles, *Antígona*, 332-3), mas, referida ao que está em jogo na tragédia, essa afirmação significa igualmente que, entre as coisas *terríveis*, o homem é a mais terrível de todas. De fato, em Sófocles, a palavra *ánthrōpos* deve não tanto ser colocada em oposição ao mundo divino (os deuses estão ao mesmo tempo por demais afastados dos homens e são demasiado poderosos para formar com eles um par de opostos) quanto pensada em uma perpétua tensão, no interior do homem, entre humano e sobre-humano: a inclinação dos heróis inflexíveis como Ajax é, com efeito, de se entregar a paixões que excedem os limites da humanidade, sem querer compreender que, para os homens, a natureza é a uma só vez medida e norma. *Ánthrōpos*, portanto: o homem entre os homens, mal consigo mesmo e com seus semelhantes, e, no entanto, estranho a tudo o que não é humano.

Resta evocar *anḗr*, nome do homem viril, onipresente nos textos a ponto de os tradutores decidirem muitas vezes que, por uma aproximação poética ou por um enfraquecimento do sentido, designa de fato o humano considerado na sua maior generalidade. Mas há aí, desconfia-se, um raciocínio excessivamente sumário. Em primeiro lugar porque jamais ocorre que a palavra seja utilizada para designar, por exemplo, uma mulher[16] ou um covarde. No singular, *anḗr* designa o guerreiro, ou mesmo o herói — como quando Agamêmnon, hesitante em pisar o tapete da desmedida, afirma querer "ser honrado como herói (*anḗr*), não como deus" (*Agamêmnon*, 925) —, mas também e sobretudo, nas

Suplicantes de Ésquilo ou na *Oréstia*, na *Antígona* ou em *Hipólito*, o indivíduo masculino[17] em sua relação conflituosa com a mulher. Quando um herói viril como Héracles conjuga em si as duas dimensões de *anḗr* ao ser, "de todos os homens [e não: de todos os humanos] sobre a terra o mais valoroso" (Sófocles, *Traquínias*, 811), as coisas se tornam claras, quase demasiado claras.

Pois acontece, apesar de tudo, que se possa hesitar. Quando, fugindo do desejo masculino tanto quanto do casamento, as Danaides imploram a Zeus, "guardião da morada dos homens piedosos" (*hosíōn andrō̃n*), que acolha seu "grupo de mulheres" (Ésquilo, *Suplicantes*, 27-8), não temos enfim um emprego de *anḗr* no sentido genérico de "humano"? Para ser exata, a resposta deve ser nuançada: a tradução de *andrō̃n* por "os humanos" só é possível na estrita medida em que são os indivíduos masculinos que, no mundo grego, acolhem as suplicantes, tomam as decisões e fazem a guerra, todos comportamentos que dependem da esfera do *hósiōn*. Para não multiplicar os exemplos, direi que, em todos os casos similares, *anḗr* confunde-se com o homem genérico apenas na medida em que o sexo masculino é efetivamente paradigmático de toda humanidade.[18]

Todavia, esse termo nunca perde sua determinação sexuada, nem sua conotação muito positiva e, quando *ánthrōpos* ladeia *anḗr*, a distância sempre se reconstitui: por exemplo, em Sófocles, quando um importuno designado como *ánthrōpos* é oposto a um sábio que tem o título de *anḗr* (*Traquínias*, 434), ou quando Menelau que, frente a frente com o cadáver de Ajax, não se conduz como o *anḗr* que deveria ser, e é vivamente apostrofado pelo irmão do herói morto: "ei! tu, indivíduo!" (muito exatamente, "humano"; *Ajax*, 1156).

Ainda não terminamos completamente de separar *ánthrōpos* e *anḗr*: se, entre esses dois termos, os transbordamentos são mais raros do que alguns acreditaram, basta a intervenção de uma mulher para que as querelas de fronteiras se multipliquem em torno do título, de súbito novamente valorizado, de *ánthrōpos*.

Como fica a mulher como *ánthrōpos*? Gramaticalmente, o grego pode, conservando a forma masculina dessa palavra, utilizá-la a propósito de uma mulher, e é assim que a ama de leite de Fedra afirma que a mulher, porque é "homem" (*ánthrōpos oũsa*), está sujeita à fraqueza (*Hipólito*, 473). Acontece mesmo que condutas ditas femininas sejam muito simplesmente humanas: assim, a piedade que Tekmessa manifesta a Ajax e que abranda a inflexibilidade deste não deve, como afirma o herói, ser posta apenas na conta de sua feminilidade (*Ajax*, 580, 650-3); ela é, como veremos, sentimento humano por excelência: em outros termos, a companheira de Ajax é mais *ánthrōpos* que ele. Ora, é bem isso o que está em jogo: entre homens e mulheres, trata-se da definição do gênero humano e de sua extensão. Em Eurípides, essa pendência é claramente explicitada: ela coloca Hipólito contra Fedra e preside ao enfrentamento de Jasão e de Medeia. As mulheres são contadas no número dos *ánthrōpoi*, mas os homens, se pudessem, dele as excluiriam, quer, como Hipólito, vejam no outro sexo um suplemento colonizador (*Hipólito*, 616-7), quer, como Jasão, sonhem ter filhos sem ajuda das mulheres, pois a "raça feminina" não existiria (*Medeia*, 573-7). Em suma, sobre o fundo de conflito entre os sexos, o título de *ánthrōpos* é objeto de um áspero debate,[19] o que significa abalar a assimilação demasiadamente serena do *anḗr* ao homem verdadeiramente humano. Por aí revela-se que colocar mulheres na cena não significa apenas inquietar os valores cívicos. É da humanidade que se trata. *De te fabula narratur*.

Ficaremos surpresos com isso? Responderei que a tragédia sem dúvida mobiliza, assim, uma das exigências fundamentais da ética: não colocar como tema o humano abstrato antes de ter atribuído à mulher seu lugar no jogo.

Assim se arma uma das aporias de *ánthrōpos*: não é a última.

QUAL HUMANIDADE?

Pois *ánthrōpos* ainda não acabou de nos surpreender na tragédia, e o paradoxo mais notável é sem dúvida a distribuição muito desigual no *corpus* desse nome — tão comumente grego, no entanto — do homem entre os homens. Assim, procuraremos em vão essa palavra em certos contextos em que inicialmente nós acreditávamos encontrá-la com certeza, e isso — circunstância ainda mais perturbadora — naquele dos trágicos a quem os gregos creditavam precisamente uma obra de conteúdo antropológico: penso em Eurípides, que, a crer em Aristófanes, gabava-se de ter adaptado para o nível comum da humanidade a tragédia que Ésquilo reservava aos *ándres*.[20] Ora, se se excetua o *Ciclope*, em que são abundantes as ocorrências de *ánthrōpos* — mas, de resto, essa parábola irônica sobre selvageria e civilização é drama satírico e não tragédia —, fica patente que Eurípides, mais ainda do que os outros trágicos, não emprega essa palavra sem uma certa reserva. Não apenas *ánthrōpos* se apaga diante de *brotós*, mas está singularmente ausente dos contextos mesmos em que a referência à humanidade pareceria impor-se.

Como interpretar essas ausências de *ánthrōpos*? A tragédia teria aversão pela veia antropológica? A hipótese merece ser formulada; parecerá mesmo fundada, por pouco que se tente, por exemplo, confrontar certos desenvolvimentos de Eurípides sobre o escravo ou o bárbaro com o fragmento do sofista Antifon sobre a unidade natural da humanidade, tão mais explícito em seu propósito. Para dizer as coisas de outra maneira, parece que, na tragédia, não haveria necessidade de precisar que um homem é um homem.[21]

A menos que, nos silêncios de Eurípides, seja preciso adivinhar — mas essa é uma hipótese um pouco sofisticada — uma estratégia muito refletida: o trágico usaria essa evitação da palavra *ánthrōpos* como um indício capaz de assinalar os comportamentos humanos que, fundados em maus recortes do real, pecam contra esse denominador comum que é a humanidade.

Más divisões, recortes errôneos:[22] seria possível que, ao agravar todas as dicotomias no *Íon*, com a oposição do ateniense autóctone e do estrangeiro, do cidadão e do intruso, Eurípides procurasse invalidá-las tacitamente pelo simples jogo de sua exacerbação? Questão de interpretação, sem dúvida, sobre a qual se poderia discutir longamente. Incontestável, em compensação, parece-me a intenção de Eurípides quando utiliza paradoxalmente a oposição entre gregos e bárbaros.

Presente em *Os persas*, essa oposição não era por isso essencial à significação da peça de Ésquilo, pois a denominação de "bárbaros", quando não funcionava como uma designação neutra, implicava apenas, como o quer a sonoridade da palavra *bar-bar-os*, o uso de uma língua que não é mais que ruído.[23] É inteiramente diferente em Eurípides com as *Troianas*, em que o conjunto do texto é dominado pela oposição dos gregos e dos bárbaros. Mas, ao usar essa oposição com tanta insistência, Eurípides a explora até desconstruí-la por completo. Isso começa com sintagmas como "grego *ou* bárbaro", "gregos *e* bárbaros" (477, 771); um passo a mais, e aos gregos é creditado terem "inventado suplícios bárbaros" (764), mas a última palavra ficará com Hécuba a celebrar o renome aniquilado de Troia: Troia, há pouco tempo grande entre as cidades bárbaras, para sempre apagada, mas cuja destruição impede para sempre os gregos de celebrar sua glória, depois dos delitos que ali praticaram. Como se, diante de bárbaros que não merecem esse nome, até mesmo o nome de grego perdesse para sempre todo o seu sentido. Restará, nas *Bacantes*, pôr em cena o próprio Dioniso, a fim de que o deus do teatro confirme a profunda inadequação de tal sistema de oposições ao universo trágico: se as cidades gregas, a começar por Tebas, resistem ao deus, ao passo que a compreensão dos mistérios de Dioniso se deu sem dificuldade entre os bárbaros, essa não é, como bem depressa responde o rei de Tebas, uma prova de que os gregos valem mais do que os bárbaros (*Bacantes*, 482-3); é simplesmente o sinal de sua irreprimível desmedida. Pois Dioniso não tem o que fazer dos patriotismos de aldeia e dos reflexos de uma lógica binária, que equivalem infalivelmente a opor o Mesmo, ornado de todas as virtudes, ao outro, repelido para as trevas da pura negatividade. Se o deus ama a Ásia que espontaneamente se abriu ao seu culto, é porque, nessas cidades onde gregos e bárbaros estão lado a lado, prevalece a mistura (*Bacantes*, 17-8), prática eminentemente dionisíaca.

Mas a tragédia é grega, e as oposições demasiado fortes aí se exacerbam, mortais para quem acreditou poder manejá-las sem perigo.

Em outros termos, o que, na cena trágica,[24] consuma-se sob o olhar de Dioniso é a ruína de uma definição do homem e a assunção temível de uma outra: como se fosse preciso que, rejeitando toda ideia da exclusão, os humanos aprendessem a não se dar outro nome que não o de *brotoí*, outro horizonte que não sua mortalidade; em suma, que nenhum deles seja mais definido pelo *lugar* que ocupa — pois tal concepção faz inevitavelmente do lugar dos *ándres* um centro e do dos outros um não lugar —, mas pelo *tempo* demasiado limitado que é a todos concedido. Acrescentemos ainda que tal conversão certamente não se produz por si mesma, mas sob o constrangimento devastador da catástrofe, e o roteiro trágico estará completo.

Brotós, portanto: o homem enquanto destinado à morte, esse destino cuja raiz indo-europeia comum a todas as línguas romanas se enuncia em seu nome.[25]

Daí a importância de uma situação trágica recorrente, na qual humanos se levantam contra a proibição de enterrar um morto. Quer esse morto esteja isolado em sua singularidade, como em Sófocles, e seja defendido por sua irmã (*Antígona*) ou por seu irmão (*Ajax*), quer seja preciso arrancar com esforço os corpos dos combatentes vencidos ao inimigo vitorioso que recusa devolvê-los a seus parentes, como nas *Suplicantes* de Eurípides, o que está em jogo é o mesmo: contra o poder de um tirano (cujas razões, *politicamente*, podem ter, aliás, certa legitimidade), trata-se da lei que funda a condição mortal. Pode-se muito bem, como nas *Suplicantes*, dizê-la comum aos gregos (*Suplicantes*, 311, 526, 671), como se apenas os gregos prestassem homenagem aos seus mortos, mas ela é também, mais justamente, chamada lei dos deuses (19, 563), ou mesmo dos mortais (378). Esse é o erro dos tiranos, ao supervalorizarem o político: creem recusar a sepultura a um *anér* que saiu da ordem cívica, e é contra um *brotós* semelhante a eles que se encarniçam. Por isso pagam com sua frágil felicidade.

Pois o outro erro dos tiranos[26] é o de se acreditarem imortais, ou felizes (o que, no fundo, vem dar mais ou menos no mesmo), e a tragédia se entrega de bom grado a dramatizar sua queda; extrai então mais de uma vez à moral comum o adágio em virtude do qual ninguém poderia ser considerado feliz antes de estar morto.[27] Deve-se entender com isso que todo favorito da sorte pode, em um dia, ver sua fortuna aniquilada?[28] Ou sua interpretação deve ser, mais radicalmente, que apenas na morte está a felicidade? As duas leituras têm seus partidários e, se a primeira delas tem em geral a preferência, não está aí o essencial. Pois a lógica trágica não se limita a essa afirmação e se compraz em complicar a temporalidade da mensagem.

Que a morte habita entre os vivos não é apenas a presença em cena dos mortos que o diz — sombra insatisfeita de Clitemnestra nas *Eumênides*, sombra errante do menino Polidoro em *Hécuba*,[29] sombra gloriosa de Dario solenemente invocada em *Os persas*; sem dúvida, por sugerirem o quão poroso é o mundo dos humanos em relação ao dos mortos, tais aparições podem impressionar o espectador moderno, ou, ao menos, o espectador ocidental, brutalmente lembrado do que acreditava ter normalizado — a morte — ou ter definitivamente esquecido, a memória. Mas a temporalidade trágica é mais complexa ainda, já que aí o homem é uma sombra, antes mesmo de ter descido ao Hades: em pleno coração da felicidade, como no *Agamêmnon* (1327), na generalidade da condição mortal, como em *Medeia* (1224), ou quando a infelicidade se abate sobre o herói, como *Ajax*, cuja loucura faz Ulisses dizer que "não passamos/ de fantasmas, nós, os vivos, ou de uma leve sombra" (*Ajax*, 125-6).

Uma sombra, *nós*, os *vivos*: tal é a lição trágica que, em seu ódio por Ajax, os átridas desconhecem quando, presos à definição homérica da sombra como figura evanescente do morto, espantam-se de ver Ulisses voar em socorro de um morto, "já uma sombra" (*Ajax*, 1257). Que nós, os vivos, já estamos mortos, sobretudo se, diante dos infortúnios, adotamos caminhos extremos, foi Sófocles quem o repetiu, sem grandiloquência e sem perspectiva escatológica, a qual, da morte, faria a "verdadeira" vida,[30] e seus heróis tensos disso dão testemunho: certamente Antígona e Ajax, mas também Electra, que vive para o luto e a vingança, têm seu lugar "entre dois mortos".[31] Em sua vontade inflexível, parecem talvez inumanos, mas a lógica trágica exige que exerçam assim a essencial mortalidade do homem, no modo do excesso.

Situemo-nos: *brotós* se revela por fim habitado pela morte para a qual tende, e a confiança do vivo em sua vida surge desde então como a mais ilusória das percepções que uma sombra pode experimentar a seu próprio respeito. E, no entanto, mesmo que em *brotós* haja toda a fragilidade possível, até mesmo essa debilidade humana de que, entre eles, os deuses falam com condescendência quando se entretêm com coisas humanas, é dessa experiência sem qualidade que a tragédia faz o bem partilhado da humanidade: o peculiar do homem, imemorial, anterior talvez a essa vocação política que Aristóteles considera originária nesse ser vivo que vive em cidades. Pois a tragédia, incansavelmente, mostra que nenhuma cidade poderia proteger o mortal contra a morte que nele habita.[32]

Eu diria de bom grado que a tragédia é por isso gênero "humano", no sentido em que procede ao desnudamento radical do homem.

DA TRAGÉDIA COMO GÊNERO "HUMANO"

Como gênero literário, a tragédia entra na categoria do *drâma*. Entendamos, já que esse substantivo é de forma passiva, que ela é uma *ação*, mas uma ação percebida como *agida* e não como atuante, alguma coisa, portanto, que tende a coincidir com o *páthos* como experiência trágica primordial.

Em um livro recente que teve alguma repercussão no mundo anglo-saxão, Martha Nussbaum mostrou que toda a ética grega articula-se em torno do paradoxo da vida feliz, concebida como necessariamente dominada e, entretanto, sujeita a todo momento à força cega e destruidora do acaso (*týkhē*).[33] Mas a tragédia escapa sem dúvida paradoxalmente a esse paradoxo ao recusar o dilema do domínio (sempre ilusório) e do acaso (jamais pura contingência). Porque procura apresentar a sorte do homem nesse mesmo dia em que *týkhē* se põe a serviço de um ato a mais — um desses atos que os protagonistas pretendem realizar até o fim, com o risco, para o agente, de ele próprio se encontrar, no desfecho do processo, no papel da vítima —, *týkhē* é aí menos o acaso que atravessa a vida humana do que a coincidência essencial que a estrutura como *drâma*. Assim, em *Édipo rei*, o anúncio da morte de seu pai adotivo, no mesmo dia em que procura o assassino de Laio, será para Édipo o acaso necessário à descoberta de sua identidade. Se, portanto, o homem é, na tragédia, criatura de um dia — "efêmera", diz a língua grega —, não é apenas porque, vista pelos deuses, sua vida não tem mais amplidão do que um dia; é que essa vida se condensa inteira em um único de seus dias, aquele, decisivo, em que o ato pende para a ruína.[34] É esse dia único e desastroso que a tragédia se dá como objeto e como unidade de tempo, esse dia em que *páthos* vem muito exatamente se sobrepor a *drâma*.

No substantivo *páthos*, no infinitivo *pãtheĩn*, é o padecer que se enuncia como lei da condição mortal (Ésquilo, *Persas*, 293-4; Sófocles, *Electra*, 1169-71). *Páthos* é o que se sofre, o sofrimento, mas também a experiência que, para os humanos, se adquire somente na dor. Pronunciada, a palavra *páthos* difere apenas por uma letra de *máthos*, nome do conhecimento adquirido, e, explorando essa pequena diferença, Ésquilo formou o adágio *páthei máthos* (*Agamêmnon*, 177; cf. 249-50), que é como a própria quintessência do trágico. "No sofrimento, o conhecimento"; ou ainda: "experiência dá sapiência". É por ter sofrido que se compreende, mas tarde demais, se é verdade que a revelação só ocorre no fundo do desastre. E começamos a nos perguntar: quem tira proveito do ensinamento do *páthos* trágico? O espectador, talvez, embora não seja um herói; mas essa restrição perde sua importância se é verdade que, ao submeter o herói ao *páthos*, a tragédia atua na redução de toda distância entre o homem ordinário e o *anḗr* de exceção, entre a condição mortal e a guinada heroica, até dar a entender que, em seu excesso, o herói vale por qualquer homem.

Perturbador é, sem nenhuma dúvida, esse equacionamento da medida e do excesso. Pelo menos, ele se esclarece um pouco se se admite que, sendo a ação trágica um jogo mortal e muitas vezes um jogo de assassínio, várias lógicas conspiram para fundar a lei trágica em virtude da qual quem agiu padece: a lei divina quer que todo desequilíbrio acarrete compensação;[35] a lei do sangue, que o assassino pague seu ato com sua vida; a lei positiva, encarnada nos procedimentos judiciários, que o agente seja submetido a uma pena;[36] e a lógica heroica, que as reviravoltas da força aniquilem o forte.[37] Se a tragédia é a lei de coincidência de todas essas leis, é que, ao revestir — exigência da encenação — a forma de uma ação (*drâma*) — e Aristóteles, na *Poética*, passa a designar as personagens trágicas como *hoi drôntes*, os agentes —, ela dá a entender que o padecer é sentido autêntico do agir.[38] Assim, o *páthos* de Édipo cego (*Édipo rei*, 1297) não é nada além do que o ato que ele voltou contra si mesmo, e a aventura mortal de Ajax contra os rebanhos dos gregos só tinha a forma de uma proeza para os seus olhos desorientados: para Ulisses, assim como para o espectador, era loucura, isto é, *páthos* (*Ajax*, 215). E, desse ponto de vista, pouco importa afinal que Atena seja a instigadora do ato louco; para Ajax o resultado dele é *oikeĩa páthē*, mal que infligiu a si próprio (*Ajax*, 260-1).[39]

Dizer que, na tragédia, não há agir que não vá até o fim equivale, portanto, a constatar que não há *drâma* que não se consuma em *páthos*. Eis-nos longe do universo cívico ateniense, em que a tragédia contribuiria, diz-se, para a educação permanente que, sem descanso, reforça e revigora o civismo no coração e no espírito do cidadão. Diante da distância que assim se cavou, nós nos repatriaremos precipitadamente, cheios de confusão, para o dogma de um gênero trágico inteiramente político? Seria preciso, então, minimizar a importância de todo pensamento trágico do humano e incorporar na rubrica dos *tópoi* (lugares-comuns) o que se elabora a partir da definição do homem como *brotós*.

Lugares-comuns, tudo isso? Talvez. Mas não voltaremos atrás por isso: nosso projeto não era, precisamente, buscar tudo aquilo que, na tragédia, tenta, para além do onipresente material político, articular um discurso *comum*? Um discurso que, pelo lado da ficção teatral, sugeriria uma comunidade mais ampla que a dos cidadãos, mais vasta que aquela que ocupa as arquibancadas do teatro. Uma comunidade virtual, ou pelo menos *apenas representada*, já que tão somente a encenação lhe dá existência por um tempo, mas com força bastante para que as lamentações dos persas por suas cidades despovoadas despertem nos atenienses algo diferente da embriaguez da vitória.

Resta tentar compreender de que modo o *páthos* dos persas podia dizer respeito a espectadores que, a título de cidadãos, não conheciam para si mesmos outra destinação que não uma atividade toda devotada à cidade, outra proibição que não o *thrênos* e o desencorajamento.

Com certeza, trata-se da *kátharsis*.

Tão célebre quanto finalmente obscura e interminavelmente discutida,[40] uma frase de Aristóteles afirma que "por meio do terror e da piedade" a tragédia opera "a *kátharsis* das paixões dessa ordem" (*Poética*, 1449 *b* 26-8).

Sem prejulgar por ora a tradução da própria palavra ("purgação", como em medicina, ou "purificação", como por um rito?), admitamos, para começar, com a maioria dos leitores da *Poética*, que essa operação não se realiza no interior da intriga, nas personagens da ação,[41] mas, na verdade, tem seu lugar no espectador, na medida em que a representação trágica lhe é destinada. Se se acrescenta que terror e piedade vão de par com esse sentimento do humano para o qual a tragédia não tem nome mas que, em Aristóteles, recebe a denominação de *tò philánthrōpon*,[42] deduzir-se-á daí que, mesmo entendida no sentido médico de purgação, a tragédia não é uma medicina específica, que limitaria seu campo de eficácia à ação sobre alguns "doentes" (os "medrosos" e os "lastimáveis"), mas concerne a todo homem na medida em que, confrontado com a condição mortal, experimenta infalivelmente terror e piedade.[43]

Mas ainda falta compreender o essencial: por que e de que seria preciso purgar os espectadores? Por muito tempo pensei que era preciso purgar o cidadão das paixões do homem. Expliquemo-nos.

O teatro não é a assembleia, embora sejam os mesmos homens que ocupem as arquibancadas da Pnix e assistam às Grandes Dionísias,[44] e a tragédia libera por certo no espectador paixões às quais o cidadão digno desse nome não poderia abandonar-se; mas ela os libera, por assim dizer, sob controle, autorizando qualquer um a imergir no humano apenas pelo instante limitado de um parêntese institucional: foi assim e tão somente assim que os atenienses puderam, nas Dionísias de 472 antes de nossa era, comover-se com a miséria dos persas. E essa liberação é ao mesmo tempo purgação, pois, ao dar às emoções não cívicas um tempo e um lugar, a representação dramática exime periodicamente o cidadão das fraquezas do homem e contribui então paradoxalmente, distanciando o político de si mesmo, para restaurar no tempo por vir um político depurado, no sentido quase químico do termo. Por muito tempo pensei assim,[45] e ainda me acontece crer nisso; mas, por mais operatório que possa parecer tal modelo, para mim ele, doravante, se afigura insuficiente. Insuficiente porque puramente funcional e porque é preciso desconfiar das explicações sem resto. Irremediavelmente insuficiente ou, pelo menos, parcial.

Pois quando, em uma tragédia, Dioniso é dito *kathársios*[46] (*Antígona*, 1144), é apenas uma questão de "purgação", ou mesmo de "cura"? Ou se trata dessa temível purificação pela catástrofe que confere às intrigas trágicas seu fim? Talvez nos seja objetado que, nessa vertente dionisíaca, afastamo-nos para bem longe da *kátharsis* aristotélica. Mas isso não é tão certo: por pouco que aceitemos nos ater a questões de forma, reencontraremos a *kátharsis*. Seja, então, Dioniso *kathársios*. Se o desfecho desastroso da *Antígona*, como o de muita ação trágica, pode ser posto sob a sua autoridade, o ponto importante não deixa de ser que essa invocação ao deus figura em um coro: ao pedir assim a vinda de Dioniso, o coro da *Antígona*, que sem dúvida acreditava saudar uma esperança, anuncia na realidade que, nas catástrofes finais, é Dioniso purificador — presente no teatro, ausente da intriga — que sobrevém; e, inteiramente consagrado a invocar o deus como corego cósmico, esse canto manifesta no mais alto grau o que, em outros coros de tragédia, permanece no estado de esboço ou é apenas sugerido: o afloramento de uma temática dionisíaca como autoapresentação do gênero trágico por ele mesmo,[47] maneira de despertar o espectador para a plena consciência de sua posição de espectador-entendedor no teatro.

Que haja um prazer nesse encravamento metateatral no coração de um momento de espetáculo lírico e coral não é algo duvidoso: apostaria de bom grado que tal prazer era, para os atenienses, da mesma natureza que aquele, tão vivo, que, nas *Rãs* de Aristófanes, o próprio Dioniso diz ter sentido quando da representação dos *Persas*, no momento da invocação que o coro dirige à sombra de Dario;[48] mas me importa sobretudo que esse momento de reflexividade feliz seja exatamente simultâneo com a explosão da dança e do canto, ao som do *aulós*, a flauta, que o próprio Aristóteles — que não estava tão distante — associa a cada instante com um efeito de *kátharsis*.[49] E Aristóteles esclarece, nessa passagem do Livro VIII da *Política* a que faço alusão, que o *aulós* não produz nenhum efeito "moral" ou instrutivo, apenas a pura excitação que acompanha celebrações como as de Dioniso. Sem dúvida, o filósofo se abstém então, como o fará na *Poética*, de se explicar sobre essa palavra *kátharsis* que emprega tanto em um texto como no outro: nós o lamentamos, sem que isso nos impeça de tentar dar-lhe um sentido. Ora, ao esclarecer o texto da *Política* por esses afloramentos do dionisismo nos coros trágicos, compreende-se pelo menos que é preciso referir a *kátharsis* a duas experiências simultâneas e contraditórias: a reflexividade metatrágica, que supõe um espectador bom entendedor que não é inteiramente possuído por seus afetos, e o pressentimento de um mundo cuja lei terrível e sedutora está bem distante da moral didática da cidade.[50]

É chegada a hora de concluir, ainda que, surgindo *in extremis*, Dioniso tenha complicado um pouco o argumento. Nesse terreno difícil, tentarei ser o mais claro possível.

1) Como o fizeram outros antes de mim,[51] distinguiria de bom grado entre ética e moral, caracterizando esta como o conjunto dos valores e das prescrições comumente observados por um grupo, aquela como sempre por construir, no que é um perpétuo esforço por superar a moral, presa em sua estreita dependência em relação à sociedade.

Assim, um dos preceitos mais compartilhados da moral grega aconselha a fazer o bem aos amigos, o mal aos inimigos, sem que a menor reticência venha inquietar essa tranquilizadora distribuição do bom e do mau; desde então compreendeu-se que, em sua busca do humano, a tragédia, ao contrário, contribui singularmente para perturbar tais certezas. O *Ajax* de Sófocles poderia ser inteiramente incorporado a esse dossiê. Quando Ulisses afirma que lamenta seu inimigo atormentado pelo desastre porque, "em sua sorte, é a minha que vejo" (*Ajax*, 124), a tragédia proclama soberbamente o laço estreito que une a piedade ao sentimento que, no inimigo, esse outro, sabe ver um mesmo de si — ameaçado, mortal, frágil. Se o próprio herói acredita ironizar ao anunciar que acaba de compreender "que não se deve odiar seu inimigo com a ideia de que o amaremos mais tarde" (*Ajax*, 678-82), a sequência da tragédia se encarregará de verificar esse preceito já que, para esse morto no qual Agamêmnon não vê mais que um "cadáver odiado" (*Ajax*, 1356), é Ulisses quem saberá conseguir a homenagem da sepultura, e eu abriria de bom grado um parêntese shakespeariano para sugerir que, nas últimas honras prestadas ao adversário morto, chame-se ele Ajax ou Hamlet, Coriolano, Ricardo II, Brutus, há talvez algo como um invariante do pensamento trágico. Enfim, *last but not least*, importa que Ulisses tenha, de saída, deixado a Atena, deusa vingativa, a responsabilidade de enunciar em seu próprio nome a moral comum em virtude da qual é doce rir de um inimigo (*Ajax*, 79). Talvez se deduza daí que construir um pensamento trágico do humano equivale idealmente a deixar apenas aos deuses os recortes maniqueístas.

2) Isso nos reconduz a *Os persas*, isto é, aos espectadores atenienses no teatro, por ocasião da representação de 472. Proponho doravante que aquilo que, no *Ajax* de Sófocles, será dito e mostrado, a tragédia de Ésquilo soube colocá-lo em ato no efeito que exerceu sobre o público: que essa longa lamentação de *Os persas* por aqueles que Xerxes conduziu e que Xerxes perdeu pôde ser entendida pelos cidadãos de Atenas como um treno dramatizado, antes de soar aos seus ouvidos como um hino.

3) Isso supõe, contudo, que eu não me atenha à primeira interpretação da *kátharsis*, parcialmente justa talvez, mas redutora porque demasiado pacificada ou demasiado funcional: o que, na tragédia, falaria ainda a espectadores modernos, se fosse preciso supor simplesmente que a cidade tirava proveito de representações dramáticas à saída das quais recuperaria seus cidadãos recém-"purgados"? Formulo então a hipótese de que a tragédia jamais conseguiria purgar completamente o cidadão do homem, o que implica que o efeito trágico atua sobre outras energias que não a exclusiva e demasiado simples identificação do espectador com os protagonistas do drama. Se, à representação de *Os persas*, os atenienses experimentaram um efeito de *kátharsis*, seria possível que apenas uma atitude distanciada (o sentimento de que, encenada, a história se tornara ficção?) lhes tenha permitido prestar ao treno a atenção recolhida que convém. Na falta disso, seria preciso imaginá-los oscilantes entre a alegria e as lágrimas, sujeitos "a um singular movimento de vaivém, ora... levados a identificar-se com esses homens que, sob os seus olhos, são oprimidos por uma dor tão pavorosa... ora [constrangidos a] passar à hostilidade que esses persas deviam inspirar-lhes".[52]

Já que, para imaginar a recepção de *Os persas*, é preciso proceder a uma construção, tentei substituir, em todo esse percurso, essa hipótese de um "jogo de identificação alternada" por aquela de espectadores ativos ou, pelo menos, atentos ao que, no teatro cívico, lhes era proposto de perfeitamente desconcertante: um universo onde, sobre si mesmo, aprende-se mais com o inimigo do que com o amigo, porque o terrível e a morte são os lugares obrigatórios do humano.

Se me seguiram até aqui, então talvez me seja concedido que a ética grega não nasce toda montada quando Sócrates começa a entreter-se com tal ou qual dos sofistas: no teatro de Dioniso, entre Pnix e Acrópole, era uma ética do humano enquanto mortal que, na tragédia, se buscava e se experimentava.

Tradução de Maria Lúcia Machado
Consultoria de Mary Lafer para os termos gregos

NOTAS

1. Ver N. Loraux, "La démocratie à l'épreuve de l'étranger (Athènes, Paris)", em R. P. Droit (ed.), *Les grecs, les romains et nous. L 'Antiquité est-elle moderne?*, Paris, Le Monde Editions, 1991, pp. 164-88.

2. *Les perses*: oratório dramático a partir de Ésquilo, de Jean Prodomidès, texto de Jean Prat, transmitido pela televisão francesa em 31 de outubro de 1961. Essa transmissão constituiu a primeira experiência de estereofonia na televisão francesa.

3. Ver o livro recentemente publicado de J. L. Einaudi, *La bataille de Paris. 17 octobre 1961*, Paris, Le Seuil, 1991.

4. Primeira representação no Teatro Nacional Popular, em 10 de março de 1965.

5. Heródoto, VI, 21; ver N. Loraux, "De l'amnistie et de son contraire", em *Usages de l'oubli*, Paris, Le Seuil, 1988, pp. 24-6.

6. "Os fatos podiam dar lugar a uma tragédia apenas se o drama fosse persa", escreve C. Meier, *De la tragédie grecque comme art politique*, tradução francesa de M. Carlier, Paris, Les Belles Lettres, 1991, p. 93.

7. Ver N. Loraux, *L'invention d'Athènes. Histoire de l'oraison funèbre dans la "cité classique"*, Paris-Haia, Mouton-Ed. de l'EHESS, 1981, p. 50. Deve-se lembrar que, para Górgias (fr. 5 *b*) "os troféus ganhos sobre os bárbaros pedem hinos de alegria, mas aqueles ganhos sobre os gregos, cantos fúnebres".

8. É já o ponto de vista de Isócrates, ao evocar, no *Panathénaïque* (121-5), "as violências tão numerosas [entre os outros gregos] que jamais o embaraço toma os escritores que têm o costume, a cada ano, de levar para o teatro as calamidades desse tempo".

9. Sobre a assimilação dos gregos aos "outros homens", ver, por exemplo, Lísias, *Epitáphios*, 26 e 67; sobre a distância entre *andreía* (ateniense) e condição humana, *L'invention d'Athènes*, p. 337.

10. O texto explora os dois sentidos do verbo *didáskein*: "ensinar/fazer representar uma peça de teatro".

11. Ver C. Meier, *De la tragédie grecque comme art politique*, pp. 9-10, e M. Vegetti, *L'etica degli antichi*, Roma-Bari, Laterza, 1989, pp. 49-50 (para citar dois livros recentes cujas análises não são de modo algum convergentes, mas que concordam nesse ponto).

12. A hipótese, baseada na especificidade do gênero, é estrutural e não depende apenas do bom senso que faz C. Meier (op. cit., p. 95) escrever que "se tem dificuldade de crer que os atenienses tenham podido ali encontrar matéria para essa alegria proporcionada pela infelicidade dos outros".

13. As Erínias empregam quinze vezes esse termo, Atena oito vezes e Apolo três. Quanto a Orestes, único mortal em cena e, ademais, aposta do conflito entre os deuses, jamais recorre a essa palavra.

14. Em Aristófanes, ao contrário, Prometeu se diz, de saída, "benevolente com os homens" (*eúnous ánthrṓpois*: *As aves*, 1545). Em Ésquilo, há apenas cinco ocorrências de *ánthrōpos* contra dezesseis de *brotós* e treze de *thnētós*, o que quase duplica a expressão da mortalidade.

15. A vulgata antropológica grega, que situa *ánthrōpos* no centro de uma taxinomia, entre animais e deuses (ver especialmente os trabalhos de J. P. Vernant e M. Detienne), não está ausente da tragédia (ver, por exemplo, *Eumênides*, 70), mas aí não é de modo algum dominante, e ocorre que *ánthrōpos* tenha antes lugar entre Imortais e este mundo (*Eumênides*, 950-5).

16. Nos versos 1019-20 de *Agamêmnon*, trata-se do sangue negro de um *herói* (de um guerreiro, de um indivíduo masculino) e não, como traduz Paul Mazon na edição das Belles Lettres, "de um ser humano"; em apoio a essa tradução, uma nota sugere uma confusão entre *anḗr* e *ánthrōpos*, acrescentando: "o coro pensa sobretudo em Ifigênia". Ora, *anḗr* jamais poderia fazer alusão a uma terna virgem, e é preciso compreender que o coro, profeta sem o saber, fala de Agamêmnon, objeto inconsciente de sua angústia.

17. No grande coro das Coéforas, *brotós* designa normalmente o mortal, nos versos 588 e 601, mas em 594-5, *andrós*, associado a *gunaikō̃n* (596), não poderia ser compreendido como "a criatura humana" (Mazon): o coro pensa em Agamêmnon e em Egisto.

18. Ver N. Loraux, *Les expériences de Tirésias. Le féminin et l'homme grec*, Paris, Gallimard, 1989, p. 16.

19. Na tradição grega, isso começa desde o aparecimento da primeira mulher, contado por Hesíodo: ver N. Loraux, *Les enfants d'Athéna. Idées athéniennes sur la citoyenneté et la division des sexes*, Paris, Maspero, 1981, pp. 80-1.

20. Eurípides deu a palavra à mulher e ao escravo (*As rãs*, 949), determina como objetivo da tragédia tornar melhores os homens (*toùs ánthrṓpous*) nas cida-

des (1010), critica Ésquilo por não saber exprimir-se de maneira humana (*phrázein ánthrōpeíōs*: 1058); mas Ésquilo o censura por ter tornado os reis lastimáveis aos olhos dos humanos (1064). Ésquilo pensa apenas em termos de *anḗr* e de *ándres* (1024, 1030, 1041).

21. Oporemos aqui o gênero trágico, em que os protagonistas só podem ser humanos ou deuses, ao drama satírico, em que o misto e a bestialidade têm seu lugar: assim, o Ciclope não é contado no número dos homens (*Ciclope*, 116-8); ele se diz deus (230), os sátiros fazem dele um animal (658) e Ulisses o chama de *anḗr* (199, 348, 429, 591, 605).

22. O mais belo exemplo grego disso é dado por Platão, em *O político*, 263 *d*.

23. Notar-se-á que, no relato da Batalha de Salamina pelo mensageiro persa, do lado grego, tudo é canto e discurso articulado (388-402), ao passo que os persas respondem por um ruído confuso (406-7); a língua bárbara do coro é clara para o ouvido de Dario (633), maneira de dizer que não é grega. Ver também Ésquilo, *Suplicantes*, 128.

24. E apenas *trágico*: a oposição do *brotós* e do Imortal é constitutiva do gênero; os *ánthrōpoi* têm seu lugar mais evidentemente na comédia e no drama satírico, entre animais e deuses.

25. *Brotós* pertence à mesma raiz que *mors*.

26. O erro dos tiranos é o de se igualar a um deus (ver J. P. Vernant, "Ambiguité et renversement. Sur la structure énigmatique d'*Oedipe roi*", em J. P. Vernant e P. Vidal-Naquet, *Mythe et tragédie en Grèce ancienne*, Paris, Maspero, 1972, pp. 107-9), mas apenas são imortais os deuses, ou a cidade, que não se deixa identificar com um humano; Creso representa em Heródoto a ilusão tirânica de possuir a felicidade (o Livro I das *Investigações* apresenta a ilusão, e o desmentido que lhe foi fornecido).

27. Ver, por exemplo, Sófocles, *Traquínias*, 1-2; Eurípides, *Electra*, 953-6.

28. Sófocles, *Édipo rei*, 1524-30, assim como Ésquilo, *Agamêmnon*, 928-9, e Eurípides, *As troianas*, 509-10; o enunciado canônico se encontra em Heródoto, I, 86. Note-se que, em Heródoto, o *exemplum* de Cléobis e Bíton apresenta igualmente a ideia de que a felicidade está na morte, se se morre feliz (I, 31).

29. M. Nussbaum (*The fragility of goodness. Luck and ethics in Greek tragedy and philosophy*, Cambridge, Cambridge University Press, 1986, p. 397) sublinha o caráter excepcional do prólogo da *Hécuba* de Eurípides, pronunciado por uma sombra e uma sombra que é uma criança.

30. Não há, nos gregos da época clássica, nenhum além a promover, e a morte não tem valor em si: ver N. Loraux, "Le point de vue du mort", *Po&sie*, 57 (1991), pp. 67-74.

31. Segundo a expressão de Lacan em *Le séminaire. VII. L'ethique de la psychanalyse*, Paris, Le Seuil, 1986, pp. 307, 316-7, 332.

32. A *pólis* como remédio para a fragilidade: ver H. Arendt, *Condition de*

l'homme moderne, Paris, Calmann-Lévy, 1983, p. 256. Tal ideia anima muito particularmente o mito do *Protágoras* de Platão.

33. Op. cit., nota 29.

34. Esse tema é muito particularmente desenvolvido em *Ajax*: um dia destrói as coisas humanas, diz Atena (131-2); os homens são ditos "de um dia" (399--400), e em um único dia Ajax podia se perder ou se salvar (756-7, 778-9, 801-2).

35. Sobre o jogo dessa lei em Heródoto, ver C. Darbo-Peschanski, *Le discours duparticulier. Essai sur l'enquête hérodotéenne*, Paris, Le Seuil, 1987, pp. 43-74.

36. A cena judiciária do escudo de Aquiles, no canto XVIII da *Ilíada*, apresenta o conflito entre essas duas leis. Note-se que o velho nome jurídico do assassino é *ho drásas* ou *ho érxas*, aquele que fez: ver *Édipo rei*, 246, 296 e, quanto à oposição do *pãtheĩn* e do *drâma*, *Agamêmnon*, 1526, 1564, 1658, e *Antígona*, 927-8.

37. Ver *Les expériences de Tirésias* (cit. nota 18), pp. 142-70.

38. Assim a tragédia encontraria sem dificuldade seu lugar na reflexão sobre a ética de um Bernard Williams que, contra Aristóteles, faz questão de relativizar a perspectiva do agente (*L'ethique et les limites de la philosophie*, tradução francesa, Paris, Gallimard, 1990, p. 62).

39. Note-se que no verso 836 é dito que as Erínias vigiam *pánta tan brotoĩs páthē*: todos os sofrimentos dos mortais enquanto avesso dos *delitos* dos mortais.

40. A multiplicidade dos problemas e das interpretações foi repertoriada no livro de J. Pigeaud, *Folie et cures de la folie chez les médecins de l'Antiquité gréco-romaine*, Paris, Les Belles Lettres, 1987, pp. 163-83.

41. Essa hipótese foi defendida (ver J. Pigeaud, op. cit., p. 164); ela permite a Lacan fixar toda a atenção apenas em Antígona, porque só ela está além do terror e da piedade (op. cit., nota 31).

42. Ver aqui mesmo o texto de Catherine Peschanski, "Humanidade e justiça na historiografia grega (V-I a.C.)".

43. Sigo aqui a demonstração de J. Pigeaud (op. cit., p. 173), criticando a interpretação puramente médica de Jacob Bernays.

44. C. Meier certamente tem razão em escrever (op. cit., nota 6, p. 12) que, "em uma medida apreciável, os cidadãos assistiram ao espetáculo das tragédias não apenas como espectadores, mas também como cidadãos", mas essa "descoberta" foi feita há muito tempo, e o problema agora seria antes voltar do cidadão-espectador para o espectador...

45. Ver N. Loraux, *Maneiras trágicas de matar uma mulher*, Rio de Janeiro, Zahar, 1988, p. 114.

46. De fato, *kathársios* caracteriza o pé ou o passo de Dioniso, por hipálage; "cura": trad. P. Mazon (Belles Lettres).

47. Sobre Dioniso, "corego dos astros", ver M. Nussbaum, op. cit., nota 29, p. 82; sobre a autorreferência trágica, ver N. Loraux, "La métaphore sans métaphore. A propos de l'*Orestie*", *Revue Philosophique*, 1990, pp. 263-7.

48. Como observam os escoliastas das *Rãs* (1028-9), o coro dos persas não

entoa o grito *iauoî*, de que Dioniso o credita: seria porque ele aí pretende ter ouvido um eco do *euoĩ* dionisíaco?

49. Aristóteles, *Política*, VIII, 1341 *a* 21-4, assim como 1342 *a* 4-16, com as observações de J. Pigeaud, op. cit., nota 40, p. 171.

50. É "uma coisa diferente de uma lição de moral" que, no seminário sobre a *Ethique de la psychanalyse* (p. 292), Lacan busca e encontra em Antígona.

51. M. Vegetti, op. cit., nota 11, p. 3; ver também B. Williams, op. cit., nota 38, pp. 12-3, opondo a especificidade da ética à moralidade, "termo que deveríamos tratar com certo ceticismo".

52. Citação de C. Meier, op. cit., nota 6, p. 93.

HUMANIDADE E JUSTIÇA NA HISTORIOGRAFIA GREGA (V-I a.C.)

Catherine Darbo-Peschanski

Nas primeiras linhas da *Ética a Nicômaco*, Aristóteles introduz com destaque, na definição da ética e de seus fins, as noções de ciência política (*epistémē politiké*), de bem (*tò agathón*), de belo (*tò kalón*), de justo (*tà díkaia*), assim como a de humano (*anthrōpeion*).

A ética está subordinada à política, ciência prática arquitetônica que tem por fim (*télos*) o Bem propriamente humano (*tò agathòn anthrṓpinon*). Se este último depende da política, é porque a humanidade do homem prende-se à sua vinculação a uma comunidade (*koinōnía*) e a cidade (*pólis*) constitui o fim de toda comunidade. Segue-se que o ser incapaz de fazer parte de uma *koinōnía* e, com mais forte razão, de uma cidade, ou o ser que não tem nenhuma necessidade de tal inserção porque se basta a si mesmo, classifica-se seja entre os deuses seja entre os animais.[1] A ética, entretanto, não dá mais que um conhecimento aproximado do belo (*tà kalá*) e do justo (*tà díkaia*), o qual a política toma sob sua responsabilidade visando o bem e se afasta da ciência de que depende, em particular porque examina indivíduos imersos em comunidades que não são exclusivamente cívicas, como, por exemplo, o povo (*éthnos*).

Ao lembrar, de modo breve e por alto, certos componentes da definição da ética segundo Aristóteles a fim de introduzir uma reflexão sobre o tema da humanidade e da justiça na historiografia grega, não tenho absolutamente a intenção de buscar prefigurações ou influências do pensamento aristotélico nos autores que se sucedem entre o século V e o século I antes de Cristo. Antes, importa observar que, para um grego antigo — e não dos menos importantes —, a ética, a justiça sob suas múltiplas formas,[2] a política e a definição do ser humano estão ligadas. Por certo, trata-se aqui do grande sistema aristotélico, mas a leitura de textos de natureza e de época diferentes tende a mostrar que este elabora e fixa em termos que lhe são próprios toda uma constelação de noções de que se encontram, alhures, antes e depois, os correspondentes, mesmo que se trate, propriamente falando, de homônimos, organizados segundo outras relações.[3]

Entre os historiadores gregos, com efeito, a política não tem nada da ciência que procura definir o bem da cidade, concebida como a comunidade na qual se realiza a humanidade do homem. Trata-se, de maneira mais trivial, da gestão passo a passo dos assuntos das cidades ou dos outros tipos de comunidades, e das relações que estas mantêm. Relações essencialmente belicosas, tanto é verdade que é a guerra, defensiva ou de conquista, que ocupa o centro dos relatos dos historiadores. A ética, aliás, não poderia neles se definir como a ciência dos valores que contribuem para determinar o bem da cidade, mas aparece como um conjunto de reflexões esparsas, pouco sistemáticas e de alcance mais ou menos geral, sobre os princípios que supostamente guiaram a conduta dos agentes em circunstâncias singulares. A noção de homem (*ánthrōpos*), além de exigir do leitor que este a componha a partir de observações breves e dispersas, ou, muito simplesmente, a extraia do relato de acontecimentos particulares, revela contornos móveis e constitui o objeto de inúmeros deslocamentos. A justiça, enfim, ainda que os historiadores se situem muitas vezes, como veremos, do lado do pensamento comum, é apenas marginalmente marcada, neles, por essas "divergências e incertezas" que, segundo Aristóteles,[4] cercam geralmente a definição do belo e do justo, e tornam necessários os esclarecimentos da ciência ética. Muito ligada à ideia de ordem do mundo, ela oferece, ao contrário, na maior parte do tempo, e apesar de alguns estremecimentos introduzidos pela confrontação das noções de *díkaion* e de *epieikés*,[5] uma evidência muito sólida.

Se os historiadores atribuem à política, à ética, à justiça e à humanidade âmbitos particulares, organizam-nas também em uma configuração ela própria original. Assim, gostaria de tentar mostrar aqui que a maneira pela qual concebem a justiça vai de par com as oscilações de sua definição do ser humano a fim de limitar o desenvolvimento de uma ética enquanto reflexão sobre os princípios que regem a conduta dos protagonistas dos acontecimentos político-militares relatados em suas obras.

Tal estudo pode parecer muito distante dos problemas contemporâneos, em especial, mas não exclusivamente, brasileiros, que levaram os organizadores deste ciclo de conferências a propor aos seus convidados refletir sobre as relações da ética e da política. De fato, seria inútil procurar reduzir a distância cronológica e cultural que nos separa radicalmente dos gregos antigos. Assim, esse afastamento mesmo deve constituir o objeto de nossa atenção e é nas diferenças que podemos buscar alguns elementos de análise para fenômenos terrivelmente atuais. Hoje, com efeito, enquanto ouvimos falar, e talvez nós mesmos falemos, de nova ordem jurídica internacional, de guerra justa, de causas humanitárias que implicam o direito de ingerência, talvez não seja totalmente desprovido de sentido observar que, à sua maneira, os historiadores gregos tentaram pensar a ordem do mundo e sua justiça, procuraram conferir um lugar à guerra na economia desta última e se depararam muitas vezes com a espinhosa questão da conduta a adotar diante de outros seres humanos na gestão concreta dos assuntos político-militares. É o modo como analisaram esse conjunto complexo de noções e de problemas que eu gostaria agora de tentar descrever.

Antes de entrar definitivamente no cerne do assunto, algumas palavras ainda para apresentar os historiadores nos quais apoiarei meu discurso.

Trata-se, em primeiro lugar, por ordem cronológica, de Heródoto, contemporâneo de Péricles, o grande estratego ateniense da segunda metade do século V a.C., mas também de Sófocles, o trágico, ou de Protágoras, o sofista. Mediante uma vasta descrição dos costumes dos povos da terra habitada, Heródoto evoca as causas e os antecedentes das guerras médicas, assim como essas guerras mesmas, dois conflitos que, em 490 e 480 a.C., opuseram os gregos, coligados em torno de Esparta, aos exércitos dos Grandes Reis persas, inicialmente Dario I, em seguida seu filho Xerxes.

Tucídides, uma geração depois de Heródoto, atém-se, no essencial, à Guerra do Peloponeso e a seus pródromos. De 431 a 403 a.C., essa guerra opôs Esparta, Atenas e seus respectivos aliados. Ela tomou todo o mundo grego, oriental e ocidental, implicando, aqui e ali, populações periféricas. Tucídides consagra igualmente um vasto lugar à evocação dos debates de que a Atenas democrática foi palco durante esse período, pois é na degradação da política interna dessa cidade que ele vê a causa essencial da derrota que sofreu.

No século IV a.C., Xenofonte, nas *Helênicas*, prossegue até a Batalha de Mantineia (362 a.C.) o relato dos confrontos, alianças e reviravoltas de alianças que, de sua parte, Tucídides interrompeu em 411 a.C. Por outro lado, esse mesmo historiador consagra a *Anábase* à evocação da expedição dos Dez Mil, esses mercenários gregos que foram lutar ao lado do sátrapa persa Ciro contra o irmão deste último, o Grande Rei Artaxerxes. É preciso acrescentar ainda que, no resto de sua obra, seja a *Ciropedia* (relato da formação e da vida de Ciro, o Grande), *Agesilau* (monografia consagrada ao rei de Esparta Agesilau II, que reinou de 399 a 360 a.C.) ou nas *Memorabilia* e no *Econômico* (que põem em cena Sócrates), e mesmo em seus tratados ditos técnicos, Xenofonte não cessa de interrogar-se sobre a arte de governar (*tò archētikón*) e sobre o exercício do comando (*árchein*), que, segundo ele, é a uma só vez o do chefe militar diante de seus soldados, o do dono da casa diante de seus escravos e de sua mulher, o exercício do poder político enquanto magistrado (*árchōn*) em Atenas, e, enfim, para um Estado, cidade ou reino, a reunião e a manutenção de outros Estados em posição de súditos em um império (*archḗ*) que se quer sempre em expansão.

Políbio, por sua vez, escreve no século II a.C. e se atribui como tarefa relatar como Roma chegou a dominar quase toda a terra habitada e a sujeitar a maior parte dos povos (*hypḗkooi*).[6]

Evocarei, enfim, dois historiadores do século I a.C., Diodoro de Sicília e Dionísio de Halicarnasso, que escrevem ambos histórias universais no momento em que a Grécia passou à dominação romana.

Os historiadores acima enumerados me parecem partilhar uma mesma concepção fundamental da ordem do mundo. Para eles, há ordem se há estabilidade, e tudo o que se aparenta à solidez (*tò bébaion*), à segurança (*hēaspháleia*) ou à perenidade se acha, por isso mesmo, valorizado. Pensemos, por exemplo, no interesse que Heródoto tem pelos egípcios, porque conservaram sempre os mesmos usos e estão lá, imutáveis, desde que os homens são homens.[7] Para Tucídides, é o hábito que faz das palavras o veículo dos valores que é preciso respeitar. Daí provém o caráter escandaloso da guerra civil na qual os cidadãos, repartidos em dois campos encarniçados em perder-se, esforçam-se, por um uso perverso da linguagem, em "trocar as avaliações usuais dadas pelas palavras aos atos",[8] em transformar o positivo em negativo e vice-versa. Xenofonte, por seu lado, vê na estabilidade (*aspháleia*),[9] ou na segurança, concebida como salvaguarda (*sōtēría*),[10] o fim para o qual tendem todos os governantes e todos os impérios, assim como a prova suprema de seu valor.[11] Encontrar-se-á ainda, subjacente à análise que Políbio faz da Constituição romana como mescla harmoniosa e equilibrada de vários regimes, a ideia de que é daí que ela tira sua força e seu caráter admirável.[12]

A estabilidade que constitui a ordem do mundo chama-se também justiça ou justo (*Díkē, díkē, díkaion*). Mas não se trata absolutamente, no caso, de uma partilha estritamente igualitária ou proporcional[13] dos bens, dos poderes e das condições. É antes um estado de equilíbrio no qual cada um e cada coisa ocupam um lugar determinado: o justo, a justiça consistem em manter esse lugar, qualquer que seja.

Compreende-se, a partir daí, que os historiadores manifestem uma unânime desconfiança, ou mesmo reprovação, em relação ao que muda, ao que se transforma, ao que evolui, todas coisas que, para eles, aparentam-se fundamentalmente à injustiça. Assim, a guerra, que Tucídides qualifica de senhor violento,[14] traz igualmente em seu texto o nome de *kínēsis*: muito exatamente, "movimento".[15]

Pode-se igualmente explicar por aí, ao menos em parte, a atitude muito particular, para não dizer paradoxal aos nossos olhos, dos historiadores gregos em relação ao tempo. Eles parecem aceitar realmente apenas o tempo biológico, o das gerações humanas que se sucedem no ritmo dos nascimentos e das mortes, o tempo astronômico marcado pelo curso das estações e calculado pelos calendários lunares e solares ou o tempo oficial, político-religioso, ritmado pela sucessão dos arcontes, das sacerdotisas ou dos cônsules, segundo os casos. Em compensação, uns como outros, ao relatar os acontecimentos, esforçam-se em pensar como poderia abolir-se o que, quanto a nós, consideramos como o tempo propriamente histórico, aquele que se traduz pela mudança das situações e dos poderes no mundo.[16] Ou então, para falar em outros termos, encaram os acontecimentos e as mudanças que localizam apenas como a ruptura de um justo equilíbrio ou como a progressão para esse estado. Em todos os casos, o tempo histórico tem, pois, ligação com a injustiça, seja porque faça sair da estabilidade do justo, seja porque prove, por seu próprio movimento, que ainda não atingimos tal estabilidade e que o mundo está abalado por injustiça. O historiador dirige, portanto, um olhar normativo sobre a matéria de sua obra, o curso dos acontecimentos, e se coloca sempre em posição de resistência crítica diante dela, em nome e do ponto de vista da justiça-ordem do mundo.[17]

A justiça assim concebida apresenta vários componentes. É feita, em primeiro lugar, da repartição dos seres em diversos reinos ou categorias que se individualizam por diferenças e oposições. Assim se desenha o *Ánthrōpos*: o ser humano, ou, mais correntemente, o grupo concreto dos *ánthrōpoi*: os homens. Com exceção de Tucídides, que, como veremos, singulariza-se ao elaborar uma concepção psicológica da natureza humana e insiste pouco[18] na posição diferencial do reino humano em relação aos outros reinos, em outras palavras, na definição antropológica do homem, os historiadores fazem deste último o que não é nem Deus nem animal, segundo uma tripartição dominante no pensamento grego.[19]

Os homens dos historiadores se definem pelo que está além ou aquém deles. Isso significa que não são deuses, que não têm os atributos destes.

Para começar, eles não o são em relação ao tempo, como mostra Heródoto ao esboçar muito brevemente uma antropogonia, por ocasião de um desenvolvimento sobre a talassocracia do tirano de Samos, Policrates.[20]

O autor das *Histórias* observa, com efeito, que em certo ponto da sucessão das gerações, justamente antes daquela do rei de Creta, Minos, não houve mais que homens para engendrar homens. Estes últimos aparecem, então, como o que resta no curso do tempo biológico quando os deuses deles se abstraíram para restringir-se a rodear e a penetrar o mundo com sua eterna presença.

Os homens também não são deuses em relação à felicidade, à beleza, ao poder e ao conhecimento. Apenas os deuses têm a plena posse desses bens e ameaçam constantemente com sua inveja a parte que cabe aos homens, desde que esta pareça demasiado vasta ou demasiado florescente.[21]

Com exceção dos delineamentos de antropogonia que assinalei anteriormente em Heródoto e de uma observação de Ciro, o Grande, na *Ciropedia* de Xenofonte, quando, a ponto de morrer, o rei agradece a Zeus e aos outros deuses por não o terem feito conceber, nos sucessos que balizaram constantemente sua vida, pensamentos que ultrapassassem a condição humana,[22] é a transgressão, injustiça que causa desordem, que torna sensível o lugar que define a humanidade: fora e aquém do campo divino. Transgressão de Creso,[23] de Policrates,[24] dos soberanos persas[25] em Heródoto; de Filipe V da Macedônia em Políbio,[26] para tomar apenas alguns exemplos.

O homem se diferencia igualmente do animal.

Políbio é um dos historiadores que se exprime mais claramente a esse respeito, quando, julgando as atrocidades cometidas pelos mercenários de Cartago em revolta, chega a formular uma reflexão geral sobre o homem (I, 81, 8-9). Ele diz:

> O espírito humano [*hai psychaí*] pode ser atingido por gangrenas tais que não há ser vivo [*zõion*] que se mostre mais ímpio nem mais cruel [*ōmóteros*] que o homem (*ánthrōpos*). Se

lhes é aplicada a indulgência [*syggnṓme*] e a humanidade [*philanthropía*], acreditam que é uma armadilha e um embuste [*epiboulé*, *paralogismós*] e com isso se tornam ainda mais desconfiados [*apistóteroi*] e mais malévolos [*dysmenésteroi*] em relação aos seus benfeitores [*philanthrōpoũntes*].

Se são castigados, seu furor resiste e não há infâmias [*apeireména*] nem crimes [*deinón*] a que não se entreguem, fazendo dessa audácia [*tólma*] um mérito. Finalmente, tornando-se animais [*apothēriothéntes*], saem [*exiénai*] da natureza humana [*hē anthrōpínē phýsis*].

Como se vê, Políbio esboça uma psicologia da natureza humana, mas a faz depender de uma definição diferencial do homem em relação ao animal. O homem é cruel; o grego diz "cru" (*ōmós*). Ora, o cru é o regime alimentar do animal, para um grego: que o homem deixe então o cru tomar todo o lugar nele, e ei-lo animal.

Contudo, sem deixar de proceder por oposições entre os seres, os historiadores pintam em grandes pinceladas o quadro a uma só vez mais complexo e mais móvel da humanidade ao fazer intervir várias outras linhas divisórias que distribuem bem diversamente os lugares.

Uma delas, vigorosamente afirmada em Heródoto, Tucídides e Xenofonte, passa entre os gregos e os bárbaros.

Para um grego da época clássica, o sintagma "os gregos e os bárbaros" é uma maneira de designar o conjunto dos homens, a humanidade concreta. Assim, Tucídides[27] exprime a ideia de que a Guerra do Peloponeso atingiu a maior parte da humanidade ao dizer que afetou os gregos e uma parte dos bárbaros. Mas, para Heródoto, por exemplo, nos confins da terra habitada, os povos não gregos se animalizam, como esses homens de pés de cabra que vivem ao norte do Ponto Euxino,[28] ou se divinizam, como os etíopes-longa-vida que devem à água de uma fonte da juventude viver mais tempo que a média dos humanos e cujo senso de justiça excede também o do comum dos mortais.[29]

Quanto aos povos da Ásia sujeitos ao Grande Rei e que para ele fazem figura de bárbaros por excelência, são semelhantes a escravos que avançam sob o chicote como bestas de carga. Embora a polaridade gregos/bárbaros sirva para designar o grupo dos homens, a humanidade em Heródoto tem tendência, portanto, a desfazer-se do lado dos bárbaros.

Xenofonte, por sua vez, compõe diferentemente o quadro. A distinção fundamental que ele opera separa aquele que comanda (*árchōn*, *hēgemṓn*, *basileús*, *despótes*) dos seus comandados. Neste último conjunto, homens e animais se confundem na categoria dos seres vivos (*dzoĩa*) caracterizados por um traço comum: o de serem assimiláveis aos animais dos rebanhos (*agélai*) que são impelidos para a frente (*ágein*) pelo pastor. O homem só se diferencia do animal por sua indisciplina, por seu temperamento teimoso que o impede de obedecer de bom grado (*hekòn peíthesthai*).[30] No entanto, pode obedecer a quem sabe agir com ele, e é aí que reside o essencial da arte de comandar, cujos componentes Xenofonte procura ao longo de toda a sua obra determinar.[31] Nessa humanidade gregária, separada por pouco da espécie animal, vêm agrupar-se tanto os homens livres como os escravos e as mulheres; tanto é verdade que, do ponto de vista do chefe, formam todos a massa daqueles que convém fazer obedecer quando não são levados naturalmente a isso.

Quanto ao chefe, acha-se em uma relação de proximidade particular com os deuses, dos quais se encarrega de interpretar as vontades e de obter o assentimento,[32] e isso ao ponto de precisar, por vezes, fazer esforços para se ater à sua condição de homem.[33]

Mas, aprofundando a descrição do exercício do poder, Xenofonte se vê levado a retocar a linha divisória assim estabelecida. Parece, de fato, que o governante trata com duas categorias de homens: os vencidos, com quem não se preocupa, e os poderosos, cuja colaboração lhe é necessária para assegurar seu próprio poder. Destes últimos, esforça-se em garantir a fidelidade e, para consegui-la, liga-se a eles por benefícios, essencialmente materiais, pois se supõe que aquele que recebe pague em troca, como quer o laço social da *philía*.[34] Encontra-se, então, de um lado o chefe e seus *phíloi*, ocupados em uma relação de troca entre dom e contradom, do outro o resto da humanidade, os *ánthrōpoi*, cujo nome pode a partir daí adquirir eventualmente a tonalidade mais social de *plēthos* (a massa) ou de *óchlos* (a populaça).[35] Ora, como a *Anábase* o mostra desde que se trate do grosso do exército,[36] quem fala de populaça e de massa não tarda a falar de bestialidade.

É o caso de Políbio, em um episódio notável do Livro XV,[37] que conta como os egípcios expulsaram Agátocles, companheiro de Ptolomeu IV Filopátor. Agátocles tornou-se todo-poderoso com a morte deste último, aproveitando-se do fato de Ptolomeu V Epifânio ser somente uma criança. Estamos em 260 a.C. A multidão (*hoi polloí, tò plēthos, ho óchlos*) é toda arrebatamento (*orgḗ*), toda impulso, toda tendência (*hormḗ*), mas falta-lhe a razão (*lógos*). Ela não sabe analisar seus sentimentos e, sobretudo, não sabe fixar objetivo para os seus impulsos. Permanece encerrada em sua exasperação: é uma onda, um fogo, ela urra, para agir tem necessidade de um princípio de conduta (*prósōpon*) que não possui e que só lhe poderá vir do exterior. No caso, é preciso que hábeis manipuladores levem-lhe o jovem rei e que este dê a autorização do castigo ou que um provocador se designe involuntariamente como alvo para que ela aja.

Evocando assim a multidão, Políbio utiliza um vocabulário e introduz uma representação que devem muito à antropologia estoica. O homem aí é ao mesmo tempo *hormḗ*, tendência natural, e *lógos*. Ademais, no médio estoicismo — tal como o podemos recompor a partir dos Livros I e II de *De officiis* de Cícero —, o *prósōpon* (em latim, *persona*) constitui "o princípio interior de conduta que atribui, a cada um, um papel em suas relações com seus semelhantes".[38] Quanto aos animais, não têm nem *lógos* nem *prósōpon*; estão reduzidos à *hormḗ*. Ora, a multidão de Políbio aparece bem assim: é animal. De fato, uma vez lançada na ação, depois de "ter provado do sangue", diz o autor, enfurece-se e acaba por "atacar violentamente" e "dilacerar" suas vítimas.

As mulheres, que por seu lado, Xenofonte classifica no grupo dos *anthrōpoi*, a partir do momento em que são isoladas em um grupo homogêneo, veem-se, também elas, atraídas para o lado da animalidade. Políbio consagra-lhes uma parte de seu episódio egípcio.[39] Retomando, em uma tonalidade que lhes é própria, a partitura interpretada pela multidão, elas prometem provar do sangue de seus próprios filhos, tratam-se umas às outras de bestas selvagens (*thēría*) e, presas em uma massa já animal, vão ainda mais longe em todos os transbordamentos desta.

Assim, por meio dos diferentes tipos de oposição que acabam de ser evocados, os historiadores apresentam uma humanidade cujo traço constante é que está estruturalmente sempre prestes a sair de si mesma na ação, sempre em vias de tornar-se outra e, com isso, de romper a ordem da repartição entre os seres que é uma forma da justiça.

Há, contudo, um historiador, Tucídides, que pensa a ordem não tanto como o respeito de certas diferenças entre o homem e o que não é ele, mas como uma disposição interna à própria natureza humana, que constitui então o objeto de uma definição psicológica.[40]

No homem coexistem faculdades opostas: de um lado, o que é da ordem do racional, do *lógos*, que governa a boa decisão (*gnṓmē*) e inspira a capacidade de prever os acontecimentos (*prónoia*); do outro, o impulso (*orgḗ*) e as paixões (*epithymíai*) que movem o desejo (*érōs*) e a esperança (*elpís*), aliando-se para levar o homem a agir inconsideradamente e a tornar-se o joguete do acaso (*týkhē*) no domínio do que escapa à razão (*parálogon*). A ordem que, no indivíduo, faz reinar a dominação do *lógos* sobre as outras faculdades tem como correspondente, na cidade, o controle da ação assegurado pelo conselheiro político ao conter os impulsos desarrazoados da massa dos cidadãos. Se é assim, os valores da tradição podem perpetuar-se[41] e, num plano inteiramente diferente ainda, as relações entre as cidades podem escapar às mudanças caprichosas. O encaixe que, do indivíduo, passa à vida interna da cidade, depois às suas relações externas, desenha uma ordem do mundo grego que Tucídides deixa perceber apenas por meio de seu malogro, as guerras, externas e civis, e que, para o historiador, talvez jamais tenha tido outra realidade.

Além da repartição diferencial dos seres, além da dominação de certas faculdades no homem e, além disso, na cidade e depois entre as cidades, é ainda a separação dos povos e das culturas que confere ao mundo sua ordem, em outras palavras, sua justiça. Heródoto testemunha isso em primeiro lugar. Concede, com efeito, uma grande atenção à repartição das diversas comunidades culturais na superfície da Terra, ela própria bem dividida. Os gregos ocupam uma parte da Europa e se repartem em cidades que têm cada uma suas leis e costumes. O mesmo se dá com os citas, no Norte da Europa, com os povos da Líbia, no Sul, e com aqueles que partilham o território da Ásia. Nesse quadro, as conquistas imperialistas como as dos soberanos persas, que visam transgredir as fronteiras geográficas e colocar os povos sob uma mesma dominação, são da alçada da mistura[42] e da desordem, portanto da injustiça. O que se denomina correntemente como a etnografia e a geografia de Heródoto pode então ser interpretado como uma maneira de definir os povos e de fixar, para cada um, um lugar em um espaço físico ele próprio bem dividido.[43]

Inversamente, para Xenofonte, Políbio, assim como para Diodoro de Sicília e Dionísio de Halicarnasso, a ordem é sinônimo de reunião dos povos sob uma mesma autoridade, uma única *arché*, uma única dominação (*hyperoché*). Por certo, Xenofonte considera que isso vale essencialmente para a Ásia, pois, esclarece ele, na Europa os povos, "diz-se, são autônomos e independentes uns dos outros";[44] tanto é verdade que, aos seus olhos, permanece intangível a fronteira que separa os gregos dos bárbaros. Mas, para Políbio, por exemplo, essa separação já não tem curso, pelo menos não mais de maneira absolutamente estruturante para a ordem do mundo, que doravante corresponde à coincidência entre a extensão da dominação romana e a da terra habitada. A Fortuna, que é também Justiça,[45] fez dos romanos seus instrumentos para unificar assim o mundo.

Em relação à ordem do mundo concebida sob a tripla forma da separação diferencial dos seres vivos em primeiro lugar, da hierarquia das faculdades psicológicas do homem, com seus corolários na organização da cidade e das relações entre as cidades no mundo grego em seguida, da repartição dos povos na superfície da Terra enfim, a guerra revela-se, nos historiadores, de uma profunda ambivalência.

De um lado, subvertendo a ordem, ela cria a injustiça. Para Heródoto, trata-se sobretudo da de Ciro, de Cambises, de Dario e de Xerxes; pois todos quiseram sair dos limites da Ásia para ir submeter outros povos pelas armas e fundir seu território no do Império Persa. Quanto à Guerra do Peloponeso, segundo Tucídides, se não conhece trégua, a despeito do que acreditaram certos maus intérpretes que o historiador contradiz,[46] se suscita, atiça guerras civis e delas se alimenta ao mesmo tempo, é porque a parte desejante do homem escapou à autoridade da razão para aderir à da esperança desarrazoada e da violência. E, mais uma vez, o que vale para os indivíduos vale também para as cidades. Pensemos no que diz Tucídides ao meditar sobre a guerra civil que, graças à guerra entre Esparta e Atenas, eclodiu na cidade de Corcira (III, 82, 2).

> Com a guerra civil, viram-se muitos males abaterem-se sobre as cidades, como ocorre e como ocorrerá sempre enquanto a natureza humana permanecer a mesma, os quais, todavia, aumentam ou se abrandam e mudam de forma segundo cada variação que intervém nas conjunturas. Em tempo de paz e de prosperidade, *as cidades e os particulares* têm um espírito melhor porque não se chocam com necessidades constrangedoras; a guerra que suprime as facilidades da vida cotidiana é *um senhor de maneiras violentas* (*bíaios didáskalos*) que modela sobre a situação as paixões (*orgê*) da maioria.

Mas, por outro lado, a guerra se encontra também intimamente ligada à justiça. Com efeito, ela vem restabelecer a ordem ultrajada. Assim, é pela guerra, convertida em seu próprio remédio, que os belicosos soberanos persas são reconduzidos aos limites da Ásia e, com isso, aos limites da condição humana que sua desmedida os levou a ultrapassar.

Ou então, outra maneira de a guerra trabalhar pela justiça, ela constitui o elemento privilegiado no qual se realiza a humanidade do homem tal como a concebe Xenofonte. Aí se vê, com efeito, o chefe exercer a arte do comando que torna os soldados obedientes. Se ela dura, multiplica-se, amplia-se, proporciona então a prova de que a ordem reina no par fundamental formado por esse homem quase-deus que é o bom chefe e por esses *ánthrōpoi* que são as suas tropas. Enfim, motor da unificação do mundo sob a égide do poder romano, ela serve aos desígnios da Fortuna/Justiça segundo Políbio ou à realização de uma grande e nobre empresa à qual vale a pena consagrar uma obra (Dionísio de Halicarnasso).[47]

Compreender-se-á facilmente que tal concepção do mundo está apta a suscitar uma ética da ação guerreira e do comando militar-político. Mas não devemos nos apressar muito em falar de ética. Pois o que o leitor destes historiadores gregos encontra em primeiro lugar em seus textos depende mais do código de conduta cristalizado em uma espécie de etiqueta do que de uma problematização vigorosa e explícita dos princípios da ação.

Vários códigos se deixam identificar.

Trata-se em primeiro lugar do código de conduta militar que pode reduzir-se a uma exigência perfeitamente simples: "fazer o bem aos amigos e o mal aos inimigos"; aquela mesma que, no começo da *República*,[48] Sócrates se recusa a admitir como definição da virtude. Ciro a invoca ao longo de toda a *Ciropedia* de Xenofonte,[49] e não nos surpreenderemos, depois de ter examinado os laços da guerra com a justiça, de que tal regra possa ser, aos olhos de Políbio, "conforme às leis da guerra".[50] Mas os limites que convém dar aos maus tratamentos previstos nunca são claramente fixados. "Reserva-se aos inimigos", diz secamente Políbio,[51] "o castigo que lhes é devido." Em outra parte, o historiador não se faz muito mais explícito. E declara:

> [...] tirar-lhe fortalezas, portos, cidades, soldados [*andras*], barcos, colheitas, e destruí-los é enfraquecer o adversário, reforçar sua própria situação e sua ação: é o que as leis da

guerra e seus direitos [*hoi toũ polemou nómoi kaì tà toútou díkaia*] nos obrigam a fazer.[52]

Assim, tenta-se, como Alexandre, o Grande, estar "exasperado" (*exorgistheís*) contra o inimigo; eis que se destroem suas cidades, que se reduzem os habitantes à escravidão. E, quando se está colocado em circunstâncias particularmente difíceis, como Amílcar diante dos mercenários revoltados, vai-se bem mais longe. "Todos os inimigos que caíam em seu poder", conta ainda Políbio, "mandava-os matar em combate ou, se lhes eram trazidos vivos, fazia-os esmagar por seus elefantes, *não vendo outra solução para fazer desaparecer* [*aphanĩsai*] os rebeldes."[53] Uma única atitude permanece expressamente proibida: atacar os deuses, seus santuários e seus suplicantes, quando se está assim inteiramente ocupado em "fazer mal aos inimigos", pois se sai do domínio reservado aos homens para avançar no domínio divino.[54]

Tucídides, por sua vez, apresenta os lineamentos de um outro código de conduta: o do homem político, utilizando o caso bem particular de Péricles e da democracia ateniense do fim do século V a.C. para examiná-lo. Ele se compõe essencialmente de duas regras: não se deixar corromper e gerir sua fortuna com toda a clareza, de um lado; postar-se firmemente na posição que consiste em falar a linguagem da razão e da coerência, reprimindo nos cidadãos o livre movimento dos desejos e das esperanças inconsideradas que entregariam rapidamente a cidade às reviravoltas da fortuna, de outro lado.

Xenofonte aplica-se principalmente em definir a conduta do chefe, aja este na esfera militar, política ou doméstica, e esforça-se em destacar os princípios suscetíveis de lhe proporcionar a obediência voluntária de seus subordinados, condição *sine qua non* do êxito de suas empresas. Moral e sucesso confundem-se, então, e alçam a utilidade à condição de valor cardeal.[55]

O tratamento que o historiador reserva à *philanthrōpía* se revela, a esse respeito, muito significativo. Faz dela, com efeito, menos[56] um sentimento de benevolência e de simpatia em relação ao humano, como o encontraremos, em compensação, atestado sem ambiguidade na obra de Diodoro de Sicília,[57] do que um meio de instaurar a *philía*, em outras palavras, o laço social criado aqui pela troca dom/contradom. O soberano usa, então, da *philanthrōpía* para fazer de seus próximos, dotados de uma força suscetível de ameaçar seu poder, seus devedores e, em troca de sua liberalidade, espera deles obediência e devotamento. Se há benevolência em relação ao humano, ela adquire então a feição bem específica de reduzir a humanidade aos poderosos de que o rei tem necessidade e de se reduzir ela própria a um bem trocado segundo uma vigilante contabilidade.[58]

Seríamos tentados a conferir a dimensão de um pensamento ético, não tanto às poucas regras evocadas no momento, mas à especulação viva que se organiza mais ou menos amplamente, entre os historiadores, em torno de alguns valores. Trata-se da *epieikés*, a uma só vez o equitativo, o racional e o conveniente,[59] ao qual se encontram associados muitas vezes a piedade (*éleos*, *oĩktos*), a conciliação concluída ao termo de negociações (*homología*), a humanidade (*philanthrōpía*), no sentido de simpatia em relação aos seres humanos, o perdão (*suggnomé*), a doçura (*hemerótes*, *praiótes*), a medida (*metríotes*).

Aristóteles, na *Ética a Nicômaco*,[60] aplica-se em fixar o sentido da *epieikés* em relação ao do *díkaion*, assim constatando que, para o pensamento comum, o equitativo se distingue do justo por dele designar uma forma superior, e se torna sinônimo de bom. Ora, isso, explica ele, não deixa de colocar problema, pois, de duas, uma: ou o equitativo e o justo são diferentes e, nesse caso, um dos dois não é bom, ou então são ambos bons e são idênticos. Por isso, Aristóteles propõe ver no equitativo o justo que vem completar o justo legal, porque a lei, enunciado geral, não diz nada dos casos particulares. Assim, a definição que a *Retórica* dá do julgamento equitativo manifesta toda a complexidade de uma apreciação que faz intervir parâmetros por certo claramente repertoriados, mas tão numerosos quanto sutis, e se elabora sem guia explícito, em uma constante preocupação com a nuance e com o esforço sobre si mesmo.[61]

Não será de surpreender o fato de que os historiadores se situem deliberadamente do lado do pensamento comum que Aristóteles tenta elucidar e retificar; e isso tanto antes como depois dele; neles, a marca do advento e da difusão do pensamento aristotélico se traduz, essencialmente, por referências mais numerosas à *epieikés* nas obras pós-aristotélicas do que nas obras anteriores,[62] mas não muito por levar em conta a definição que este apresenta da equidade em relação ao justo legal. Para eles, a equidade sempre foi[63] e continua a ser uma forma superior do justo (*díkaion*), o qual não se reduz ao justo legal, em que conviria distinguir um justo proporcional e um justo corretivo, mas que permanece majoritariamente o que o autor da *Ética* chama a reciprocidade (*tò antipeponthós*) ou justiça de Radamanto, citando para defini-la um fragmento de Hesíodo: "Sofrer o que se faz aos outros será uma reta justiça [*díkē itheĩa*]".

Em compensação, a noção de *philanthrōpía*, enquanto sentimento de benevolência em relação aos seus semelhantes humanos, que, a partir de Políbio, vem ocupar um lugar notável nas reflexões dos historiadores sobre a ação, é muito fugidiamente atestada no pensamento anterior e se deixa identificar como um dado mais recente da ética enquanto disciplina filosófica. Aristóteles, com efeito, consagra-lhe apenas um espaço bastante reduzido,[64] mas a escola peripatética e, em particular, Teofrasto[65] contribuem para elaborá-la a partir do século III a.C.

Em torno desses dois polos que são os valores de equidade em primeiro lugar, depois de simpatia em relação à espécie humana, os historiadores esboçam uma reflexão sobre a moderação que eu ficaria tentada a relacionar, a título de hipótese, com a ambivalência que conferem à guerra em relação à justiça e à sua concepção do *díkaion*. Ao fazer a guerra, corre-se sempre o risco de passar da ordem do justo à desordem do injusto, porque a guerra é da competência tanto de um como do outro e porque o *díkaion* do historiador se pretende majoritariamente uma exata retribuição, uma estrita compensação, uma resposta ao mesmo pelo mesmo, ao passo que tal equilíbrio se mostra de uma extrema fragilidade. A partir daí a ação político-militar pode tornar-se problemática na historiografia, ainda que os autores considerados permaneçam sempre bastante lacônicos sobre as questões assim levantadas.

Desse modo, ocorre que eles próprios ou personagens de seus relatos contestem a lei demasiado estrita e brutal de talião em nome da equidade que, esta sim, deixa lugar às explicações, aos compromissos, à piedade e ao perdão. Heródoto, por exemplo, relata o diálogo entre Periandro, tirano de Corinto que quer ceder o poder a seu filho, e este, Licofron, que o recusa, ameaçando assim o futuro do poder das Kypsélides. Licofron pretende, desse modo, punir seu pai por ter matado sua mãe, Melissa. Periandro, por seu lado, não nega seu crime; contenta-se em pedir a Licofron que prefira (*protithénai*) à estrita justiça (*tōn díkaiōn*) uma conduta mais equitativa (*tà epieikéstata*), em suma, que se mostre tratável e, com isso, chegue a uma justiça mais perfeita.[66]

Em Tucídides, veem-se os mitilenenses, que quiseram emancipar-se da tutela de Atenas e se encontram em má posição diante dos navios desta, propor aos estrategos "negociações, se possível, equitativas" (*homologíai tinì epieikoî*). Os revoltados estão vencidos ou a ponto de sê-lo; um acordo segundo a equidade viria oportunamente abrandar o rigoroso mecanismo das represálias que, na assembleia, o dirigente popular Cleon não deixa de reclamar, em seguida, em nome do justo (*díkaion*).[67]

Com Políbio, é o próprio historiador que, claramente, indigna-se com o fato de que Filipe V da Macedônia queira pagar na mesma moeda (*toîs homoíois*) os sacrilégios perpetrados pelos etólios, a partir do momento em que levou vantagem sobre eles. Nisso o rei e seus próximos dizem agir justamente (*dikaíōs*) e como é preciso (*katheóntos*), mas o autor opõe-lhes o exemplo de Filipe II da Macedônia:

> Depois de ter vencido os atenienses na batalha de Queroneia, ele não agiu tanto pelas armas quanto pela mansuetude [*epieíkeia*] e pela generosidade [*philanthrōpía*] de suas maneiras. Não acrescentava a cólera às suas façanhas e conduzia as guerras e as querelas apenas até o momento em que podia

aproveitar ocasiões de mostrar sua doçura [*praülēs*] e sua nobreza [*kalokāgathía*].[68]

Depois Políbio esclarece:[69]

Os homens de bem não devem fazer a guerra a seus ofensores para os destruir e aniquilar, mas para os corrigir e fazê-los emendar-se de suas faltas, nem atingir ao mesmo tempo os inocentes e os culpados... É próprio de um rei comandar e dirigir fazendo o bem [*eũ poioũnta*] a todos,[70] amado por sua beneficência [*euergesía*] e por sua benevolência [*philanthrōpía*].

Citemos, enfim, entre outras referências, o grande discurso que Diodoro de Sicília atribui ao siracusano Nicolaus, pai de dois filhos que os atenienses, doravante vencidos e à mercê de seus inimigos sicilianos, mataram. Contra toda expectativa, o velho não se deixa levar a exigir a punição rigorosa dos culpados, mas reclama a mansuetude dos siracusanos. Com efeito, eles partilham com os atenienses a rude condição dos homens, sujeitos aos caprichos da Fortuna.[71] Nessa longa passagem, Nicolaus opõe a estrita vingança (*timōría*), que seria uma justa (*díkaion*) resposta a uma injustiça (*adikía*), e a mansuetude (*epieíkeia*), a piedade (*éleos*) e a humanidade (*philanthrōpía*) inspiradas pela consciência de ser homem, como o inimigo que mantemos em nosso poder. Diodoro, falando em seu próprio nome, não deixa, por seu lado, de tratar muitas vezes desse mesmo tema.

Outro caminho parece aberto ao questionamento ético pela aspiração manifestada às vezes pelo historiador de destacar seu pensamento e sua prática dos do profano e dos protagonistas dos acontecimentos que relata, de encontrar em certa defasagem em relação a eles uma forma de autoridade. Enquanto o código moral mais compartilhado pretende que se faça o bem aos amigos e o mal aos inimigos, Políbio atribui à *historía* um caráter próprio (*éthos*), que consiste em esquecer esse tipo de preceito para detectar o elogio ou a condenação não em função dos protagonistas, sejam eles amigos ou inimigos, mas de seus atos. Para isso a verdade é tão útil ao historiador quanto a visão aos seres vivos. Mas, se, seguramente, tanto nele quanto nos outros historiadores, a verdade não constitui o objeto de uma reflexão epistemológica, nem mesmo de exposições metodológicas sistemáticas,[72] Políbio acrescenta às observações de método, com que semeia sua obra a fim de apoiar suas pretensões de dizer a verdade, uma espécie de moral da verdade, da qual não mostrará como extrair os preceitos, mas que tem como resultado colocá-lo acima da matéria de sua obra e dos outros historiadores.[73]

Problemáticos, porque reversíveis e instáveis, os mecanismos do justo e, especialmente, seu movimento pela e na guerra deixam entrever no seio das obras históricas a possibilidade de uma reflexão ética sobre os princípios da ação político-militar.

Mas aí há apenas um tímido esboço: a pregnância da justiça da reciprocidade, dos códigos morais estabelecidos e a estruturação dominante da noção de homem impedem os historiadores de penetrar plenamente nesse caminho.

A fraqueza do questionamento do *díkaion* como reciprocidade e de seu corolário, a guerra, aparece como traço dominante das obras que estudamos.

O episódio de Periandro e de seu filho Licofron é, salvo erro de nossa parte, o único desse registro que se possa citar em todas as *Histórias* de Heródoto. Xenofonte, como vimos, distingue muito fugidiamente a noção de *philanthrōpía* da ideia de mansuetude. Além disso, ignora completamente a de *epieikés* e a crítica do *díkaion* que ela eventualmente permitiria fazer. Dionísio de Halicarnasso, por seu lado, referindo-se abundantemente à equidade e à humanidade, não lhes confere muito maior função na intriga de seu relato, contrariamente ao que faz Diodoro.

Ademais, se não ocupa mais que uma posição marginal na maior parte dos historiadores, a ética da moderação que se desenha timidamente em torno da *epieikés* e da *philanthrōpía* encontra-se, por uma reviravolta rápida, recuperada pelos outros historiadores na lógica da reciprocidade que rege a concepção dominante do *díkaion* e acaba por confundir-se, como este último, com a ideia de ordem e de estabilidade do mundo, em detrimento da de equidade. Diodoro de Sicília testemunha claramente esse retorno da equidade à esfera do justo quando, tentando fazer a distinção entre infelicidade (*atychía*) e injustiça (*adikía*), declara:[74]

> Há uma grande diferença, em minha opinião, entre a infelicidade e a injustiça e deve-se adotar, diante de cada uma, uma conduta apropriada, como convém a homens de bom conselho. Assim, um homem que falhou sem ter cometido nenhuma falta grave pode, com justiça [*díkaios*], encontrar refúgio na compaixão [*éleos*] que cabe a todos os desafortunados. Mas aquele que deu provas de uma enorme impiedade e que cometeu atos de violência e de crueldade "que se deve calar", para empregar a expressão consagrada, coloca a si próprio fora do alcance de tal humanidade [*philanthrōpía*]. Pois é impossível que aquele que se mostrou cruel em relação aos outros possa encontrar a piedade quando, por sua vez, acontece-lhe de falhar, ou que aquele que se esforçou por destruir a compaixão dos homens possa encontrar refúgio na clemência [*epieíkeia*] dos outros. *É justiça, com efeito* [*díkaion gár esti*], aplicar a cada um a lei [*nómos*] que ele estabeleceu para os outros.[75]

Tal tendência esboçou-se desde Tucídides, nas palavras de Cleon. Diz este último a propósito dos mitilenenses:

> A piedade [*éleos*], é justo [*díkaios*] que com ela se paguem os seus semelhantes, não homens que não retribuirão essa compaixão [*antoikoũntas*] e cuja hostilidade nos é conhecida desde sempre... A clemência [*epieíkeia*], enfim, aplica-se àqueles com quem se pode contar no futuro...[76]

A concepção dominante do justo quer que a uma ofensa corresponda uma reparação semelhante (o que faz da guerra a melhor resposta à guerra), tudo para que seja restaurada a situação anterior e se permaneça, assim, na ordem do semelhante. Ora, a *epieikés*, que parecia uma contestação da estrita contabilidade do *díkaion*, acaba também por entrar na esfera da troca homogênea, de maneira que a consideração da equidade que levaria à clemência não poderia manifestar-se sem contrapartida e sem introduzir, assim, algum desequilíbrio.

Mas o que, em Tucídides, não é mais que a reflexão fugidia de uma personagem, de resto contestada, torna-se um tema fundamental, amplamente assumido pelo próprio historiador, em Diodoro de Sicília: dar demonstração de equidade, isto é, de um senso da justiça que sabe levar em conta a clemência, com o risco de sacrificar a exata retribuição, tem sempre um efeito benéfico. Assim como a *philanthrōpía* de Xenofonte, ela assegura ao vencedor a adesão e a fidelidade dos vencidos e dá mostras de constituir uma útil operação política, que permite a economia de combates destruidores.[77]

Além disso, a estabilidade do mundo não se ressente mais do desequilíbrio pontual que poderia ser provocado pela ausência de resposta à agressão ou à ofensa, a partir do momento em que o uso da clemência se torna um dos mecanismos essenciais da constituição e da conservação dos impérios e com isso contribui para a unificação do mundo sob uma mesma autoridade. Os lacedemônios deram a prova disso pela negativa. Enquanto seus ancestrais haviam mantido sua hegemonia tratando honrosamente (*epicikōs*) e humanamente (*philanthropōs*) seus súditos, diz Diodoro, eles se conduziram dura e violentamente em relação aos seus aliados, empreenderam guerras injustas contra os gregos, de modo que, na hora dos reveses, aqueles a quem haviam causado dano ajudaram em sua derrota.[78] Antes deles, os atenienses haviam feito o mesmo.[79] A grandeza de Alexandre deve ser interpretada também como uma consequência direta de seu senso muito político da mansuetude.[80] Mas, como era previsto, é a moderação dos romanos que se mostrou e se mostra mais eficaz.[81]

Nem mesmo a ética própria ao historiador, de que Políbio mostra o caminho, deixa de estar, ela também, integrada, em Diodoro, ao sistema em que a justiça da reciprocidade e da equidade se confunde com a eficácia, para assegurar a força e a grandeza dos impérios. A história deve consagrar-se a conferir justos elogios e justas condenações (*díkaios*), diz Diodoro, mas, a esse título, a partir de agora o historiador se ocupa em saber em que medida os protagonistas dos acontecimentos, no caso os lacedemônios, mostraram-se suficientemente "equitativos" e "humanos" para conservar sua hegemonia. Disso não foram capazes; são, portanto, condenáveis.

É que a justiça constitui uma ordem superior que não se discute. Se diferentes apreciações das situações vêm à luz, se aparece a possibilidade de um conflito no justo, este tende a resolver-se por outros caminhos que não a problematização ética.

Em Tucídides, por exemplo, os incessantes debates que opõem os protagonistas dos acontecimentos em torno do que é preciso entender por conduta justa são classificados sob a rubrica dos fatos de discurso nos quais a linguagem e os raciocínios capciosos têm livre curso. O historiador não coloca o justo em debate, é a perversão do *lógos* que ele põe em cena.[82]

Heródoto e Políbio não podem, por seu lado, fazer entrar radicalmente a justiça/ordem em conflito com outras formas do justo, pois tudo, mesmo o que, tomado isoladamente, poderia eventualmente se prestar à discussão, concorre para o término desta. Assim, nas palavras do próprio Políbio, o Senado romano não age segundo o justo mas segundo o útil, ao privar o jovem Demétrio, filho de Seleuco, da realeza que lhe cabe.[83] Não é menos verdade que, na escala do mundo, os romanos são o instrumento da Fortuna, que é também Justiça em sua obra de unificação.

O questionamento se mostra tanto mais difícil quanto o historiador deve a uma só vez sua capacidade de dar sentido ao curso dos acontecimentos e a autoridade da leitura que faz destes à posição que ele se atribui, do lado da justiça que ordena o mundo.

Heródoto acompanha a troca das ofensas e das reparações que balizam o curso da história das relações dos soberanos e dos povos bárbaros entre si e com os gregos e se põe à escuta dos oráculos que anunciam que as derrotas persas, por ocasião das guerras médicas, saldarão a conta de todas as injustiças que permaneceram impunes. Tucídides adota o ponto de vista do único poder unificador de seu tempo, a guerra, mas esta, como vimos, nunca faz mais do que desenhar em negativo o que deveria ser o pleno triunfo da justiça, isto é, das leis assim como dos valores comuns dos gregos vivendo enfim em boa inteligência. Xenofonte vê tudo com o olhar do chefe, esse ser próximo dos deuses que, sozinho em um mundo ademais em pleno tumulto,[84] é capaz de criar em torno de si, graças aos recursos de sua arte do comando, zonas de ordem e de estabilidade. Políbio, enfim, abre o caminho para todos aqueles que, assimilando a Fortuna à Justiça, fazem dos romanos que unificaram o mundo sob seu domínio o instrumento da realização de seus desígnios, e calcam toda a lógica de sua obra naquela que atribuem a essas potências de ordem.[85] Se não se apoia na justiça/ordem do mundo, com efeito, o historiador nada pode compreender nem afirmar que não seja imediatamente contestável; não poderia, portanto, ir muito longe em uma reflexão sobre os valores da ação humana que se arriscasse a solapar os fundamentos de uma autoridade da qual tira toda a sua.

Enfim, outro obstáculo ao desenvolvimento de uma reflexão ética na parte da historiografia grega aqui estudada me parece residir na maneira pela qual a natureza humana aí é definida; entendamos: por uma série de oposições (homem/deus, homem/animal, homens/chefe, amigos/homens ou multidão) ou, como na psicologia de Tucídides, pela dualidade entre as faculdades racionais e os desejos, esperanças ou impulsos irracionais. Segue-se, com efeito, que todo problema levantado pela conduta dos agentes da história não será *colocado, desenvolvido e estudado* como inerente à natureza humana, mas imediatamente *resolvido* pela evicção do agente para fora da natureza humana ou, outra solução, pela súbita redução desta à parte desejante e potencialmente má desse agente.

Assim, os mercenários ou a multidão de Políbio, a partir do momento em que cometem atrocidades, massacres ou torturas, tornam-se animais. Por outro lado, Tucídides, que dá a ver um mundo grego em plena crise, tende a fazer coincidir a natureza humana com as pulsões incontroladas da alma, desde que se trate de evocar as violências, os distúrbios e as perversões que têm livre curso na guerra, exterior ou civil.

No texto dos historiadores, a natureza humana é estruturada de tal maneira que não pode *encerrar* um questionamento ético sobre os princípios da ação dos homens. No lugar de uma ética, encontra-se então um jogo de evicções segundo o qual o agente humano que age mal deixa de ser humano ou, versão de Tucídides, o agente humano que age bem não o é mais inteiramente.

Tal me parece ser a maneira pela qual os historiadores gregos elaboram e combinam as noções de humanidade, de justiça, de política e de guerra para dar à sua ética suas características e seus limites. Nesse conjunto, como se terá observado, não há lugar para um pensamento dos direitos do homem concebidos como um corpo de princípios destinados a reconhecer e a proteger a humanidade do homem, quer ele seja agente da história, como se viu, quer esteja em posição de padecer. Os historiadores guardam, com efeito, um silêncio total sobre as vítimas, mortos dos combates, torturados, massacrados, que afloram constantemente à superfície do relato sem jamais aí serem levados em conta.

Por outro lado, adotando o ponto de vista da justiça de reciprocidade, os historiadores compreendem o mundo e nele veem uma ordem. Por certo, não podem fazer com que esta última não remeta aos valores de justiça tais como podem ser interiorizados como *epieikés* ou como *dikaiosýnē*[86] e com que não se abra, no próprio coração da noção de justo, a falha que separa a compreensão da justificação. Mas parecem escolher deliberadamente ignorar essa falha.

Tradução de Maria Lúcia Machado
Consultoria de Mary Lafer para os termos gregos

NOTAS

1. Aristóteles, *Política* I, 1253 *a* 29.
2. *Ética a Nicômaco*, livro V.
3. M. Vegetti, *L'etica degli antichi*, Roma-Bari, Laterza, 1989, observa (p. X)

que Aristóteles "fornece [...] um ponto de vista filosófico nítido sobre temas morais, inclusive de origem extrafilosófica, e uma clara referência analítica na complexidade e no fervor muitas vezes constatados dos debates éticos. Será justo, portanto", afirma o autor, "atribuir-lhe um papel de alguma forma meta-histórico, ainda que, naturalmente, essa meta-historicidade deva ser interpretada"...

4. *Ética a Nicômaco*, I, 1094 *b* 15-6.

5. Que se pode traduzir aproximadamente por "o justo" e "o equitativo".

6. I, 2, 1; I, 2, 7.

7. Ver II, 2 e 144 para a Antiguidade; II, 77, 91 para a permanência dos usos e a recusa de qualquer novidade na matéria.

8. Citamos aqui a tradução que N. Loraux, "Thucydide et la sédition dans les mots", *Quaderni di Storia* 23, 1986, p. 103, dá de uma frase de Tucídides III, 82, 4, de acordo com as conclusões de J. T. Hogan e J. Wilson, e que ela comenta assim: "Em qualquer circunstância, os facciosos truncaram a boa avaliação contra a má" (p. 104).

9. *Ciropedia*, VIII, 1, 45.

10. Essa palavra traduz os laços da estabilidade com a guerra, que a assegura seja de maneira defensiva, seja, no mais das vezes, pela ofensiva e pela conquista. Ver, por exemplo, o discurso de Crisantas, *Ciropedia*, VIII, 1, 2-4.

11. *Ciropedia*, I, 1, 3, ss.; VIII, 7, 7, 5.

12. Políbio, *Histórias*, VI, 1, 1-3; 18, 1-2.

13. Aristóteles, *Ética a Nicômaco*, 1130 *b* 6 ss.

14. *Guerra do Peloponeso*, III, 82, 2.

15. Ibidem, I, 1, 2.

16. R. Koselleck, *Le futur passé. Contribution à la sémantique des temps historiques*, Éditions de l'École des Hautes Études en Sciences Sociales, Paris, 1990, dedica um capítulo, "Historia magistra vitae" (pp. 37-62), a mostrar como, na época moderna, "o substrato natural do tempo desaparece" (p. 48) e, com ele, a ideia de que, em virtude da permanência da natureza humana e da semelhança potencial de todos os acontecimentos, o passado contém todos os meios de compreensão do que ocorre. A filosofia contribui para fazer apreender a história como *Geschichte*, isto é, como processo singular, que apenas em seu progresso contém aquilo com que educar o gênero humano, enquanto o passado, uma vez tornado passado, perde essa força. Mas, na história assim concebida, a experiência presente "se decompõe em uma infinidade de unidades temporais distintas" (p. 49). Pode-se acrescentar que o trabalho do historiador consiste então em compô-las, em busca, se não do processo global, pelo menos de processos parciais mais amplos. Daí um deslocamento da atenção para o que muda diante de nós e para o que R. K. chama de "uma qualidade temporal própria" (p. 42) da história nova.

17. Voltaremos à coincidência que o historiador se esforça em estabelecer entre seu ponto de vista e o dessa justiça.

18. Note-se, entretanto, que o autor da *Guerra do Peloponeso* pode, eventualmente, quando por exemplo evoca populações bárbaras como os trácios (VII,

29), sugerir enfaticamente que o gosto destas pelo sangue e pelo massacre as faz transpor o limiar que separa os homens dos animais.

19. J. P. Vernant a colocou em evidência no campo religioso ao estudar o sacrifício sangrento de consumo alimentar.

20. III, 122.

21. O tema da *Nêmesis*, vingança ciumenta dos deuses, é ilustrado em Heródoto pelo episódio da morte de Átis, filho preferido de Creso, esse rei lídio que queria ser proclamado o mais feliz dos homens, especialmente porque era muito rico (I, 34). Ele se esfuma em Tucídides e Xenofonte, mas renasce na obra de Políbio e de Diodoro de Sicília em ligação com a pregnância do tema da Fortuna (*týkhē*) e de suas imprevisíveis reviravoltas.

22. *Hyper ánthrōpon*: "acima de um homem" (VII, 7, 3).

23. I, 34.

24. III, 39 ss.

25. I, 207 ss.; III, 27-34; VII, 33 ss.

26. V, 8, 1-12, 7. (27) I, 1, 2.

27. I, 1, 2.

28. IV, 23.

29. III, 23.

30. *Ciropedia*, I, 1 ss.

31. Ver, por exemplo, *Ciropedia*, I, 1, 3, *Econômico*, XXI, 1 ss. ou *Anábase*, III, 1, 38.

32. *Anábase*, III, 2, 9; V, 2, 8; 3, 4 (Xenofonte); *Helênicas*, III, 4, 15 (Agesilau).

33. Vimo-lo anteriormente na prece que Ciro dirige a Zeus antes de morrer.

34. Sobre esse valor de *phílos* e de seus derivados, ver o artigo clássico de E. Benveniste, *Vocabulaire des institutions indo-européennes* I, Editions de Minuit, Paris, 1969, pp. 335-53.

35. *Ciropedia*, VII, 1, 45; VIII, 2, 1.

36. *Anábase*, V 7, 32.

37. XV, 24-36.

38. E. Brehier, "Une des origines de l'humanisme moderne", *Études de philosophie antique*, p. 133.

39. XV, 29, 7.

40. Se quisermos apreendê-la, é preciso proceder a uma montagem de textos entre os quais figuram principalmente as análises que o historiador faz da atividade de Péricles, o dirigente político que ele louva com menos reserva, as reflexões que lhe são inspiradas pela guerra civil de Corcira e o discurso que atribui a Diodoro na justa que opõe este último a Cleon, líder do povo, a propósito do tratamento a infligir aos mitilenenses que tentaram escapar ao domínio de Atenas.

41. Pensemos no que Péricles diz no discurso de advertência que dirige aos atenienses depois da segunda invasão da Ática pelos peloponesos (II, 62).

42. Ver a evocação do exército de Xerxes transpondo o Helesponto (VII, 40

e 41, 14) ou, anteriormente (III, 88 ss.), a enumeração das províncias do império de Dario.

43. Esse é um dos sentidos que é preciso dar, parece-me, à polêmica que Heródoto esboça (II, 16) contra aqueles que, equivocando-se sobre a natureza do delta do Nilo, procedem a uma má partilha do espaço terrestre.

44. *Ciropedia*, I, 1, 4.

45. Políbio, XV, 20, 6; XXIII, 10, 2-4.

46. V, 26.

47. I, 3. Ver a esse respeito o prefácio de F. Hartog a Dionísio de Halicarnasso, *Les Antiquités romaines*, livros I e II, trad. V. Fromentin e J. Schäbele, Les Belles Lettres, Paris, 1990, prefácio retomado em uma versão mais longa em "Rome et la Grèce. Les choix de Denys d'Halicarnasse", *Actes du Colloque de Strasbourg*, 25-27, out. 1989, pp. 149-67.

48. *República*, 332 *b* ss.

49. I, 6, 24 ss., por exemplo.

50. V, 9, 1.

51. V, 10, 8.

52. V, 11, 3.

53. I, 182, 2.

54. Políbio, V, 9.

55. *Ciropedia*, VII, 5, 25; VII, 7, 45; VIII, 2, 1, por exemplo.

56. Uma única passagem (*Ciropedia*, VII, 5, 73) pode aparecer como uma exceção. Apenas, a *philanthrōpía* aí adquire a acepção de humanidade sem que o episódio confira a essa disposição a menor necessidade e sem que, ademais, a obra de Xenofonte lhe conceda também o menor valor operatório. Ciro acaba de tomar Babilônia e declara: "Amigos e aliados, exprimamos aos deuses nossa maior gratidão por nos ter dado o que julgávamos digno obter. Pois, certamente, temos um vasto e rico território e, com ele, uma população que, trabalhando-o, nos alimentará. Além disso, temos casas e, nessas casas, todo um mobiliário. E que nenhum de vós vá pensar que com isso detém os bens de outrem; com efeito, é uma lei eterna entre todos os homens que, quando uma cidade é tomada na guerra, as pessoas e os bens da cidade pertencem àqueles que a tomaram. *Portanto, não é injustamente que conservareis o que conservareis, mas, se permitirdes aos habitantes guardar seus bens, é por benevolência que não os tirareis deles*".

57. Cf. infra.

58. Ver, por exemplo, *Ciropedia*, VIII, 1, 45; 2, 1 ss.

59. Reencontra-se nessa palavra a raiz de *eikon*: a imagem, a aparência.

60. V, 1337 *a* 31 ss.

61. "Ser equitativo é ser indulgente com as fraquezas humanas; é considerar não a lei, mas o legislador; não a letra da lei, mas o espírito daquele que a fez; não a ação, mas a intenção; não a parte, mas o todo; não o que o acusado é atualmente, mas o que foi sempre ou a maior parte do tempo. É também se

lembrar o bem que nos foi feito, de preferência ao mal; os benefícios que recebemos, de preferência aos serviços que prestamos. É saber suportar a injustiça. É consentir que uma desavença seja resolvida antes pela palavra que pela ação"... (*Retórica*, 1374 *b* 10-20).

62. A noção é apenas fracamente atestada em Políbio (nove ocorrências). É preciso esperar Diodoro de Sicília para que ela intervenha maciçamente.

63. Pelo menos desde Heródoto, que tomo como ponto de partida de meu estudo.

64. *Política*, II, 1263 *b* 15; *Poética*, 53 *a* 2, 56 *a* 21.

65. Cícero ter-se-ia inspirado em seu *perì philías* no *De amicitia*. Os dois trechos dele transmitidos por Porfírio concedem um amplo lugar à ideia de parentesco entre os homens, quaisquer que sejam, e o resumo da ética peripatética do estoico Arius Didimo igualmente. Ver a esse respeito A. -J. Voelke, *Les rapports avec autrui dans la philosophie grecque d'Aristote à Panétius*, Vrin, Paris, 1961, pp. 70-1.

66. Histórias, III, 53.

67. *Guerra do Peloponeso*, III, 4, 3. Para o discurso de Cleon exigindo o castigo dos mitilenenses, ver III, 40, 3: o *díkaion* e a *epieíkeia* aí são claramente opostos. Mas é preciso apressar-se em assinalar que, no debate que opõe Cleon e Diodoro sobre a sorte a ser reservada aos mitilenenses, não é o problema ético, inutilmente sugerido pelos vencidos, que é discutido, mas o do interesse de Atenas e de seu império.

68. V, 9, 6; V, 10, 1.

69. V, 11, 5.

70. O código guerreiro que pretende que se faça o bem (*eũ poieĩn*) aos amigos e o mal aos inimigos é aqui inegavelmente questionado.

71. XIII, 19-27.

72. A tese de P. Pedech, *La méthode historique de Polybe*, Les Belles Lettres, Paris, 1964, constitui uma importante tentativa de encontrar a coerência das observações de método acumuladas por Políbio, mas isso não significa que estas se apresentem de imediato ou mesmo que sejam concebidas como "um método".

73. "Em qualquer outra circunstância, não se desaprovaria, sem dúvida, esse gênero de honestidade (*epieíkeia*) (a que leva Fábio Píctor e Filinos a escrever histórias parciais): é um dever para um homem de bem amar seus amigos e sua pátria, partilhar os ódios de seus amigos em relação aos seus inimigos. Mas, se se tem a consciência do caráter próprio da história, é preciso esquecer todos os sentimentos desse gênero e frequentemente cobrir de elogios os seus inimigos, quando seus atos o exigem, e muitas vezes também criticar e condenar severamente aqueles de seu partido quando seus erros de conduta o justifiquem [I, 14, 4-5]... É preciso então, fazendo abstração dos protagonistas, pautar apenas pelos atos, nas obras históricas, as observações e os julgamentos que se impõem [I, 14, 8]... Pois da mesma maneira que um animal privado da visão não serve absolutamente para nada, assim também a história privada da verdade se reduz a um relato sem utilidade [I, 14, 6]."

74. XXVII, 18, 1.

75. Ver também XXV, 15, 3.

76. *Guerra do Peloponeso*, III, 40, 3, 1 e 7.

77. A ideia adquire tal força na *Biblioteca histórica* que se exprime em uma forma quase cristalizada: "comandando (governando), conduzindo-se com equidade/clemência, ele/ela conquistou o reconhecimento (*apodoché*) e, consequentemente, a obediência de tal povo, de tal cidade". Ver, entre outros exemplos: II, 28, 5; 46, 2; III, 54, 5; III, 61, 4; III, 65, 1; IV, 44, 4; V, 8, 2; 81, 6; IX, 67, 2; 71, 2; XIV, 105, 3; XV, 15, 1; XVII, 76, 2; 91, 8; XVIII, 14, 2; 18, 8; 28, 6...

78. XV, 1, 3.

79. XI, 70, 3; XII, 76, 2.

80. XVII, 76, 2.

81. XXIX, 10, 1; XXX, 23, 2; XXXI, 3, 1; 7, 1; 9, 4-7 e sobretudo XXII, 2, 1.

82. N. Loraux, "Thucydide et la sédition dans les mots", p. 96: "[...] a história das vicissitudes do *lógos* é [...] um subtexto de *A Guerra do Peloponeso*".

83. XXXI, 11, 1.

84. *Helênicas*, VII, 5, 26-7.

85. Políbio, I, 4, 1: "Da mesma maneira que a Fortuna inclinou para um único lado e forçou a encaminharem-se para um único e mesmo fim quase todos os acontecimentos da Terra, assim também é preciso, por meio da história, concentrar em uma mesma visão sintética para os leitores o plano que a Fortuna aplicou para uma série universal de acontecimentos". Para Diodoro o historiador autoriza-se da providência divina: ele combina a sua obra como ela ordena o mundo (*Biblioteca histórica*, I, 1, 3). Para uma apresentação mais ampla da obra de Diodoro de Sicília, ver o prefácio de P. Vidal-Naquet a *Diodore de Sicile. Naissance des Dieux et des hommes*, Les Belles Lettres, Paris, 1991.

86. A palavra aparece já em Heródoto.

AS DELÍCIAS DO JARDIM

José Américo Motta Pessanha

... uma vez, ao menos, vivi como os deuses: é quanto basta.

Hölderlin, *Às Parcas*.*

No final do século XIX, arqueólogos franceses descobriram em Enoanda, na Capadócia (Turquia central), pedras contendo curiosa inscrição: uma mensagem filosófica mandada gravar por certo Diógenes, no século II d.C. Na verdade, a mensagem que esse cidadão de Enoanda e professor em Rodes procurou perpetuar no muro de um dos pórticos de sua cidade é constituída por teses fundamentais da ética de Epicuro, filósofo grego que vivera cerca de quinhentos anos antes (século III a.C.). Testemunho comovente da admiração de um discípulo por seu mestre, o texto inscrito nas pedras da muralha parece conter uma carta que Epicuro endereçara à mãe,[1] mas que Diógenes considera de imensa valia para qualquer pessoa, de qualquer época. Assim, movido pelo amor aos homens, procura partilhar indiscriminadamente os ensinamentos do mestre com qualquer um que passe diante da muralha de Enoanda. Justifica-se Diógenes, na parte inicial da inscrição:

> Se uma pessoa, ou duas, ou três, ou quatro, ou o número que queiram, estiver em aflição, e se eu fosse chamado a ajudá-la, faria tudo que estivesse em meu poder para oferecer meu melhor conselho. Hoje, a maioria dos homens está doente, como que de uma epidemia, em função das falsas crenças a respeito do mundo, e o mal se agrava porque, por imitação, transmi-

* Friedrich Hölderlin, *Poemas*, trad. e introd. José Paulo Paes, Companhia das Letras, São Paulo, 1991, p. 87.

tem o mal uns aos outros, como carneiros. Além disso, é justo levar socorro àqueles que nos sucederão. Eles também são nossos, embora ainda não tenham nascido. O amor aos homens nos leva a ajudar os estrangeiros que venham a passar por aqui. Como a boa mensagem do livro já foi difundida, resolvi utilizar esta muralha para expor em público o remédio da humanidade.

Doente, a humanidade transformada em rebanho precisa de tratamento. A fonte do mal, que se alastra pelo contágio do mimetismo, está detectada: as falsas crenças. O que move a ação curativa é o generoso sentimento de *philia* que, além de sustentar intrinsecamente a filosofia, transborda — enquanto amor à sabedoria — em amor à humanidade. A ação do médico-filósofo ou do filósofo-médico — ressaltada desde Empédocles e Sócrates/Platão — não conhece, porém, na linhagem epicurista, qualquer tipo de restrição quanto à escolha do paciente-discípulo: *todos* têm direito à cura, sem limitações sociais, econômicas, étnicas.[2] Por isso, a mais ampla publicidade deve ser dada ao tratamento: o remédio é oferecido a qualquer um, a qualquer passante, mesmo aos estrangeiros, pois seu valor e benefício são universais, acima das contingências de espaço e tempo. E sua preservação em pedra é justamente para que os pósteros — que "também são nossos" — dele possam usufruir.

Mas, afinal, que remédio é esse, capaz de livrar a humanidade de aflições e tormentos? O remédio é o *logos* filosófico enquanto portador da verdade aclaradora, o discurso enquanto *phármakon*, enquanto curativo porque discurso-razão que espanca as trevas das crendices, expulsando os males da alma.[3] Só que na inscrição de Enoanda ele aparece sob a forma de *tetraphármakon*, o quádruplo remédio composto por ingredientes das *Doutrinas principais* de Epicuro.[4] Ei-lo:

Não há o que temer quanto aos deuses.
Não há nada a temer quanto à morte.

Pode-se alcançar a felicidade.
Pode-se suportar a dor.

Cerca de dois séculos antes de Diógenes de Enoanda ter tentado perenizar e difundir as ideias de Epicuro, utilizando as pedras de uma muralha, outro epicurista, o romano Tito Lucrécio Caro (*c.* 97 a.C. — *c.* 55 a.C.), movido por idêntica admiração ao mestre, já enaltecera sua doutrina usando as estrofes de longo e magnífico poema filosófico, muralha só de palavras: o *De rerum natura* [*Sobre a natureza das coisas*].

Nas aberturas dos vários livros que compõem o poema, Epicuro é repetidamente exaltado como glorioso libertador da humanidade, descobridor da verdade que afasta os terrores da alma, deus portador de luz salvadora. Escreve o poeta-filósofo na abertura do Livro V: "Foi um deus, um deus, aquele que primeiro descobriu a regra da existência que se chama agora sabedoria, aquele que trazendo nossa vida, por meio de sua arte, de tão grandes ondas e de tão grandes trevas, colocou-a em lugar tão tranquilo e em tão clara luz".[5]

Na abertura do Livro III, Lucrécio reveste de luxuosas imagens sua incontida admiração:

> Ó tu que primeiro pudeste, de tão grandes trevas, fazer sair tão claro esplendor, esclarecendo-nos sobre os bens da vida, a ti eu sigo, ó glória do povo grego, e ponho agora meus pés sobre os sinais deixados pelos teus, não por qualquer desejo de rivalizar contigo, mas porque por amor me lanço a imitar-te. De fato, como poderia a andorinha bater-se com o cisne, que poderiam fazer de semelhante em carreira os cabritos de trêmulos membros e os fortes, vigorosos cavalos? Tu, ó pai, és o descobridor da verdade, tu me ofereces lições paternais, e é nos teus livros que nós, semelhantes às abelhas que nos prados floridos tudo libam, vamos de igual modo recolhendo as palavras de ouro, de ouro mesmo, as mais dignas que houve desde que o tempo é tempo. Logo que tua doutrina, obra de um gênio divino, começa a proclamar a natureza das coi-

sas, dispersam-se os terrores do ânimo, apartam-se as muralhas do mundo, e vejo como tudo se faz pelo espaço inteiro.[6]

Percebe-se: tanto quanto o vínculo intelectual, liga fortemente os discípulos ao mestre — mesmo os distanciados no tempo, como Diógenes de Enoanda e Lucrécio — a *philia*, vínculo afetivo, devotado e grato amor. A relação mestre-discípulo aparece no epicurismo como modalidade do erotismo docente-discente que já marcara a mesma relação entre pitagóricos e socráticos. Eros, o mediador, como mostra o *Banquete* de Platão, patrocina o magistério filosófico, pois a verdade é conquistada em dupla ascese, teorética e erótica. O mestre, por isso, é muito mais que fonte de informação e ensinamentos: enquanto um dos polos do reversível binômio *erasta/erômeno*, é amado exemplo de vida sábia, a ser seguido e divulgado.[7] O discípulo, mesmo não pretendendo rivalizar com ele, não desiste de imitá-lo. Quer ser o que a andorinha é para o cisne, o cabrito para o cavalo, na assimetria que sustenta a ligação entre cópia e modelo. Mais: a *philia* que alimenta essa relação baseia-se no amor à verdade e é a mesma que impele a transmissão da doutrina, pois, se a difusão das ideias é propagação de luz libertadora, constitui também a expansão de trama amorosa a se ampliar incessantemente ao longo do tempo, buscando envolver os homens de todas as gerações.

A dupla natureza da proposta epicurista — aliar razão iluminadora e amor à humanidade, lúcida compreensão dos fenômenos naturais e procura da felicidade terrena, ciência e ética — justifica, em parte, a aparência de seita, o caráter de confraria assumido por essa corrente filosófica. Trata-se, porém, de confraria laica, centrada na valorização do humano, não na transcendência do divino; confraria de amigos da verdade alcançada pelos sentidos e pela razão; confraria que procura a salvação, sim, mas por meio do conhecimento, não da crença, por meio da filosofia enquanto compreensão clara e comprovável, não da adesão ao mistério, ao intelectual e empiricamente insondável. O preceito "deves servir à filosofia para que possas alcançar a verdadeira liberdade"[8] é, por isso, uma de suas prescrições fundamentais.

O humanismo radical e o propósito de colocar a verdade a serviço da felicidade humana, a índole "iluminista" que induz ao combate de toda forma de obscurantismo e crendice, o projeto salvacionista alicerçado na ciência, a defesa do prazer com fundamento materialista fazem do epicurismo um modelo de pensamento capaz de sobreviver e ressurgir, mesmo parcialmente, no decorrer dos séculos. Essa vitalidade e esses ressurgimentos manifestam-se apesar do acirrado combate que, desde a Antiguidade, recebe de adversários — em particular estoicos e cristãos. Com efeito, ideias epicuristas reaparecem em Pierre Gassendi (1592-1655), crítico de Descartes e um dos fundadores do materialismo moderno. No início da Modernidade, também o materialismo mecanicista de Thomas Hobbes (1588-1679) remonta a Epicuro. Mais tarde, Lenin alia-se ao epicurismo ao polemizar com Hegel. Porém, é sobretudo Marx — o jovem Marx — que mais profundamente mergulha na filosofia do mestre grego, reinterpretando-a na tese com que pretende obter lugar de *dozent* em Bonn: *Diferenças entre as filosofias da natureza em Demócrito e Epicuro*.[9]

Iniciada em 1839, a tese é construída com instrumental teórico que Marx herda da filosofia clássica alemã e de Hegel. Na verdade, faz parte de um projeto mais ambicioso (e não completado): descobrir, pela análise dos sistemas filosóficos pós-aristotélicos — epicurismo, estoicismo, cepticismo —, a "forma subjetiva", o "caráter" da filosofia, ela que faz a mesma "profissão de fé de Prometeu", o patrono da rebeldia e da libertação humanas "que ocupa o primeiro lugar entre os santos e os mártires". Afinal, essa índole prometeica, libertária, reaparece, naquele momento, na filosofia cultivada pelo *Doktorklub*, o Clube de Doutores idealistas e liberais que Marx, enquanto jovem hegeliano de esquerda, frequenta em Berlim e cujo programa consiste em realizar a síntese entre hegelianismo e liberalismo, criando o ideário que permita, em termos alemães, concluir a tarefa libertadora esboçada na *Aufklärung* e levada à prática pela Revolução Francesa. E é justamente em Epicuro — "primeiro teólogo da morte de Deus" — que Marx vai encontrar o combate desalienador à ética e à religião tradicionais, o mesmo combate que reencontra ao ler, no começo de 1842, *A essência do cristianismo*, de seu amigo Feuerbach. Tanto em Epicuro quanto em Feuerbach, Marx se defronta com um materialismo que sustenta uma filosofia libertária, permanecendo, todavia, nos limites da liberdade apenas interior. Ultrapassá-la e forjar armas teóricas para a ação libertadora no nível social e político exigirá a reformulação do próprio materialismo, exigirá a construção do marxismo. Mas, de qualquer modo, parece claro: é na companhia de Epicuro que Marx esgota as possibilidades de uma dimensão da liberdade e chega à fronteira além da qual prosseguir significa criar suas próprias ideias.[10]

O CISNE E A ANDORINHA

Das numerosas obras de Epicuro — Diógenes Laércio afirma que eram cerca de trezentos títulos — muito pouco se conservou. Chegaram até nós três cartas — uma a Pítocles, de autenticidade duvidosa e tratando de fenômenos celestes, outra a Heródoto, sobre física, e uma terceira a Meneceu, sobre ética —, além das chamadas *Máximas principais*, quarenta sentenças possivelmente extraídas de várias obras. A esse parco conjunto acrescentaram-se, em 1888, as 81 sentenças descobertas em manuscrito da Biblioteca do Vaticano, algumas porém reproduzindo textos já conhecidos. Posteriormente, foram encontrados, em escavações em Herculano, os restos de uma biblioteca epicurista, contendo inclusive partes extremamente mutiladas da obra *Sobre a natureza*, de Epicuro. E, completando o escasso legado, foram descobertas, no final do século XIX, as inscrições da muralha de Enoanda.[11] É bem verdade que muitas citações de Epicuro aparecem nos escritos de autores antigos, como Cícero, Plutarco ou Clemente de Alexandria. Mas essas fontes devem ser utilizadas com cuidado, pois estão marcadas pela intenção polêmica e crítica de adversários da doutrina epicurista, empenhados em combatê-la em nome do estoicismo, do ecletismo ou do cristianismo.

Eis por que o poema *Sobre a natureza das coisas* (*De rerum natura*), de Lucrécio, adquire tanta importância para o resgate das doutrinas epicuristas. Realmente, seria muito difícil reconstituir as ideias de Epicuro — o cisne — se não dispuséssemos da mediação que seu discípulo latino — a andorinha — realiza, sem pretender equiparar-se ao mestre grego, antes seguir, com apaixonada fidelidade, as pegadas que delineiam o percurso de seu pensamento.[12]

Ao contrário do que se poderia supor, o hedonismo epicurista — que nos cantos filosóficos do cisne e nos voos poéticos da andorinha proclama o prazer como finalidade da vida humana — é uma doutrina defendida por homens que têm todos os motivos para desistir da felicidade e que, no entanto, afirmam: "Chamamos ao prazer princípio e fim da vida feliz".[13] Epicuro e Lucrécio vivem vidas difíceis em tempos difíceis.

Epicuro nasce em 341 a.C., em Samos ou em Atenas, mas seguramente de família ateniense. Seu pai é modesto mestre-escola, a mãe uma espécie de rezadeira, que o menino às vezes acompanha quando ela exerce sua função. Assim, desde cedo, Epicuro pode verificar como as pessoas estão geralmente dominadas por temores e crendices. Aos catorze anos é mandado para Téos, onde passa a acompanhar as lições de Nausífanes, discípulo do atomista Demócrito de Abdera. O cosmos com todos os seres lhe é então apresentado como resultando de átomos que se movem desde sempre no vazio infinito e que se aglutinam segundo leis estritamente mecânicas, sem intervenção de qualquer finalismo. Pobre, migrante e com saúde extremamente frágil, Epicuro vive, a partir de 322 a.C., em diversas cidades da Ásia Menor, enquanto elabora sua filosofia: "menos um sistema de pensamento do que um sistema de vida".[14] Finalmente, em 306 a.C., vai para Atenas, onde funda sua escola filosófica, o

Jardim, na verdade uma confraria ou comunidade que admite entre seus membros também mulheres e escravos.

Mostram os historiadores: Epicuro compra primeiro uma casa, em seguida adquire, a certa distância, um jardim. Da Casa passam a sair, abundantemente, livros, panfletos e cartas, enquanto no Jardim (*Kepos*) acomodam-se os discípulos que depois vão difundir a doutrina por toda parte, permanentemente alimentados, do ponto de vista doutrinário, por novos textos e pela frequente correspondência. Cícero, inimigo do epicurismo, distorce intencionalmente os fatos ao dizer que se trata de "um jardim de prazer onde os discípulos enlanguesciam em gozos refinados". Na verdade, o *Kepos* não é propriamente um parque (*paradeisos*), mas uma horta, útil para a alimentação frugal dos que ali se recolhem, em convivência amigável junto ao mestre e inteiramente apartados das questões e distúrbios da *pólis*.[15]

Após uma vida marcada por ascetismo, serenidade e doçura, apesar da dolorosa doença — cálculo — que nunca lhe dá trégua, Epicuro morre em 271 a.C. Diógenes Laércio descreve assim sua morte: "Sentindo-se morrer, ele se fez colocar numa banheira de bronze cheia de água quente e pediu um copo de vinho puro, que bebeu. Tendo exortado seus discípulos para que se lembrassem de suas lições, expirou".[16]

Pouco tempo antes, Epicuro escrevera a alguns discípulos, anunciando estar prestes a morrer. É o que se lê neste fragmento da *Carta a Idomeneu*:

> Eu te escrevo neste dia feliz da minha vida em que me sinto próximo da morte. O mal prossegue seu curso na bexiga e no estômago e não perde nada de seu rigor. Mas, contra tudo isso, tenho alegria em meu coração, ao recordar minhas conversas contigo. Cuida dos filhos de Metrodoro: creio que posso contar com isso pela antiga devoção à minha pessoa e à filosofia.[17]

A cena descrita por Diógenes Laércio traz inevitavelmente à lembrança outra cena de morte, a morte de outro cisne: Sócrates, segundo o relato do *Fédon* de Platão.[18] Ambos, Epicuro e Sócrates, morrem serenamente, como exemplos de mortes sábias ou de sabedoria até a morte. Ambos bebem antes de morrer: Sócrates a cicuta que o envenena, Epicuro o vinho puro que lhe oferece a última sensação de prazer. Sócrates permanece tranquilo porque, enquanto espera o momento final, tece argumentos que ampliam os horizontes da espera e a transformam em racionalização da esperança na sobrevivência da alma.[19] Epicuro permanece imperturbável até o fim justamente pela certeza de que a morte não lhe diz respeito, pois, ao chegar, não o encontra: seu corpo e sua alma feitos de átomos retornaram ao jogo dos corpúsculos que se movem no vazio, eternamente. Sócrates, ao se despedir desta vida, parece saudar o deus da saúde (Asclépio), patrono da vitória da vida (da alma) sobre a morte (do corpo). Epicuro saúda com vinho não a vida futura, apenas provável, mas esta vida terrena que se finda, valiosa pelas alegrias e prazeres nela saboreados.

O texto de Diógenes Laércio contém outra informação importante: as últimas palavras de Epicuro foram de exortação aos discípulos, para que "se *lembrassem* de suas lições". A memória desempenha, de fato, papel decisivo na ética epicurista, como está sugerido na última carta do filósofo, em que declara manter a alegria no coração, apesar das torturas impostas pela doença. E essa alegria, explica, lhe vem "ao *recordar* as conversas" com Idomeneu.

Noutro sentido a memória é também fundamental no epicurismo: enquanto manutenção da sabedoria conquistada e da liberdade interior obtida. Essa manutenção depende do constante processo de reavivamento de lembranças: lembranças de *lições*, recordação de *conversas*, ou seja, manutenção de um fluxo permanente de palavras portadoras da verdade sobre a "natureza das coisas" e sustentadoras da vida sábia, imperturbável. Não é justamente por isso que o Jardim se apresenta como uma espécie de "empresa editorial",[20] a produzir continuamente livros e cartas? Não é pelo mesmo motivo que Diógenes de Enoanda procura perenizar em pedra as doutrinas básicas de Epicuro: para que suas *lições* permaneçam *lembradas* e à disposição dos homens de todas as raças e gerações?

A aquisição e a difusão da sabedoria epicurista sustentam-se, com efeito, na *philia* que liga os discípulos numa sociedade de amigos, que os vincula fortemente ao mestre e une todos à mesma doutrina. Mas essa rede de amizade exige uma rede de palavras permanentemente recordadas e comunicadas: o amor à humanidade e o processo de libertação e conquista da serenidade sábia são construídos em tramas de linguagem que incessantemente tecem o luminoso discurso da verdade. Obra inteiramente humana, sem interferência de nada que transcenda o humano, esse discurso da razão apoiada na experiência sensível é tecido no tear do tempo: resgatando o passado — rememorando lições e falas — e urdindo o futuro. Não é por isso que, antes de morrer, em sua carta derradeira, Epicuro junta as prazerosas recordações de conversas passadas à preocupação com o futuro dos filhos de Metrodoro? E que Diógenes de Enoanda *preserva as palavras* do mestre, legado do passado, para os pósteros — "que também são nossos"?

Se a vida de Epicuro é marcada pela busca da serenidade a partir de condições pessoais adversas, seu tempo não é menos atribulado. Sua Grécia não é mais a Grécia do período helênico, que se desenvolvera como conjunto de *póleis* (Cidades-Estados) independentes, unidas pelo sentimento comum de helenidade frente aos "bárbaros", mas ciosas de sua autonomia e de suas peculiaridades, a cultuar os respectivos deuses protetores, a experimentar regimes políticos e organizações sociais diferenciadas, compondo um mosaico caracterizado por permanente tensão entre os impulsos de junção e de separação, que alguns de seus pensadores chegam a atribuir à própria dinâmica do cosmos.[21] A Grécia de Epicuro é outra: pertence ao período helenístico, inserida, desde a derrota de Queroneia, no Império macedônio. Primeiro Filipe, depois seu filho Alexandre (mais tarde os romanos) encerram a experiência política e cultural da Grécia Clássica, marcada pelo senso de liberdade manifestado de múltiplas formas, mas evidenciado sobretudo pela invenção da democracia. A dominação macedônia impõe um quadro totalmente diferente: as *póleis* não decidem mais de seus destinos, passando a integrar vasto império onde o poder está centralizado e no qual convivem, subjugados, outros povos, com outras tradições, outras formas de vida, pensamento, religião. Fatalmente afrouxam-se as fronteiras culturais: dominados pela Macedônia, gregos e "bárbaros", helenos e orientais são forçados a mais estreito contato e se interinfluenciam mais intensamente. Surge, assim, uma nova civilização — a helenística —, que durará cerca de três séculos, da morte de Alexandre à conquista romana. Nesse período, num império que vai do Irã a Cartago, do Egito à Itália, a herança helênica se difunde. Alexandre não é apenas "o criador do Estado territorial de grandes dimensões", é também "o grande responsável pela helenização do mundo antigo".[22] Em contrapartida, "à era das cidades livres sucede a das monarquias".[23] Ao morrer, em 323 a.C. — ano em que Epicuro vai para Atenas —, Alexandre deixa completamente modificado o cenário político e cultural das adjacências do Mediterrâneo e de parte da Ásia. Cerca de meio século é necessário para a constituição da nova organização política. Mas, em 321 a.C., já estão estabelecidos os três grandes reinos helenísticos que perdurarão até a conquista romana: Macedônia-Grécia (sob os Antigônidas), Ásia (sob os Selêucidas), Egito (sob os Ptolomeus).

Mostram os historiadores: para tentar introduzir algum princípio unificador na diversidade extrema que caracteriza seus súditos, essas monarquias tornam-se pessoais, patriarcais e paternalistas. No nível da realeza, faz-se a coalescência entre o político e o pessoal; os colaboradores do rei são, ao mesmo tempo, servidores do Estado e servidores domésticos, ligados à Casa real. Sintomaticamente, a legislação perde o caráter das antigas leis das cidades gregas — os *nomoi*, que no regime democrático eram estabelecidos pelos cidadãos em decisões conjuntas — e passa a ser composta por decisões pessoais (do soberano), enquanto atos isolados que são comunicados, por meio de cartas ou instruções pontuais, para orientar a ação das administrações locais, de tipo satrápico.[24] Não sustentadas pela racionalização inerente aos argumentos em confronto numa Assembleia de cidadãos livres, mas emanando do alto, como decisão transcendente e impermeável à crítica e à apreciação de alternativas, as leis surgem como fatalidade ou como expressão de uma Razão superior, universal, insondável e irretorquível. Não fundamentadas no princípio de *isegoria* — direito ao uso político da palavra (na *ágora*) —, típico da experiência democrática, as leis assumem caráter monológico e, ao mesmo tempo, pessoal, autoritário e casuístico.

Por outro lado, a perda da liberdade política ocasiona o refreamento do processo libertário que se expressa em certas correntes de ideias e contesta subterraneamente as instituições da Cidade, mesmo durante a vigência do regime democrático. É que, na verdade, a liberdade propiciada pela democracia era privilégio de poucos: os "cidadãos", homens adultos, livres, nascidos na *pólis*. Mulheres, estrangeiros e escravos estavam destituídos do direito de cidadania, alicerçado nos princípios de *isegoria* e de *isonomia* (igualdade perante a lei). Com isso, de fato, a maioria da população, na Atenas de Péricles, estava impedida de participar das discussões e decisões da Assembleia. Na verdade, alguns tinham liberdade para interferir nos assuntos políticos e também para se dedicar às investigações científicas e filosóficas graças à escravidão de muitos. Se tal situação é legitimada metafisicamente por Aristóteles — que a considera de acordo com a hierarquia dos seres e, portanto, natural e indispensável —, outros pensadores a criticam, nela reconhecendo o sinal de uma inversão ou de uma Queda, a exigir correção. Já Hesíodo descrevera seu tempo como resultante da decadência: tempo de injustiça, quando irmão rouba irmão com a conivência de juízes venais, dura idade de ferro, muito diferente da perdida idade de ouro.[25] Mas é sobretudo no seio da corrente pitagórica, a partir do século VI a.C., que se afirma claramente ter o homem decaído, anímica e cosmologicamente, da condição originária. Transformando premissas religiosas do orfismo em doutrina científico-filosófica de índole matemática, o pitagorismo, com efeito, explica a situação atual do homem — e da sociedade — como resultado da perda de altitude original: a alma-estrela, cadente, aprisiona-se na dimensão terrestre e passa a existir como dissonância em relação à harmonia do cosmos. Recuperar a situação estelar da origem e reintegrar-se na harmonia do Todo — tornar-se *kósmios*, dotado de ordem e beleza — consiste, para o homem, em seguir a via de purificação e retorno que atravessa várias encarnações. Por isso mesmo, nenhuma situação é definitiva para a alma em processo ascensional de volta. "Outrora fui menino, menina, arbusto, passarinho e, do mar saltando, mudo peixe", revela Empédocles,[26] o filósofo-médico-poeta, líder democrático de Agrigento. Que poderia acrescentar à lista de suas experiências ao longo das múltiplas metensomatoses: fui escravo e homem livre. Pois também as instituições são passageiras, como é mutável a situação do homem no cosmos. Tudo que existe *de fato*, na dimensão terrena, está imerso no movimento direcionado à recuperação da situação *de direito*, originária: no futuro, a Origem. A própria isonomia que deve reger a *pólis*, tornando-a democrática, constitui, na verdade, a introdução, no plano social e político, do princípio que preside o comportamento das raízes do cosmos: a Água, o Ar, a Terra e o Fogo, movidos eternamente por *Philia* e *Neikos* (Amor e Ódio, Amizade e Discórdia).[27]

Nessa linhagem de pensamento libertário, que contesta a fixidez das instituições políticas e dos lugares dos homens na sociedade, situa-se o socratismo dos cínicos e do próprio Platão. O retorno às alturas, à pátria celeste, depende da retomada das asas pela alma que se faz alante ao construir linguagens ascensionais (matemática, música e, principalmente, esta metamatemática e "mais alta música": a filosofia), mostra Platão não apenas em mitos, mas também em sua dialética teorético-erótica, de cunho verticalizante.[28] E não é em nome da transcendência das essências modelares e sobretudo do Justo-em-si (justeza e justiça) que o plano empírico é julgado e a *pólis*, mesmo a democrática, rejeitada por Platão: pela distância que a separa da *pólis* ideal? Com efeito, o Platão crítico da democracia de seu tempo, desiludido com todos os regimes políticos experimentados pela Grécia, defende novo tipo de aristocracia — a do espírito —, que contesta tanto a igualdade quanto a desigualdade instituídas no interior da *pólis* democrática: nem todos os homens são iguais, a partir da diferenciação originária manifestada por suas almas, nem a desigualdade vigente é legítima, já que um escravo, como o de Ménon, pode revelar-se intelectualmente — animicamente — superior a seu amo.[29] De fato, na escalada de Retorno, impulsionada pela maiêutica socrática ou pela dialética platônica, a relação senhor/escravo pode se inverter, na medida em que a configuração do factual, que é mutável e histórico, vai sendo substituída pela (re)ordenação que expressa a ordem essencial; na medida em que as estruturas — da alma e da Cidade —, frutos da Queda, vão cedendo lugar à (re)organização fundamentada na perfeita proporção e na Justa Medida, ao mesmo tempo Sol e Bem.[30]

A tentativa de implantação da isonomia cósmica na *pólis* leva Empédocles à ação política, à luta pela democratização de Agrigento, tanto quanto ao empenho pela democratização interior, a partir da introdução do princípio de isonomia no processo de conhecimento. Na mesma linha pitagorizante, Platão concebe a filosofia como ascese da alma rumo às essências — paradigmas eternos e incorpóreos do que existe no plano empírico —, mas também enquanto busca dos fundamentos para a ação política justa, o que faz de Siracusa o complemento indispensável das investigações da Academia de Atenas. Em ambos, filosofar é via de salvação da alma e da *pólis*. Sábio é aquele que se liberta das ilusões, mas que se torna, em decorrência — na condição de filósofo-pedagogo, médico de almas —, libertador dos que permanecem prisioneiros na caverna dos enganos e simulacros; mas é também, paralelamente, o que interfere nos rumos da Cidade, enquanto filósofo-político. Salvação pessoal e salvação da *pólis* são duas faces do mesmo caminho de Retorno, da mesma missão libertária: Ética e Política se entrelaçam e se completam.

O tempo de Epicuro desfaz esse liame.

Se as decisões políticas e as leis emanam, prontas e indiscutíveis, de Filipe ou Alexandre para todo o império, na vida pública cabe somente obedecer: nem a Cidade é mais dona de seu destino, nem o cidadão pode decidir sobre os rumos dela. E, como as decisões são determinadas pelo arbítrio do imperador ou de seu representante local, surge, como expressão do sentimento de fatalidade que se abate sobre todos, o culto ao Acaso: preces são dirigidas a *Tyché*, a Fortuna.[31] Também não se pode mais aspirar a mudanças libertárias. No dia seguinte à batalha de Queroneia, Filipe impõe aos gregos a Confederação dos Helenos, da qual se torna chefe, estabelecendo: fica proibida, para sempre, a libertação dos escravos.[32]

Paul Nizan faz um resumo dramático do panorama político-social:

> A acumulação das riquezas em um polo da sociedade não impede o empobrecimento geral. Nenhum tempo mais trágico que o tempo de Epicuro [...] A infelicidade se estabelece entre os gregos, a desordem e a angústia aumentam todos os dias [...] Sangue, incêndios, assassínios, pilhagens: mundo de Epicuro.[33]

Miséria econômica, miséria política. E a generalizada insegurança e o medo: medo da delação, do exílio, da pobreza, da morte. Surpreendentemente, é dentro de tanta adversidade que Epicuro constrói e difunde sua filosofia centrada no prazer, na serenidade e na alegria. Escreve um historiador:

> O que faz a originalidade e a grandeza de sua doutrina é que numa época de misérias e lutas em que os diádocos disputam a herança de Alexandre, e proveniente de um homem pobre e só, sofredor desde a juventude de dolorosa doença da bexiga que não lhe dá sossego, ela afirma tranquilamente que o homem é feito para ser feliz, que carrega essa felicidade nele próprio e que a filosofia não é preparação para a morte, mas procura da alegria.[34]

Se as condições históricas, objetivas, impossibilitam que a liberdade seja conquistada no plano social e político, resta, todavia, todo o mundo interior, subjetivo, a ser libertado das ilusões e crendices que atormentam e escravizam a alma. E, se a felicidade não pode mais advir da participação num projeto coletivo de procura do bem e da justiça, isso não impede que se busque a felicidade pessoal, íntima. Sábio é agora não mais aquele que, como no tempo de Platão, deve comandar o leme da nau da Cidade, mas o que se desliga completamente dos tumultos e das agruras da vida política, para construir a serenidade espiritual e dirigir livremente sua nau interior. "Vive ignorado", aconselha Epicuro.[35] Ou felicidade ou política, eis a escolha. Imperturbabilidade de espírito — delícia suprema — apenas no recolhimento do Jardim, no meio de amigos que são também amigos da sabedoria, distante dos tormentos da *pólis* e da multidão. Alcançar o bem é empreendimento exclusivamente ético, não político. Não adianta pretender a salvação coletiva, da sociedade, como sonharam pitagóricos e Platão: a salvação é pessoal e interior, exigindo, como condição primeira, afastar-se das turbulências da Cidade. É necessário, portanto, contrapor-se a longa tradição e mostrar, como indica Epicuro e desenvolve Lucrécio, que a vida social não constitui condição natural, intrínseca ao homem: é mera convenção. Pode, assim, ser substituída pela vida de acordo com a verdadeira natureza humana, cuja vocação é o prazer e a alegria.

Pouco se sabe sobre Lucrécio, a andorinha romana disposta a seguir os passos e a reproduzir o canto do cisne grego. Teria nascido cerca de 97 e morrido cerca de 55 a.C. Segundo uma tradição — suspeita, por ter sido amplamente difundida por adversários do epicurismo —, acaba louco e se suicida. Sabe-se, porém, com segurança, que o poema *De rerum natura* só foi editado depois de sua morte, por editor ilustre: Cícero.

Se a vida foi breve e talvez marcada por doença e trágico fim, seu tempo, como o de Epicuro, foi conturbado. Ele mesmo se refere à "época terrível para a pátria", quando lhe é difícil realizar com serenidade seu trabalho, escrever sua obra.[36] De fato, a Roma de Lucrécio é sacudida por episódios violentos: ditadura aristocrática de Sila, ditadura de Pompeu, insurreição de Espártaco — esmagada por Crasso e Pompeu —, guerras diversas, conspiração de Catilina, subida de César ao poder, conflitos sociais a contrapor escravos e senhores, nobres e cavaleiros.[37]

Todas essas adversidades não conseguem afastar o discípulo de Epicuro da certeza de que o homem, apoiado na compreensão dos fatos da natureza, pode evitar a dor e o medo, de muito pouco precisando para ser feliz. Escreve:

> Ó pobres espíritos humanos, ó cegos corações! Através de que trevas e perigos se passa o pouco tempo de vida! Não sente cada um o que a natureza a gritos proclama, que esteja sem dor o corpo e goze a mente, fora de medo e de cuidado, de um agradável sentimento?
>
> Pouco é necessário, naturalmente, pelo que diz respeito ao corpo: tudo o que suprime a dor pode dar-lhe ao mesmo tempo numerosas delícias. E, entretanto, a própria natureza não exige nada mais agradável: se não temos na casa estátuas douradas de jovens segurando na mão direita lâmpadas ardentes, que deem luz aos banquetes noturnos, se a casa não refulge com a prata nem rebrilha com o ouro, se não ressoam as cítaras pelas salas lacadas e douradas, não exigem os corpos grandes bens desde que estejam deitados sobre a branda relva, perto de um rio de água corrente, à sombra de uma alta árvore, sobretudo quando o tempo sorri e a estação do ano adorna de flores as ervas verdejantes. E as febres ardentes não se afastam mais depressa do corpo por se estar agitado sobre tapetes bordados e sobre a rubra púrpura do que por termos de deitar num pano plebeu.[38]

No meio de circunstâncias adversas — ensinam e exemplificam Epicuro e Lucrécio — é possível conquistar serena e estável felicidade. O caminho que leva a essa meta é o cultivo da filosofia não enquanto erudição, mas enquanto medicina da alma, valorizada pelos efeitos curativos, pois: "Assim como realmente a medicina em nada beneficia, se não liberta dos males do corpo, assim também sucede com a filosofia, se não liberta das paixões da alma".[39]

O ponto de partida dessa terapia filosófica é a substituição das crenças aterrorizantes pela correta compreensão da natureza das coisas e, em particular, da natureza do próprio homem. Assim, a ética que aponta para o prazer sereno como bem supremo sustenta-se no conhecimento verdadeiro, na ciência da natureza: "Não pode afastar o temor que importa para aquilo a que damos maior importância quem não saiba qual é a natureza do universo e tenha a preocupação das fábulas místicas. Por isso, não se podem gozar prazeres puros sem a ciência da natureza".[40]

O CONHECIMENTO QUE LIBERTA

Tomando a medicina por modelo, a filosofia, para Epicuro e seus seguidores, nada tem a ver com mera instrução: vale em função de seus efeitos, é essencialmente *atividade* curativa e libertadora. Que se constrói em três patamares: a lógica, a física e a ética. Lógica e física estão para a ética como a higiene e a medicina estão para a saúde: são meios para alcançar a meta desejada.[41]

Nesse sentido, o epicurismo entende por lógica algo totalmente diverso da lógica "sábia", como a de Aristóteles. Trata-se, mais propriamente, de uma crítica do conhecimento, visando à determinação de critérios de evidência que permitam separar o verdadeiro do falso, eliminar as opiniões errôneas e encontrar fundamentos seguros para certa forma de vida: a vida serenamente feliz.

O ponto de partida dessa lógica — chamada Canônica — é a identificação das fontes de qualquer conhecimento ou ideia. Epicuro distingue duas fontes: a *sensação representativa*, produtora de imagens que povoam a *phantasia*, e a *sensação afetiva*, o prazer e a dor. A sensação consiste, portanto, no cânone básico, no critério fundamental de todo conhecimento: todos os juízos que a razão constrói devem ser validados — ou não — pela sensação, que os confirma ou infirma.

Um segundo cânone é utilizado para distinguir o verdadeiro do falso: a antecipação ou prenoção (*prolépsis*). Trata-se da ideia genérica que a mente forma, com base em sensações passadas. Assim, ao se ouvir *flor*, sabe-se o que é, ainda que o objeto referido não esteja presente nem seja apreendido sensorialmente no momento. A *prolépsis*, embora remeta sempre à sensação, permite que o conhecimento se constitua dispensando a imediatez do objeto. Garante, desse modo, um tipo de verdade que, apesar de baseada na sensação, pode constituir-se em nível puramente inteligível e abstrato, "a respeito do que nos é invisível".[42] Essa mudança de patamar cognitivo é imprescindível à construção da física atomista, adotada e desenvolvida por Epicuro, enquanto organização de conhecimentos dotados de validade permanente e universal, enquanto *episteme* racionalmente estruturada, não mera coletânea de registros empíricos e episódicos. Epicuro esclarece: "A sensação deve servir-nos para proceder, raciocinando, à indução de verdades que não são acessíveis aos sentidos".[43]

Ou seja: o critério da antecipação permite ao conhecimento legítimo transcender o imediatamente sensível e o puramente fenomênico, realizando construções racionais, desde, é claro, que não infirmadas pelas sensações. O não sensível — o átomo — pode, assim, ser afirmado como fundamento de tudo o que percebemos. Mas a *prolépsis* representa também a introdução do tempo e da memória na sustentação do conhecimento científico, já que seu mecanismo supõe o resgate tácito de experiências passadas. Tempo e memória subjazem à racionalidade da física, do mesmo modo que constituem ingredientes imprescindíveis à sustentação do modo de vida preconizado pelo epicurismo.

A física de Epicuro toma por base a concepção atomista de Leucipo e Demócrito. O princípio fundamental dessa física, retomando tese característica das cosmogonias helênicas, é a eternidade da matéria. "Nada provém do nada", afirma Epicuro.[44] E Lucrécio glosa: "Realmente, se fosse possível nascer do nada, tudo poderia nascer de tudo".[45] A criação a partir do nada, inadmissível para a investigação estritamente racional, introduz a desrazão no nascedouro do ser. Essa irracionalidade originária surge como fundo obscuro, insondável, impedindo a compreensão plenamente racional do mundo. E dá lugar ao reino do imprevisível e do incontrolável, como mostra o poeta-filósofo:

> Poderiam surgir homens do mar, romper da terra a família dos peixes escamosos e as aves precipitarem-se do céu; e os rebanhos, os outros animais e toda a espécie de feras ocupariam, dado o acaso da origem, as terras cultivadas e os desertos. Por seu lado, as árvores não teriam sempre os mesmos frutos: mudariam de um tempo a outro e todas elas poderiam produzir todos. Com efeito, não havendo em coisa alguma elementos geradores, como poderia ter cada ser sua mãe determinada?[46]

A matéria eterna, matriz de tudo, é formada por inumeráveis átomos, corpúsculos resistentes, invisíveis e insecáveis (divisíveis não física, apenas matematicamente), que se movem no vazio infinito. Corpo e espaço, o corpóreo e o incorpóreo —[47] a extensão que resiste movendo-se no interior da extensão que não oferece resistência —, eis os componentes de todas as coisas. "Se não existisse o espaço, que é chamado vazio, lugar e natureza impalpável, os corpos não teriam onde estar nem onde mover-se", justifica Epicuro.[48]

No atomismo de Demócrito os átomos variam de tamanho — embora sempre em escala inferior ao limiar da percepção sensível —, formato, posição e arranjo (quando agrupados), sendo, porém, destituídos de qualidades, que só aparecem, enquanto qualidades derivadas ou secundárias, nos corpos por eles constituídos. Epicuro concorda. Demócrito afirma que os átomos estão eternamente em movimento. Epicuro também concorda. Mas Demócrito considera que, originariamente, numa situação "primeira" (não necessariamente efetivada, mas posta racionalmente como situação *lógica* fundamentadora), o movimento eterno e contínuo dos átomos realiza-se em quaisquer direções — já que no vazio infinito não há direção preferencial ou predeterminada —, como a poeira que se vê numa réstia de luz. Esses movimentos multidirecionais podem eventualmente ocasionar colisões entre átomos (quando o movimento resultante passa a ter direção determinada pelo tipo de choque ocorrido) e eventualmente resultar em engates que, se não forem desfeitos por novas colisões, podem dar início à formação de um conjunto de átomos. Esse o eventual começo de um mundo, dentre os infinitos mundos possíveis que, simultânea ou sucessivamente, podem ser engendrados, mas que posteriormente — sempre por fatores estritamente físico-mecânicos — podem ser desagregados, restando os elementos fundamentais e eternos, a *phýsis* plural: átomos que se movem no vazio infinito. Esse processo cosmogônico sem *télos*, sem finalismo, sem princípio regedor e intencional — oposto ao que deveria ser, para o Sócrates de Platão, o papel cosmogônico do *Noûs* de Anaxágoras —,[49] é uma construção sem arquiteto, a gênese materialista e perene dos mundos, efetivada sem interferência de qualquer arbítrio ou insondável desígnio, portanto sem mistério: à dimensão da inteligibilidade humana. Epicuro a adota. Mas a altera fundamentalmente, nela introduzindo dois conceitos decisivos, que permitem fazer da física a sustentação de sua ética hedonista: os conceitos de peso e de desvio.

Além de tamanho, resistência, forma, posição, os átomos, segundo Epicuro, possuem peso. Marx percebe a importância dessa inovação: o átomo passa a constituir, na versão epicurista, uma singularidade, "um ponto de gravidade representado como existência singular".[50] O peso torna-se fundamento da singularização, da individuação. Suscita, porém, um problema a ser resolvido no próprio plano da física. É que, dotados de peso, os átomos "caem" em linha reta no vazio, em trajetórias paralelas que não propiciam colisões e, consequentemente, não possibilitam o eventual surgimento de mundos. Apesar de racional, esse modelo cosmogônico "originário" não explica o que as sensações atestam: a existência das coisas, a efetivação do mundo em que somos. Essa efetivação demonstra *a posteriori* que houve choques e engates de átomos. Ou seja: aquela situação "primeira" deve ser minimamente alterada, apenas o necessário para que a possibilidade se transforme em efetividade do mundo. É preciso, portanto, admitir que, em algum ponto, algum átomo desvia-se da trajetória vertical — fatalidade mecânica — e é quanto basta para que ocorram colisões e acabem surgindo conglomerados atômicos. Esse desvio (*clinamen*) é assim descrito por Lucrécio:

> Quando os corpos são levados em linha reta através do vazio e de cima para baixo pelo próprio peso, afastam-se um pouco de sua trajetória, em altura incerta e em incerto lugar, e tão somente o necessário para que se possa dizer que se mudou o movimento. Se não pudessem desviar-se, todos eles, como gotas de chuva, cairiam pelo profundo espaço sempre de cima para baixo e não haveria para os elementos nenhuma possibilidade de colisão ou de choque; se assim fosse, jamais a natureza teria criado coisa alguma.[51]

Todavia, criou: logo, o *clinamen* é condição indispensável para que o mundo, cuja existência é provada por nossos sentidos, fosse gerado. O que vale dizer: a passagem do possível ao real exige um desvio — mínimo — das leis mecânicas; deixadas só em si mesmas, elas estabelecem um cenário racional onde o mundo é apenas possibilidade abstrata; a efetivação deste mundo-aí depende da introdução nesse cenário de um mínimo de alteração, para que a possibilidade de um mundo *qualquer* se torne a realidade deste mundo, em particular. O epicurismo oferece, assim, sua versão da relação universal/singular, abstrato/concreto: a singularidade efetiva ocorre enquanto desvio (mínimo) do modelo racional que lhe serve de sustentação. Como em Platão, esse modelo é que permite a inteligibilidade do mundo físico; ao contrário de Platão, o modelo não é a realidade essencial e permanente: é condição "prévia" de inteligibilidade do real corpóreo organizado em mundo.

Se o peso dos átomos fundamenta a individuação, o *clinamen* justifica a efetivação das coisas percebidas. Mas também explica a possibilidade de o homem reorientar sua vida interior, desviando-se de sensações dolorosas para ir ao encontro do prazer. A liberdade — para ser feliz mesmo na adversidade — subentende o desvio, a recusa da fatalidade. A física epicurista procura, desse modo, explicar os mecanismos do mundo e também os mecanismos humanos, dar conta da existência efetiva do mundo e da liberdade humana, justificando as normas éticas. Ao corrigir os fundamentos da física de Demócrito, Epicuro torna viável o que em seu antecessor permanece como paradoxo: basear a normatividade ética, que sempre pressupõe a liberdade (para dirigir a vida nessa e não noutra direção, para viver desse e não daquele modo), numa física determinista.[52] O *clinamen* introduz no mecanicismo determinista o espaço para o processo de libertação interior, que a ética epicurista prescreve: a liberdade é desviante, introduz nova direção a partir da reta (in)flexível da fatalidade.

Tudo que existe é feito de átomos, vazio, movimento. Também a alma humana. Constituída por átomos mais leves e sutis, ela habita a casa do corpo. A morte é simplesmente a desagregação desse conjunto atômico, nada mais. Por isso, não há por que temê-la. Na verdade, quando advém, já não somos: ela não nos concerne. Ensina Epicuro: "Habitua-te a pensar que a morte nada é para nós, visto que todo mal e todo bem se encontram na sensibilidade: e a morte é a privação da sensibilidade".[53]

E completa noutra máxima: "É insensato aquele que diz temer a morte, não porque ela o aflija quando sobrevier, mas porque o aflige o prevê-la: o que não nos perturba quando está presente inutilmente nos perturba também enquanto o esperamos".[54]

Lucrécio explicita a concepção epicurista da morte, que não nos afeta a sensibilidade como tudo o que ocorre no tempo que ultrapassa o da nossa existência. Existimos num tempo determinado, que jamais coincide com o tempo da (nossa) morte:

A morte, portanto, nada é para nós e em nada nos toca, visto ser mortal a substância do espírito. E, como não sentimos dor alguma quanto ao tempo passado, quando os cartagineses acorreram de todos os lados para o combate, quando o universo, sacudido pelo tumulto trépido da guerra, tremeu de horror sob as altas abóbadas do céu e em todos os homens havia dúvida ansiosa sobre a qual dos dois caberia o domínio da terra e do mar, assim também, quando não existirmos, quando houver a separação do corpo e do espírito, cuja união forma nossa individualidade, também a nós, que não existiremos, não nos poderá acontecer seja o que for nem impressionar-nos a sensibilidade, mesmo que a terra se misture com o mar e o mar com o céu.[55]

O medo da morte provém, portanto, de expectativa equivocada, baseada no desconhecimento do que realmente acontece no mundo, em função da natureza das coisas e dos homens. Essa natureza (*phýsis*) é constituída tão somente por átomos eternamente se movendo no infinito vazio: única realidade permanente e fonte de inumeráveis e efêmeras construções atômicas — como o homem, seu corpo, sua alma. Imortais, só a *phýsis* e os deuses.[56]

Mas também os deuses são feitos de átomos, átomos especiais. São antropomórficos, como afirma a tradição religiosa e comprovam todas as aparições aos mortais, tanto no sono quanto na vigília.[57] A teologia epicurista contém, inclusive, a descrição precisa da natureza física do ser divino, distinguindo deuses machos e fêmeas, de acordo com as representações populares.[58] Mas, embora corpóreos — de tênue corporeidade, afirmada por analogia à corporeidade das coisas —, esses deuses não podem ser apreendidos pelos sentidos, apenas pelo espírito. Isso se explica pela doutrina epicurista dos simulacros: de todos os corpos emanam eflúvios sutis, apesar de corpóreos, películas atômicas que se desprendem e vagam no espaço, reproduzindo os objetos de onde provêm; os simulacros atingem nossos sentidos e é assim que se efetiva o fenômeno da visão. No caso dos deuses, a natureza especial dos átomos que os constituem faz com que seus simulacros somente sejam apreensíveis pelos átomos também diferenciados que compõem nosso espírito.[59] Mas, mesmo nesse caso, trata-se de sensação. E mais: de sensação concebida à luz de estrito materialismo, que atribui existência corpórea e objetiva à imagem, coisificando-a.[60]

Apesar de corpóreos, os deuses são imortais. Essa aparente contradição entre a teologia e os fundamentos da física desfaz-se na medida em que a imortalidade divina é entendida não como estado passivo ou qualidade estática, mas resulta de processo de contínua renovação. Ou seja: a imortalidade não é atributo que os deuses possuem de uma vez por todas, mas incessante e eternamente conquistado, em contínua autocriação.[61]

Os imortais vivem nos intermundos, onde não há intempéries, onde tudo é paz e perfeito gozo. De nada têm necessidade. Sem precisar de sono, vivem em eterna e beatífica vigília. Sereníssimos, não conhecem esforço ou fadiga. E, com imenso prazer, relacionam-se uns com os outros, conversando como sábios: numa língua que deve ser o grego ou é próxima ao grego, já que é grega a sabedoria.[62] Constituem, assim, uma confraria de sábios imortais, que sustentam a beatitude pela sábia conversação: modelo de vida a ser imitado pelos homens. E o que é decisivo para a ética epicurista: os deuses permanecem eternamente imersos na fruição da sabedoria partilhada e perfeita, acompanhada pela certeza de que tamanha felicidade jamais terá fim; logo, distantes de nosso atribulado mundo, completamente alheios aos conflitos e sofrimentos da vida humana. Portanto, se não há por que temê-los, de nada vale bajulá-los, com oferendas e promessas. Deuses não providenciais, mergulhados no eterno prazer beatífico, podem e devem ser cultuados e homenageados, mas de forma totalmente desinteressada. O epicurismo incentiva a piedade, mas prescreve um culto puramente espiritual: deve-se orar aos deuses não porque estejam irados ou para obter favores, mas pelo simples fato de existirem como seres superiores, caracterizados pela excelência e pela vida perfeita, modelar.[63] Sobretudo: os deuses do epicurismo não justificam qualquer medo, qualquer angústia; a piedade epicurista é via de apaziguamento, de conquista da serenidade de espírito, é remédio tranquilizador. Por caminho diverso, Epicuro coincide neste ponto com Platão: a verdadeira sabedoria se define como imitação dos deuses. Em sua vida passageira, o mortal pode alcançar atributos típicos da imortalidade. É o que Epicuro promete na carta a Meneceu: "O que medita as máximas da filosofia epicurista viverá como um deus entre os homens e não terá nada de mortal, pois possuirá os bens dos imortais".[64]

Ao contrário do Sócrates do *Fédon*, não se trata de alimentar a esperança na imortalidade da alma. Trata-se de alcançar nesta vida qualidades que só os imortais possuem perenemente: ter aqui e por enquanto os bens que a imortalidade confere aos deuses no alhures eternamente sossegado dos intermundos,[65] provar nesta vida breve as delícias que os imortais usufruem para sempre.

Consequência da concepção teológica do epicurismo é a denúncia dos malefícios causados pela religião, que justamente infunde nos homens o temor aos deuses. Porque parte de crenças errôneas sobre a natureza do divino — sobretudo as propagadas pelos mitos tradicionais —, a religião torna-se fonte de tormento e perturbação. Epicuro, ao contrário, procura libertar as almas desses terrores infundados; combate as crendices, inclusive — à semelhança de Xenófanes de Colofão (*c.* 570-28 a.C.) — a crença na adivinhação, que se difunde amplamente no período helenístico. A fonte de todos esses equívocos, consideram os epicuristas, é que as religiões surgem da falsa aproximação entre as aparições dos deuses aos homens e os fenômenos naturais aterrorizantes.[66] De fato, não pensam — como o fazem os estoicos — que a natureza concorre para o bem dos homens: ela não é mãe, mas madrasta da humanidade. Lucrécio descreve longamente as lutas dos homens que, usando de engenhosidade, vencem os obstáculos que a natureza lhes oferece, para tornar a vida suportável. Mas, inocentes, os deuses nada têm a ver com isso. Nem causas finais que predeterminariam a criação do cosmos, nem providência benfazeja, nem ameaça a pairar sobre a humanidade, os deuses dão o exemplo — distante — da prazerosa sabedoria sustentada por serenas conversações, sem responsabilidade por nossas agruras e misérias. Raciocina Epicuro:

> Deus ou quer impedir os males e não pode, ou pode e não quer, ou não quer nem pode, ou quer e pode. Se quer e não pode, é impotente: o que é impossível em Deus. Se pode e não quer, é invejoso: o que, do mesmo modo, é contrário a Deus. Se nem quer nem pode, é invejoso e impotente: portanto, nem sequer é Deus. Se pode e quer, o que é a única coisa compatível com Deus, donde provém então a existência dos males? Por que razão é que não os impede?[67]

Responder à pergunta de Epicuro é tentar estabelecer a difícil relação entre bondade divina, infinita, e existência dos males que afligem os homens. É, por exemplo, a árdua empreitada intelectual assumida por santo Agostinho, que procura conciliar, a partir das premissas teológicas do cristianismo, bondade e providência divinas com a existência do erro, do mal, do pecado e dos sofrimentos humanos.

A VIDA FELIZ

A ética epicurista é basicamente um hedonismo. De fato, o motor e a meta da vida humana são identificados ao prazer. Eis o que afirma Epicuro: "Chamamos ao prazer princípio e fim da vida feliz. Com efeito, sabemos que é o primeiro bem, o bem inato, e que dele derivamos toda escolha ou recusa e chegamos a ele valorizando todo bem com critério do efeito que nos produz".[68]

Mas o hedonismo epicurista, embora considere todo prazer como corpóreo, não legitima qualquer tipo de prazer. Faz-se necessário distinguir o verdadeiro prazer, estável, dos prazeres que resultam em pesares ou partem de carências, movendo-se entre insatisfações. O primeiro tipo é o prazer em repouso (em latim, *voluptas in stabilitate*), diferente do prazer em movimento (*voluptas in motu*), que os cirenaicos consideram o bem buscado pelos homens. Exemplo de prazer em movimento é sentir sede e saciá-la, ter qualquer carência e supri-la (até que nova carência se recoloque). O prazer em repouso, meta do epicurista, não consiste em satisfazer uma necessidade: é, antes, eliminar a necessidade, atingir a ausência de dor (*indolentia*). Não que esse prazer se resuma à negação da dor, a um vazio afetivo: sua positividade é que é plena, isenta de qualquer pesar, carência, necessidade. Por isso, o prazer prescrito pelo epicurismo opõe-se à busca desenfreada e ansiosa de bens. Na verdade, precisa-se de bem pouco para se ser feliz: "Nem a posse das riquezas nem a abundância das coisas nem a obtenção de cargos ou de poder produzem a felicidade e a bem-aventurança; produzem-na a ausência de dores, a moderação nos afetos e a disposição de espírito que se mantenha nos limites impostos pela natureza".[69]

Prazer, mas prazer com medida e senso de limite. O hedonismo epicurista alia prazer e serenidade:

> Quando dizemos que o prazer é o fim, não queremos referir-nos aos prazeres dos intemperantes ou aos produzidos pela sensualidade, como creem certos ignorantes, que se encontram em desacordo conosco ou não nos compreendem, mas ao prazer de nos acharmos livres de sofrimento do corpo e de perturbações da alma.[70]

O ápice desse tipo de prazer é a conquista da imperturbabilidade de espírito (*ataraxia*). Mas a ela só se chega pelo discernimento da diversidade dos desejos, pois nem todos devem ser atendidos. De fato: "Alguns desejos são naturais e necessários; outros são naturais e não necessários; outros nem naturais nem necessários, mas nascidos apenas de uma vã opinião".[71]

Administrar os desejos, para manter-se "nos limites impostos pela natureza" — eis o caminho que conduz à serena felicidade. Atender apenas os desejos naturais e necessários significa introduzir na raiz dos atos, na fonte das escolhas, uma sabedoria fundamentada na prudência (*phrónesis*) e no cálculo ou medida dos prazeres, em substituição à impulsividade instintiva.[72] Esse controle racional da afetividade coloca a existência humana em sintonia com a natureza das coisas revelada pela física e impede que se siga na direção apontada pelo desejo que não expressa uma necessidade *natural*, antes constitui imposição do meio social em seu aparente progresso.

Lucrécio insiste: a simplicidade da vida primitiva é superior à que resulta da civilização. Defendendo tese depois retomada pela concepção do "selvagem" de Rousseau e do "homem da natureza" de outros escritores do século XVIII, mostra que o homem da primeira era da humanidade é um sábio instintivo, que se mantém nos limites exigidos pela natureza.[73] O caminho proposto pela ética epicurista é justamente o resgate dessa condição original: a volta não às estrelas, mas à vida conforme a natureza das coisas e do próprio homem. Assim, ao contrário de seguir na direção do progresso da civilização, que simplesmente procura vencer as dificuldades impostas pela natureza mas não significa progressão para uma vida mais feliz, o progresso indicado pelo epicurismo é de natureza ética: trata-se de, na contramão do progresso social, "regredir" eticamente, rumo à reconquista da simplicidade natural, originária. Regressão efetivada por meio da contenção dos desejos, como prescreve reiteradamente Epicuro em suas máximas:

> Quando te angustias com tuas angústias, te esqueces da natureza: a ti mesmo te impões infinitos desejos e temores; A quem não basta pouco, nada basta; Se queres enriquecer Pítocles, não lhe acrescentes riquezas: diminui-lhe os desejos.[74]

O sábio epicurista é, portanto, um asceta que utiliza a compreensão racional do mundo e da vida para racionar os próprios desejos. Desse modo, introduz medição e posologia na vida afetiva, serenizando-a e construindo, a seu modo, uma estética da existência, pelo uso sábio e regrado dos prazeres.[75] Assim fazendo, aparta-se do rebanho humano que, ressalta Diógenes de Enoanda, segue, contaminado pela imitação, à busca insaciável de bens impostos pelo "progresso": fonte de permanente angústia. Pois:

> Quem obedece à natureza e não às vãs opiniões a si próprio se basta em todos os casos. Com efeito, para o que é suficiente por natureza, toda aquisição é riqueza, mas, por comparação com o infinito dos desejos, até a maior riqueza é pobreza.[76]

A vida ascética e frugal da confraria do Jardim e das outras comunidades epicuristas que se multiplicam pelo mundo greco-romano procura, exatamente, longe da tempestuosa vida pública, a serenidade resultante da satisfação dos desejos naturais e necessários: a delícia está na qualidade, não na quantidade dos bens adquiridos e dos desejos saciados.

Essa ética — que é uma *política* estritamente interior de administração e contenção racional dos desejos — conduz, necessariamente, à revalorização do tempo: do presente, do passado, do futuro. O presente é onde se está, onde se vive, se é, se sente a sensação que se sente, onde se é feliz ou não. É necessário, portanto, defendê-lo contra as ansiedades que podem vir da expectativa do futuro. Epicuro adverte:

> Não deves corromper o bem presente com o desejo daquilo que não tens: antes, deves considerar também que aquilo que agora possuis se encontrava no número dos teus desejos.
>
> Quem menos sente a necessidade do amanhã mais alegremente se prepara para o amanhã.
>
> A vida do insensato é ingrata, encontra-se em constante agitação e está sempre dirigida para o futuro.[77]

Insensato, pois, é estragar o bem presente pelo tormento relativo ao que ainda é porvir. Ao contrário, é grande sabedoria utilizar o futuro e o passado para obter, no presente, prazer e serenidade. De fato, nem sempre o presente é bom e prazeroso, sabem muito bem Epicuro e Lucrécio. Mas, mesmo nesse caso, o homem pode livrar-se da aparente fatalidade do sofrimento: pode evocar imagens agradáveis do passado e, desse modo, afastar as sensações penosas que lhe oferece o presente; pode também desviar-se subjetivamente em direção ao futuro, na expectativa de que venha a ter outra vez uma sensação prazerosa, à semelhança das que já experimentou. O *clinamen* ressurge, no plano subjetivo, como mecanismo de substituição de imagens, controlado pela vontade enérgica e disciplinada. A liberdade — toda interior, ali onde podemos ser plenamente senhores e jamais escravos — consiste, portanto, em romper o determinismo inerente a qualquer situação objetiva e, de forma desviante, abrir espaço para o exercício da autarcia. O desvio interior é inaugurado pelo trabalho de autossugestão, que constitui, na verdade, o autocontrole do acervo imagético construído a partir das sensações. Ou seja: a especificidade e a autonomia do plano subjetivo, onde está enraizada a liberdade interior, resultam do desvio em relação à determinação que rege a natureza *das coisas*.

Há, portanto, duas situações possíveis, enfrentadas pela ética epicurista: o corpo pode estar em bom estado, mas a alma conturbada; ou o corpo em mau estado e a alma sadia e forte. Na primeira, o *phármakon* que se recomenda consiste na correção das falsas opiniões e na supressão dos temores que elas ocasionam (a terapia epicurista mais analisada e difundida). Na segunda, o epicurismo receita outro tipo de remédio: a anulação da dor física pela reorientação das representações mentais, pelo jogo das imagens. Nesse caso, o refúgio no mundo interior bem administrado permite o resgate de imagens prazerosas do passado ou a antecipação de imagens positivas esperadas do futuro. As duas terapias se complementam: não sofrer no corpo, não ter a alma perturbada — eis a fórmula epicurista da felicidade.[78]

Insiste Epicuro: todo prazer é corpóreo — mesmo o prazer passado e o por vir. A sabedoria está, assim, em saber contrapor prazeres corpóreos e fazer com que, no caso de o presente ser doloroso, neutralizá-lo pela memória ou pela esperança, no pressuposto de que uma imagem — resgatada do passado ou antecipada do futuro — pode ser mais forte que uma sensação.[79]

Ser mortal, o homem constrói sua liberdade no tempo, no tempo desta vida que deve ser transformado em tempo de felicidade. Não contando senão com a temporalidade, é dela que tem de extrair os ingredientes para a poção da serena alegria: as sensações prazerosas do presente e as imagens do tempo passado ou futuro (se o presente é adverso). O epicurismo considera, com efeito, que além do mundo imediato, captado pelas sensações, há também um plano de realidade — igualmente corpórea, porém mais sutil — à disposição do homem: seu acervo de imagens, seu arquivo de lembranças — simulacros corpóreos de sensações —, que ele pode utilizar para sua felicidade. Essa duplicidade de planos sugere a distinção platônica entre sensível e inteligível, mas é completamente diversa. Em Platão, o plano inteligível é constituído por ideias ou formas incorpóreas, às quais a alma pode retornar por ascese e reminiscência (*anamnesis*), que nada tem a ver com resgate do passado, no eixo horizontal da história, mas retorno à atemporalidade do *Aion*, o eterno sempre. No epicurismo, a volta é rememoração subjetiva, no eixo da temporalidade do vivido sensível, sem jamais perder o vínculo com o corpóreo.[80]

De tudo isso resulta o valor atribuído pela ética epicurista ao tempo, ao acúmulo de experiências, ao passado, à memória e, consequentemente, à velhice.

Em primeiro lugar, é necessário inverter a valoração corriqueira: se o viver voltado para o futuro é fonte frequente de ansiedade e prejudica muitas vezes a fruição de bens conquistados e presentes, o passado não representa um não-é-mais vazio, a ausência do bem perdido, antes um tesouro de bens reais e sempre recuperáveis. É o que Epicuro mostra na carta que escreve pouco antes de morrer e resume nesta máxima admirável: "Cura as desgraças com a agradecida memória do bem perdido e com a convicção de que é impossível fazer com que não exista tudo aquilo que já aconteceu".[81]

O bem passado é jamais perdido: a memória se incumbe de mantê-lo vivo e fazê-lo, com toda força, outra vez presente. O desvio no tempo, na direção do passado (memória) ou do futuro (esperança), permite a alegria em meio à adversidade, a serenidade na tortura, a liberdade interior que nenhum déspota é capaz de suprimir — insistem Epicuro e Lucrécio, que viveram vidas e tempos sofridos. Afinal, a destinação livre não é uma construção toda íntima, uma trajetória interior e desviante roubada ao fatalismo?

Eis por que o idoso, dotado de grande acervo de lembranças, possui, segundo Epicuro, mais condição para alcançar a serena felicidade:

> Não é ao jovem que se deve considerar feliz e invejável. O jovem na flor da juventude é instável e é arrastado em todas as direções pela fortuna; pelo contrário, o velho ancorou na velhice como em um porto seguro e os bens que antes esperou cheio de ansiedade e de dúvida os possui agora cingidos com firme e agradecida lembrança.[82]

A técnica epicurista de conquista de autarcia interior e de domínio sobre imagens, sensações e desejos exige, porém, condições de vida adequadas. Nem a imersão no torvelinho da cidade e da multidão, nem o total isolamento, mas o convívio no grupo de amigos que são também amigos da sabedoria. Por isso: o Jardim e suas delícias. Sem a conotação religiosa que caracteriza as antigas confrarias pitagóricas, o Jardim pode ser visto como a primeira *sociedade de amigos*, comunidade lúcida ocupada numa tarefa comum: buscar a imperturbabilidade de espírito.[83] Se em Aristóteles a *philia* permanece ligada à aristocracia e aos homens que têm condição para se dedicarem ao ócio e à vida especulativa, no Jardim de Epicuro o direito à felicidade é aberto a todos, mesmo aos excluídos dos direitos de cidadania pela democracia ateniense: mulheres, estrangeiros, escravos. No epicurismo, a *philia* se universaliza e se expande no tempo, em direção aos pósteros, "que também são nossos", como lembra Diógenes de Enoanda. Ela sustenta o humanismo epicurista e é delícia suprema: "De todas as coisas que nos oferece a sabedoria para a felicidade de toda a vida, a maior é a aquisição da amizade".[84]

Por si mesma a amizade é útil. Embora não altere o sofrimento nem possa evitar a morte, ajuda a suportá-los. E mais: tão alto bem pode até incluir a dor, sem deixar de ser um bem, como revela Epicuro, numa das sentenças vaticanas, em que diz: o sábio sofre menos ao ser torturado do que quando o amigo é submetido a tortura.

Mas a *philia* é também instrumento indispensável ao artesanato ético interior, pois a presença do amigo auxilia a procura e a manutenção da sabedoria, que ele igualmente persegue. Comenta Jean-Claude Fraisse:

> A amizade ajuda o sábio, sob o olhar do sábio, a gozar de sua própria existência. Ajuda a fazer a dissociação entre os tormentos do corpo e a paz de espírito — chave da vida feliz. Finalmente, proporciona esse prazer único da discussão filosófica, prazer que, ao contrário de todos os demais, desconhece qualquer dor. Não podendo impedir o que é a marca de nossa finitude, nos ajuda a não nos entregarmos a sonhos de infinitude, que apenas fazem aumentar nossa miséria, e a encontrar, na instantaneidade do prazer e na extensão de prazeres instantâneos à totalidade da vida por meio do jogo da memória ou da antecipação racional, essa pureza da alegria que a assemelha à dos deuses.[85]

Philia epicurista: nem vínculo político, nem religioso. Mas condição para construção — se não há salvação coletiva — da subjetividade livre, desalienada, incólume ao despotismo dos desejos irracionais, das falsas opiniões e dos temores infundados, inatingível pelas tiranias do mundo. Ao contrário do eros platônico, não alimenta desejos de imortalidade e eternidade, sonhos de infinitude, antes mantém o sábio, "sob o olhar do sábio", no humano apenas humano, na dimensão temporal, na finitude da vida: nossa *moira*, nosso lote, nossa província, nossa limitada destinação. Ao contrário da *philia* aristotélica, sua finalidade não é garantir a continuidade da atividade contemplativa para o pequeno grupo de privilegiados pelo ócio, porém permitir que se resista à natureza exterior, madrasta, sem aderir à sua ordem aparente. Seu fundamento é a ciência da natureza, mas natureza enquanto *phýsis*, enquanto *natureza das coisas*, enquanto organização invisível porém racional.

Philia epicurista: imitação, durante a vida breve, da ligação que sustenta a bem-aventurança dos deuses. Dos deuses conversadores, dialogantes, sereníssimos sábios em confraria perpétua. E, porquanto a eternidade é preenchida pela sabedoria dos imortais, a temporalidade dos homens é sempre propícia ao filosofar, ao amor à sabedoria que imita e homenageia a sabedoria divina. Eis por que é sempre hora da filosofia, ensina Epicuro:

> Nunca se protele o filosofar quando se é jovem, nem canse o fazê-lo quando se é velho, pois que ninguém é jamais pouco maduro nem demasiado maduro para conquistar a saúde da alma. E quem diz que a hora do filosofar ainda não chegou ou já passou assemelha-se ao que diz que ainda não chegou ou já passou a hora de ser feliz.[86]

NOTAS

1. G. Rodis-Lewis, *Épicure et son école*, Paris, Gallimard, 1975, pp. 32-3.

2. A questão do critério de escolha do discípulo é um dos pontos centrais da divergência entre sofistas e socráticos. Sócrates, orientado por seu *daimon* interior, recusa-se a dialogar com determinadas pessoas, que não estariam em condição de realizar o trabalho de parto de si mesmas por meio da busca do significado das palavras de seu próprio discurso; mas, por outro lado, por considerar seu trabalho de "parteiro" uma missão que lhe fora outorgada pelo deus de Delfos, nada cobra ao praticar a maiêutica voltada para o conhecimento de si mesmo. Ao fazer sua defesa diante da Assembleia dos heliastas que o julga e finalmente o condena à morte — como descreve Platão na *Apologia* ou *Defesa de Sócrates* —, o filósofo-médico-parteiro mostra que aquela tarefa missionária possui alto sentido político e que é dessa forma que ele contribui para o bem da *pólis* (e, não, participando das discussões das assembleias). Ao efetivá-la, Sócrates não leva em conta os preconceitos vigentes na época e que se manifestam no próprio regime democrático. Assim, conforme relata Platão no *Ménon*, chega a

mostrar que um escravo, adequadamente conduzido pela maiêutica, é capaz de resolver problemas matemáticos que pressupõem questões de ponta, na época (equivalência de áreas envolvendo os irracionais matemáticos — no caso, a raiz quadrada de 8), revelando compreensão e agilidade mental que superam as de seu amo. O resultado da ação docente de Sócrates não é apenas psíquico e pedagógico: é também político. Contém a denúncia do preconceito que, mesmo na democracia, inferioriza os escravos (do mesmo modo que as mulheres e os estrangeiros), recusando-lhes o direito de cidadania (preconceito que Aristóteles depois reforçará ao afirmar que o escravo é destituído de alma noética, justamente aquela que permite o conhecimento dos fins e dos significados últimos). O fundamento religioso da maiêutica socrática, desdobrando premissas pitagóricas (o mundo atual e a situação atual do homem como resultantes de queda e inversão que precisam ser corrigidas pelo Retorno e pela restauração da ordem *de direito* que não coincide com a situação *de fato*), justifica uma ação docente revolucionária, que aparece como subversiva das instituições políticas, pois pode inverter a própria relação senhor/escravo. Já os sofistas, embora dessacralizando a ação docente e colocando-a no nível dos trabalhos remunerados (o que tem sido muitas vezes interpretado como "avanço"), na verdade, ao cobrarem remuneração — o que parece abominável para Sócrates/Platão —, beneficiam apenas os que podem pagar por seus ensinamentos e acabam, de fato, por conferir aos já dotados de poder econômico outros poderes (decorrentes do uso persuasivo e encantador da palavra, o grande instrumento de poder político na democracia ateniense). Ao abrir o espaço do exercício e da docência filosóficos a escravos, mulheres e estrangeiros, o epicurismo amplia, em novo contexto histórico, a demolição de preconceitos e a ação libertária expressas pelo Sócrates do *Ménon* (e que já haviam inspirado os cínicos), mas agora sobre bases estritamente humanistas e não religiosas.

3. A palavra enquanto *phármakon* — que tanto significa "veneno" quanto seu antídoto, "remédio" — aparece como um tema central dos Diálogos de Platão, frequentemente associado à discussão sobre a diferença entre a retórica sofística e a retórica filosófica (esta, como diz Sócrates no *Fedro*, pretendendo persuadir os próprios deuses). Enquanto a palavra seria utilizada pelos sofistas em função do prazer conferido ao auditório, bajulado num território regido pelo agradável, o *phármakon* filosófico é discurso terapêutico mas nem sempre imediatamente prazeroso. Desenvolve-se sob o princípio do bem, não do agradável, rege-se pelo senso de posologia e fundamenta-se numa metrética (arte da medida) que visa, em última instância, ao justo-em-si. Não procura necessariamente agradar ao auditor, interlocutor ou discípulo, mas conduzi-lo a curar-se. Nesse sentido, para Platão, a oposição filósofo/sofista reproduz a oposição remédio/veneno, médico/charlatão.

4. P. Nizan, *Les matérialistes de l'Antiquité*, Paris, François Maspero, 1965, p. 47.

5. Tito Lucrécio Caro, *Da natureza*, trad. Agostinho da Silva; v. *Epicuro*,

Lucrécio, Cícero, Sêneca, Marco Aurélio, São Paulo, Abril Cultural, 1980, p. 97, col. Os Pensadores.

6. Idem, ibidem, p. 63.

7. M. Foucault, "O uso dos prazeres", em *História da sexualidade*, Rio de Janeiro, Graal, 1984, v. II; J. A. Motta Pessanha, "Platão: as várias faces do amor", em *Os sentidos da paixão*, vários autores, São Paulo, Companhia das Letras, 1987.

8. Epicuro, *Antologia de textos*, trad. Agostinho da Silva; v. *Epicuro, Lucrécio, Cícero, Sêneca, Marco Aurélio*, São Paulo, Abril Cultural, 1980, p. 13, col. Os Pensadores.

9. K. Marx, *Diferença entre as filosofias da natureza em Demócrito e Epicuro*, trad. Edson Bini e Armandina Venâncio, São Paulo, Global, 1979.

10. A. Cornu, *Karl Marx et Friedrich Engels*, Paris, PUF, 1955, v. I, pp. 154 ss.; J. M. Gabaude, *Le jeune Marx et le matérialisme antique*, Toulouse, Éditions Privat, 1970; F. Markovits, *Marx dans le Jardin d'Épicure*, Paris, Les Éditions de Minuit, 1974; J. A. Motta Pessanha, "Marx e os atomistas gregos", in Karl Marx, *Diferença entre as filosofias da natureza em Demócrito e Epicuro*, São Paulo, Global, 1979.

11. J. Brun, *L'épicurisme*, Paris, PUF, 1959, pp. 6-7.

12. Sobre Lucrécio e sua versão das ideias de Epicuro, além das obras gerais sobre o epicurismo, são particularmente importantes: P. Boyancé, *Lucrèce, sa vie, son oeuvre*, Paris, PUF 1964; M. Conche, *Lucrèce et l'expérience*, Paris, Éditions Seghers, 1967; G. Cogniot, "Lucrèce, son oeuvre et sa philosophie", introdução à edição de *De la nature des choses*, Paris, Éditions Sociales, 1954; A. J. Capelletti, *Lucrécio: la filosofia como liberación*, Caracas, Monte Avila Editores, 1987.

13. Epicuro, op. cit., p. 17.

14. A.-J. Festugière, *Épicure et ses dieux*, Paris, PUF, 1946, p. 28.

15. B. Farrington, *A doutrina de Epicuro*, Rio de Janeiro, Zahar, 1968, pp. 26-7.

16. Diogenes Laércio, *Vie, doctrines et sentences des philosophes illustres*, Livro X, 15, 16.

17. P. Nizan, op. cit., p. 11.

18. Platão, *Fédon*, 84 *e*-85 *b*, v. *Platão*, trad. Jorge Paleikat e João Cruz Costa, São Paulo, Abril Cultural, 1978, col. Os Pensadores.

19. J. A. Motta Pessanha, "A água e o mel", in *O desejo*, vários autores, São Paulo, Companhia das Letras, 1990.

20. N. W. DoWitt, *Epicurus and his philosophy*, University of Minnesota, 1954, apud B. Farrington, op. cit., p. 27.

21. É, particularmente, o caso de Empédocles de Agrigento (século V a. C.), líder do movimento democrático em sua cidade, quem explica a constituição do cosmos atual pelas ações contrárias e complementares de dois princípios sobre as quatro raízes (Água, Ar, Terra e Fogo) de todas as coisas. Os princípios moventes, *Philia* e *Neikos* (Amor e Ódio), são responsáveis pela junção e separação das raízes. O duplo movimento de junção-separação estabelece uma tensão inerente ao cosmos e explica a existência dos diferentes seres, todos sujeitos aos

dois impulsos simultâneos e eternos que, divergentes, tendem "heracliticamente" ao Um e ao Múltiplo. F. M. Cornford (*From religion to philosophy*, Nova York, Harper & Brothers Publishers, 1957) mostra que o modelo subjacente à cosmogonia e à cosmologia de Empédocles é inspirado no jogo das forças sociais e políticas, não constituindo, como às vezes se afirma, a antecipação de um modelo mecanicista.

22. P. Petit, *La civilisation hellénistique*, Paris, PUF, 1962, p. 5.

23. Idem, ibidem, p. 8.

24. Idem, ibidem, pp. 9-10.

25. Hesíodo, *Les travaux et les jours* [*Os trabalhos e os dias*], 109-202 (mito das raças), Paris, Les Belles Lettres, 1951, pp. 90-3.

26. Empédocles de Agrigento, "Purificações", 117; v. *Os pré-socráticos*, São Paulo, Abril Cultural, 1973, p. 242, col. Os Pensadores.

27. Para Empédocles, as quatro raízes — Água, Ar, Terra e Fogo — e os dois princípios motores — *Philia* e *Neikos* — são paritários, "todos são iguais e de mesma idade" (Empédocles de Agrigento, "Sobre a natureza", 25, op. cit., p. 230). Nenhum antecede os demais ou é mais fundamental que os demais; a *phýsis* plural constitui uma espécie de assembleia regida pela isonomia.

28. A dialética ascendente é uma das vertentes da dialética platônica, predominando na primeira fase da construção do platonismo. Toma como modelo o "método dos geômetras", estabelecendo vínculos ascensionais entre condicionado e condicionante: entre hipóteses que se encadeiam e que, no limite, perseguem o não hipotético, o incondicionado. Do ponto de vista teorético, resulta na hipótese da existência das *ideias*, paradigmas eternos e incorpóreos copiados imperfeitamente pelas coisas sensíveis e corpóreas (hipótese por sua vez sustentada por outras hipóteses, como a da imortalidade da alma, da reminiscência etc.). Do ponto de vista erótico (*O banquete*), representa a busca da beleza absoluta, por meio de trajetória que parte dos belos corpos e progressivamente se dirige a objetos de beleza cada vez mais plena e estável (como os belos ofícios); essa é uma operação comandada por Eros, mediador insaciável e ardiloso que tece a sucessão de liames ascendentes. O ímpeto ascensional da dialética platônica é complementado pela vertente descendente da dialética, que se impõe principalmente na fase final do platonismo (ex. *O sofista*, *Filebo*). Então não se trata de afirmar a *existência* de paradigmas eternos e, acima deles, do Bem ou do Um, mas de estabelecer os vínculos *essenciais* entre as ideias e entre estas e as coisas, numa descese que parte dos "gêneros supremos" e retorna lógico-ontologicamente ao plano dos objetos concretos e singulares.

29. Platão, *Ménon* 82 *a*-86 *c*, Paris, Les Belles Lettres, 1963. Nessa passagem, Sócrates exercita a maiêutica com o escravo de Ménon, propondo-lhe uma questão matemática referente à equivalência de áreas e que remete à consideração da irracionalidade da raiz de 8. Conduzido pelas perguntas hábeis de Sócrates, o escravo acaba encontrando a solução do problema, revelando inteligência que seu amo, Ménon, não mostrara na anterior discussão com Sócrates sobre a

questão da virtude. Sócrates pretende, com esse exercício, demonstrar a doutrina da reminiscência: a alma conteria em si verdades apreendidas em existência anterior, supraterrena, quando contemplara as essências ao acompanhar o cortejo dos deuses (nem todas as almas conseguem contemplar adequadamente as ideias); essas verdades, adormecidas pela ligação da alma ao corpo, podem ser despertadas, se para isso se utiliza método adequado (a maiêutica, etapa construtiva da dialética socrática). Mas o exercício maiêutico com o escravo prova mais: demonstra a injustiça que pode se esconder sob a relação senhor/escravo. A organização sociopolítica cria uma situação apenas de fato, não de direito. E, em nome da justiça, essa situação pode e deve ser corrigida. O magistério filosófico existe, inclusive, para repor o justo no lugar usurpado pela provisória injustiça. A subversão socrática, de fundo pitagórico, possui, assim, conotação fortemente política e não apenas psicológica e religiosa. E é essa repercussão na ordem política instituída — e indiretamente denunciada como injusta — que certamente justifica a posterior condenação do filósofo à morte pela Assembleia de heliastas. Não é o que Platão sugere no *Ménon*, ao fazer irromper em cena, irado, após o exercício de libertação e valorização do escravo, a personagem Anitos, justamente um dos acusadores de Sócrates?

30. Platão, *La république* (*A república*, Livro VI, última parte, *Oeuvres complètes*, trad. e notas Lén Robin, Paris, Gallimard, Bibliothèque de La Pléiade, 1950, pp. 1091-101).

31. P. Nizan, op. cit., p. 14.

32. Idem, ibidem, p. 13.

33. Idem, ibidem, p. 12.

34. P. Petit, op. cit., p. 101.

35. Epicuro, op. cit., p. 19.

36. Tito Lucrécio Caro, op. cit., Livro I, 39-40, p. 31.

37. P. Nizan, op. cit., p. 40.

38. Tito Lucrécio Caro, op. cit., Livro II, 15-35, p. 47.

39. Epicuro, op. cit., p. 13.

40. Idem, ibidem, p. 13.

41. L. Robin, *La pensée grecque et les origines de l'esprit scientifique*, Paris, Éditions Albin Michel, 1948, pp. 388-90.

42. Epicuro, op. cit., p. 14.

43. Idem, ibidem, p. 14.

44. Idem, ibidem, p. 15.

45. Tito Lucrécio Caro, op. cit., Livro I, 160, p. 33.

46. Idem, ibidem, 161-8, p. 33.

47. Como assinala J. Burnet (*Early Greek philosophy*, trad. franc. *L'aurore de la philosophie grecque*, Paris, Payot, 1952), o pensamento filosófico grego se desenvolve inicialmente criando variações sobre o tema da corporeidade. Mesmo os pitagóricos, em sua aritmogeometria, ao afirmarem que há um intervalo separando as unidades descontínuas que compõem a extensão, consideram que esse intervalo

é preenchido pela corporeidade tênue do *pneuma*, que se introduz em todas as coisas devido à respiração do cosmos, que é vivo. Cria-se, desse modo, uma contradição que as *aporias* de Zenão de Eleia contra os partidários da multiplicidade e do movimento explicitam: contradição entre a afirmação da descontinuidade da extensão e essa continuidade do corpóreo reintroduzida pela natureza do intervalo. De fato, é o eleatismo que faz aflorar e, ao mesmo tempo, esgota o pressuposto, comum às diversas doutrinas físicas e cosmológicas anteriores, de que a corporeidade é a única categoria a explicar os mais variados seres e fenômenos. O princípio de unidade lógico-ontológico expresso por Parmênides — "o que é, é; o que não é, não é" — pode, assim, ser explicitado sob a forma: "o que é (corpóreo), é ou existe; o que não é (corpóreo), não é, não existe". A grande contribuição do atomismo, já com Leucipo e Demócrito, está em tornar flexível esse princípio, pela afirmação da existência do vazio. Com os atomistas o princípio pode ser assim reformulado: "o que é (corpóreo), é ou existe (enquanto corpóreo: os átomos); o que não é (corpóreo), também é ou existe (enquanto *outro*, enquanto incorpóreo: o vazio)". A solução platônica, contraposta ao mecanicismo da física atomista, segue noutra direção: também afirma a existência da alteridade como complemento lógico-ontológico indispensável à afirmação do "o que é" (o ser, o mesmo), mas coloca na incorporeidade das ideias ou essências a chave para a compreensão do corpóreo (as coisas sensíveis) e até para a sustentação ontológica desses objetos físicos (vistos como cópias imperfeitas das essências). Desse modo, em Platão o incorpóreo não é o vazio, a extensão que não oferece resistência e existe enquanto espaço onde os átomos se movimentam: é, ao contrário, o pleno, o essencialmente pleno, pois é "mundo das ideias", conjunto hierarquizado de paradigmas puramente formais. Esse plano incorpóreo é regido pela finalidade, representada, em seu grau supremo, pelo Um que é também Belo e Bem. Há, assim, na incorporeidade das essências uma "resistência" de natureza lógico-ontológica, não física, que permite, inclusive, que nela se fundamente o justo, que deve nortear a ação ética e política. Em Epicuro, a sustentação da ética é feita sem se ultrapassar o plano da corporeidade: pela introdução, no seio do mecanicismo determinista, do *clinamen*.

48. Epicuro, op. cit., p. 15.

49. Platão, *Fédon*, 97 *d*-99 *d* (v. *Platão*, São Paulo, Abril Cultural, 1978, col. Os Pensadores).

50. J. A. Motta Pessanha, "Marx e os atomistas gregos", in K. Marx, *Diferença entre as filosofias da natureza em Demócrito e Epicuro*, São Paulo, Global, 1979, pp. 7-8.

51. Tito Lucrécio Caro, op. cit., Livro II, 216-24, p. 50.

52. A tentativa de Demócrito parece movida pela necessidade de combater a proposta relativista de seu conterrâneo Protágoras, o grande sofista de Abdera. (Veja-se V. Brochard, "Protagoras et Démocrite", in *Études de philosophie ancienne et de philosophie moderne*, Paris, J. Vrin, 1954, p. 23.)

53. Epicuro, op. cit., p. 13.

54. Idem, ibidem, pp. 13-4.

55. Tito Lucrécio Caro, op. cit., Livro III, 830-41, p. 73.

56. O surgimento das primeiras teorias científico-filosóficas, na Grécia, a partir do século VI a.C., altera a concepção do divino, questionando o divino antropomórfico da tradição homérica e que perdura na religião oficial, de cunho político. Para os filósofos, a *phýsis* é divina, o que levará, a partir sobretudo de Xenófanes de Colofão, à explícita rejeição das características atribuídas ao divino pela religião tradicional e pela mentalidade popular. (Veja-se, particularmente, W. Jaeger, *La teologia de los primeros filósofos griegos*, Buenos Aires, Fondo de Cultura Economica, 1952.)

57. D. Babut, *La religion des philosophes grecs*, Paris, PUF, 1974, pp. 149-50.

58. Idem, ibidem, p. 159.

59. A doutrina nos simulacros é desenvolvida por Lucrécio no Livro IV do *De rerum natura*. Eles são aí descritos "como películas arrancadas da superfície dos objetos e que voejam de um lado e de outro pelos ares; indo ao nosso encontro quando estamos acordados, aterram-nos o espírito, exatamente como em sonhos, quando muitas vezes contemplamos figuras espantosas e imagens daqueles que já não têm luz" (35-40, op. cit., p. 79). Veja-se, particularmente, G. Deleuze, "Lucrécio e o simulacro", apêndice de *Lógica do sentido*, trad. Luiz Roberto Salinas Fortes, São Paulo, Perspectiva, 1982, p. 273 ss.

60. O coisismo é vício comum apontado por J.-P. Sartre nas mais diferentes concepções sobre a imagem, ao longo de séculos. Escreve: "Essa metafísica consiste em fazer da imagem uma cópia da coisa, existindo ela própria como uma coisa". E acrescenta, mais adiante: "Uma bela ilustração desse coisismo ingênuo das imagens nos é fornecida pela teoria epicurista dos simulacros" (*L'imagination*, Paris, PUF, 1956, pp. 4-5).

61. D. Babut, op. cit., pp. 162-3. Seria interessante cotejar a concepção epicurista da perpétua renovação dos deuses com a concepção cartesiana de "criação continuada".

62. Idem, ibidem, p. 160.

63. Idem, ibidem, p. 166.

64. Idem, ibidem, p. 168.

65. O *alhures* socrático-platônico é de outra natureza e está ligado à concepção de alma que, habitando sucessivas moradas corpóreas, retorna ao plano supraterrestre, como procuramos mostrar em "A água e o mel" (*O desejo*, São Paulo, Companhia das Letras, 1990).

66. D. Babut, op. cit., pp. 149-50.

67. Epicuro, op. cit., p. 20.

68. Idem, ibidem, p. 17.

69. Idem, ibidem, p. 17.

70. Idem, ibidem, p. 17. O combate ao hedonismo cirenaico é central no pensamento de Epicuro, que busca insistentemente ressaltar a diferença entre seu hedonismo dirigido à conquista da *ataraxia* e os partidários da *voluptas in motu*. Veja-se, em particular, E. Bréhier, "Les cyrenaïques contre Épicure — re-

marques sur le Livre II du 'De finibus bonorum' de Cicéron" (in *Études de philosophie antique*, Paris, PUF, 1855, pp. 179-84); G. Giannantoni, *I cirenaici*, Florença, Sansoni Editore, 1958.

71. Epicuro, op. cit., p. 18.

72. L. Robin, "Sur la conception épicurienne du progrès", in *La pensée hellénique des origines à Épicure*, Paris, PUF, 1967, p. 531.

73. Idem, ibidem, p. 530.

74. Epicuro, op. cit., p. 18.

75. M. Foucault, op. cit.

76. Epicuro, op. cit., p. 18.

77. Idem, ibidem, p. 18.

78. V. Brochard, "La morale d'Épicure", in *Études de philosophie ancienne et de philosophie moderne*, Paris, J. Vrin, 1954, p. 297.

79. Idem, ibidem, p. 296.

80. Em Platão (*Filebo*), todo prazer é da alma; em Epicuro, ao contrário, mesmo os prazeres da alma são corpóreos (por exemplo, as sensações — corpóreas — rememoradas ou antecipadas). A posição platônica é coerente com sua concepção de desejo, associada à questão do prazer e da dor, como procuramos esclarecer em "A água e o mel" (em *O desejo*).

81. Epicuro, op. cit., p. 19.

82. Idem, ibidem, p. 20.

83. J.-C. Fraisse, *Philia — La notion d'amitié dans la philosophie antique*, Paris, Librairie Philosophique J. Vrin, 1984, p. 288.

84. Epicuro, op. cit., p. 20.

85. J.-C. Fraisse, op. cit., p. 305.

86. Epicuro, op. cit., p. 13.

A CULPA DOS REIS: MANDO E TRANSGRESSÃO NO *RICARDO II*

Antonio Candido

O ponto de apoio desta palestra talvez pudesse ser expresso pela frase: não se manda impunemente. Mandar é uma atividade que envolve atos, relações e sentimentos muito complicados, afetando a humanidade de quem manda e de quem obedece. Aqui me limitarei ao mando de natureza política, isto é, o mando considerado como elemento inerente ao exercício do poder. No entanto, não abordarei os seus aspectos específicos, que constituem o mecanismo necessário para esse exercício, porque estou interessado na sua representação figurada numa obra literária de fundo histórico, *A tragédia do rei Ricardo II*, de William Shakespeare. Ela é o primeiro de um conjunto de quatro dramas conhecidos como *Segunda tetralogia*.

Os dramas de Shakespeare sobre a história da Inglaterra são em número de dez, formando um vasto afresco, sendo que oito deles se articulam em dois movimentos que descrevem o governo de seis reis imediatamente sucessivos. Mas Shakespeare começou pelo fim, escrevendo primeiro três peças sobre Henrique VI e uma sobre Ricardo III. Depois escreveu as que cronologicamente viriam antes: uma sobre Ricardo II, duas sobre Henrique IV e uma sobre Henrique V. São as chamadas respectivamente *Primeira* e *Segunda tetralogias*, que formam um todo coeso cobrindo desde as origens mais remotas da Guerra das Duas Rosas nos anos de 1390 até o seu desfecho, nos anos de 1480. É uma incrível sucessão de assassínios e traições, de usurpações, atrocidades e conflitos de toda a espécie, envolvendo diversos ramos da Casa Real inglesa, oriunda de Henrique II no século XII, até a sua extinção praticamente completa, pois sobrou apenas uma pobre princesinha que serviu para legitimar a ascensão ao trono de seu marido, o primeiro rei da dinastia arrivista dos Tudor.

O nascedouro disso são os acontecimentos dramatizados na peça sobre Ricardo II, na qual ocorre a transgressão básica: usurpação da coroa seguida de regicídio, configurando um conflito entre mando e obediência, que envolve o problema da culpa. Mas vamos ao resumo da peça, da qual só analisarei alguns aspectos.

Ela começa pela troca de acusações entre Tomás Mowbray, duque de Norfolk, e um príncipe de sangue real, Henrique Bolingbroke, duque de Hereford, que lhe imputa entre outras coisas o assassínio do duque de Gloster, tio dele e do rei. A solução seria verificar quem é culpado por meio do duelo judiciário, equivalente ao "juízo de Deus", que, no entanto, é suspenso à última hora por Ricardo. Entrementes, a duquesa viúva de Gloster fizera um apelo ao cunhado João de Gand, duque de Lencastre, pai de Bolingbroke, para vingar a morte do marido, assassinado anos antes. João de Gand se escusou dizendo que, como o mandante (não declarado) fora o rei, nada poderia fazer, pois seria levantar a mão contra o ungido de Deus. Vê-se que Ricardo não tinha mesmo condições de deixar o duelo realizar-se, pois todos sabiam que era o principal responsável. Por isso, escapa pela tangente, banindo o primo por seis anos e Norfolk por toda a vida.

A preocupação de Ricardo no momento era a guerra que tencionava mover na Irlanda. Para obter os recursos necessários manda levantar tributos, efetuar confiscos e arrenda os bens da Coroa a um de seus asseclas, o conde de Wiltshire. Seu tio João de Gand, moribundo, censura asperamente esses atos, mas depois de sua morte Ricardo amplia o arbítrio, apropriando-se para as despesas militares dos seus bens, que por direito cabiam ao filho exilado. O descontentamento dos nobres leva-os à revolta, que encorpa com a notícia de que este desembarcara na Inglaterra com tropa numerosa para reclamar a herança. Crescem as adesões, culminadas pela do fraco duque de York, tio dele e do rei, que o deixara como regente quando partiu para a Irlanda em campanha. Informado da rebelião Ricardo volta, confiando na força do seu poder de origem divina, mas dá de frente com uma situação calamitosa: amigos executados, defecções maciças, vazio em torno da sua pessoa. Sem elementos de resistência e sem capacidade para isso, entrega-se ao primo; depois, abdica numa cena pungente. O novo rei manda prendê-lo e sufoca uma tentativa de rebelião, que só serve para mostrar como o seu poder é inseguro enquanto viver o rei legítimo. Então insinua o desejo de vê-lo morto, realizado por um adulador. O assassínio de Ricardo faz Henrique sentir a enormidade da usurpação seguida de regicídio, que não apenas compromete a sua legitimidade, mas abre um precedente perigoso. Por isso, procura redimir-se, fazendo a promessa, que nunca cumpriu, de empreender uma cruzada na Terra Santa.

É este o esqueleto da ação, que não pretendo analisar em face da verdade histórica, que lhe é externa. Tratando-se de uma realeza de teatro, o meu material de exame serão algumas situações dramáticas e as imagens que constituem o substrato simbólico da peça, transfigurando a realidade dos interesses políticos. Mesmo porque, como diz um especialista, "no *Ricardo II* as imagens se tornam a maneira característica de expressão da personagem principal".[1]

Antes de entrar na análise, convém lembrar que a transgressão política é um ato que pode pôr em risco a ordem estabelecida, porque consiste basicamente em desmanchar a relação entre mandar e obedecer, indispensável em qualquer esfera da sociedade. O transgressor pode ser um salvador ou um criminoso, pode apenas perturbar as relações normais da sociedade ou pode criar condições para a sua transformação, e será avaliado moralmente conforme o resultado final do seu ato. Mas, em qualquer caso, transgredir consiste no desmancho a que aludi, podendo ser uma perturbação duradoura ou passageira dos equilíbrios aceitos.

Para esquematizar, podemos dizer que a estrutura do mando pressupõe três elementos: um *princípio* geral que o justifica; uma *função* que o encarna; uma *pessoa* que o exerce. No caso desta peça, o princípio é o direito divino dos reis, inato e de ordem biológica, pois é hereditário e se transmite pelo sangue; a função é a realeza, que depende de uma unção no momento da investidura e é de caráter religioso; a pessoa é Ricardo Plantageneta (chamado, antes de ser rei, Ricardo de Bordéus, nome da cidade onde nasceu), homem brilhante, volúvel e pouco eficiente, que alguns críticos consideram precursor de Hamlet. Para se exercer, todo mando precisa ser reconhecido como legítimo, e neste caso a legitimidade se baseia essencialmente no princípio e na função, mas acaba dependendo muito da pessoa, como a ação dramática demonstra.

Vista deste ângulo a peça é a história de uma desestruturação do mando, seguida de sua reestruturação em termos diferentes. Ricardo tem o direito divino e foi investido da realeza, mas é incompetente. Seu primo Henrique Bolingbroke tem apenas uma expectativa quando ao direito divino, porque está afastado na linha de sucessão, não lhe cabendo, portanto, a unção da realeza. Mas tem em alto grau a eficiência. Por tê-la, vai adquirir a legitimidade, assim como por não ter sido eficiente Ricardo perde a que lhe conferem herança e unção.

Um dos maiores estudiosos de Shakespeare, Tillyard, lembra que Ricardo é um rei integralmente medieval, ainda preso à concepção ritualística da realeza, enquanto Bolingbroke, usurpador, abre uma era nova, na qual o poder depende sobretudo da capacidade.[2] Poderíamos então dizer que nesta peça assistimos ao advento de uma visão mais moderna, porque a legitimidade convencional é incapaz de suprir a eficiência, mas a eficiência pode suprir a legitimidade.

Num estudo penetrante e sólido, Bárbara Heliodora Carneiro de Mendonça levantou a hipótese convincente de que ao escrever a *Segunda tetralogia*, começada por esta peça, Shakespeare já conhecia melhor o pensamento de Maquiavel, e assim pôde apresentar como politicamente válida a usurpação de Bolingbroke, já que se tratava de substituir o governante inepto por um mais apto, capaz de assegurar o bem comum.[3]

A estrutura de poder no *Ricardo II* condiciona a ação dramática e o sistema simbólico, pois as situações e as imagens são geradas em grande parte pelo direito divino, a unção religiosa e a personalidade do rei. Assim, nas partes iniciais avultam as imagens ligadas ao sangue, veículo do direito divino, pois é o momento em que se define a legitimidade do mando e aparecem os atentados do rei à ordem que ele deve assegurar. No meio da peça avultam imagens vegetais e cósmicas, assim como referências à unção; elas marcam a crise do poder, com perda consequente da ligação mística entre rei e natureza, compreendendo-se que Ricardo se apegue a isso como tábua inútil de salvação. Na parte final, perdida a sua autoridade, destacam-se imagens materiais, que mostram a dissociação entre a função e a pessoa, pois Ricardo perdeu a realeza e se tornou apenas um indivíduo.

Nesta peça o rei é o ápice da sociedade e teoricamente tudo depende dele, pois é ele quem distribui os bens, o mais importante dos quais é a terra, que produz renda. As pessoas possuem a terra como se ela lhes houvesse sido dada pelo rei e pudesse ser tomada por ele. De fato, o rei pode fazer as duas coisas porque é legítimo, e em consequência a segurança do corpo social depende da sua legitimidade. Como esta decorre da herança transmitida pelo sangue, é o sangue que justifica o mando, inclusive a faculdade de dar e tomar a terra. Uma vez concedida a alguém, a terra se transmite por herança do sangue deste alguém, que é legítima porque emana da legitimidade inerente ao sangue do rei. Ora, essa extensão do princípio de legitimidade origina certa limitação de fato ao poder do rei, que em princípio não teria limite. Com efeito, ao basear a legitimidade no seu sangue ele reconhece a legitimidade que o sangue confere a outras séries hereditárias, cujo mecanismo próprio ele deve respeitar. Assim, dentro do absoluto poder de mando nascem limitações devidas às normas que o rei deve obedecer para ser obedecido. Ao interromper o fluxo da sucessão entre João de Gand e seu filho Henrique Bolingbroke, Ricardo ameaça a legitimidade do seu mando, parecendo exercê-la.

Tais considerações permitem dizer que neste drama o sangue, veículo de direitos, é um foco poderoso de significados, preso a outros elementos com os quais forma um sistema figurativo amplamente modulado por Shakespeare. De fato, o sangue do rei se articula com a seiva dos vegetais e recebe com ela a saúde assegurada pelo sol. Mas se violar a tradição ele adoece institucionalmente e a terra padece, ao mesmo tempo que o reino se perturba. A terra, o reino e o rei ligam-se misteriosamente pela prosperidade ou a decadência, de tal modo que a vida humana é assimilada à vida das plantas, levando uma estudiosa a dizer que as imagens desta peça são basicamente vegetais.[4]

(Digamos entre parênteses que as imagens vegetais são expressivas em si, porque ao manifestarem a florescência e o fenecimento, a seiva fluindo ou secando, a planta crescendo ou morrendo, a semeadura produzindo a colheita, a frutificação precedendo o apodrecimento, elas se prestam a exprimir figuradamente as oscilações do poder e todas as vicissitudes do mando: ascensão e declínio, favor e desgraça, cessão e confisco.)

Mas, embora tenha fundamento, a verificação de Caroline Spurgeon não é suficiente. Se lermos a peça achando que ela abrange todo o seu imaginário, corremos o risco de ignorar as camadas mais fundas de significado, pois ela é apenas uma parte da verdade e abre caminho para um nível quase óbvio da interpretação. Nesta peça o vegetal fornece matéria para o sistema simbólico, mas não de maneira estática, e sim como elemento de uma organização marcada pela comunicabilidade, que liga os diversos planos figurativos até formar com eles um conjunto solidário.

Por isso, a fim de penetrar criticamente no sistema simbólico de *Ricardo II*, a melhor porta é a do fluido, de um fluido que participa ao mesmo tempo do mundo da planta e do mundo do homem, sendo seiva no primeiro, sangue no segundo, e estabelecendo entre ambos uma reciprocidade que permite ler um em função do outro.

Admitida a comunicabilidade dos fluidos, entende-se melhor a afinidade metafórica entre sociedade e natureza, entre as normas e o movimento da vida. E, para deixar isto claro, pensemos com mais atenção no fluido por excelência desta peça: o sangue, que tem a característica de significar muitas coisas figuradamente.

Caso concreto de sua importância como elemento que forma com a seiva uma unidade capaz de exprimir a realidade política focalizada por Shakespeare é a cena 2 do 1º ato, na qual a duquesa viúva de Gloster procura incitar o cunhado João de

Gand a vingar o respectivamente marido e irmão, assassinado por ordem do rei. Parece-lhe incrível que a solidariedade do parentesco não o decida, e a este propósito aparece uma primeira alusão, ainda incaracterística, na qual o sangue tem o sentido corriqueiro de vida, energia, valor: "O amor não tira chispas/ desse teu sangue velho?".[5]

Mas imediatamente entra o jogo metafórico, misturando a vida humana com a vida vegetal: "Os sete filhos/ de Eduardo, e tu és um deles, eram como/ sete vasos do seu sagrado sangue,/ ou sete ramos que de um tronco viessem".

É fácil perceber que a série humana e a série vegetal se fundem por meio de uma metáfora unificadora implícita, a árvore genealógica, que dinamiza a comparação. De fato, ela implica a ideia de transmissão pela herança, de movimento contínuo que perpetua a legitimidade do mando e dá normas ao comportamento. Na medida em que são *vasos* contendo o sangue real de Eduardo III, seus filhos são apenas virtualidades; mas, sendo ao mesmo tempo *ramos vivos* que saem da árvore genealógica, eles crescem, produzem outros galhos aos quais transmitem a seiva, isto é, o sangue portador dos direitos e das prerrogativas, que assim perdura no tempo. A duquesa prossegue:

> Destes, alguns secaram pelo próprio
> curso da natureza; outros cortados
> foram pelo destino antes do tempo.
> Mas Tomás, minha vida, meu querido
> senhor, meu Gloster, vaso do sagrado
> sangue de Eduardo, ramo florescente
> de seu real tronco, foi despedaçado,
> tendo-se derramado toda a seiva
> preciosa, foi cortado, emurchecendo-se
> as folhas estivais, pela mão dura
> da Inveja e a foice rubra do assassino.

Do mesmo modo que, segundo a crença medieval, a hóstia podia sangrar (como no *Milagre de Bolsena*, pintado por Rafael nas *logge* do Vaticano), porque continha realmente o sangue de Cristo, os galhos metafóricos da árvore real sangram, porque neles circula a seiva-sangue do antepassado comum. Tanto assim que, quando a lâmina assassina corta figuradamente o galho-Gloster, este sangra, como se infere da metonímia "foice rubra do assassino" (isto é, a lâmina é ensanguentada pela seiva-sangue manada do galho-Gloster).

A razão de ser das metáforas "vaso" e "galho", ordenadas em torno de "sangue" e "árvore", é política neste contexto, porque se baseia na ideia de transmissão hereditária, simbolizada na árvore genealógica, legitimadora das qualidades que sancionam a autoridade, requerem obediência e criam direitos. Note-se a reciprocidade das duas metáforas, que figuram e reforçam o direito hereditário.

A ligação da ideia de sangue à ideia de planta alerta para as conexões que Shakespeare estabelecerá entre a vida política e a vida vegetal, centralizadas pela relação mística do rei com a terra e a natureza. Há uma cena modelar a esse respeito, na qual a seiva é assimilada ao sangue: a cena 4 do 3º ato, uma das mais famosas, segundo alguns a chave da peça, localizada num jardim onde a rainha escuta os jardineiros compararem o respectivo trabalho à administração do reino. Na verdade a cena é muito importante como alegoria, mas penso que metaforicamente pobre, comparada à maioria das outras. Ela consta de analogias fáceis entre os cuidados de um jardineiro competente (que escora os galhos sobrecarregados, poda e faz enxertos na hora certa, arranca as ervas daninhas) e a insensatez de Ricardo, que deixou os parasitas sugarem o erário e não soube destruí-los. Esta cena interessa como exemplo a mais da referida tendência do Poeta, isto é, construir a peça com um movimento de comunicação entre as diferentes esferas que compõem e dão unidade ao universo dramático, ilustrando simbolicamente o jogo do poder: sua formação, sua transformação, seus mecanismos de justificação.

Portanto, Shakespeare faz do rei e do seu poder um fulcro de relações simbólicas entre o sangue, a seiva, a terra; entre o homem, a planta, a natureza; entre o poder e a vegetação; entre saúde-ordem social e doença-desordem. É através desse vasto relacionamento, dessas intercomunicações, que se configura o problema do mando e da obediência, da transgressão, da culpa, do legítimo e do ilegítimo.

Vejamos a cena 1 do 2º ato, em que João de Gand, na hora da morte, censura o comportamento do rei seu sobrinho. Cena de importância máxima, porque desvenda o mecanismo real das ações e reações políticas, ela se baseia numa metáfora mais simples como conteúdo e menos elaborada como forma que a da árvore genealógica. Essencialmente é a comparação entre a doença de um velho (João de Gand) e o descalabro do reino, equiparado a uma doença figurada. Eis um trecho:

> *Gand*: Não; tu morres, embora eu esteja doente.
> *Ricardo*: Estou forte, respiro; tu definhas.
> *Gand*: Deus, que me fez, me diz que de mezinhas
> tu precisas e que já te avizinhas,
> como eu, do fim da vida. Tens por leito
> de morte a própria pátria, onde agoniza
> tua reputação. E tu, por seres
> um doente negligente, o ungido corpo
> aos cuidados confiaste dos que tantas
> feridas te causaram.

João de Gand joga com as acepções de "doença" e "morte" no sentido próprio e no figurado, sugerindo que politicamente o rei está tão doente e tão perto da morte (destronamento) quanto ele. Essa comparação é esclarecida a seguir por meio de duas considerações aparentemente desligadas, mas de fato interdependentes, que trazem de volta o tema fundamental do sangue. Prosseguindo, diz João de Gand que os bajuladores do rei são como os maus médicos, que o levam a atos prejudiciais a ele próprio e, portanto, ao país, porque rei e reino formam um corpo:

> [...] os milhares
> de aduladores que se abrigam dentro

da coroa, cujo âmbito, contudo,
se mede apenas pela tua cabeça.
Mas com ser tão pequeno o ninho deles,
estende-se a devastação por toda
tua terra.

Neste e em mais dois trechos a coroa funciona como elemento figurado importante. Ela é símbolo da monarquia, de modo que os parasitas estão realmente instalados no âmbito do país; por isso dispõem do reino, isto é, dos bens que o integram. O jogo de palavras permite passar da pessoa do rei à totalidade da Inglaterra: os que o exploram, exploram-na.

A continuação do último verso parece à primeira vista desligada do que precede:

Ah! se teu avô pudesse
ter sabido que o filho de seu filho
viria a ser a ruína de seus filhos,
longe de ti ele teria posto
tua grande desonra e te haveria
deposto antes de seres empossado
na posse que depor te ameaça agora.

Qual a relação entre a doença política do rei e a do reino (devida à ação dos exploradores) e a afirmação de que Ricardo destrói os seus parentes? A sequência fornece a chave:

Sim, primo,[6] embora fosses rei do mundo,
seria vergonhoso hipotecares
este país. Cingindo-se o teu mundo
a ele somente, é mais que vergonha
desonrá-lo a esse ponto. És o intendente
da Inglaterra, tão só, não seu monarca.
O Estado soberano à lei se curva;
mas tu...

Aqui Ricardo interrompe violentamente o tio, dizendo que o castigaria se não estivesse para morrer; João de Gand, rasgando afinal o jogo, replica que quem mandou matar seu irmão Tomás, duque de Gloster, não deve ter escrúpulos em derramar uma vez mais o sangue da estirpe de Eduardo III. Comparando a invectiva sobre o arrendamento dos bens da Coroa por influência dos parasitas com a invectiva sobre o assassínio de Gloster, lembremos que este ato precedeu de muito tempo o outro. Por que João de Gand não o denunciou então? Por que não o denunciou também quando instado pela viúva? Essa pergunta tem como resposta uma das chaves da peça; daí a importância decisiva da cena. Um príncipe de sangue real como João de Gand se cala ante o assassínio de outro, seu irmão, porque o mandante é ungido de Deus. Mas, quando este ungido começa a pôr em risco os direitos que o sangue real dá sobre as fontes de renda, ele protesta, como preâmbulo à rebelião do filho, Henrique Bolingbroke, que chega às consequências práticas do protesto, destronando e mandando matar o rei, ou seja, nos termos do texto, vertendo o sangue precioso e sagrado de Eduardo III. Talvez, se o arrendamento e os confiscos tivessem sido feitos em benefício de membros da família real ou seus parentes, a intangibilidade do monarca pudesse ser mantida. Conclui-se que a saúde do reino é a sua exploração econômica em benefício daqueles cujo sangue legitima os privilégios. Quando o rei contraria essa norma, é como se ficasse doente e a sua doença se estendesse ao reino, com o qual ele forma um corpo.

A intangibilidade dos privilégios ligados ao sangue está implícita numa fala do duque de York, que duplica e amplia a do irmão mais velho João de Gand, deixando claro que também ele aguentou os desmandos de Ricardo, inclusive a morte do outro irmão, mas não pode aceitar a espoliação do sobrinho Bolingbroke, que importa em romper o caráter legítimo das transmissões:

> Desse modo impedis que o dia de hoje
> tenha por sucessor o de amanhã.
> Por que sois rei, senão por descendência

legal e sucessão? Digo, portanto,
diante de Deus — não queira Ele que seja
verdade quanto eu falo! — se espoliares,
sem razão, Hereford de seus direitos,
e não quiserdes receber as cartas
patentes com que o seu representante
reclamar sua posse e vassalagem,
sobre vós mesmo chamareis milhares
de perigos, vireis a perder muitos
corações afetuosos, obrigando
minha terna paciência a pensar coisas
que a honra e a obediência me proíbem.

Vemos então que por baixo do sistema simbólico dos fluidos, por baixo da união mágica entre o rei e a terra, está efetivamente a realidade da posse dessa terra, por meio da ação legitimadora da realeza. O sangue é importante, em boa parte, porque define essas relações de apropriação. Seria, pois, o caso de dizer que no mundo feudal sangue é dinheiro, como mais tarde, no mundo da burguesia triunfante, o tempo será dinheiro, segundo a fórmula famosa e expressiva: "Time is money". O feudal não leva o tempo em conta, porque teoricamente o seu direito sobre o bem econômico básico, a terra, provém de uma norma intemporal e depende do ritmo perene das estações. Mas o burguês *se faz*, num tempo relativamente curto, o da sua vida individual útil, que por isso mesmo precisa ser aproveitado num ritmo acelerado de acumulação e produção racional.

Portanto, o rei é um ente privilegiado graças ao que representa. Recebeu ao nascer um fluido vital sagrado, o sangue, que circula como seiva na sua árvore genealógica. Sendo galho desta árvore simbólica ele planta as raízes na terra e se liga misteriosamente ao seu ritmo, de tal modo que ela é saudável quando a sua saúde é boa, e doentia quando ele adoece, como o rei ferido e a terra desolada nas lendas do Santo Graal. Entende-se que metaforicamente saúde é organização segundo as normas, e doença, desordem devida à violação destas.

No *Ricardo II* há uma cena situada bem no meio da ação dramática, a cena 2 do 3º ato, construída como uma espécie de demonstração desse vínculo profundo entre o rei e o reino, entre a pessoa sagrada pela unção carismática e o ritmo da vida política e social, simbolizada pelos aspectos da natureza. É um dos momentos mais altos da peça e um dos melhores exemplos do senso rítmico com que Shakespeare compunha a marcha da catástrofe pelo acúmulo de ocorrências infaustas, a exemplo do que se vê nas partes finais de *Macbeth* ou de *Ricardo III*.

Estamos no País de Gales. Pelas cenas anteriores ficamos sabendo que Bolingbroke não só desembarcou na Inglaterra de volta do exílio, mas já obteve vitórias, conquistou para a sua rebelião elementos decisivos da alta nobreza, liquidou a maioria dos amigos mais chegados de Ricardo e, finalmente, obteve a adesão relutante do tio de ambos, o duque de York, regente durante a expedição da Irlanda. Sabemos também que a principal força com que Ricardo contava, os galeses, já o abandonou. Mas (e esta é a mola dramática usada por Shakespeare a fim de criar o ritmo da cena) ele não sabe nada disso. Está chegando da campanha irlandesa certo de que a sua autoridade é absoluta em virtude da unção e bastará por repor tudo em ordem.

A cena é construída segundo a alternância das notícias (cada vez mais desastrosas) e das reações do rei, que oscila entre euforia e desalento, afundando-se cada vez mais em face das evidências, até deixar implícito que vai abdicar. Trata-se do confronto dramático entre o caráter sagrado da função real, teoricamente intangível, e a realidade falível do jogo político. O desfecho é a crise da legitimidade.

Como sangue real é seiva, Ricardo se identifica à terra e não acredita que os inimigos possam prosperar, pois o país não os favorecerá. E o bispo de Carlisle confirma: “Milorde, não temais; a mesma força/ que vos fez rei terá poder bastante/ para vos conservar no vosso posto/ contra todas as forças”.

A compenetração com a natureza se exprime entre outras imagens pela identificação do rei ao sol, princípio de vida. No caso, vida como ordem do corpo social: Ricardo afirma que ao ir para a Irlanda deixara a Inglaterra nas trevas, favoráveis à proliferação do mal; mas bastava a sua volta para dissipá-las. Numa imagem que seria retomada mais tarde noutro sentido pelo Poeta em *Macbeth*, ele sintetiza deste modo a força invencível do poder sagrado que a unção religiosa lhe deu na investidura: "Toda a água do mar áspero e selvagem/ o óleo santo não tira que foi posto/ na fronte de um monarca".

Mas o acúmulo de notícias ruins mostra o predomínio crescente do rebelde Bolingbroke, como se o país preferisse o contrário. Ricardo sente então pela primeira vez que a unção ritual não abole a fragilidade da condição humana e que há no mando aspectos contingentes decisivos, ligados às características da pessoa que exerce a função e que sabe usar com maior eficiência os instrumentos efetivos do poder, agora nas mãos do primo a caminho da usurpação, porque, como reconhece com amargura, "soube obtê-lo pela estrada/ segura da violência". Nesse meio da peça o rei está começando a reduzir-se à sua escala de indivíduo, despojando-se aos poucos do papel social e começando a descida para a abdicação e a morte.

"*Ricardo II* é a tragédia do destronamento. Mas não é apenas o destronamento de Ricardo, é o destronamento do rei, da ideia do poder monárquico [...] No *Ricardo II*, o ungido do Senhor, o rei, a quem arrancaram a coroa da cabeça, se torna um simples mortal."[7]

A partir desse momento presenciamos a desarticulação da estrutura de poder, e o Poeta passa a dar maior relevo à personalidade de Ricardo, porque a partir desse momento o homem vai separar-se do rei. Nessa cena já acontece de maneira simbólica a perda da capacidade de mandar, que se dará oficialmente no 4º ato. Por isso, na famosa tirada em que Ricardo enuncia este fato, o sangue aparece pela primeira vez *como traço comum a todos, não como fluido privilegiado*:

era uma vez um rei! Ponde os chapéus;
não zombeis, com solenes reverências,
do que é só carne e sangue. Despojai-vos
do respeito, das formas, dos costumes
tradicionais, dos gestos exteriores,
que equivocados todos estivestes
a meu respeito. Como vós, eu vivo
também de pão, padeço privações,
necessito de amigos, sou sensível
às dores. Se, a tal ponto, eu sou escravo,
como ousais vir dizer-me que eu sou um rei?

E a cena acaba com uma tirada de dolorosa renúncia, em que as posições se invertem, pois o sol se transforma em sombra, e a sombra em sol: "Mandai embora/ todos os meus soldados, sem demora;/ saiam da noite de Ricardo, fria,/ para o de Bolingbroke excelso dia".

Até aqui houvera uma espécie de expansão do sangue, princípio de legitimidade e fluido mágico equiparado à seiva. A partir daqui há uma retração do sangue, e o exercício da força funcionará como transferência da sua virtude legitimadora a outro galho da árvore real, Henrique Bolingbroke. Daí um deslocamento do sistema figurativo. Como o rei deixa de identificar-se à natureza e se reduz à condição de indivíduo, as imagens cósmicas e vegetais cedem primazia ao mundo humilde dos artefatos, destacando-se primeiro, na cena da abdicação, única do 4º ato, os dois baldes a que Ricardo compara os movimentos contrastantes dele e do primo:

Assemelha-se agora esta coroa
de ouro a um poço profundo com dois baldes
que em tempo diferente se enchem de água:
dança no ar o vazio; o outro, no fundo,
cheio de água, é invisível. O de lágrimas

cheio, sou eu, que bebo as minhas dores;
ascende o vosso: é todo riso e flores.

Esse balde no fundo do poço não é mais o rei Ricardo II: é o indivíduo Ricardo de Bordéus, reduzido à sua singularidade de homem. E para encerrar o processo de despojamento, de privação do papel político, surge a última grande figuração simbólica da peça: o espelho, que Ricardo pede a Bolingbroke e representa a essência da abdicação, pois permite separar a função do indivíduo que a exerce: "Manda vir um espelho, para que ele/ a minha própria imagem me apresente/ desde que a Majestade abriu falência".

"A minha própria imagem" é a imagem do homem que perdeu a função majestática e aparece de repente insignificante sem ela:

Dá-me o espelho. Vou ler nele.
Como! Sem rugas, ainda, mais profundas?
Tão grandes bofetadas a tristeza
me aplicou, sem deixar marcas mais sérias?
Ó espelho adulador! Como as pessoas
que na prosperidade me seguiam,
tu me estás enganando. Serão estas
as feições de quem tinha diariamente
dez mil pessoas sob o seu teto e a todas
alimentava? Será esta a face
que, à maneira do sol, deixava cego
quem a olhasse de frente? Era esta a face
que fez face a loucuras incontáveis
para, afinal, ter de baixar os olhos
diante de Bolingbroke? Muito frágil
é a glória que irradia desta face:
tão frágil quanto a glória é a própria face.
(*Joga o espelho no chão*)
Ei-la aí, reduzida a cem pedaços.
Não deixes de anotar, rei silencioso,

a moral do meu gesto: como as mágoas
em pouco tempo a face me destruíram.

Portanto, nesse momento o homem se separa do monarca e nós percebemos que este era um *outro*, revestido do direito de mandar. Quando alguém assume papel político, incorpora esse *outro*, que é quem precisa dos critérios de legitimação do mando. Mandar é tê-lo em si; quando ele se anula a pessoa fica reduzida à condição comum. O espelho materializa essa divisão, porque Ricardo homem vê destacar-se dele, na hora em que abdica, a imagem de Ricardo rei, desgastada pelo exercício do poder, que passa ao usurpador. No final da peça, cena 5 do 5º ato, Ricardo na prisão se analisa apenas como homem, não mais como rei. Despojado do *outro*, é agora ele próprio, impotente mas lúcido, capaz de perceber o jogo da realidade e da fantasia. O preço que paga pela recuperação da sua humanidade é a morte. Então o assassino entra e sela o triunfo de Bolingbroke, titular da legitimidade baseada na eficiência.

O modo de ser da personagem Ricardo II parece elaborado para ilustrar a oscilação entre a pessoa e a sua função política. Ao mesmo tempo arrogante e humilhado, Ricardo alterna a prepotência com a submissão e passa da confiança cega ao desalento, a ponto de abdicar antes que a abdicação lhe seja imposta. Em Bolingbroke, "rei silencioso", a afetada humildade é apenas truque, substituído rapidamente pela realidade inteiriça da prepotência. Mas em Ricardo a divisão interior é consubstancial, isto é, algo inerente ao seu modo de ser, podendo representar com maior clareza a dicotomia entre o *eu* e o *outro*, pressuposta na estrutura do mando. Daí o cunho antitético do seu raciocínio e até das imagens com que o traduz: o sol e a treva, o balde cheio e o balde vazio, o trono e o túmulo. O processo se resolve na cena da abdicação, porque a dualidade da face e do seu reflexo é desfeita pela destruição do espelho. O homem absorveu o rei, como antes o rei absorvera o homem.

A partir da cena 2 do 3º ato Ricardo passara a falar e atuar com certa ironia isto é, de um modo favorável à ambiguidade, que lhe permite relativizar a grandeza do mando e, ao mesmo tempo, a degradação da queda. Graças à ironia, pode quebrar o significado aparente, conferindo dubiedade a tudo o que diz e faz, a ponto de ficar uma dúvida: estamos diante da verdade ou de uma farsa? Esse recurso instaura um fermento perturbador no processo do destronamento, sugerindo que na estrutura do mando e da obediência há muito de ilusão. Quem pensa mandar pode estar sendo joguete, e o joguete pode ser poderoso na essência. No 4º ato há uma espécie de prefiguração de Pirandello, baralhando o que é com o que parece ser. Mas, como vimos, o 5º ato traz a morte, forma suprema de mandar, para quem a determina; e também de se submeter, para quem a sofre.

Além da ironia pessoal há a ironia dos fatos, que envolve tudo, faz o poder virar submissão, transforma o fraco em forte e o forte em fraco, mostra como o trono pode ser caminho para o túmulo e zomba das grandezas. Por isso, nada melhor para terminar estas considerações do que um pedaço da fala de Ricardo na cena 2 do 3º ato, cujo fecho já citei:

> É que, no centro da vazia
> coroa que circunda a real cabeça,
> tem a Morte a sua corte, e, entronizada
> aí, como os jograis, sempre escarnece
> da majestade e os dentes arreganha
> para as suas pompas, dando-lhes existência
> fugaz, somente o tempo necessário
> para cena pequena, porque possa
> representar de rei, infundir medo,
> matar apenas com o olhar, inflada
> de ilusório conceito de si mesma,
> como se a carne que nos empareda
> na vida fosse de aço inquebrantável.

Talvez seja esta uma imagem pertinente do poder, sempre transitório e relativo, mas indispensável e pesado, tendo como sócio constante, de maneira ostensiva ou tácita, a destruição, cujo limite é a morte.

NOTAS

1. Wolfgang Clemen, *The development of Shakespeare's imagery*, Nova York, Hill and Wang, s. d., p. 54.

2. E. M. W. Tillyard, *Shakespeare's history plays*, Nova York, The Macmillan Company, 1946, 2ª Parte, cap. 4(2): "Richard II". Em sentido parecido, um estudioso norte-americano mostra de maneira sugestiva como até a fala de ambos é diferente: a de Ricardo, metafórica e cerimonial; a de Bolingbroke, simples e direta. Maynard Mack Jr., "This royal throne unkinged", em *Killing the king. Three studies in Shakespeare's tragic structure*, New Haven e Londres, Yale University Press, 1973.

3. Bárbara Heliodora, *A expressão dramática do homem político em Shakespeare*, Rio de Janeiro, Paz e Terra, 1978, 3ª Parte, cap. 4: "A *Segunda tetralogia*". Antes a autora havia dito: "Nada é tão notável na criação do personagem Richard II quanto a impressionante realeza de seu comportamento e sua igualmente impressionante incompetência como monarca, sua desmedida noção de privilégio e sua clamorosa irresponsabilidade", p. 118.

4. Caroline Spurgeon, *Shakespeare's imagery and what it tells us*, Boston, Beacon Press, 1958 (1ª ed., 1935), cap. XII: "Leading motives in the histories".

5. As citações são feitas na tradução de Carlos Alberto Nunes, *Obras completas de Shakespeare*, v. XVI, *Vida e morte do rei João — A tragédia do rei Ricardo II*, Rio de Janeiro, Ediouro, 1966.

6. A palavra primo (*cousin*) em contextos como este equivale a "parente".

7. Jan Kott, *Shakespeare notre contemporain* (trad.), Paris, Marabout Université, 1965, p. 57.

O RETORNO DO BOM GOVERNO

Renato Janine Ribeiro

Sabemos que a modernidade principia em política com o fim das categorias medievais — melhor dizendo, da *epistéme* medieval — que se organizavam, no pensamento tomista, em torno da ideia de *buon governo*, admiravelmente descrita por Kantorowicz a propósito dos afrescos de Lorenzetti em Siena.[1] Sabemos igualmente que ninguém, como Maquiavel e Hobbes, tão bem abriu este novo mundo em que a política se liberta da moral e da religião. Repassemos, porém, essas batalhas que se travam nos séculos XVI e XVII, para depois chegar à nossa questão: será que realmente faleceu o "bom governo"? Será que a forma pela qual a maior parte de nossos concidadãos pensam o poder não é, justamente, por essas categorias que nós, teóricos do político, tão celeremente descartamos como sendo superadas, medievais?

Um bom começo pode estar na Inglaterra da Reforma. Reginald Pole, em sua *Apologia a Carlos V*, atribui a Thomas Cromwell, principal arquiteto da Reforma anglicana, a tese de que o rei está acima da lei, assim como da distinção entre certo e errado. O conselheiro deveria então estudar "*quo tendit voluntas principis*", a que tende a vontade do príncipe, captando até seus desejos ocultos, em vez de procurar moderá-lo. E acrescenta o severo Pole — primo do rei, que só conseguiu salvar a cabeça por ter fugido a tempo da Inglaterra, e que se tornou cardeal e presidiu o concílio de Trento: Cromwell era discípulo de Maquiavel, tendo recomendado a leitura de seu *Príncipe* ao próprio Pole. Como demonstrou o comentador Van Dyke, isso seria difícil, porque o *Príncipe* só foi impresso em 1532 e a conversa de Cromwell e Pole dataria de 1528. Mas é interessante ver como se constitui a imagem católica desse primeiro Cromwell (de quem Oliver era sobrinho-bisneto). Stephen Gardiner, bispo de Winchester, anglicano moderado e que quando da restauração do catolicismo sob a rainha Maria cooperará com o cardeal Pole na repressão — sanguinária — aos protestantes, conta (em 1547) que Cromwell lhe teria perguntado: "Dizei-me, monsenhor bispo de Winchester... a lei não é o que apraz ao rei? Em vosso direito civil não se diz *quod principi placuit* etc.?... Não me lembro bem agora".[2] Finalmente, Thomas Morus, ao demitir-se da chancelaria, aconselhara Cromwell, seu sucessor: "Senhor Cromwell, se quiserdes seguir minha humilde opinião, em vossos conselhos a Sua Alteza o rei sempre lhe direis o que deve fazer porém, nunca, o que está em seu poder. Pois, se o leão conhecesse a sua força, muita dificuldade sentiria qualquer homem em governá-lo".[3]

Assim, Cromwell não seguiu os conselhos de Morus por ler Maquiavel — segundo pelo menos os dois primeiros dos três católicos que citamos; na verdade, Van Dyke pensa que Cromwell se referia mais a *O cortesão* de Castiglione[4] que a *O príncipe*, e é certo que o ministro mandou traduzir em inglês, adaptando-o, o *Defensor pacis* de Marsílio de Pádua. A alusão a Maquiavel talvez seja equivocada mas, justamente por isso, é significativa do papel demoníaco que se atribuía, tanto ao pensador florentino quanto ao ministro reformador.[5]

Até porque por essa época Thomas Morus já escreveu não só a *Utopia*, mas também alguns poemas latinos que, se não engrandecem sua reputação literária, nos interessam aqui. São rigorosamente conformes à tradição moral e católica da política. Opõem o bom rei ao tirano; aquele governa pelo amor que troca com seus súditos; por isso também pode ser comparado à cabeça, e eles aos membros. São as duas imagens tradicionais do corpo político, uma que o faz justamente *corpo*, com todas as implicações orgânicas que disso decorrem, outra que o faz *família*, e acentua o amor entre suas partes (amor este que já estava presente na própria articulação corpórea, porque liga os membros à cabeça e entre si).

Já o tirano, sabemos, pode sê-lo por defeito de título (o usurpador) ou de exercício (aquele que, mesmo sendo legítimo por herança, ou aceito por eleição, governa cruelmente), mas essas duas categorias tendem a se opor menos do que à primeira vista pareceria. O usurpador tem de ser cruel, porque não há afeto entre ele e aqueles cujo mando ele adquiriu pela via da força; o governante cruel, ainda que legítimo ou eleito, perde sua legitimidade porque governar é um mandato que implica deveres, e não os respeitando ele se desqualifica. Nos dois casos falta o afeto, sobra a força bruta. Daí que o tirano mande pelo medo, e morra ele próprio de medo.[6] Isso fica claro na questão do sono.

Em outro lugar[7] sugeri que as formas de governo se hierarquizam, em Hobbes, conforme lidam, melhor ou menos bem, com o sono do soberano. Diz Hobbes que o intervalo entre as sessões do órgão soberano, numa democracia ou aristocracia, é como, na monarquia, o sono do rei: o poder permanece, seu exercício está porém suspenso.[8] A vantagem da realeza está em que nela o sono da *persona ficta* coincide com o da pessoa física, ao passo que nos demais regimes a pessoa artificial dorme muito mais que as pessoas naturais que a compõem. Ora, Morus também fala do sono, no caso, do tirano. Este precisa de pretorianos para protegê-lo, e quando dorme é como uma tora, um cadáver; então é fácil matá-lo. Daí que não durma duas noites seguidas na mesma cama.[9] Ou seja, seu sono é conturbado, não só pelos pesadelos que o acometem, como pela ameaça tão efetiva de ser morto por aqueles em quem manda como se fossem escravos ou animais, e não cidadãos, isto é, filhos.

Em suma, a questão do sono diz respeito aos limites naturais do governar — ou aos limites que o suporte natural, físico, coloca à *persona ficta*, aqui o corpo místico do governante. Por mais eficaz que seja o rei hobbesiano, ou forte o tirano de Morus, ele se defronta com limitações que são as de sua natureza enquanto homem. O poder jamais é o mero exercício da vontade de um, de uma vontade de potência que se vai difundindo e agarrando os outros; é preciso que esses colaborem, ou pelo menos reconheçam, consintam, aceitem. O tirano de Morus ignora por completo esse reconhecimento, e por isso morre, em mãos dos rebeldes, ou de seus próprios guardas. A solução que Hobbes dá ao problema parece, ao leitor apressado, seguir a eficácia (ele descarta o tema do bom governo), razão por que prefere o rei, porque este dorme menos que uma assembleia; mas Hobbes deixa claro que não é esta a questão essencial, porque uma assembleia também pode governar, ainda que não tão bem. O cerne da questão é que ele, rei, ou ela, assembleia, obtenha o reconhecimento de seus súditos, sem o qual não conseguiria governar. (Por essa razão, ao contrário do que pensa uma tradição que faz do soberano de Hobbes um governante despótico, é fora de propósito identificá-lo com o tirano de Morus, porque aquele precisa, até mais que o "bom rei" de Morus, do reconhecimento, do *consent*, ainda que apenas inicial.)

O quadro que Morus nos permitiu descrever é basicamente tomista, e remete, como tantos outros textos daquela época, ao *De regimine principum* de santo Tomás. Qual a ruptura que Maquiavel traz a isso, no *Príncipe*? Ela é conhecida demais para precisarmos insistir nela. Sua crítica incide sobre a ineficiência da boa monarquia. Reis bons, que vertem pouco sangue, correm o risco de perecer, e com eles seus reinos. Reduzindo o pensamento de Maquiavel nesse texto a seu cerne, diríamos que, num principado novo, e que foi conquistado pelas armas de outrem (porque é desse tipo de Estado, e não de outro, que o florentino fala no *Príncipe*), o príncipe só adquirirá legitimidade, e com ela a possibilidade de governar sem oposições devastadoras, se souber valer-se bem da maldade nos inícios de seu poder. Não é, o *Príncipe*, uma apologia descarada do governo tirânico; é uma reflexão, por vezes quase uma receita, de como usar de procedimentos cruéis no que seria uma espécie de rito de passagem, de ingresso numa nova fase, que é a da formação de um novo governo — sua legitimação, seu tornar-se rotina. Em outras palavras, de que modo pode o tirano sem armas próprias ser aceito como rei? Isso alcançado, ele depois até poderá ter com os súditos relações de amor; de início, precisa conquistar seu respeito.

Ora, se os contemporâneos não leram dessa forma Maquiavel (que, assim entendido, soa singularmente moderado), exagerando suas más intenções ou dando-lhe fama péssima, foi com boa razão: ele rompia o modelo tomista do amor e do corpo. Da mesma forma, um século depois, Hobbes — menos radical que o florentino em suas fórmulas, até porque o problema hobbesiano está em assegurar a obediência, e não em aconselhar o governar (Hobbes escreve para o súdito, e não para o rei) — quebrou porém radicalmente a estrutura medieval, ao introduzir-nos no mundo da soberania.

Pois uma característica essencial da modernidade é exatamente a da substituição da *iustitia* — a qual Maquiavel já havia desqualificado — pela jurisdição. Em tempos medievais, é difícil se determinar qual a última instância para qualquer decisão que seja; cabem recursos ininterruptos do rei a seu parlamento, deste ao rei, do papa ao concílio ou ao imperador, e destes àquele; opõem-se assembleias ao Um, inferiores a superiores, e inversamente, etc. Ou seja, o importante não é quem decide, mas que o valor principal, o da justiça, triunfe, e para tanto tanto faz quem o aplique. Se isso não leva a uma guerra de todos, à desagregação dos Estados e da Igreja, é apenas porque também faz parte da justiça dar ao rei e ao papa legítimos o lugar que é seu.

A novidade hobbesiana, e nesse sentido moderna, estará em negar sentido a esse juízo de conteúdos sobre a ação governamental, e centrar a atenção na pura forma. Quem tem poder para legislar legisla. Hobbes dirá que é justo o que vem do soberano. Maquiavel diria que pouco importa se é justo ou não segundo a moral. Nos dois casos, o sentido crítico é o mesmo: se cada qual puder impugnar, por injustos, os atos do governante, a governação se mostrará impossível.

Para se chegar a isso, foi preciso um longo trajeto, que certamente passou pelos *adiaphora*, ou coisas indiferentes, termo que Erasmo e certos reformados, Melanchthon à testa, devem aos estoicos. O cerne dessa teoria é que na religião existem questões prioritárias, essenciais, mas que se reduzem a bem pouca coisa, e outras que são de mera organização interna, de *polícia* como então se dizia; ou seja: há o que Deus mesmo ordenou — basicamente, matéria teológica —, e há o que é da *pólis*, deste mundo, e por isso não tem a mesma essencialidade — em linhas gerais, mas não só, a liturgia. Na religião temos assim o que é de Deus, e o que diz respeito à sua encarnação nas cidades deste mundo. Variarão as fronteiras entre os dois domínios, mas o importante é o princípio da divisão, porque, *primeiro*, reduz o alcance do dogma, tornando a religião mais palatável ao humanista (Erasmo), que aceita os ritos como necessários à organização social dos fiéis, mas relutaria em reconhecer que tal cor de paramento ou tal arquitetura das igrejas ou mesmo o celibato clerical se fundamente na palavra mesma de Deus, e que por uma divergência daquelas de que Voltaire zomba no *Candide* uma pessoa fosse condenada ao inferno por um Deus que, dizem, é bom; *segundo*, permite a obediência dos fiéis mesmo àquilo que vige apenas de um lado dos Pireneus — porque se obedece à autoridade, não à verdade. Aqui já está prefigurada a frase que Hobbes tornará famosa — *auctoritas, non veritas, facit legem*. O que Hobbes fará é expandir o espaço dos *adiaphora* para quase todo o horizonte do político.[10]

Dificilmente conceberíamos hoje, nós que o teorizamos, o político sem ser nessas bases. É claro que a elas acrescentaríamos uma ideia mais positiva e ativa de cidadania, exercendo seu controle, ou o da sociedade civil, sobre o Estado assim constituído; acrescentaríamos a democracia, e em sua dimensão não apenas política, mas social. Porém, conservaríamos como fundamental a ideia de que a soberania reside na vontade do governante, e de que esta não pode estar atada a conteúdos prévios, ou ser ela mesma medida quanto a sua validade. E a provar esse caráter fundamental temos o próprio sentido que hoje conferimos à democracia. Porque, quando os clássicos falam em democracia, é raro que deem a esta o duplo sentido que lhe atribuímos: 1) regime em que as diferenças são resolvidas pelo *voto universal*, estando este para além da moral e dos conteúdos, porque qualquer resultado (desde que dentro das formas da lei) tem de ser respeitado; 2) regime em que certos direitos fundamentais são assegurados, a começar pelos que garantem a *forma* da decisão a tomar pelo voto, como portanto os de expressão, de associação, de reunião. Esses elementos centrais do conceito de democracia mais corrente hoje, e que se fortaleceu à medida que a chamada "democracia material" do Leste europeu se desfez, e sua crítica à democracia formal se desqualificou, são quase que apenas formais. Seguem esse mundo que foi aberto por Maquiavel e Hobbes.

E no entanto o povo não nos segue. Por mais vago que seja esse termo "povo" no presente caso — falo à maneira antiga e atual, menos me referindo ao soberano da *res publica* e antes à maioria dos que em outros tempos seriam chamados os pobres, ou simples —, o fato, que inicio tratando intuitivamente, é que a grande maioria da população, pelo menos brasileira, não compartilha esta nossa caracterização do político. Querendo sintetizar: temos, de modo geral, uma ideia do espaço político como leigo, o que significa, *primeiro*, independente da esfera religiosa, a qual passa a ser questão de foro íntimo, portanto da vida privada; *segundo*, portador de diversas alternativas, entre as quais a opção é livre; embora haja possibilidades cujo sucesso representaria o fim do regime democrático (na vitória de um agrupamento fascista, por exemplo), estas não têm estado entre as mais viáveis nas sociedades em que vivemos, e o grau de consolidação democrática de um país pode medir-se até mesmo graças à exclusão de tais possibilidades: assim, os países europeus, onde parece difícil se impor a opção racista, têm maior solidez na democracia do que alguns países de maioria muçulmana, como a Argélia, onde a abertura eleitoral tem resultado na vitória do obscurantismo. Daí que definamos um espaço, que geralmente abrange perto de 80% ou 90% dos votos, que embora varado por vários partidos é por todos eles reconhecido como tendo legitimidade: qualquer um deles que ganhe leva.

Ora, o problema é que essa caracterização não é muito feliz aqui. Acabamos nos queixando, implícita ou explicitamente, de que o povo brasileiro não responde à representação que dele fazemos; um dos melhores exemplos desse descompasso entre a teoria do político e a sua prática tivemos nas eleições de 1985 para a prefeitura de São Paulo, quando o fato de Fernando Henrique Cardoso (não por acaso, o modelo do cientista político que passou da teoria à prática, da universidade às eleições) não afirmar que acreditasse em Deus foi decisivo em sua derrota.[11] Se simplesmente censuramos esta mentalidade, corremos o risco de repetir as declarações dos governos militares (povo despreparado para votar etc.) ou da velha UDN (a falta de educação faz com que o povo escolha os piores líderes). Há portanto, pelo menos, que entender essa concepção.

Ela pode definir-se, *primeiro*, pela ligação que tem com o religioso, *segundo*, porque atribui ao político um conteúdo determinado, o da justiça. Esses dois traços convergem; com efeito, a ideia de religião aqui implícita tem muito de tomista, e sabemos que em Aquino se abeberam vertentes da moral religiosa católica atual bem distintas, porque os conservadores podem apreciar nele o gosto da ordem hierarquizada,[12] ao passo que os progressistas podem ler nele a defesa de uma justiça que inegavelmente tem uma dimensão social (onde Aquino não tem espaço é entre os liberais). Ora, essas ideias religiosas da política implicam uma afirmação de conteúdo que é incompatível com o formalismo acima descrito, e que traz, além de tudo, ao espaço dos conflitos regulados um elemento de *pólemos* que, tanto quanto sabemos, se choca com a essência do que entendemos por *pólis*. Dizendo de outro modo, a confrontação religiosa faz da tensão uma guerra entre inimigos, um dos quais — pelo menos — tem de ser destruído, ao passo que toda a laboriosa empresa de constituição do espaço democrático se mostrou ser a cautelosa definição de valores comuns (aparentemente formais) a partir dos quais é possível controlar o nível de diferença e de tensão que se resolve por essa loteria que é o voto. Será bom insistir nesse aspecto lotérico do voto.

Quando os filósofos do século XVII se empenham em negar o mérito enquanto razão para um exercer o poder, e não outro, eles estão negando o *buon governo*. Mas não é só. Estão negando uma política moralizada porque esta corre o risco de gerar guerras sem fim: nada mais arbitrário e parcial do que perguntar quem é melhor moralmente, ou mais capaz, para o ofício de governante. É por isso que Hobbes, no capítulo 10 do *Leviathan*,[13] nega que alguém, por seu mérito, tenha direito a mandar. E é o que entende Pascal quando fala no direito de nascença: a primogenitura é um critério evidente para que um reine e outro não. Não quer dizer que o filho mais velho seja superior ao mais novo — apenas, exclui-se de vez qualquer pretensão deste.[14] Poderíamos ver, na primogenitura, uma escolha de Deus; o famoso dito medieval que os juristas ingleses repetem, desde Bracton ("não o homem, mas Deus, faz o herdeiro"), significando que a vontade humana não tem liberdade para alterar a ordem de nascimento, subentende que na primogenitura esteja embutida uma eleição por Deus. O aparente acaso é, na verdade, emissário de uma missão superior: a Providência se manifesta, por suas vias insondáveis, a cada herança, porque a cada nascimento. Mas, com Pascal, com a modernidade, já não é assim. A tese do Deus escondido até poderia permitir uma medievalização (em cada nascimento estariam presentes os desígnios de Deus, ainda que ocultos de nós), mas o que Pascal afirma é o caráter lotérico da ordem de nascimento. Importa, só, que o resultado seja visível, e que as regras que o produzem também o sejam. Quer-se o sistema em que regras e resultado sejam o mais visíveis que se puder, incontestes portanto. Não se pede, porque seria pedir demais, que essas regras e resultado expressem uma moralidade superior. Ora, o mesmo vale para a democracia entendida como um procedimento eleitoral. Até pelo número, trata-se de uma loteria — e esta, aliás, é a crítica que tantos conservadores lhe farão: por que o número decidiria, e não a qualidade?

Claro que o pressuposto, para ser essa loteria e não a do nascimento, é o da igualdade entre os eleitores. Mas isso, acrescentemos, é rigorosamente hobbesiano: *primeiro*, pela tese já citada, segundo a qual ninguém tem mérito a governar, ou a prevalecer (por inteligência, beleza, riqueza) sobre os outros; *segundo*, pelo capítulo 13 do *Leviathan*, no qual todos têm igual direito a viver, e o direito de nenhum serve como ponto de vista decisivo para relativizar o de outro (nenhum direito configura um absoluto). Contudo, se tivermos uma visão religiosa do político (na qual se embutem outros traços de nossa política, como o salvacionismo, que uns atribuem à espera de d. Sebastião), a loteria democrática merece desdém: não será por acaso que Fernando Pessoa, sebastianista convicto, tem tamanha aversão aos democratas; por que 10 mil prevaleceriam sobre um, se for esse o melhor? Ou como aceitar os pressupostos do conflito amenizado democraticamente, se o oponente for descrito com as cores do mal? Ou, se o combate é entre bem e mal, ou ainda entre justiça e injustiça (inclusive social), por que admitir que tais valores sejam deportados para a vida privada, em vez de aprimorar o social? Como aceitar que valores se equivalham?

Mas não é apenas o pensamento implícito nessa boa parte despolitizada do povo brasileiro que permite contestar nossa modernidade de filósofos e cientistas do político. Afinal, por aí estaríamos remetendo apenas a uma atualidade do antigo, a um conservantismo, e mesmo conservadorismo, das classes justamente mais pobres. Uma tal representação não é nova; é em linhas gerais a de certo romantismo, o de Alexandre Herculano por exemplo (relembre-se sua novela "Arras por foro de Espanha", em que — poucos anos antes da vitoriosa revolução dos anos 1380 — o povo abandona os líderes que se expuseram para o seu bem), ou melhor dizendo e com maior frequência de um jacobinismo, em que a liderança, mais avançada que a massa, por esta é largada. Será preciso ver se outra perspectiva não é possível, em que as representações populares do político não apareçam necessariamente comprometidas com o passado. Jacques Rancière, na leitura que fez dos operários do século XIX, chega a conclusões que apontam nessa direção.

Rancière partiu do trabalho de Althusser, que trouxe à política e ao marxismo o recorte que Gaston Bachelard propusera para a história das ciências, segundo o qual uma "cesura epistemológica" inaugurava cada ciência: uma ruptura radical. No plano das ciências humanas Althusser estabeleceu corte de mesma natureza entre a ideologia e a ciência, sendo esta o marxismo, e podendo-se encontrar o momento da cesura no interior da própria obra de Marx: ele foi humanista quando dos *Manuscritos* de 1844, usando termos vagos, imprecisos — e *ideológicos* — como *homem*, *justiça* etc., e tornou científica sua obra ao romper com esse quadro mental e utilizar, em seu lugar, conceitos, como os de modo e relações de produção etc.

Ora, o ponto no qual incidiu a crítica de Rancière, maoísta àquela época, foi sobre a hierarquia que assim se estabelecia entre o trabalho intelectual e o manual. Mais até, entre o intelectual e os trabalhadores mobilizados. Que luta operária já se travou tendo como estandarte as relações ou modos de produção? Geralmente se clama por justiça, direitos do homem e outros valores só humanistas, isto é, ideológicos. Aqui está o problema de Althusser: desqualificar as lutas, a densidade do vivido, em favor do estudo universitário; desqualificar a consciência comum dos homens em favor daquela do cientista da política.

Assim, o estratégico na ação de Rancière foi mostrar uma classe operária que não corresponde à imagem que lhe é designada — por autores tão distintos entre si como Marx e Victor Hugo —, imagem afinal de contas bem-comportada; e que a excede e contesta não por ser mais conservadora, como querem tantos antimarxistas, e sim por definir outros anseios, outras direções de luta. A pedagogia de um operário ou o gosto de outro pela poesia são formas de luta revolucionária, só não fazem parte daquela que os clássicos definiram como sendo a correta.

Caberia então discutir em que medida vale o modelo que antes descrevemos do político moderno. Não será ele constantemente excedido em várias direções — umas tomistas, outras mais diferenciadas, como as da fantasia e da criação —, e o problema do partido que dele faz seu emblema — nosso partido mais sensato, mais de ciência política, mais europeu, o PSDB — não estará justamente aí, isto é, numa dificuldade de entender essa multiplicidade do social e do político?

Tentemos delimitar essa multiplicidade. Se formos modernos, ela consistirá no atraso brasileiro. Nosso povo não se teria preparado ainda para a política democrática. O mundo desenvolvido servir-nos-ia de modelo, no qual dificilmente nos encaixamos. Mas se, assim como Rancière, colocarmos a pergunta sobre a pertinência do modelo? Não para postular uma nossa *differentia specifica*, porque não se trata de retomar o discurso da brasilidade *versus* a civilização europeia, e de contra as Luzes defender sinhás e senzalas; mas de questionar a própria ideia de modelo.

Voltemos então à religião, e mesmo ao salvacionismo. Podem, certamente, ser incompatíveis com o que é *moderno* (como hoje se diz) em política. Mas será o moderno um valor adequado? Desde pelo menos um século nossa história, e a de tantos outros países do mundo pobre, passa por essa tentativa de se modernizar. Ora, sem entrar na questão econômica (que considero muitas vezes sobredimensionada e além disso malposta), o fato é que esses países têm uma cultura que lhes é própria, na qual, a par do autoritarismo, há também uma densidade de vida que raras vezes é tematizada na discussão de teoria política, mas que é de primeira importância. Recordo assim um curto texto de Stendhal, que ele rabiscou no manuscrito de *Rome, Naples et Florence en 1817* — o diário de uma viagem aos Estados italianos, despóticos porém de alta qualidade de vida, ao contrário da Europa mais ao norte, em que havia uma constituição (Inglaterra) ou pelo menos uma opinião pública (França), porém inexistia o calor dos sentimentos, o ardor de viver; ora, Stendhal está terminando de escrever esse diário um tanto ficcionado, quando a 1º de junho de 1817 rabisca:

> A admirável insurreição do Brasil, talvez a maior coisa que possa acontecer, me sugere as seguintes ideias:
>
> 1) A liberdade é como a peste. Enquanto não se lançou ao mar o último pestífero, nada ainda está feito.
>
> 2) O único remédio contra a liberdade está nas concessões. Mas é preciso empregar esse remédio enquanto é tempo: veja-se o caso de Luís XVIII.
>
> Não há lordes, nem brumas, no Brasil.[15]

Estas frases (a liberdade é como a peste: ela, que parece exterminada pela Santa Aliança, de repente reaparece lá onde menos se esperava, num país de que mal se ouve falar) são todas entusiasmo, alegria. Penso que foi lembrando a insurreição pernambucana que Stendhal, em 1830, faz o seu conde Altamira, naquele grande momento do *Vermelho e o negro* que é o baile no qual Julien Sorel impressiona decisivamente Mathilde de la Mole, largar a moça mais sedutora da festa para correr atrás de um general peruano:

> Sem ter mais esperanças na Europa, o pobre Altamira se via reduzido a pensar que, quando os Estados da América do Sul forem fortes e poderosos, poderão devolver à Europa a liberdade que Mirabeau lhes enviou.[16]

Sabemos que para Stendhal a felicidade era italiana (milanesa, em especial), e nas *Crônicas italianas* ele exalta esse estilo de vida em que as paixões são desmedidas, com muita crueldade — é certo —, mas também com uma energia que não mais se encontra na França, salvo num Danton ou num Julien Sorel, ou ainda, como escreve ele em 1811, naquelas classes que se defrontam com as verdadeiras necessidades — os pobres;[17] é por isso, porque a energia se dá na Itália em estado puro, que esse país pode conhecer a felicidade (o caso da princesa italiana tomando sorvete num dia de calor tórrido, no século XVIII, e dizendo: "É pena que isto não seja um pecado"). Ora, o Brasil de 1817, assim como o Peru e o conde Altamira d'*O vermelho e o negro*, são desdobramentos dessa Itália que Stendhal conheceu. Se nas *Crônicas* ele celebra uma energia italiana, em outras obras, como as duas que citamos, trata da contradição que ocorre entre esse prazer da vida social e a repressão na vida política. Essa *energia*, que na Europa enervada já não existe, é que poderá trazer algo novo, que consistiria na possível fusão entre liberdade política e felicidade pessoal. A Itália era para Stendhal promessa de felicidade, terra na qual o amor se vivia sem os preconceitos que o vitimavam na França e mais ao norte; o que atrapalhava era o despotismo. Já a França, e Paris em especial, davam — ao amor e à vida — uma sofisticação, a de uma opinião pública que, em 1830, acabou por reconquistar a liberdade política; mas com isso negavam o prazer que no Sul residia, na terra em que o sentimento é tão quente como o clima. Assim, enquanto as possibilidades do calor não se realizam, e o presente opõe a felicidade do despotismo à mesquinharia de um regime constitucional, a indagação se formula em termos de um dilema áspero: será o preço da felicidade a ignorância, o despotismo? Será que a liberdade política fará os homens mesquinhos?

Essa questão assim ingenuamente resumida conserva pertinência. Tem que ser mais bem definida, mas deve constituir, pelo menos, um alerta contra uma esquizofrenia que está no fundo de nosso trabalho de quem discute política. Por um lado, celebramos, enquanto teóricos e mesmo como cidadãos, os países em que a liberdade e a modernidade vingaram. Por outro, sentimos, sobretudo em férias, maior felicidade quando frequentamos aqueles lugares em que não há liberdade, cidadania ou modernidade. Ora, será esta cisão casual, ou nela pulsará uma antítese de essência entre civilização e felicidade? Pelo menos merece ser pensada a questão; a felicidade não deve ser um tema externo a nossa reflexão política.

NOTAS

1. Cf. *The King's two bodies*, pp. 112-3.

2. *Letters of Stephen Gardiner* (ed. J. A. Muller, 1933), p. 399, cit. em G. R. Elton, "The political creed of Thomas Cromwell", p. 198 de Fryde and Miller (orgs.), *Historical studies of the English Parliament*, t. II, Cambridge University Press, 1970. Devo a Elton as informações acima. No original, respeitando-se a grafia bastante livre da época: "Come on, my Lord of Winchester... is not that that pleaseth the King, a lawe? Have ye not ther in the Civill Lawe... *quod principi placuit*, and so fourth?... I have somwhat forgotten it now".

Sobre *quod principi placuit habet vigorem legis*: esse adágio romano é retomado na Baixa Idade Média com o significado de que "a lei é o que apraz ao príncipe". Constituíra, a longo prazo, uma justificativa para o absolutismo. O "direito civil" de que fala Thomas Cromwell é, como se sabe, o nome pelo qual ainda no século XVI se designava o direito romano. Falando ao bispo em "vosso direito civil", Cromwell refere-se ao fato de que o direito canônico se inspira no romano, razão por que, aliás, considera-se que canonistas e civilistas pertencem ao mesmo horizonte teórico.

3. William Roper (genro de Morus), *Life of Sir Thomas More*, p. 228 da ed. Yale de 1962. No original (grafia atualizada): "Master Cromwell,... if you will follow my poor advice, you shall, in your counsel-giving unto his grace [= o rei], ever tell him what he ought to do but never what he is able to do. For if a lion knew his own strength, hard were it for any man to rule him".

4. Em Elton, op. cit., p. 199. Se for verdade, é engraçado; porque Carlos V, junto a quem Pole tenta intrigar Cromwell fazendo deste um maquiavélico, tinha a maior estima por Baldessare Castiglione, tendo pronunciado um elogio espontâneo ao saber que este morrera.

5. Lefort analisa bem, no capítulo "Le concept de machiavélisme", de seu *Machiavel*, um caso similar, porém de sinais invertidos: aqui, são os católicos que maquiavelizam o reformado; na França, segundo Lefort, são os huguenotes que dão à rainha florentina, Catarina de Médicis, a fama de seu compatriota.

6. Ver *Selections from the English and Latin poems*, pp. 140-2 e 154-5, Yale University Press, 1976.

7. *A marca do Leviatã*, São Paulo, Ática, 1978, cap. 3.

8. "[...] os espaços que separam as datas de reunião dos súditos podem ser adequadamente comparados àquele tempo em que o monarca dorme: pois em ambos os casos cessam os atos de mando, mas o poder permanece." *De cive*, VIII, parágrafo 16, p. 97 da ed. Lamprecht; *Do cidadão*, trad. Renato Janine Ribeiro, São Paulo, Martins Fontes, 1992.

9. A vida imita a arte: conta-se isso de Stalin.

10. Cf. meu *Ao leitor sem medo*, São Paulo, Brasiliense, 1984, cap. 7, em que se trata das coisas indiferentes.

11. Há fatores a ponderar no caso: 1) as pesquisas indicavam uma pequena diferença de intenção de voto entre ele e Jânio Quadros, de modo que o "ateísmo" de Cardoso deve ter sido decisivo apenas para poucos cidadãos; mas ainda assim é provável que boa parte dos que já tinham optado por Jânio tenha reforçado sua decisão com o argumento de que, afinal, o adversário era ateu; 2) Fernando Henrique não chegou a responder à pergunta, o que pode haver transmitido a impressão de indecisão e insegurança; negou que a questão fosse pertinente. O problema é que, para parte significativa do eleitorado, ela o era.

12. O que podemos ver por exemplo em Arlindo Veiga do Santos, que traduziu o *De regimine principum* e publicou-o sob o título de *Filosofia política de santo Tomás de Aquino*: cf. suas divertidas notas, passim.

13. In fine.

14. Quando Pollock e Maitland estudam a *gavelkind*, isto é, a regra de herança aos bens fundiários que vigorava no condado inglês de Kent, onde — ao contrário do resto da Inglaterra e talvez do mundo — quem herdava a terra não

era o primogênito, mas o mais novo dentre os filhos varões, a razão que dão é, no fundo, esta: pouco importa qual seja o critério, o importante é que haja um, e que este seja absolutamente visível, inconteste. Cf. *The history of English law before the time of Edward I*, v. 2, p. 271, da ed. Cambridge University Press de 1978 (1ª ed., 1895).

15. "Débris du manuscrit", in *Voyages en Italie* (reunião de vários textos), Pléiade, p. 175. No original:

"L'insurrection admirable du Brésil, presque la plus grande chose qui pût arriver, me donne les idées suivantes:

"1. La liberté est comme la peste. Tant qu'on n'a pas jeté à la mer le dernier pestiféré, l'on n'a rien fait.

"2. Le seul remède contre la liberté, c'est les concessions. Mais il faut employer le remède à temps: voyez Louis XVIII.

"Il n'y a ni lords, ni brouillards, au Brésil."

16. *Le rouge et le noir*, segunda parte, cap. 8, p. 223 da ed. Les intégrales (Seuil). No original: "Désespérant de l'Europe, le pauvre Altamira en était réduit à penser que, quand les Etats de l'Amérique méridionale seront forts et puissants, ils pourront rendre à l'Europe la liberté que Mirabeau leur a envoyée".

Obviamente, no general peruano d'*O vermelho e o negro* há uma referência, até quem sabe mais forte do que aos pernambucanos de 1817, ao libertador Simón Bolívar. Mas esse fato não deve obscurecer outro: o que despertou Stendhal para as possibilidades da América do Sul como território da liberdade foi a rebelião brasileira de 1817.

Imediatamente após a parte que cito, há uma "nota do editor", mas que tudo indica ser de Stendhal: "Esta folha, composta a 25 de julho de 1830, foi impressa no dia 4 de agosto". Sabe-se que *O vermelho* estava na gráfica quando ocorreu a Revolução de 1830, que varreu a última tentativa séria de retorno ao Antigo Regime; sabe-se que Stendhal acrescentou, então, algumas passagens a seu romance: entre elas, esta.

17. É só do quarto andar (onde moram as empregadas) que ainda há mulheres que se lançam da janela por amor — diz ele. Apenas os pobres têm paixões, vigor: energia.

AS FRONTEIRAS DA ÉTICA: MAQUIAVEL

Newton Bignotto

Para falar de ética hoje em dia, temos de ter consciência de que qualquer tentativa de construir uma ciência dos valores terá diante de si a árdua tarefa de desvendar a trama da ruptura da ética com a política, que caracteriza o processo de formação da modernidade. Perdido o entrelaçamento profundo entre as duas esferas da práxis, próprio da *pólis* grega, e diante da crítica radical que a modernidade operou nos conceitos fundamentais da ética clássica, não sobrou espaço para uma reconstrução dos laços que a uniam à política que não leve em conta as novas fronteiras da ação humana traçadas num mundo dominado pela crítica demolidora da razão e pela crise que a acompanha.[1]

Nosso estudo parte de um truísmo ao qual os historiadores das ideias recorrem com frequência: a ideia de que a origem do processo ao qual nos referimos está em Maquiavel.

Esta imagem do secretário florentino como fundador de uma nova visão da política, distante de toda consideração de ordem moral, se ampara numa longa tradição de interpretação. Da Inglaterra do século XVII a Leo Strauss não faltaram intérpretes que viram na obra de Maquiavel a expressão de uma política voltada exclusivamente para seus fins. Uma política demoníaca, dirá Strauss. Ora, a defesa do secretário fez-se em geral por intérpretes que opõem ao destruidor da ética o técnico da ação, ao demolidor de velhas certezas o fenomenólogo acurado que busca apenas descrever o mundo que vê.

Essas duas vertentes são solidárias na afirmação da paternidade da moderna reflexão política, mesmo se são apenas paradigmas que se repartem em variadíssimas interpretações. Nossa intenção não é, no entanto, a de discutir a natureza e a importância dessa ruptura, nem a de tentar uma solução para o enigma que parece habitar a obra de Maquiavel. Na longa história do maquiavelismo, muitas foram as soluções encontradas. A cada "leitura definitiva" se sucedeu um longo debate visando provar que se tratava na verdade de uma "falsificação", que um capítulo capaz de sugerir novos rumos havia sido esquecido, que uma nova interpretação fazia-se necessária.

Sem esquecer que toda grande obra de pensamento é sempre capaz de sugerir uma nova leitura, não podemos deixar de lado o fato de que Maquiavel, ao contrário, por exemplo, de Montesquieu, nunca foi objeto de uma veneração tranquila, que termina por fazer de uma obra do passado uma passagem obrigatória para todos os que querem compreender o sentido de uma época. Se ele é o fundador da moderna visão da política, devemos dizer, com Croce, que essa nova época se funda num enigma.

Nossos propósitos são mais modestos do que tentar desvendar esse enigma. Aceitando que uma ruptura ocorre na Renascença italiana, tentaremos apreender a importância dessa fundação a partir de suas implicações para uma interrogação sobre as fronteiras da ética, sem esquecer que nossa reflexão não poderá deixar de lado que Maquiavel foi revolucionário em seu tempo por compreender a política de uma maneira inteiramente nova. Antes de começar a percorrer alguns momentos da obra maquiaveliana, é necessário esclarecer o sentido que damos para a ideia de "fronteiras da ética".

Esse tema foi-nos sugerido pela reflexão de autores como Hannah Arendt e Claude Lefort,[2] que, analisando o fenômeno totalitário, foram levados a concluir que nenhum conceito do passado é capaz de dar conta da "radicalidade" dos acontecimentos que marcaram nosso século. Tomando, como ponto de partida, a constatação de sua radicalidade, devemos dizer, no entanto, que o totalitarismo assemelha-se a certas experiências do passado, por colocar a filosofia diante da exigência de compreender uma sociedade em que o discurso ético parece impotente para iluminar a significação da ação humana. A filosofia moderna enfrentou essa questão através do estudo do "mal radical", concentrando-se na análise do indivíduo que age em contradição com a norma moral.[3] Tal hipótese não leva em conta que um corpo político também pode funcionar em contradição com essa norma. É claro que no totalitarismo, assim como nas tiranias, o terror, a violência, a destruição das organizações políticas têm um papel fundamental para o sucesso da dominação. A resistência que acompanha essas experiências demonstra, por outro lado, que nenhuma tirania é capaz de anular completamente o desejo de criação de outra forma política, de outra relação com as leis. Apesar disso, somos forçados a reconhecer que o totalitarismo, assim como as tiranias, é capaz de durar, é capaz de impor certo comportamento aos habitantes de um país que tem algo próprio do político. Nesse lugar, em que o horror ocupa o lugar da lei, dificilmente podemos falar de uma ética associada à política, dificilmente podemos, no entanto, deixar de pensá-lo como um produto da ação humana. Lá onde a ética encontra seus limites, continua a existir, ainda que numa forma degenerada, um regime político. Nesses extremos da sociabilidade, a relação da ética com a política mostra-se sob uma luz radicalmente nova, capaz, a nosso ver, de conduzir-nos a uma compreensão diferente do papel da moral nas comunidades humanas.

Para investigar o significado dessa "fronteira", escolhemos analisar o pensamento de Maquiavel sobre a tirania, sem esquecer as diferenças essenciais que separam as experiências do passado das misérias de nosso tempo.

Maquiavel não foi um moralista, nem procurou redefinir valores como o fizeram Espinosa, Hobbes etc. Isso não impediu que algumas páginas do *Príncipe* provocassem escândalo justamente porque parecem atacar de uma maneira brutal crenças e valores que constituíam o núcleo da moral cristã. Ao afirmar, por exemplo, que "a um príncipe não é necessário possuir todas as qualidades, mas é necessário parecer tê-las", ou que "as violências devem ser feitas todas ao mesmo tempo, a fim de que seu gosto, persistindo menos tempo, ofenda menos", Maquiavel parece sugerir que a boa ação política não deve levar em conta valores que sejam incapazes de garantir seu sucesso, mas apenas o que conduz à meta desejada, que, no caso dos príncipes, é a manutenção do Estado. Tanto os que criticam Maquiavel por separar a política da ética[4] quanto os que se esforçam em mostrar que ele não fez mais do que descrever o funcionamento dos Estados reais[5] contentam-se em ver nele o criador da "razão de Estado", e em pensar que o abandono dos parâmetros morais implica a volta a um estado de competição regulado unicamente pelo desejo de conquista. Não é o próprio Maquiavel que afirma, em concordância com esses intérpretes, que "os homens esquecem mais facilmente a morte do pai do que a perda do patrimônio" (*Príncipe*, XVII)?

Essas leituras, entretanto, não se preocupam com os aspectos éticos do pensamento maquiaveliano e ajudam-nos pouco em nossa busca do significado das fronteiras da ética. Vamos iniciar nosso caminho analisando dois capítulos paradigmáticos do *Príncipe*.

O capítulo VIII do *Príncipe*, seguindo o caminho que fora traçado no início da obra, pretende elucidar um caso-limite da conquista, a saber, aquele de um príncipe que recorre a meios extraordinários para chegar ao poder. É de se notar que essa via, que as traduções brasileiras consagraram como "a via criminosa", possui a mesma característica dos principados civis, ou seja, não depende nem da *virtù*, nem da *fortuna* dos que a escolhem.

A exclusão tanto da *virtù* quanto da *fortuna* dos atos daqueles que por meios excepcionais conquistam o poder surpreende o leitor que no segundo parágrafo é confrontado com a afirmação de que Agátocles, um dos tiranos escolhidos como paradigma, agia em seus crimes com tanta *virtù*, que foi capaz, partindo de uma condição ínfima, de tomar o poder em Siracusa ("[...] nondimanco accompagno le sue scelleratezze con tanta *virtù* di animo e di corpo"). Maquiavel não utiliza o conceito de *virtù* sem intenção, pois julgou necessário explicar ao leitor, no final da descrição dos atos de Agátocles, por que fala de *virtù*, quando se tratava de analisar o caso dos que apenas por vias extraordinárias chegaram ao poder. Um bom número de intérpretes, mais preocupados em mostrar a ruptura operada por Maquiavel da ética com a política, prefere ater-se ao fato de que ele legitima uma via que não respeita os cânones éticos, afirmando a absoluta independência da política. Que nosso autor, no final do capítulo, após ter descrito as crueldades de Oliverotto da Fermo, dedique-se a discorrer sobre o bom e o mau uso das vias extraordinárias não faz mais do que confirmar, para esses autores, que existe um fosso entre a reflexão política e toda discussão sobre questões morais. O pensador rigoroso transforma-se em conselheiro dos tiranos.

Uma leitura menos preocupada com as interpretações tradicionais da obra maquiaveliana pode levar-nos a interpretar os "sinais" do texto de uma maneira diferente.

Em primeiro lugar, devemos ficar atentos para o fato de que os atos dos tiranos ocupam o centro de reflexão maquiaveliana no capítulo que nos interessa. Essa centralidade torna-se, no entanto, mais significativa, quando lembramos que desde Platão a tirania tem fascinado os pensadores políticos exatamente por traçar as fronteiras entre a vida política e a barbárie. Platão surpreendeu seus leitores ao calar-se sobre a possibilidade de reconstruir uma vida política saudável, depois que uma tirania instalou-se na cidade. Maquiavel sugere, no capítulo VIII, que com atos criminosos fundamos necessariamente uma tirania. Mas, ao fazer a associação entre crime e tirania, associação quase óbvia para o pensamento político da época, complica-se, mais do que se resolve, a questão. Que um crime possa estar na origem de um regime político é por si só inquietante, mas falar desse crime como derivado de uma certa *virtù* é, no mínimo, provocativo. Se a intenção fosse, no entanto, simplesmente provocativa, Maquiavel não teria acrescentado, no mesmo capítulo, algo surpreendente: não podemos chamar *virtù* matar seus concidadãos, trair seus amigos, agir sem fé nem religião. Qual é o significado dessa *virtù* que carrega a interdição de seu significado? Nosso autor diz apenas que ela pode levar ao poder e não à glória. Maquiavel sugere, assim, uma distinção radical entre os objetivos do tirano e os dos homens políticos. O primeiro pode visar apenas ao poder. Sua *virtù* comporta um domínio acurado do uso da força, mas despreza uma dimensão que é própria da glória: o reconhecimento. O homem político, ao contrário, se dá conta de que seus atos não são totalmente exteriores ao mundo que habita, e que assim eles dependem do olhar do outro. A distinção operada por Maquiavel leva-nos a ver que dois tipos de *virtù* podem existir. A *virtù* do tirano, pura técnica do uso da força, não consegue desvencilhar-se do julgamento dos homens, e é obrigada a reproduzir-se pela violência. O homem político, por seu lado, descobre que sua *virtù* não pode deixar inteiramente de lado o uso da violência, mesmo se a busca da glória seja um objetivo maior do que a conquista do poder. Mas não é a distinção entre poder e glória que é central no capítulo. Enunciada de maneira geral, ela estava em perfeito acordo com a tradição humanista florentina. Interessante é que, referindo-se ao abuso da violência, Maquiavel não diz que os tiranos são meras deformações do jogo político. Se eles não podem jogá-lo até o fim, são capazes de galgar pelo menos uma de suas etapas: o poder. O exercício da crueldade não é, pois, inteiramente alheio à política; ele coloca a nu uma de suas dimensões.

A sequência do texto parece confirmar nossas conclusões, mas de uma maneira tão radical que quase nos esquecemos da distinção que Maquiavel enunciou. Ele diz: "[...] as violências devem ser feitas todas ao mesmo tempo, a fim de que seu gosto, persistindo menos tempo, ofenda menos. Os bons feitos devem ser praticados pouco a pouco, para que possamos saboreá-los melhor".

Só podemos sentir-nos desorientados diante da sinuosidade do texto maquiaveliano, mas nos enganaríamos em não prestar atenção em alguns detalhes de seus argumentos. Com efeito, ao falar do bom uso da crueldade, Maquiavel faz uma ressalva: "Se do mal se é lícito se dizer bem". De que lugar fala o autor dessa ressalva, se não do que atribui um valor às distinções próprias ao discurso ético? Por que a memória do uso da força é tão importante para a preservação do poder?

Essas simples observações são incapazes de nos indicar o lugar que a ética ocupa no pensamento maquiaveliano. Elas nos impedem, no entanto, de considerar a ruptura da ética com a política como um dos pilares inequívocos sobre o qual se ergue a filosofia política moderna. Continuemos, portanto, nosso caminho.

Maquiavel, a partir do capítulo XV do *Príncipe*, começa a análise das qualidades necessárias ao exercício do poder. Ele segue para isso a tradição dos *speculum principis*, que aconselhavam aos governantes o pleno respeito dos ditames da moral. Na ótica da maioria desses panfletos, o príncipe bom era também o bom político. Ora, se Maquiavel dedica-se a destruir um a um os lugares-comuns desses discursos moralizantes, a conclusão, no capítulo XVIII, de que não é necessário ao príncipe possuir todas as qualidades, mas parecer tê-las, não exclui a ideia de que essas qualidades são essenciais ao exercício do poder, mesmo quando apenas simuladas. Que o príncipe seja levado a simular virtudes não implica dizer que as virtudes sejam sempre o simulacro de uma natureza pervertida. Essa constatação baseia-se no fato de que no campo do político não existe um lugar do qual se possa proclamar a verdade dos valores, pelo menos daqueles típicos do cristianismo. Descobrimos, no entanto, que a política depende dos julgamentos morais, uma vez que os homens sempre avaliam seus governantes a partir de noções herdadas da tradição, embora não sejam capazes de discernir a verdade das palavras do príncipe. Nesse ponto do texto, a crítica maquiaveliana é menos contra Aristóteles, que pensava no homem prudente (*phronimos*) como a medida do comportamento ético-político, do que contra os moralistas cristãos, que acreditavam poder regular as ações políticas pelas leis de uma moral “abstrata”. Falar, pois, das representações não implica dizer que a ética não tem ligação com a política. Corresponde a mostrar que a ética, vivida como costume, é a janela através da qual percebemos as ações humanas (“os homens julgam mais pelos olhos do que pelas mãos, pois é dado a todos ver e a poucos perceber”), sem que isso explicite a verdade ou não das proposições que nos guiam e revele a essência dos atos julgados. Merleau-Ponty resumiu essa constatação dizendo: “É, pois, uma condição fundamental da política se desenrolar na aparência”.[6]

Até aqui estivemos falando da ética em geral, de julgamentos levados a cabo por homens que possuem uma dada representação do bem e do mal. A conclusão parcial à qual podemos chegar é que falar simplesmente em divórcio entre a ética e a política não espelha o pensamento de Maquiavel, ainda que para ele a ética pareça ser apenas o depósito de nossas representações.

Essa primeira conclusão, longe de resolver nosso problema, dificulta nosso caminhar. Ao dizer que a política não pode separar-se da ética, uma vez que depende da representação que os homens fazem dos atos dos governantes, estamos assegurando um lugar para ela na vida pública, mas não esclarecemos inteiramente a natureza da relação existente entre as duas esferas de ação. Para os autores cristãos, como nos mostram os *speculum principis*, as conclusões de Maquiavel eram inaceitáveis, porque exigiam dos príncipes meros simulacros da virtude, enquanto, para eles, era de uma vida moral sem máculas que nascia a boa política. A crítica de Maquiavel, por seu lado, é insuficiente. Ela contém um violento ataque à tradição cristã, mas não esclarece, para os que querem compreender a política, se basta ater-se aos valores da tradição para compreender o papel que a ética tem no mundo político. Em resumo, é preciso saber se Maquiavel contenta-se com a crítica aos moralistas, ou se, ao atribuir outra função aos julgamentos morais, exige ao mesmo tempo outro sistema de valores, mais apto a fazer-nos entender a política.

Para responder a essa indagação um estudo da tirania parece-nos o mais adequado. A tirania ocupava no pensamento político antigo o lugar-limite da política. Além dela, ou voltávamos para as formas mais perfeitas de governo, ou o laço de união entre os homens dissolvia-se. Nesse caso, não mais podemos falar de política, nem de ética. É claro que a compreensão do caráter político da tirania era ajudada pela concepção circular do tempo, que permitia aos autores gregos vislumbrar uma saída para o que podia ser a morte da vida em sociedade. Essa possibilidade, no entanto, não os tornava menos atentos para os riscos de uma destruição total da *pólis*. Apenas autores como Políbio acreditavam no cumprimento mecânico do círculo da história. Aristóteles, por exemplo, afirmava que o que tornava terrível a experiência da tirania estava presente em outras formas políticas, sobretudo na democracia.[7] Percebendo que a degradação do político existia, em germe, em toda e qualquer sociedade, ele se preocupava menos em criticar os tiranos do que em perceber o que seu comportamento tinha de universal. Essa preocupação era acompanhada pela consciência de que, embora o tempo seja circular, não podemos esperar no mundo da ação o cumprimento regular do eterno retorno.

Os autores cristãos encararam com horror a tirania. Muitos não hesitaram em defender o direito dos povos a rebelarem-se contra os tiranos. Tal percepção radical baseava-se, no entanto, muito mais no fato de que os tiranos eram julgados pelos critérios da ética cristã do que por estarem eles preocupados com a corrupção do corpo político. Em alguma medida, e isso é verdade sobretudo para os moralistas cristãos, a política estava submetida à ética. A boa política era necessariamente a que se fazia em consonância com os valores morais mais elevados, embora se soubesse que a perfeição era impossível na cidade terrestre.

Maquiavel, que herdou muito do espírito dos humanistas, recusava essa relação direta entre os valores morais e a ação política. Ele fazia da volta à história romana uma necessidade para todos os que desejam construir uma grande república, sem preocupar-se com a natureza moral da ação de construção das formas políticas. Mas, diante da ação dos homens de seu tempo, constatava surpreso:

> E, no entanto, para fundar uma república, manter os Estados, governar um reino, organizar um exército, conduzir uma guerra, dispensar a justiça, aumentar seu império, não encontramos nem príncipe, nem república, nem capitão, nem cidadão, que recorra aos exemplos da Antiguidade [*Discorsi*, Proêmio].

A miséria de seu tempo é menos a da imoralidade dos homens e mais a do esquecimento do verdadeiro modelo: Roma.

Todos os primeiros capítulos dos *Discorsi* dedicam-se a mostrar que a República romana foi a encarnação dos mais elevados parâmetros políticos, que toda ação deve guiar-se pelas ações de seus grandes homens. Exemplaridade da cidade que se funda na exemplaridade da ação de seus cidadãos. O que faz de Roma, no entanto, o melhor regime possível? A resposta maquiaveliana se constrói ao longo de toda a sua obra, mas podemos resumi-la em uma só palavra: *liberdade*. É a liberdade, expressa nas instituições, nas ações, no espírito de conquista, que faz de Roma o modelo a ser imitado. Liberdade que explica os progressos enormes da cidade, pois, como diz Maquiavel:

> [...] é o bem geral, e não o interesse particular, que constitui a potência de um Estado, e, sem dúvida, somente nas repúblicas vemos o bem público, somente aí nos determinamos a fazer o que é vantajoso para todos, e se, por acaso, com isso se faz a infelicidade de alguns particulares, tantos cidadãos são beneficiados, que eles estão certos de vencer esse pequeno número de indivíduos cujos interesses são feridos [*Discorsi*, II, 2].

Escolher Roma como exemplo, fazer de suas instituições o modelo a ser imitado, implica abandonar o universo cristão de valores e, assim, negar que a ação política possa ser julgada pela "moralidade" dos atores. Essa reviravolta maquiaveliana mais uma vez foi suficiente para que muitos intérpretes afirmassem o divórcio entre a ética e a política, e mesmo a absoluta autonomia da política. Seguindo I. Berlin,[8] parece-nos mais interessante pensar que Maquiavel não opõe duas esferas autônomas da ação — a política e a ética — mas que ele opõe duas maneiras de se conceber a ética: uma cristã, fundada na revelação e na consciência, e outra antiga, fundada no respeito ao bem público e às leis da *pólis*. Essa verdadeira revolução, que só foi possível porque o humanismo havia preparado o terreno para o culto dos valores cívicos, deparava-se com formidáveis obstáculos. Em primeiro lugar, é preciso ver que Maquiavel não diz que a escolha de Roma é uma escolha arbitrária, que a ética antiga é uma entre muitas possíveis. Ele sabia que mesmo esse relativismo ético seria recusado com todo o vigor pelos pensadores cristãos. Mas ele queria ir mais longe, afirmava que a ética cristã é incapaz de fundar uma sociedade livre e forte. Diz ele:

> Nossa religião dá mais crédito às virtudes humildes e contemplativas do que às virtudes ativas. Nossa religião coloca a felicidade suprema na humildade, na abnegação, no desprezo das coisas humanas; a outra, ao contrário, considerava como bem soberano a grandeza de alma, a força corporal e todas as qualidades que tornam os homens temidos. Se a nossa exige alguma força de alma é para dispor-nos a sofrer, mais do que para que façamos alguma ação vigorosa [*Discorsi*, II, 2].

Em segundo lugar, Maquiavel sabia que o cristianismo triunfou sobre as ruínas de Roma. Mais do que com a corrupção moral, que interessava homens como Savonarola, e que conduziu à reforma da Igreja, ele se preocupava com o fato de que os cristãos não eram capazes de buscar a felicidade na Terra, de que suas ações eram sempre destituídas de força e vigor, de que eles eram sempre a presa fácil dos conquistadores violentos. Consciente da dificuldade da tarefa à qual se propunha, de fazer da Roma pagã o modelo para a Itália cristã, ele lança mão do exemplo do cristianismo primitivo, ou da história dos franciscanos (*Discorsi*, III, 1), para tentar uma conciliação entre as duas escalas de valores. Essas tímidas tentativas não fazem mais do que revelar a consciência que tinha de que seu projeto implicava na verdade a destruição do espírito cristão que se cristalizara na Itália.[9]

À luz dessas considerações podemos dizer que a delimitação das fronteiras da ética pela tirania torna-se mais clara quando abandonamos a ética cristã e passamos a pensá-la no universo moral dos antigos, e em parte dos renascentistas, no qual a verdadeira ética nascia do contato dos homens com as exigências da vida pública e se conservava pelos costumes do povo. Para Maquiavel, as fronteiras da ética cristã estavam assinaladas pelo fracasso dos italianos em preservar a força dos antigos romanos, pelo fracasso dos príncipes de seu tempo em resistir aos efeitos da *fortuna*, pelo fracasso dos profetas, como Savonarola, que se perderam na utopia de uma nova Jerusalém. Podemos objetar a Maquiavel que os povos que invadiram a Itália eram também cristãos, que as cidades suíças, exemplo que ele mesmo utiliza, eram cristãs. Mas, por mais corretas que sejam nossas críticas, devemos creditar a ele o fato de não ter substituído a escala de valores cristãos por um niilismo ético. Ele afirma, sem ambiguidade, a superioridade da antiga ética sobre a do seu tempo, mantendo a discussão no terreno próprio ao debate sobre os valores.

É, portanto, no universo de uma ética-política, ou de uma política que carrega em si um corpo de valores diferente daqueles de uma moral da consciência, que devemos buscar as fronteiras da ética.

Os primeiros capítulos dos *Discorsi* sugerem que o mistério da tirania é parte do mistério da criação das formas políticas. Se levarmos às últimas consequências essa afirmação, devemos dizer que, para desvendar o enigma do tirano, temos de desvendar o enigma da fundação dos regimes políticos. Maquiavel, pelo hábil estratagema de misturar aos exemplos históricos o de legisladores míticos (*Príncipe*, VI), sugere que a fundação — marco zero do político — é o momento em que o sentido se encarna e cria as exigências às quais os homens, em suas ações cotidianas, dão o nome de política. Os humanistas haviam se contentado com uma teoria das origens na qual a essência inicial se propagava imutável pelo tempo. Maquiavel aceita a importância do momento inaugural, mas o macula com o veneno do tempo, de tal forma que a preservação do sentido é sempre uma vitória contra a onipresença da possibilidade de morte do corpo político. A tarefa de compreender a tirania é, assim, a de apreender, no fluxo infinito das ações, a diferença entre o grande fundador e os celerados. Essa diferença pode ser vista, no entanto, também sob outra luz. Para tanto, basta lembrar o que já dissemos anteriormente: o núcleo dos *Discorsi* é a questão da liberdade e a distinção fundamental, para nossos propósitos, é aquela entre uma república livre e uma tirania.

Para compreender as diferenças, Maquiavel sugere que comecemos pelas semelhanças. Dando pouca importância à circularidade das transformações dos regimes, ele fala em pé de igualdade da fundação das repúblicas e da fundação das tiranias, concentrando sua atenção em descobrir de que maneira a grande ação — a ação virtuosa — se distingue da ação do tirano. É preciso notar que não estamos falando de distinções constitucionais, nem esquecendo-nos de que nos capítulos iniciais dos *Discorsi* ele traça um perfil cuidadoso das instituições republicanas, delimitando com precisão o papel do povo na construção das defesas contra os abusos do poder. Há pelo menos um momento, entretanto, no qual a tirania se assemelha à república. Esse momento, como nos sugere o título do capítulo IX, é o da fundação.

Dessas semelhanças podemos passar imediatamente às diferenças, conscientes de termos tocado em um ponto essencial do pensamento maquiaveliano. A fundação não possui raízes no tempo. O que é próprio a esse momento é que ele interrompe o fluxo da história, para dar aos homens a ilusão e o medo de um novo começo. O bom legislador compreende isso e procura, como bom artesão, transmitir à obra a centelha que o iluminou. "O legislador", diz Maquiavel, "será suficientemente sábio e virtuoso para não deixar como herança a autoridade que ele teve em mãos" (*Discorsi*, I, 9). Ele sabe que a natureza dos homens cedo ou tarde os conduzirá a usar para o mal o que o fundador usou por virtude. Mais do que uma lição sobre a natureza humana, o grande legislador ensina-nos algo sobre a natureza das instituições. Se elas só podem originar-se de uma decisão da vontade humana — Maquiavel desmente assim o postulado medieval da origem divina do poder —, é preciso que a particularidade seja rapidamente subsumida pela universalidade das leis: "Não é suficiente, pois, para a felicidade de uma república, ou monarquia, ter um príncipe que governe com sabedoria durante sua vida, é necessário que lhes dê leis capazes de mantê-la depois de sua morte" (*Discorsi*, I, 11). Apenas o legislador deve conhecer a origem humana das instituições. Aos homens, é preciso transmitir o medo que inspiram as obras divinas, é preciso confrontá-los com a imparcialidade do universal e com o braço punitivo da justiça. Frágil equilíbrio o da grande fundação, que exige a renúncia daquele que num momento confundiu-se com os deuses e a sabedoria ingênua dos que devem viver no cotidiano a continuação do sonho de um só!

O estudo da natureza da fundação permite-nos entender a natureza da tirania e enfrentar o problema das fronteiras da ética. Na lógica da fundação o tirano é o demiurgo narcísico que, esquecendo-se dos perigos que o rondam, entra no tempo ainda possuído pelo desejo de fazer de sua vontade a lei de todos os homens. Não é, assim, necessariamente da perversão da vontade do criador que nasce a tirania. Quantos imperadores romanos não foram conduzidos à crueldade por um desejo são de reformar o Estado (Domiciano)? O tirano, desconhecendo as leis de Cronos, perde-se no fascínio com a própria capacidade criadora e é obrigado a fazer da violência o instrumento de sua duração. Não é de se estranhar que Maquiavel oponha à tirania, último degrau do político, as religiões (*Discorsi*, I, 10). O que lhe interessa no fenômeno religioso não é, contudo, o conteúdo da fé, mas o fato de que as religiões realizam com perfeição a passagem da vontade particular para a universalidade da lei. Podemos pensar que Maquiavel vê nas religiões um mero produto dos homens, negando-lhes a verdade intrínseca dos dogmas. É preciso dizer, no entanto, que ele não se interessa por questões teológicas, que não se pronuncia a favor do paganismo contra o cristianismo, mas analisa a presença das religiões no mundo do ponto de vista da política, concebida como fruto da ação humana no tempo. Desse ponto de vista, o cristianismo é condenável, não enquanto religião — nenhum fundador pode se passar das religiões — mas enquanto uma ética que, descuidando-se dos valores cívicos, abre as portas para a tirania. Vale reafirmar que Maquiavel não está dizendo que o cristianismo prega a tirania (não podemos esquecer que para santo Tomás o regime ideal era a monarquia), e sim que, enfraquecendo a vontade dos homens, torna-os frágeis diante da voracidade do desejo de mando.

A religião dos romanos foi, assim, superior ao cristianismo não por enunciar uma verdade mais elaborada sobre o sagrado, mas por defender valores que tornavam insuportável a experiência da tirania. Sua ética cívica não impedia a corrupção do corpo político, mas dava fortes elementos para os que se dispunham a lutar contra o poder de um só. O cristianismo também condenava a tirania, mas fazia-o sob a cobertura da condenação maior de nossa natureza pecadora, de tal forma que o tirano era visto apenas como uma forma particular do mal que se criou com o pecado original.

Essas considerações conduzem-nos, mais uma vez, no capítulo XI, a estudar a questão da ética em consonância com aquela das representações. No *Príncipe*, Maquiavel destaca a importância das representações morais, sem se preocupar em discernir suas origens; nos *Discorsi* é na sequência de suas reflexões sobre as religiões que ele volta a ela. Ele fala, assim, dos fundadores das religiões como dos que ocupam o primeiro lugar entre os grandes homens; "aqueles que fundaram os Estados ocupam apenas o segundo lugar depois deles". No extremo oposto dessa escala, os tiranos se erguem como os que recebem o vitupério universal, como todos os

> homens que destroem as religiões, que derrubam os Estados, os inimigos do talento, da coragem, das letras e das artes úteis e honradas pela espécie humana; como todas as ações que caracterizam a impiedade, a violência, a ignorância, a preguiça, a baixeza e a nulidade [*Discorsi*, I, 10].

Esse retrato confirma o que já havia sido sugerido no *Príncipe*: o tirano ocupa o último lugar na escala dos valores políticos, porque ocupa o último lugar na escala dos valores éticos. Ele é o objeto da ira popular, porque despreza o julgamento dos homens e perde-se na contemplação de seus próprios atos.

A hierarquia proposta por Maquiavel pode, no entanto, ter sugerido um equívoco, que nossas palavras ajudaram talvez a consolidar: o de que a política está submetida à ética. Maquiavel ardilosamente deixa escapar essa interpretação para seduzir o leitor que ficaria chocado com os capítulos seguintes, em que ele fala abertamente do uso que os romanos faziam da religião. Mas trata-se de uma artimanha do texto. Na ótica maquiaveliana, como na dos antigos, ética e política são faces de uma mesma realidade que não podem ser separadas, ainda que fosse nosso desejo resgatar a ciência dos valores das brumas da contingência e do acaso nas quais a política está imersa.

Voltemos ao tirano. Agindo contrariamente a tudo o que os homens louvam e desejam, ele parece desprezar a força das representações e refugiar-se na espiral dos próprios desejos. Se essa é uma parte da verdade da tirania, certamente não revela toda a sua essência. Se a tirania fosse apenas uma forma de loucura, os homens olhariam com compaixão para o tirano, mas não obedeceriam às suas ordens. É preciso que o tirano tenha seguidores, que seja capaz de transformar o que é pura transgressão em uma experiência política. O espanto de La Boétie diante da tirania não era causado pelo fato de que a violência é capaz de atemorizar, e sim de que ela pode transvestir-se nas formas de uma comunidade política. Pouco adianta pensar que os homens tremem diante da morte, que a experiência da tirania assemelha-se à dialética do senhor e do escravo, em que a preservação da vida torna-se mais importante do que a liberdade. Na esfera pública a submissão é sempre temporária, a violência sempre sem refúgio. A guarda pretoriana pode evitar os efeitos do ódio do povo contra o tirano, mas não faz do jogo de interesses entre o déspota e seus carrascos um refúgio seguro para o que comanda. Maquiavel mostra que ninguém está mais sujeito às conspirações do que os que pretendem governar segundo seus próprios delírios (*Discorsi*, III, 6). Para durar, é preciso que o tirano faça de seu governo um governo político. Sua arrogância não é tanto a de dispensar a representação que os homens fazem de suas ações, mas a de acreditar que sua força é tamanha, que poderá criar sua própria escala de valores e fazer da crueldade a demonstração de sua coragem.

Maquiavel recorre ao exemplo dos piores tiranos da Itália para mostrar que, nas situações extremas, os homens servem-se dos valores mais correntes de seu tempo para orientar e compreender suas ações. Os tiranos enganam-se pensando deter os segredos da produção simbólica. João Paulo Baglioni, que havia massacrado a própria família, tremeu diante da figura santificada do papa, a ponto de se deixar levar prisioneiro por um homem cuja temeridade levara a invadir a Perugia praticamente desarmado. A conclusão de Maquiavel estabelece a distinção que procurávamos entre o grande fundador e o tirano. "Concluímos que os homens não sabem ser perfeitamente bons, nem criminosos com grandeza, e quando um crime apresenta algum caráter de dignidade eles não sabem cometê-lo" (*Discorsi*, I, 27).

Aprendemos que apenas os grandes fundadores são capazes do gesto que cria não somente um novo governo, mas uma nova representação do poder. Apenas eles são capazes de atingir a imaginação dos homens a ponto de fazê-los tremer diante da sacralidade das novas instituições. Compreendemos agora por que Maquiavel opôs aos tiranos os fundadores das religiões. Somente esses são capazes de criar a coincidência da ética com a política e, assim, realizar a maior obra da qual é capaz a vontade humana.

Essa distinção rebaixa a experiência do tirano a um grau inferior da política, retira-o da companhia honrosa de Rômulo e Licurgo, para relegá-lo à solidão do poder que se exerce no refúgio da pura força. Poderíamos alegrar-nos pensando que esse rebaixamento preserva o lugar mais elevado da ética, operando uma separação radical entre a esfera do bem e a esfera do mal. Nessa ótica, o mal seria a pura ausência de essência, como para santo Agostinho, ou uma essência absolutamente distinta, mas teria suas fronteiras claramente demarcadas da "verdadeira existência humana".

Maquiavel não participa desse otimismo. Ao estudar a história das repúblicas mais potentes, ele constata que sua força se exaure com o tempo, que seus costumes perdem a capacidade de espelhar o espírito das leis, "pois como os bons costumes, para se manter, têm necessidade das leis; as leis, por sua vez, têm necessidade, para serem observadas, dos bons costumes" (*Discorsi*, I, 18). Em uma palavra, ele constata que a constituição corrompe-se. Perdemos hoje o sabor desse conceito. Falamos da corrupção da burocracia, dos políticos, mas não sabemos mais o que quer dizer um povo corrompido. Para Maquiavel, assim como para os antigos, a corrupção marcava os limites do político. De um corpo político corrompido não se pode esperar mais nada, suas leis são incapazes de tolher a violência privada, o Estado deixa de representar os interesses públicos, os cidadãos visam apenas ao próprio bem, sem se preocupar com os destinos da cidade. Está aberto o caminho para a tirania. Maquiavel conclui: "É necessário, para usurpar a autoridade num Estado livre, e aí estabelecer a tirania, que a corrupção já tenha feito fortes progressos" (*Discorsi*, III, 8).

O inquietante da tirania não é, portanto, que ela demarque um novo território, mas que exista nas fronteiras do mesmo mundo que viu surgir as repúblicas mais virtuosas. O tirano não extingue a sociabilidade natural dos homens, não constrói o lugar do não político, ele mostra, ao contrário, que na forma mais degradada de governo continua a existir um grão daquilo que chamamos política. Contrariamente ao que poderia sugerir a lógica contratualista, o universo terrível do tirano não dissolve inteiramente os laços sociais. No reino da pura força continuam a existir regras e caminhos que mantêm os homens unidos, ainda que agora eles sejam guiados pelo medo da morte.

O que Maquiavel descobre, portanto, não é a independência da ética e da política. A história romana prova o contrário. O que ele mostra é que nas fronteiras do político, lá onde a ética e a religião fracassam, continua a existir uma forma de governo que conserva elementos fundamentais de todas as outras. Tanto quanto Platão, ele é cético quanto à possibilidade de recuperar-se um povo que se corrompeu totalmente (*Discorsi*, I, 18), mas não deixa de ver, partindo do exemplo das cidades italianas de seu tempo, que lá onde os valores não contam mais, continua a existir uma sociedade política. Maquiavel aponta os limites da ética cristã mostrando que ela é incapaz de guiar os homens na construção de uma república virtuosa. A tirania aponta para os limites da ética antiga, deveríamos dizer de toda ética, que é incapaz de evitar a corrupção e assim a ruptura com a política.

Para concluir gostaríamos de lembrar as reflexões de Hannah Arendt sobre o caso Eichmann. O que a espantou nas declarações do carrasco não foi tanto a radicalidade de sua maldade, mas sua banalidade. Maquiavel nos leva a pensar que o que é terrível na tirania é que ela não cria um novo território para a existência humana, onde o homem comum de uma república não mais reconhece os traços de sua cidade, mas que ela exista como uma prolongação da vida política normal, em que a grande maioria dos homens continua a conviver e a agir normalmente, demonstrando pelo silêncio, pelo medo ou pelo cinismo a incapacidade da ética em evitar a irrupção da barbárie.

A tirania aponta para as fronteiras da ética, mas nos confronta com a impossibilidade de olharmos com um olhar estrangeiro para seus horrores. Seus limites não são os de um corpo estranho, que se desfigurou inteiramente com a ação do tempo mas o horizonte de todas as formas políticas, de todas as ações humanas, de toda vontade criadora.

NOTAS

1. Ver R. Koselleck, *Critique and crisis*, Cambridge, MIT Press, 1988.
2. Ver sobretudo C. Lefort, *A invenção democrática*, São Paulo, Brasiliense, 1983.
3. I. Kant, “La religion dans les limites de la simple raison”, em *Oeuvres philosophiques*, Paris, Gallimard, 1986, t. III.
4. Como exemplo temos Croce e Luigi Russo.
5. Este é o caso de E. Cassirer.
6. M. Merleau-Ponty, “Note sur Machiavel”, em *Signes*, Paris, Gallimard, 1960.
7. Aristóteles, *La politique*, Paris, J. Vrin, 1980.
8. I. Berlin, “The originality of Machiavelli”, em *Studies on Machiavelli*, Florença, Sansoni, 1972.
9. Idem, p. 204.

POLÍTICA DO CÉU (ANTI-MAQUIAVEL)

Antonio Alcir Bernárdez Pécora

Não há fim sem meios.
Antônio Vieira

O que cabe aqui é o levantamento de certas tópicas seiscentistas efetuadas pela oratória de Antônio Vieira que possam configurar, naquele momento histórico, os sentidos postos em jogo sob o título da ética. De maneira particular, escolhi tratar daqueles que ficavam evidentes nos anos imediatamente anteriores e posteriores à primeira volta de Vieira a Lisboa, mais de vinte anos depois que saíra de lá, ainda menino e sem letras. O período parece-me interessante porque, ao mesmo tempo (por assim dizer), curto para tão longa vida, e radicalmente longo se se tiver por medida a alteração fulminante que se passa aí: de jesuíta destacado apenas no cenário limitadíssimo da Bahia colonial, para o ilustre confessor do primeiro rei dos Bragança, e, logo mais, embaixador sem pasta nas cortes de Haia, Paris e Roma.

Também escolhi, para conduzir um pouco a discussão dos sentidos da ética em Vieira, tratar basicamente de temas que envolviam certa contrapartida ao obrigatório "maquiavelismo" do período, justamente porque, sob o genérico do nome, reúnem-se algumas das tópicas políticas mais relevantes tratadas então, de um lado e outro da trincheira contrarreformista. Se se tivesse de agrupá-las em uma fórmula poderiam talvez ser resumidas pela ideia de "separação" entre ética, domínio das práticas morais, e política, domínio das práticas necessárias ao governo eficaz da coisa pública.

Por essa época, o vocabulário dos autores de preceptivas e tratados relativos à educação dos príncipes e à organização do reino, assim como o que é incorporado em seus documentos oficiais, testemunha o emprego crescente de termos como *política* e *políticos*, *Estado* e *razão de Estado*, com a acepção de um domínio da vida pública que tenderia a constituir uma área autônoma de conhecimento e operação.[1] Sobretudo esta expressão, "razão de Estado", convém que seja examinada de perto, ainda mais tendo em vista que ela, ao menos inicialmente, tendeu a resumir a posição dita amoral de Maquiavel — embora, como se sabe, ele próprio não a tenha criado ou mesmo empregado, mas sim seu contemporâneo Guicciardini, sendo posteriormente divulgada por Giovanni della Casa.[2] Disse *inicialmente* porque, com a entrada em cena de Giovanni Botero e da "cavalaria ligeira"[3] dos jesuítas, o conceito de "razão de Estado" acabou passando por uma curiosa inversão, de que o próprio Vieira vai compartilhar, e que, em linhas gerais, passa a designar a posição daqueles que a combatiam e, ao mesmo tempo, a incorporavam à moralidade cristã: tal é o sentido do *anti*, assumptivo e dialético, aposto ao nome do velho Nicolau, recendendo a enxofre. A partir daí, não tem mesmo faltado estudioso que visse nessa incorporação formas duplicadas do próprio maquiavelismo de origem, com a agravante de que se perderia certo senso trágico do florentino na formulação da incompatibilidade prática, no imperfeitíssimo mundo dos homens, entre a bondade genérica dos fins e a "flexibilidade moral"[4] de que o príncipe deve dispor em defesa da autonomia de seu Estado.[5]

Mas, enfim, que argumentos dispõe Vieira em torno destes tópicos? Aos sermões, para sabê-lo.

1

Quando a 19ª dominga *post pentecosten*, de 1639, celebrou na mesma data — nunca por acidente — a festa mensal do Santíssimo Sacramento, Antônio Vieira julgou apropriado lembrar a seu auditório, a partir da parábola do rei que convida seus súditos para as bodas de seu filho (Mt 22, 1ss.), que verdadeiramente Deus convoca a todos, sem exceção, para o banquete da Glória, mesa posta tão pública quanto as ruas. Entretanto, adverte, não se pode descurar do banquete da terra para que o Céu seja possível: é exatamente do comportamento diante da oferta temporal que se definem as possibilidades de se ter posse, afinal, da Bem-Aventurança. De resto, aqui Vieira constrói uma de suas frases mortíferas, importantíssimas para este estudo em ética: "não há fim sem meios".[6]

Enunciada aqui sobretudo como louvor dos meios que a Igreja institucional dispõe para salvação dos fiéis, a frase aponta, entretanto, para o quadro mais amplo em que esses meios eclesiásticos, e outros que se vão ver, inserem-se na argumentação do jesuíta. A partir daí, levantam-se ao menos duas direções para exames. A primeira é exatamente a que admite a distinção entre fins e meios, ao tempo mesmo em que os condiciona entre si: a Glória Celestial define-se imediatamente no âmbito dos fins, como esperança e destinação originária, natural, mas necessariamente mediatizada pelos instrumentos muito mais próximos fornecidos no âmbito terreno, operativo (não contemplativo) e institucional. Estabelece-se aí o *topos* da indisponibilidade dos meios (as obras, como instâncias decisivas da salvação, têm, a rigor, o mesmo estatuto irrevogável dos fins a que visam), e, genericamente, a admissão dos passos imperfeitos com que se anda a via salvífica, desde que se entenda que isso significa, também, a crença na perfectibilidade deles.

As consequências desses lugares contrarreformistas para a ética são imediatas: de saída, não há como circunscrever o seu âmbito fora de uma certa prática, isto é, não há como pensar a ética em termos de princípios que não se particularizem como ocorrência: as potências não cumprem integralmente sua substância ética sem que a efetuem atos, que são, neste caso, tanto circunstancial quanto ontologicamente relevantes. A "casuística" jesuítica, tão citada quanto mal conhecida, tem aí o seu embasamento ético-teológico.

Compreende-se, a partir desses pontos, que às considerações de natureza ética não repugna absolutamente, antes a isto obriga, sob pena de omissão, a existência ou o exame de uma "política de obras", dimensão rigorosamente constitutiva da via salvífica do homem. E, no caso de Vieira, ainda mais isso vale, já que ressalta a natureza social, coletiva, que a escolástica aristotelicamente atribuiu à plenitude humana. Desde os seus primeiros sermões encontram-se exemplos dessa posição; é de citar um trecho do que dedicou a são Sebastião, ainda em 34, quando elogia no santo a sua combinação modelar de fé profunda e habilidade política. Ele, como o diz Vieira, "encobriu a verdade da fé com a política das obras e encobriu a política das obras com a dissimulação da fé";[7] e, em outro trecho, ainda referindo-se a são Sebastião: "Toda a sua vida era uma dissimulação da vista, toda era um enigma da opinião, e toda era uma metáfora do que não era, porque, parecendo que toda se empregava em dar a César, só dava a Deus o que era de Deus".[8]

Isso sobre aquela primeira direção contida na máxima assinalada, "não há fim sem meios". Há uma segunda tão necessária quanto a primeira para um mapeamento verossímil dos sentidos da ética compreendida nos sermões vieirianos. Se é inevitável a existência de meios para que se atenda a um fim, também é preciso levar em conta que essa existência é natural, sim, mas é, por isso mesmo, efeito e participação de uma natureza transcendente, divina, que a ordena *providencialmente* para o fim presente, desde o início, na Causa de toda existência. Ou seja, na perspectiva neoescolástica adotada por Vieira, os meios de que o homem dispõe não são apenas *naturais*, vale dizer, ordenados segundo uma determinada razão e grau análogos de ser, mas igualmente *providenciais*, isto é, objetos de uma orientação essencial que os dirige para seu fim próprio, que é o mesmo para o qual Deus os cria. A natureza do universo criado é, em si mesma, no funcionamento regular de sua máquina, finalista e providencial.

Daí que pensar conceitos de ética dispostos pelos sermões de Vieira implique, simultaneamente, considerar a maneira como se cumpre a necessária instância militante, operacional, coletiva, em suma, política, e aquela com que se cumpre a necessária instância finalista, providencial, teleológica, subordinada a uma natureza que se dirige para a perfeição do Ser que a criou. O conceito de "mundo perfectível" ou "perfectibilidade", tão grato aos moralistas do Barroco — melhor compreendido contemporaneamente, talvez, se confrontado com o vocábulo (entretanto, laico) de "aperfeiçoamento" —, indica certamente essa dimensão dúplice indecomponível no homem.[9]

É importante também notar que, se, no primeiro caso, os meios implicam circunstâncias e demandam uma política, no segundo, o plano divino para o mundo dos homens não a enseja menos: é dele que se pode extrair, proporcionalmente, o modelo de uma política verdadeiramente adequada, isto é, ao mesmo tempo, justa, racional, moral e eficaz. Dizer que existe uma providencialidade de meios significa, aqui, afirmar que a sua disposição orienta-se por uma "política do céu" — essa a expressão utilizada por Vieira, por exemplo, em seu belo sermão da Terceira Dominga do Advento, de 44.[10] Desse ponto de vista, ele argumenta que a providência divina para as coisas humanas, inscrita nos signos das Escrituras, assinala o melhor e mais reto modelo para a política inevitável do "mundo". De outra maneira: tanto mais será favorável à via salvífica a política das obras, quanto mais ela se espelhar na política divina.

Mais uma vez, será anacrônico distinguir-se como autônomos, em Vieira, o que é ético e o que é político, mas seria anacrônico também simplesmente entender que isso se dê pela subordinação direta do segundo ao primeiro; não pode haver autonomia de domínio aqui porque são ambos atributos naturais, providencialmente dados e conciliados no universo analógico da criação: potencialmente harmônicos, portanto. Simplesmente não se cogita atingir um puro ético, sem as alternativas e os arbítrios dos casos. O céu, ele próprio, pensado em clave dirigida ao homem, é modelo tanto de prática moral, quanto de arte política: técnica justa e racional de operação de meios. Assim Cristo, na oratória triunfante de padre Vieira, é sempre "supremo monarca, e exemplar de todo o bom governo".[11]

Com isso, a política temporal sempre ganharia em atender ao modelo celeste, seja no tocante ao funcionamento da máquina de Estado, tema caro aos escolásticos, seja no que diz respeito às virtudes necessárias ao príncipe para a condução de seu governo, tema em geral mais debatido pela tradição retórica e humanista.[12] Nesse segundo caso, para dar um exemplo muito próximo da orientação maquiavélica, não fora o evidente lastro teleológico inexistente nela, eis o que diz Vieira, no sermão de são Pedro, de 44, sobre as advertências celestes a propósito dos males da irresolução do príncipe — a passagem bíblica de que tira a lição é a do legado divino das chaves a Pedro, primeiro papa:

> E qual há de ser o ofício ou o exercício destas chaves? Fechar e abrir? Não diz isso o Senhor. As chaves que abrem e fecham podem abrir para dentro e fechar para fora. Por isso vemos os tesouros tão estreitos e tão fechados para os outros, e tão largos e tão abertos para os que têm as chaves. Que havia logo de fazer com elas são Pedro? Atar e desatar, diz Cristo: *Quodcumque ligaveris, erit ligatum, quodcumque solveris, erit solutum.* — A peste do governo é a irresolução. Está parado o que havia de correr, está suspenso o que havia de voar, porque não atamos nem desatamos. Não debalde escolhe Cristo para o governo de sua casa um homem tão resoluto como Pedro. Se Cristo lhe não mandara embainhar a espada, bem necessárias lhe eram as ataduras para as feridas. Assim há de ser quem há de obrar, e não homens que nem atam nem desatam.[13]

Em relação, desta vez, não à *virtù* do príncipe, mas às operações de Estado, Vieira vai buscar nas escrituras modelo para todas elas, incluindo obviamente aquelas relativas ao Tesouro, tratadas em geral com o estatuto de *res quasi sacra*.[14] Pode-se exemplificar com o que Vieira observa de política econômica embutida na parábola das dez virgens que aguardam, com maior ou menor vigilância, a chegada do Senhor (Mt 25, 1ss.):

> Muitas vezes tenho buscado em que consistiu a loucura das virgens néscias, porque à primeira vista eu não vejo mais milagres nas prudentes. Se as prudentes ornaram as lâmpadas, também as néscias as ornaram; se as prudentes saíram a receber o Esposo, também as néscias saíram; e, se as néscias adormeceram, também as prudentes não vigiaram: *Dormitaverunt omnes et dormierunt.* — Pois, em que esteve a loucura tão canonizada? Esteve em que as néscias, tendo menos cabedal de azeite que as companheiras, não souberam poupar com a indústria o que as outras gastavam na abundância. Quiseram luzir quando haviam de poupar, e vieram a mendigar quando haviam de luzir: *Date nobis de oleo vestro*: *quia lampades nostrae extinguitur.* — Apagaram-se-lhes as luzes, porque não souberam estreitar os cintos; não souberam poupar antes, não puderam luzir depois.[15]

Prédica moral, piedade cristã e prática econômica são perfeitamente harmônicas quando dão com o modelo justo:

> Que bem emendou esta ignorância das virgens néscias a prudência e a Providência de São Roque! Contentou-se com satisfazer à necessidade, e não ao apetite; à natureza, e não à vaidade; por isso pôde resplandecer em obras de caridade tão excelentes, e servir ao rei com tanta liberalidade e grandeza [...].[16]

Considerada nesta dupla direção, de "política de obras" e de "política do céu", ambas necessárias no exame das questões éticas, é justo observar que a oratória de Vieira opera em gramática cristã termos amplamente formulados na invenção clássica, como, exemplarmente, o *topos* ciceroniano da racionalidade e utilidade (*utilitas*) da moral.[17] Desde que se adicionem aí os devidos critérios teleológicos e salvíficos de *excelência* cristã, não resta dúvida de que para Vieira a moral é sobretudo efeito da razão, e, como tal, capaz de operar adequadamente em direção ao fim proposto. O caso é que Antônio Vieira estima grandemente, ao contrário dos maquiavélicos, a *eficácia* — vale dizer, a possibilidade de estabelecimento de uma "política" bem-sucedida — do fato moral.[18]

Certo pragmatismo suposto na razão moral está dado também naquilo que Vieira chama, em geral, de "conveniência da fé", expressão que tende a resumir alguns dos argumentos fundamentais com que dispõe na mesma sala de tesouros os bens celestiais duráveis e os *temporalia* efêmeros. Se trocar a estes pelos primeiros já é *lucro*,[19] garantir a posse de ambos é privilégio exclusivo detido por essa razão moral cristã, assentada naquela dupla política. Daí que os "políticos", os adeptos da "separação" maquiavélica, para Antônio Vieira, erram quando deixam de considerar em seus cálculos o ganho terreno da adesão às práticas da fé.[20]

2

Até agora falou-se sobre os sentidos mais gerais necessariamente envolvidos nas questões de ética ponderadas pela oratória de Vieira, isto é, considerou-se que qualquer procedimento ético que se pense aí admite o exame de seu lugar em uma política de obras, no seio de uma prática coletiva, e que esta, por sua vez, deve orientar-se por sinais teológicos, que, entretanto, não a destroem como política e eficácia terrenas. Nesse sentido preciso, talvez seja razoável falar-se de uma *razão ética mista* proposta pelos sermões de Antônio Vieira, o que, de resto, está perfeitamente de acordo com as razões de hábito do Barroco, tão atentas ao mistério quanto ao seu impacto, à doutrina quanto à ocasião. Vieira o diz, aliás: "Não sou de fazer mistérios dos acasos, mas folgo de fazer doutrina da ocasião".[21]

Mas já é hora de especificar um pouco mais os pontos gerais observados até aqui, o que pretendo fazer, como ficou dito, em torno dos argumentos de Vieira relativos aos bens da *res publica*, às virtudes implicadas no fortalecimento do Estado cristão. A discussão individual ou subjetiva desses temas é sempre muito menos relevante em Vieira, ou, por outra, jamais se autonomiza da esfera pública, o que, desde logo, torna anacrônica qualquer distinção nítida em seus sermões entre ética (moral) e direito — relativa (como proporia, apenas ao final do século XVII, um pensador como Cristiano Tomásio) à distinção entre uma instância de "intenção", de "foro interno", e outra referente ao "foro externo" das ações —,[22] isso além, como se viu, da impossibilidade de dissociar os domínios da ética e da teologia.

Pois bem, em se tratando de estabelecer o lugar da ética na constituição e operacionalidade da *res publica*, fixei-me estrategicamente na observação das "funções reais" estabelecidas a partir da Baixa Idade Média. A possível pertinência da estratégia está em que, com isso, chega-se a um lugar mais preciso, que pode responder apropriadamente a argumentos levantados em relação à Monarquia absoluta — mas que exige, também, em contrapartida sistemática, a consciência de que, historicamente, tal regime não significou, de modo algum, poder ilimitado.[23]

De qualquer maneira, vale lembrar aqui, com Courtine, a larga adoção pelos preceptistas reais seiscentistas das formulações canônicas a propósito da síntese única operada pela cabeça do organismo hierárquico.[24] Igualmente, em Vieira, o rei é "alma do reino",[25] e, juntamente com a "Fé" e a "Lei", ocasião natural (com origem, portanto, em Deus) da ordenação política do Estado.[26]

Por ora, entretanto, basta tratar tão somente de alguns aspectos éticos básicos implicados nas funções próprias do rei, definidas já ao final da Idade Média, quando ao ofício das Armas acrescentam-se, cada vez com maior peso, os da Justiça e da Administração.[27] Primeiramente, pensando na guerra, acontecimento-chave da construção da soberania no século XVII, Vieira tem inúmeras passagens dedicadas a ela, dos primeiros aos últimos de seus sermões. Apenas para exemplificar, na década de 30, "guerra", para Vieira, refere-se sobretudo aos ataques quase cotidianos sofridos pela Bahia por parte da Marinha holandesa. A tendência básica de seus sermões diante dessa situação é a de afirmar tanto a relevância dos esforços efetivos dispensados na organização militar da cidade, quanto a de ressaltar o papel da Graça divina no êxito de sua defesa. Essa Graça, entretanto, está longe de ser abscôndita: oferece-se concretamente nos instrumentos de piedade e caridade cristãs fornecidos pela Igreja institucional. É corrente nos sermões o louvor desses instrumentos, cuja adoção coletiva, aliada aos méritos da iniciativa temporal, haveria de sustar a vitória inimiga sempre iminente — inimigos que, por sua vez, para Vieira, não o são apenas da Bahia, mas da cristandade enquanto corpo, e, portanto, de Deus.

Assim é que Vieira vai insistir, por exemplo, no tópico do valor de combate das orações, a que ele vai mesmo atribuir o epíteto de "instrumentos bélicos":

> A milícia de nossos inimigos e a nossa — ó companheiros — segue mui diferentes máximas: eles põem o seu poder e toda a sua confiança na multidão da sua cavalaria e nas máquinas dos seus carros. Porém, nós, que temos outra fé e outra experiência, posto que com as armas nas mãos, não pomos a confiança nelas, mas todo o nervo da nossa guerra consiste em outros instrumentos bélicos, muito mais fortes, que são as orações e preces com que invocamos a Deus [...].[28]

O próprio Rosário, tão singelo à vista contemporânea, em Vieira ganha foro e divisão militar:

> Os romanos ordenavam os seus exércitos repartidos em três linhas: na primeira, os soldados que chamavam rosários; na segunda, os que chamavam acentos; na terceira, os que chamavam triários; e na mesma forma ordenou a Senhora o seu rosário, repartido nas três partes a que nós chamamos terços. Assim como nos exércitos romanos a cada dez soldados presidia e assistia um cabo, chamado por isso decurião, assim vemos nas contas do Rosário que cada fileira de dez Ave-Marias preside e precede um Padre-Nosso. Tão composto e tão or-

denado é este poderosíssimo exército da Senhora, e por isso terrível e formidável: *Terribilis ut castrorum acies ordinata*.[29]

O mesmo diz Vieira a respeito das propriedades da Casa da Misericórdia —[30] com sua assistência a doentes, feridos e pobres, prática caridosa que refigura como verdadeira bandeira de guerra contra o inimigo ímpio e, por isso, imoral — e de tantas outras atividades pias e religiosas desenvolvidas pela Companhia de Jesus e pela Igreja hierárquica.

Vieira, igualmente, no que se refere à relação essencial das práticas morais e religiosas com o campo de guerra, vai considerar a importância delas na formação da *virtù* do soldado: é o "temor de Deus" e a "boa consciência", mais do que qualquer outro exercício ou arte, que fazem com que o guerreiro perca o medo da morte e ganhe coragem:

> Se quereis, senhor, alcançar vitória de vossos inimigos, fazei capitão dos vossos exércitos o medo de Deus. — Parece paradoxo, para vencer fazer capitão o medo. Mas o mesmo santo dá a razão do seu dito, e não por um, senão por dois fundamentos. O primeiro porque o temor de Deus, que consiste na observância de sua lei e na boa consciência dos soldados, não só faz pelejar com valor, que não basta para vencer, mas com valor e ventura: com valor, porque quem tem boa consciência, não teme a morte; e com ventura, porque quem teme e obedece a Deus, ajuda-o Deus [...].[31]

Contrariamente, o ato imoral do pecado corrompe as forças dos soldados, como o diz Vieira a partir do episódio vétero-testamentário da fuga de Davi de seu filho Absalão (Sl 3, 1):

> Foge de Absalão Davi, aquele que por nome e por antonomásia era o valente: *David, idest, manu fortis*. — E por quê? *Quia peccatum illum imbellem fecit*: Porque o seu pecado, de valente o fez fraco, de animoso o fez covarde, de guerreiro e belicoso o fez imbele.[32]

Mas, se a ética, compreendida aqui pelas práticas da moralidade cristã, reforça a *virtù* bélica, é preciso considerar agora como Vieira argumenta sobre as coisas que se passam no âmbito da função real de aplicação da Justiça — esta que era tomada tradicionalmente como "rainha das virtudes".[33] E é na tradição aristotélica que Vieira vai levantar a primeira de suas distinções a propósito da Justiça a ser exercitada pelo príncipe, a "punitiva" e a "distributiva",[34] que de ambas, segundo argumenta, dependia a paz interna do Reino. Em 1640, no Hospital da Misericórdia da Bahia, Vieira afirmava o seguinte diante do recém-empossado vice-rei do Brasil, o marquês de Montalvão:

> A enfermidade do Brasil, Senhor, é, como a do menino Batista, pecado original. — santo Tomás e os teólogos definem o pecado original com aquelas palavras tomadas de santo Anselmo: *Est privatio justitiae debitae*. Falta da devida justiça. — Bem sei de que justiça falam os teólogos, e o sentido em que entendem as palavras, mas a nós, que só buscamos a semelhança, servem-nos assim como soam. É pois a doença do Brasil *privatio justitiae debitae*. Falta da devida justiça, assim da justiça punitiva, que castiga maus, como da justiça distributiva, que premia bons. Prêmio e castigo são os dois polos em que se revolve e sustenta a conservação de qualquer monarquia, e porque ambos estes faltaram sempre ao Brasil, por isso se arruinou e caiu. Sem justiça não há reino, nem província, nem cidade, nem ainda companhia de ladrões que possa conservar-se.[35]

Quanto à justiça distributiva, Vieira insiste sobre a importância de sua aplicação em várias situações concretas da vida política, por exemplo, no que diz respeito ao prêmio do exercício meritório de serviços e ofícios, ou do pagamento devido de impostos pelo conjunto dos "estados" do Reino. Sobre esta última questão, crucial para o equilíbrio das finanças reais, Vieira defende em sermões memoráveis a "universalidade" dos impostos, princípio de justiça a tornar suportável a carga fiscal;[36] seja, para exemplo, um trecho do sermão de santo Antônio, de 42, quando toma por *análogo principal* de suas *agudezas* a alegoria do "sal":

> Queremos, senhores, que o sal, qualquer que for, não seja desabrido? Queremos que os meios de conservação pareçam suaves? *Non pro una gente, sed pro universo mundo*: Não sejam os remédios particulares, sejam universais; não carreguem os tributos somente sobre uns, carreguem sobre todos. Não se trata de salgar só um gênero de gente: *Non pro una gente* — reparta-se, e alcance o sal a terra: *Vos estis sal Terrae*.[37]

Mas, se a equidade fornece um fundamento moral seguro para o direito, a aplicação da justiça supõe o comando capaz de fazer cumprir a lei — [38] o que, em Vieira, tem ao menos uma dupla decorrência: de um lado, reforça a intervenção do poder do Paço sobre os tradicionais foros locais, vale dizer, justifica e incentiva a emissão centralizada da lei, desde que fundada sobre razão; de outro, acentua as virtudes da Justiça punitiva, condição da sobrevivência do organismo inteiro da nação. Essa questão toma acentos alarmantes nos sermões pregados no Brasil, quando a distância e o isolamento em relação à Metrópole afrouxam a vigilância e retardam o castigo dos coloniais que se esquivam do cumprimento das disposições legais por ela ordenadas. Falando, em 40, dessa situação, agravada pelos distúrbios provocados pelas escaramuças holandesas, Vieira afirma:

> Houve roubos, houve homicídios, houve desobediências, houve outros delitos muitos e enormes, que não sei se chegaram a tocar na religião, mas nunca houve castigo, nunca houve um rigor que fizesse exemplo. Muitos bandos se lançaram muito justos, muitas ordens se deram muito acertadas, mas, como disse Aristóteles, as leis não são boas porque bem se mandam, senão porque bem se guardam. Que importa que fossem justos os bandos, se não se guardavam mais que se se mandara o que se proibia? Que importa que fos-

sem acertadas as ordens, se nunca foi castigado quem as quebrou, e pode ser que nem repreendido?[39]

No âmbito do *ius gentium*, isto é, do direito comum das gentes, incluídas aí as nações indígenas, considerado então como expressão abreviada do *ius naturalis*,[40] a posição de Vieira é bastante estudada, mas ainda, a meu ver, muito mal compreendida. Em outro lugar, gostaria de me deter um tanto mais sobre este tópico que, para dizer o mínimo, rendeu a Vieira o simpático epíteto de "papai grande" dos índios do Brasil. Entretanto, já aqui não é possível deixar de dizer que os argumentos propostos por Antônio Vieira não podem ser interpretados de maneira alguma sem o apelo à maneira como a segunda escolástica de dominicanos e jesuítas reinterpretou, no século XVI e no XVII, à luz das epopeias dos descobrimentos, da vocação evangelizadora da Companhia de Jesus, e dos onipresentes conceitos aristotélicos,[41] antigos escritos patrísticos e escolásticos a propósito das relações de vassalagem e de escravidão. E, mesmo sem discutir neste momento o conceito importante de "guerra justa" e sua implicação na redução do indígena, gostaria de salientar aqui apenas certa virtude pública, isto é, a imagem de um dever moral implicado no exercício do poder, que Vieira associa ao "ofício" doméstico do senhor perante o serviçal, e, em particular, o escravo. Ele diz, por exemplo: "O mesmo Tertuliano, a quem há pouco interpretávamos, disse com igual juízo, que assim como Deus, quando dá o poder, delega no homem a representação da sua divindade, assim com o mesmo poder delega nele a imitação da sua paciência [...]"[42] E depois:

> De sorte que o exemplo e imitação da paciência de Deus é uma segunda delegação com que Deus delega no homem, não a sujeição, senão a autoridade da paciência: *Patientiae auctoritatem* — para que entendam os que mandam e governam, que tão fora está a paciência de os desautorizar, que antes por ela cresce e se lhes dobra a autoridade nesta segunda delegação: uma vez delegados de Deus no poder da

> sua divindade, e outra vez delegados do mesmo Deus na imitação e autoridade da sua paciência: *Patientiae auctoritatem delegat*.[43]

Ou seja, o exercício de um poder delegado divinamente obriga naturalmente à adoção de uma prática virtuosa, sem a qual rompe-se o compromisso suposto na delegação e faz com que esta perca legitimidade. Ser portador de um poder significa imediatamente ter esse poder limitado por uma lei moral acima de si. Por sua vez — é fundamental que não se romantize a respeito —, a lei moral de que se trata é, em si mesma, fonte do direito do exercício do poder: adotá-la é confirmar o sublime hierárquico.

Fora do âmbito das práticas públicas de poder, a lei moral tem sentido relativamente menos coercitivo, ou menos imediatamente passível de julgamento punitivo: a pessoa pessoal pode ou não adotar a norma virtuosa, com a consequente responsabilização de sua quebra, mas a pessoa pública só se legitima verdadeiramente quando está obrigada a ela:

> Pois, se Moisés era tão arrebatado e iracundo, e tão áspero de condição, como agora se mostra tão manso e tão benigno, que daí lhe começou o nome de *vir mitissimus super omnes*? — Porque então obrava em particular, agora como Deus de Faraó. Este nome de Deus era o santelmo, que na maior fúria das tempestades lhe serenava as ondas. Que havia de fazer aquele delegado de Deus, que debaixo do mesmo nome o representava, senão imitar a sua paciência?[44]

Finalmente, uma terceira atribuição real em que seria preciso examinar as relações admitidas por Vieira entre política e ética diz respeito à administração do reino. De imediato, é preciso ter claro que a argumentação de Antônio Vieira invariavelmente pressupõe a dimensão ético-religiosa como propriedade eficaz de racionalização das atividades administrativo-burocráticas do Estado. Um exemplo típico dessa posição é dado pela sua sistemática defesa da distribuição dos ofícios e cargos segundo os méritos com o consequente desmantelamento do sistema aristocrático de posse de privilégios e títulos de mercê, por vezes hereditários, que obviamente comprometiam, mais que o Tesouro, a soberania real — defesa, de resto, comum aos doutrinadores do absolutismo europeu. Eis o que diz Vieira:

> E quanto ao concurso dos pretendentes e competidores, quando aos homens são os que pretendem os ofícios, e não eles aos homens, tão fora está esta multidão de acrescentar autoridade ao ofício, que antes se desacredita a si e a ele. E se não, digam os mesmos pretendentes por que pretendem os ofícios. Ou pela honra, ou pelo interesse. Se pela honra, mal a podem dar ao ofício os que se pretendem honrar com ele; e se pelo interesse, bem se vê que não querem o ofício para o servir, senão para se servirem dele; e onde ficará o ofício mais autorizado, onde servir, ou onde for servido? Pelo contrário, quando o ofício é o pretendente do homem, sendo o homem sempre o mais digno, na mesma dignidade do homem pretendido se conserva a autoridade do ofício do pretendente, e na exclusão dos indignos, sempre excluídos, fica sempre a autoridade segura de se arriscar ou perder.[45]

O critério aristocrático da "honra", isto é, o reconhecimento público à virtude, mérito e *gens*,[46] bem como o suposto "maquiavélico" ou "político" do "interesse", são ambos subsumidos pela instância soberana real devotada ao Bem Comum.

Aliás, a argumentação largamente tributária da segunda escolástica que Vieira adota a propósito das questões administrativas do Reino invariavelmente situa uma razão virtuosa acima dos interesses particulares das ordens; a *virtù* administrativa exige a consideração de uma Ordem capaz de equilibrar as demais, e que se repõe analogamente na função real da Cabeça que zela pela saúde inteira, a "concórdia", do "corpo místico" do Reino.[47] Eis como Vieira o diz, incorporando ao "sal" da alegoria citada os "elementos" da *phýsis*:

> Assim como o sal é uma junta de três elementos, fogo, ar e água, assim a república é uma união de três estados, eclesiástico, nobreza e povo. O elemento do fogo representa o estado eclesiástico, elemento mais levantado que todos, mais chegado ao céu e apartado da terra; elemento a quem todos os outros sustentam, isento ele de sustentar a ninguém. O elemento do ar representa o estado da nobreza, não por ser a esfera da vaidade, mas por ser o elemento da respiração, porque os fidalgos de Portugal foram o instrumento felicíssimo por que respiramos, devendo este reino eternamente à resolução de sua nobreza os alentos com que vive, os espíritos com que se sustenta.[48]

E continuando:

> Finalmente, o elemento da água representa o estado do povo: — *Aquae sunt populi* — diz um texto do Apocalipse — e não como dizem os críticos, por ser elemento inquieto e indômito, que à variedade de qualquer vento se muda, mas por servir o mar de muitos e mui proveitosos usos à terra, conservando os comércios, enriquecendo as cidades, sendo o melhor vizinho que a natureza deu às que amou mais. Estes são os elementos de que se compõe a república. Da maneira, pois, que aqueles três elementos naturais deixam de ser o que eram, para se converterem em uma espécie conservadora das coisas: *Ex eo quod fuit, in alteram speciem commutatur* — assim estes três elementos políticos hão de deixar de ser o que são, para se reduzirem unidos a um estado que mais convenha à conservação do reino.[49]

Mas é preciso sempre lembrar que o Bem Comum, em Vieira, jamais se autonomiza — a menos que se trate de uma interpretação falsa, facciosa ou tirânica desse bem — do movimento providencial que orienta a história para sua finalidade cristã. Daí também que a unidade em torno do rei capaz de assegurar o Bem coletivo seja rigorosamente política *e* teológica — assim devem entender-se conceitos como o de "concórdia" ou "fraternidade", que indicam não apenas princípios éticos como também efeitos de uma política eficaz de superação das facções e interesses particulares das ordens:

> Só digo, por conclusão, e em nome da pátria o encareço muito a todos, que ninguém repare em dar com generoso ânimo tudo o que se pedir — que não será mais do necessário — ainda que para isso se desfaça a fazenda, a casa, o estado, e as mesmas pessoas, porque, se pelo outro caminho deixarem de ser o que são, por este tornarão a ser o que eram: *Vos estis sal terrae*. A água, deixando de ser água, faz-se sal, e o sal, desfazendo-se do que é, torna a ser água. Neste círculo perfeito consiste a nossa conservação e restauração. Deixem todos de ser o que eram, para se fazerem o que devem; desfaçam-se todos como devem, tornarão a ser o que eram.[50]

3

Esta ação real que subordina os interesses dos estados a valores políticos, éticos e teleológicos comuns e inseparáveis pode ser genericamente resumida pelo sentido que a segunda escolástica atribuiu ao conceito de "razão de Estado", após subtraí-lo das mãos laicas dos "maquiavélicos". É com ele que Antônio Vieira carrega o arsenal de sua *inventio* para dispô-la em elocuções suficientemente fortes, historicamente fortes, para mover o seu auditório de três estados. Aqui cabe imediatamente ver que a "razão de Estado" é definida de modo positivo, como possibilidade concreta de conciliação dos valores cristãos com a eficácia a obter-se nas operações temporais em que se joga a soberania do rei e Reino. Providência divina e prudência humana harmonizam-se nela, como se assentam, exemplarmente, na figura — sempre "política" em Vieira — de são José:

Resoluto são José a deixar sua esposa, diz o texto que andava o santo considerando: *Haec autem eo cogitante*. — Esta consideração de são José me dá muito que considerar e que reparar. Não estava já o santo deliberado e resoluto? Sim, estava, que isso quer dizer aquele *voluit*: deliberação da vontade. Pois, se a vontade estava deliberada e resoluta, que é o que considerava José? Considerar antes de resolver, isso fazem ou devem fazer todos; mas depois de resolver considerar ainda? Sim, porque as matérias de grande importância — qual esta era — hão-se de considerar antes e mais depois. Antes de resolver há-se de considerar o caso; depois de resolver há-se de considerar a resolução. Esta diferença acho entre a Filosofia natural e a moral e política: que a Filosofia natural pede um conhecimento antes da deliberação: *Nihil volitum, quin praecognitum* — a Filosofia moral e política pede um conhecimento antes e outro depois: um conhecimento antes, que guie a vontade a tomar a resolução, e outro conhecimento depois, que examine a resolução depois de tomada.[51]

Sem preocupação de exaustividade, e sim de rigor representativo, podem ser destacados aqui três componentes importantes do sentido com que Vieira entende a conciliação proposta pelo conceito de "razão de Estado" — a despeito de que, em várias oportunidades, por vezes com evidente ressentimento, ironize a sua aplicação ao meio português, em que a "razão de Estado" faltaria de todo. Santo Antônio, outro santo discreto e político, representante celeste nas Cortes portuguesas, a crer em Antônio Vieira, para chegar a conhecê-la teve de correr outras terras:

Na igreja de Santo Antônio se costumam cá fazer as eleições dos procuradores de cortes, e também no céu se fez a eleição na pessoa de santo Antônio. E foi a eleição do céu, com toda a propriedade, porque, ainda humanamente falando, e pondo santo Antônio de parte o hábito e o cordão, parece que concorrem nele com eminência as partes e qualidades necessárias para este ofício público. As qualidades que constituem um perfeito procurador de cortes são duas: ser fiel e ser estadista. E quem se podia presumir mais fiel, e ainda mais estadista que santo Antônio? Fiel, como português, santo Antônio de Lisboa; estadista, como italiano, santo Antônio de Pádua. Deu-lhe a fidelidade a terra própria, a razão de Estado as estranhas. Isto de razão de Estado, com ser tão necessária aos reinos, nunca se deu muito no nosso — culpa de seu demasiado valor — e os portugueses, que a usam e praticam com perfeição, mais a devem à experiência das terras alheias que às influências da própria.[52]

Pois bem, um primeiro ponto fundamental a ser considerado no emprego adequado do conceito de "razão de Estado" na perspectiva neoescolástica em que Vieira, em geral, inscreve-se supõe que essa razão atende perfeitamente a seu fim mediante o seguro exame e aproveitamento da "ocasião". Essa é outra noção complexa, sobretudo se se pensa no contexto jesuítico, mas por ora basta lembrar que ela se estende duplamente ao campo das virtudes, quando aponta para uma ação oportuna segundo o exame das suas circunstâncias, e, juntamente, refere-se à desobstrução propriamente da vontade e, portanto, da ação livre;[53] e, uma vez aí, como é sistêmico na argumentação movida por Vieira, a "ocasião" aponta para um momento objetivo de reconhecimento da Ordem Providencial. Sob esse ângulo, a "ocasião" nunca é fortuita, mas, ao contrário, momento *exato* de ajuste entre a vontade histórica — o arbítrio — e a Vontade divina livre, de que a liberdade do primeiro é apenas participação análoga. Nesse sentido, Vieira diz, por exemplo:

> Tinha decretado e disposto que o tempo da redenção fosse dali a trinta e três anos; e, se a providência divina, que tudo pode, espera pelas disposições e circunstâncias do tempo, quanto mais a providência humana, a qual o não seria, se com toda a atenção e vigilância as não observasse, aguardando pelas mais convenientes e oportunas, que Deus, e o mesmo tempo, lhe oferecesse.[54]

Ou:

> E foi de tanta importância esperar pela oportunidade do tempo, que por esta dilação se veio a lograr aquela primeira máxima de toda a razão de Estado, assim da providência divina como da providência humana, que é saber concordar estes dois extremos: conseguir o intento e evitar o perigo.[55]

A razão de Estado é que, contrariamente à cegueira do Estado enfermo e corrupto, acerta com agarrar os cabelos e não a calva que classicamente a "ocasião" traz à nuca: "Muitas ocasiões há tido o Brasil de se restaurar, muitas vezes tivemos o remédio quase entre as mãos, mas nunca o alcançamos, porque chegamos sempre um dia depois. Como havia de aproveitar a ocasião a quem a tomou pela calva sempre?".[56]

Um segundo tópico que condiciona o emprego vieiriano do conceito de "razão de Estado" refere-se a que ela atende ao fim segundo as circunstâncias de pessoa, o que, em geral, significa levar em conta a própria corrupção e ignorância das gentes a que diz respeito. Célebre passo nessa direção ocorre no sermão "pelo bom sucesso das Armas de Portugal contra as de Holanda", de 40, quando Vieira faz observar ao Verbo (a partir certamente de suas antigas lições de retórica) que, em seus corretivos aos homens, cuidasse não do que sua sabedoria plena conhece, mas do que a ignorância e a heresia humana deixam de conhecer, a fim de que tais corretivos pudessem ser corretamente entendidos e interpretados. É assim que, alertava Vieira, em caso de castigo aos portugueses por erros cometidos contra a fé que professavam, outro podia ser o efeito e a murmuração entre os homens, que não a emenda dos vícios:

> Olhai, Senhor, que dirão. — E eu digo, e devo dizer: Olhai, Senhor, que já dizem. — Já dizem os hereges insolentes, com os sucessos prósperos que vós lhe dais ou permitis, já dizem que porque a sua, que eles chamam religião, é a verdadeira, por isso Deus os ajuda, e vencem; e porque a nossa

> é errada e falsa, por isso nos desfavorece, e somos vencidos. Assim o dizem, assim o pregam, e ainda mal porque não faltará quem o creia. Pois, é possível, Senhor, que hão de ser vossas permissões argumentos contra vossa fé? É possível que se hão de ocasionar de nossos castigos blasfêmias contra vosso nome? Que diga o herege — o que treme de o pronunciar a língua — que diga o herege que Deus está holandês?[57]

E outras pessoas ainda têm de ser consideradas no estabelecimento da "política do céu" que orienta toda razão de Estado:

> Olhai, Senhor, que vivemos entre gentios, uns que o são, outros que o foram ontem. E estes, que dirão? Que dirá o tapuia bárbaro, sem conhecimento de Deus? Que dirá o índio inconstante, a quem falta a pia afeição da nossa fé? Que dirá o etíope boçal, que apenas foi molhado com a água do Batismo, sem mais doutrina? Não há dúvida que todos estes, como não têm capacidade para sondar o profundo de vossos juízos, beberão o erro pelos olhos.[58]

Quer dizer, a ética cristã, justamente por propor-se entre homens, há de admitir uma política para vingar na história. A "razão de Estado" pode nomear justamente essa operação que, ao admitir o justo fim, considera imediatamente quais os meios capazes de atender a ele tendo em vista o seu impacto sobre o ânimo corrompido das gentes, situação recentemente agravada pela Reforma e pelos entraves de vária sorte à missão evangelizadora da Sociedade de Jesus.

Finalmente, um terceiro sentido que limita a aplicação vieiriana do conceito de "razão de Estado" supõe que ela busca atender aos seus fins tendo em vista uma reordenação dos meios historicamente utilizados para fins distintos e mesmo opostos. Nesse caso, a "razão de Estado" lança mão não de instrumentos naturalmente dispostos para a virtude, mas, ao contrário, daqueles que a prática tem dirigido contra ela e os propósitos da cristandade, subentendidos aí os objetivos formulados pelo Estado cristão. A esse respeito, o sermão de são Roque, pregado no primeiro aniversário do príncipe d. Afonso, na Capela Real de Lisboa, em 44, é exemplar: "Herdou são Roque por morte de seus pais um grande estado, e muitas riquezas, e quando os outros desejam larga vida, e muitos anos para as lograr, ele as repartiu aos pobres" — a proposição é absolutamente corriqueira na tradição hagiográfica, mas não os argumentos que extrai dela:

> Oh! que grande política do céu esta! Fazer do perigo remédio, e vencer ao inimigo com suas próprias armas! As armas com que o mundo faz maior guerra aos homens são as riquezas. Pois, que fez são Roque às suas? Tirou estas armas da mão ao mundo, converteu-as outra vez contra ele, e desta maneira o venceu e meteu debaixo dos pés. Tirar as armas ao inimigo, e convertê-las contra ele, é fazer de um mal dois bens: um bem, porque se diminui o poder contrário; outro bem, porque se acrescenta o poder próprio. E de um mal fazer dois bens, é mal? Não é melhor que essas riquezas sirvam a são Roque contra o mundo, que servirem ao mundo contra são Roque?[59]

Duplo bem, portanto, quando o fim benigno se obtém com o meio usualmente vicioso, pelo fim que lhe é dado; a rigor, para Vieira, é como se houvesse certa inelasticidade dos meios terrenos, o que exigiria uma política de reversão de seus hábitos e não propriamente a simples recusa de sua utilização.

Um exemplo que fez escândalo pode deixar as coisas ainda mais claras:

> Não houve no mundo dinheiro mais sacrílego que aqueles trinta dinheiros por que Judas vendeu a Cristo. E que se fez deste dinheiro? Duas coisas notáveis. A primeira foi que daquele dinheiro se comprou um campo para sepultura dos peregrinos: *In sepulturam peregrinorum* (Mt 27, 7) — assim o diz o evangelista, e assim o tinha Deus mandado pelo pro-

> feta. Houve no mundo maior impiedade que vender a Cristo? Nem a pode haver. Há no mundo maior piedade que sepultar peregrinos? Não a há maior. Pois, eis aqui o que faz Deus quando obra maravilhas: que o dinheiro que foi instrumento de maior impiedade passe a servir às obras da maior piedade. Serviu este dinheiro sacrilegamente à venda de Cristo? Pois sirva piedosamente à sepultura dos peregrinos.[60]

E aplicando a alegoria diretamente a Portugal, cujo rei e estados o ouviam, ecoa Vieira:

> Há coisa mais sacrílega que os trinta dinheiros de Judas? Há coisa mais sagrada que as cinco chagas de Cristo? E, contudo, manda Deus ao primeiro rei português que componha as armas de Portugal das chagas de Cristo e mais do dinheiro de Judas, para que entendamos que o dinheiro de Judas cristãmente aplicado nem descompõe as chagas de Cristo, nem descompõe as armas de Portugal. Antes, compostas juntamente de um e outro preço, podem tremular vitoriosas nossas bandeiras na conquista e restauração da fé, como sempre fizeram em ambos os mundos.[61]

Apenas a "razão de Estado", que tanta falta faz, segundo Vieira, aos portugueses de seu tempo, pode conciliar cristãmente as "chagas de Cristo" e o "dinheiro de Judas", os desígnios do Estado cristão e, para dar um exemplo importante, o capital judeu. Mais que isso: a "razão de Estado" verdadeiramente exige tal conciliação, previdente contra o estrago que esse capital faria, e faz, quando não se é capaz de lhe dar um lugar na via salvífica, incorporá-lo como meio do reto fim, absorvê-lo na Justiça e Razão que conduzem a Deus, causa final de qualquer ética que se pretenda cristã.

Não se trata simplesmente, como se vê, de que o fim justifique o meio, mas de que não se atende jamais completamente ao fim, se não se cuida atentamente dos meios limitados, finitos, porém dispostos providencialmente para uso da cristandade histórica e institucional. Daí que, nos limites da concepção ética admitida por Vieira, não faz sentido pensá-la em termos de "princípios" como de "atitudes" ou "intenções" apenas, sem considerar, de um lado, as práticas, as circunstâncias de ocasião e pessoas, os hábitos que circunscrevem os meios, e, de outro, o projeto teleológico e finalista em que absolutamente todo o criado está inexoravelmente inserido. Realismo e providencialismo, casuísmo ou profetismo, em Vieira dizem o mesmo: dizem, justamente, que "não há fim sem meios".

O pensamento de que participa Vieira, assim, no século do Barroco ibérico, é o de propor-se uma Política Moral que atenda às virtudes ensejadas pelo cristianismo, como o de propor-se a própria Cristandade como uma Política, isto é, como uma maneira de conquista real sobre os meios do mundo até o ponto de sua completa Restauração para a Bem-Aventurança. "Antimaquiavelismo", aí, significa exatamente isto: que não se renuncia à formulação de uma Arte política que possa operar eficazmente as misérias do mundo como obtenção gradual das excelências do cristianismo, e, portanto, que não admite a ideia de uma contradição definitiva entre os dois domínios — que, mesmo, não admite nunca "dois" domínios, mas graduações e proporções de Ser entre eles. Vieira o diz melhor, dirigindo-se ao seu amado rei:

> Não pode haver mais gloriosa indústria em um rei que saber passar à sua coroa o mesmo ouro que enriquece os ídolos. Este ouro está servindo à infidelidade: pois quero eu que sirva à minha coroa — diz el-rei Davi. — Qual é melhor: que o ouro sirva a Davi contra o ídolo, ou que sirva ao ídolo contra Davi? Se este ouro, posto da parte da infidelidade, está conquistando os reinos de Davi, e propagando neles a heresia, por que não passará Davi este ouro à sua coroa, para ajudar a restaurar seus reinos, e dilatar a verdadeira fé?[62]

E *desempenha* agudamente o quiasmo em que se espelha a perfectível harmonia, a política perfeição: "Servir a fé com as armas da infidelidade, oh! que política tão cristã! Alcançar a fé as vitórias, e pagar a infidelidade os soldados, oh! que cristandade tão política!".[63]

NOTAS

1. Ver, a propósito, o estudo de Martim de Albuquerque, "Política, moral e direito na construção do conceito de Estado em Portugal", em *Estudos de cultura portuguesa*, Lisboa, Imprensa Nacional/Casa da Moeda, 1983, v. 1, Col. Temas Portugueses. À página 180 dessa edição, Martim de Albuquerque justamente observa que, no século XVII, em Portugal, "[...] os políticos, os estadistas, reclamam como suas as coisas do governo. Ao mesmo tempo, passa-se a falar no estudo destas matérias como algo de especializado, de distinto".

2. Sobre a autoria da expressão "razão de Estado" e sua divulgação europeia até tornar-se um *topos* da discussão política do século XVII, ver, uma vez mais, o estudo citado de Martim de Albuquerque, especialmente a página 176 e seguintes, quando historia um pouco a posição da crítica europeia a respeito e conclui, com Rodolfo de Mattei, que "Guicciardini possui, assim, uma *praesumptio* (ilidível a todo o tempo) que legitima a seu favor o registro literário relativo ao conceito de razão de Estado. Não foi, porém, através de sua obra que tal conceito se divulgou ou generalizou [...] Deve-se o fato antes a Monsenhor Giovanni della Casa (1503-1559) na sua *Orazione a Carlo V* (1547), escrita em favor da restituição de Piacenza a Ottavio Farnese [...]" (p. 177).

3. O epíteto se deve a René F. Miller em seu conhecido *Os jesuítas e o segredo do seu poder*, Porto Alegre, Globo, 1935 (ver, por exemplo, p. 349). Quanto a Giovanni Botero, e seu célebre livro *Della ragion di Stato*, saído em Veneza, em 1589, e traduzido para o espanhol já em 1593, é com ele que tal concepção passa a ser repensada em linha contrarreformista (cf. *Antiguos y modernos*, de José Antônio Maravall, Madri, Alianza, 1986; pp. 526-7); aí, como também o diz Martim de Albuquerque, o tema da razão de Estado "logra toda a sua riqueza. Contestando o Florentino e os princípios por este apregoados como critério de ação política, Botero pretendeu inverter a resolução da equação" (op. cit., p. 179). A partir de sua contribuição é que a "razão de Estado torna-se um dos *topoi* do século XVII [...]" (idem, ibidem).

4. Remeto aqui à interpretação da *virtù* maquiavélica proposta por Quentin Skinner em seu livro *Maquiavel*, edição brasileira da Brasiliense, 1988. À página 65, por exemplo, Skinner diz que "Deste modo, *virtù* passa a denotar precisamente a qualidade da flexibilidade moral que se requer de um príncipe: *ele deve ter uma mente pronta a se voltar em qualquer direção, conforme os ventos da Fortuna e a variabilidade dos negócios o exijam*".

5. Lê-se, por exemplo, em Miguel Angel Granada: "[...] en el ámbito de la

Contrarreforma católica (Botero, Zuccolo), se asistia al curioso fenómeno de la elaboración de la doctrina de la *ragione di stato*, en la cual — con un silencio prácticamente absoluto sobre Maquiavel, incluído en el *Index* en 1559 — se legitimaba de hecho la praxis del príncipe maquiaveliano en aras del valor supremo del interés estatal, a la vez que se establecía una relación de subordinación ocasional de la ética a la política que permitia tanto la condena general de Maquiavelo como la pérdida — en un movimiento espiritual íntimamente vinculado con el casuismo jesuítico — del sentido trágico de la escisión irreparable entre moralidad y necessidad política presente en la obra de Maquiavelo". O artigo em questão é "La filosofia política en el Renacimiento: Maquiavelo y las utopías", em *Historia de la ética* (ed. Victoria Camps), Barcelona, Editorial Crítica, 1988.

6. Cito os trechos dos *Sermões* de Antônio Vieira pela edição paulista, em 24 volumes, lançada pela Edameris, em 1957. A frase em questão aparece à página 297 do volume V.

7. V. XXIII, p. 28.

8. V. XXIII, p. 29.

9. Ver, a respeito da noção de "perfectibilidade" no seio do pensamento barroco católico, a discussão que dele faz José Antônio Maravall, especialmente tendo em vista a obra de Baltazar Gracián, este outro jesuíta a que o Barroco ibérico deve bons quilates de seu ouro. À conclusão de seu *Antiguos y modernos*, Maravall afirma, por exemplo: "Es cierto que predomina en Gracián, a través del conjunto de su obra, una idea de perfectibilidad de las cosas humanas que se diría tipicamente barroca y que poco tiene que ver con una clara idea de progreso" — e depois, citando: "*Las cosas* — nos dice Gracián — *comienzan por la naturaleza y acaban de perfeccionarse con el arte*". "Ciertamente, la naturaleza no deja terminadas las cosas desde el primer momento, ni tampoco logra el arte o industria humana darles plenitud en su comienzo, sino que paso a paso las mejoran hasta llevarlas a perfección." "*No conduce la naturaleza, aunque tan próvida, sus obras a la perfección el primer día, ni tampoco la industriosa arte; vanlas cada día adelantando, hasta darles su complemento.*" "Ese adverbio 'hasta' expesa claramente un término repetido en cada caso: una perfección lograda en su tiempo determinado, después de la cual ya no se pasa a más. Se trata, por tanto, no de un proceso continuo de mejora, sino de una marcha hacia un fin que se logra en un momento dado, en cada cosa singularmente considerada, consiguiéndose su módulo prefijado de perfección" (p. 609). A tal módulo cabe exatamente o nome técnico de "providência".

10. A expressão aparece muitas vezes neste sermão, mas cite-se, por exemplo, a que se dá a página 388 do v. XIII.

11. Idem, p. 386.

12. Nos capítulos iniciais do primeiro volume de seu *The foundations of modern political thought*, especialmente em *Rhetoric and liberty* e *Scholasticism and liberty*, Quentin Skinner discute os contrastes entre as tradições retórica e escolástica no trato da política nos primórdios do Renascimento. À página 60, por

exemplo, diz Skinner: "So the scholastic writers spend little time on the favourite rhetorical pursuit of advising rulers and magistrates and how best to speak, write and generally comport themselves in the most persuasive style. They tend instead to devote their main attention to the machinery of government. They present themselves less as moralists than as political analysts, pinning their hopes less on virtuous individuals than on efficient institutions as the best means of promoting the common good and the rule of peace".

13. Sermão de são Pedro (1644), v. XVI, p. 17.

14. Ver, por exemplo, o que diz João Adolfo Hansen a propósito do tratamento da questão do Tesouro por parte do Senado da Câmara da Cidade da Bahia, no século XVII: "[...] o Tesouro, na medida em que pertence à potência pública, é *res quasi sacra*, coisa quase sagrada que constitui e mantém a vida da República como corpo dinamicamente integrado: o Tesouro é sua alma e substância, nela circulando como o sangue, que é sagrado e que ocorre como sua metáfora" (*A sátira e o engenho. Gregorio de Matos e a Bahia do século XVII*, São Paulo, Companhia das Letras, 1989, p. 93).

15. Sermão de são Roque (44), v. XX , p. 211.

16. Idem, ibidem.

17. Para a discussão a respeito da presença desse *topos* nas formulações políticas da época renascentista, ver o citado *Maquiavel*, de Quentin Skinner, em especial o capítulo dedicado à "herança clássica" nos livros de aconselhamento de príncipes (pp. 39 ss.).

18. Ver, como discussão da "eficácia" da moral na prática política, as *Lições de filosofia do direito* de Giorgio del Vecchio (Coimbra, Armênio Amado, 1979, Col. Studium, números 58 e 59), especialmente o capítulo "A filosofia do direito na Idade Moderna", pp. 77 ss.

19. É assim que Vieira interpreta, por exemplo, a razão oculta que teria determinado, na alegoria do banquete da Glória, que fossem lavradores e mercadores os seus "convidados": "De ninguém se podia recear menos esta desatenção, que dos mesmos a quem o rei mandou chamar. Mandou chamar lavradores, que são os que foram para a sua lavoura, e mercadores, que são os que foram para a sua negociação. E por que mais lavradores e mercadores que gente de outro trato ou de outros ofícios? Porque assim o lavrador como o mercador são homens que têm por exercício e profissão acrescentar o cabedal. O lavrador semeia pouco para colher muito; o mercador compra por menos para vender por mais. E por isso mesmo assim aos lavradores como aos mercadores os devia trazer à mesa do rei o seu próprio interesse" (Sermão da dominga XIX depois de Pentecoste (1639), v. V , p. 299, op. cit.).

20. A questão é apresentada em vários sermões de Vieira, alguns deles citados mais à frente; ressaltaria, entretanto, o interesse extraordinário da argumentação desenvolvida no Sermão do Santíssimo Sacramento, de 45, especialmente no trecho em que Vieira elege como "adversário" de sua pregação justamente a figura do "político" e propõe-se a demonstrar-lhe, com a potência única da "ra-

zão", sem apelo a quaisquer critérios de fé, o "interesse" das práticas católicas na "conservação" do Estado cristão (ver volume I da edição citada, pp. 178 ss.). O décimo número da revista *Estudos Portugueses e Africanos* (Campinas, IEL/Unicamp, 1987) inclui um estudo meu sobre esse sermão ("O mistério eficaz").

21. Sermão de são Roque (44), op. cit., v. XX, p. 197.

22. Ver a propósito da filosofia do direito de Tomásio, no tocante à delimitação entre moral e direito, o estudo que lhe dedica Giorgio del Vecchio; página 107 e seguintes da obra citada. Mais particularmente, quanto ao anacronismo, no século XVII, da distinção, que postula contradição, entre "direito público" e "direito privado", remeteria ao texto de Antonio Manuel Hespanha que abre a coletânea *Poder e instituições no antigo regime* (Lisboa, Gulbenkian, 1984); ali, à página 29, o autor afirma: "Na verdade, a teoria social e jurídica da Idade Média e da Época Moderna, embora distinga o interesse dos particulares do interesse geral, considera-os como componentes harmônicas duma unidade mais vasta: *o bem comum*".

23. Perry Anderson, por exemplo, considera que "o próprio termo absolutismo era uma designação errada. Nenhuma monarquia ocidental jamais gozou de um poder absoluto sobre os seus súditos no sentido de um despotismo sem entraves" ("Classes e Estados: problemas de periodização", in *Poder e instituições no antigo regime*, op. cit., p. 132). Para Bartolomé Clavero, igualmente, há uma "extrema inadequação de termos como *Monarquia Absoluta* ou *Estado Moderno*" que fica evidente com o estudo das relações complexas das entidades senhoriais, mesmo no período final do antigo regime ("Senhorio e fazenda em Castela nos finais do antigo regime", pp. 169 ss. do citado *Poder e instituições...*). G. Oestreich, no mesmo volume, em seu "Problemas estruturais do absolutismo europeu", observa que a tendência da moderna historiografia é investigar "os elementos não absolutistas do absolutismo" (op. cit., p. 185), e que "devemos ficar por aqui e não falar de mais do que de uma tendência para uma tal autonomia do poder do Estado" (op. cit., p. 182).

24. Em seu "L'héritage scolastique dans la problématique théologique-politique de l'âge classique" (in *L'État baroque*, ed. Henri Méchoulan, Paris, Vrin, 1985), Jean-François Courtine observa a "transposição", a favor do rei, levada a cabo pelos legistas do século XVII, de formulações canônicas que tinham originariamente em vista a determinação do lugar único do papa no topo da hierarquia eclesiástica. O papa, segundo os canonistas — vale dizer, o rei dos juristas absolutistas dos Seiscentos — "est en effet souvent défini comme le chef ou l'âme (*caput*, *anima*) qui procure à l'Église tout entière, comme corps mystique, son unité" (op. cit., p. 94).

25. Sermão de Quarta-Feira de Cinzas, apenas escrito, v. XIII, p. 314, op. cit.

26. Ver, por exemplo, o Sermão de Dia de Reis, de 1641, quando observa a ausência de "honra" e "autoridade" da América anterior à descoberta: "Como cada uma das outras partes do mundo mandou um rei por embaixador, e a América não tinha rei que mandar, que nem fé, nem lei, nem rei havia nestas partes,

não quis ir com as companheiras a Belém, por não aparecer lá com menos autoridade" (v. XXIII, pp. 157-8, op. cit.). A mesma observação é retomada mais tarde, em um passo muito mais conhecido do Sermão da Epifania, de 62, quando Vieira a transpõe para a gramática tupi: "A língua geral de toda aquela costa carece de três letras: F, L, R: De F, porque não tem fé, de L, porque não tem lei, de R, porque não tem rei: e esta é a polícia da gente com quem tratamos" (v. VII, p. 350).

27. Tais funções definiam-se, em Portugal, pelo menos, desde o século XV; examinando o Regimento da Casa de Suplicação, Eduardo d'Oliveira França destaca o seguinte trecho: "Statui autem regis necessaria sunt cultus justitiae, regimen populis, et defensio patriae"; e especifica: "Já d. Henrique, por ocasião do litígio em torno da Regência, ao propor a partilha do governo do Reino entre a rainha, o infante d. Pedro e o conde de Arraiolos, distinguia seis ramos na administração, a educação do rei e seus irmãos, a gerência da fazenda régia, o conselho do rei, a justiça, a defesa do Reino e regime militar e a conservação de Ceuta. Excluídos os problemas temporários, do momento, verifica-se que eram, para o infante, três os encargos permanentes: a defesa militar, a justiça e a administração (finanças e conselho). Discrime idêntico faz d. Duarte, ao dizer que d. João, para se dedicar inteiramente aos preparativos da expedição contra Ceuta, entregou-lhe os encargos do conselho, da justiça e da fazenda" (*O poder real em Portugal e as origens do absolutismo*, São Paulo, USP, 1946 — *Boletim da Faculdade de Filosofia, Ciências e Letras*, p. 68).

28. Sermão da visitação de Nossa Senhora a Santa Isabel (38), pregado na igreja da Misericórdia da Cidade da Bahia; v. XVI, p. 322, op. cit.

29. Sermão XII da série do Rosário, pregado em 39 na Sé da Bahia; v. IX, pp. 171-2, op. cit.

30. "[...] O que fez diz a mesma Senhora que foi instituir nela, e com ela, e por ela, uma ordem chamada da caridade, que é a Irmandade da Misericórdia: *Ordinavit in me charitatem*. — E que mais? Admiravelmente o texto hebreu: *Vexillum posuit in me charitas*: Essa mesma Ordem da Caridade e Irmandade da Misericórdia levantou em mim a sua bandeira, sendo eu na mesma bandeira a sua insígnia. — E essa bandeira é de paz ou de guerra? De guerra, e militar, dizem todos os expositores da palavra *ordinavit*" (Sermão da visitação de Nossa Senhora a Santa Isabel, 38, op. cit., v. XVI, p. 349).

31. Sermão da Santa Cruz, de 1638, op. cit., v. XIV, p. 251. O santo a que alude é Isidoro Pelusiota.

32. Idem, p. 250.

33. Ver, por exemplo, as citações de época copiladas por Oliveira Martins (*Os filhos de d. João I*, 6ª ed., Lisboa, A. M. Pereira, 1936 — apêndice III, pp. 409-11); também julgo interessante a remissão à alegoria da "justiça" na célebre iconologia seiscentista de Cesare Ripa, em que ela aparece coroada e regiamente vestida: "The personification of Justice is a blindfolded woman robed in white and wearing a crown, who is seated at a table. She supports a pair of scales in her lap with one hand. Her other hand holds a bared upright sword, and

rests on a bundle of lictor's rods, from around which a serpent is unwinding. A dog lies at her feet. On the table are a scepter, some books, and a skull. She is robed in white, for the judge must be without moral blemish which might impair his judgement and obstruct true justice. She is blindfolded, for nothing but pure reason, not the often misleading evidence of the senses, should be used in making judgments. She is regally dressed, for justice is the noblest and most splendid of concepts" (*Barroque and Rococo pictorial imagery*, Nova York, Dover, 1971 — alegoria 120).

34. A respeito dessa vertente aristotélica de reflexão na filosofia do direito, ver Giorgio del Vecchio, op. cit., pp. 44 ss. No que diz respeito à justiça distributiva, ela basicamente "preside à distribuição das honras e dos bens e tem por fim obter que cada um receba daquelas e destes porção adequada ao seu mérito" (p. 45). Entretanto, para evitar possíveis anacronismos, Del Vecchio destaca o fato de que Aristóteles tinha em mente a desigualdade de mérito das pessoas, o que implicava que, para serem justas, as recompensas não deveriam ser iguais: "A Justiça distributiva consiste, portanto, em uma relação proporcional que Aristóteles, não sem algum artifício, define como uma proporção geométrica" (pp. 45-6).

35. Sermão da visitação de Nossa Senhora, 1640, v. XIV, op. cit., pp. 328-9.

36. Tal princípio de justiça para compreender-se supõe, penso, a lembrança do conceito aristotélico da "equidade", como do *aequitas* do direito romano, o que implica uma dupla preocupação presente em Antônio Vieira: a ideia de que as leis gerais precisam ser consideradas à luz de suas circunstâncias de aplicação, e, também, de que estejam de acordo com os retos princípios da lei divina e natural. Ver a propósito dessas noções a obra citada de Giorgio del Vecchio, especialmente p. 47 e pp. 56-7.

37. Op. cit., v. XIX, p. 28.

38. Sob esse aspecto, a posição defendida por Vieira é próxima da de Jean Bodin, salientando-se, é claro, aí, os limites impostos pela lei natural ao comando real — ver a propósito a discussão das ideias de Bodin conduzida por Perry Anderson no citado "Classes e Estado: problemas de periodização" (op. cit., p. 132); para a discussão delas em relação a Portugal e Espanha, ver *Jean Bodin na península Ibérica* (Paris, Fundação Calouste Gulbenkian, 1978) e "Bodin e Camões" (pp. 245 ss. de *A expressão do poder em Luís de Camões*, Lisboa, Imprensa Nacional — Casa da Moeda, 1988), ambos de Martim de Albuquerque.

39. Sermão da visitação de Nossa Senhora, 1640, op. cit., v. XIV, p. 330.

40. Inicialmente, como o coloca Giorgio del Vecchio, o *tus gentium* do direito romano remetia à simplificação de suas normas para aplicação aos estrangeiros. Posteriormente, vai prevalecer a acepção que interessa mais de perto considerar aqui: a de que esse conjunto mais simples é, não mais tosco que o *ius civile*, mas, ao contrário, superior a ele, uma vez que "considerou-se como expressão das exigências primordiais e comuns de todos os povos, como a revelação mais direta da razão universal. Então entendeu-se por *ius gentium* o direito

positivo *comum a todos os povos*" (op. cit., p. 58). É importante considerar, entretanto, que Vieira, nas pegadas da segunda escolástica, entende a razão universal sempre como participação análoga e proporcional da lei divina na natureza racional do homem: o *ius gentium* é o conjunto dos elementos comuns dos direitos positivos, mas apenas legítimos quando conciliáveis com a *lex naturalis*.

41. Ver o obrigatório *El prejuicio racial en el nuevo mundo. Aristóteles y los indios de Hispanoamérica* (México, Sep/Setentas, 1974) de Lewis Hanke; além dos estudos de Richard M. Morse ("Pré-História", in *O espelho de Próspero*, São Paulo, Companhia das Letras, 1988) e Quentin Skinner ("The revival of Thomism", in *The foundations of modern political thought*, Londres, Cambridge University Press, 1978, v. I).

42. Sermão da segunda Quarta-Feira da Quaresma, pregado na igreja da Misericórdia da Bahia, em 1638. Op. cit., v. XVI, p. 100.

43. Idem, pp. 100-1.

44. Idem, p. 102.

45. Sermão da terceira dominga do Advento, 44, op. cit., v. XIII, p. 398.

46. Ver a respeito do aspecto social, político e marcadamente hierárquico da "honra" no "Siglo de Oro" o conhecido *Poder, honor y élites en el siglo XVII* (Madri, Siglo XXI, 1979), de José Antonio Maravall; sobre a origem desses aspectos no *honos* latino, ver "A honra no drama românico dos séculos XVI e XVII", nos *Ensaios de filologia românica I*, de Harri Meier (Rio de Janeiro, Grifo/MEC, 1973).

47. Sobre as concepções neoescolásticas da sociedade política como organismo místico, ver o capítulo "The revival of Thomism", do citado *The foundations of modern political thought*, v. II, *The age of reformation*, de Quentin Skinner (pp. 135 ss.). Sobre as decorrências absolutistas delas, ver o capítulo seguinte, "The limits of Constitutionalism", especialmente sua segunda parte ("The absolutist perspective" — pp. 178 ss.). Para uma discussão mais pormenorizada dos termos monárquicos postos por Suárez e Vitoria, os dois maiores expoentes da segunda escolástica, ver o importante "Suárez, jurista" de Manuel Paulo Merêa (*Revista da Universidade de Coimbra*, 6, 1917).

48. Sermão de santo Antônio, pregado em 1642 na igreja das Chagas, em Lisboa; op. cit., v. XIX, pp. 32-3.

49. Idem, p. 33.

50. Idem, p. 48.

51. Sermão do Esposo da Mãe de Deus, são José, pregado possivelmente em 1643, na Capela Real, em Lisboa; op. cit., v. XVI, pp. 425-6.

52. Sermão de santo Antônio, 42, op. cit., pp. 15-6.

53. João Adolfo Hansen, em seu *A sátira e o engenho*, chama a atenção para a "virtude política da prudência" manifesta no conceito escolástico da "ocasião" (op. cit., p. 31). Resume-a da seguinte maneira: "Escolasticamente, a *ocasião* é uma circunstância ou um conjunto de circunstâncias que favorecem a ação de uma causa livre. Diferencia-se da *condição*, pois esta se refere a qualquer causa

eficiente. Supõe-se que a ocasião atua sobre a vontade do agente de modo imediato, uma vez que remove obstáculos interpostos em sua ação e, ainda, porque induz a vontade a cooperar positivamente. A ocasião é um incentivo para a ação. No século XVII, é um conceito político, com o sentido de 'concurso de causas que abre caminho à grandeza'" (idem, p. 402).

54. Sermão dos bons anos, pregado em 1641, na Capela Real; op. cit., v. XIX, p. 382.

55. Idem, pp. 382-3.

56. Sermão da visitação de Nossa Senhora (40), op. cit., v. XIV, p. 323.

57. Op. cit., v. V, p. 318.

58. Idem, p. 319.

59. Op. cit., v. XX, p. 229.

60. Idem, p. 230-1.

61. Idem, p. 231.

62. Idem, p. 230.

63. Idem, ibidem.

DILEMAS DA MORAL ILUMINISTA*

Sergio Paulo Rouanet

I

Esta palestra, cujo título foi sugerido por Adauto Novaes, é uma etapa no processo de reflexão que venho fazendo há algum tempo sobre a possibilidade da construção ou reconstrução de um Iluminismo moderno, a partir de metodologia proposta em *Razões do Iluminismo*. Trata-se de uma distinção entre Ilustração, considerada como uma corrente intelectual historicamente situada, correspondendo ao movimento de ideias que se cristalizou no século XVIII em torno de figuras como Voltaire, Rousseau, Diderot etc., e Iluminismo, que seria uma tendência transepocal, não situada, não limitada a uma época específica — algo como uma destilação teórica da Ilustração.

Usei essa distinção em palestras na antiga Funarte, por exemplo, no ciclo "O olhar". Tentarei hoje aplicar essa metodologia ao tema da ética.

Isso significa, em primeiro lugar, resumir as principais características do pensamento moral da Ilustração. Em segundo lugar, farei um balanço do nosso presente à luz desse legado. Enfim, verificarei em que medida seria possível reconstruir, a partir da experiência original da Ilustração, algo que se parecesse com uma ética iluminista.

II

Começarei com uma análise muito rápida da filosofia moral da Ilustração, a partir de três de suas características principais: o cognitivismo, o individualismo e o universalismo.

* Exposição oral. Texto reconstituído a partir de gravação.

Chamo cognitivista aquela atitude intelectual que postula a possibilidade de uma ética capaz de prescindir da religião revelada e que, em princípio, não vê diferença categorial entre o conhecimento do mundo empírico e o conhecimento do mundo moral: a mesma razão capaz de desvendar as estruturas do mundo natural é capaz de descobrir os fundamentos do comportamento moral e da norma ética. Visto nesses termos, o pensamento moral da Ilustração foi absolutamente cognitivista.

A rejeição da religião revelada era a essência desse pensamento. Ele repudiava a fé institucionalizada e sustentava a possibilidade de construir uma sociedade ética, uma sociedade justa, sem que esta precisasse depender dos ensinamentos da religião. Foi o chamado paradoxo de Bayle, filósofo anterior à Ilustração, mas que a influenciou decisivamente. Ele dizia que uma sociedade de ateus pode ser mais ética que uma sociedade baseada na religião. Estou falando do final do século XVII; essa ideia chocou imensamente os pudibundos, os piedosos, e Bayle só não foi parar na fogueira porque teve a prudência de escrever na Holanda, país em que a Inquisição não era muito popular. Mas essa ideia de que a moral é dissociável da religião difundiu-se muito no século XVIII e praticamente todos os filósofos da época aderiram a esse "paradoxo", radicalizando-o. Para eles, a religião não somente não era necessária para fundar o comportamento virtuoso como o impedia. Voltaire, por exemplo, dizia que os maiores massacres da história, as maiores abominações da humanidade tinham sido praticados em nome da religião e citava a propósito a Noite de São Bartolomeu. Como vocês sabem, esse foi um dos episódios mais sinistros das guerras de religião que assolaram a Europa no século XVI. A ideia dos filósofos era que, uma vez afastado o fundamento religioso, seria possível basear a moral em fundamentos leigos, seculares.

Quanto à natureza desses fundamentos, a Ilustração propôs basicamente três respostas.

Primeiro, a jusnaturalista. A moral podia ser fundada a partir da conformidade do comportamento humano com a lei da natureza. Rousseau dizia que a natureza gravou em nossos corações os critérios que permitem julgar soberanamente quanto ao bem e ao mal, o justo e o injusto. O fundamento último, portanto, era uma razão natural, uma natureza universal, igual em todas as latitudes, comum a todos os homens.

A segunda resposta foi empirista, a partir da filosofia sensualista de filósofos como D'Alembert, Holbach e Helvétius. Diziam eles que o homem é um animal organizado, sujeito a paixões e que se relaciona com o mundo exterior basicamente através das sensações. O fundamento da moral seriam as sensações do prazer e do desprazer, do agradável e do desagradável. O homem naturalmente é movido pelo desejo de buscar o seu prazer e de evitar o desprazer, e nisso consiste o seu interesse. É esse o fundamento da moral, um fundamento leigo, puramente imanentista.

E, finalmente, a terceira resposta diz que a norma se funda na conformidade com a própria razão. Foi a resposta de Kant. Para ele, a moralidade não se funda nem na natureza nem nas sensações, mas na razão. Não pode se fundar na natureza porque a natureza é o mundo do determinismo e a moralidade supõe a existência da liberdade; e não se pode fundar no interesse porque o interesse é a esfera da heteronomia, a esfera do que existe de externo à razão livre do homem. Ele dizia que a moralidade se funda num procedimento interno à própria razão. Aqueles que leram Kant sabem do que estou falando: é o famoso imperativo categórico, procedimento pelo qual o indivíduo testa a máxima de suas ações para saber em que medida ela é generalizável. Se essa máxima for generalizável, se for suscetível de ser querida por todos, sem contradição interna poderia aspirar ao estatuto de lei moral universal.

São essas as principais orientações da filosofia ética da Ilustração. Comum a todas é a ideia de que a moralidade pode prescindir da revelação, de que é possível fundá-la em algo mais que em sua conformidade com os dez mandamentos.

Os partidários da lei natural diriam que o preceito "não roubarás" deriva da própria natureza das coisas, deriva do critério gravado em todos os corações humanos, que recomenda o respeito à propriedade. Os empiristas diriam que o preceito pode ser justificado pelo desprazer que adviria da sanção sofrida pelo indivíduo que roubasse. Kant diria que a norma "não roubar" pode ser validada pelo imperativo categórico, porque se eu roubar e quiser transformar essa máxima em princípio de minhas ações, convertendo o enriquecimento ilícito em norma universal, todos roubariam, e portanto eu não poderia conservar a posse do bem furtado. Haveria, portanto, uma contradição interna, e com isso a norma seria validada pela própria razão. Em suma, a norma seria legitimada por um fundamento jusnaturalista, um fundamento empirista, sensualista, e um fundamento baseado na própria razão.

A segunda característica da filosofia ética da Ilustração é o individualismo. A Ilustração foi violentamente individualista. O homem era visto como um átomo, como uma mônada. Essas mônadas deveriam unir-se num contrato para constituírem a vida social. Esse individualismo gerou duas consequências.

Primeiro, as velhas éticas comunitárias da Antiguidade foram relegadas a segundo plano. O que importava não eram mais as obrigações do indivíduo com relação à pólis ou com relação ao bem comum. A ética da Ilustração foi hedonista em autores como La Mettrie e Sade, com uma concepção um tanto tosca da centralidade do prazer sensual. Mas ela foi sobretudo eudemonista, preocupando-se com a felicidade, com a autorrealização do indivíduo. Ele devia realizar-se. Devia ser feliz. Essa ética da felicidade seria impensável, por exemplo, numa perspectiva comunitária, em que o bem comum prevalecia sobre a autorrealização individual.

A outra consequência do individualismo da Ilustração foi a ideia do descentramento do indivíduo com relação às normas incorporadas em sua comunidade. O indivíduo, enquanto átomo isolado, era também uma instância soberana capaz de sobrepor-se às regras e às leis embutidas na comunidade, julgá-las do alto, criticamente. Ele podia fazê-lo porque era um indivíduo autônomo, entronizado como tal por todo o pensamento político e por toda a filosofia moral da época. Não era a comunidade que detinha os critérios que permitiam julgar o bem e o mal; era o indivíduo, enquanto ser humano universal, que retirava da voz da natureza, da organização psíquica do homem como ser sensual e passional, ou da própria razão, os critérios que permitiam julgar o bem e o mal, independentemente não só da revelação, mas também da própria moralidade institucionalizada na comunidade.

Estas foram, portanto, as duas consequências do individualismo ético da Ilustração: o eudemonismo, o direito à felicidade e à autorrealização; e o descentramento, o direito à crítica, o direito de assumir uma posição de exterioridade com relação às normas sociais.

A terceira característica do pensamento ético da Ilustração foi o universalismo. Ele se manifestava na concepção de uma natureza humana universal, de princípios universais da validação e de um certo número de normas materiais universais.

Havia a concepção de uma natureza humana universal, segundo a qual todos os homens são iguais em todas as latitudes, têm as mesmas disposições racionais, têm a mesma organização passional, são movidos pelos mesmos desejos, são motivados pelos mesmos interesses.

Havia também a ideia de uma universalidade de princípios de moralidade. Os três princípios validadores do comportamento moral — o direito natural, o empirismo e a conformidade com a própria razão — eram considerados universais. A lei da natureza valia em todas as épocas e países, a organização psíquica e passional do homem era uniforme e o procedimento da universalização e generalização contido no imperativo categórico de Kant era um critério válido em todos os tempos e lugares.

Mas haveria também um universalismo substantivo, postulando não apenas a universalidade da natureza humana ou de princípios formais de validação, mas também a universalidade de normas materiais? Existiria ou não um núcleo invariante de normas universalmente válidas, independentemente da história e da geografia, independentemente das culturas, dos países, das nações, dos séculos? A Ilustração deu a essa pergunta uma resposta bastante sofisticada porque, apesar de sua vocação universalista, ela foi agudamente sensível à experiência da diferença.

Os filósofos da Ilustração eram leitores apaixonados de relatos de viagens, que descreviam as diferenças existentes entre os usos e costumes da sociedade francesa e os das sociedades "selvagens", como os peles-vermelhas americanos ou os índios brasileiros, que foram objeto de uma reflexão e de uma apropriação bastante interessante no século XVIII.

Além disso, o século XVIII foi também um período saturado de história antiga. Os filósofos não cessavam de se assombrar com o fato de que em Atenas a pederastia era lícita, de que em Roma os pais tinham o direito de vida e morte sobre os filhos, de que em Cartago os sacrifícios humanos eram permitidos, de que em Esparta o roubo era encorajado.

Como era possível que as coisas variassem tanto, no tempo e no espaço? Se tudo é tão diverso, se o que é válido de um lado dos Pireneus não é válido do outro lado, podemos falar numa verdade universal, numa moralidade universal? A resposta dos filósofos em geral foi positiva: sim, porque existe uma diferença entre a *natureza* e o *costume*.

Essa é uma dicotomia importante para compreender o pensamento moral da Ilustração. O reino do costume é o da diversidade empírica. É na ótica do costume que o que é válido na França não é válido no Brasil. Mas essa variedade é limitada por um pequeno núcleo de normas invariáveis, que constituem a esfera da natureza. Conscientes da variedade dos usos e costumes, os filósofos não diziam que tudo era universal. Mas, convictos da realidade desse núcleo invariável, não diziam que tudo era relativo.

Aderiam a um modesto universalismo, que se traduzia na convicção de que havia três ou quatro normas universalmente válidas. O conteúdo dessas normas variava de pensador para pensador. Para Montesquieu, elas incluíam o respeito que a criatura deve ao criador, a gratidão que o beneficiado deve ao benfeitor, uma certa proporcionalidade entre pena e crime etc. Para Voltaire, havia o que ele chamava o fundo comum da humanidade, que vigorava em todas as épocas e em todos os climas e que incluía virtudes como a benevolência, ou a proibição de mentira.

Para resumir um pouco esta descrição muito superficial do pensamento moral da Ilustração, digamos que ele se baseava em três ideias centrais: a ideia de que a moral podia ter um fundamento secular; a ideia de que o indivíduo, considerado como célula elementar da sociedade, tinha direito à autorrealização e à felicidade e podia descentrar-se com relação à vida comunitária, criticando-a de fora; e a ideia de que existe uma natureza humana universal, de que existem princípios universais de validação ética, e de que existe um pequeno núcleo de normas materiais universais.

É uma simplificação bastante cirúrgica de um movimento muito mais complexo, mas em alguns momentos a compreensão exige uso do bisturi analítico.

III

Muito bem, qual é a realidade que encontramos hoje em dia? Ao resumir o pensamento moral da Ilustração, tive a impressão de estar falando de um continente perdido, de uma Atlântida submersa. Nada disso nos é mais familiar.

Vivemos num mundo onde não existe nenhuma fé na possibilidade de fundar objetivamente a escolha moral. Vivemos num mundo que desconfia do eudemonismo da Ilustração e que não admite a possibilidade de descentramento do indivíduo com relação a sua comunidade. E vivemos numa época dominada cada vez mais pelos diversos particularismos, que negam a existência de verdades universais ou de uma moralidade universal.

O século XX, com efeito, de modo geral é anticognitivista, isto é, nega a possibilidade de fundamento para o comportamento moral. Essa posição deriva em grande parte de revisão positivista de Kant. Este admitia a existência de uma razão teórica, competente para os fatos do mundo empírico, e uma razão prática, competente para lidar com as questões morais. O positivismo contemporâneo nega a existência da segunda razão, da razão prática. Ora, à luz da razão teórica, somente são consideradas válidas as proposições empiricamente verificáveis ou as proposições tautológicas da lógica e da matemática. E, como as proposições normativas da ética não são nem factuais nem tautológicas, elas simplesmente não têm existência, são proposições não significativas. Em consequência, não há possibilidade de fundamentar o julgamento moral à luz da razão. Esta só pode julgar a melhor correlação possível entre meios e fins, mas tais fins são fixados por critérios extrarracionais, ditados seja pelo interesse pessoal, seja pela utilidade social, seja por razões inconscientes. A razão como tal não pode julgar esses fins.

Outra corrente vai mais longe ainda. É o chamado racionalismo crítico, de Popper. Para os popperianos, a ideia do fundamento último é compatível com o falsificacionismo, que está na base de toda ciência objetiva. Se a proposição apresentada como fundamento último escapar à possibilidade da falsificação, nesse caso é uma proposição vazia; e se for falsificada, nesse caso não há fundamento nenhum. Os racionalistas críticos se referem ao trilema de Munchhausen: qualquer tentativa de estabelecer fundamentos últimos leva seja a uma regressão infinita, seja a um círculo lógico, seja à interrupção dogmática do processo de raciocínio e de argumentação, pela seleção arbitrária de certas premissas.

Em suma, os positivistas dizem que não há como justificar racionalmente o mundo da moral porque a moral não tem nada a ver com a razão, e sim, no máximo, com as emoções ou com as conveniências sociais; e o racionalismo crítico dos popperianos vai além, afirmando que, ainda que fosse possível preencher o fosso que separa o mundo do ser do mundo do dever-ser, não se teria lucrado nada com isso porque não há possibilidade lógica de qualquer tipo de fundamentação última.

A segunda característica da filosofia moral da Ilustração, o individualismo, tem sido criticada em seus dois momentos constitutivos.

O hedonismo e o eudemonismo foram repudiados pela esquerda e pela direita, no primeiro caso como sintomas de decadência burguesa e no segundo por estimularem uma atitude antissocial e hostil à ética do trabalho.

Por outro lado, a ideia do descentramento, tão importante para se compreender a força transgressiva do pensamento da Ilustração, também é negada pela esquerda, por se tratar de uma crítica individualista, e portanto sem eficácia histórica. Mas o descentramento inquieta sobretudo os conservadores e em primeira instância os chamados neoaristotélicos.

Essa corrente, muito difundida na Alemanha, endossa a crítica de Hegel à filosofia moral de Kant. Nessa crítica, Hegel estabelece uma diferença entre a *Moralitaet* e a *Sittlichkeit*; entre a moralidade e o que poderíamos traduzir por eticidade. A moralidade é a consciência moral kantiana, que, em seu esplêndido isolamento, decide sozinha, sem precisar prestar contas a ninguém, recorrendo exclusivamente ao procedimento monológico do imperativo categórico, quais são as máximas da comunidade que merecem ser consideradas válidas ou não. Num certo sentido, a consciência ética individual se substitui à consciência ética coletiva. Pelo contrário, a *Sittlichkeit*, a eticidade, significa aquela esfera da sociedade em que a consciência moral já se concretizou, não na consciência solitária de um indivíduo que, arrogantemente, se atribui o direito de julgar sua comunidade, mas em normas, usos e instituições que dão, em cada caso concreto, soluções evidentes para os dilemas morais vividos por cada indivíduo, sem que ele precise sofrer dilaceramentos existenciais ou recorrer a procedimentos tão perigosos como o de julgar a partir de seu foro interno se determinada norma deve ou não ser considerada válida.

Essa é a essência do anti-individualismo moderno. Ele se manifesta na rejeição do hedonismo ou do eudemonismo da Ilustração, considerados destrutivos e anômicos, e na rejeição do descentramento, considerado uma arrogância de *maitres-penseurs*, de intelectuais que se julgam com direito de colocar *sub judice* toda vida social até que ela seja validada pelo procedimento abstrato do imperativo categórico.

Enfim, a última característica da filosofia moral da Ilustração — o universalismo — também vem sendo contestada com bastante veemência. Que significa a ideia de uma natureza humana universal? Todos nós sabemos que a natureza humana varia de clima para clima, de indivíduo para indivíduo, de país para país. Que significam princípios universais de validação? Impossível pressupor que o princípio do imperativo categórico seja válido numa sociedade primitiva. E qual o sentido de falar em normas materiais universais? Ninguém ignora que todas as normas variam no tempo e no espaço.

Vivemos, em suma, um clima radicalmente antiuniversalista. Ele se inspira direta ou indiretamente no Contrailuminismo alemão. Foi uma reação iniciada por Herder contra o que era percebido como um universalismo imperialista francês. Vendo-se como porta-voz da razão, a Ilustração francesa queria reconstruir em toda parte a cidade dos homens, à luz de princípios universais de justiça. Isso era visto pelas sociedades feudais que cercavam a França, sobretudo no período revolucionário, como uma intolerável ameaça. Consequentemente, a ideia do universalismo ético foi substituída pelo particularismo e pelo historismo. Não existem verdades universais: existe a verdade da França e a da Alemanha. Não há preceitos intemporais, todos eles fincam suas raízes na história. A moralidade está imersa num húmus natal — numa aldeia, numa nação, numa cultura — e só nesse húmus tem vigência: tudo o mais é uma construção delirante de intelectuais desvinculados da realidade.

Essa atmosfera impregna todos os particularismos que caracterizam nossa época. É o caso do particularismo nacional, para o qual o gênio da nação, o *Volksgeist*, determina o que é verdadeiro ou ético. É o caso do particularismo racista, para o qual existem verdades arianas e verdades judaicas, normas germânicas baseadas na especificidade do sangue e do solo e normas judaicas, cosmopolitas e predatórias. É o caso do particularismo culturalista, muito frequente na antropologia (apesar da existência de correntes universalistas influentes dentro da disciplina), para o qual não existem verdades e valores morais que não se enraízem na cultura e que tenham qualquer validade fora dos limites de cada cultura.

Podemos sentir esse particularismo até em certas variedades do movimento feminista. Tradicionalmente, o feminismo se baseava na ideia iluminista da igualdade de direitos entre homens e mulheres, por sua vez baseada no postulado de que, além das diferenças puramente anatômicas, não existiam outras que pudessem justificar conceitos como o de psicologia feminina, alma feminina, princípio feminino, eterno feminino, e outras banalidades do arsenal machista. O feminismo iluminista (com a exceção mais notória de Rousseau, quase todos os filósofos da Ilustração foram ardentes feministas) se opunha a todos esses estereótipos em nome de sua concepção universalista da natureza humana.

Foi justamente esse universalismo que foi sabotado pelo Contrailuminismo do século XIX e parte do século XX. No campo das relações entre os sexos, esse antiuniversalismo timbrou em acentuar a diferença. Pelo fato de ser biologicamente diferente, a mulher deveria também ter uma psicologia diferente, deveria ter uma alma diferente, interesses profissionais diferentes. A sociedade falocrática se organizou para que a mulher pudesse viver plenamente a sua diferença, das clínicas ginecológicas até as revistas de modas. Através dos clichês machistas — a mulher é caprichosa e intuitiva, ela é a figura forte que está atrás do macho solar, ela é o ser inteligente que é suficientemente inteligente para esconder sua inteligência etc. —, o opressor masculino produz incessantemente a diferença. Foi a estratégia da diferença que condenou a mulher ao gineceu e ao serralho.

Ora, há um certo feminismo que parece situar-se exatamente nessa linha diferencialista. Não me refiro à versão brasileira dessa tese, que me parece em geral compatível com o universalismo iluminista — um universalismo concreto, que passa pelo reconhecimento de diferenças reais. Refiro-me ao diferencialismo essencialista, que ontologiza a diferença, e que é comum no movimento americano. Esse diferencialismo me parece semelhante a todos os particularismos que mencionei antes. Fala-se numa moralidade feminina (tese aliás sustentada explicitamente no livro *In a different voice*, de Carol Gilligan) no mesmo sentido em que os demais particularismos diziam que existe uma moralidade ariana, ou alemã, ou xavante.

Estamos longe das análises de Sartre sobre a constituição do judeu pelo antissemita, que nossa geração transpôs para todos os campos setoriais de opressão: o negro como produção imaginária do branco, a mulher como construção imaginária do homem. O particular era visto como o subproduto de uma prática repressiva.

O que parece ter acontecido em nossa época "politicamente correta" é que a libertação do oprimido passa agora pela confirmação de sua alteridade. Antes dizíamos ao escravo: "Teu opressor te privou de tua condição humana. Abandona a particularidade fraudulenta que ele fabricou para ti e reassume tua humanidade". Hoje se diz: "Assume tua particularidade e recusa o estatuto humano genérico a que teu opressor quer te reduzir". Em suma, em vez de recusarem o olhar reificante do opressor, que transforma a história em biologia e a biologia em destino, o negro e a mulher se reconhecem nessa reificação. O negro passa a ser sua epiderme e a mulher passa a ser seu útero.

O universal da Ilustração explodiu em mil estilhaços. Quer se queira quer não, tudo indica que a dispersão é nosso destino.

IV

Bem, esse é o mundo em que vivemos. Esse mundo não tem grande coisa a ver com o mundo elegante e harmonioso da Ilustração. Em nossa ordem ética, a ação moral não tem fundamentos, o que nos condena ao decisionismo ou ao niilismo; o direito à autorrealização não tem uma base sólida, o que nos condena ao hedonismo sem princípios ou ao ascetismo; o direito ao descentramento é contestado, o que nos condena ao conformismo; e não há clima para o universalismo, o que nos condena ao relativismo e à imanência das normatividades particulares.

Ora, isso acontece num momento em que todas as certezas se dissolvem no ar. Com a queda do muro e o colapso do socialismo real, muitos mergulharam na anomia e no vazio existencial.

Essa situação é insustentável, o que gera a necessidade de explorar outros caminhos.

Um deles seria regredir a soluções arcaicas, anteriores à Ilustração.

A tentação mais óbvia é recolocar a moral sobre fundamentos religiosos. O cristianismo tradicional está sempre disponível, mas não faltam alternativas pós-modernas, que vão desde os fundamentalismos, evangélicos ou carismáticos, até o esoterismo. Quando a tradição religiosa não basta, há receitas ecléticas, um pouco de Jung, algum Herman Hesse, Reich em pequenas doses, e muita meditação no interior de pirâmides de cristal, entre um baralho de tarô e um livro de Paulo Coelho.

Outra regressão seria política. Não deixa de ser tentadora a volta às éticas comunitárias, em que todas as respostas eram dadas pelos usos sociais vigentes. O homem abandona o difícil privilégio do descentramento e se recentra no húmus comunitário.

Essas duas regressões são tão assustadoras que devemos pensar em outro caminho: a tentativa de construir uma ética iluminista moderna, a partir da matriz original da Ilustração.

Em outros trabalhos, usei a teoria da ação comunicativa, de Habermas e Apel, como elo mediador entre a Ilustração e o Iluminismo. Podemos tentar o mesmo exercício no campo da moralidade, o que significa tomar como base a ética discursiva.

O ponto de partida da ética discursiva é o mundo vivido (*Lebenswelt*): o lugar das relações sociais espontâneas, das certezas pré-reflexivas, dos vínculos que nunca foram postos em dúvida. As relações sociais que se dão no mundo vivido assumem, caracteristicamente, a forma da ação comunicativa: um processo interativo, linguisticamente mediatizado, pelo qual os indivíduos coordenam seus projetos de ação e organizam suas ligações recíprocas.

Na comunicação normal, invocamos sempre, implicitamente, pretensões de validade com relação a todos os enunciados. Quando falamos estamos sempre asseverando, tacitamente, que nossas afirmações sobre fatos e acontecimentos são verdadeiras, que a norma subjacente ao enunciado prescritivo é justa, e que a expressão dos nossos sentimentos é veraz. No mundo vivido, essas três pretensões de validade se entrelaçam: a de verdade, a de justiça e a de veracidade.

A coordenação comunicativa entre os interlocutores se dá através da expectativa de que se necessário cada interlocutor poderá justificar essas pretensões de validade. Normalmente, isso se fará sem qualquer dificuldade. Ego apresentará a Alter argumentos para justificar tanto suas afirmações sobre fatos como suas afirmações de caráter prescritivo — dentro de um quadro teórico geralmente aceito, no primeiro caso, ou dentro de uma ordem normativa existente, no segundo. A situação muda quando o que se contesta é a própria validade da teoria ou da norma. Sua problematização requer o abandono do mundo vivido e o ingresso num tipo de argumentação *sui generis*. É o discurso.

As pretensões de validade correspondentes às questões cognitivas são problematizadas nos discursos teóricos, e as correspondentes a questões normativas, nos discursos práticos. Nos dois casos, os participantes se distanciam do mundo vivido e assumem uma atitude de investigação imparcial do que antes era visto como não problemático. Nos dois casos, a argumentação discursiva tem como ponto de partida a suspensão radical da crença na validade do que havia sido afirmado. Ela é posta entre parênteses, até que se chegue, pelo consenso, à comprovação do enunciado descritivo ou à justificação da norma.

Nos dois discursos, é portanto o consenso que valida a proposição. Mas o consenso precisa ser fundado. Ele será fundado se a argumentação tiver sido conduzida segundo certos pressupostos pragmáticos, como o de que todos os interessados tenham direito de participar do discurso, de que todos os participantes tenham iguais oportunidades de apresentar e refutar argumentos, de que todos os argumentos sejam submetidos ao livre exame de todos e de que nenhum dos participantes sofra qualquer coação.

Dizer que as questões morais podem ser validadas no discurso significa tomar partido contra a tese positivista de que tais questões não são validáveis. Para a ética discursiva, as proposições normativas são tão *wahrheitsfaheig*, tão suscetíveis de serem falsas ou verdadeiras, como as proposições descritivas. Como estas, as proposições normativas são legitimadas por um consenso fundado. O consenso em questões práticas será fundado quando a argumentação for conduzida segundo uma regra de procedimento derivada dos pressupostos pragmáticos de qualquer argumentação, teórica ou prática. Essa regra é o princípio da universalização, o princípio U. É o seguinte o enunciado do princípio U: "Todas as normas válidas precisam atender à condição de que as consequências e os efeitos colaterais que presumivelmente resultarão da observância geral dessa norma para a satisfação dos interesses de cada indivíduo possam ser aceitos não coercitivamente por todos os envolvidos".

O princípio U pode ser fundamentado. Ele deriva dos pressupostos pragmáticos de toda e qualquer argumentação discursiva. Cada pessoa que ingressa numa argumentação se obriga intuitivamente a aceitar procedimentos que equivalem ao reconhecimento implícito do princípio.

Podemos a partir dos princípios da ética discursiva tentar resgatar as linhas básicas do pensamento moral da Ilustração e torná-los plausíveis para a construção de uma ética iluminista contemporânea. Para isso, vejamos de novo as três características da moralidade da Ilustração: o cognitivismo, o individualismo e o universalismo.

No que diz respeito ao cognitivismo, vimos que um dos dilemas enfrentados pela moralidade do nosso tempo é que não temos mais critérios para julgar o justo e o injusto, pois o mundo do *Sollen*, do dever-ser, não está sujeito à jurisdição da razão. Ora, Habermas mostra que não há nenhuma diferença de natureza entre as proposições factuais e as normativas, na medida em que ambas são validáveis pelo discurso.

As proposições factuais serão consideradas verdadeiras não se corresponderem à realidade objetiva, mas se forem objeto de um consenso. O que torna a teoria da relatividade verdadeira não é apenas o fato de que corresponde à realidade, mas o fato de que a comunidade dos cientistas, consensualmente, chegou à conclusão de que o paradigma da relatividade introduzido por Einstein é verdadeiro.

Ora, se isso é assim, a ética discursiva recupera o direito de fundamentar a norma. Como a ética da Ilustração, a discursiva pode afirmar que moral é legitimável por um critério objetivo. Mas a qual dos três critérios da Ilustração se filia a ética discursiva — o jusnaturalista, o empirista ou o imanente à razão? Ao terceiro, o kantiano. Também Habermas funda a validade da norma em seu caráter universalizável, com a diferença de que ele reformula discursivamente o imperativo categórico: o processo de universalização não se dá monologicamente, no interior de uma consciência transcendental, e sim dialogicamente, no interior de um discurso.

A ética discursiva nos permite também responder às objeções do racionalismo crítico — a tese da impossibilidade de qualquer fundamento último — por uma estratégia extremamente astuciosa, que Apel chama de estratégia da contradição performativa. O que ele quer dizer, em outras palavras, é o seguinte: a verdade da teoria comunicativa é tão evidente que mesmo os autores que a contestam admitem implicitamente a realidade daquilo que está sendo criticado. Consciente ou inconscientemente, todos reconhecem que não há argumentação sem a observância de certos pressupostos de qualquer tipo de comunicação discursiva, como o de que todos os interessados são livres, o de que nenhum deles pode ser coagido, o de que todos os participantes têm direitos iguais de apresentar e de refutar argumentos, o de que todos os argumentos têm que ser submetidos ao livre exame de todos etc. Suponhamos que um dos presentes diga que esses pressupostos são falsos. Por exemplo, ele nega que a comunicação linguística implica a invocação de pretensões de validade. Mas ao fazer essa afirmação, ele está invocando para ela uma pretensão de validade. Está dizendo que aquilo que ele está dizendo é verdadeiro, está disposto a defender a validade dessa afirmação pela argumentação, está disposto a admitir que o interlocutor possa recorrer à argumentação, invocando por sua vez uma pretensão de validade. Ou suponhamos que ele queira refutar a tese de que toda proposição deve ser submetida ao livre exame de todos. Ele só pode fazer essa refutação por um ato linguístico da forma: afirmo, isto é, submeto esta tese ao livre exame de todos, que não é necessário submeter esta tese ao livre exame de todos. Ou seja, ele está afirmando, numa parte da frase, aquilo mesmo que está negando na outra parte. Surge assim uma contradição. A partir dela, Habermas pode identificar os pressupostos gerais e necessários de toda a comunicação linguística. Ora, o princípio U deriva desses pressupostos gerais e necessários. Não posso, sem contradizer pressupostos gerais da argumentação, negar que os interesses de todos os participantes de um discurso prático precisam ser respeitados ou que todos eles devam ser isentos de coação. Desse modo, indireto mas eficaz, a ética discursiva valida o seu próprio princípio de validação, o princípio U.

Com isso, o cognitivismo da Ilustração é salvaguardado. Como a filosofia moral da Ilustração, a ética discursiva sustenta que a norma é fundamentável. E, mais rigorosa que a Ilustração, ela fundamenta o próprio critério de fundamentação.

E o individualismo? A ética discursiva é uma teoria não individualista, porque ela se baseia na hipótese de um mundo vivido linguisticamente compartilhado. Não obstante, consegue salvar os dois principais temas do individualismo ético da Ilustração: o direito à felicidade e o descentramento.

O indivíduo só existe em interação, mas essa interação pressupõe o reconhecimento da dignidade e integridade de cada participante. O homem tem direitos como indivíduo, que não podem ser cancelados pelos direitos da comunidade. Entre esses direitos do homem como indivíduo, e não apenas como membro da comunidade, está o direito à autorrealização, segundo seu próprio estilo e sua própria concepção de felicidade. Habermas está tão consciente desse direito que se afasta, nesse ponto, do rigorismo kantiano. Os desejos e afetos, excluídos por Kant por se situarem na esfera da heteronomia, são readmitidos pela ética discursiva, sob a forma dos interesses generalizáveis.

Quanto ao descentramento, a ética discursiva o redefine, expurgando-o de suas características individualistas. O descentramento se dá quando os indivíduos abandonam o mundo vivido e entram num processo de argumentação coletiva. Nesse momento, eles se situam em relação ao mundo vivido numa perspectiva de excentricidade, de exterioridade. Ou seja, o descentramento é coletivo, e não individual, como na Ilustração. É toda uma comunidade argumentativa que rompe as relações espontâneas que seus membros mantinham entre si no mundo vivido e que assume uma postura judicativa e crítica com relação à sua própria sociedade.

Finalmente, a ética discursiva assume sem complexos a herança universalista da Ilustração, nos três aspectos em que ela se manifestou: a concepção de uma natureza humana universal, de um princípio universal de validação e de certas normas substantivas universais.

Ela desafia abertamente o historismo contemporâneo e afirma sem pestanejar que existe, sim, uma natureza humana universal, embora não definida nos termos individualistas, atomísticos, da Ilustração. O universalismo é característico de uma espécie humana que por toda parte se produz e se reproduz simbolicamente a partir da linguagem, o mais universal dos atributos da espécie.

Ela proclama também a universalidade do seu princípio de validação, o princípio U, versão comunicativa do imperativo categórico. Sem dúvida, a vigência plena desse princípio é mais fácil numa sociedade moderna, cujo sistema político oferece condições adequadas para assegurar a comunicação livre, que numa sociedade primitiva, cuja moldura político-institucional proíbe ou desencoraja a abertura de discursos problematizadores. Mas não há sociedade sem linguagem e não há linguagem sem pelo menos uma virtualidade discursiva, e, como todo discurso pressupõe a validade de U, este é um princípio necessariamente universal.

É possível, enfim, a partir de uma perspectiva discursiva, comprovar a existência de um núcleo mínimo de normas universais. Quais são elas? Simplesmente as que estão contidas nas estruturas de interação e da comunicação discursiva. A mera ideia da comunicação já aponta para o valor do entendimento mútuo e para a norma da não violência. Cada pretensão de validade remete a um valor: a vinculada às proposições factuais remete à verdade, a vinculada às proposições prescritivas remete à justiça, a vinculada às proposições subjetivas remete à veracidade. Os pressupostos pragmáticos do discurso são férteis em normas e valores. O pressuposto de que todos os indivíduos têm direitos idênticos de apresentar e refutar argumentos remete à ideia da igualdade; o pressuposto de que nenhum indivíduo deve ser coagido remete à ideia de liberdade; o pressuposto de que nenhum deve ser excluído remete à ideia da não discriminação. Em suma, há elementos de uma ética material incrustados nas estruturas formais da interação e do discurso, e, como essas estruturas são universais, aquela ética também é universal.

V

Teria eu conseguido, com isso, fazer a mediação, no campo da moralidade, entre a Ilustração e o Iluminismo? Certamente não. Mas creio ter demonstrado que essa passagem não é impossível.

Indiquei o caminho para uma fundamentação racional da ética. Mostrei como o eudemonismo da Ilustração pode ser incluído numa ética iluminista. Coloquei o direito ao descentramento no cerne da moralidade iluminista, pois é ele que permite ao indivíduo completar sua psicogênese, acedendo ao estágio do pensamento crítico, e realizar plenamente a palavra de ordem kantiana — *sapere aude* — pensando por si mesmo, qualquer que seja a opinião do seu vizinho, da sua cidade ou de seu país. E propus uma pista para repensar o universalismo da Ilustração, reconhecendo plenamente o pluralismo e a diversidade, mas postulando, acima das diferenças, além das diferenças, a necessidade de reinventar o que todos os homens têm em comum.

A utopia iluminista é a de uma ética fundada na razão, voltada para a felicidade, capaz de julgar e criticar o existente, e tendo como *telos* uma comunidade argumentativa sem fronteiras, em que a igualdade não signifique nivelamento e em que a universalidade não leve à dissolução do particular.

UMA REINVENÇÃO DA ÉTICA SOCIALISTA

Nelson Levy

Acertadamente, os grandes ideólogos do modo de vida burguês, ao se colocarem sob uma ótica antropocêntrica, puderam perceber os riscos de um *páthos* social contidos na prática espontânea de um individualismo determinado pelo desejo absolutizado de progresso e acumulação materiais. Por isso, sobretudo entre os modernos filósofos políticos, é comum encontrar a presença subliminar de uma perspectiva "socializante", a partir da qual tenta-se circunscrever a prática capitalista a uma legislação universal, que permita realizá-la nos marcos da sociedade humana.

Em Hobbes mesmo, já se pode antever um sentido do social criticando possíveis manifestações incivilizadas dos indivíduos que se movem fundamentalmente pelo "desejo de progresso constante". Limitar o simples "direito natural" ao "conforto pessoal" — capaz de colocar em risco a vida de cada um — e discipliná-lo pelo poder de um Estado de Direito, livremente convencionado pelas partes envolvidas, é, seguramente, a intenção central da teoria civil hobbesiana. E, para Hobbes, essa questão inscreve-se ainda num leque de alternativas sem termos médios — ou a civilização pelo governo do Estado (Direito), atuando como árbitro supremo no "choque inevitável dos átomos" (indivíduos), ou a barbárie típica do mero "estado de natureza", onde tudo se perderia numa "guerra de todos contra todos".

Quanto a Locke e a Rousseau, ambos chegam a comprometer momentos fundacionais de suas respectivas teorias políticas com ideias práticas de amplo alcance social. Locke, por exemplo, funda o direito de propriedade no trabalho socialmente reconhecido. O que permite, em última instância, concebê-lo como um direito exclusivo dos trabalhadores. Rousseau, por seu turno, estabelece como critério da legítima soberania política a sua inspiração por uma "vontade geral" — que se constituiria como resultante de uma autocrítica (autocontrole) da vontade particular por uma perspectiva universalista.

Sem dúvida, Hobbes e seus sucessores tinham razões de sobra para temerem pelo direito à vida na prevalência de um individualismo do Absoluto Progresso realizado à deriva de um pacto social. Aliás, não custa relembrar a ascendência sociocultural que as diversas expressões do pensamento universalista-burguês exerceram: e não só pela via da Filosofia Política como também pela via da Moral, da Economia Política Clássica, da Religião (seitas protestantes) e mesmo da Arte. Influência, sem dúvida, de intenções e consequências tão civilizadoras a ponto de nos permitir estabelecer, pelo exame de experiências contrastantes, que as sociedades onde a acumulação capitalista não absorveu esse "caldo de cultura" mantiveram-se sempre a um passo do "estado de natureza".

O problema é que a inquietação expressa nas construções ideológicas desses "clássicos" encontra, no contexto atual da crise do comunismo moderno, motivos ainda mais graves para um ressurgimento. Em nome de que valores seria possível conter o apetite do individualismo burguês, nesse momento em que ele pode deixar-se iludir pela aparência de um triunfo definitivo sobre toda ética socialista?

Ainda que com essa indagação não se esteja a sugerir a proximidade de um apocalipse, parece-me fundamental assumi-la como símbolo da perplexidade da era recém-nascida com a rápida desestruturação das realidades comunistas. Crise que, ao liberar o espírito capitalista de toda alteridade, pode levá-lo a perder o senso autocrítico (de autorrelativização) e a aventurar-se no sentido de uma "guerra de todos contra todos".

Decididamente aponto apenas para uma nova latência de barbárie no quadro do atual reordenamento ontoético e de suas possíveis repercussões culturais. Mas, observe-se, isso não implica postular que o quadro anterior estivesse imune a qualquer ameaça de plena desintegração do "estado de civilização". Por paradoxal que pareça, seria uma outra ilusão pensar o contrapeso comunista como suficiente para eliminar todo risco de barbárie intrínseco à afirmação humana pelo *ethos* do Absoluto Progresso. Sob esse prisma, há de se convir que a realização do comunismo produziu efeitos contrários. Por um lado, ela deteve a possibilidade de barbarização do mundo pelo espírito capitalista absoluto, mas, ao mesmo tempo, manteve a humanidade sob a permanente ameaça de destruição, na própria medida em que cada uma dessas modernas variantes socioculturais exige para a sua plena realização a total ausência da outra. Assim, a convivência entre ambas resultaria sempre precária, não podendo apoiar-se senão na "força das armas".

A rigor, se a afirmação das realidades comunistas produziu efeitos contrários, sua decomposição haveria também de reproduzi-los, se bem que num sentido inverso. Com o desfalecimento comunista, a humanidade livra-se, por ora, da possibilidade de mais uma "guerra santa". Mas se recoloca sob o risco de uma nova "guerra suja" (intracapitalista), já que o desfalque comunista põe a cultura (e a vida) humana inteiramente à mercê do absoluto capitalismo.

Todavia, há outra questão que emerge da crise em curso. É a de definir se o fracasso do comunismo moderno compromete imediatamente qualquer outra tentativa de afirmação da ética socialista, na medida em que o próprio comunismo seria sua forma mais elevada. Ou se, ao contrário, foi a forma comunista, por seu vínculo com o *ethos* moderno e por seu totalitarismo intrínseco, que inviabilizou toda possibilidade de realização da ética socialista, e se trataria agora de purificá-la desta (per)versão. Eis a questão que me ocupará inicialmente, pois, convenhamos, sem esclarecê-la não se poderia justificar a pertinência de qualquer tentativa de reinvenção da ética socialista.

O COMUNISMO MODERNO: NIILISMO DA IGUALDADE E DA LIBERDADE

A forma recente do comunismo resultou de uma projeção imaginária do *ethos* materialista da modernidade, construída a partir da ética socialista. E, seguramente, aí reside o núcleo central de todas as suas contradições imanentes, pois essa derivação ética pressupõe uma redução da humanidade ao desejo absoluto de progresso e acumulação material-intelectiva.[1] O comunismo moderno, veremos em seguida, é um socialismo imanentemente totalitário. E, sob esse prisma, ele também se distingue da forma capitalista.

O capitalismo — tal qual o comunismo — é uma variante do culto do Absoluto Progresso. Como monismo ético é imanentemente absolutista, mas não se pode dizer que seja necessariamente totalitário.

Ocorre que o capitalismo é uma ideologia individualista do Progresso. Por um lado, ele bloqueia a pluralidade imanente do indivíduo ao valorizá-lo exclusivamente por seu compromisso com o desejo de progresso. E assim obriga-o a determinar toda a sua vida em função da acumulação material-intelectiva. É sob esse prisma que se revela o seu absolutismo intrínseco. Pois, nesse caso, ele impõe uma indiferenciação universal pela redução dos indivíduos à condição de forças produtivas para o Progresso.

Mas, por outro lado, o individualismo e o seu consequente privatismo exigem que se valorize certa diferenciação das individualidades enquanto subjetividades produtivas. Mesmo porque esse é o critério fundamental da legitimação da acumulação privada e das próprias distinções de classe. A aceitação de certo tipo de diferenciação é que permite uma abertura relativa à pluralidade. Desde que pluralidade comprimida no interior de um monismo ético; portanto, pluralidade que deve se interromper ali onde vigora uma "necessária" identidade universal com culto do Progresso.

Assim, o capitalismo pode permitir-se aceitar a pluralidade em alguns domínios do cultural, sem ser em si mesmo um culto da vida plural. Com efeito, o modo de vida capitalista impõe apenas uma alienação quase total da subjetividade criativa a uma eterna repetição pelo desejo de Progresso. Mas, por isso mesmo, algo dessa subjetividade mantém-se preservado para uma restrita expressão da pluralidade.

No capitalismo, portanto, o totalitarismo aparece como uma possibilidade inerente ao seu absolutismo, mas, ao contrário do comunismo, ele pode evitá-lo. A forma comunista não; ela é geneticamente totalitária. Requer uma alienação completa do indivíduo pelo culto simultâneo do Absoluto Progresso e da Absoluta Sociedade (igualdade). Literalmente, a ideia comunista reduz o indivíduo à dupla condição de força produtiva para o progresso e "ser genérico". De modo que não sobra espaço para qualquer dissonância subjetiva em nenhuma esfera da vida humano-social: seja ela ética, moral, política ou cultural — toda diferença e toda pluralidade tornam-se imediatamente ilegítimas. Ninguém pode ser mais, por exemplo, materialista na atividade científica ou no domínio econômico e religioso na vida particular. Interditada a qualquer possibilidade de diferenciação, a subjetividade comunista deve deixar-se dirigir universalmente pelo culto materialista da Modernidade. E, tal qual o próprio progresso, deve aceitar seu inteiro governo por uma Razão técnico-científica. O comunismo manifesta-se assim, diria Weber, como um absoluto desencantamento do mundo humano.

O totalitarismo inerente ao comunismo torna-o, ao mesmo tempo, a mais materialista e a mais idealista das ideologias do Progresso. Primeiro, porque reduz todos os domínios humanos a uma única determinação material. Segundo, e consequentemente, porque pretende abolir toda a pluralidade imanente à realidade humana.

Por esses motivos, entre outros, pode-se perceber que o eixo da crise atual não se encontra na ética socialista em si mesma, mas na sua "per-versão" comunista.

A ética socialista tem como finalidade mais geral a constituição de uma comunidade humana arquitetada para o desejo de vida livre em igualdade. Mas ela não compromete a priori essa comunidade com o comunismo. Ao contrário, repetidas experiências têm demonstrado à exaustão que, sob a forma comunista moderna, a ideia socialista se converte num novo niilismo da igualdade e da liberdade. Pelo viés totalitário do comunismo, as aspirações universais do socialismo terminam sempre realizadas sob a face dos seus contrários. E isso se deve ao fato de que, na plena realização do Absoluto, todos os opostos se reduzem a uma Identidade final. O Tudo e o Nada, na prática, revelam-se idênticos.

Assim é que a aspiração por igualdade total concretiza-se pela indiferenciação universal; a democracia plena manifesta-se pela ditadura do proletariado (completa ausência de pluralidade e, portanto, extinção de toda democracia e de toda política); a decomposição do Estado aparece sob a forma do Estado totalitário; a abolição das classes pela divisão em castas; a emancipação do trabalho pelo seu culto absoluto; o desaparecimento das religiões pela religião do Estado; a vida absolutamente livre como "reino final da liberdade"; e, por fim, a emancipação total da humanidade degenera na sua completa alienação a um Destino Absoluto.

A rigor, capitalismo e comunismo, por se fundarem num desejo de Absoluto (monismo ético), não podem admitir a vida humana arquitetada para uma pluralidade ética. É nesse sentido que ambos atentam, geneticamente, contra a liberdade, se bem que em graus distintos.

Eis então o entrelaçamento de questões que me ocupará nos tópicos subsequentes. Tentarei demonstrar que a aspiração socialista por liberdade só pode manifestar-se eficazmente (coerentemente) pelo respeito universal à pluralidade de valores. E que, por seu turno, o pluralismo universal daí decorrente deve realizar-se pela ideia socialista da igualdade de oportunidades (bioculturais). Noutros termos, postulo que o socialismo deve reconhecer a diferença como norma universal na "ordem dos fins (valores)" tanto quanto o pluralismo deve admitir a igualdade de oportunidades como norma universal na "ordem da necessidade". De modo que a utopia para essa "ética da diferença na igualdade" pode ser dita, desde logo, pluralismo socialista. Dedicarei então o tópico final a uma exposição resumida sobre os possíveis paradigmas arquitetônicos dessa utopia.

PLURALIDADE ÉTICA E LIBERDADE

Pluralidade ética, convenhamos, é antes de tudo uma condição de possibilidade da faculdade humano-natural de desejar. Faculdade por meio da qual podemos viver para sentidos ou finalidades imaginárias (éticas), que aparecem a priori como um Bem para nós; e, portanto, como condição de uma Vida Boa.[2]

Assim, é porque podemos aspirar a uma Vida Boa — e não apenas à vida em si mesma —, exatamente por isso é que podemos postular a imanência da possibilidade da pluralidade no mundo humano.

Pluralidade ética, deduz-se então, é essa possibilidade intrínseca de viver para finalidades (valores, desejos) múltiplas, e portanto para vários sentidos de Vida Boa. Em outros termos, pluralidade é também a possibilidade da diferença entre as ordens de valores; entre as motivações subjetivo-imaginárias para a vida.

Mas, então, assumir a pluralidade na prática corresponde a admitir para si e para os outros um respeito universal pelas diferentes ordens de valores. E, desde que nos foi dada a faculdade de autodeterminação por nossos valores (autonomia), o pluralismo ético será sempre a norma mais adequada à expressão dessa faculdade da livre criação.

Pressente-se, desde logo, que a prática pluralista é também a mais adequada a um amplo exercício da liberdade. Se o ser livre se põe pela criação de valores, e se essa capacidade de criação é intrinsecamente múltipla — uma fonte ilimitada de diferenças —, então assumir o pluralismo como norma prática é o modo mais adequado de fundação de um agir humano sempre aberto à criatividade, à diferença, à transcendência, à história e, em suma, à liberdade.

Mas que não se confunda o pluralismo universal como princípio de fundação de um "reino da liberdade". O pluralismo não é uma norma da liberdade realizada, do Fim da liberdade, mas o meio apropriado à sua contínua afirmação.

Deve-se, no entanto, esclarecer que o monismo é também uma possibilidade normativa intrínseca à faculdade de desejar.

Certo que esta possibilidade simultânea de pluralismo e monismo parece paradoxal, mas ela se explica. Pois, enquanto a pluralidade decorre de uma livre e contínua manifestação da faculdade de desejar, a unicidade é a possibilidade de interrupção de toda liberdade criativa pela sacralização de um Valor Absoluto.

Por outro lado, apenas o pluralismo permite injetar maior transparência nas relações humanas. Sob a sua direção, cada um saberá que pode e deve assumir-se por seus próprios valores, tendo como garantia um critério universal de tolerância. Vê-se assim que um reino fundado sob uma normatividade pluralista estará sempre a requerer uma conduta universal fundada no princípio da tolerância. Enquanto o pluralismo reconhece cada humano como senhor do seu destino, o princípio da tolerância afirma na práxis humana em geral (moral e política) essa condição de cada agente como senhor.

Todavia, há de se convir também que o pluralismo e a tolerância que ele implica são os paradigmas éticos potencialmente mais capazes de assegurar uma convivência humana pacífica em bases sólidas. É por meio de ambos que se torna possível reconhecer os contrários sem julgá-los sob a ótica do antagonismo.

Ao contrário, as práticas monistas legitimam a falsidade, a hipocrisia, a corrupção e a ideologia, pois as máximas que as governam — impedidas de reconhecer a sua origem subjetiva — devem justificar-se como imposições da "força da necessidade". Caracterizam-se sempre como práticas nas quais a face do agente desejante deve ocultar-se sob a máscara de um Terceiro, permitindo a cada indivíduo dizer-se ausente de seus próprios atos e isentar-se de qualquer responsabilidade. São, portanto, práticas nas quais a humanidade aparece por sua conduta mais infantil, imatura e irresponsável.

A ótica monista é, por outro lado, o paradigma ético de uma humanidade que pretende se realizar pervertidamente na condição de escrava de um Destino. Todo reino nele fundado será então, necessariamente, concebido e estruturado como um estado para a eternização de uma determinada ordem de valores, segundo a crença de si mesma como uma absoluta fatalidade; como uma absoluta incontornabilidade.

Eis por que, enquanto o pluralismo implica a tolerância, o monismo manifesta-se sempre pela intolerância e pelo ressentimento, e, por isso, estará sempre a um passo da violência. A rigor, o culto do Único não tolera valores opostos — quando muito aceita conviver com eles precariamente e sempre sob um estado permanente de "guerra fria".

PLURALISMO E SOCIALISMO: CONDIÇÕES PARA A SUA UNIFICAÇÃO

Aparentemente, o pluralismo induz a pensá-lo como uma norma de conduta pela qual se romperiam os elos sociais. Mas quem se deixa ficar nessa aparência é a ótica monista. No fundo, é o próprio monismo que, ao enxergar toda unidade (universalidade) sob o prisma do Uno enquanto Único, não lhe resta atribuir ao pluralismo senão uma "natureza" (a)social.

No entanto, a realização de um pluralismo universal não pode prescindir de um forte estreitamento dos laços humano-sociais. Ocorre que a pluralidade em si mesma é inconcebível à margem do social. A pluralidade só pode se reconhecer em sociedade, pois fora dela a diferença entre os valores permanece invisível. Na multiplicidade da vida social é que o múltiplo axiológico se faz sentir.

Mas, vejamos: se, por um lado, o pluralismo universal requer uma elevação da sociabilidade, por outro lado, o ideal socialista define-se como uma forma elevada do desejo de vida humano-social em igualdade. Então o socialismo pode perfeitamente servir de meio mais adequado ao estreitamento dos laços sociais que o pluralismo universal requer. Não há qualquer impedimento ontoético que desclassifique a priori a possibilidade de combiná-los.

Todavia, resta dizer algo sobre essa exigência socialista do pluralismo universal. É impossível a realização deste último sem que cada membro da sociedade possa manifestar-se livremente e em igualdade de condições na qualidade de agente desejante. E para que essa manifestação seja realmente livre e universal torna-se imperativo que cada um — na condição de membro da sociedade — receba dela, desde o berço, oportunidades iguais às de todos no sentido da sua realização enquanto ser biocultural.

A ausência da norma igualitarista, como princípio fundacional da "ordem da necessidade", faria inevitavelmente degenerar a realização do pluralismo universal. É que a condição de agente desejante será sempre tão mais livre quanto a condição de ser biocultural estiver mais satisfatoriamente realizada em cada um. Só assim é possível enriquecer o poder criativo da faculdade de imaginação e, ao mesmo tempo, liberá-lo significativamente das preocupações com as carências humano-animais.

Sem a norma igualitarista, configurar-se-ia uma discriminação entre os agentes desejantes — maior liberdade criativa de uns em relação à de outros — que propiciaria a instauração de um novo "reino monista". Essa possibilidade se esclarece de modo luminoso pelo exame das relações pais-filhos. Enquanto estes últimos não puderem autogerir-se bioculturalmente, encontrar-se-ão ainda, na maioria dos casos, atrelados aos valores do Pai. Valores esses que, por isso mesmo, funcionarão como uma ordem monista no interior das relações familiares. Só quando a prole alcança independência biocultural é que se eleva à condição de agente desejante autônomo diante do Pai, e, por extensão, diante da própria sociedade.

Temos, portanto, razões suficientes para decidir em prol de uma irmanação entre o pluralismo universal e o ideal socialista, tendo em vista a constituição de um reino aberto à ampla e contínua manifestação da liberdade. Acrescente-se apenas que, no pluralismo socialista, cabe ao primeiro a condição de fundamento ético, em torno do qual devem girar as regras socialistas.

Já se pode então perceber a enorme fronteira que estará a separar essa reinvenção do socialismo para uma ética pluralista daquela outra constituída para uma ética do Absoluto Progresso — expressa universalmente pela ideologia comunista.

No caso em questão, o socialismo já não poderá mais ser concebido pelo viés da "identidade realizada de essência e existência humanas" (comunismo). Aqui a ideia socialista aparece imediatamente como uma norma para o pluralismo ético, por isso mesmo não pode pretender realizar toda a Identidade humana.

Em outros termos, o igualitarismo que a ideia socialista implica deve aqui se relativizar para o pluralismo (e vice-versa). Não vale, portanto, como um Absoluto — dada sua condição ontoética de "igualitarismo da diferença".

Mas onde enraizar a sociedade pluralista socialista, já que ela se pretende emancipada dos valores absolutos? Onde encontrar o elo da unidade social? De fato, toda sociedade pressupõe a sua fundação por princípios (uni)ficadores, porém o Uno não é necessariamente idêntico ao Único (Valor Absoluto). Por isso, a sociedade pluralista socialista pretende tornar-se Una pela unificação de duas ordens humanas inerentemente antinômicas, sem desrespeitar essa antinomia que as distingue — portanto, sem permitir a subsunção da ordem ética (dos fins) na "ordem da necessidade", como pressupõem as sociedades estruturadas por um Valor Absoluto. Trata-se, pois, de uma arquitetura discursiva do social projetada sob uma perspectiva que contempla a (uni)dualidade (Morin) própria da espécie *Homo* — constituída, como se sabe, pela antinomia interativa da "ordem da necessidade" e da "ordem dos fins" (ética).

Quer dizer, pluralismo e socialismo estarão presentes em cada uma das ordens que compõem a (uni)dualidade de origem. E assim a "ordem da necessidade" será estruturada pelos princípios socialistas, precavendo-se de que eles não se fechem inteiramente à diferença. Enquanto a ordem ético-cultural estará a se orientar pela norma do pluralismo universal, evitando-se o relaxamento dos critérios socialistas. Teremos então que, sem perder de vista sua antinomia, as duas ordens encontrarão finalmente seu ponto de unidade pela mútua relativização dos princípios opostos escolhidos para regê-las: diferença na igualdade.

Creio que se pode antever outros pressupostos com os quais a ética socialista terá de operar para adaptar-se à ordem pluralista. Farei isso em seguida. Antes convém dizer que, por um lado, é possível pensar esses pressupostos como componentes de um projeto socialista. Ressalve-se, no entanto, que toda arquitetura da sociedade pluralista socialista deve limitar-se exclusivamente à composição específica de um plano de socialismo. Pois a ordem pluralista não se deixa definir por este ou por aquele fim, mas simplesmente pelo reconhecimento universal da pluralidade de valores. E isso significa que a ordem pluralista só se legitima tautologicamente pelo repetido respeito à pluralidade. Quer dizer, não lhe interessam os fins em si mesmos, apenas a garantia universal à sua realização. Então, se não há outra finalidade imanente ao pluralismo para além dessa garantia, também não há por que comprometê-lo com qualquer teleologia. Eis por que todo construtivismo (todo projeto) só se torna aqui admissível para a estruturação da "ordem da necessidade" pelo princípio do "igualitarismo da diferença".

Em suma, mediante o pacto pluralista se institucionaliza uma permanente abertura da ordem ética (autonomia) pelo reconhecimento universal das mais diferentes ordens de valores. Mas imediatamente deve-se acrescentar que essa abertura encontra seu limite no fechamento relativo da "ordem da necessidade" pelo pacto socialista. Nota-se, assim, que o pacto pluralista deverá afirmar-se como um a priori de validade universal, mas na prática será experimentado sob formas ético-culturais diferenciadas e não definíveis a priori. Só o pacto socialista deverá ser vivenciado por meio de leis comuns (civis) estabelecidas a priori pela maioria. E justamente por serem leis comuns é que elas se tornam matéria legítima de um projeto comum, cuja composição deve permanecer sempre acessível às contribuições criativas de todos.

É sob essa perspectiva que me proponho a sugerir, em seguida, os possíveis supostos da constituição da forma socialista para o pluralismo ético.

PRESSUPOSTOS ARQUITETÔNICOS DA UTOPIA PLURALISTA SOCIALISTA: UMA CONTRIBUIÇÃO

O INDIVÍDUO RECONHECIDO COMO FONTE PRIMORDIAL DA LIBERDADE

O pluralismo socialista é também uma proposta de constituição de um novo modo humano de sentir e viver (*ethos*) segundo a crença de que a liberdade repousa na autonomia relativa do poder legislador da faculdade de desejar.

Essa autonomia é, sem dúvida, o momento crucial de nossa liberdade. Trata-se de uma propriedade humano-natural que garante a própria ideia de humanidade. Pois apenas por seu intermédio podemos nos sobrepor (transcender) à simples animalidade que nos determina do exterior. Se bem que a possibilidade da autonomia decorra não só da faculdade de desejar (imaginação), mas também do caráter relativamente moldável e indeterminado de nossa natureza composta. Caso contrário, não seria viável sobredeterminar nossa ordem biocultural para a realização das finalidades que nos seduzem.

A rigor, tudo o que é estritamente humano, tudo o que transcende a simples animalidade é regido pelas leis convencionais (*nomos*), que se criam e se impõem mediante o exercício da autonomia.

Mas convenhamos com os nominalistas; o *Homo* é uma unidade genética que só encontra assento concreto no e pelo indivíduo. De modo que a autonomia própria da humanidade realiza-se apenas pela expressão individual de si mesma. Eis por que o indivíduo — lugar concreto da autonomia — é a fonte primordial da liberdade. Cabe-nos assim aceitar o imperativo de sacralização do indivíduo em nome de uma afirmação universal da liberdade.

Logo, o pluralismo socialista é também uma utopia inventada para um novo e mais pleno renascimento do indivíduo (leia-se também autonomia e humanidade), pelo qual ele deve ser reinvestido no gozo irrestrito dos direitos inerentes à sua personalidade: *o direito à vida biocultural igualitária e o direito à livre expressão da vida subjetivo-criativa*. Esses direitos constituem assim os princípios concretos de unificação da ordem universal pluralista socialista.

Sem o reconhecimento desses direitos fundamentais do indivíduo, a pluralidade típica do mundo humano termina reprimida. Pois ela nasce justamente da livre expressão das subjetividades criativas. São elas que, carregando a possibilidade da diferença em si mesmas, põem essa diferença no mundo humano, marcando-o com o "estigma alvissareiro" da pluralidade. Mas não só. A elas também cabe a responsabilidade mais longínqua de toda transformação e de toda novidade, e é, portanto, por meio delas que a historicidade potencial do *Homo* se atualiza. Pois, a rigor, toda inovação histórica germina por meio de incontáveis manifestações criativas de singularidades desviantes até aparecer, de repente, sob a forma sintética de uma Nova Ideia (*ethos*).

Mas há também que considerar os limites da própria autonomia individual. Convenhamos, mesmo um indivíduo solitário experimenta esse isolamento porque a sociedade o garante (Marx). E, no limite, um indivíduo criado inteiramente à margem de uma sociedade qualquer jamais se constituiria como um espécime humano.

O indivíduo se define pela unidade de si mesmo como um ser bio(socio)cultural e subjetivo-criativo (ético). Logo, o indivíduo humano é uma unidade permanente de *autonomia*, na sua capacidade de autodeterminar-se por leis subjetivas, e de *alienação*, por sua sociabilidade imanente, que o obriga a deixar-se governar por leis universais (subjetivas). Não há, portanto, autonomia capaz de nos emancipar definitivamente da alienação, nem alienação (sociedade) capaz de liquidar de vez com a nossa autonomia.

Ao admitir como inextinguíveis os pares autonomia-alienação e indivíduo-sociedade, a utopia pluralista pretende apenas equacionar essas relações incontornáveis de modo a ampliar o espaço da autonomia-indivíduo, e, portanto, restringir a esfera da alienação, sem precisar, por isso, enfraquecer os laços sociais.

PRINCÍPIOS DO PLURALISMO SOCIALISTA PARA A ESTRUTURAÇÃO DA VIDA PRODUTIVA: PLURALIDADE E TEMPO LIVRE

Outra condição fundamental à constituição do pluralismo socialista — além do reconhecimento universal da possibilidade da diferença de valores — é a de que cada existência individual possa também se afirmar sob múltiplas dimensões. Portanto, esse deve ser o paradigma estruturante da vida produtiva.

Ora, para que cada indivíduo se exercite o mais livremente possível segundo o critério da vida plural — além da formação de cada um como ser biocultural —, é indispensável que o tempo gasto individualmente com a vida produtiva possa ser reduzido drasticamente. Caso contrário, não haverá tempo disponível para a experiência em outras dimensões (contemplação, jogos, festas, artesanato, arte, prazeres do corpo etc.). Daí se extrai que a vida produtiva sob o pluralismo socialista deve se estruturar segundo o princípio universal do Tempo Livre.

Assim, mesmo que a vida produtiva apareça como um dos centros do pacto socialista, ela não estará mais no centro da vida individual — porque não será mais um domínio do Absoluto. Ao contrário da modernidade, em que a Acumulação e o Trabalho determinam as condições do tempo livre, a utopia pluralista socialista imagina uma inversão pela qual o culto do Tempo Livre venha agora a determinar as condições do trabalho e da acumulação.

Verdade que o comunismo moderno aspira também a uma vida para o tempo livre. O próprio Marx, sabemos, é um dos seus cultores. Em *O capital*, chega a estabelecer a diminuição da jornada de trabalho como condição de modo socialista de existência. No entanto, a ótica comunista moderna deve sempre colocar o ideal do tempo livre sob o interesse primordial do Trabalho e do Progresso. E há de se convir que toda práxis comunista só tem feito revelar que os ditames da "acumulação comunista" acabam por prevalecer sobre os do tempo livre.

O CARÁTER RELATIVO DA CRÍTICA PLURALISTA SOCIALISTA À ORDEM ÉTICO-CULTURAL MODERNA

A cultura moderna dotou a humanidade com um patrimônio cognitivo capaz de favorecer, sob vários prismas, a realização do pluralismo socialista. Mas isso depende de sua relativização para o novo *ethos* que se pretende afirmar.

Trabalhemos com o exemplo do moderno legado técnico-científico. Inquestionavelmente, trata-se de uma herança constituída, no fundamental, para a potencialização humano-produtiva tendo em vista o ideal da absoluta acumulação material-intelectiva. Sabemos de antemão que esse ideal não se coloca limites — ao contrário, trata-se de um desejo de progresso infinito, e a qualquer preço — seja ele o da guerra e/ou o da destruição da Natureza (reduzida que foi à condição de matéria-prima).

Portanto, fomentado pelo desejo absoluto de progresso, esse patrimônio técnico-científico jamais poderá servir imediatamente a uma perspectiva universal da vida produtiva para o Tempo Livre. É preciso antes colocá-lo *sub judice*.

Entretanto, tudo indica que ele incorpora em si mesmo um avanço cognitivo capaz de ser reconvertido para uma drástica redução da jornada do trabalho.

Os comunistas modernos estão certos quando atribuem a esse desenvolvimento técnico-científico uma condição emancipadora da humanidade diante do trabalho. Pensam que, por intermédio da potencialização técnica do trabalho, o ideal "clássico" de tempo livre tornar-se-ia acessível já não só a um punhado de senhores, porém à humanidade como um todo. Mas enganam-se gravemente quando prognosticam que tal desenvolvimento propiciaria, por si só e a um só tempo, a emancipação humana do trabalho, da exploração de classe, bem como a emergência de um estado de perfeição moral.

Com efeito, sob a hegemonia do *ethos* para o qual foi imediatamente criada, a potencialização técnico-científica do trabalho escraviza muito mais do que emancipa porque se torna finalidade primeira e última da humanidade — seu moto-contínuo deve ser tão infinito quanto o do próprio progresso. Quer dizer, ao se afirmar para nós na condição de um Fim em si mesmo, decreta imediatamente o retorno da escravidão humana a ele mesmo como um Absoluto. Pior, põe a humanidade sob o domínio de um Absoluto que não encontra dentro de si mesmo qualquer tipo de limite autocrítico. Qual o limite ético-moral do Absoluto Progresso senão o da sua cega e infinita reprodução ampliada? Qual o limite do Absoluto desenvolvimento técnico-científico, quando se sabe que é "próprio da ideologia tecnoburocrática pensar que a técnica pode resolver, ilimitadamente, todos os problemas que ela própria suscita" (Habermas)? Qual o limite da acumulação material sob o capitalismo e o comunismo? Quem pode saber? Ninguém. Pois o estabelecimento do limite (ético-moral e técnico) foi entregue por eles à natureza em si mesma — a Ela cabe agora dizer quando basta. Ocorre que todo limite na natureza em si mesma é estritamente Físico (jamais ético ou técnico). De modo que o esgotamento desse limite equivale à própria Morte. Assim, quando a natureza em si mesma anunciasse o esgotamento do seu limite, toda a Vida conhecida já estaria seriamente ameaçada. E então o Absoluto Progresso teria se realizado, simultaneamente, como um Tudo e um Nada de progresso — como fim da natureza em si mesma pela sua absoluta profanação técnico-científica.

Ao contrário, quando a utopia pluralista socialista estabelece o Tempo Livre como um princípio universal da vida produtiva, ela fixa um limite ético-moral tanto para a acumulação quanto para a potencialização técnico-científica do trabalho. Aliás, um limite que altera o próprio sentido arquitetônico da técnica anterior: não se trata mais de construí-la segundo o princípio da intensificação-exploração da força de trabalho, porém conforme o princípio de sua preservação física e mental.

Portanto, não cabe ao "desenvolvimento das forças produtivas" determinar o momento propício à afirmação humana pelo valor do Tempo Livre, como pensaram Marx e outros. Não. Cabe à própria comunidade constituída pela valorização do Tempo Livre relativizar para ele as condições e os limites do "desenvolvimento das forças produtivas" — pois este último não pode encontrar sozinho um limite para si. Decididamente, a vida produtiva determinada fundamentalmente pelo critério da ilimitada acumulação e do ilimitado "desenvolvimento das forças produtivas" é uma invenção da humanidade moderna, jamais uma fatalidade antropológica (ou uma lei universal do movimento histórico).

Mas vejamos uma outra fundamental contribuição que o moderno patrimônio técnico-científico pode oferecer à realização da utopia pluralista socialista.

Lembremo-nos que o pluralismo socialista pretende afirmar, na práxis social, o reconhecimento universal do direito de cada um se formar como um ser biocultural. Ora, esse direito não pode se realizar enquanto a maioria dos humanos continuar submetida à condição da fome e da incultura. Portanto, trata-se aqui de um problema incontornável, cuja resolução, admitamos, depende também de um reaproveitamento do atual legado técnico-científico. Eis por que, embora por motivos distintos, aqui também se faz sentir a exigência de um certo "desenvolvimento das forças produtivas". E é assim — relativizada — que essa herança cultural da modernidade poderá estar positivamente representada nos tempos do pluralismo socialista.

O regime econômico-jurídico da propriedade e as relações de produção no pluralismo socialista

O que enuncia de modo mais universal a ética socialista, já vimos, é o desejo de vida livre em igualdade. É o culto desse valor, portanto, que define a práxis socialista, jamais o regime econômico-jurídico da propriedade.

A rigor, o estabelecimento de um tal regime depende de uma correlação da ideia socialista com outros valores no contexto de uma ordem universal. E, desde que essa ordem esteja regida por um monismo ético, todos os valores complementares, no seu interior, devem absolutizar-se. De modo que, ao se constituir para o desejo absolutizado de Progresso, não coube à ideia socialista senão afirmar-se mediante um regime único de propriedade — comunista — que pressupunha uma absoluta socialização dos meios de produção. E, como essa é também a única fronteira a separar eticamente o comunismo moderno do capitalismo, criou-se a ilusão (e uma tradição em torno dela) de que a ética socialista encontra-se a priori comprometida com um único regime de propriedade, e de que, no fundamental, ele próprio (socialismo) se define por esse regime.

No entanto, um socialismo para a pluralidade não pode comprometer-se com um regime único da propriedade e das relações de produção. É preciso fundá-lo também pelo múltiplo, de modo que a ideia socialista possa realizar-se sob várias formas, apenas impregnando-as com o princípio do "igualitarismo da diferença". E essa abertura para a multiplicidade corresponderia também ao reconhecimento universal de uma dupla autonomia dos agentes econômico-sociais: a de criar formas de relações de produção e a de guiar-se moralmente nessas criações pelo princípio igualitarista.

Nesse caso, seria possível a convivência de vários regimes de propriedade e de relações de produção — desde os coletivistas até os individualistas. Sendo que naquelas atividades julgadas fundamentais à afirmação universal do igualitarismo poderia então predominar a forma da propriedade social dos meios de produção (estruturada à margem do poder de Estado, como veremos adiante).

Verdade que a partir daí surgiriam certas distinções econômico-sociais, bem como o próprio mercado. Mas ambos poderiam ser controlados, por um lado, pela conduta moralmente igualitarista dos agentes, e, por outro, por uma legislação civil segundo três critérios fundamentais.

Primeiro, que nenhuma forma de relação de produção possa violar o princípio universal do Tempo Livre e o direito de cada um se reproduzir em nível individual e familiar como um ser biocultural.

Segundo, que a única fonte legítima do direito de propriedade seja o trabalho socialmente reconhecido. De modo que todos os outros meios sejam considerados imorais e postos à margem da lei (inclusive o direito absoluto de herança).

Terceiro, que o direito ilimitado de propriedade e o desejo concentracionista que o impulsiona não encontrem mais qualquer amparo moral e legal para se expressarem.

O PLURALISMO SOCIALISTA E O PODER POLÍTICO

Antes mesmo de instituir qualquer Poder universal, uma determinada multidão de indivíduos se unifica, progressivamente, como uma comunidade axiológica, mediante identificação espontânea, e relativamente arbitrária, com certos princípios ético-morais. Princípios cuja realização universal passará a exigir, mais adiante, a constituição de um tipo específico de Poder. Pois, sem ele, seria impossível fundar uma sociedade para aquela comunidade de origem.

O que se pergunta agora é justamente sobre a forma, os limites e a estrutura que deveria assumir um Poder constituído para a realização da utopia pluralista socialista. Mas, antecipadamente, deve-se sublinhar que a abordagem dessa questão far-se-á nos limites de um exercício da imaginação, guiado por uma linha de coerência ético-prática com os princípios do pluralismo socialista. Portanto, qualquer resultado dessa abordagem já se reconhece a priori como simples produto imaginário destinado a adequar a arquitetura do Poder para aqueles princípios. Ou seja, cada resultado não se pretenderá mais do que uma forma imaginária sempre aberta a novas e mais adequadas invenções.

A FORMA ESTADO: PORQUÊ

Comecemos pelas características da forma Estado. O Estado — uma forma específica do Poder — distingue-se como um corpo político destacado da sociedade (civil). Corpo em cujas mãos deve se concentrar todo exercício legítimo do poder político. Investido, assim, do monopólio da Lei e da Força, o Estado funciona como um corpo artificial (autônomo) que dirige universalmente o funcionamento do próprio corpo orgânico (social) pelo qual ele se constitui.

Admitamos então que o Estado só faria sentido se inventado para o *melhor* funcionamento de um corpo orgânico que, ao instituí-lo, aceita colocar-se sob o seu governo universal. Ora, dizer que o Estado só se justifica como um meio para o melhor funcionamento do corpo orgânico constituinte significa admiti-lo, implicitamente, como uma forma política boa para a realização dos princípios ético-morais que regem aquele corpo enquanto uma comunidade axiológica originária.

Ilustremos a proposição acima com o exemplo do Estado moderno, fundado, como se sabe, no *ethos* do Absoluto Progresso. Um *ethos* cuja realização compromete o fundamental da existência individual e social com a vida produtiva, de tal modo que o tempo universal passa a girar em torno do tempo da Produção. Mas, se todos os membros da sociedade dedicassem integralmente seu tempo ativo ao processo diretamente produtivo, uma série de serviços fundamentais à vida social (educação, saúde e tantos outros) não poderia ser oferecida. E o mesmo ocorreria com a política, pois, se todos estivessem incorporados à produção direta, o exercício da Política não caberia a ninguém.[3]

Portanto, só há aqui duas alternativas. Ou a sociedade civil se aventura na senda suicida do "estado de natureza", fundado no poder natural de cada indivíduo; ou então admite que a sua condição de existência, enquanto corpo dedicado à vida produtiva, depende rigorosamente da constituição de outro corpo de cidadãos destacado de si mesmo para a atribuição específica de atuar politicamente em seu nome.

Assim, o Estado revela-se, por um lado, a melhor forma política para a realização da vida para o Progresso, e, por outro, como viram genialmente os contratualistas, a própria condição de existência da sociedade moderna. Literalmente, sem a fundação do "Estado civil" essa sociedade degeneraria num "estado de natureza".

No entanto, a despeito de toda abertura do espaço político — que a modernidade instaura —, o ato de fundação do Estado promove uma nova cisão da cidadania, pois os papéis do soberano e do súdito passam a ser representados por dois corpos distintos que se especializam ao estilo de uma rígida divisão técnica do trabalho. Criando-se, dessa maneira, uma nova forma da alienação política. Temos então que, por um lado, os momentos de fundação e reprodução do poder político são atos de soberania da sociedade civil, mas, por outro lado, o exercício desse poder constituído pela forma do Estado é inteiramente monopolizado por ele. Donde, a sua fundação equivale, simultaneamente, a uma afirmação e imediata alienação da soberania do corpo civil, pois a partir desse seu ato soberano o poder se transfere — pelo instituto da representação — para uma minoria de profissionais da política. Quer dizer, "o poder emana do povo, mas é exercido em seu nome", como versam as modernas constituições.

À primeira vista pode parecer estranho reconhecer a correlação imanente entre a forma Estado do Poder e a identificação humana com o Absoluto Progresso, e, ao mesmo tempo, apresentar, ainda que de um modo geral, essa mesma forma como também adequada à realização política da vida para o Tempo Livre.

Ocorre que o Estado, ao absorver os encargos da administração universal da sociedade, permite à maioria liberar-se do tempo para a Política. Não importa se ele foi criado e legitimado sob a perspectiva de um desejo universal de emancipação do tempo para a Política, tendo em vista a possibilidade de plena dedicação à vida produtiva. O Estado pode, sem dúvida, economizar tempo para todos — o que a humanidade fará com essa conquista é um problema que só a ela compete. Pode gastá-lo como quiser.

Mas, afinal, não fica imediatamente claro por que uma sociedade já constituída pelo princípio universal do Tempo Livre precisa ainda liberar seus membros da Política. Todo o tempo reconquistado pela relativização da vida produtiva não seria suficiente para o desdobramento do cotidiano humano em várias atividades? Ora, e se parte desse tempo, por exemplo, fosse utilizada pelos indivíduos para a Política? Não resultaria daí uma sociedade inteiramente politizada, ao mesmo tempo habilitada a recuperar o poder outrora alienado ao Estado e a autogovernar-se pelo regime autonomista da democracia direta?

Há inúmeros problemas inerentes à realização dessa alternativa que justificam a sua completa rejeição. E a esses problemas se acrescentam outros de caráter contextual, principalmente aqueles que derivam da complexidade adquirida pelas sociedades humanas a partir da modernidade. Situações criadas pelo advento da "sociedade de massas" — como, por exemplo, a assustadora extensão da densidade demográfica — inviabilizariam qualquer possibilidade de implantação de uma forma de Poder, que, afinal, exige manter todo o povo em regime de assembleia permanente. Mesmo na hipótese de uma radical descentralização geopolítica, seria pouco provável um retorno generalizado ao microcosmo comunitário, que é o lugar apropriado à prática das democracias diretas. Outras dificuldades contextuais ainda poderiam ser alinhadas, mas voltemos à análise imanente dessa questão.

O que ocorreria com os cidadãos da sociedade para o Tempo Livre se esta não dispusesse de mecanismos de representação universal? Para aqueles com vocação para a Política tanto melhor, pois, sem a intermediação do Estado, recuperariam a condição de cidadãos integrais. No entanto, os demais estariam diante de uma alternativa perversa: ou o completo esquecimento da Política ou o seu exercício por força de uma imposição social.

No entanto, alguém poderia alegar que a paixão política é própria da humanidade, e que, emancipada de toda alienação e dominação, desabrocharia espontaneamente em cada um. Ocorre que mesmo a condição elevada da Política não é suficiente para despertar a paixão da maioria dos humanos. É uma ilusão fartamente registrada pela história pensar que a maioria não se vincula regularmente à atividade política apenas porque até hoje não se liberou da dominação de classe. Sem dúvida, uma grande ilusão, pois não existem paixões humano-universais — compartilhadas por todos ao mesmo tempo e para sempre. Além do que, se existisse algo no gênero, já não pertenceria mais ao domínio das paixões, seria uma reles compulsão biocultural, e, portanto, não precisaria da democracia direta para manifestar-se.

O fato é que, enquanto uns exigem uma participação política, outros não conseguem sequer se aproximar dela, preferindo elevar-se à condição humana por vias distintas. A rigor, a maioria enquanto tal só se manifesta politicamente em última instância; e não apenas porque estaria sob o jugo de uma tirania qualquer, mas sobretudo porque ou não se deixa seduzir por suas peculiaridades ou simplesmente não se inclina por transformá-la numa atividade regular. Situações como a da antiga democracia ateniense, em que, ao que tudo indica, apenas um décimo dos cidadãos participava regularmente das grandes assembleias, ou ainda outra como o progressivo esvaziamento dos sovietes no período pós-revolucionário, se não comprovam muita coisa, ao menos reclamam prudência. Decididamente, o regime autonomista só funciona plenamente, enquanto melhor forma da democracia, nas situações em que uma determinada maioria já esteja diretamente comprometida com um movimento coletivo qualquer — seja ele do porte de uma simples greve ou de um episódio como a Comuna de Paris. Mesmo assim, findo o movimento em si mesmo — independentemente do seu resultado —, a maioria reflui à vida privada. E, então, como ficamos?

Voltemos ao exemplo de um cidadão da nossa sociedade para o Tempo Livre. Continuemos a admitir que ele, como muitos outros, não descubra dentro de si uma vocação que justifique desviar parte do seu tempo livre para estabelecer um vínculo regular com a Política. Desde já pode-se prever o que aconteceria. Apenas os vocacionados para a atividade política teriam participação efetiva nas deliberações, enquanto o nosso ilustre cidadão permaneceria marginalizado, justamente por não encontrar a seu dispor um mecanismo de representação que lhe permitisse estar presente nas decisões, ainda que indiretamente. Esse é, enfim, o problema crucial do regime autonomista. Como não pode exigir a participação de todos os cidadãos, termina por marginalizar a maioria e criar, assim, uma situação em que uma elite de ativistas pode definir o destino político de toda a sociedade. Com efeito, trata-se de um regime que, embora abra universalmente o espaço da Política, fecha-o, em seguida, por não oferecer qualquer via indireta de acesso ao centro de decisões, do que pode resultar a sua completa degeneração numa aristocracia de ativistas políticos.

Certo que a própria forma Estado e o instituto da representação política, que lhe é inerente, não garantem, por si só, a preservação de um regime amplamente democrático. Além de implicar uma alienação dos poderes individuais, a representação, por isso mesmo, pode também corromper-se numa tirania qualquer. Todavia, além de garantir uma abertura universal do espaço político — não obstante por vias indiretas —, deixa-se ainda controlar tanto pela crítica em geral (que implica a cassação dos representantes) quanto pela instituição de "contrapoderes" (tais como o referendum popular, as consultas plebiscitárias, e outros mais), capazes de recolocar, parcialmente, a maioria no centro das decisões. De modo que seria possível aprimorar a democracia representativa impregnando-a com alguns elementos típicos do regime autonomista.

De volta ainda à nossa sociedade para o Tempo Livre, teríamos agora que os cidadãos com vocação política estariam mais disponíveis para exercê-la diretamente, ao passo que os demais poderiam utilizar seu tempo livre como bem entendessem, sem estarem, por isso, condenados à completa mudez política.

Em suma, examinado sob a perspectiva da realização universal do Tempo Livre, o Estado — projetado na forma de uma democracia representativa de novo tipo — revela-se, parece-me, adequado à estruturação do Poder pluralista socialista. Tanto por ser um instrumento eficaz de liberação do tempo de ocupação humana com a "ordem da necessidade", como também por permitir um equacionamento mais democrático das relações políticas.

OS LIMITES DO ESTADO PLURALISTA SOCIALISTA

Pelo estabelecimento dos limites do Estado pluralista socialista começaremos a perceber de modo mais nítido as profundas diferenças que o separam de todas as versões experimentadas sob o abrigo da forma moderna do Poder.

Vale lembrar que, quando o Poder — não importa a forma — se constitui para um Absoluto ético-cultural, ele já nasce investido do direito de legislar universalmente em quase todos os domínios da vida humana (quando não em todos: totalitarismo). Daí, o campo da abrangência das leis civis se amplia ao máximo (ou quase), com o que, automaticamente, amplia-se o próprio alcance do poder político.

Ao contrário, ao se fundar para o pluralismo socialista, o Estado já nascerá enquadrado num encurtamento do domínio político sobre as múltiplas atividades humanas. Vejamos por quê.

Sabemos que o pacto em questão situa o seu centro ontoético no desejo de vida humana sob um regime de pluralidade. Por outro lado, esse regime implica uma comunidade axiológica pluralista, ou seja, uma irmanação universal a despeito das diferenças ético-culturais.

Esqueçamos, por enquanto, que a dita comunidade pretende constituir-se, mais adiante, numa sociedade. Vamos examiná-la abstratamente.

Perguntemos antes em que condição estará presente cada indivíduo na dinâmica específica dessa comunidade organicamente diferenciada (pluralista)? Ora, como membro dessa ordem cada um deve se reconhecer previamente na condição de um soberano entre iguais. De modo que cada um se obriga a respeitar a todos pelo predicado de soberano que ele mesmo se atribui. Temos então que, no interior dessa ordem, deve prevalecer um regime de autonomia (ético-cultural, não política) pelo qual cada um autogoverna-se por suas leis subjetivas, ao mesmo tempo que atribui a todos esse mesmo direito. Percebe-se assim que a comunidade pluralista funda-se num direito universal e inalienável do indivíduo em poder se expressar livremente como um ser subjetivo-criativo. Direito esse que os indivíduos, como legisladores universais, se atribuem a si próprios, e que se esgota em si mesmo. Ou seja, não requer outra lei para além daquela que obriga todos a respeitá-lo sem a necessidade da ação de qualquer poder coativo exterior. E, nesse caso, nenhuma outra lei poderá mais encontrar assento na comunidade pluralista para além daquela que a institui universalmente como uma ordem da soberania (autonomia) individual.

Ora, se o direito à livre expressão ético-cultural funda a comunidade pluralista, deve também presidir sua conversão em sociedade civil e a própria fundação do Estado. Então recapitulemos: dado que os indivíduos pluralistas caracterizam-se pela pretensão de manter-se sob o regime de autonomia na esfera ético-cultural, no momento em que pretendam também unificar-se por intermédio de um "contrato social", deverão — por dever moral — estatuir como princípio (e limite) geral da sociedade civil e do Estado a permanente preservação de uma ordem da soberania (autonomia) individual. Ordem que, por se pretender a priori inalienável, funda, com o Contrato, as formas sociais consideradas, universalmente, como as mais adequadas à sua própria realização. Mas imediatamente situa essas formas num corpo nitidamente demarcado de si mesma, de modo a não permitir qualquer subsunção da ordem da autonomia na ordem sociopolítica. Assim, nenhuma das instituições nascidas desse Contrato poderá, por direito, impor qualquer ordem ético-cultural. Pois, na ordem da autonomia, todos os valores devem ser igualmente válidos, ainda que, como veremos, haja limites humano-universais para eles. Mas, ressalte-se também, válidos não porque valerão para todos, e sim porque serão reconhecidos como valores em si mesmos desejáveis a despeito de qualquer discordância. Em outros termos, não há, para além do pluralismo, outros valores universais, no interior da ordem da autonomia. Aqui, cada um respeitará, por si só, a convenção pluralista, conduzindo-se segundo o dever moral de garantir a convivência harmônica entre todas as diferenças ético-culturais que se lhe apresentem — sejam elas de modos inteiros de vida, de simples costumes, de crenças e cultos religiosos, de preferências de todo tipo: sexuais, artísticas etc.

Ao se delimitar o campo da autonomia, que o pluralismo quer para si, constitui-se, simultaneamente, um limite para a abrangência das leis universais (civis). De modo que o Estado nascido do pacto pluralista deve surgir com um poder político relativizado pelo pacto que o gerou. Mas este último também se relativizará pela fundação do Estado. Senão vejamos.

Por um lado, o pacto pluralista funda o Poder pelo direito de livre expressão ético-cultural. Portanto, uma das finalidades da soberania de Estado será, inevitavelmente, a de oferecer garantias ao exercício daquele direito. E isso significa uma relativização da ordem da autonomia porque a torna permeável à ação do Estado, mesmo que apenas para preservá-la. De modo que toda vez que o pacto pluralista for rompido, o direito ao pluralismo possa ser reposto pelo poder coativo da Lei (civil) ou, em última instância, pelo poder da Espada.

Resta definir em que condições estará caracterizada uma violação da ordem da autonomia a ponto de exigir a sua reposição pelo concurso do poder de Estado. Primeiramente, é claro, sempre que o direito de livre expressão subjetivo-criativo esteja sofrendo um constrangimento qualquer. Mas também sempre que qualquer prática fundada num desejo de Morte atentar contra a integridade física de um único indivíduo ou contra a integridade geral da ordem pluralista e do seu Estado.

Ocorre que o Estado em questão estará fundado num pacto pluralista que, como vimos, requer a constituição da sociedade civil pela ideia socialista, por reconhecer nesta última o melhor meio para a sua realização. Sabemos também que o pacto socialista deve, nesse caso, fundar-se no reconhecimento universal do direito de cada indivíduo receber da sociedade oportunidades iguais para a sua formação como ser biocultural. Assim revela-se a segunda finalidade da soberania de Estado: regulamentar a ordem social (da necessidade) conforme o direito de igualdade de oportunidades. E é exatamente pela realização dessa finalidade que a conduta individual tornar-se-á matéria inteiramente sujeita à legislação civil.

Em suma, pelo pacto pluralista, o Estado funciona estritamente como um árbitro detentor do monopólio da Força. Pelo pacto socialista, que é um princípio da arquitetura social, o Estado deve, portanto, estar universalmente investido das funções (e dos poderes) legislativa, executiva e judiciária.

Concepção geral da política

Do exposto no tópico anterior infere-se que na ordem da autonomia reinará o pluralismo, enquanto na ordem da necessidade deve reinar um valor comum (universal) — a ideia socialista.

Mas não seria essa adesão universal ao socialismo a prova de um retorno ao Absoluto? Certamente que não. Apesar de universal, a ética socialista jamais poderia adquirir aqui a dimensão absolutista de um Valor Uno e Único, capaz de por si só definir a inteira humanidade. Ao contrário, a humanidade define-se aqui pela identificação universal com o *ethos* pluralista socialista — onde o primeiro termo estabelece a finalidade universal da unificação humana, e o segundo a forma social mais adequada à sua realização. Se, a partir de um pacto social, todos devem, por um lado, identificar-se com o ideal socialista de igualdade, por outro lado, todos poderão diferenciar-se por valores múltiplos. Mas não só. A própria acepção do valor da igualdade encontra-se relativizada, na medida em que não implica uma absoluta identidade ética, nem moral, nem intelectual, nem econômica, e muito menos física. Tudo o que se pede é uma valorização universal da igualdade de oportunidades para a livre e universal expressão da pluralidade (liberdade) humana. De modo que só rejeitariam o pacto socialista justamente aqueles que preferissem viver apenas para um Valor Absoluto (seja ele capitalista ou comunista).

A política do Estado pluralista define-se então como o instrumento universal da normalização das atividades que compõem a ordem da necessidade, segundo o critério do "igualitarismo da diferença". Portanto, afastada da ordem ético-cultural, a política de Estado, com a exceção do pacto socialista, já não poderá pontificar quais os melhores valores para a vida prática de cada um. Quando muito lhe caberá, nesse caso, definir certas normas de civilidade para a conduta individual nos espaços e atividades públicos.

O princípio da vontade geral

Se a diferença deve encontrar-se na "ordem da necessidade", então ela também estará presente na atividade política. Assim, esta última jamais estará emancipada dos conflitos de interesse e de opinião. Conflitos por diferenças que se expressarão na própria composição orgânica de todo poder legislativo. Não se estranhe, portanto, se, em cada representante, a ótica do legislador universal encontrar-se perpassada pela ótica do particular. Mesmo porque os interesses particulares, desde que criticados pelo sentido igualitarista, podem flexibilizar-se de modo a permitir o entendimento com base num interesse comum.

Como enfrentar, pela ótica pluralista socialista, essas relações ontoéticas entre igualdade e diferença, universal e singular, interesse comum e interesse particular, sempre presentes em todos os domínios da atividade humana? A resposta parece-me já ter sido dada pelo precioso instituto rousseauniano da vontade geral. Veremos que ela se encaixa perfeitamente como critério fundamental da política pluralista socialista, no seu momento mais decisivo — o ato legislativo. Conforme a define Rousseau, "quando se retiram [...] dessas mesmas vontades (particulares), os a-mais e os a-menos que nela se destroem mutuamente, resta como soma das diferenças a vontade geral" (*Do contrato social*, Livro II, cap. III).

A vontade geral implica um consenso obtido pelo entendimento entre as vontades particulares, em que cada qual, sem deixar de pensar em si mesmo (e nos seus), pensa também nos outros, até que seja possível atingir um interesse comum e legislar a partir dele.

Porém, note-se, o consenso, a que deve chegar o entendimento em nome da vontade geral, é um sentido ou interesse *comum*; não é um interesse de todos (soma), não é o de uns quantos nem de ninguém. Já não há mais quem se possa reconhecer plenamente nele senão uma determinada comunidade.

Todavia, é preciso ressalvar que o consenso obtido por entendimento não equivale, necessariamente, à unanimidade no momento das decisões. Muitas vezes, o consenso universal só será obtido junto a uma maioria. De modo que o dissenso persistirá, quase sempre, como um consenso de uma ou várias minorias, que não se sentirão contempladas pelo sentido da maioria. Então o que fazer, se a unanimidade em torno de um único consenso não puder ser alcançada? Ora, estabelecido um prazo para o entendimento, não haverá outra alternativa senão decidir pelo voto da maioria. Pois o tempo da Política é preciso, rígido, impositivo, fugaz, periodizado; enquanto o tempo da unanimidade é ilimitável a priori. Impossível fixar um tempo para o advento da unanimidade, quando se espera que ela resulte da discussão democrática. Portanto, há que decidir entre a unanimidade e a Política.

Relembre-se que a eficácia da vontade geral depende fundamentalmente da conduta de cada legislador — pois quanto mais ela se abra ao entendimento, e, portanto, ao outro, tanto mais próxima da universalidade estará o sentido comum e a lei pela qual ele vier a se expressar. No entanto, dada essa dependência da vontade geral aos critérios subjetivos de cada legislador, seria prudente cercar, concretamente, todo poder legislativo com algumas garantias a mais, que a protejam contra possíveis desvirtuamentos particularistas. Uma garantia eficaz, entre outras, talvez fosse dada pelo estabelecimento de uma dualidade de critérios para a escolha dos membros dos corpos legislativos. Dentro de um sistema unicameral, esses corpos poderiam ser preenchidos por duas categorias de representantes eleitos sob óticas distintas. A primeira dessas categorias — a parte majoritária — seria formada por indivíduos que, segundo a ótica de cada eleitor, pudessem representar melhor seus interesses e opiniões específicas. E a outra — minoritária — escolhida entre cidadãos insignes, de espírito universalista, que, pelo seu maior afastamento dos conflitos entre particulares, pudessem atuar mais firmemente pelo sentido universal do entendimento.

Representação política, indivíduo e partido

A concepção de política já exposta permite-nos deduzir os paradigmas gerais da representação política. Resumidamente, o pacto de representação deve se firmar segundo uma hierarquia normativa fundada em dois critérios complementares: a coerência de cada um com seus interesses políticos aliada à disposição efetiva de conduzir-se pelo sentido da vontade geral.

Porém, é preciso que o critério de coerência prático-política no respeito à vontade geral não se confunda com o chamado mandato imperativo. É que essa forma de mandato padece de uma unilateralidade quase tacanha. Por um lado ele consegue uma garantia a priori, obrigando o mandatário a manter-se formalmente aprisionado às posições e interesses que referenciaram sua escolha. Mas, por outro lado, esse aprisionamento retira dele toda a flexibilidade (tolerância) necessária à afirmação do método do entendimento na atividade legislativa. Trata-se, portanto, de uma forma de mandato que normaliza a coerência prático-política do representante em detrimento do devido respeito à vontade geral, pois, pela voz de "representante" por mandato imperativo, só a particularidade pode se expressar.

Portanto, o mandato universal é também para o pluralismo socialista a melhor forma da representação política. No entanto, não se pode negar, a transferência de poder implícita no mandato universal é de extrema gravidade, pois permite ao representante romper com os princípios de suas próprias bases políticas. O que recomenda, como vimos, aprimorá-lo com medidas corretivas o mais eficientes possível.

Agora, resta esclarecer algo de fundamental sobre a relação do indivíduo enquanto cidadão e a Política. Relembre-se, de início, que a sociedade e o Estado, no caso em questão, devem nascer de um pacto assumido entre indivíduos pluralistas socialistas. Pois bem, essa associação de indivíduos livres — assumida enquanto tal — deve ser mantida para além do ato fundador, pois tudo o que surge a partir daí — sociedade, política, Estado — são projeções do pacto originário constituído por aqueles indivíduos. E isso significa que, implícito no "contrato social", encontra-se o reconhecimento de uma soberania individual que afirma cada um, imediatamente, como um legislador universal. De modo que esse reconhecimento deve ser mantido também como um princípio universal da Política sob o pluralismo socialista, caso contrário o próprio Contrato se romperia. E, por aí, podem-se inferir duas consequências de considerável importância. Primeiramente, que o reconhecimento da soberania individual revela um traço de expressiva demarcação com a forma moderna da democracia representativa, em que o indivíduo só encontra acesso à Política pela via de instâncias mediadoras como os partidos. Mas, por outro lado, revela um traço de significativa proximidade com a forma da democracia direta (autonomista), que também se funda no reconhecimento universal da soberania individual como modo de acesso à atividade política institucional.

Enfim, no momento em que a Política deve reconhecer cada cidadão como um aspirante legítimo à condição de legislador universal, o partido não pode mais se estabelecer institucionalmente como um *tertius* entre a sociedade civil e o Estado. Embora, com isso, não se queira dizer que toda a organização partidária deva ser posta, a priori, à margem da lei, nem mesmo que não possam, de repente, surgir partidos de novo tipo. O que se afirma, precisamente, é que, sob o pluralismo socialista, os partidos modernos já estariam previamente destituídos de uma de suas funções primordiais.

Por outro lado, também não se quer postular com as proposições acima que, aos interesses e opiniões particulares, esteja interditada qualquer forma coletiva de expressão. A rigor, tanto a identidade de interesses particulares no interior de certas categorias econômico-sociais quanto interesses regionais e municipais tenderão a unificar os indivíduos para a melhor defesa de suas perspectivas e escolha de seus representantes. E essa unificação pode tomar formas as mais variadas, tais como: associações corporativas e territoriais, simples assembleias de indivíduos, e tantas outras a serem criadas pela imaginação coletiva.

O ESTADO E A VIDA PRODUTIVA

Ao contrário do comunismo moderno, a intervenção do Estado pluralista socialista nas relações econômico-sociais deve permitir, como já vimos, a existência de várias formas de propriedade e de relações de produção. Isso, na condição de essas formas se deixarem reger pelos princípios gerais que recapitularei: o da fundação do direito de propriedade pelo trabalho; o da limitação anticoncentracionista de todo tipo de riqueza material, e do correlato senso de justiça distributivista; o da orientação das relações de trabalho e de desenvolvimento técnico-científico sob as óticas da constituição do reino do Tempo Livre e da reconciliação humana com a natureza circundante. De modo que agora pode-se acrescentar que esses são também os princípios mais objetivos de orientação da vontade geral na esfera da vida produtiva.

Seria um despropósito qualquer tentativa de esmiuçar o modo pelo qual os princípios acima se aplicariam, na forma da lei, aos diversos momentos da atividade econômico-social. No entanto, é preciso adiantar algo sobre o necessário destacamento do Estado diante dessas atividades, tendo em vista governá-las do exterior como um Corpo que deve concentrar estritamente os poderes Legislativo, Executivo e Judiciário. Quero dizer com isso que, nas mãos do Estado, não deve concentrar-se qualquer poder econômico para além daquele de matéria estritamente legislativa. Ou seja, ao Estado confere-se o direito de legislar universalmente sobre as relações econômico-sociais, sem que, por isso, esteja autorizado a transformar-se, ele próprio, num agente econômico.

Temos então que o direito de propriedade dos meios de produção deve encontrar-se interditado ao Estado. Nem sequer na hipótese da constituição de empreendimentos fundados na propriedade social lhe caberá uma função de associado. Com efeito, empreendimentos desse tipo — em áreas consideradas vitais à preservação do igualitarismo universal —, desde que apoiados no desejo da maioria, podem constituir-se a partir de impostos especiais. Seriam, assim, empreendimentos públicos sem serem estatais. Empresas comunitárias independentes do Estado, e dirigidas por um conselho deliberativo e um corpo administrativo eleitos pelos que nelas trabalharem, mas sempre sujeitos a uma Auditoria nomeada pelos cidadãos associados. De modo que, ao

Estado, nesse caso, caberia recolher inicialmente os fundos (impostos) necessários a esses empreendimentos e administrá-los até o início das suas atividades.

Portanto, nem a terra deve encontrar-se sob o regime de propriedade estatal, se bem que, de acordo com a quantidade de terras devolutas disponíveis, possa ser distribuída progressivamente aos cidadãos em função de planos de desenvolvimento, ou do crescimento demográfico, ou ainda pelas exigências de uma reforma agrária.

Enfim, serão dados à propriedade estatal apenas os bens necessários ao seu próprio funcionamento, e os espaços do território nacional estabelecidos como de utilidade pública ou de preservação ecológica. De modo que, se a fundação do pluralismo socialista tiver de recorrer a decretos de pulverização da propriedade (anticoncentracionistas), caberá também ao Estado devolver, imediatamente, todos os empreendimentos por ele controlados, colocando-os sob o regime social da propriedade ou canalizando-os para sociedades cooperativas de trabalhadores.

O ESTADO E A EDUCAÇÃO

Certos domínios fundamentais como os da Saúde, Habitação e Transporte podem ainda ser estruturados segundo um regime de cooperação entre a iniciativa privada e a pública, sob estrito controle desta última.

No entanto, a Educação deve ser inteiramente assumida pelo poder público, não se admitindo nessa área qualquer participação da iniciativa privada, já que essa não poderia conduzi-la sob um rígido critério de igualdade de oportunidades.

Cabe ainda ao poder público manter a Educação, em todos os níveis, sob o regime de gratuidade e de acesso livre e universal. Pois é sobretudo pelo acesso à Educação que cada indivíduo terá garantido o direito à sua formação como ser biocultural.

A Educação, mais do que todas as atividades, será aquela em que cada um dos termos do binômio igualdade-diferença estará presente de modo o menos relativo possível: igualdade plena pelo acesso universal às instituições de ensino; e diferença plena pelo direito de expressão das múltiplas correntes culturais. Educação pelo espírito universalista-pluralista, de maneira que cada instituição de ensino possa se realizar como escola de vida pluralista pela convivência harmônica de todas as correntes culturais; escola em que os mestres possam irmanar-se sem renunciar às suas concepções, e as novas gerações aprendam a conviver e a respeitar a pluralidade e a igualdade; escola enfim para a formação de uma humanidade plural, criativa e fraterna.

Mas exatamente porque o poder público deve ser o guardião universal do pluralismo não lhe cabe orientar a Educação em qualquer sentido para além de um conjunto de diretrizes básicas formuladas mediante procedimentos democráticos por consultas universais aos corpos docente e discente. E, pelos mesmos motivos, não lhe caberá também administrar qualquer unidade de ensino, ao contrário, todas elas deverão manter-se sob regime de autonomia administrativa. De modo que ao poder público caberá apenas o controle da utilização das verbas, da qualidade de ensino e do respeito às normas do igualitarismo pluralista.

QUADRO SINÓTICO DA ESTRUTURA DO ESTADO PLURALISTA SOCIALISTA

A soberania de Estado deriva de uma relativa alienação da soberania popular, que o nomeia e o constitui seu órgão político supremo, investindo-o assim, simultaneamente, do direito de legislar e de obrigar todos ao cumprimento de suas leis. Mas essa alienação da soberania popular ao Estado relativiza-se pelo próprio limite da Constituição; pelo direito universal de crítica; pelo controle popular dos seus atos; pela exigência, em certos casos, de referendum popular ou de consultas plebiscitárias, e ainda outros que possam vir a ser criados.

A soberania de Estado, em todas as instâncias, deve concentrar-se no Poder Legislativo. De modo que o Executivo constituir-se-á como simples prolongamento do corpo legislativo. Por isso, deve o Executivo atuar descentralizadamente, por meio de câmaras setoriais, que receberão do Legislativo as dotações necessárias ao cumprimento de sua missão, e de acordo com projetos de desenvolvimento estruturais ou conjunturais.

Também as Forças Armadas estarão sob o controle direto do Legislativo. Controle esse que, em caso de decisões vitais para a segurança nacional, deve ser complementado pelo instituto do referendum popular. Por outro lado, a direção das Forças Armadas deve orientar-se fundamentalmente pelo princípio da legítima defesa diante de agressões violentas contra as instituições estabelecidas e contra a soberania nacional. Em suma, as Forças Armadas deverão manter-se como uma força para a Paz universal, e sempre comprometidas com o respeito incondicional ao direito de autodeterminação dos povos.

A rigor, apenas o Poder Judiciário deve constituir-se independentemente de todos os outros poderes do Estado. De modo que os juízes do Ministério Público serão escolhidos por concurso público, sob o controle direto do próprio Judiciário, e efetivados por referendum popular.

Acrescente-se que o Estado pluralista socialista, em nível nacional, estruturar-se-á como uma Federação de Províncias. Donde, no Poder Legislativo, estarão representadas todas as unidades federadas, segundo determinados critérios de proporcionalidade. A Federação será regida pelo princípio da unidade nacional, ressalvadas determinadas esferas de autonomia dos seus membros, inclusive, em casos previstos pela Constituição, o próprio direito de secessão.

Finalmente, cada Província será igualmente uma Federação de Municípios, aplicando-se aqui também o princípio da unidade provincial, respeitada uma determinada esfera de autonomia municipal.

Mas, afinal, a quem pode interessar a afirmação universal de uma utopia pluralista socialista? Seria ela ao menos realizável?

A composição de utopias coloca-se sempre diante de tais dilemas. Melhor ainda, incertezas. Esse é o preço a pagar pela liberdade da construção utópica assumida enquanto tal. Não há qualquer argumento de autoridade capaz de sustentá-la: nenhum fundamento "absolutamente" científico e nenhuma "revelação" dos desígnios divinos (teofania). Portanto, é impossível garanti-la, metafisicamente, como um produto previsível do "desenvolvimento das forças produtivas" ou da "Lógica do Espírito".

A utopia assumida não pode oferecer maiores garantias do que a própria habilidade discursiva em arquitetar o mundo humano para um determinado ideal ético. A utopia, ao se oferecer à aceitação coletiva, como simples imagem de um mundo novo e bom, não pode fazer-se acompanhar de qualquer garantia quanto à sua realização. Por isso, também não pode definir seus possíveis adeptos como missionários de um Destino predeterminado.

Mesmo assim, no discurso utópico, a imaginação não opera tão livremente quanto num romance. Ela é uma visão construída para um futuro humano que se pretende realizável. Não é um simples conto de uma aventura humana qualquer, cuja realidade seja indiferente ao seu autor.

Por outro lado, a utopia é uma construção imaginária que estabelece os delineamentos de um mundo ainda ideal — situado para além da realidade dada — por meio de uma retórica em que a eloquência verbal se exerce mediante um confronto entre valores por seus efeitos prováveis sobre a existência humana em geral. A retórica, como um modo do discurso utópico, pressupõe, assim, uma avaliação pela negação de alguns valores e afirmação de outros.

Porém, acrescente-se, a avaliação que orienta essa retórica já se encontra para além da simples espontaneidade valorativa — na qual a imaginação transita cegamente entre valores. A avaliação já atua aqui orientada por uma sabedoria prática que, por seu turno, incorpora elementos dos saberes empírico e científico. Embora os incorpore não para utilizá-los como princípios fundacionais, mas tão somente como critérios da prudência.

Pois bem, a utopia pluralista socialista nasce, a rigor, de uma avaliação dos efeitos perversos que as modernas alternativas socioculturais — tanto a capitalista quanto a comunista — produzem sobre a condição e a vida humanas. E aí reside a sua atualidade — estritamente no seu ponto de partida. É atual apenas por sua inserção crítica na realidade humana imediatamente dada. Seu tempo não é um "a priori da História" (ou da "Evolução"). De modo que ela não se pretende representação fundada numa "descoberta" dos "novos tempos", mas simples proposta criativa de um devir humano desejável e realizável pela ação coletiva. É assim uma visão de futuro irredutível ao presente histórico, portanto uma representação imaginária da vida humana tão "u-tópica" quanto "a-temporal". Formada simplesmente por um amálgama em que recriações de valores cultivados em outros ou em todos os tempos se combinam com novas criações. Amálgama, como disse, dirigido pela sabedoria prática no sentido de uma síntese imaginária na qual estão presentes contribuições das ciências humanas (antropológicas, históricas, psicológicas etc.), bem como da filosofia prática em geral (ética-moral-política) e da simples experiência acumulada.

Por tudo isso, a utopia pluralista socialista não requer nem a Classe nem o Herói como "sujeitos" de sua realização prática. Ela não pretende ser, nem poderia, "consciência de um sujeito histórica e socialmente determinável", mas simples sugestão ideal ao agente desejante que existe em cada indivíduo contemporâneo.

Enfim, a utopia pluralista socialista, não obstante sua atualidade (resposta crítico-criativa aos tempos atuais), não permite sua justificação mediante uma ideologia do "tempo necessário". E, como acabamos de ver, é também irredutível a qualquer ideologia de Classe.

A utopia pluralista socialista não busca, pois, adesões a partir de um posicionamento de classe. Ao contrário, estabelece, na ruptura com os condicionamentos atuais de classe, um dos pré-requisitos de sua aceitação. O pluralismo socialista pretende encontrar justamente no indivíduo desviante e criativo o seu organismo vivo, porque o situa como fonte primeira da liberdade, das transcendências ontoéticas, e, portanto, das transformações históricas.

Assim, pretende-se que o "reino pluralista socialista" só pode ser posto por uma comunidade ativa dos indivíduos que o aceitem como uma forma desejável de Vida Boa, em contraposição a outras formas atuais ou passadas.

Decididamente, a classe não pode ser um trampolim para a transcendência axiológica e histórica porque ela própria encontra-se condicionada pelos valores do seu tempo. Dominante ou oprimida, é sempre uma expressão econômico-social da alienação humana a uma determinada ordem hierárquica de valores. A classe é sempre uma categoria imanente às estruturas montadas para a realização de um determinado modo de sentir e viver (*ethos*).

A rigor, a burguesia e a classe operária moderna se constituem pela progressiva adesão humana ao desejo absolutizado de progresso e acumulação material-intelectiva. São classes ao mesmo tempo opostas e complementares. Opostas por interesses econômico-sociais específicos, mas complementares por seu interesse comum em realizar a vida humana pelo culto do Absoluto Progresso. Portanto, descendem de um fundamento ético comum, são filhas do "espírito materialista da modernidade", mediante o qual a humanidade deve reduzir-se à sua realização pelo binômio acumulação-vida produtiva.

O fato de a oposição operário-burguesa permitir uma bifurcação ético-cultural criou a ilusão de que o trabalhador moderno enquanto tal podia ser portador de um futuro de novo tipo. No entanto, as ideologias capitalista e comunista refletem a mesma irmanação ética que une burgueses e operários. Assim, enquanto toda perspectiva de futuro estiver girando em torno de uma afirmação universal da condição burguesa ou da condição operária — o futuro, ele mesmo, se perderá no circuito fechado do "eterno retorno". Rigorosamente, só se pode encontrar uma alternativa realmente inovadora para além da representação humana pelo tipo burguês ou pelo tipo operário, pois, enquanto ambos dominarem a cena humana, o cenário da modernidade continuará montado. Literalmente, sob a ótica do trabalhador moderno não é possível alcançar a utopia pluralista socialista como um futuro desejável.

No entanto, não se encontra aqui implícita qualquer incompatibilidade imanente dessa utopia com a condição trabalhadora da humanidade assumida universalmente a partir da época moderna. Sem dúvida, pelo trabalho afirma-se também a condição humana, pois não há outro meio moral de garantir a sobrevivência pessoal.

Vista sob esse prisma, a utopia pluralista socialista pressupõe, visceralmente, um pacto entre humanos trabalhadores, só que um pacto para além de todo culto do Trabalho como meio (e fim) de uma vida inteiramente governada pelo Valor Absoluto do Progresso.

Assim, a utopia pluralista socialista, sem se pretender uma nova ideologia dos trabalhadores modernos, é, em si mesma, um projeto de futuro seguramente desejável por todos os trabalhadores, desde que dispostos a se unificarem para uma vida em que o Trabalho terá de se relativizar para o Tempo Livre.

Mas mesmo esse possível pacto "Antitrabalho" e entre trabalhadores não esgota todos os domínios contidos no projeto pluralista socialista. Pois se trata de um projeto irredutível à simples expressão laborativa dos humanos. O que se decidirá a partir dela é uma transformação ético-cultural da humanidade como um todo. De modo que, pelo pacto do Tempo Livre, apenas se criarão as condições de realização humano-universal segundo o desejo de associação para uma vida plural sob o signo da liberdade, da igualdade de oportunidades e da fraternidade.

NOTAS

1. Num ensaio anterior postulei que o progresso material implica o intelectivo. Embora se trate aqui de uma redução do conhecimento em geral à condição fundamental de meio de aprimoramento individual e social para a acumulação material. Tanto a imaginação quanto o conhecimento encontram-

-se basicamente condicionados para a ideologia do Progresso. Ver N. Levy, "A trama ideológica do desejo de absoluto e os imaginários ocidentais do fim da história", *Revista Teoria & Política*, nº 15, São Paulo, Ed. Brasil-Debates, 1990.

2. Uso a expressão Vida Boa para expressar um critério de adesão subjetiva de um agente qualquer a uma determinada ordem hierárquica de valores e, por conseguinte, a um determinado modo humano de vida. Ver N. Levy, *Desejo... O lugar da liberdade* (*Um ensaio ético-político*), São Paulo, Ed. Brasil-Debates, 1991.

3. G. Lebrun examina essa questão acertadamente no seu *O que é o poder*, São Paulo, Brasiliense, 1981.

ESTADO E TERROR*

Paulo Sérgio Pinheiro

> COMPATRIOTAS! Que uma desconfiança necessária não vos abandone jamais. Refleti sempre sobre os meios de confirmar essa liberdade que não se adquire senão por rios de sangue e da qual um instante somente pode vos encantar. Dizem-vos que vossos mandatários, revestidos desse poder, a adquiriram em virtude dessa delegação e do poder de criar leis e daquele de sancionar leis, isto é, tornaram-se juízes em causa própria. Voltemos um instante os olhos para trás e vejamos o que os tiranos fizeram: não há dúvidas, o abuso do poder confiado.[1]

Essas ideias foram apresentadas pelo marquês de Sade em 2 de novembro de 1792. E ecoa até agora essa desconfiança fundamental em relação ao Estado. Aceitemos o repto do marquês e voltemos os olhos para trás, a fim de indagarmos o que os tiranos fizeram e o Estado faz, pois o Estado muitas vezes é o Terror. O Estado é uma construção fascinante porque consegue dissimular com rara eficácia algo que está no seu âmago: a violência física.

* Este texto é uma revisão de meus apontamentos para as conferências dadas em São Paulo, Curitiba, Belo Horizonte e Brasília no curso "Ética". Anotações de uma pesquisa em curso para serem desenvolvidas ao vivo. Levando em conta os prazos estritos para a edição do livro, achei melhor poder estar presente, mesmo que desta forma. Em consequência, vai como gentil advertência aos leitores que este texto somente pode ser lido, e julgado, como um conjunto de reflexões para o debate, provocadas por algumas leituras pertinentes que vão indicadas nas notas. E não como um ensaio abrangente sobre o tema. Queria agradecer à dra. Nancy Cardia, do Núcleo de Estudos da Violência, NEV, USP, a leitura e as críticas, e a Mário Baldini, também do NEV, pela editoração final.

Qual é o mais belo verso da teoria política?

Covenants without the sword are but words.

Os acordos, os pactos sem espadas são meras palavras, formulou um dos pais da moderna concepção do Estado, Thomas Hobbes, no *Leviatã*, em 1651. Temos de entender os modos como a espada fica dissimulada ou, se desembainhada, como pode ser controlada. Pois o Estado funciona numa dinâmica contraditória: por mais que se aprofunde a delegação dos cidadãos investidos do poder soberano, os rios de sangue que estão na fonte do Estado custam a secar. Jamais o Estado consegue transfigurar-se por completo em protetor da paz, como estava prometido no pacto fundador.

A violência pode irromper subitamente, o soberano pode fazer uso dela de repente. Se preferirem uma metáfora psiquiátrica, poderíamos dizer que o Estado moderno padece de uma esquizofrenia fundamental, mais controlada nas democracias, mais manifesta nos regimes autoritários. O Estado é um grande dissimulador que consegue alternar a persuasão e o controle social com a violência física aberta. Para examinarmos as relações entre o Estado e o Terror, devemos entender quais são as ambiguidades fundamentais do Estado moderno — a saber, aquele que se consolidou a partir do século XVIII — e suas consequências, como o Estado consegue escamotear a violência física sob as altas aparências de estar servindo ao interesse comum a todos os seus cidadãos.

Desde sua constituição, a violência e o terror estão na própria natureza do Estado. A maquinaria destinada à violência tornou-se intensamente industrializada. Produção e destruição são as faces desse Jano. Mas, além da escalada internacional dos conflitos externos, da guerra — à qual as máquinas de matar voltam periodicamente, como vimos na Guerra do Golfo, na qual bombardeios teoricamente *cirúrgicos* das forças *aliadas* erraram 70% dos alvos no Iraque e no Kuwait —, os Estados têm se voltado para a violência interna. Massacres, campos de concentração, gulags, pilhagens são momentos emblemáticos do terror do Estado. Espetáculos de luz e som que desvendam com extraordinária clareza o tirano. No Terror, sob a Revolução Francesa, 10 mil vítimas pereceram. Entre maio e junho de 1793, mais de 1,3 mil pessoas foram guilhotinadas. Sob o nazismo, mais de 1,3 milhão de judeus foram executados por meio de fuzilamentos e tiros na nuca. Cerca de 2,7 milhões de judeus e 1 milhão de não judeus morreram nos campos de extermínio de Sobibor, Belzec, Chelmno, Treblinka, Auschwitz-Birkenau, Maydanek. Judeus, prisioneiros de guerra poloneses e russos eram expostos à desumanização mais completa e serviam de alvos de experimentação. Eram infectados com gangrena, com tifo, alvejados com balas de veneno, forçados a saciar a sede com água salgada. Para serem enviados às câmaras de gás e crematórios.

Na União Soviética, entre 1930 e 1953, a população esteve submetida a um reino de terror em que qualquer crítica era uma ofensa contra o Estado. Centenas de milhares de pessoas foram exterminadas nos gulags e milhares morreram em consequência de políticas do Estado, o qual, sob o stalinismo, tornou-se um sistema para repressão e extermínio.

Desde 1945, calcula-se que em conflitos políticos internos, *politicídios*, de 6,8 a 16,3 milhões de vítimas pereceram — número enorme se comparado aos 3,5 milhões que pereceram em guerras internacionais entre 1945 e 1980, sem incluir aqui a guerra Irã-Iraque. Naqueles conflitos políticos estavam envolvidos, entre outros, União Soviética, China, Indonésia, Paquistão, Bangladesh, Camboja e Afeganistão. Somem-se a estas aquelas que poderiam ser classificadas de guerras civis e coloniais, como a da Indochina e a guerra civil da Nigéria e teríamos mais 3,13 milhões de mortes. Enfim, qualquer que seja a maneira pela qual se classifiquem as matanças do Estado, cerca de três quartos das mortes por ele provocadas foram causadas pela morte de seus próprios cidadãos em *politicídios*.[2]

É claro que, se quisermos refletir sobre o Estado e o Terror, esses extraordinários momentos não podem passar em brancas nuvens. Mas aqui não será dada ênfase a essas manifestações mais abertas da tirania. O que nos move é uma inspeção de outros momentos em que o Leviatã disciplinado, domado, mas com sua espada permanentemente desembainhada, se abate sobre os cidadãos, no exercício diário da violência do Estado, sem que o sangue respingue necessariamente sobre as vestes do príncipe.

Porque *o Estado, constitucional ou autoritário, qualquer que seja a forma de governo, segrega permanentemente um regime de exceção.* O mais democrático dos Estados é sempre regime de exceção para enormes contingentes. Loucos, prostitutas, prisioneiros, negros, hispânicos, árabes, curdos, judeus, ianomâmis, aidéticos, homossexuais, travestis, crianças, operários irão nascer e morrer sem terem conhecido o comedimento do Leviatã. As graves violações dos direitos humanos pelo Estado revelam a rotina do Terror no cotidiano das populações.

Em quase todos os países essa exceção se traduz pelas manifestações de violência ilegal do Estado. Podem ser tomadas como seguros indicadores dessa exceção as graves violações de direitos humanos, *gross human rights violations*: tortura e outros tratamentos ou castigos cruéis, inumanos ou degradantes; detenção prolongada sem acusação, desaparecimento em consequência de sequestro, detenção clandestina ou outras violações dos direitos de vida, liberdade e segurança da pessoa.[3]

Em muitos Estados, e especialmente naqueles países que retornam ao regime democrático, prevalece certa passividade em pôr cobro à violência ilegal. Esse foi o caso do Peru, em 1987, dois anos depois de Alan Garcia ter assumido o poder, ainda que a situação do país tenha alguma especificidade (como também na Colômbia) pelo enfrentamento da guerrilha do Sendero Luminoso. Mas o número de assassinatos, desaparecimentos, torturas e outros crimes, cometidos pelo governo e pela guerrilha, coloca o Peru nos primeiros lugares entre os países da América Latina onde a violência produz consequências trágicas. O governo peruano, em face das flagrantes violações do direito, não se esforça em controlar as ações da polícia e dos militares encarregados de conduzir as operações de contrainsurgência.[4] Na Argentina, a violência legal é utilizada para lidar com suspeitos de crimes, muitas vezes resultando na morte destes. A polícia atira para matar como rotina, sem motivo. No ano de 1990, vários oficiais de polícia foram suspensos e condenados por torturar e maltratar pessoas suspeitas de atividades criminosas. No México, no mesmo ano, houve assassinatos de ativistas de direitos humanos e, em alguns casos, os suspeitos não foram presos nem acusados. Nos estados rurais, as violentas disputas pela terra resultaram em execuções extralegais. Bandos paramilitares e a polícia local, controlada por chefetes e grandes proprietários de terra, ameaçaram e mataram ativistas rurais. Houve vários casos de espancamento por parte da Polícia Judicial Federal que resultaram em morte. Segundo a Comissão de Direitos Humanos das Nações Unidas, há 270 pessoas desaparecidas no México. Apesar de a tortura ser proibida pela Constituição, os policiais em geral torturam no período que se segue imediatamente à prisão. Na Venezuela, onde estão vigentes direitos e liberdades individuais, as principais violações naquele ano incluíram: terríveis condições de prisões, detenções arbitrárias, abuso de presos, execuções extrajudiciais por parte de policiais e militares, corrupção e ineficiência no sistema jurídico. Na Índia, uma democracia consolidada, muitas das tensões são consequência de conflitos étnicos. Os problemas variam segundo a região, mas no seu conjunto incluem: excessos das forças de segurança contra civis, assassinatos políticos e sequestros, espancamentos pela polícia, detenção incomunicável por longos períodos não autorizada pela legislação em vigor, abuso de presos.[5]

ESTADO E VIOLÊNCIA

Para entendermos a regularidade com que essas *gross human rights violations* se repetem rotineiramente em todos os países, precisamos mostrar como a violência constitui o Estado desde a sua fundação e como grupos sociais muito numerosos passaram a conviver sob a pacificação imposta pelos aparelhos do Estado.

Quem sabe para dar alta dramaticidade a suas palavras, Max Weber numa conferência na Universidade de Munique, em 1918, "Política como vocação", no contexto do armistício entre o Império alemão e o governo soviético, chega a citar Leon Trotsky nas discussões em Brest-Litovsk, para com ele concordar que "todo Estado está fundado na força". A força não é o meio normal ou único do Estado, mas é o meio *específico* ao Estado: a relação entre o Estado e a força é extremamente íntima. O que permite a Weber logo formular que o Estado é uma comunidade humana que detém, com sucesso, o monopólio do uso legítimo da força física sobre um território dado.[6] Portanto, esse monopólio está colado na própria definição do que é o Estado em termos do meio específico que lhe é peculiar, a saber, o uso da violência física, sublinha Weber.

Como aqui estamos interessados no Terror, concentraremos nossa atenção no elemento da violência física aberta. Mas é evidente que Weber não foi o primeiro ou o único a se dar conta desse elemento. Antes de aquela definição realçar a violência, Nietzsche, entre outros autores, havia apontado brutalmente que

> [...] a consolidação de uma multidão até então disforme e incontrolável numa forma firme não foi somente instituída por um ato de violência, mas também levada até a sua realização senão por atos de violência... O mais antigo "Estado" então apareceu como uma tirania temida, como uma maquinaria opressiva e plena de remorsos, funcionando para que essa matéria-prima de povo e semianimais fosse afinal não somente amassada e subjugada mas também formada.[7]

As origens do primeiro Estado para Nietzsche não estavam num contrato, mas antes na dominação de povos pacíficos por parte de povos guerreiros. O termo *Estado* a princípio significaria uma situação na qual "um bando de feras louras de rapina, uma raça conquistadora e dominante que, organizada para a guerra e com habilidade para se organizar, sem nenhuma hesitação abate suas terríveis garras sobre um povo talvez tremendamente superior em número, mas ainda sem forma e nômade".[8] Além disso, todas as relações contratuais e legais que vieram a fazer parte da sociedade civil, Nietzsche entendia que haviam se originado da violência e que tinham sido postas em vigor mediante a ameaça de punição. Atrás de todas as instituições do Estado e da economia — pelo menos nas suas origens remotas —, havia classes de "senhores" capazes de impô-las pela força.[9]

A hipótese genealógica de Nietzsche sobre o Estado surgindo pela conquista de tribos pacíficas por tribos guerreiras parece hoje muito limitada e precária. De qualquer modo, há um ponto teórico a ser recuperado a respeito das inter-relações apontadas entre a experiência de opressão vivida na constituição do Estado e o processo de formação de categorias especiais de agentes.[10]

Essa noção também está presente em Max Weber quando este aponta que o Estado tem a sua disposição especialistas autorizados a usar a violência física para impedir que todos os cidadãos usem a violência. Esse processo foi magistralmente descrito por Norbert Elias na *Dinâmica do Ocidente*,[11] o qual mais tarde dirá que essa monopolização é "uma invenção sociotécnica da espécie humana" que se vai desenvolver através das gerações sem propriamente chegar à forma atual, que não é, aliás, o seu último estágio.[12]

Pousemos um instante nesta maravilhosa invenção: despojar os guerreiros (ou guerreiras) de suas armas e destiná-las a um corpo técnico que somente pode valer-se dele segundo as determinações do soberano e da lei. O despojamento das armas é apenas um sinal da abdicação mais profunda de instintos, vontades, desejos às vezes incontroláveis. Para se submeterem a esse constrangimento tão atrativo na formulação de Hobbes, estava dado que com essa operação os homens ganhariam segurança e proteção.

Para Hobbes, o Estado político emerge de um contrato por meio do qual os homens se submetem a um soberano que poria fim à guerra de todos contra todos. Caso assim não o fizessem o estado de natureza, e de guerra, prevaleceria — uma troca de obediência por proteção.[13] Todos sabemos que esse *estado de guerra* a que Hobbes se refere não diz respeito a uma guerra real e histórica, cabendo aqui a qualificação feita por Michel Foucault de que essa guerra

> [...] é um jogo de representações pelo qual cada um mede o perigo que cada um representa para ele, estima a vontade de se enfrentar e avalia ele mesmo o risco que assumiria se recorresse à força. A soberania [...] estabelece-se não como uma dominação belicosa, mas ao contrário por um cálculo que permite evitar a guerra. É a *não guerra*, para Hobbes, que funda o Estado e lhe dá sua forma.[14]

O que torna ainda mais ultrapassada a concepção quase literal da guerra fundadora enunciada por Nietzsche.

AS DUAS FUNÇÕES DO MONOPÓLIO

Mas essa grande invenção da *não guerra* é muito ambígua. Porque afinal não há acordo ou conciliação que possa resolver questões entre membros da sociedade que fundamentalmente são *inimigos*.[15] Em toda a história do Estado, o soberano se valerá obviamente do monopólio da força física para aumentar seus recursos de poder. Todas as tiranias são a história de alguns indivíduos ou grupos no poder servindo-se dos recursos da violência.

Em contrapartida, esse monopólio, como mostrou Norbert Elias, tem um grande significado para a população que vive num Estado, pois o monopólio da violência está estreitamente imbricado com o monopólio fiscal, do recolhimento de tributos que permite a um Estado sobreviver e desenvolver políticas públicas. Dessa forma, se numa face do Estado está a violência, na outra está a possibilidade da construção da segurança ou, como se dirá depois do século XX, das condições de bem-estar da população. O Welfare State é a consagração máxima dessa vertente positiva da existência do Estado.

O ponto crucial, e aqui continuo a seguir Norbert Elias, é o equilíbrio entre as duas funções do monopólio da violência: sua função para os que controlam o Estado e para os membros da sociedade regulada pelo Estado, e, portanto, o grau de pacificação interna. No correr dos tempos, houve um deslizamento da concentração do poder, das mãos do Soberano para um exercício mais compartilhado e controlado do monopólio da violência física. Naturalmente, essa evolução não é cronológica nem serial. Desenvolvimento, modernidade ou mesmo contemporaneidade com o progresso não implicam necessariamente pacificação: senão, como contemplar a ocorrência, em 1991, de um linchamento a cada três dias em Salvador, na Bahia, ou um assassinato de criança e adolescente a cada dois dias em São Paulo?

Os casos de graves violações de direitos humanos na maior parte dos países do mundo contemporâneo — e particularmente em alguns Estados, como o Brasil, que experimentaram largos períodos de ditadura — indicam que *nenhuma pacificação imposta pelo monopólio da violência física do Estado é completa. Toda pacificação imposta pelo Estado é uma falsa pacificação da violência.* Porque, mesmo que a violência esteja sediada nos *corpos técnicos* especializados, indivíduos e grupos violentos legais e ilegais sobrevivem e atuam em toda a sociedade. O contrato que dá origem ao Estado não elimina de vez a violência ilegal das sociedades. O monopólio legal da violência não é um manto mágico que desmonta toda a violência ilegal. A sua manifestação mais clara e corriqueira é a violência que os códigos tipificam como crime. Mas há ainda manifestações que aparecem como vestígios de períodos antigos nos quais a cadeia sacrificial, para falar como René Girard,[16] não havia dado lugar ainda ao sistema judiciário.

LEGALIDADE E ILEGALIDADE

O monopólio da violência física somente se torna possível, na definição de Weber, em virtude da legalidade e da competência funcional baseada em regras racionais criadas pela sociedade, dando origem à noção de *estado de direito* em oposição ao poder ilimitado, enfim, ao Terror. Ora, o monopólio legal, diante da ilegalidade da violência física que persiste, não extingue o terror do Estado. A cisão entre a lei e a violência é falsa, já havia apontado Nicos Poulantzas, em suas reflexões sobre os laços entre Lei e Terror.[17] Numa fórmula quase lapidar que daí decorre, pode-se propor que *a legalidade do Estado não esvazia o terror. A legalidade corresponde à ilegalidade como sombra irrenunciável.*

A lei integra a ordem repressiva exercida pelo Estado. A lei, como definiu Poulantzas, é o código da violência pública organizada. Mas, o que é crucial para entender o funcionamento do monopólio da violência física é que o papel do Estado geralmente ultrapassa a lei ou a regulamentação jurídica: sempre existirá um conjunto de práticas e técnicas estatais que escapam à sistematização e à ordem jurídicas.[18] O Estado age frequentemente transgredindo a sua lei, desviando-se da lei ou agindo contra a própria lei. Todo sistema jurídico inclui a legalidade como lacunas da lei que oferecem largas margens de manobra. Todo Estado é organizado em sua estrutura institucional de modo a funcionar segundo a lei e contra a lei. A ilegalidade é frequentemente parte da lei, sublinha ainda Nicos Poulantzas, mesmo quando legalidade e ilegalidade distintas, separadas, fazem parte de uma única e mesma estrutura institucional.[19]

Afinal, é o "soberano aquele que decide a exceção", como colocou brutalmente Carl Schmitt, sublinhando que todas as agências definidas dentro do Estado têm a opção de agir extralegalmente.[20] Porque a *normalidade* definida de um Estado, como indicam os vários casos que apontamos, não se funda apenas sobre condições legais e constitucionais mas também sobre certo equilíbrio de forças políticas. Em muitas sociedades, por mais aprimorados que sejam os estatutos legais, haverá sempre grupos sociais permanentemente sujeitos à atuação ilegal das agências do Estado.

Porque não haveria outra maneira de tornar compatíveis interesses tão diversificados — por um lado, os grupos dominantes que têm acesso ao poder do Estado; por outro, os grupos dominados. Ao exercer a repressão, o Estado "constantemente tenta apresentá-la como estando em conformidade com os interesses da nação, desde que ela seja exercida dentro dos limites constitucionais e legais no sentido moderno".[21] O Estado é obrigado a sempre se apresentar como pairando acima de todos os interesses, tarefa impossível se os seus aparelhos especializados, especialmente aqueles ligados ao monopólio da violência, se mantivessem dentro da mais estrita legalidade.

Não há instituição mais adequada para se verificar esses difíceis limites da legalidade do que o aparelho policial, levando-se em conta como formulou Walter Benjamin que "a lei da polícia realmente marca o ponto no qual o Estado, seja por impotência ou por causa das conexões imanentes com qualquer sistema legal, não pode mais garantir por meio de sistemas legais seus fins — no quadro do monopólio legal da violência que o Estado pretenda assegurar".[22]

Mas, ainda que o Estado paradoxalmente se sirva da lei para disseminar o terror, a lei não deve ser igualada ao terror. Para que o Estado possa se desincumbir de seu papel acima das classes, a condição essencial da eficácia do direito, na sua função ideológica, é que ele, independentemente das manipulações, pareça justo, como aponta E. P. Thompson. O direito não pode aparecer como mera tradução do poder sob o risco de perder sua própria lógica e deve respeitar alguns princípios de equidade e parecer realmente justo. Uma ideologia dominante, uma ideologia do Estado, não pode se apresentar como completa hipocrisia: mesmo os grupos dominantes experimentam a necessidade de legitimar seu poder, de moralizar sua função, de se darem eles mesmos uma imagem de governantes úteis e justos.

EVOLUÇÃO DO ESTADO E CONTROLE DA VIOLÊNCIA

Na concepção do Estado moderno, acreditava-se que "o processo capitalista estava ligado a uma redução fundamental do significado da coerção direta, ou pelo menos da violência física que tornava a coerção possível [...]. A produção capitalista não seria mais determinada primariamente pela coerção extraeconômica, mas pela coerção muda das relações econômicas como Marx havia reconhecido em *O capital*", conforme aponta Alf

Lütdke. Max Weber, com suas análises sobre os processos de *modernização* e *racionalização*, chegará a conclusões semelhantes, sublinhando a importância do autocontrole como base da coesão social. Até mesmo a noção de hegemonia, de Antonio Gramsci, vai na direção de que a reprodução da dominação é baseada em mecanismos de sistemas culturais que persuadem os dominados de estarem obedecendo "espontaneamente", sem intervenção de força externa por parte daqueles mecanismos exceto nos momentos de crise de autoridade. Em geral, conclui Lütdke nessa reveladora leitura, em todos esses autores está presente a noção de que do crescente controle de atitudes decorre um decréscimo de violência e coerção.[23]

Dessa análise, como Lütdke demonstrou, fica claro que "o desenvolvimento de formas de controle social, da *violence douce*, não elimina a ameaça da violência aberta. A ameaça da violência é crucial para a eficácia de outras formas de controle que não se utilizam da violência física".[24]

Não se deve perder de vista que o desenvolvimento "desse aparelho de autocoerção [...] se dá em estreito relacionamento com a formação de *instituições com o monopólio da força física* e com a crescente estabilidade de órgãos centralizados na sociedade", como Norbert Elias demonstrou.[25] Há um sincronismo e uma simultaneidade entre a violência doce (o autocontrole, a disciplina, as novas atitudes concomitantes à sofisticação das trocas econômicas e da exploração) e a violência aberta. Esse sincronismo estava claro nas etapas pré-capitalistas em que as funções de polícia administrativa se confundiam com as de instituições de bem-estar social, época em que a especialização dessas instituições não estava concluída. E depois ainda sobrevivem formas *extraeconômicas* de violência, desempenhadas por funcionários do Estado e derivadas diretamente do Estado, características da sociedade pré-capitalista, as quais continuam relevantes para a regulação da produção capitalista e da sociedade burguesa.

Não se trata somente de sobrevivência, mas de uma forma de violência diretamente ligada à outra: "A *violence symbolique* ou *douce* somente pode ser efetivada pela ameaça permanente e pelo uso contingente — legal *e* ilegal, ou melhor, não legal — da *violence ouverte*. Nessa direção, a *violence douce* significa não apenas as autoridades e o sistema de dominação, mas também simboliza a violência física, que é experimentada e tem de ser prevista pelos dominados".[26] Assim, a violência doce, que se mascara no seu próprio funcionamento, não deve ser percebida como uma forma mais moderna do oposto racional à violência física: a violência simbólica somente atua pela presença permanente da violência bruta que ela simboliza.

Essa noção é crucial para se entender o funcionamento *normal* do terror. O Estado jamais renuncia a qualquer de suas conquistas em termos de violência. O cassetete de borracha, os choques elétricos e o pau de arara, usados no Brasil como instrumentos de tortura nos distritos policiais, vieram para ficar. Não importa a sofisticação progressiva das outras formas de controle social ou o desenvolvimento das compensações simbólicas que o Estado conseguiu desenvolver desde o final do século XIX.

O REGIME DE EXCEÇÃO REPUBLICANO

A observação do caso brasileiro durante o período republicano permite compreender melhor alguns dos traços aqui enunciados. Desde o início da República, a ansiedade das classes governantes foi intensificada pelas supostas *ameaças* das dissidências no movimento operário ou das políticas vinculadas a movimentos semelhantes no exterior, seja dos anarcossindicalistas, seja dos comunistas após a Revolução Russa de 1917. Esse sentimento em que se misturavam encenação e genuíno sentimento de insegurança — agravada pelas revoltas militares dos anos 20 e 30, além dos movimentos urbanos nas grandes cidades — aguçou nos grupos dominantes do poder e no Estado a *necessidade* da legislação de exceção. E esse empenho na criminalização do dissenso, da oposição, do protesto pode ser considerado como a manifestação mais evidente do terror do Estado em períodos constitucionais.

Mas a implantação da violência aberta como instrumento da política do Estado nem sempre espera a transformação do regime constitucional em ditadura. As revoltas de 1922/1924 e a Coluna Prestes *justificaram* a escalada da repressão do Estado não apenas contra os dissidentes políticos e outros revoltosos, mas também contra os *desclassificados* da cidade, como se dizia na época, *mendigos válidos*, *vagabundos e vadios*, *capoeiras*, *menores viciosos* e prostitutas. Desde as leis de expulsão dos estrangeiros nas três primeiras décadas, abrem-se na prática da repressão do Estado espaços cada vez mais ampliados de arbítrio e de ilegalidade: situação que permite formular um apontamento de validade geral, restrita não apenas ao Brasil, mas verificável em outros países, de que *a legalidade do aumento da repressão chamada política implica uma contrapartida de maior ilegalidade no funcionamento da repressão ao conjunto da população, especialmente os pobres, miseráveis e indigentes*.

Com leis de exceção flagrantemente inconstitucionais, como foram várias leis de expulsão de estrangeiros e de repressão às dissidências no Brasil, eliminaram-se progressivamente as liberdades previstas pela Constituição de 1891 e construiu-se pouco a pouco um *regime de exceção* contra a Constituição. Os procedimentos legais postos em prática durante toda a Primeira República — os desterros, o recolhimento em colônias penais e as expulsões de estrangeiros — foram utilizados indiscriminadamente tanto contra dissidentes políticos e operários quanto contra população pobre, não fazendo valer as agências do Estado as distinções entre um e outro contingente. Fazendo-se desaparecer os insatisfeitos, tinha-se a ilusão de que o fermento da revolta seria eliminado.

Quanto à população atingida por essas vagas de repressão, a expectativa de sobrevivência era baixíssima, jamais tendo se transformado em uma questão no debate público ou na pesquisa acadêmica. Não se conhecem manifestações de indignação por parte da opinião pública em relação às operações regulares de terror para *limpeza* dos bairros populares das cidades. Desde o começo da República, fizeram-se deportações para as zonas de fronteira do Amazonas, do Pará e para a região do Oiapoque, na fronteira com a Guiana. Depois da Revolta da Vacina em 1904, no Rio de Janeiro, fizeram-se deportações em massa para a Amazônia, não se sabendo até hoje o paradeiro de milhares de indivíduos largados ao abandono, sem alimentação nem assistência médica, nas margens dos rios do então território do Acre, na época já considerado mortífero. Na maior promiscuidade, crianças, velhos, negros em bom número e brancos amontoavam-se nos porões dos navios com *criminosos*, *desordeiros*, *ladrões habituais*. Entre as 946 pessoas enviadas em 1924 para o *campo de internamento* da Colônia Cleveland, na região do Oiapoque, 444 morreram no ano seguinte em consequência das condições de vida do lugar de desterro.

O pânico em relação às manifestações populares e o terror como procedimento usual do aparelho policial para o enquadramento das populações urbanas e rurais obrigaram o governo a desenvolver novas modalidades de controle das multidões. A prisão policial, sem processo e por tempo indeterminado, agravada pela aplicação sistemática da tortura, tornou-se corriqueira. Data das duas primeiras décadas do século o emprego do cano de borracha no espancamento de presos pela vantagem de magoar mais profundamente sem produzir estigmas evidentes. A prática das *blitzen* policiais, sem mandado legal, nos bairros populares e nas favelas surge no início do século como importante (e inconstitucional) operação de prevenção ao crime.

As motivações para as reformas realizadas antes e depois de 1930 no aparelho repressivo têm o mesmo conteúdo discriminatório. E, entretanto, tanto num período como noutro, já havia a mesma ambiguidade contraditória entre aperfeiçoamento da violência física e aprofundamento da *violência doce*, no relacionamento com os trabalhadores urbanos. Nunca é demais lembrar que durante o governo Artur Bernardes — quase todo transcorrido sob *estado de sítio*, ou seja, sob um virtual regime de exceção — foi enunciada a maioria dos princípios contidos na legislação trabalhista depois de 1930: jornada de trabalho, regulamentação do trabalho feminino, descanso semanal, férias, previdência social, justiça do trabalho com participação operária (ainda que de insignificante aplicação). É evidente que a repressão aos criminosos comuns e aos *desclassificados* prescindia desse regime de exceção definido legalmente, pois todas as classes populares estavam submetidas no seu cotidiano à aterrorização policial, sem limites, como atesta a prática sistemática de desterros.

Enfim, durante toda a República no Brasil, as práticas repressivas dos aparelhos de Estado foram caracterizadas por um alto nível de ilegalidade, independentemente da existência ou não de garantias constitucionais. Os pobres, os miseráveis e os indigentes, que sempre constituíram a maioria da população, nunca deixaram de viver sob um regime de exceção e de terror, que se manteve em todas as formas de regime político, constitucionais ou autoritárias. Essas *classes torturáveis*, na expressão de Graham Greene, sempre foram submetidas a uma maior ilegalidade do que aquela normalmente presente na aplicação da lei ou das práticas policiais. Esse *regime de exceção republicano* é independente do regime político *stricto sensu* definido legalmente. Nenhuma das chamadas transições democráticas, seja depois da ditadura do Estado Novo, seja depois dos diversos governos militares entre 1965 e 1985, afetou substancialmente esse *regime de exceção*.

Durante os períodos de democracia constitucional, 1934-7 e 1946-64, apenas 23 anos em 103 anos de vida republicana — ainda que a existência da Constituição nunca tenha significado garantias legais para a maioria da população —, esse *regime de exceção* foi disfarçado porque a repressão física ilegal foi compensada por outros mecanismos mais dissimulados de controle social. As condições de trabalho dos trabalhadores urbanos foram melhoradas, os salários em alguns momentos foram até aumentados no seu valor real e uma política de bem-estar social foi lançada mediante os mecanismos da previdência social. Todavia, nos períodos de autoritarismo de fato, como durante a Primeira República, ou de autoritarismo legalizado, esse disfarce desaparece: a necessidade de ajustar as contradições no interior dos grupos dominantes exige o alargamento da repressão para outros grupos sociais além das classes populares, com a suspensão das formas (mesmo ilusórias) de participação, e as fronteiras entre a repressão política e a repressão comum vêm abaixo. Os aparelhos de repressão continuam a agir, sem controle ou limitação, completamente instrumentalizados pelos grupos no poder. Assim, o terror aberto nesses períodos de exceção revela na prática o que em períodos democráticos estava disfarçado: o verdadeiro caráter do terror do Estado e da violência física ilegal.[27]

E essa revelação não se limita ao caso brasileiro. Países como a Colômbia ou o Peru, onde o Estado enfrenta a insurreição da guerrilha e onde os aparelhos repressivos desenvolvem ações de contraguerrilha, apesar da democracia, as graves violações de direitos humanos atingem a maioria da população pobre e trabalhadora. Nos países de democracia consolidada, como os Estados Unidos e os europeus, os imigrantes, especialmente os residentes com documentação ilegal, são alvo, além da discriminação, de práticas repressivas ilegais.

Esses limites da vigência do estado de direito e dos direitos humanos em todos os países, especialmente aqueles que transitaram recentemente para a democracia, indicam que as possibilidades de transformação efetiva da organização dos aparelhos do Estado — aqueles encarregados da violência física — são muito estreitas. Esses limites são dados pela própria natureza da continuidade de qualquer tipo de Estado que dependa da permanência daquilo que, como sugeriu Nicos Poulantzas, poderia chamar-se de *rede estatal paralela*. *Rede*, porque atravessa os diversos ramos do Estado, não se limitando às polícias, mas abrangendo outros setores da administração; *paralela*, porque funciona por trás da fachada dos aparelhos de Estado que a dissimula cuidadosamente — a *instituição da violência* (a expressão é de Franco Basaglia) da tortura nos distritos policiais brasileiros é um bom exemplo; e *estatal*, porque, embora geralmente *parapública*, é um recurso permanente de que se valem as classes dominantes para permanecer no poder: os esquadrões da morte em El Salvador, Guatemala, Honduras e Brasil são um exemplo.

Em países onde a democracia está vigente ou que saíram faz pouco do autoritarismo, a sobrevivência dessa *rede estatal paralela* assegura a administração do terror em tempos normais.

A maior parte dos Estados compartilha altos níveis de violência, prevalecendo as *instituições da violência*, como a tortura e as execuções extralegais. A ameaça velada da violência, prometida pelo soberano dentro dos limites do Estado, nunca foi suficiente. É preciso recorrer diretamente ao terror. Mesmo que a democracia seja a forma de governo, nos regimes constitucionais estão implantadas *áreas de terror*,[28] mantidas e reproduzidas na maioria dos Estados. O arbítrio policial e a intimidação violenta não parecem ser mais uma característica somente das ditaduras; essas práticas ocupam um lugar conspícuo para o enfrentamento da insatisfação e do dissenso. Mesmo naqueles países onde as graves violações dos direitos humanos são menores, tais *áreas de terror*, ainda que mais localizadas, podem ser facilmente identificadas, agora e no passado recente.

Porque é da natureza do Estado, especialmente o liberal, ter por aparência a democracia formal e por prática a intervenção moderada, em tese. Na realidade, os governos contemporâneos sempre atuam com rigor (para se dizer o mínimo) mediante a imposição da ordem pela polícia e pelo exército. A aparência é necessariamente aparência da essência e a essência, essência da aparência, como formulou lapidarmente o filósofo François Châtelet.[29] É uma contradição a ideia de um Estado liberal que se reduzisse, sem ambiguidade, à sua aparência de controlador da violência física aberta, pois na existência do soberano está imbricada uma prática em si mesma autoritária do direito de punir. Apesar dessa presença quase rotineira do terror, o regime democrático continua sendo ainda a única forma de governo capaz de limitar o arbítrio do Estado, permitindo que da mera aparência se possa transitar para realizações da essência cada vez mais alargadas e duradouras.[30]

Para que o Terror possa ser controlado, é indispensável fazer como aqui, onde tentamos entender as relações entre Estado e violência, entre Estado e terror. Para que a mais completa transparência possa ser imposta a esses lugares do Estado onde a dissimulação e o segredo são a regra. Todas as imposições éticas de uma lógica da paz para enfrentar a ameaça do Terror sempre presente, na vasta construção de um sistema internacional de proteção dos direitos humanos e do direito humanitário, têm tido como efeito restringir e às vezes fazer recuar o arbítrio estatal. O esforço nessa direção tem alargado as condições de autodefesa legal do cidadão diante do soberano e do Terror, contribuindo para reconstituir o equilíbrio do monopólio da violência física do Estado em favor do cidadão.

"Pois Satã não é necessário", como disse um dia Primo Levi, que o encontrou face a face em Auschwitz.

NOTAS

1. Sade, "Sur le mode de sanction des lois" in *Écrits politiques*, Paris, Pauvert Éditions, p. 20, apud Henri Lefebvre, *De L'État*, v. 4: *Les contradictions de l'État moderne. La dialectique et l'État*, Paris, 10-18, 1978, p. 111.

2. Para números e contexto, ver William Perdue, "Terrorism and the State", pp. 16-43, in W. Perdue, *Terrorism and the State. A critique of domination through fear*, Nova York, Praeger, 1989. Sobre o holocausto, ver Roney Cytrynowicz, *Memória da barbárie*, São Paulo, Nova Stella/Edusp, 1990. Sobre os etnicídios, ver Pierre L. van den Berghe, *State violence and ethnicity*, Niwot, Colorado, University Press of Colorado, 1990. Neste parágrafo, valho-me especialmente de P. van den Berghe, "Introduction", pp. 1-18, e Leo Kuper, "The genocidal State: an overview", pp. 19-51.

3. A pesquisa fundamental, ainda em curso, na qual se desenvolveu esse conceito, está apresentada em Alex Schmid, *Research on gross human rights violations. A programme*, Leiden, Center for the Study of Social Conflicts, 1989.

4. Americas Watch, *A certain passivity. Failing to curb human rights abuses in Peru*, Nova York, The Americas Watch Committee, 1987.

5. Para dados a respeito dessas violações de direitos humanos, recorri a *Country reports on human rights practices for 1990* (Report submitted to the Committee on Foreign Relations U. S. Senate and the Committee on Foreigns Affairs House of Representatives by the Department of State), Washington, U. S. Government Printing Office, 1991; *Human Rights Watch World Report* (An annual review of developments and the Bush Administration's policy on human rights worldwide), Nova York/Washington, Human Rights Watch, 1991; Amnistía Internacional, *Informe 91*, Madri, EDAI, 1991.

6. Max Weber, "Politics as a vocation" ("Politik als Beruf", in Max Weber, *Gesammelte Politische Schriften*, Munique, 1921, pp. 346-450; originalmente uma conferência na Universidade de Munique, 1918, publicada em 1919 por Dunker & Humboldt, Munique), in H. H. Gerth e C. Wright Mills, *From Max Weber: essays in sociology*, Nova York, Oxford University Press, 1968, pp. 77-9.

7. Friedrich Nietzsche, *Zur Genealogie der Moral*, II:17, 1187, apud Mark Warren, *Nietzsche and political thought*, Cambridge, Mass., The MIT Press, 1988, p. 22.

8. F. Nietzsche, op. cit., II:17; I:11; II:5, 6, 18, apud M. Warren, loc. cit.

9. F. Nietzsche, op. cit., I:11; II:4, 5, 6, apud M. Warren, loc. cit.

10. Mark Warren, op. cit., p. 22.

11. Norbert Elias, *La dynamique de l'Occident* (tradução do vol. II de *Über den Prozess der Zivilisation*, 1ª ed., 1939; 2ª ed., 1969), Paris, Calmann-Lévy, 1975.

12. N. Elias, "Violence and civilization: the State monopoly of physical violence and its infringement", in J. Keane, *Civil society and the State*, Londres, Verso, 1988, p. 179.

13. Paul Hirst, "Carl Schmitt's decisionism", *Telos* 72 (1987), pp. 17-8.

14. Michel Foucault, *Resume des cours, 1970-1982*, Paris, Gallimard, 1989, p. 92.

15. P. Hirst, op. cit., p. 18.

16. René Girard, *La violence et le sacré*, Paris, Grasset, 1972, pp. 9-63.

17. Nicos Poulantzas, *O Estado, o poder, o socialismo*, Rio de Janeiro, Paz e Terra, 1981, pp. 85-105.

18. N. Poulantzas, op. cit., p. 85.

19. N. Poulantzas, op. cit., p. 95.

20. Carl Schmitt, *Political theology*, Cambridge, Mass., The MIT Press, 1985, p. 6; também apud P. Hirst, op. cit., p. 20.

21. Ver o comentário a essa formulação de N. Poulantzas, *Pouvoir politique et classes sociales*, Paris, Maspero, 1968 (referida na edição alemã, *Politische Macht und gessellschaftliche*, Frankfurt, 1975, p. 228, in Alf Lüdtke, "The role of state violence in the period of transition to industrial capitalism: the example of Prussia from 1815 to 1848", *Social History* IV, 2 [maio 1979], p. 184).

22. Walter Benjamin, "Critique of violence", in Peter Dmetz (ed.), *Walter Benjamin, Reflections*, Nova York, Harcourt, Brace, Jovanovich, 1978, p. 287.

23. Para todo esse parágrafo, A. Lütdke, op. cit., p. 175.

24. Além do artigo citado, ver A. Lütdke, *Police and State in Prussia, 1815--1850*, Cambridge University Press/Maison des Sciences de l'Homme, 1989.

25. N. Elias, *Über den Prozess der Zivilisation*, v. II, Berlim, Munique, 1969 (grifo do autor), apud A. Lütdke, "The role [...]", op. cit., p. 176.

26. A. Lütdke, "The role of state [...]", op. cit., p. 181.

27. Esses pontos são desenvolvidos em Paulo Sérgio Pinheiro, *A estratégia das ilusões. A revolução mundial e o Brasil, 1922-1935*, São Paulo, Companhia das Letras, 1991.

28. Carl Friedrich, *The pathology of politics*, Nova York, Harper and Row, 1972, pp. 28 e 236.

29. Francois Châtelet, "Hypothèses concernant les relations de l'État dit libéral et de l'État fasciste", in Maria A. Macchiocci, *Elements pour une analyse du fascisme I*, Paris, 1976, pp. 10-8.

30. Agnes Heller, "On formal democracy", in J. Keane, op. cit., pp. 129-46.

O ETERNO RETORNO DO MESMO: TESE COSMOLÓGICA OU IMPERATIVO ÉTICO?

Scarlett Marton

> E se um dia ou uma noite um demônio se esgueirasse em tua mais solitária solidão e te dissesse: "Esta vida, assim como tu a vives agora e como a viveste, terás de vivê-la ainda uma vez e ainda inúmeras vezes; e não haverá nela nada de novo, cada dor e cada prazer e cada pensamento e suspiro e tudo o que há de indizivelmente pequeno e de grande em tua vida há de te retornar, e tudo na mesma ordem e sequência — e do mesmo modo esta aranha e este luar entre as árvores, e do mesmo modo este instante e eu próprio. A eterna ampulheta da existência será sempre virada outra vez — e tu com ela, poeirinha da poeira!" — Não te lançarias ao chão e rangerias os dentes e amaldiçoarias o demônio que te falasse assim? Ou viveste alguma vez um instante descomunal, em que lhe responderias: "Tu és um deus, e nunca ouvi nada mais divino!".
>
> Se esse pensamento adquirisse poder sobre ti, assim como tu és, ele te transformaria e talvez te triturasse; a pergunta, diante de tudo e de cada coisa: "Quero isto ainda uma vez e ainda inúmeras vezes?" pesaria como o mais pesado dos pesos sobre teu agir! Ou então, como terias de ficar de bem contigo mesmo e com a vida, para não *desejar* nada *mais* do que essa última, eterna confirmação e chancela?[1]

Assim escreve Nietzsche na *Gaia ciência*. É na forma de um desafio que introduz, em sua obra, a ideia do eterno retorno. A bem da verdade, a ela já faz referência nos escritos de 1873 sobre *A filosofia na época trágica dos gregos*. Ao reescrever a história da pré-socrática, é em Heráclito que julga encontrá-la. A seu ver, concebendo o mundo enquanto criação e destruição permanentes, o pré-socrático entenderia que ele sucumbe periodicamente para ressurgir sempre o mesmo — e, desse modo, a conflagração geral colocaria em pauta a repetição.[2] Então, historiador da filosofia, Nietzsche atribui a Heráclito o que veio a constituir uma tese estoica.[3] À ideia do eterno retorno ele se refere, ainda uma vez, na *Segunda consideração extemporânea*. Ao examinar diferentes tipos de historiografia, pretende vê-la no que chama de "história monumental". No seu entender, mostrando ao homem de ação que a grandeza do passado ainda é possível, porque já foi real, a "história monumental" poderia fazê-lo crer que os acontecimentos se repetem com exatidão — o que só seria viável "se os pitagóricos tivessem razão em acreditar que, quando ocorre a mesma constelação dos corpos celestes, também sobre a Terra tem de se repetir o mesmo, e isso até os mínimos pormenores".[4] Então, crítico da historiografia, Nietzsche atribui aos pitagóricos o que foi uma noção da astrologia caldeia.[5] Se menciona com algum interesse a ideia no quadro do pensamento heraclitiano, dela trata de forma irônica e até cética ao criticar a "história monumental". Em ambas as passagens, porém, enquanto historiador da filosofia ou crítico da historiografia, não chega a desenvolvê-la nem sequer a enfatizá-la.

É de outra maneira que, na *Gaia ciência*, o filósofo lida com o eterno retorno. Ao enunciar o que ele mesmo pensa a respeito, toca em dois pontos que se tornarão recorrentes em seus textos: a repetição dos acontecimentos ("cada dor e cada prazer e cada pensamento e suspiro e tudo o que há de indizivelmente pequeno e de grande em tua vida há de te retornar") e o movimento circular em que a mesma série de eventos ocorre ("e tudo na mesma ordem e sequência"). Se estes aspectos se revelarão essenciais em sua doutrina, ele aqui parece enfatizar outro ponto: "o mais pesado dos pesos", que dá título ao aforismo, diz respeito às consequências psicológicas que o pensamento do eterno retorno pode acarretar. Afinal, o que ele provocaria em nós? Constituiria motivo de júbilo ou razão de desespero? Diante dele, como nos comportaríamos? Nós nos lançaríamos ao chão e rangeríamos os dentes? Ou abençoaríamos como portador da boa nova quem dele nos falasse? Mas qualquer atitude que viéssemos a adotar não nos libertaria do fardo que, desde então, pesaria sobre nosso agir. Nem a aceitação nem a recusa desse "pensamento abissal" poderia poupar-nos de seu impacto sobre nós. Se por ele nos deixássemos impregnar, seríamos a cada instante perseguidos por esta pergunta: "Quero isto ainda uma vez e ainda inúmeras vezes?". Contudo — tranquilizemo-nos —, quando apresenta sua concepção, Nietzsche recorre à forma condicional ("e se um dia ou uma noite").

A formulação hipotética, que se depara nesse aforismo, talvez nos levasse a sublinhar o significado da doutrina nietzschiana do eterno retorno no contexto da experiência humana.[6] Houve quem a encarasse como a maneira pela qual os seres humanos lidam com o passado. Tendo efeito purificador, deles eliminaria o ressentimento e o ascetismo, deles extirparia tudo o que fosse doentio. Os que experienciassem e entendessem a doutrina sofreriam tal mudança que se sentiriam completamente transfigurados.[7] Houve quem acreditasse que ela consistia num teste psicoespiritual para avaliar nossas atitudes e sentimentos em relação à nossa própria vida. Querer a repetição eterna de todas as coisas implicaria não só viver de novo o que se escolheu, mas ter de viver outra vez o que não se quis. A doutrina poderia, pois, provocar profunda transformação no indivíduo que a aceitasse.[8] Houve, também, quem a aproximasse do "conhece-te a ti mesmo"; o demônio que, impertinente, se põe a falar do eterno retorno lembraria o *daimon* socrático. Ensinada por Zaratustra a um grupo seleto, essa doutrina esotérica demandaria preparação prévia dos ouvintes. Mais próxima da autorreflexão de Sócrates que da cosmologia de Platão, ela se justificaria pelo efeito que a crença no eterno retorno deveria produzir sobre nossa experiência.[9] Houve ainda quem a julgasse a expressão de uma orientação fundamental diante da vida. Insistindo em focalizar o presente, a doutrina exerceria poderosa influência sobre nossa conduta. Aceita pela fé e não pela prova, expressaria as implicações da afirmação trágica da vida em face do aspecto temporal da experiência humana.[10] Houve, enfim, quem a concebesse como a representação de uma posição particular perante a vida. Sua veracidade real ou possível desempenharia, apenas, um papel heurístico. Exemplificando a atitude necessária para superar o niilismo, a atitude que se opõe à decadência e ao declínio, a doutrina exprimiria a afirmação da vida ascendente.[11]

Tomando o pensamento do eterno retorno como meio de purificação, prova de coragem, exercício de introspecção, guia de conduta ou "imperativo existencial", os comentadores, que adotam essa linha interpretativa, põem-se de acordo quanto a este ponto: o foco da doutrina nietzschiana reside nas questões existenciais — e não nas científicas. Não se preocupam, por isso mesmo, em discutir se ela é verdadeira ou falsa; preferem inscrevê-la no registro da crença e da fé ou, quando muito, atribuir-lhe caráter heurístico. Sustentam, todos eles, que não se coloca como uma teoria física ou empírica e tampouco como uma tese metafísica; defendem, vários deles, que constitui uma concepção experimental.

Não é, sem dúvida, enquanto tese que a ideia do eterno retorno surge na *Gaia ciência* — mas como experimento do pensamento. Com isso, não entendemos, porém, que o caráter experimental da doutrina se deva ao fato de ter ela causado impacto sobre o próprio autor — como querem alguns — ou de ter ele sentido necessidade de incluí-la reflexivamente em sua própria vida — como pretendem outros. Mais do que problema psicológico ou questão existencial, em Nietzsche, o experimentalismo é opção filosófica. Ao colocar um problema em seus múltiplos aspectos, abordar uma questão a partir de vários ângulos, tratar de um tema adotando diversos pontos de vista, o filósofo está a fazer experimentos com o pensar. Não é por acaso, aliás, que privilegia o estilo aforismático; se perseguir uma ideia é abandonar várias outras pelo caminho, o que é o aforismo se não a possibilidade de perseguir uma ideia partindo de diferentes perspectivas? Adequado ao perspectivismo, o estilo que ele adota põe-se assim a serviço do experimentalismo. Declara:

> Uma *filosofia experimental*, tal como eu a vivo, antecipa experimentalmente até mesmo as possibilidades do niilismo

> radical; sem querer dizer com isso que ela se detenha em uma negação, no não, em uma vontade de não. Ela quer, em vez disso, atravessar até ao inverso — até a um *dionisíaco dizer sim* ao mundo, tal como é, sem desconto, exceção e seleção.

E conclui: "quer o eterno curso circular: — as mesmas coisas, a mesma lógica e ilógica do encadeamento" [16 (32) da primavera-verão de 1888]. Se na *Gaia ciência* é como um desafio que ele introduz a ideia do eterno retorno, aqui é enquanto parte constitutiva de seu projeto filosófico que a apresenta.

Ao caracterizar a própria reflexão como experimental, Nietzsche dispõe-se a explorar o que acredita estar por vir. O niilismo — que constata em sua época — consistiria na total ausência de sentido provocada pelo esboroamento dos valores transcendentes; o niilismo radical — que antecipa — deveria, antes de mais nada, fazer a crítica do fundamento mesmo desses valores. Se a ruína do cristianismo trouxe como consequência a sensação de que "nada tem sentido", "tudo é em vão", trata-se agora de mostrar que a visão cristã não é a única interpretação do mundo — é só mais uma. Perniciosa, ela inventou a vida depois da morte para justificar a existência; nefasta, fabricou o reino de Deus para legitimar avaliações humanas. Na tentativa de negar *este* mundo em que nos achamos, procurou estabelecer a existência de outro, essencial, imutável, eterno; durante século, fez dele a sede e a origem dos valores. É urgente, pois, suprimir o além e voltar-se para a terra; é premente entender que eterna é esta vida tal como a vivemos aqui e agora. Ao revelar a intenção de pôr, "no lugar da metafísica e da religião, *a doutrina do eterno retorno*" [(8) 9 (8) do outono de 1887], o filósofo deixa claro que a travessia do niilismo deve levar a uma superação. Ela tem de desembocar num gesto afirmativo, num "dionisíaco dizer sim ao mundo", diz ele — e completa: "ao mundo, tal como é".

Mas Nietzsche trata do eterno retorno ainda de outro modo. "Não olhar para longínquas e desconhecidas beatitudes, bênçãos e graças", determina num fragmento póstumo, "mas viver de tal modo que queiramos viver ainda uma vez e queiramos viver *assim* pela eternidade! — A cada instante nossa tarefa nos reclama" [11 (161) da primavera-outono de 1881]. A forma imperativa, presente neste texto, talvez nos induzisse a ressaltar o aspecto normativo da doutrina nietzschiana.[12] Não foram poucos, aliás, os que tentaram aproximá-la da filosofia prática de Kant. Houve quem defendesse existir uma semelhança profunda entre o eterno retorno e o imperativo categórico. Nem um nem o outro diriam ao homem o que fazer; ambos lhe ordenariam como agir. Consistiriam numa pura forma, cujas possibilidades de realização seriam, quanto ao conteúdo, ilimitadas.[13] Houve também quem argumentasse que tanto o imperativo categórico quanto o eterno retorno exprimiam uma exigência ética: a de o indivíduo submeter todas as suas ações a uma norma. Eles não pregariam um tipo de comportamento determinado nem imporiam um estilo de vida específico. Diriam respeito à forma das ações e não à matéria delas.[14] Houve ainda quem julgasse que, enquanto Kant estendia a ação em latitude, fazendo-a propagar-se numa repetição ilimitada nos membros da sociedade, Nietzsche a ampliava em longitude, fazendo-a repetir-se numa sucessão infinita em cada ser humano. Essas multiplicações teriam o mesmo fim: dar às ações o seu verdadeiro peso e enfatizar, com isso, a responsabilidade do homem.[15]

Para os comentadores que perseguem essa hipótese interpretativa, o apelo "vive de tal forma que devas querer viver outra vez a mesma vida" lembraria a primeira formulação do imperativo categórico ("age apenas segundo uma máxima tal que possas ao mesmo tempo querer que ela se torne lei universal"). Sustentam, todos eles, que a doutrina nietzschiana do eterno retorno não pretende buscar fundamentação científica nem poderia fazê-lo; defendem, vários deles, que, incitando o homem a agir como se fosse verdadeira, ela constitui uma exortação ética.

Contudo, em outra passagem, Nietzsche afirma:

> Minha doutrina diz: a tarefa consiste em viver de tal maneira que devas *desejar* viver de novo — tu viverás de novo *de qualquer modo*! Aquele a quem o esforço proporciona o mais alto sentimento, que se esforce; aquele a quem o repouso pro-

porciona o mais alto sentimento, que repouse; aquele a quem integrar-se, seguir, obedecer proporciona o mais alto sentimento, que obedeça. *Possa* ele tornar-se consciente *do que* lhe proporciona o mais alto sentimento e não recuar diante de *nenhum meio*! A *eternidade* está em jogo! [11 (163) da primavera-outono de 1881].

Aparente, a proximidade entre a admoestação nietzschiana e o imperativo kantiano deixa de ter pertinência. Enquanto Kant espera subsumir os juízos acerca das ações individuais numa lei moral racional, Nietzsche quer apontar o caráter singular e irrecuperável de cada ação. Se o primeiro coloca acima de circunstâncias particulares e vantagens passageiras a máxima que o homem deve seguir nas suas ações, o último a faz depender de situações conjunturais e subordinar-se a interesses específicos. Para um, é a razão, enquanto faculdade do universal, que comanda imperativamente, obriga incondicionalmente a vontade do homem; para o outro, são os pensamentos, sentimentos e impulsos que lhe impõem o que fazer.

Ao falar do eterno retorno, Nietzsche é incisivo: "a tarefa consiste em viver de tal maneira que devas *desejar* viver de novo — tu viverás de novo *de qualquer modo*!". Por um lado, ele fornece um imperativo para a ação: o de só querermos algo de forma a também querermos que retorne sem cessar; por outro, assegura que, queiramos ou não, tudo retornará sem cessar. À advertência sobre a conduta humana, justapõe uma visão determinista. Em seus textos, parece oscilar entre conceber o eterno retorno como a superação do niilismo e entendê-lo como um "dionisíaco dizer sim ao mundo, tal como é"; parece hesitar entre encará-lo como "uma tentativa de transvaloração de todos os valores" e considerá-lo "*a mais científica* de todas as hipóteses possíveis".[16]

É justamente enquanto hipótese cosmológica que, nos fragmentos póstumos, o filósofo apresenta sua doutrina. Escreve:

Se o mundo *pode* ser pensado como grandeza determinada de força e como número determinado de centros de força — e

> toda outra representação permanece indeterminada e consequentemente *inutilizável* —, disso se segue que ele tem de passar por um número calculável de combinações, no grande jogo de dados de sua existência. Em um tempo infinito, cada combinação possível estaria alguma vez alcançada; mais ainda: estaria alcançada infinitas vezes. E como entre cada combinação e seu próximo retorno todas as combinações ainda possíveis teriam de estar transcorridas e cada uma dessas combinações condiciona a sequência inteira das combinações da mesma série, com isso estaria provado um curso circular de séries absolutamente idênticas: o mundo como curso circular que infinitas vezes já se repetiu e que joga seu jogo *in infinitum* [14 (188) da primavera de 1888].

Aparentemente, é em linguagem física que o autor traduz, nessa passagem, as ideias já presentes na *Gaia ciência*. Se lá ele supunha que a repetição dos acontecimentos e o movimento circular da mesma série de eventos se davam no nível empírico, aqui pensa que ocorrem no nível cósmico. Se então acreditava que diziam respeito à existência de cada indivíduo, agora julga que têm a ver com o mundo enquanto um todo.

Ao expor a versão cosmológica de sua doutrina, Nietzsche parte, basicamente, de duas ideias: a força é finita e o tempo, infinito.[17] Assumindo-as como premissas, não chega a prová-las; na verdade, nem teria como fazê-lo. Se, por vezes, argumenta a favor delas, é para mostrar que não se poderia defender o contrário ou deixar de sustentar o que afirmam. Tanto é assim que declara: "a dimensão da força do universo é *determinada* e não 'infinita'; guardemo-nos de tais aberrações conceituais"! [11 (202) da primavera-outono de 1881] — ou então: "nada me pode impedir de, calculando deste instante para trás, dizer 'nunca chegarei ao fim': assim como posso calcular do mesmo instante para a frente, ao infinito" [14 (188) da primavera de 1888]. Por um lado, partindo deste momento, seria possível avançar ou recuar no tempo sem jamais encontrar um termo; o tempo não teve início nem terá fim. Por outro, tudo o que existe — seja natureza inerte ou vida orgânica — é constituído por forças, todas elas finitas; o mundo não se torna maior nem menor.

No contexto das preocupações cosmológicas de Nietzsche, a doutrina do eterno retorno aparece estreitamente vinculada à teoria das forças e ao conceito de vontade de potência.[18] Quando trata do mundo, o filósofo sempre postula a existência de uma pluralidade de forças presentes em toda parte. A força só existe no plural: não é em si, mas na relação com outras; não é algo, mas um agir sobre. Não se pode dizer, pois, que ela produz efeitos nem que se desencadeia a partir de algo que a impulsiona; isso implicaria distingui-la de suas manifestações e enquadrá-la nos parâmetros da causalidade. Tampouco se pode dizer que a ela seria facultado não se exercer; isso importaria atribuir-lhe intencionalidade e enredá-la nas malhas do antropomorfismo. A força simplesmente se efetiva, melhor ainda, é um efetivar-se. Agindo sobre outras e resistindo a outras mais, ela tende a exercer-se o quanto pode, quer estender-se até o limite, manifestando um querer-vir-a-ser-mais-forte, irradiando uma vontade de potência. "Toda força motora é vontade de potência, não existe fora dela nenhuma força física, dinâmica ou psíquica" [14 (121) da primavera de 1888]. A vontade de potência aparece assim como explicitação do caráter intrínseco da força. Querendo-vir-a-ser-mais-forte, a força esbarra em outras, que lhe opõem resistência, mas o obstáculo constitui um estímulo. Inevitável, trava-se a luta — por mais potência. Não há objetivos a atingir; por isso, ela não admite trégua nem prevê termo. Insaciável, continua a exercer-se a vontade de potência. Não há finalidades a realizar; por isso, ela é desprovida de caráter teleológico. A cada momento, as forças relacionam-se de modo diferente, dispõem-se de outra maneira; a todo instante, o combate entre elas faz surgir novas forças, outras configurações.[19]

Admitindo que a soma das forças permanece constante no mundo, Nietzsche postula que, embora múltiplas, elas são finitas. Num tempo infinito, só haveria, então, duas possibilidades: ou o mundo atingiria um estado de equilíbrio durável ou os estados por que ele passasse se repetiriam. Esclarece o filósofo:

> Se o mundo pudesse enrijecer, secar, morrer, tornar-se *nada*, ou se pudesse alcançar um estado de equilíbrio, ou se tivesse em geral algum alvo que encerrasse em si a duração, a inalterabilidade, o de uma vez por todas (em suma, dito metafisicamente: se o vir a ser *pudesse* desembocar no ser ou no nada), esse estado teria de estar alcançado. Mas não está alcançado: de onde se segue... [14 (188) da primavera de 1888].

Dadas as suas concepções cosmológicas, ele não pode aceitar que o mundo chegue a um estado final. O caráter essencialmente dinâmico da força impede que ela não se exerça; seu querer-vir-a-ser-mais-forte impede que cesse o combate. A vontade de potência, impulso de apropriar e dominar, leva a força a querer prevalecer na relação com as demais; atuando em todas elas, desencadeia uma luta geral e permanente. Em suma, se o mundo tivesse algum objetivo, já o teria atingido; se tivesse alguma finalidade, já a teria realizado.

Nietzsche pergunta:

> Mas qual é então a proposição e crença com a qual se formula com a máxima determinação a conversão decisiva, a *preponderância* agora alcançada do espírito científico sobre o espírito religioso, criador de deuses fictícios? Não é: o mundo, como força, não pode ser pensado ilimitado, pois não é possível pensá-lo assim? — proibimo-nos o conceito de uma *força infinita, por ser incompatível com o conceito "força"*. Portanto, falta também ao mundo a faculdade da eterna novidade.[20]

Finito, mas eterno: é o quanto basta para formular a doutrina do eterno retorno. Todos os dados são conhecidos: finitas são as forças, finito é o número de combinações entre elas, mas o mundo é eterno. Daí se segue que tudo já existiu e tudo tornará a existir. Se o número dos estados por que passa o mundo é finito e se o tempo é infinito, todos os estados que hão de ocorrer no futuro já ocorreram no passado. Resulta que "o princípio da conservação de energia exige o *eterno retorno*" [5 (54) do verão de

1886-outono de 1887]. É a partir desse princípio que o filósofo se propõe a criticar a ideia de entropia; é justamente a partir da primeira lei da termodinâmica que espera refutar a segunda.[21]

Também a doutrina nietzschiana do eterno retorno parece prestar-se a refutações. Uma das mais conhecidas tenta provar que, do ponto de vista matemático, ela é insustentável. Mesmo que se aceite que o processo do mundo se desenrola num tempo infinito entre elementos finitos, não se demonstra, com isso, que todas as combinações produzidas por esses elementos têm de repetir-se. Há, pelos menos, uma que exclui essa possibilidade. Supondo-se três anéis superpostos, circulares e concêntricos com o mesmo diâmetro, sendo que cada anel está marcado num ponto de sua circunferência e os pontos alinhados por um fio vertical imaginário, se girarem com as velocidades específicas de *n*, *2n* e *3n* não voltarão ao estado inicial de alinhamento; essa configuração nunca se repetirá.[22] Ora, Nietzsche poderia retrucar que o espaço idealizado, que a demonstração pressupõe, não passa de ficção. Diria, talvez, que só existem forças agindo e resistindo umas em relação às outras, forças que não preenchem o espaço mas o constituem. Acrescentaria que o mundo se apresenta "como força determinada posta em um determinado espaço, e não em um espaço que em alguma parte estivesse 'vazio', mas antes como força por toda parte" [38 (12) de jun.-jul. 1885].

Deixemos de lado as refutações matemáticas e até físicas a que se presta a doutrina nietzschiana; não teríamos como avaliá-las. Examinemos, mais de perto, suas incongruências internas. Ao que parece, não há vínculos estreitos entre seus pontos fundamentais: a repetição dos acontecimentos e o movimento circular em que a mesma série de eventos ocorre. Sublinhando-se o primeiro, nada impediria que, por um processo fortuito, as forças constitutivas do mundo viessem a combinar-se de tal forma que as configurações voltassem a ocorrer; seriam regidas pelo acaso. Realçando-se o último, seria preciso que as forças se combinassem numa sequência bem definida, para que todas as configurações se repetissem; estariam sujeitas a uma ordem rigorosa. Se o filósofo menciona "o grande jogo de dados" da existência do mundo, afirma, também, que tudo acontece "na mesma ordem e sequência". Talvez se refira a um jogo de cartas marcadas ou de dados viciados.

As dificuldades, todavia, permanecem. Da ideia de que "em um tempo infinito, cada combinação possível estaria alguma vez alcançada; mais ainda: estaria alcançada infinitas vezes" não se segue necessariamente que "entre cada combinação e seu próximo retorno todas as combinações ainda possíveis teriam de estar transcorridas" e, tampouco, que "cada uma das combinações condiciona a sequência inteira das combinações da mesma série". Da repetição dos acontecimentos não se pode deduzir o movimento circular em que a mesma série de eventos ocorre; não se deduz que uma configuração só retorna depois de finda toda a série e, menos ainda, que cada configuração determina a seguinte. Sem fornecer justificação alguma, Nietzsche faz as duas afirmações. Pressupondo que a sequência de eventos se caracteriza por uma relação condicionante, entende que cada estado do mundo, num determinado momento, define o próximo e assim, indiretamente, o ciclo inteiro. "Com isto", conclui, "estaria provado um curso circular de séries absolutamente idênticas."

Como conciliar, então, o estrito determinismo que ele postula na visão cosmológica do eterno retorno e o impacto que espera causar com esse "pensamento abissal"? Se ressaltamos o aspecto normativo da doutrina, o fato de ela ser ou não verdadeira não vai alterar nossa conduta; se salientamos o seu significado no contexto da experiência humana, pouco importa sua veracidade. Mas, se assinalamos que é uma hipótese científica, então não mais poderá afetar nosso comportamento; se apontamos que tem caráter descritivo, já não nos dirá respeito. Quando acentuamos as supostas consequências psicológicas que ela acarreta — seja sustentando que constitui uma exortação ética ou defendendo que seu foco reside nas questões existenciais —, somos obrigados a descartar a dimensão cosmológica; quando destacamos que é, também, "a nova concepção do mundo",[23] somos forçados a ignorar a profunda impressão que deve provocar em nós.

Na tentativa de resolver o problema, não foram poucos os que, atentos às consequências psicológicas da doutrina, insistiram no caráter fictício que o filósofo atribuiria ao conhecimento científico. Houve quem sustentasse que, se ele tentou encontrar na ciência confirmação para a ideia do eterno retorno, nem por isso deixou de julgar que, como qualquer lei científica, ela não passava de convenção.[24] Houve também quem afirmasse que, dada a sua concepção de ciência, Nietzsche entendeu que a doutrina não só era provisória, experimental e hipotética, mas ficcional.[25] Houve até quem acreditasse que ele tenha sido levado, ao tratar delas, a recorrer a metáforas científicas por viver num meio dominado pelo cientificismo.[26] Houve, enfim, quem argumentasse que, se o filósofo buscava verificação "científica", era porque supunha que as teorias e métodos das ciências retomavam as crenças da humanidade. De outro modo, como explicar que ele considerasse o eterno retorno uma teoria física verdadeira e defendesse o perspectivismo?[27]

Não há dúvida de que Nietzsche denuncia a ciência como "a forma mais jovem e mais nobre do ideal ascético" e critica a concepção da verdade enquanto adequação com que ela trabalharia. Afirma, em contrapartida, que o conhecimento científico possui caráter instrumental e, nesse âmbito, a verdade se define por sua eficácia. Mas jamais confunde o perspectivismo com relativismo; entende que ele, também, se inscreve num registro cosmológico. É preciso levar em conta, adverte, "o perspectivismo necessário mediante o qual cada centro de forças — e não unicamente o homem — constrói *a partir de si mesmo* todo o resto do mundo, isto é, mede segundo sua força, tateia, dá forma..." [14 (186) da primavera de 1888]. Uma configuração de forças tem em relação a tudo o mais sua maneira de apreciar, de agir e reagir. Da sua perspectiva, ela organiza o mundo. É impossível impedir que procure impor sua interpretação ao que a cerca; no fim das contas, a vontade de potência é impulso de apropriar e dominar. É igualmente impossível evitar que se defronte com as demais interpretações; afinal, a luta não admite trégua nem prevê termo. Ao conceber o mundo como campos de força instáveis em permanente tensão, o filósofo acaba por ressaltar seu traço perspectivista. Se admite que suas teses cosmológicas constituem *uma* interpretação, por certo, não as considera apenas *mais uma*. Entende que vontade de potência e pluralidade de forças são conceitos com valor cognitivo; foram elaborados a partir de uma perspectiva determinada, mas esta é privilegiada, porque manifesta o perspectivismo inscrito no mundo.

Defender o perspectivismo não inviabiliza o seu projeto; ao contrário, vem reforçá-lo. Sendo o mundo um conjunto de relações, só se pode apreendê-lo assumindo-se pontos de vista em harmonia com as espécies de relações que o constituem, adotando-se perspectivas em sintonia com elas. Dentre as interpretações humanas, algumas seriam mais abrangentes e penetrantes e outras, mais estreitas e superficiais. Estas acabariam por restringir-se a um único ponto de vista; aquelas, incorporando diferentes perspectivas, dariam conta de um número maior de aspectos. É por isso que Nietzsche não despreza a contribuição que as ciências têm a oferecer. Pretende discutir as questões candentes que elas então se colocam; quer tomar parte nos debates científicos de sua época.

Com a teoria das forças, ele descarta o atomismo moderno e faz a opção pela energética. Com a doutrina do eterno retorno, posiciona-se contra o mecanicismo e a segunda lei da termodinâmica. Não é por acaso que concebe o mundo como pleno vir-a-ser: a cada mudança se segue outra, a cada estado atingido se sucede outro.

> Se [o mundo] fosse em geral apto a um perseverar, tornar-se rígido, apto a um “ser”, se em todo o seu vir-a-ser tivesse apenas por um único instante essa aptidão ao “ser”, mais uma vez, há muito teria terminado todo vir-a-ser, e portanto também todo pensar, todo “espírito” [36 (15) de jun.-jul. 1885].

Nada é senão vir-a-ser; o mundo não teve início nem terá fim. Supor que tenha sido criado implica tomá-lo como efeito da atuação da vontade de potência, como resultado do efetivar-se da força ou, então, vê-lo como produto de um poder transcendente que o fez surgir *ex nihilo*. Neste caso, lança-se mão da teologia; naquele, apela-se para a explicação mecanicista. Contra ambas, deve-se encarar o mundo como eterno. Não houve momento inicial, pois à vontade de potência não se pode atribuir nenhuma intencionalidade; tampouco haverá instante final, pois a ela não se deve conferir caráter teleológico algum. Pluralidade de forças, o mundo não se confunde com o caos nem constitui um sistema. Totalidade interconectada de quanta dinâmicos, é um processo — e não uma estrutura estável; os elementos em causa, inter-relações — e não partículas, átomos, mônadas. E mais: não há substância alguma que garanta sua coesão. Se permanece uno, é porque as forças, múltiplas, estão todas inter-relacionadas. Processo circular que não tem fim, ele se põe

> [...] como força por toda parte, como jogo de forças e ondas de força, ao mesmo tempo um e múltiplo, aqui acumulando-se e ao mesmo tempo ali minguando, um mar de forças tempestuando e ondulando em si próprias, eternamente mudando, eternamente recorrentes, com descomunais anos de retorno [38 (12) de jun.-jul. 1885].

Mas no que se diferenciaria a doutrina nietzschiana? Afinal, a ideia do eterno retorno já se acha nos antigos. Anaximandro e os pitagóricos, Heráclito e Empédocles, Eudemo e os estoicos estavam familiarizados com ela. Brâmanes e budistas, zoroastrianos e zurvanistas encontravam-na nos textos sagrados. Filólogo, Nietzsche conhecia bem os gregos; amigo de Deussen e discípulo de Schopenhauer, teve contato com o budismo; quando professor em Basileia, já se interessava pela literatura védica e pelas religiões persas.[28] Desde seus anos de formação, aliás, acreditou encontrar na antiga Grécia rastros de pensamentos orientais. Se julgava impróprio atribuir aos gregos uma cultura autóctone, tampouco aceitava que tivessem importado a filosofia. Levando adiante o que tomaram de povos vizinhos, desenvolveram um aprendizado fecundo e tornaram-se criadores.[29] Dos antigos o filósofo se afasta quando busca fundamentar sua doutrina nas ciências da natureza; deles se distancia quando procura demonstrá-la recorrendo à física e às matemáticas.

Hoje, é unânime entre os comentadores de Nietzsche a convicção de que o pensamento do eterno retorno, em sua dimensão cosmológica, é pelo menos contestável.[30] Isso talvez não ponha em risco a cosmologia que o filósofo arquiteta enquanto um todo; não desqualifica, por certo, os esforços que faz no sentido de embasá-la cientificamente. Na biologia, ele busca subsídios para elaborar o conceito de vontade de potência; na física, encontra elementos para construir a teoria das forças. Não se pode ignorar o interesse que sempre nutriu pelas ciências da natureza. Muito cedo, iniciou os estudos científicos. Já em 1868, quando de seus trabalhos sobre Demócrito, estava convencido de que o pensamento grego inventara quase todas as hipóteses da ciência moderna e, a partir de 1872, passou a dedicar-se à física geral, à química e à biologia.[31] As ciências naturais e experimentais desempenharam papel relevante em sua filosofia. Na juventude, entrou em contato com as diversas correntes que permeavam a investigação científica da época.[32] E, em 1882, acalentou o projeto de voltar à universidade, em Viena ou Paris, para estudar matemática e física, tendo em vista embasar o eterno retorno.[33] Provavelmente, foram Dühring, Mayer, Boscovich e até Helmholtz que lhe sugeriram o fundamento científico da doutrina.[34]

Quanto à possibilidade lógica do eterno retorno, porém, talvez tenham sido Schopenhauer e Lange os primeiros a lhe fornecer. Na *História do materialismo*, ao expor a visão de Lucrécio em *De rerum natura*, Lange faz referência a uma série de mundos possíveis que poderia repetir-se. Quando apresenta o ensaio de 1872 de Louis Blanqui, “L’éternité par les astres, hypothèse astronomique”, menciona que, dado o número constante e finito dos elementos do universo, suas combinações possíveis também deveriam ser finitas. E, discutindo o trabalho de David Strauss, *A antiga e a nova fé*, refere-se a um processo eterno de criação e destruição do cosmos, que excluiria a ideia de Deus como criador.[35] Em *O mundo como vontade e representação*, Schopenhauer supõe uma pessoa que, à diferença da maioria, não mais se sente impelida por um querer viver cego e irracional ou pelo medo da morte. Ela possuiria tal coragem que, em troca das alegrias da vida, aceitaria de bom grado todas as penas e tormentos. Não tendo nada a temer, "consentiria em ver sua vida, tal como a viu desenrolar-se, durar sem termo ou em vê-la repetir-se sempre".[36] Mas, ao compreender que o sofrimento é essencial ao viver, passaria por uma transformação radical. Se fosse sincera e estivesse de posse de todas as suas faculdades, no final da existência, admitiria nunca mais querer viver outra vez e, a isso, preferir até o aniquilamento absoluto.

Nos fragmentos póstumos, Nietzsche parece apropriar-se de várias noções inter-relacionadas presentes na obra de Lange. Ao conceber o mundo como totalidade permanentemente geradora e destruidora de si mesma, entende que não se acha submetido a um poder transcendente. Ao enfatizar o caráter dinâmico das forças, julga que são finitas as suas combinações. Na *Gaia ciência*, parece assumir as premissas de seu antigo mestre sem aceitar a conclusão a que ele chega. Se também lança como um desafio a ideia de que a existência se repetiria inúmeras vezes, procura dar a ela uma resposta completamente diferente. Acredita que o tipo de pessoa que Schopenhauer imagina poderia conhecer o pior e preservar, ainda, o "amor à vida". Conjugando esses temas, elabora a doutrina do eterno retorno. Ele mesmo confessa, aliás, deparar "com esse pensamento em pensadores anteriores". Como pode, então, pretender que, ao escrever *Assim falou Zaratustra*, lhe tenha vindo "o pensamento que corta em dois a história da humanidade"?[37] Não resta dúvida de que a originalidade, aqui, reside em acoplar os efeitos éticos a uma concepção de mundo. Mesmo que seja insustentável enquanto teoria física, o eterno retorno se mantém por suas consequências no contexto humano. Mas isso não resolve o nosso dilema: o imperativo para a ação, aparentemente, não se coaduna com a visão determinista.

Se aceitamos que o pensamento do eterno retorno é, também, uma concepção do mundo, seremos forçados a admitir que várias vezes já nos encontramos na situação em que nos achamos aqui e agora — e outras tantas mais haveremos de nos encontrar. Quando, no próximo ciclo, eu estiver de novo escrevendo estas palavras, será outra vez março de 1991 da era cristã — e eu não me lembrarei de tê-las escrito antes. O que se repete é o que ocorre de fato — e não o que eventualmente poderia ocorrer. Não são os eventos logicamente possíveis mas os acontecimentos reais que retornam. Mais: o que se repete é a série inteira de acontecimentos — e não um ou outro evento isolado. Não é um período histórico determinado e sim "o grande ano do vir-a-ser" que retorna. Não se trata, pois, da reincidência de padrões ou modelos nem da volta de acontecimentos similares ou simulacros das coisas. Contundente, a doutrina nietzschiana afirma o eterno retorno do *mesmo*; assevera que este momento que estamos vivendo já se deu e voltará a dar-se um número infinito de vezes *exatamente* como se dá agora. Em *Assim falou Zaratustra*, a águia e a serpente, os animais do profeta, põem em sua boca estas palavras:

> E se agora quisesse morrer, Zaratustra, nós sabemos também o que dirias a ti mesmo [...]
>
> "Agora morro e desapareço", dirias, "e num instante não serei mais nada. As almas são tão mortais quanto os corpos.
>
> "Mas o nó das causas em que sou tragado retornará — e de novo me criará! Eu próprio faço parte das causas do eterno retorno.
>
> "Retornarei com este sol, com esta terra, com esta águia, com esta serpente — *não* para uma vida nova, uma vida melhor ou semelhante.
>
> "Retornarei eternamente para esta mesma e idêntica vida, nas coisas maiores e também nas menores, para ensinar outra vez o eterno retorno de todas as coisas" [*Assim falou Zaratustra*, 3ª Parte, "O convalescente", parágrafo 2].

Zaratustra não se lembra de ter sido o mestre do eterno retorno — nem poderia lembrar-se; são seus animais que o advertem a esse respeito. A revelação não lhe chega como reminiscência ou sensação de *déjà vu*; ela é nova, inesperada, surpreendente até.

Para que a doutrina faça sentido, ele tem de admitir que dela já se esqueceu um número infinito de vezes,[38] que já foi tomado por ela nos ciclos anteriores — e voltará a ser nos posteriores. "Tudo vai e passa — tudo volta — e volta até mesmo o ir e passar. Este agora já foi — já foi inúmeras vezes. Esta doutrina ainda nunca foi ensinada. Como? Inúmeras vezes ela já foi ensinada — inúmeras vezes Zaratustra a ensinou" [18 (14) do outono de 1883]. Em sua autobiografia, Nietzsche relata como teve a visão do eterno retorno. Num dia de agosto de 1881, numa das caminhadas habituais pelos Alpes, deteve-se ao lado de um rochedo, em forma de pirâmide, próximo de uma localidade chamada Surlei. Foi lá que lhe veio seu pensamento mais abissal; foi então que ele lhe veio pela primeira vez — neste ciclo cósmico. Não há um único Nietzsche; há um número infinito de Nietzsches, todos eles exatamente idênticos, mas cada um existindo num ponto do tempo.

Na passagem de uma série de acontecimentos a outra, ninguém conte com evolução ou progresso, ninguém suponha alteração ou mudança, ninguém espere sequer continuidade. Nada se mantém — muito menos a memória ou a consciência. Por sua origem biológica, a consciência não passa de "um meio de comunicabilidade", "um órgão de direção" [cf. (372) 11 (145) de nov. 1887-mar. 1888]. Surgindo da relação do organismo com o mundo exterior, relação que implica ações e reações de parte a parte, ela não constitui — como se supõe — o traço distintivo entre homem e animal. No embate com o meio, os seres vivos — homens e animais — munem-se de órgãos que lhes facilitam a sobrevivência; a consciência é apenas um deles. Por sua proveniência gregária, a memória nada mais é que "um ativo *querer*-não-mais--livrar-se", "um continuar-querendo o que já quis" (cf. *Genealogia da moral*, 2ª Dissertação, parágrafo 1). Ela não corresponde a uma impossibilidade passiva de esquecer o passado, desfazer-se de lembranças, libertar-se de recordações. Ligada às origens da responsabilidade, assegura a cadeia que une o querer ao ato, garante que o indivíduo se torne capaz de prometer. Efêmeras, memória e consciência surgem em determinado momento do ciclo cósmico, duram certo tempo e desaparecem.

A veracidade da doutrina nietzschiana não poderia, pois, alterar nossa experiência; a exortação a agir como se ela fosse verdadeira tampouco poderia influenciar nossa conduta. Hoje não nos lembramos de como agimos nos ciclos prévios; mais: neste momento já nos comportamos do mesmo modo que nos retornos anteriores. Enfim, só podemos viver agora exatamente da maneira pela qual vivemos antes. Por razões ainda ignoradas, Nietzsche parece julgar compatíveis a força persuasiva do pensamento ético e o determinismo da visão cosmológica. Seria possível argumentar que a probabilidade da ideia de que tudo retorna sem cessar favoreceria suas consequências psicológicas; daí, o empenho do autor em prová-la. Ou alegar que, enquanto concepção experimental, ela revela aspectos vários, requer abordagens diversificadas, coloca-se sob uma pluralidade de perspectivas. Ou ainda sugerir que, nos textos, ocupa posições diferentes e tem importância variada. Ou então arriscar que ela se movimenta em diversos níveis simultâneos de significado e persuasão. Ou, enfim, aventurar que é ambivalente e, por isso mesmo, permite múltiplas leituras.[39] Mas talvez ousemos interpretá-la de outro modo e, levando em conta seus dois lados, considerá-la consistente.

Não é nos limites estreitos da história humana que o eterno retorno tem lugar — e sim na infinitude do tempo. Se a memória procura preservar as experiências de uma vida, a história, memória milenar e coletiva, deveria ser depositária das experiências da humanidade. Considerada uma ciência, ela suporia a inteligibilidade dos acontecimentos; encarada como um domínio específico do saber, tentaria criar um mundo conhecido e estável. Mas, comparada aos ciclos cósmicos, o que ela representaria? A essa pergunta o filósofo poderia muito bem responder com uma fábula. Diria ele:

> [...] em algum remoto rincão do universo cintilante que se derrama em um sem-número de sistemas solares, havia uma vez um astro, em que animais inteligentes inventaram o conhecimento. Foi o minuto mais soberbo e mais mentiroso da "história universal": mas também foi somente um minu-

to. Passados poucos fôlegos da natureza congelou-se o astro, e os animais inteligentes tiveram de morrer [*Sobre verdade e mentira no sentido extramoral*, parágrafo 1].

Revestindo caráter supra-histórico,[40] a doutrina nietzschiana do eterno retorno apresenta-se, de uma só vez, como "a mais extrema forma do niilismo" e "a mais alta forma de aquiescência que se pode atingir".[41] Contraditórios à primeira vista, os dois aspectos acham-se intimamente ligados. É inevitável que a existência tal como é, sem sentido ou finalidade, se repita; é imprescindível que o homem, não possuindo outra vida além desta, a afirme. Não temos escapatória: estamos condenados a viver inúmeras vezes e, todas elas, sem razão ou objetivo; tudo o que nos resta é aprender a amar o nosso destino. Com o eterno retorno, Nietzsche desautoriza as filosofias que supõem uma teleologia objetiva governando a existência, desabona as teorias científicas que presumem um estado final para o mundo, desacredita as religiões que acenam com futuras recompensas e punições. Recusa a metafísica e o mundo suprassensível, rejeita o mecanicismo e a entropia, repele o cristianismo e a vida depois da morte.

Não é por acaso que ele planeja um livro que teria por título "As novas 'Luzes'. Prelúdio a uma filosofia do eterno retorno".[42] Ao estimular o "espírito de rebanho", o Iluminismo conduziu à democracia e ao nivelamento geral e tornou-se a arma dos ressentidos. O novo *Aufklärung* deverá mostrar aos fortes que lhes é permitido tudo o que o animal gregário não se sente livre para fazer. Nas mãos de Zaratustra, a ideia do eterno retorno converte-se em "martelo":[43] permite-lhe desmantelar os velhos ideais de interpretação do mundo, fazendo ver que são inúteis, e demolir os velhos ídolos — o Estado, as instituições, a cultura filisteia, a moral, a religião, as ilusões da filosofia —, mostrando que são incapazes de fornecer um alvo à existência. Em suas mãos, a ideia de que tudo retorna sem cessar transforma-se ainda em princípio seletivo e aprimorador:[44] permite-lhe distinguir os que diante dela sucumbem e os que a ela aderem, paralisando os fracos e fortalecendo os fortes.

Aterrorizante, o pensamento do eterno retorno aponta a falta de sentido de todas as coisas; corretivo, descarta uma grande quantidade de mundos hipotéticos; liberador, alivia o fardo das esperanças vãs. Para suportá-lo, o filósofo fornece alguns meios:

> [...] a inversão de todos os valores; não mais o prazer da certeza mas da incerteza; não mais "causa e efeito" mas a criação permanente; não mais vontade de conservação mas de potência; não mais a fórmula humilde "tudo é *apenas* subjetivo" mas é também *nossa* obra — orgulhemo-nos disso!" [26 (284) do verão-outono de 1884].

Em vez de esperar que um poder transcendente justifique o mundo, o homem tem de dar sentido à própria vida; em vez de aguardar que venham redimi-lo, deve amar cada instante como ele é. E não há afirmação maior da existência que a afirmação de que tudo retorna sem cessar. Nietzsche declara:

> Minha fórmula para a grandeza no homem é *amor fati*, não querer nada de outro modo, nem para diante, nem para trás, nem em toda eternidade. Não meramente suportar o necessário, e menos ainda dissimulá-lo — todo idealismo é mendacidade diante do necessário —, mas *amá-lo*... [*Ecce homo*, "Por que sou tão esperto", parágrafo 10].

Contra o ressentimento, é preciso lembrar que não há vida eterna; esta vida é eterna.

Suprema exaltação do momento, a doutrina do eterno retorno vem acabar com as oposições; eternizando o aqui e agora, transforma em ser o vir-a-ser. "Que *tudo retorne* é a mais extrema *aproximação de um mundo do vir-a-ser com o do ser*" [7 (54) do final de 1886-primavera de 1887]. Transitório/perene, mutável/permanente, aparente/essencial, sensível/inteligível, todas as velhas dicotomias da metafísica caem por terra. Durante séculos, o ser humano, dilacerado, acreditou ser um composto de corpo e alma. Agora, não mais se definindo em relação à divindade, ele deixa de existir. Se o apogeu da humanidade, seu meio-dia, ocorre quando se suprime o dualismo entre mundo verdadeiro e mundo aparente, o homem que se ultrapassa identifica-se ao mundo. "O homem é algo que deve ser superado [...] O além-do-homem é o sentido da terra" (*Assim falou Zaratustra*, Prefácio, parágrafo 3). Com a morte de Deus e a afirmação dionisíaca do mundo, com a travessia do niilismo e sua superação no *amor fati*, ele vem conciliar os opostos, melhor, vem recusar que existam. Não se trata de um tipo biológico superior ou de uma nova espécie engendrada pela seleção natural, mas de quem organiza o caos de suas paixões e integra numa totalidade cada traço de seu caráter, de quem percebe que seu próprio ser está envolvido no cosmos, de sorte que afirmá-lo é afirmar tudo o que é, foi e será.[45]

Afirmar sem reservas *o fatum* equivale a aceitar que ele se afirme por meio de nós. Nietzsche assegura:

> *Cada traço característico fundamental* que está no fundamento de *cada* acontecer, que se exprime em cada acontecer, se fosse sentido por um indivíduo como *seu* traço característico fundamental, teria de impelir esse indivíduo a achar bom, triunfalmente, cada instante da existência universal [5 (71) do verão de 1886-outono de 1887].

É nesse sentido que Zaratustra se diz "o porta-voz da vida, o porta-voz do sofrimento, o porta-voz do círculo" (cf. *Assim falou Zaratustra*, 3ª Parte, "O convalescente", parágrafo 1). É ainda nessa direção que o filósofo intitula um livro que não chegou a escrever "*O eterno retorno*. Uma profecia".[46] À diferença do *Memorial* de Pascal, o pensamento do eterno retorno não é, apenas, mais uma experiência mística; ele faz parte de um projeto filosófico.

Suprimindo o dualismo entre mundo verdadeiro e mundo aparente, Nietzsche julga que o homem é uma parte do mundo e nela se espelha o todo. Negando a oposição entre ego e *fatum*, acredita que o ser humano partilha o destino de todas as coisas. Diz ele:

> A inteira atitude "homem *contra* mundo", o homem como "princípio negador do mundo", o homem como medida de valor das coisas, como juiz de mundos, que por último ainda põe a existência mesma sobre sua balança e a acha leve demais — o monstruoso mau gosto dessa atitude nos veio à consciência como tal, e nos ofende —, e já rimos quando encontramos "homem e mundo" colocados lado a lado, separados pela sublime pretensão da palavrinha "e"! [*A gaia ciência*, parágrafo 346].

Os filósofos supuseram que a medida era o homem; Nietzsche entende que o mundo é a medida. Ora, se o mundo não é uma criação divina e o homem não foi feito à imagem de Deus, a relação entre eles tem de mudar. Homem e mundo não mais se opõem, acham-se em harmonia. O que se passa em um e no outro não pode ser irredutível. Limitado pela perspectiva humana, é só a partir dela que o homem fala do mundo. Mas, se a vida e a experiência humanas não constituem a totalidade, dela tampouco se acham desligadas; se não abarcam o mundo, dele tampouco são independentes. Fornecem, pois, ao homem a oportunidade de aprender a conhecer o curso do mundo e entender a sua natureza.

O eterno retorno: tese cosmológica ou imperativo ético? A questão deixa de ter sentido. Exortar a que se viva como se esta vida retornasse inúmeras vezes não se restringe a advertir sobre a conduta humana; é mais do que um imperativo ético. Sustentar que, queiramos ou não, esta vida retorna inúmeras vezes não se limita a descrever o mundo; é mais do que uma tese cosmológica. O eterno retorno é parte constitutiva de um projeto que acaba com a primazia da subjetividade. Destronado, o homem deixa de ser um sujeito perante a realidade para tornar-se parte do mundo. Depois de falar aos homens na cidade, Zaratustra volta à sua caverna e aos seus animais. A solidão vem a seu encontro, dizendo-lhe:

> Aqui todas as coisas acorrem carinhosas a teu discurso e te lisonjeiam: pois querem cavalgar nas tuas costas. Em cada

imagem, cavalgas, aqui, para todas as verdades [...] Aqui, abrem-se para ti todas as palavras e cofres de palavras do ser; todo ser quer tornar-se, aqui, palavra, todo vir-a-ser quer aprender contigo a falar.[47]

NOTAS

1. *A gaia ciência*, parágrafo 341. Utilizamos a edição das obras de Nietzsche (*Werke, kritische Studienausgabe*) organizada por Colli e Montinari, Berlim, Walter de Gruyter, 1967-78. Sempre que possível, recorremos à tradução de Rubens Rodrigues Torres Filho para o volume *Nietzsche — Obras incompletas* da coleção Os Pensadores, 2ª ed., São Paulo, Abril Cultural, 1978.

2. É provável que Nietzsche lesse, nessa direção, o fragmento de Heráclito DK 65, relatado por Hipólito na *Refutatio omnium haeresium*, IX, 9: "e o chama (ao fogo) de fartura e indigência; indigência é de acordo com ele a formação do mundo e a conflagração geral é fartura". (Utilizamos a edição Diels-Kranz dos fragmentos de Heráclito, traduzidos por José Cavalcante de Souza para o volume *Os pré-socráticos* da coleção Os Pensadores, 2ª ed., São Paulo, Abril Cultural, 1978.) Kirk observa que "fartura e indigência" são as únicas palavras de Heráclito nesse fragmento, de sorte que, ao identificar fartura com conflagração geral, Hipólito segue uma interpretação estoica (*Heraclitus, the cosmic fragments*, Cambridge, Cambridge University Press, 1954, p. 357). Burnet adota a mesma posição, embora faça a ressalva de que Zeller, Diels e Gomperz acreditam ser de Heráclito a ideia da conflagração geral (*L'aurore de la philosophie grecque*, Paris, Payot, 1919, p. 180, nota 3); aliás, no século XIX, grande parte dos estudiosos defendia essa tese.

3. Cf. a esse respeito Jackson P. Hershbell e Stephen A. Nimis, "Nietzsche and Heraclitus", em *Nietzsche Studien VIII* (1979), pp. 17-38, em especial pp. 34-5.

4. *Segunda consideração extemporânea*, parágrafo 2. É possível que Nietzsche lesse, nesse sentido, este relato de Eudemo: "a crer-se nos pitagóricos, da mesma maneira que as cousas idênticas pelo número, assim, eu também tornarei a falar, tendo este bastãozinho na mão, e vós estareis sentados como agora; e todas as outras cousas comportar-se-ão do mesmo modo, fazendo pensar que o tempo seja o mesmo" (*Física*, II, 3, fragmento 51, citado por Mondolfo, *O pensamento antigo*, 2ª ed., São Paulo, Mestre Jou, 1966, v. I, p. 65). Gomperz acredita que a concepção pitagórica da alma não se baseia na astrologia dos babilônios, mesmo porque, caso existisse essa relação, Eudemo não deixaria de assinalá-la (*Les penseurs de la Grece*, Paris, Felix Alcan, 1904, v. I, p. 155, nota 2).

5. Cf. a esse respeito George J. Stack, *Lange and Nietzsche*, Berlim, Walter de Gruyter, 1983, pp. 29-30.

6. Walter Kaufmann foi um dos primeiros a reconhecer o significado "ex-

periencial" do pensamento do eterno retorno, mas não chegou a desenvolver essa ideia (cf. *Nietzsche, philosopher, psychologist, antichrist*, 10ª ed., Nova York, The World Publishing Co., 1965, p. 279).

7. Cf. Tracy Strong, *Friedrich Nietzsche and the politics of transfiguration*, Berkeley, University of California Press, 1975.

8. Cf. George J. Stack, op. cit.

9. Cf. Harold Alderman, *Nietzsche's gift*, 3ª ed., Ohio University Press, 1986.

10. Cf. Kathleen Marie Higgins, *Nietzsche's Zarathustra*, Filadélfia, Temple University Press, 1987.

11. Cf. Bernd Magnus, "Eternal recurrence", em *Nietzsche Studien VIII* (1979), pp. 362-77.

12. Foi Ernest Horneffer um dos primeiros a sublinhar a função ética da doutrina nietzschiana do eterno retorno (cf. *Nietzsches Lehre von der ewigen Wiederkunft und deren bisherige Veroffentlichung*, Leipzig, 1900). As pistas de sua interpretação foram seguidas, com maior ou menor sucesso, por Alois Riehl, *Friedrich Nietzsche, der Kunstler und der Denker*, Stuttgart, 1901; Oskar Ewald, *Nietzsches Lehre in ihren Grundbegriffen. Die ewige Wiederkunft des Gleichen und der Sinn des Ubermenschen*, Berlim, 1903; Arthur Drews, *Nietzsches Philosophie*, Heidelberg, 1904; Richard Moritz Meyer, *Nietzsche, sein Leben und seine Werke*, Munique, 1913; Raoul Richter, *Friedrich Nietzsche, sein Leben und sein Werk*, 4ª ed., Leipzig, 1922; e Karl Heckel, *Nietzsche, sein Leben und seine Lehre*, Leipzig, 1922.

13. Cf. Walter Etterich, *Die Ethik Friedrich Nietzsches im grundriss, im verhaltnis zur Kantschen Ethik betrachtet*, mimeo., Bonn, 1914.

14. Cf. Siegfried Kittmann, *Kant und Nietzsche. Darstellung und Vergleich ihrer Ethik und Moral*, Frankfurt am Main, Peter Lang Verlag, 1984.

15. Cf. Georg Simmel, *Schopenhauer und Nietzsche*, Leipzig, Duncker und Humblot Verlag, 1907.

16. Cf. 26 (259) da primavera de 1884 e 5 (71) do verão de 1886-outono de 1887.

17. Arthur Danto foi um dos primeiros a analisar a compatibilidade lógica das proposições implicadas no argumento nietzschiano do eterno retorno (cf. *Nietzsche as philosopher*, Nova York, Columbia University Press, 1980). Sua interpretação foi discutida por M. C. Sterling ("Recent discussions of eternal recurrence", em *Nietzsche Studien VI* (1977), pp. 261-91, em especial pp. 261-8).

18. Heidegger foi um dos primeiros a apontar a íntima ligação entre o eterno retorno e a vontade de potência (cf. "Nietzsches Wort' Gott ist tot", em *Holzwege*, 2ª ed., Frankfurt am Main, Vittorio Klostermann, 1952, *Vorträge und Aufsätze*, Tübingen, Günther Neske Verlag, 1954, e *Nietzsche*, Berlim, Gunther Neske Verlag, 1961). Desconsiderando, porém, a teoria das forças, acreditou que o pensamento nietzschiano permanecia enredado nas teias da metafísica, de sorte que a vontade de potência designava o ser do ente enquanto tal, sua essência, e o eterno retorno do mesmo exprimia a maneira pela qual o ente é, em totalidade, sua existência.

19. Desenvolvemos essas ideias num trabalho anterior, *Nietzsche, das forças cósmicas aos valores humanos*, São Paulo, Brasiliense, 1990.

20. Cf. 36 (15) de jun.-jul. 1885. Cf. ainda 26 (287) do verão-outono de 1884.

21. De acordo com Andler, é na obra de Vogt, *Die Kraft — Eine real-monistische Weltanschauung* (1878), que Nietzsche vai buscar a ideia de que a soma de forças permanece constante no mundo, assim como o seu corolário: todo aumento de força condensada corresponde, numa outra zona, a igual dissolução (cf. *Nietzsche, sa vie et sa pensée*, Paris, Gallimard, 1958, t. II, pp. 420-4). Segundo George Stack, foi por intermédio da leitura da *História do materialismo* de Lange que Nietzsche conheceu os rudimentos do conceito de entropia de Clausius (a totalidade da energia cósmica está continuamente se perdendo em calor, de sorte que o universo tende para um estado de equilíbrio termonuclear ou um estado final). Compreendeu tão bem a ideia que chegou a argumentar contra ela (cf. op. cit., p. 43, nota 37).

22. Cf. Georg Simmel, op. cit., pp. 250-1.

23. A expressão aparece como título do fragmento póstumo 14 (188) da primavera de 1888.

24. Cf. Arthur Danto, "The eternal recurrence", em *Nietzsche, a collection of critical essays*, org. Robert C. Salomon, Notre Dame, University of Notre Dame Press, 1980, pp. 316-22.

25. Cf. George J. Stack, op. cit.

26. Cf. Harold Alderman, op. cit.

27. Cf. Bernd Magnus, loc. cit.

28. Cf. Andler, op. cit., t. II, pp. 404-20, e Mihailo Djuric, "Die antike Quellen der Wiederkunftslehre", em *Nietzsche Studien VIII* (1979), pp. 1-16. Acerca das relações entre Nietzsche e o budismo, cf. Max Ladner, *Nietzsche und der Buddhismus*, Zurique, 1933; Ryogi Okochi, "Nietzsches Amor Fati im Lichte von Karma des Buddhismus", em *Nietzsche Studien I* (1972), pp. 36-94; e Freny Mistry, *Nietzsche and Buddhism*, Berlim, Walter de Gruyter, 1981.

29. Cf. *A filosofia na época trágica dos gregos*, parágrafo 1, no qual se lê: "é certo que se empenharam em apontar o quanto os gregos poderiam encontrar e aprender no estrangeiro, no Oriente, e quantas coisas, de fato, trouxeram de lá. Era, sem dúvida, um espetáculo curioso, quando colocavam lado a lado pretensos mestres do Oriente e os possíveis alunos da Grécia e exibiam agora Zoroastro ao lado de Heráclito, os hindus ao lado dos eleatas, os egípcios ao lado de Empédocles, ou até mesmo Anaxágoras entre os judeus e Pitágoras entre os chineses. No particular, pouca coisa ficou resolvida; mas já a ideia geral, nós a aceitaríamos de bom grado, contanto que não nos viessem com a conclusão de que a filosofia, com isso, germinou na Grécia apenas como importada e não de um solo natural doméstico, e até mesmo que ela, como algo alheio, antes arruinou do que beneficiou aos gregos".

30. A esse respeito, cf., por exemplo, Karl Jaspers, *Nietzsche*, Berlim, Walter de Gruyter, 1950; Richard Schacht, *Nietzsche*, Londres, Routledge &

Kegan Paul Ltda., 1983; Arnold Zuboff, "Nietzsche and eternal recurrence", em *Nietzsche, a collection of critical essays*, idem, ibidem, pp. 343-57.

31. Cf. Andler, op. cit.

32. Cf. Karl Schlechta, *Le cas Nietzsche*, Paris, Gallimard, 1960.

33. Cf. Karl Jaspers, *Nietzsche*, op. cit.

34. Cf. Karl Löwith, *Nietzsches Philosophie der ewigen Wiederkehr des Gleichen*, 3ª ed., Hamburgo, Felix Meiner Verlag, 1978.

35. Cf. Lange, *Geschichte des Materialismus*, Frankfurt am Main, Suhrkamp, 1974, em especial t. I, p. 120, t. I, p. 147, nota 73, e t. II, p. 974. A aproximação foi desenvolvida por George J. Stack, op. cit.

36. Schopenhauer, *Le monde comme volonté et comme représentation*, 10ª ed., Paris, PUF, 1978, p. 361. O primeiro a fazer a aproximação entre Nietzsche e Schopenhauer nesse ponto foi Crusius, *Erwin Rohde, ein biographischer Versuch*, Tübingen, 1902. Seguiram-no Charles Andler, op. cit., e Richard Schacht, op. cit.

37. Cf. 14 (188) da primavera de 1888 e carta de 10 de março de 1884 a Overbeck.

38. A esse propósito, cf. Pierre Klossowski, "Oubli et anamnese dans l'expérience vécue de l'eternel retour du MÊME", em *Nietzsche — Cahier de Royaumont*, Paris, Minuit, 1967, pp. 227-44.

39. Cf. respectivamente Ivan Soll, "Reflections on recurrence: a re-examination of Nietsche's doctrine, *Die ewige Wiederkehr des Gleichen*", em *Nietzsche, a collection of critical essays*, idem, ibidem, pp. 322-42; George J. Stack, op. cit.; Richard Schacht, op. cit.; Bernd Magnus, loc. cit., e Kathleen Higgins, op. cit.

40. Contra Löwith (cf. op. cit., pp. 113-26), Kaufmann defende o caráter supra-histórico do eterno retorno (cf. loc. cit., pp. 274-86). Ivan Soll abraça a posição de Kaufmann (cf. loc. cit., pp. 335-7).

41. Cf. 5 (71) do verão de 1886-outono de 1887 e *Ecce homo*, *Assim falou Zaratustra*, parágrafo 1.

42. Cf. 29 (40) do outono de 1884-início de 1885. O livro acabou sendo intitulado *Além do bem e do mal*. Mas a ideia do novo *Aufklärung* reaparece em outros esboços da obra: 26 (293), 26 (296), 26 (298), 27 (79) e 27 (80) do verão--outono de 1884.

43. Cf. 17 (69) do outono de 1883. A ideia do eterno retorno enquanto martelo reaparece em 26 (298), 27 (80) e 27 (82) do verão-outono de 1884.

44. Cf. 25 (211) e 25 (227) da primavera de 1884; 26 (376) do verão-outono de 1884.

45. Cf. CI, "Incursões de um extemporâneo", parágrafo 49, em que se lê a propósito de Goethe: "o que ele queria era a *totalidade*; combatia o divórcio entre razão, sensibilidade, sentimento, vontade (pregado, numa repugnante escolástica, por *Kant*, o antípoda de Goethe) — ele se educou para tornar-se completo, ele *se criou*...". E mais adiante: "um tal espírito *que se tornou livre* põe-se no centro do universo com um fatalismo alegre e confiante, com a *convicção* de

que só o individual é condenável, mas que tudo se resgatará e afirmará na totalidade — *ele não mais diz não...*".

46. Cf. 25 (1) da primavera de 1884. Cf. ainda 25 (6) e 25 (323) da primavera de 1884; 27 (58) e 27 (80) do verão-outono de 1884.

47. *Assim falou Zaratustra*, 3ª Parte, "O regresso". A passagem é citada em *Ecce homo*, *Assim falou Zaratustra*, parágrafo 3.

A MENTIRA: UM CAPÍTULO DAS RELAÇÕES ENTRE A ÉTICA E A POLÍTICA

Celso Lafer

> *A verdade é filha legítima da justiça, porque a justiça dá a cada um o que é seu. E isto é o que faz e o que diz a verdade, ao contrário da mentira. A mentira, ou vos tira o que tendes, ou vos dá o que não tendes; ou vos rouba, ou vos condena.*
> Pe. Antônio Vieira, *Sermão da Quinta Dominga de Quaresma*, pregado na igreja maior da cidade de São Luís no Maranhão, no ano de 1654.

A vida moral e a vida do poder dão a impressão de correr paralelas, com raras convergências. Este desencontro entre a ética e a política incomoda e indigna a todos que querem ver e sentir a presença de virtudes na condução dos negócios públicos. Ele está, por isso mesmo, na base da minha exposição. Nela pretendo tratar de um aspecto clássico mas sempre atual do problema das relações entre a moral e o poder, a saber: o da *mentira* na gestão da *res publica*. Em síntese, vou discutir os argumentos que justificam a mentira como exceção ao princípio ético da veracidade e do porquê hoje, na teoria democrática, ao assim chamado *direito de mentir* do governante, em benefício da comunidade, se contrapõe, para contê-lo, o *direito a uma informação exata e honesta dos governados*.

Começo, para colocar o problema, observando que as virtudes tradicionalmente consideradas relevantes para a ação política são a *coragem* e a *habilidade*. Em outras palavras, a *força* do *leão* e a *astúcia* da *raposa*, para lembrar o que dizia Maquiavel no capítulo XVIII de *O príncipe*.

A *veracidade*, ao contrário, como registra Hannah Arendt ao tratar da mentira na política, nunca foi considerada virtude política, pois as mentiras, neste campo, têm sido tradicionalmente consideradas justificáveis, dependendo das circunstâncias.[1]

Assim, Platão, em *A república*, Livro II (382, c), observa que há ocasiões em que a mentira, expressa por meio de palavras, pode ser útil e não odiosa. Ela é, aponta ele,

> [...] benéfica como o remédio com que atalhamos um mal, quando a usamos contra os inimigos ou quando algum dos que consideramos amigos tenta praticar uma ação má, seja por efeito de um ataque de loucura ou de outra perturbação qualquer.[2]

Mais adiante, no Livro III (*República* III, 389, b.c.), o tema é retomado numa passagem na qual Platão diz que, se a verdade merece ser estimada sobre todas as coisas, a mentira pode ser útil aos humanos como uma espécie de medicamento. Nessa hipótese, no entanto, convém que fique reservada aos médicos e não aos indivíduos particulares. No caso, os médicos da *pólis* são os governantes,

> [...] os quais poderão mentir com respeito a seus inimigos e concidadãos em benefício da comunidade, sem que nenhuma outra pessoa esteja autorizada a fazê-lo. E se um indivíduo enganar os governantes, será isso considerado uma falta não menos grave que a do doente ou do atleta que mentem ao médico ou ao treinador em assuntos atinentes a seu corpo, ou a do marinheiro que não diz a verdade ao piloto sobre o estado do navio ou da tripulação, ou as condições em que se encontram ele ou qualquer de seus companheiros.[3]

Como se vê, a mentira do governante, que é tida como benéfica para a comunidade, é justificada por Platão através de uma linha de raciocínio que se tornou lugar-comum retórico — *topos* — da argumentação política. Este *topos* tem a sustentá-lo as clássicas metáforas da arte política, que aparecem com clareza no texto platônico e são típicas da Antiguidade, com larga vigência e circulação até a Revolução Francesa. Refiro-me à analogia entre o *governante e o piloto* ou o *médico*, legitimadoras da perspectiva *ex parte principis*, com fundamento na sabedoria e no conhecimento dos governantes que podem, assim, colocar deveres para os governados.[4]

No caso, o *dever* da *veracidade exigida dos governados*, em contraste com o *direito do governante* de *mentir* em determinadas circunstâncias, desde que em benefício da comunidade — um benefício a ser obtido pela aplicação do medicamento da mentira, que só o governante, com base no seu conhecimento, pode avaliar. Esse "direito" do governante coloca, no entanto, um problema ético.

Com efeito, a condenação da mentira é um princípio ético tradicional. Aristóteles, na *Ética a Nicômaco*, ao tratar da veracidade no Livro IV (1127 a 25-30), diz que por si mesma (ou seja, independente do que diz respeito à justiça e à injustiça, que são do domínio de outra virtude), a verdade é nobre e merecedora de aplauso e a mentira é vil e repreensível.[5]

"Não dirás falso testemunho contra o teu próximo" é um dos dez mandamentos (Êxodo 20:16; Deuteronômio, 5:20). Por isso, "Iahweh abomina os lábios mentirosos e ama os que praticam a verdade" (Provérbios, 12:22), e a mentira é uma nódoa vergonhosa na conduta humana, com a agravante de que "a infâmia do mentiroso acompanha-o sem cessar" (Eclesiástico, 20:24; 20:26). Esse posicionamento é reiterado no Novo Testamento, pois Jesus várias vezes lembrou a proibição a respeito do testemunho falso (por exemplo: Marcos, 10: 19).[6]

Na elaboração judaica desta problemática ética, o mau uso do dom da palavra é objeto de múltiplas advertências no Talmude, que equipara, nos seguintes termos, a mentira à pior forma de roubo: "Existem sete classes de ladrões e a primeira é a daqueles que roubam a mente de seus semelhantes através de palavras mentirosas". O Talmude também diz que Deus "odeia a pessoa que fala uma coisa com a sua boca e outra com seu coração".[7]

Na doutrina católica, santo Agostinho, que escreveu sobre a mentira e contra a mentira, destaca-se por não aceitar qualquer justificação para ela. Deus proíbe todos os tipos de mentira e os mentirosos põem em perigo suas almas imortais.[8]

A oposição entre o princípio ético da veracidade e a consequente condenação da mentira e a prática e a teoria política que a admitem em certas circunstâncias é, como se vê, um problema clássico, que se tornou tema recorrente na história do pensamento político. É desse tema que tratarei nesta exposição.

Vou começar com a *etimologia* para chegar à *epistemologia* e depois à *ética*. *Mentira*, *mentir*, vem do latim *mentice*, que quer dizer "mentir", "imaginar", "inventar", de *mens*, *mentis*. *Mens*, *mentis*, é termo geral da raiz *men* — pensar — e que designa, por oposição a *corpus*, "o princípio pensante, a atividade de pensar".[9]

A etimologia é explicativa do problema colocado por Hannah Arendt, quando diz que a *ação* requer *imaginação*, ou seja, a capacidade de pensar que as coisas podem ser diferentes do que são, para poderem ser mudadas. Entretanto, essa mesma imaginação que permite contestar os fatos para se poder ter a iniciativa de transformá-los permite desconsiderá-los, o que, em outras palavras, quer dizer que a capacidade de mudar fatos e a capacidade de negar fatos através da imaginação estão inter-relacionadas. Desse inter-relacionamento, aliás, trata o padre Antônio Vieira no seu admirável *Sermão da Quinta Dominga da Quaresma*, que é uma grande reflexão sobre a mentira. Diz ele que Deus

> [...] não quer que haja juízos temerários, para que não haja falsos testemunhos. Os falsos testemunhos formam-se na língua; os juízos temerários formam-se na imaginação; e como da imaginação à língua há tão pouca distância, para que não haja falsos testemunhos na língua, proíbe que haja juízos temerários na imaginação.[10]

A mentira, portanto, especialmente a mentira entre os homens que atuam e agem politicamente, não é, para retomar a reflexão arendtiana, acidental. A falsidade deliberada lida com fatos contingentes; com assuntos que não carregam no seu bojo uma verdade inerente, e não têm um corpo definido com a clareza da evidência. Por isso, são vulneráveis. Fatos necessitam testemunho e testemunhas confiáveis para serem estabelecidos, pois sempre comportam dúvidas. Por isso, a *mentira* é uma *tentação*, que não conflita com a razão, porque as coisas poderiam ser como o mentiroso as conta.[11]

Essa necessidade de proteger a *verdade factual*, que para Hannah Arendt é a verdade política, resulta, assim, de não ser ela evidente e de poder ter como o seu contrário não apenas o erro ou a ilusão, mas a mentira.[12] Esta, na sua plenitude, é, para usar a definição de santo Tomás, o ato de quem pretende, enganando, induzir em falsidade a opinião alheia.[13]

A falsidade deliberada da mentira coloca, para voltar à ética, a relação com o tema do falso testemunho e a importância da busca desinteressada e da preservação da verdade factual. Esse é um papel frequentemente atribuído à história, na medida em que esta representa um esforço de objetividade. Este esforço é uma atitude que Hannah Arendt detecta em Homero, que, na *Ilíada* (IX, 312-3), registra a seguinte resposta de Aquiles ao "engenhoso Odisseu": "Tal como do Hades as portas, repulsa me causa a pessoa/ que na alma esconde o que pensa e outra coisa na voz manifesta".[14] Homero cantou tanto os feitos dos vencidos — os troianos — quanto o dos vitoriosos — os aqueus — e inspirou Heródoto, que, como o pai da História, se ocupou tanto com os feitos dos gregos quanto com os dos bárbaros.[15] Aliás, observa Finley, a *história* como disciplina surgiu entre os gregos na Antiguidade, no exato momento em que se tornou independente da *poesia*, ou seja, dos *mitos* —[16] vale dizer, da imaginação, que permite a astúcia da mentira.

A veracidade histórica à maneira de Ranke — para evocar um grande historiador do século XIX, mais próximo de nós —, *do como as coisas realmente ocorreram*, é parte do tema do *testemu-*

nho confiável e é politicamente relevante. É relevante porque a confiança na veracidade funciona como fundamento e fundação das relações entre as pessoas. Sem a confiança, que requer a veracidade, não há o *agir conjunto* que, como explica Hannah Arendt, gera o poder, uma geração necessária para que ele possa ser aplicado e exercido.

A confiança, que pressupõe a veracidade, é a base da *boa-fé*, fundamento da justiça segundo Cícero (*De officiis*, 1, 7, 23), que afirma a racionalidade política da conduta moral. Por isso, Cícero recusa o *expediente*, e condena tanto o dano causado pela *força do leão* quanto o causado pela *astúcia da raposa*.[17]

Esta passagem realça os dois grandes temas recorrentes da relação entre a política e a moral — ou seja, a *violência da força do leão* e a *mentira da raposa astuciosa*. Cícero as encara não como virtudes, e sim como expedientes eticamente condenáveis, posto que são formas de coerção, desagregadoras da confiança e da boa-fé e impeditivas da liberdade. É por esse mesmo motivo que Dante, no canto XI (v. 24) do *Inferno*, coloca no mesmo plano aquele que "o con forza e con frode, altrui contrista".

No que tange à mentira na *res publica*, que é o tema da minha exposição, as considerações até agora feitas têm como objetivo mostrar que, embora não seja contrária à razão, como foi visto pela etimologia e pela análise do tema epistemológico, a mentira é um problema *político*, que suscita dilemas éticos, pois põe em risco princípios e compromete resultados.

Em outras palavras, na dicotomia *verdade/mentira* a verdade é o termo forte, e a mentira é o termo fraco, pois *dizer a verdade não requer explicação*, mas dizer uma mentira exige justificação, normalmente articulada, como se viu no texto platônico, em termos do reconhecimento de que ela é um mal — mas *mal menor* ou *mal necessário*, ou então *resposta ao mal de outra mentira*.

O próprio Maquiavel, no já citado capítulo XVIII do *Príncipe*, diz que governar pelas leis e viver um príncipe com integridade é algo louvável, ponderando, no entanto, que nem sempre o louvável, que é próprio de homens, é suficiente. Por isso, por vezes deve o príncipe recorrer ao que caracteriza os animais, ou seja, à força do leão e à astúcia da raposa.

Se a verdade é o termo forte, pois "merece ser estimada sobre todas as coisas", para relembrar o texto de Platão na *República*, já mencionado, o que justifica a mentira?

Os argumentos de natureza ética, para diferenciar as boas ou más razões dos atores políticos, como lembra Bobbio, fundamentam-se ora em *princípios* preestabelecidos (por exemplo, os dez mandamentos) ora em *resultados* (por exemplo, a felicidade do maior número).

No primeiro caso estamos diante de uma *ética de deveres*, que corresponde à *ética de convicção* de que falava Max Weber, e que tem como linha de conduta o fazer o que se deve, obtendo o que se pode, de acordo com os princípios.

No segundo caso estamos diante de uma *ética de fins* a serem alcançados que, na ponderação entre meios e fins, legitimaria a *ética de responsabilidade* sustentada por Max Weber como sendo a ética da política.

Politicamente, a plena afirmação de uma *ética de princípios* significa a *redução total da política à moral*, tal como preconizado por Erasmo de Roterdam em *A educação do príncipe cristão*, publicado em 1515 — contemporâneo, portanto, de *O príncipe* de Maquiavel, que é de 1513. No seu livro Erasmo afirma a prioridade da *magnanimidade*, da *temperança* e da *honestidade*, portanto, do agir honesto e do não fazer mal a ninguém, ou seja, a face *não* demoníaca do poder.[18]

Do ponto de vista da *mentira*, esta plena afirmação da *ética de princípios* só aparece em dois grandes autores: santo Agostinho e Kant — como observa Sissela Bok num importante livro intitulado *Lying — Moral choice in public and private life*. O primeiro, vendo na mentira o uso condenável do dom da palavra, que foi concedido ao homem para transmitir os seus pensamentos a outros homens e não para enganá-los, e o segundo, enxergando na mentira — qualquer mentira — um aniquilamento da dignidade humana.[19]

É interessante observar que o texto de Kant "Sobre um suposto direito de mentir por amor à humanidade", no qual diz que ser verídico (honesto) em todas as declarações é um sagrado mandamento da razão, que ordena incondicionalmente e não admite limitações por qualquer espécie de conveniência, constitui uma resposta a Benjamin Constant.[20] Este, com efeito, havia dito, contestando Kant, que o princípio moral de dizer a verdade como um dever, se tomado de maneira absoluta, tornaria toda sociedade impossível.[21]

A polêmica Kant-Benjamin Constant merece registro nesta exposição porque ela permite colocar a seguinte pergunta básica: por que, na tradição do pensamento ocidental, só santo Agostinho e Kant sustentam sem vacilação o dever da veracidade? É porque existem dificuldades para a vigência plena de uma *ética de princípios*, como sabem os juristas, que verificam com base na experiência que na prática não há princípio que não esteja sujeito à exceção na sua aplicação em certos casos concretos (por exemplo, a legítima defesa como exceção ao princípio de não matar).

Daí, em geral, e particularmente no caso da mentira, a *derrogação por justa causa* — que enseja, na doutrina da *razão de Estado*, de que tratarei mais adiante, a justificação da *contravenção lícita*.[22]

Assim, por exemplo, até um autor como Grócio — que não é um formulador da doutrina da razão de Estado, que afirma a sociabilidade do homem, e que não se insere na tradição do "realismo demoníaco do poder" — aceita a mentira tendo em vista a utilidade comum e entende que é lícito mentir ao inimigo.[23]

A defesa dos critérios das exceções à regra, na hora do processo decisório, normalmente leva em conta uma prudente avaliação dos resultados dessas exceções, provocando, assim, uma interpenetração entre a *ética de princípios* e a *ética de resultados*.

A *ética de resultados*, que na formulação de Weber corresponde à *ética de responsabilidade*, não parte da racionalidade do valor consagrado no princípio, e sim da *racionalidade segundo o fim* — o que quer dizer, da *adequação* dos *meios aos fins perseguidos*.

Dessa maneira, o juízo sobre a ação boa ou má vai além da *prudência* e torna-se técnico — o que quer dizer, kantianamente, que o imperativo categórico se transforma num imperativo hipotético —, e a relação meios-fins é tratada como derivação da relação causa-efeito.

Isso, do ponto de vista do uso da mentira, significa que, para uma ética de resultados, a derrogação do princípio da veracidade pode ser fundamentada na qualidade específica da *pessoa* e das dimensões técnicas de sua *atividade*, que ensejam as assim chamadas éticas profissionais. Estas dizem respeito a pessoas específicas na especificidade de suas atividades, como é o caso da ética dos médicos que coloca o problema da *mentira caridosa* — com a intenção de ajudar o paciente ou de livrá-lo de algum mal maior — e também o da *ética da política*, que Weber entende como uma ética de responsabilidade.

Esta, como lei especial, derrogaria a geral, e como lei superior derrogaria a inferior, na formulação de Maquiavel, que preferia a salvação da pátria à salvação de sua alma. Essa formulação traduz-se num dualismo, vale dizer, na autonomia da política em relação à moral e, no limite, para o ator político, a redução da moral à política, pois, nesta visão, para a ação política o que conta não são os princípios mas os resultados — as *gran cose*.[24]

Existe, no entanto, um sério problema epistemológico na ética de fins, que é o de determinar o resultado de *gran cose*, com base no qual se pode emitir um juízo sobre a utilidade ou inutilidade de uma determinada ação que fere a ética de princípios.

Com efeito, dada a criatividade da ação, de que fala Hannah Arendt, um resultado não é gerado por outros por força de uma cadeia inequívoca de causalidade. É certo que existe o fator tempo, que permite diferenciar o juízo do momento do juízo histórico. Este, de fato, ao ensejar a contemplação de um resultado num maior intervalo de tempo, cria condições para a avaliação numa perspectiva mais ampla. Existem, no entanto, controvérsias sobre a avaliação dos resultados de ações que vão contra os princípios não dirimíveis pelo tempo e pelos historiadores, e que assim escapam ao voo hegeliano da coruja de Minerva.

De fato, neste final do século XX, a coincidência entre o real e o racional, afirmada por Hegel, parece altamente questionável e o caminho da história em direção ao progresso, discutível. Por isso, a solução hegeliana, de que a política é superior à moral, pois a moral é subjetiva e se realiza objetivamente na eticidade do Estado,[25] surge como irreal, uma vez que o "ser" da lógica dos fatos nada parece ter a ver com o "dever ser" da razão ética. Daí a percepção da *descontinuidade* que gera, no presente, perplexidades em relação ao passado, e dúvidas em relação ao futuro. Entre essas perplexidades e dúvidas estão as que dizem respeito aos temas recorrentes da relação entre a moral e a política, e que são as de coerção provocada pelo emprego da *mentira* ou da *violência*.

Por exemplo, em matéria de mentira — para citar um caso brasileiro recente —, a mentira sobre o estado de saúde de Tancredo. Foi ela, de fato, um mal menor? E a falsidade deliberada a respeito de preços, custos, salários, índices de inflação, embutida nos diversos planos de estabilização econômica dos últimos anos e utilizada para acabar com a instabilidade da moeda, foi um mal necessário, ou um mal menor? Não comprometeu a confiança nos governos sem alcançar resultados duráveis? Não estimulou o poder econômico a reagir ao arbítrio do poder político com outras falsidades, ao responder à "contravenção lícita" estatal baseado no princípio de que a "salvação do Estado é a lei suprema", através da "contravenção lícita" privada, fundamentada no princípio de que "a salvação da empresa é a lei suprema"? Com isso voltamos à estaca zero no encaminhamento do problema do distanciamento entre o poder e a ética. Como dirimi-lo?

O uso das dicotomias é fecundo para destacar diferenças. Vou valer-me de dois pares de dicotomia para encaminhar a discussão sobre o problema proposto — o da mentira na política — no âmbito da teoria da democracia. A primeira dicotomia é a que sublinha a diferença entre o *público* e o *privado*, e a segunda é a que realça a distinção entre *governantes* e *governados*.

Na oposição entre o *público* e o *privado* verifica-se que existem duas acepções que apontam para realidades e problemas distintos, apesar de complementares. Na primeira acepção, público é o *comum* a todos, a ser diferenciado do que é particular a alguns. É nesse sentido que a *res publica* é diferente da *res privata*, *domestica* e *familiaris*. Na segunda acepção, *público* é o *acessível* a todos — de conhecimento público — em contraposição ao *secreto*, que é reservado a poucos.[26]

A democracia, observa Bobbio, é uma forma de governo que busca integrar as duas acepções, pressupondo que o que é de interesse público deve ser do conhecimento coletivo. Por isso, tem como "regra do jogo" o exercício público do poder comum. Daí a importância, numa democracia, do tema da *transparência* do poder.[27] A Constituição brasileira de 1988 consagra essa "regra do jogo" ao elencar, no seu artigo 37, o princípio de publicidade entre aqueles aos quais a administração pública no Brasil, em todos os níveis e modalidades, deve obedecer.

O público como o *comum visível*, enquanto ingrediente da teoria democrática, está ligado a uma nova visão da relação entre *governantes* e *governados*, trazida pela Revolução Francesa, e pela *herança liberal* que enxerga no indivíduo a base da realidade e que afirma que a sociedade e o Estado devem ser construídos a partir da perspectiva dos governados.

Com efeito, a perspectiva *ex parte principis* — que é a dos que detêm o poder e buscam conservá-lo — até a Revolução Francesa tinha a legitimá-la, na relação com os governados, as metáforas da arte política clássica já mencionadas — o piloto, o pastor, o médico. Estas, ao conotar o conhecimento dos governantes, justificam os deveres por eles postos para os governados.

A exacerbação dessa perspectiva dos governantes, na elaboração da doutrina da razão de Estado, levou à afirmação de que no exercício do *jus dominationis* o soberano poderia se colocar acima do direito comum dos princípios, no interesse do *bem público*, entendido como o coletivo, mas não como o visível. É o *jus dominationis* que dá margem à teoria dos *arcana imperii* (o dos segredos guardados nas arcas do império).

Na categoria dos *arcana*, como observa Bobbio, surgem dois

fenômenos diversos porém complementares: *o fenômeno do poder oculto, que se oculta* — é o tema clássico do *segredo de Estado* —, e o do *poder que oculta*, que é, também, o tema clássico da *mentira útil e lícita, lícita porque útil*. Daí a *communis opinio*, na *doutrina da razão de Estado*: *os governantes que detêm o poder podem e devem defender-se dos inimigos externos e internos e, por isso, têm o direito de mentir*, ou seja, tanto o de *simular*, isto é, o de fazer aparecer aquilo que não é, quanto o de *dissimular*, isto é, não fazer aparecer aquilo que é.[28]

Assim estariam autorizados a induzir em falsidade a opinião alheia, vale dizer, no *plano interno*, os governados, que são tratados como doentes (que precisam de medicamento), crianças (que precisam de superior orientação paternal), rebanhos (que são conduzidos pelo pastor), e, no *plano externo*, os governantes e governados de outros Estados, tendo em vista que o sistema internacional pode ser encarado hobbesianamente como uma guerra de todos contra todos, caracterizando-se, pois, pela relação *amigo/inimigo*.

A declaração francesa dos direitos do homem e do cidadão, de 1789, ao afirmar no seu artigo 2º que o Estado é para o indivíduo e não o indivíduo é para o Estado, pois o fim de toda associação política é a conservação dos direitos naturais do homem, inaugura a legitimação plena da perspectiva *ex parte populi*. Com ela os governados, enquanto indivíduos, passam a ter *direitos* e não apenas *deveres* colocados pela maior ou menor sabedoria dos governantes.[29] Entre esses direitos está a liberdade de opinião (artigo 10º) e a livre comunicação das ideias e opiniões (artigo 11º) — cujo fundamento filosófico é o *sapere aude* kantiano, o uso público da própria razão que enseja a ilustração e a maioridade dos homens, transformando-os de súditos em cidadãos.

Na condição de possibilidade para um juízo correto, sem o qual não há liberdade de opinião, está a exigência de uma *informação exata e honesta*. Por isso, o *direito à informação*, tal como previsto no artigo 19 da Declaração Universal dos Direitos do Homem de 1948, está correlacionado à liberdade de opinião e de expressão, objetivando assim a igualitária participação da cidadania na esfera pública. E é por esse motivo que, por obra do legado kantiano, no *como* são tomadas decisões numa democracia, o princípio de visibilidade do poder é constitutivo, pois permite a informação sem a qual todos não podem formar uma opinião apropriada sobre a gestão da coisa comum, para, dessa maneira, exercer o seu poder de participação e controle.[30]

Nesse sentido, o *direito à informação dos governados* contesta o *direito de mentir aos governantes*, forjado pela tradição da perspectiva *ex parte principis*, ao impor a *verdade* que, neste contexto, para recorrer com alguma liberdade a santo Tomás, é uma *igualdade* que se contrapõe ao *mais* (dos governantes) e ao *menos* (dos governados).[31] Por isso, numa democracia, teoricamente, a *publicidade* e a *veracidade* são a regra, e o *segredo* e a *mentira* são a exceção.

Existem, como se sabe, descompassos entre a teoria e a "democracia real" que, por vezes, podem pôr em dúvida a regra acima enunciada. Por isso, o que eu quero, em conclusão, é mostrar a sua indispensabilidade para a democracia, ou seja, por que essa forma de governo convida a uma relação de complementaridade e não de oposição entre a ética e a política, no que tange ao problema da mentira.

A *democracia* se caracteriza, como aponta Kelsen, por uma visão do mundo baseada no respeito pelo Outro, e pelo princípio de legalidade, do controle e da responsabilidade do poder, que exigem que os governantes sejam expostos à luz pública para o efeito específico das avaliações dos governados.[32] Contrasta com a autocracia, que se fundamenta na hierarquia paternal da desigualdade e na autorreferência solipsista da vontade da soberania e para a qual o ideal do poder é o poder do governante enquanto ser invisível que tudo vê e nada mostra.[33]

É por isso, aliás, que a *diplomacia* da Idade Moderna tinha como nota o *segredo* e a *dissimulação*, pois emanava do poder pessoal de soberanos absolutistas, que não prestavam contas, aos seus súditos, de sua ação e da ação de seus agentes. Será Kant quem irá contestar a tradição da razão de Estado ao ver na publicidade do poder, também no plano internacional, um caminho para a paz, identificando como uma das causas da guerra o arbítrio do soberano não democrático que ignora a vontade dos governados. É por esse motivo que se estabeleceu uma relação entre a democracia interna e a paz externa, e que uma das notas da diplomacia de países democráticos é a propensão para a *diplomacia aberta*.[34]

Porque a democracia se baseia no princípio da confiança e da boa-fé, e não no medo, ela sucumbe quando a esfera do público perde transparência e se vê permeada pelo *segredo* e pela *mentira*, que é o que ocorre quando a palavra esconde e *engana*, ao invés de *revelar*, conforme determina o princípio ético da veracidade.

O que converte governados *engagés* em *enragés*, gerando a violência, observa Hannah Arendt, é a hipocrisia da mentira dos governantes. Da mesma maneira, é a mentira dos governantes que gera o ceticismo e a impotência dos governados, que não têm base para agir sem os alicerces da verdade dos fatos.[35] É por isso que a mentira pública, da mesma maneira que o segredo, como exceção ao princípio da transparência do poder, requer um controle, ainda que a posteriori, de natureza pública, na dupla acepção de comum e de visível. Com efeito, quem busca uma justificação moral para argumentar a quebra de um princípio — como apontava Hume na conclusão da sua *Investigação sobre os princípios da moral* — "deve sair de sua situação privada e particular e precisa escolher um ponto de vista comum a ele e aos outros".[36] Em outras palavras, justificação moral não é a autojustificação que se faz em segredo. Requer o teste da *publicidade* que é o princípio moral mais ligado à *veracidade*, como aponta Sissela Bok.[37]

Nas palavras de Kant, no apêndice ao *Projeto de paz perpétua*, ao tratar do acordo entre política e moral, segundo o *conceito transcendental do direito público*: "Todas as ações relativas ao direito de outros homens cuja máxima não é compatível com a publicidade são injustas". Com efeito, aquilo que eu não posso (um dia) divulgar, sem prejudicar o fim proposto; que precisa ser permanentemente dissimulado para manter o seu resultado, pois assumido publicamente provocaria a resistência de todos, constitui, como diz Kant, um teste daquilo que não é justo em relação aos outros.[38]

Em outras palavras, a mentira pública, como exceção, requer

uma avaliação pública de seu emprego, através do acesso, no tempo, do *direito à informação*, que constitui, assim, um antídoto ao seu abuso. É o caso, por exemplo, da autoridade econômica responsável pela política cambial que dissimula e nega a hipótese de uma maxidesvalorização cambial que pretende levar a cabo, pois o princípio da veracidade pode provocar uma especulação privada comprometedora da política econômica pública. A efetivação da alteração cambial, no entanto, torna do conhecimento de todos por que o governante induziu em falsidade a opinião alheia, permitindo desse modo, à cidadania, uma avaliação coletiva a respeito da utilidade ou inutilidade da mentira pública da qual se valeu.

O tema do direito à informação como antídoto tanto ao "direito de mentir" quanto ao direito de ocultar, do governante — que são, como já observado, coisas distintas ainda que complementares no plano da *res publica* —, tem hoje em nosso país tratamento constitucional. Com efeito, a Constituição de 1988 estabelece (além do princípio de publicidade da administração pública previsto no já mencionado artigo 37) no seu artigo 5º — XIV — o direito à informação; assegura, no inciso XXXIII do mesmo artigo 5º, que

> [...] todos têm direito a receber dos órgãos públicos informações de seu interesse particular ou de interesse coletivo ou geral, que serão prestadas no prazo da lei, sob pena de responsabilidade, ressalvadas aquelas cujo sigilo seja imprescindível à segurança da sociedade ou do Estado,

e incumbe, como se lê no parágrafo 2º do artigo 216, "à administração pública, na forma da lei, a gestão de documentação governamental e as providências para franquear sua consulta a quantos dela necessitam".

Essa é a moldura constitucional da lei nº 8159 de 8 de janeiro de 1991, que dispõe sobre a política nacional de arquivos. Essa lei assinala uma nova visão do papel dos arquivos, que passaram a ser encarados como instrumentos de apoio à organização do Estado e da sociedade, e teve, entre as suas inspirações, as atividades conduzidas pela direção geral do Arquivo Nacional na década de 80.[39] Com efeito, como afirmou Celina do Amaral Peixoto Moreira Franco, refletindo sobre o seu trabalho como diretora geral do Arquivo Nacional de 1980 a 1990, a melhor forma de preservar documentos é transformá-los em fontes de informação, correlacionando assim o tema técnico da gestão dos arquivos com o tema político da informação da cidadania.[40]

Essas rápidas referências à legislação brasileira, que está em harmonia com as tendências internacionais, permitem encaminhar o arremate desta exposição. O direito à plena informação da cidadania, ainda que em certos casos defasado no tempo — que são as hipóteses de sigilo, por um certo período, daquilo que é imprescindível à segurança da sociedade e do Estado —, é mais do que um instrumento jurídico necessário para "domesticar" a propensão ao realismo do poder do príncipe. É, como meio de conter a mentira dos governantes, uma expressão de justiça. Com efeito, a justiça tem entre os seus componentes inarredáveis o valor da igualdade. Esse valor a teoria democrática atualizou historicamente, afirmando o primado da veracidade na *res publica*, ao pressupor como norma geral da convivência humana politicamente ordenada a reciprocidade, e ao postular, consequentemente, na relação entre governantes e governados a exigência da "igualdade de oportunidades" na aferição daquilo que é a gestão do interesse comum. É nesse sentido, para evocar o texto do padre Antônio Vieira que serviu de epígrafe a este trabalho, que "A verdade" — ao contrário da mentira — "é filha legítima da justiça, porque a justiça dá a cada um o que é seu". No caso, dar a cada um o que é seu significa, democraticamente, tornar do conhecimento público, através de uma informação exata e honesta, aquilo que é e deve ser comum a todos: a *res publica*.

NOTAS

1. Hannah Arendt, *Crises da república*, trad. José Volkmann, São Paulo, Perspectiva, 1973, p. 15.

2. Platão, *A república*, trad. Leonel Vallandro, Porto Alegre, Globo, 1964, p. 61.

3. Idem, ibidem, pp. 66-7.

4. Cf. Norberto Bobbio, *L'età dei diritti*, Turim, Einaudi, 1990, pp. 114-5.

5. Aristóteles, *Éthique a Nicomaque*, ed. J. Tricot, 3ª ed., Paris, Vrin, 1972, pp. 203-4.

6. Cf. *Dicionário enciclopédico da Bíblia*, org. A. van den Born, trad. Frederico Stein, Petrópolis, Vozes, 1971, verbete "Mentira".

7. Cf. A. Cohen, *Everyman's Talmud*, Londres, Dent & Sons, 1949, p. 100.

8. Cf. Sissela Bok, *Lying — Moral choice in public and private life*, Nova York, Vintage Books, 1979, p. 35.

9. Cf. A. Ernout & Meillet, *Dictionnaire étymologique de la langue latine*, 4ª ed., Paris, Klincksieck, 1985, verbete "Mens, mentis"; Antonio Geraldo da Cunha, *Dicionário etimológico Nova Fronteira da língua portuguesa*, Rio de Janeiro, Nova Fronteira, 1982, verbete "Mentir".

10. Pe. Antônio Vieira, *Obras escolhidas*, v. XI, *Sermões* (II) (pref. e notas Antonio Sérgio e Hernani Cidade), Lisboa, Sá da Costa, 1954, p. 137.

11. Cf. Hannah Arendt, *Crises da república*, op. cit., pp. 15-6.

12. Hannah Arendt, *Entre o passado e o futuro*, trad. Mauro W. Barbosa de Almeida, São Paulo, Perspectiva, 1972, p. 308.

13. Tomás de Aquino, *Suma teológica*, trad. Alexandre Corrêa, Porto Alegre, Livraria Sulina, 1980, v. VI, 2ª Parte da 2ª Parte, Quest. CX, art. 1-3, p. 2877.

14. Homero, *Ilíada*, trad. Carlos Alberto Nunes, Rio de Janeiro, Ediouro, s. d., p. 159.

15. Hannah Arendt, *Entre o passado e o futuro*, op. cit., p. 324.

16. Cf. M. I. Finley, *Use and abuse of history*, Nova York, Viking Penguin, 1987, passim.

17. Cf. Quentin Skinner, *Macchiavelli*, Oxford, Oxford University Press, 1981, pp. 36-41.

18. Cf. Norberto Bobbio, "Etica e politica", em *Etica e politica*, ed. Walter Tega, Parma, Pratiche, 1984, pp. 7-17; Norberto Bobbio, "Tipologia delle soluzione storicamente date del rapporto tra etica e politica", em *Seminario etica e politica* (1980-8) — *Lezione di Norberto Bobbio con una apendice di materiali e documenti*, Turim, Centro Studi Piero Gobetti, 1989, pp. 5-6.

19. Cf. Sissela Bok, op. cit., cap. III.

20. Cf. Imannuel Kant, *Textos seletos*, edição bilíngue, 2ª ed., trad. Raimundo Vieira e Floriano de Souza Fernandes, introd. Emmanuel Carneiro Leão, Petrópolis, Vozes, 1985, pp. 118-29. A citação é da página 122.

21. Benjamin Constant, "Des reáctions politiques", cap. VIII, em *Cours de politique constitutionnelle*, ed. Edouard Laboulaye, v. II, Paris, Guillaumin et Cie., 1872, pp. 112-3.

22. Norberto Bobbio, "Etica e politica", em *Etica e politica*, op. cit., pp. 11-2.

23. Cf. Hugo Grócio, *Del derecho de la guerra y de la paz*, Livro III, cap. I, IX-XVII, trad. Jaime Torrubiano Ripoll, Madri, Reus, 1925, v. III, pp. 282-97.

24. Cf. Norberto Bobbio, "Max Weber", em *Seminario etica e politica*, op.

cit., pp. 23-34; Norberto Bobbio, "Etica e politica", em *Etica e politica*, op. cit., pp. 13-4; Max Weber, *Le savant et le politique*, trad. Julien Freund, introd. Raymond Aron, Paris, Plon, 1959.

25. Cf. Hegel, *Philosophy of right*, trad. e notas T. M. Knox, Oxford, Clarendon Press, 1962, parágrafo 337, p. 215.

26. Cf. Hannah Arendt, *A condição humana*, trad. Roberto Raposo, Rio de Janeiro, Forense Universitária, 1981, cap. II; Norberto Bobbio, *Estado, governo, sociedade — para uma teoria geral da política*, trad. Marco Aurélio Nogueira, Rio de Janeiro, Paz e Terra, 1987, cap. I; Celso Lafer, *A reconstrução dos direitos humanos — Um diálogo com o pensamento de Hannah Arendt*, São Paulo, Companhia das Letras, 1988, cap. VIII.

27. Cf. Norberto Bobbio, *O futuro da democracia — Uma defesa das regras do jogo*, trad. Marco Aurélio Nogueira, Rio de Janeiro, Paz e Terra, 1986, pp. 83-106.

28. Cf. idem, ibidem, p. 94; Friedrich Meinecke, *Macchiavelism — The doctrine of raison d'Etat and its place in modern history*, trad. Douglas Scott, introd. W. Stark, Londres, Routledge & Kegan Paul, 1962, p. 132.

29. Cf. Norberto Bobbio, *L'età dei diritti*, op. cit., pp. 89-120; Celso Lafer, *Ensaios liberais*, São Paulo, Siciliano, 1991, cap. II, pp. 33-46.

30. Cf. Norberto Bobbio, *O futuro da democracia*, op. cit., passim; Celso Lafer, *A reconstrução dos direitos humanos — Um diálogo com o pensamento de Hannah Arendt*, op. cit., cap. VIII.

31. Tomás de Aquino, *Suma teológica*, op. cit., v. VI, 2ª Parte da 2ª Parte, Quest. CX, art. 2, p. 2879.

32. Cf. Hans Kelsen, *Essays in legal and moral philosophy*, sel. e introd. Oto Weinberger, Dordrecht, Reidel, 1973, cap. V, pp. 95-113.

33. Cf. Norberto Bobbio, *O futuro da democracia*, op. cit., pp. 92-3.

34. Cf. Celso Lafer, "Diplomacia e transparência: o arquivo do Itamarati", *Acervo — Revista do Arquivo Nacional*, v. 4, nº 2, jul.-dez. 1989, v. 5, nº 1, jan.-jun. 1990, pp. 35-43.

35. Hannah Arendt, *Crises da república*, op. cit., p. 138; Celso Lafer, *A reconstrução dos direitos humanos — Um diálogo com o pensamento de Hannah Arendt*, op. cit., pp. 203-13.

36. Cf. David Hume, *Inquiry concerning the principles of morals*, em David Hume, *Philosophycal works*, ed. Thomas Hill Green e Thomas Hodge Grose, *Essays, moral, political and literary* — II, Aalen, Scientia Verlag, 1984, v. IV, p. 248.

37. Sissela Bok, *Lying*, op. cit., p. 97.

38. Immanuel Kant, *Per la pace perpetua*, ed. Nicolau Merkur, introd. Norberto Bobbio, Roma, Ed. Reuniti, 1985, p. 38.

39. Cf. Aurélio Wander Chaves Bastos e Rosalina Corrêa de Araújo, "A legislação e a política de arquivos no Brasil", *Acervo — Revista do Arquivo Nacional*, v. 4, nº 2, jul.-dez. 1989, v. 5, nº 1, jan.-jun. 1990, pp. 19-33.

40. Celina do Amaral Peixoto Moreira Franco, "Por um sistema nacional de informações arquivísticas", *Ciência Hoje*, v. II, nº 61, set. 1990, pp. 54-6.

MORALIDADE PÚBLICA E MORALIDADE PRIVADA

José Arthur Gianotti

Por que a ética voltou a ser um dos temas mais trabalhados do pensamento filosófico contemporâneo? Nos anos 60 a política ocupava esse lugar e muitos cometeram o exagero de afirmar que tudo era político. Que mudanças se deram em nosso quadro intelectual para que outros agora possam dizer que tudo é moral? Parece-me haver um motivo básico para isso. Antes de tudo, não mais se acredita numa escatologia, numa doutrina da consumação dos tempos e da história. Minha geração, toda ela, esteve voltada para a ideia de desenvolvimento; *projeto* foi a palavra mágica do existencialismo que consumimos e a constituição de um novo homem marcou nossas opções políticas. Como é possível hoje se falar num salto para o futuro, depois da desintegração dos países do Leste europeu, quando não parece haver para o modo de produção da riqueza outra forma que não o capitalismo e quando o futuro se torna incerto e miserável, quando o presente deixa de ser o sintoma desse mesmo futuro? Cabe agora antes de tudo saber como nos relacionamos uns com os outros dentro desse estreito presente que nos restou. Isso não significa, todavia, que perdemos a fome de transcendência, de um além de nós mesmos. Aqui, gostaria de elaborar rapidamente como essa transcendência pode ser o elemento em que a ética se situa.

Não há grande filosofia que não acabe ocupando-se de questões morais. Em nossos dias, entretanto, está se consumando o desgaste de uma perspectiva teórica que, desde os gregos, marcou o Ocidente. Os grandes monumentos, as éticas platônicas e aristotélicas, ensinaram-nos que a transgressão sempre se devia à falta de conhecimento. Até a sociologia nasce procurando considerar o dever como um fato social, algo que pudesse ser analisado e conhecido cientificamente como qualquer outro acontecimento da natureza. Desse modo, a infração resultaria da falta de saber e o conhecimento da infração implicaria seu impedimento. Mas sempre ficou na sombra, para essa ciência, o estatuto teórico dos enunciados que falam sobre os valores. É muito compreensível que um enunciado apresente um fato, diga um estado de coisa, que por ele saibamos como se dão os corpos, como se comporta esta mesa, como se dá este auditório para o qual estou falando, e assim por diante. Que os valores se apresentem, contudo, por meio de enunciados como se fossem a referência de proposições declarativas me parece uma coisa muito surpreendente. A filosofia dos valores, de tradição kantiana, salientou as diferenças entre um estado de coisa visado pela proposição e o valor enquanto objeto da fala, nunca, contudo, chegou a examinar a especificidade dessa linguagem. Esta é uma das tarefas do presente.

Por certo muitos filósofos insistiram na radical diferença entre o ser e o dever ser, embora muitos outros tenham igualmente sublinhado a imbricação entre ambos. Minha primeira dúvida, entretanto, diz respeito à maneira pela qual um enunciado moral que diz como algo deve ser reporta-se a este algo.

Não é aqui o lugar de aprofundar essa questão em todos os seus meandros técnicos, entretanto, correndo o risco de ser enfadonho, é preciso alguma análise, se se pretende evitar terrenos movediços. Tomemos como exemplo a sentença "Não matarás". É um comando dito na segunda pessoa. No entanto, não se dirige de imediato ao ouvinte presente, mas a todas as pessoas — sendo que eu mesmo estou incluído nesse círculo de indivíduos que devem obedecer a essa regra. Diz respeito a uma universalidade que nada tem a ver com aquela que pode afetar os conceitos de mesa, de luz ou de função matemática. Isso porque essa universalidade é independente de qualquer fato, a regra valendo sob qualquer circunstância. Não se conclua, porém, que não se esteja considerando que o agente há de estar preparado para agir de tal modo que a norma seja cumprida. Se ele é responsável pelo cumprimento da regra é porque, de um lado, não está agindo automaticamente, de outro, preparou-se para tanto, aprendeu a comportar-se de modo a obedecer ao imperativo.

Esta é uma característica muito interessante da regra moral. Vamos supor que se esteja armando um time de futebol entre garotos que não conheçam as habilidades respectivas. Para que cada um seja aceito, é necessário que se suponha cada indivíduo sendo capaz de ter um desempenho razoável. Suponhamos ainda que, durante o jogo, alguém diga a seu companheiro: "Você está jogando mal, cara" e obtenha a seguinte resposta: "Estou jogando assim porque quero". É evidente que este último garoto não está jogando com a intenção normal de quem joga futebol, mais ainda, que está frustrando uma expectativa comum a todos os parceiros. Isso quer dizer que, mesmo no imperativo hipotético, pede-se a cada agente a intenção e o preparo para que a regra seja seguida convenientemente. Se um menino se apresentar todo formoso, com a melhor chuteira, todo uniformizado e não for capaz de ter controle mínimo da bola, será considerado um farsante, um simulador de uma competência que não possui.

Qual seria a competência requerida pelo imperativo categórico? Assim é chamado aquele imperativo incondicionado, que vale para todos e independe de circunstâncias particulares. É na transgressão que essa competência se revela. Quando alguém mata responsavelmente, não é como se deixasse de seguir um sistema de normas qualquer; é como se se afastasse de qualquer sistema social, como se perdesse a competência para o exercício da sociabilidade. É como se por seu ato se situasse fora do mundo. Por certo isso não resulta para ele numa condenação perpétua, mas tudo se passa como se o infrator devesse submeter-se a rituais de purificação. Não estou pensando na pena que deverá cumprir, pois isso marca sua relação com o Estado, refiro-me à necessidade de ele demonstrar certo arrependimento, de enfrentar certas situações de modo a comprovar que pode controlar sua violência, respeitando os outros na sua integridade.

Além do mais, um ser humano está sempre participando de vários sistemas de normas, aceitando uns e rejeitando outros, de sorte que sua individualidade não se resume naquela encruzilhada de determinações de um certo jogo de linguagem, que faz do indivíduo o suporte de uma função social. Sua individualidade é diferente daquela do bispo ou da torre no jogo de xadrez, ou ainda daquela que lhe marca papéis e ações num sistema social.

Tudo isso nos leva a distinguir o sujeito do agente. Todas as regras, sistematicamente unidas, implicam agentes capazes de operá-las, que as aprendem e algumas vezes podem ensiná-las. Do mesmo modo, implicam dispositivos, coisas engrenadas entre si e condutoras da ação. No entanto, os indivíduos podem entrar ou sair desses sistemas, despojar-se de alguns desses dispositivos. Não há dúvida de que isso não se faz sem resíduos, de que ao sair de um sistema o indivíduo está sendo agarrado por outro, mas esse movimento o revela como uma espécie de aresta, de ponto de fuga, que, embora desprovido de qualquer conteúdo, se mostra como pressuposto necessário para o desempenho de um jogo. A esse ponto de vista chamarei de sujeito, e se tem alguma relação com a vontade é porque esta não está sendo tomada como fenômeno. O sujeito só se mostra na transgressão ou quando abandona de vez um determinado sistema de regras; não se mostra, porém, como algo, mas pela recusa desse conteúdo, por certa negatividade que nada tem a ver com uma operação determinada ou exercício de uma faculdade da alma, ou ainda com o desejo do infinito, com um modo de estar no mundo, pois não é ente nem ser, mas tão só condição transcendental de um jogo de linguagem ou de um esquema operatório. É limite de um mundo sistematizado pela linguagem e que se mostra exclusivamente pelo funcionamento dela.

Os imperativos morais nos colocam nesse limite, de sorte que a ética — como quer Levinas e, nisso apenas, concordo com ele — é uma ótica. Daí a ética não tratar especificamente de certos valores, do bem e do mal, mas tão só da maneira pela qual os indivíduos seguem outros sistemas normativos sem se comprometerem inteiramente com o tipo de individualidade de agente requerida por cada sistema. Desse ponto de vista, uma ação não é boa ou má, mas adquire esse predicado enquanto assegurar que o agente está se comportando como podendo agir de outro modo e levando em consideração que outra pessoa também esteja mantendo sua condição de sujeito.

Ao ser tenista, estudante ou professor, burguês ou proletário, ladrão ou doleiro, estou agindo em relação a outrem conforme papéis previamente delineados. No entanto, nesses relacionamentos ainda é possível ver o outro como alguém que pode recusar essas determinações, que, portanto, não se põe como essência, mas fissura do mundo, angústia no sentido que lhe dá Kierkegaard. E, quando duas pessoas estão se relacionando sempre tendo no horizonte esse modo de ser, quando estão recusando suas respectivas unilateralidades para saberem que só podem agir efetivamente de modo unilateral, então passam a manter entre si uma relação de intimidade.

Note-se que não estou usando a palavra *angústia* para descrever uma situação existencial; se cada um chega a uma situação-limite é porque exerce seus papéis de certa maneira, cumpre seus compromissos sem se identificar com eles. Isso porque cada um se reconhece como sendo capaz de participar ou não de certos sistemas de normas. E nesse reconhecimento cada um se põe como inteiro, como alguém que vale por si mesmo independentemente de sua face de agente. Daí a relação de intimidade se pautar pelo mútuo respeito, pela suspensão de toda norma social em que ambos percam suas identidades determinantes, capazes de instalar por si mesmos suas normas de integridade. Isso requer preparo e autoaperfeiçoamento, a capacidade de agir socialmente com luvas de pelica, como se uma membrana tênue se interpusesse entre o eu e o mundo. Essa moralidade nasce precisamente da suspensão dos juízos morais já feitos a fim de que cada um possa se colocar como instância instauradora de juízos que dizem o bem e o mal para mim e para outrem.

Convém examinar um exemplo, e o tomo estrategicamente da tradição clássica. Quando Brutus matou César, agiu ele moralmente? Já os antigos sustentaram opiniões diversas a esse propósito. Uns consideraram que Brutus agiu bem, pois atuou em função dos valores supremos de liberdade vigentes na República romana; outros, pelo contrário, que agiu mal, na medida em que foi ingrato com seu pai adotivo. O que podemos dizer a esse respeito? Muito, se levarmos em conta a moralidade pública de Roma; nada, se lembrarmos que a relação de intimidade entre ambos constitui uma esfera da qual não temos notícia. Pois Brutus teria agido bem se o próprio César lhe tivesse ensinado que mais vale a moralidade pública do que a cumplicidade entre os dois, e teria agido mal se ambos prezassem sobretudo a confiança mútua. A nós cabe apenas suspender o juízo, não só porque a matéria é controversa, mas ainda porque o respeito que possamos ter pelas duas personagens nos obriga a calar.

Acontece, porém, que mesmo entre duas pessoas a convivência cria expectativas, as normas criadas em função do mútuo respeito ao longo do caminho pedem observância, de sorte que os sujeitos se confirmam uns para os outros como agentes. Não há dúvida de que essa cristalização sempre pode ser suspensa, de que a infração da parte de alguém pode ser sinal de respeito pelo outro, mas os hábitos e normas não são inventados todos os dias.

Além disso, as relações mais íntimas também se expõem para terceiros. Os linguistas sublinham que entre os pronomes pessoais existe uma espécie de fratura entre o uso do *eu* e *tu* e o uso do *ele*, pois esta última palavra denota alguém que está por uns tempos fora do diálogo. E os behavioristas, como George Mead, ensinam que as crianças aprendem a generalizar o outro. Em suma, o uso normal da linguagem implica outros num espaço público, definindo uma comunidade de falantes da mesma língua e preparados para o exercício dela.

Sempre existem várias morais, vários sistemas éticos: as éticas profissionais, as éticas grupais etc. Cada uma delas coloca problemas particulares e uma ação muitas vezes pode entrar em conflito com normas diferentes. É interessante estudar como a ética da intimidade pode relacionar-se com as outras éticas. Um bom exemplo é a questão da eutanásia. O código aceito pelo Conselho Nacional de Medicina condena aquele que mata por piedade. No entanto, todos nós sabemos que a relação entre médico e paciente envolve mútua confiança, algumas vezes chegando ao nível da intimidade. Não pode haver entre eles um acordo pelo qual o médico simplesmente livra seu paciente de uma situação insuportável? Não há dúvida de que o médico é passível de punição tanto da parte de seus colegas, institucionalmente organizados, como da parte do Estado, mas de nosso ponto de vista, de nós mesmos que estamos de fora do relacionamento íntimo, não há critério para determinar a moralidade íntima da ação. E para que nós mesmos sejamos morais vale a pena saber distinguir as situações em que devemos suspender nossos juízos.

Vejamos outro exemplo: de plantão, num pronto-socorro, um médico atende a um ferido esvaindo-se em sangue. Este último, sendo pentecostal, recusa uma transfusão. O que deve o médico fazer? O recurso comum de pedir ao doente que assine um documento responsabilizando-se pelas funestas consequências pode resolver seus problemas jurídicos, mas nada lhe adianta para saber se cumpriu seu juramento de Hipócrates ou mesmo se satisfez a confiança que o próprio doente depositou nele. Estaria este em condições de responsabilizar-se inteiramente por sua própria morte? E se o doente chegasse quase inconsciente? Se, ademais, fosse seu amigo? Neste último caso, é bem possível que, pelo respeito que lhe deve, simplesmente faria a transfusão, pois muitas vezes se força um amigo no erro. E sabemos que nesses casos, em geral, o médico trata do paciente como se ele fosse irresponsável, tomando sua crença como uma doença mental qualquer. Haveria critérios para censurar esta ou aquela conduta?

Se estou tentando delinear um espaço em que vale uma ética da intimidade, convém sublinhar que ela não é a única nem fundamento das outras. Do mesmo modo, não estou defendendo este comportamento tão frequente em nossos dias que Sennett denominou tirania da intimidade. Não creio que nos tempos de hoje estejamos dispostos a voltar para uma situação em que o público oprima a vida privada, mas também não é possível deixar que o íntimo tiranize o público. Quantos de nós, sentados num ônibus ou num avião, não encontramos alguém que, em pouco tempo, despeja-nos seus problemas mais íntimos? Delinear os limites, ainda que frouxos, entre o íntimo e o privado é uma das tarefas mais urgentes, pois interessa sobretudo que uma esfera não avassale a outra.

Para meu raciocínio é importante salientar que existem muitas formas de moralidade, cada grupo social ou profissional tem sua identidade assegurada por normas consentidas, cuja infração provoca censura e até mesmo exclusão do grupo. Os indivíduos entre si encontram um espaço para criar normas que valem na medida em que asseguram o respeito mútuo, enquanto cada um é posto como limite do mundo, como aquele ponto de fuga que resta do exercício de se transladar de um sistema normativo para outro. Isso significa que existem enunciados e juízos morais — não podemos nos furtar à constatação desse fato. Ora, que tipo de ações e de dispositivos são requeridos para que esses juízos morais possam exercer-se? Que instâncias podem controlar juízos morais já feitos?

Temos insistido que nem sempre é possível enunciar um juízo moral. Convém lembrar o exemplo da eutanásia: um conselho médico poderá condenar o médico que a fez, mas de nossa parte convém suspender nossos juízos. Quem somos, porém, este nós? Uma espécie de opinião pública que poderá opor-se ao julgamento do conselho médico, que debaterá o problema, expondo as várias facetas da questão. Isso significa que os critérios para os juízos morais são encontrados pela própria prática de julgar, pelas instituições que a amparam.

No entanto, para que as pessoas possam exercer essa prática, para que façam parte dessa opinião pública julgadora, precisam ser educadas e preparar-se para isso. Essa competência, como aquela do tenista ou de qualquer outro que segue um sistema de normas, constitui um requisito que as pessoas em geral demandam para que possam tomar um indivíduo como parceiro. Em virtude da situação de limite e da diversidade dos critérios morais, para que possam ser enunciados e aceitos publicamente, os juízos morais requerem que os enunciadores tenham credibilidade, a experiência do acerto e de lidar com essas questões. Um juízo moral pronunciado pelo imoralista não tem valor algum.

Chamamos de virtude esta sageza feita de experiências, para usar uma expressão arcaica. Trata-se de um dispositivo que o ser humano adquire conforme tem experiências de lidar com os juízos morais de seu tempo. Numa época em que se confrontam várias formas de moralidade, a virtude não pode ser enclausurada num conteúdo qualquer, sendo ela sobretudo uma forma de julgar, isto é, de aceitar a finitude e a unilateralidade de todos os juízos morais. A virtude contemporânea chama-se, pois, tolerância.

Desse modo, não fica difícil compreender quais são as formas pelas quais atua hoje em dia o imoralista. Em primeiro lugar, é o intolerante, que imagina ser ele o proprietário de um único critério moral para todas as formas de moralidade, e por isso o aplica a ferro e fogo sem levar em consideração as condições em que o juízo moral deva ser suspenso. Em segundo lugar, é o rigorista, aquele que pratica sua moral automaticamente, sem se dar conta da unilateralidade de seu ponto de vista.

Para terminar, gostaria de circunscrever melhor o próprio conceito de moralidade pública. Estamos vendo que ela consiste numa esfera de que todos os seres humanos participam, na medida em que cada sistema moral, a fim de revelar sua unilateralidade, precisa ser confrontado por outros. Segue-se a necessidade de que todos os seres humanos sejam incluídos no seu âmbito. Sob esse aspecto é uma moral cosmopolita, estabelecendo regras de convivência e direitos que assegurem que os homens possam ser morais. É nesse sentido que os direitos do homem, tais como em geral têm sido enunciados a partir do século XVIII, estipulam condições mínimas do exercício da moralidade. Por certo, cada um não deixará de aferrar-se à sua moral; deve, entretanto, aprender a conviver com outras, reconhecer a unilateralidade de seu ponto de vista. E com isso está obedecendo à sua própria moral de uma maneira especialíssima, tomando os imperativos categóricos dela como um momento particular do exercício humano de julgar moralmente. Desse modo, a moral do bandido e a do ladrão tornam-se repreensíveis do ponto de vista da moralidade pública, pois violam o princípio da tolerância e atingem direitos humanos fundamentais.

Dessa ótica, toda guerra contemporânea, que não seja estritamente defensiva, deve ser considerada imoral, pois implica uma tecnologia que atinge indiscriminadamente pessoas permanecendo fora do conflito direto. Isso não significa que toda violência deva ser recriminada, pelo contrário, somos obrigados a conviver com ela: o intolerante e o puritano só podem ser contidos pela força. A dificuldade está em determinar com precisão quem são eles e quais os critérios pelos quais são detectados. Como nada é a priori a não ser em circunstância, o que fica valendo é a prática contínua de julgar e ajustar nossos julgamentos, graças ao aperfeiçoamento das nossas virtudes e de nossas opiniões, que se lustram e se ajustam conforme relativizamos e ampliamos nossas perspectivas.

O SUJEITO E A NORMA

Gerd Bornheim

Na medida exata em que o homem passa a organizar a sua vida socialmente, desenvolve-se também a dicotomia das relações entre o sujeito e a norma. E, de saída, a dicotomia assume as feições de uma contraposição que, percebe-se logo, não deixa de ser a própria razão de ser da dicotomia. De fato, o exame das relações entre o sujeito e a norma esbarra, desde os seus primeiros passos, numa primeira constatação, a de que os dois termos constituem-se, na relação, como dois polos antitéticos, e que compete à tessitura das forças sociais convencionar entre ambos alguma forma de equilíbrio; ou então, por vezes, reconhecer que o equilíbrio se faz difícil e mesmo impossível. Esta última alternativa parece impor-se principalmente em certos períodos ditos de transição, ou de crise, e até de decadência — termos estes difíceis de serem delimitados.

Seja como for, a contraposição entre sujeito e norma está no ponto de partida ineludível de nosso tema. Realmente, estabelecidos os dois termos, delineia-se o contraste entre o universal e o singular. Pois toda norma pretende instituir-se enquanto exigência universal — a universalidade pertence ao próprio estatuto originário da norma; sem a possibilidade de definir-se como universal desvanece o próprio projeto da normatividade. Daí conseguir a norma fixar-se com certa estabilidade, como se o seu reino transcendesse as limitações históricas do espaço e do tempo. Compreende-se, por aí, que até mesmo em suas origens a questão do estabelecimento da norma enrede-se imediatamente não apenas no problema de sua fundamentação, mas, desde logo, também na resposta que se empreste a tal fundamentação — e já no ato inaugural o fundamento reside no elemento divino. Digamos, então, que o universal abstrato que define toda formulação do dever-ser da norma encontra o seu respaldo no universal concreto que é a própria realidade divina.

É no espaço de uma certa distância entre o universal e o indivíduo humano que, em todo o passado, constitui-se a vigência e a legitimidade da norma. E é também na intimidade dessa distância que pode surgir — pense-se aqui na riqueza inédita do pensamento grego em relação à normatividade e à justiça — a norma enquanto problema a ser discutido. Essa problematização deve até ser considerada como um dos esteios da evolução da cultura ocidental. Porquanto, já na Grécia clássica, nem faltam as cabeças filosóficas que, adestradas na dialética questionadora, chegam à conclusão em tudo inquietante de que a norma não passaria de mera convenção social. Tal ponto de vista aparece, no curso da história, de modo sem dúvida excepcional, porque o que caracteriza a vigência da norma na sociedade humana está justamente na sempre renovada crença no fundamento divino da norma: são os deuses que falam e tudo garantem. Já por aí pode-se aceder à compreensão da impressionante estabilidade que oferecem, através dos tempos, as normas e os valores morais de modo geral. As mudanças indubitavelmente existem, mas sempre no encalço de reiteradas formas de consolidação; e, contra todas as aparências, são valores que terminam durando muito mais do que a maioria dos entes que configuram o mundo humano e o próprio homem.

Já o sujeito pertence, evidentemente, a este mundo humano, o dos entes que povoam o cosmos. O sujeito é simplesmente uma realidade singular, datada no espaço e no tempo, que não dura muito mais do que as promessas de uma manhã. E se a norma, até mesmo em sua estabilidade, não consegue superar o seu estatuto radicalmente histórico, é no plano do indivíduo que tal historicidade ostenta a sua presença avassaladora. Em verdade, de uma ou de outra forma, tudo é histórico, e já nem se percebem as vantagens da defesa de uma meta-historicidade. No que concerne ao indivíduo, ele se faz histórico de ponta a ponta, e de tal modo que, em suas origens, é só impropriamente que se pode falar em sujeito. Demos razão a Marx: nos inícios, nem cabe pretender a existência da dicotomia sujeito-objeto; anteriormente a qualquer bipolaridade, tudo se deixa explicar no elemento anônimo e silencioso do trabalho, da práxis instauradora. É ela que termina por constituir o objeto, é pelo trabalho originário que as coisas se fazem presentes ao homem, e ele vai aos poucos construindo o seu mundo. E bem mais tarde é que se vai constituindo também o sujeito. A filosofia grega não poderia deixar de impor-se como um momento privilegiado da aurora desse despertar da subjetividade, logo secundado pela importância em tudo decisiva da lenta contribuição do cristianismo. Mas é só no fim da Idade Média e nos primeiros tempos da modernidade que o sujeito passa a desenvolver a autonomia que ainda hoje nos caracteriza — autonomia que levou não poucos autores a falar em antropocentrismo, contraposto ao teocentrismo de toda a cultura anterior. Realmente, agora, já nem basta falar em indivíduo: o que tem início com a proposta do projeto burguês é essa aventura em tudo inédita do individualismo, através da qual um homem novo é arrancado de suas raízes multimilenárias. O tributo ao passado, quando presente, insere-se agora em coordenadas surpreendentemente revolucionárias.

Pretendo, nas páginas seguintes, traçar um mapeamento, ainda que incipiente, dos pontos marcantes desse itinerário, através do qual se estabelece o referido projeto burguês em suas linhas básicas de evolução. *

Trata-se, portanto, de demarcar as fronteiras em que se move o projeto burguês. E, num inventário inicial, passo a arrolar, à maneira de um itinerário a ser desenvolvido, algumas características que se revelam essenciais. Certamente há outras mais; limito-me, entretanto, às que se me impõem, visivelmente, como mais importantes.

A primeira e mais decisiva está no caráter de *autonomia* que passa a ostentar o indivíduo moderno. A construção dessa autonomia atravessa inúmeros aspectos do processo social burguês já

* Este trabalho constitui tão-somente o esboço de uma análise mais ampla em via de elaboração. Isso explica a ausência, nestas páginas, de qualquer referência bibliográfica.

em seus momentos iniciais. Baste lembrar aqui apenas dois tópicos, altamente ilustrativos. Um primeiro exemplo está na evolução da arte do retrato; se a arte anterior praticamente se limitava a retratar os universais considerados concretos, como deuses, santos, heróis, reis e assemelhados, o retrato passa agora a reproduzir a imagem do homem comum, destituído de qualquer nome ou atributo de realce, como, por exemplo, a figura do comerciante tal como pode ser vista na pintura flamenga tardia; o novo cometimento condena o retrato do universal concreto a um lento processo de deterioração. Outro exemplo está na transformação por que passa paulatinamente a biografia e a autobiografia. As *Confissões* de um santo Agostinho estão na exata antípoda do que se vê ocorrer na literatura biográfica moderna. Para o bispo de Hipona seria ocioso e desinteressante (ao menos) prender-se às peripécias de uma vida enquanto descrição de acontecimentos interessantes ou mais ou menos inusitados; o que Agostinho nos relata deve ser encarado em outra perspectiva: a do itinerário de uma alma singular em seus avanços de aproximação da realidade divina. Mais uma vez, o que está em causa concentra-se integralmente na pedagogia inerente ao universal concreto. Já para os modernos, a biografia passa a desvincular-se desse plano dos universais, prende-se à unicidade do singular, até alcançar a epidemia de biografias de que já fala Nietzsche.

Mas o alcance maior da questão da autonomia pode sem dúvida ser examinado através do pensamento cartesiano. Pela primeira vez, a experiência do *cogito*, longe de restringir-se a um argumento destinado a desmontar a falácia cética, ao modo de santo Agostinho, passa a desempenhar o papel completamente inovador de constituir o ponto de partida de todo o pensamento racional. O *cogito* impõe-se como a primeira experiência absoluta — anterior à experiência do Absoluto —, que faz o homem concentrar-se agora na própria realidade do pensamento, dispensando, enquanto experiência primeira, qualquer arrimo que lhe seja exterior. A nova verdade absoluta permite que se entenda que o individualismo não configura apenas uma consequência extrema de um processo histórico dentro do qual estamos ainda hoje situados; antes disso, o individualismo funciona como uma espécie de a priori, como pressuposto maior que oxigenaria todo o projeto burguês. Realmente, o advento da burguesia representa uma revolução profunda, comparável talvez tão somente à primeira grande revolução na história do homem, a que inaugura o período neolítico, justamente quando surge a doutrina dos dois mundos, o meramente humano e sensível contraposto ao dos deuses, hierarquizados como o inferior e o superior. O burguês aparece como o grande artífice do desmoronamento dessa doutrina através do denodado estabelecimento do homem neste mundo, prestamente destituído de qualquer forma de dependência em relação a um suposto mundo superior.

Em segundo lugar, como nova característica, inicia-se o processo de valorização do *trabalho*. De fato, a inferiorização do trabalho, tanto no contexto do pensamento platônico-aristotélico quanto na longa tradição hebraico-cristã, passa a ser substituída por sua crescente valorização. A ambiguidade de Lutero, que realçava o trabalho enquanto vinculado à oração, cede aos poucos o seu lugar a uma concepção que vê no labor humano um meio de desenvolvimento da personalidade. A afirmação filosófica inicial dessa nova postura está na dialética hegeliana do mestre e do escravo. Em verdade, os caminhos sociais revelar-se-iam bem mais complicados e mesmo problemáticos, mormente a partir da implantação do proletariado. Observe-se que, com a revolução industrial, surge a figura do engenheiro, esse ser duplo que associa a destreza das mãos artesanais ao apurado cálculo da nova ciência da natureza; não há exagero em afirmar que o advento do engenheiro constitui o primeiro grande golpe que sofre a antiga e dominadora definição do homem, introduzida pelos gregos — o animal racional —, e que repousa na dissociação, peculiar a toda a cultura ocidental, entre a teoria e a práxis, entre o homem de pensamento e o artesão. Reforça-se, por aí, aquela autonomia instauradora do homem burguês.

Um novo tópico, que vem como que embasar tudo o que foi dito, encontra-se na introdução da *propriedade privada* tal como foi convencionada pela burguesia. Abrevio o tema dizendo que o súdito medieval, o homem subordinado ao rei e ao papa, empenhava-se em construir as muralhas da cidade e mesmo as do império; o burguês, como que emoldurando os seus procedimentos de autoafirmação, despreocupa-se da cidade e limita-se à construção do muro que protege a sua própria casa.

Em quarto lugar, iluminando por assim dizer toda a edificação burguesa, forma-se o *capitalismo*. Já no século XVI, em Veneza, grande centro da navegação comercial da época, funda-se o primeiro banco. No século XVII, um alemão de Leipzig considera-se um dos maiores criadores da humanidade: ele inventa a contabilidade. O progresso econômico perpetra uma das maiores "perversões" da história: o dinheiro, essencialmente um meio para favorecer as trocas, é promovido à condição de fim em si mesmo. Percebe-se que tudo é feito para alicerçar da maneira mais sólida possível a autonomia do homem burguês.

Sublinhe-se, em quinto lugar, a nova maneira de entender o funcionamento e o sentido do *conhecimento* humano. Já no século XV, Francis Bacon, sem que pudesse sequer imaginar todas as implicações que sua afirmação exibiria com o advento da revolução industrial, entendia o conhecimento como uma forma de poder. E coube a Descartes a tarefa de estruturar, em seu ponto de partida, o funcionamento da mente humana de um modo profundamente inovador. Sabe-se do radicalismo com que o filósofo francês aplica a dúvida metódica. Seu racionalismo atinge principalmente a própria natureza do conhecimento sensível, já por não apresentar nenhum critério intrínseco de autojustificação; e a proliferação das filosofias, por exemplo, põe de manifesto a necessidade de duvidar também do conhecimento intelectual. A solução encontrada por Descartes consiste em submeter todos os dados passíveis de serem conhecidos a um procedimento de análise, de tal maneira que todo o observável seja reduzido aos seus elementos mais simples. O duplo e suspeito pressuposto da posição cartesiana está em crer não somente que tal simplicidade existe, mas também em aceitar que o elemento simples oferece uma evidência irrefutável. Tais elementos simples, postos à disposição da mente, autorizam que se passe ao processo de construção do objeto. Por aí, a coisa se transforma em objeto. A transformação implica dois aspectos em tudo decisivos. O primeiro está na intromissão do sujeito na construção do objeto — intromissão esta que será subsequentemente aprofundada, em especial pelas análises de Kant. E em segundo lugar está o fato fundador da moderna tecnologia: é que o objeto construído presta-se agora à manipulação por parte do homem. No pano de fundo, a soberania do *cogito* assiste a todo o espetáculo.

Uma sexta característica: acrescente-se a essa maneira revolucionária de interpretar o conhecimento a concepção cartesiana da *liberdade*. Realmente, no caso, pode-se traçar um estreito paralelo entre a análise do conhecimento e a da liberdade. Com Descartes, pelo conhecimento, o homem passa a ser senhor do objeto. Tal concepção é, digamos, complementada pela nova acepção da liberdade. Superando as interpretações antigas da liberdade, a grega e a medieval, Descartes comete o feito de restringir a liberdade ao livre-arbítrio. Não se trata mais de vencer o jugo dos tiranos e manter a plenitude da condição grega do cidadão, nem de dominar essa outra tirania, a da carne na acepção paulina, e sim de afirmar que o homem, pelo livre-arbítrio, promove-se à condição de senhor — senhor de sua escolha. Evidentemente, a história da liberdade revela-se muito complexa, pois ela se modifica sempre de acordo com o sentido da aventura humana; e seria até fácil traçar os antecedentes da concepção cartesiana da liberdade. Mas, agora, a novidade concentra-se toda num único ponto, verdadeiro pressuposto de toda a doutrina: o indivíduo humano entendido como realidade autônoma. O conhecimento e a liberdade, em suas novas acepções, emprestam à autonomia como que a sua transparência. A liberdade interpretada como autonomia, ou como independência, leva, ainda hoje, qualquer jovem a repetir desprevenidamente que a "minha liberdade começa onde termina a tua" — fórmula esta que nem de longe caberia dentro da cultura grega ou medieval, mas que poderia com toda tranquilidade ser abonada por Descartes.

O mapeamento feito, mesmo que seja incompleto, mostra-se certamente suficiente para que se aceda ao sentido do homem novo que está na base do projeto burguês, ou da modernidade. Claro que, sobre cada um dos tópicos aventados, seria possível e mesmo necessário escrever ensaios longos e minudentes — trabalho este que, de resto, de uma ou outra forma, já conta com uma bibliografia considerável. Aqui, no entanto, interessa apenas traçar as linhas pontuais de um quadro geral. E é justamente este quadro que nos leva a entender uma nova problemática, que configura uma sétima e última característica. De fato, determinados os eixos em que se move a autonomia do homem burguês, abrem-se as portas para que se possa divisar uma nova questão, autêntico ponto de arrancada do que deve ser considerado o drama burguês. É precisamente a instituição da autonomia que vai equacionar toda densidade desse drama maior, verdadeiro contraponto da autonomia e que irá, em larga medida, pautar o seu desdobramento histórico. Penso aqui na intrincada questão do *contrato social*.

O problema deixa-se delimitar com simplicidade: se cada indivíduo vem resguardado em sua própria autonomia, em que bases se pode estabelecer a vida social? Como conciliar o individualismo com as exigências inexoráveis da existência comunitária? Onde fincar a dimensão gregária do homem? Ou onde vislumbrar os princípios de sua religação? Sabe-se das inúmeras polêmicas, guardadas em extensa biblioteca, que tais questões souberam suscitar. Limito-me a lembrar apenas duas posições opostas, a de Hobbes e a de Locke, distantes mais de um século uma da outra. Já essa distância no tempo revela-se significativa. Hobbes habita os inícios, e pode ser interpretado como um crítico radical do projeto burguês. A sua frase mais famosa assevera que o homem é o lobo do homem, ou seja, a dramática percepção que o filósofo teve do surto do individualismo tornaria a sociedade inviável, fazendo-se imperioso ancorar o homem em valores tradicionais — justamente em muitos daqueles que serão destruídos pela burguesia. Já com Locke, as coisas se mostram mais serenas, o projeto burguês começa a dar os seus frutos, e o equilíbrio social parece enfim concretizar-se em suas novas bases. Fez-se então possível que os homens se sentassem em torno de uma mesa e discutissem os princípios gerais que devem nortear os indivíduos dentro da sociedade. A constituinte pretende, pois, chamar os homens à sua responsabilidade social. E, no fundo, o que a carta magna deve garantir gira apenas em torno da exequibilidade daquela meia dúzia de tópicos enunciados acima, isto é, quer tão somente proteger a autonomia do indivíduo e de tudo o que a torna possível.

Estamos em vésperas já do surgimento do Século das Luzes, em que o otimismo do melhor dos mundos possíveis e o mito do progresso perpétuo da humanidade apresentam-se como ideias a merecer amplamente o aplauso dos pensadores. Logo mais, Goethe escreveria a sua autobiografia, *Verdade e poesia*, obra que representa talvez o momento de maior equilíbrio da evolução do homem burguês: nesse maduro ensaio, a ideia renascentista que faz do homem um microcosmo alcança a sua excelência; o homem só atinge a sua verdade se for interpretado como um microcosmo que reflete em si o macrocosmo, o pequeno e o grande mundo se pertencem e a verdade de um está no outro. Na época, fala-se muito em História Universal, e o próprio Goethe, inspirado na leitura de um romance chinês, cunha a expressão, que fará fortuna, de literatura universal. Pois acontece que a burguesia — e é a primeira vez que isto se verifica na história do homem — pretende impor-se como classe universal; destituída a monarquia e longe ainda das inquietantes esferas inferiores do proletariado que seriam criadas pela revolução industrial, o burguês vive a possibilidade de dar plena expansão a todo o seu ideário. Um dos maiores trunfos da burguesia reside justamente neste ponto: ela reformula toda a questão da universalidade e até mesmo dos universais. Se pensarmos no caráter profundamente regional da *pólis* grega, em que até os deuses eram exclusivos de uma determinada cidade, e se atentarmos para a soberana superioridade do Sacro Império medieval, que levava a ignorar todo o outro que não o cristão, podemos entrever o notável avanço realizado nesse ponto pela cultura burguesa.

Entretanto, todo o otimismo que caracteriza a segunda metade do século XVIII acoberta um emaranhado de problemas que acabarão por manifestar a inteireza da densidade do drama burguês, drama que pode ser aquilatado se se pensar não apenas na consecução do contrato social, mas principalmente nos pressupostos a partir dos quais esse contrato se quer viabilizar. De certo modo, toda a questão pode ser reduzida a um dado novo que constitui a alma do contrato na sua acepção burguesa — refiro-me ao ateísmo. Claro que as constituições desenvolvem o seu discurso invocando, já na primeira página, o nome de Deus — ainda hoje isso é frequente. Mas a verdade é que, sem o ateísmo, faz-se impossível perceber toda a problemática inerente à nova acepção do contrato social.

Em verdade, o ateísmo, ainda que latente, e o individualismo se pressupõem; digamos que o problema de um está no outro. E é exatamente esse problema que não existia na Antiguidade ou na Idade Média; então, o indivíduo, além de não sobressair como realidade autônoma, estava religado a partir da presença do divino, a religião era o grande fator de unificação desindividualizante. A partir do momento em que Deus desaparece do cenário, ou em que a sua atuação desfalece ou torna-se mais longínqua e artificial, surge a questão do individualismo enquanto problema. De fato, o tema sequer tarda em ser colocado: a partir de que elemento pode-se manter a coesão interna da sociedade, onde se encontra a garantia que permite assegurar a harmonia fundamental da coletividade individualista? A contradição patenteia-se com uma força nunca vista. A questão nem é simplesmente moral, ela abarca o todo do próprio sentido da nova sociedade e apresenta por isso um caráter ontológico; em vez de egoísmo, seria mais condizente empregar a palavra egotismo, a exemplo de George Santayana.

Do ponto de vista filosófico, a questão deixa-se equacionar através deste importantíssimo movimento, que começa a tomar forma já em fins da Idade Média — o nominalismo. Lembro apenas os termos que levam ao entendimento do tema. Na tradição instaurada pela metafísica grega empresta-se relevo ao mundo das essências, e isso em detrimento da existência concreta do indivíduo. A realidade, no sentido primeiro e forte da palavra, concentra-se nas essências, nas Ideias divinas, ou naquilo que deve ser chamado de universal concreto, e o indivíduo fica relegado ao mundo das aparências, daquilo que não tem consistência própria; no século XII, santo Anselmo não representava exceção ao afirmar que o indivíduo *est accidens*. Com o advento do nominalismo — e destaque-se numa história cheia de nuanças e variações o nome de Guilherme de Ockham —, a perspectiva começa a inverter-se e passa a ser possível afirmar que a existência precede a essência, pois o que conta agora é realmente o indivíduo concreto: João, Maria. E no correr da filosofia moderna, numa história plena de oposições radicais — o último grande antinominalista foi o último grande metafísico: Hegel —, o nominalismo ganha sempre mais terreno.

Observe-se que a questão não é abstratamente filosófica. Deve-se até avançar que a vitória do nominalismo se evidencia de modo bem mais claro e convincente fora do âmbito da filosofia, ou seja, o tema se torna patente em todas as esferas que compõem o conjunto dos fatores sociais e culturais. Pois acontece que os universais concretos começam, com total obviedade, a perder o seu lastro de realidade fundante e pedagógica: os universais concretos começam a ser destituídos de qualquer função dentro do complexo social. Na política, se se decepa a cabeça de um rei, não se destrói mais apenas a existência de um indivíduo ainda que privilegiado — anula-se a própria ideia de monarquia, o que configura uma experiência inédita. O mesmo se verifica nas ciências da natureza; a presença de Deus se torna suspeita e até prejudicial ao bom andamento da pesquisa. Se se afirma que a água é um composto traduzível por certa fórmula, essa fórmula não vai além de um mero signo referencial, ela não esconde mais a realidade absoluta de uma Ideia divina; agora, o que se verifica é precisamente o contrário: o importante está exatamente no fato de que H_2O não existe, em que a fórmula em si mesma seja despida de qualquer tipo de realidade. A mesma evolução acompanha também as artes, e de modo até abrupto: o barroco retrata o último período da história da arte constitutivamente religioso; depois, a temática religiosa simplesmente desaparece, não se constata mais a presença do estilo religioso no sentido da "substância objetiva" hegeliana. Mas não é apenas a representação do elemento religioso que se faz ausente: é a representação de toda a gama dos universais concretos que entra numa crise sem precedentes: deuses e heróis, reis e santos. O florescimento da alegoria mostra apenas a tibieza com que os universais ainda conseguem disfarçar-se. E contraposto, em forte contraste, a esse cenário de ruínas sobressai impávido o perfil dessa criatura nova, que é o homem burguês. E quem é, realmente, a "mulher de trinta anos"?

Esvaziados os universais e assegurado o indivíduo, certas inquietações não tardam em fazer-se sentir. O sucesso da filosofia de Kant não faz mais do que consagrar todo esse panorama, pois ele foi, no sentido bem preciso do nosso tema, um "destruidor de mundos", ou melhor, do mundo dos universais. E é na ética kantiana que os problemas se tornam sempre mais transparentes. Realmente, sabe-se que o autor da *Crítica da razão prática* esvaziou a normatividade ética de qualquer conteúdo, reduzindo-a a postulados puramente formais. Em verdade, o cometimento kantiano apenas acerta o passo com os novos tempos. Mas, como já acentuei, tudo se dá dentro de contradições fundamentais. Porquanto, de um lado, na medida em que se continua prolongando o pensamento antigo, o fundamento está no divino, tudo de certo modo é divino; eis a posição de Hegel: em definitivo, e exacerbadamente, há uma única norma, que é a própria Ideia divina. Mas, de outro lado, o pensamento e o estado geral da política deixam-se atravessar pela ideia da morte de Deus. O modo radical como essa contradição medular se manifesta atesta bem a extrema gravidade da transformação que provoca a irreversível revolução burguesa. E, em última análise, o feito maior da burguesia, relativamente ao passado, está na progressiva — e rápida — destituição do fundamento real ou da figura da norma — a Justiça já não habita os palcos.

A própria consciência burguesa chega a colocar com toda a clareza a novidade da questão e o seu caráter problemático. Penso aqui na obra de um discípulo de Kant, o poeta Frederico Schiller, em especial em suas *Cartas sobre a educação estética do homem* (ou da humanidade, ou, mais adequadamente, do burguês). A preocupação básica de Schiller pode ser interpretada da seguinte maneira: se a norma foi esvaziada de qualquer dimensão material concreta, como pode tal norma, abstrata que passou a ser, educar o homem e em especial o jovem? Por aí, é todo o problema da educação que começa a ser ventilado justamente à luz do esvaziamento dos universais concretos. A constituição passa a ser como que o depósito que resguarda os universais sem conteúdo. Como pode o universal abstrato preservar em si a suficiente força persuasiva indispensável ao projeto pedagógico? A resposta do poeta é negativa: não se percebe como o universal desconcretizado possa educar. Ou melhor: só haveria um caminho, que consistiria em atribuir de algum modo o caráter de concreticidade ao universal abstrato. E esse caminho é a arte, e mais especificamente o teatro. É dentro desse contexto que se passa a emprestar um realce privilegiado à categoria da particularidade, tão amplamente discutida pela estética marxista de Lukács, mas que deriva por inteiro das discussões de Goethe e Schiller. E o êxito da empreitada pode ser encontrado no teatro do classicismo alemão, a começar pelo *Don Carlos*, do próprio Schiller. Trata-se aqui de educar para a liberdade; se, de um lado, dispomos de um conceito abstrato da liberdade, de outro, topamos com a figura singular de Carlos, que, a seu modo, também revela-se abstrata. A particularidade surge como a ponte pedagógica entre os dois polos abstratos da universalidade e da singularidade: através das peripécias do personagem, o espectador está em condições de assimilar de maneira concreta o que possa ser a liberdade; o personagem concretiza a liberdade através da realização da particularidade. Entre nós, há um belo e claro exemplo do emprego desse tipo de expediente, que, a par de mostrar o quanto esse recurso estético já pertence de modo até espontâneo à dramaturgia burguesa, transmite ao público o sentido e o alcance da justiça social — penso na peça de Gianfrancesco Guarnieri, *Eles não usam black-tie*. Uma observação se impõe: a prescrição de Schiller não pode ser estendida para toda a arte, nem mesmo para toda a dramaturgia burguesa.

As análises feitas permitem compreender que aquelas características do homem burguês apontadas inicialmente de fato integram um processo histórico no qual se combinam a rapidez e a convulsão. Pois tudo se transforma como que empurrado pelos ditames de uma urgência que desnorteia as profecias. Só a cultura burguesa criou realmente utopias, ou melhor, a especificidade da utopia burguesa termina encontrando o fundamento de seu espaço de possibilidade no ateísmo. E essas utopias, através da evolução de atos e fatos, são aos poucos como que diluídas, desmancham-se os sonhos dos inícios, a ponto de fazer surgir, também pela primeira vez, as utopias por assim dizer negativas que povoam a literatura de nosso século — o admirável mundo novo inaugural transmuta-se até em ironia. Realmente, ter-se-ia de perguntar o que é feito hoje daquela quase dezena de características aventadas, em que se veste e reveste em nossos dias aquela esplêndida autonomia. Porque o trabalho se robotiza, o capitalismo se batiza de selvagem, a liberdade tropeça em seu próprio absurdo, e por aí afora.

Frente a um mundo em face de tão violenta e necessária transformação torna-se fácil entender que o seu contraponto, ou qualquer pretensão à estabilidade da norma, também não poderia deixar de apresentar um panorama ao menos confuso. Se se fala, e tanto, em crise da metafísica, acentue-se evidentemente a palavra crise, mas não se esqueça o seu referencial imediato: se a crise é da metafísica, isso significa que, mesmo em estado de crise, a metafísica continua oferecendo certa vigência, ou certa força de resistência, mesmo se, ao que tudo indica, tal vigência apresente o caráter de um estertor nem tão prolongado. Mas, seja como for, pode-se detectar três tipos diversos de abordagem da questão ética.

A primeira prende-se visceralmente à tradição onto-teo-lógica. Um caso típico é o do neotomista Jacques Maritain, que cito aqui porque o seu livro *As grandes linhas da filosofia moral* encontra-se à venda nas livrarias do país. Essa posição parte do endosso de um mundo de normas estáveis, fundamentado em uma hierarquia de valores absolutos, inerentes à própria realidade divina. Por essa via, a simples menção de um tema como o da constituição do homem burguês não passaria de um lamentável equívoco; ou melhor, o mundo burguês se deixaria explicar a partir de um grande desvio, perfeitamente contornável, e que acabou suscitando, a partir do movimento romântico, a nostalgia da Idade Média. Berdiaef e o já citado Maritain escreveram livros clássicos sobre o tema, em que foram seguidos por um largo contingente de intelectuais, nomeadamente católicos. Vale dizer que, segundo tal tese, qualquer modalidade de análise histórica revela-se necessariamente expressão de um mundo desfigurado e apresenta caráter ao menos acidental. Ignora-se, pois, a positividade da crise e só se enxerga na revolução burguesa a manifestação de algum mal maior.

Já a segunda posição fala em ética provisória, ou seja, posto que nossa época está em crise faz-se impossível que se viabilize a estabilização de valores fundamentais de modo ao menos relativamente adequado à análise — seria cedo demais para que se possa construir uma ética condizente com as exigências dos novos tempos. Aceite-se então, ainda que provisoriamente, a ética preconizada pela tradição, na certeza de que logo hão de surgir condições propícias à elaboração de uma nova ética. Parece claro que tal posicionamento revela ao menos certo grau de tibieza, porquanto, de um lado, os seus defensores mais importantes recusam-se a pensar a moral em situação de crise, e isso porque, de outro lado, parece não conseguirem desvencilhar-se do fantasma de uma normatividade estável. Não deixa de ser desalentador que o pai da filosofia moderna, Descartes, atento à crise de seu século, tenha adotado tal tese da provisoriedade. E também não espanta que, com a exacerbação da crise, a mesma posição volte a ser defendida em nosso tempo; aqui reside talvez o aspecto mais decepcionante do pensamento de Heidegger: a crise não transfere a premência dos problemas.

E há uma terceira posição, bem mais presente hoje do que possa parecer à primeira vista, que invade grandes parcelas do pensamento pós-hegeliano e que deveria merecer um ensaio à parte. Aliás, ela invade principalmente — o que é muito mais importante — o próprio comportamento do homem contemporâneo: veja-se, por exemplo, a radical transformação do conceito de família, ou da moral da sexualidade. Agora, trata-se de suspender, e definitivamente, o próprio sentido da ética tradicional, e isso em nome de um dado novo e onipresente: o da liberação do homem. Limito-me aqui a chamar a atenção para um dos campeões maiores dessa nova diretiva, Jean-Paul Sartre. Sabe-se que o existencialista foi antes de tudo um obcecado pela questão da moral, integrando-se nesse ponto à grande tradição francesa dos moralistas. E, no entanto, Sartre não chegou a escrever um tratado de moral que pudesse dar conta do problema — ele foi sem dúvida o primeiro a dar-se conta das constrangedoras aporias da questão ética. Mas Sartre faz duas coisas: ele discute longamente a situação da moralidade enquanto problema, e por esse caminho procede a um verdadeiro desmantelamento da ética tradicional; sua tese de base está em afirmar que aquela ética revela-se essencialmente imoral, por ser incompatível com o próprio estatuto da condição humana. E, em segundo lugar, Sartre não mede esforços para examinar de modo tão exaustivo quanto possível o que considera o ponto de partida de toda ética: a liberdade. Nem se poderia exagerar a importância do pensamento sartriano nesse aspecto em tudo essencial. Entretanto, permito-me chamar a atenção para um detalhe que me parece ser da mais alta significação. É que o humanismo de Sartre, segundo entendo, é plenamente compatível com a interpretação do homem presente no projeto burguês, a começar por aquela autonomia salientada mais acima. De fato, o pensamento sartriano deve ser entendido como uma espécie de coroamento da compreensão burguesa do homem; a sua concepção da liberdade, por exemplo, não faz mais do que radicalizar a tese cartesiana. Isso, longe de diminuir a filosofia de Sartre, mostra a extensão da gravidade da crise dentro da qual nos movemos. E, ao que tudo indica, a saída só pode estar na superação dos impasses sartrianos.

* * *

Concluo estas análises com uma observação sobre a sempre momentosa questão dos universais. Para evitar equívocos, convém sublinhar que o que realmente se verifica não está na pura e simples supressão do universal. O que vem se constatando ao longo dos últimos séculos, e com intensidade crescente, sem que se perceba o menor indício de reversão neste quadro, está na destituição de um tipo de valor, de uma família bem determinada de universais concretos, e que podem ser classificados sob o rótulo geral de valores político-religiosos, todos centrados na esfera onto-teo-lógica. Mas não faria sentido disso inferir que o próprio conceito de universal esteja destinado a desaparecer, ou que passe agora a ser suficiente a sua caracterização puramente formal, como ocorre com as ciências da natureza e com as constituições políticas. Nem se poderia imaginar uma cultura despida do cultivo dos universais, pois deles depende toda a educação; a inteireza das tarefas pedagógicas como que se esgota na presentificação dos universais. O que cabe avançar é que, em nosso tempo burguês, vem sucedendo uma transmutação radicalíssima no próprio sentido dos universais concretos. E é preciso ficar bem atento a essa questão.

Tento mostrar a extensão do problema através da referência a um único autor, Shakespeare, e limito o tema, assim, à sua manifestação originária. Observe-se preliminarmente que as duas grandes modalidades de teatro antigo, a grega e a medieval, encenavam formas de celebração, de comemoração dos mitos, ou seja, eram espetáculos cuja função pedagógica esgotava-se na apresentação das verdades religiosas. A tragédia grega torna-se ininteligível se o herói não for rei, se a deusa Justiça não exercer os seus ofícios reparadores; e o mesmo pode ser dito em relação ao tratamento das figuras religiosas nos mistérios medievais. Mas isso tudo tem muito pouco a ver com o moderno teatro burguês, tão pouco que nem é muito prudente etiquetar toda a experiência ocidental do teatro sob uma mesma palavra: o teatro como nós, modernos, o entendemos é outra coisa. E essa modificação do sentido do teatro tem tudo a ver com a nossa problemática — e com Shakespeare.

Pois Shakespeare é um dramaturgo que ainda hoje espanta por sua modernidade — ele deve mesmo ser considerado um dos grandes fundadores da cultura moderna. Não se esqueça, porém, que o teatro elisabetano mergulha as suas raízes, e visceralmente, no teatro medieval, a ponto de se poder dizer que a cena medieval e a dos elisabetanos partem dos mesmos pressupostos. Evidentemente, não há aqui, como também não havia na Grécia, nenhuma poética teórica preestabelecida, tudo se processa no elemento da prática teatral, e de uma prática, como não poderia deixar de ser, que se transforma — a continuidade no modo de efetuar o espetáculo nem seria compatível com uma rigidez imutável. Cabe até lembrar que a primeira tentativa importante de fixar melhor as práticas do teatro medieval aconteceram justamente nos dias em que Shakespeare estava vivo, através da edificação de prédios específicos — e o nosso bardo foi dos primeiros, como se sabe, não só em utilizá-los, mas também em explorá-los na condição de proprietário.

De certo modo pode-se então dizer que Shakespeare vem todo inteiro da Idade Média: é de lá que toma todos os seus recursos, sejam cênicos, como também, em certa medida, os dramatúrgicos. Entretanto, aconteceu que, neste grande débito para com o teatro medieval, Shakespeare "esquece" precisamente o elemento que estava na raiz daquele teatro, que constituía a sua própria razão de ser: refiro-me à fé religiosa e a seus corolários. Sem dúvida, o seu mundo está povoado de universais concretos à moda antiga: há muitas histórias de reis e príncipes. Mas, de outro lado, há ao menos uma forma de ateísmo prático em Shakespeare, no sentido de que inexiste em sua extensa obra a experiência religiosa: onde o personagem que representa a fé? De modo geral, os reis shakespearianos são simplesmente forças humanas e políticas, os religiosos chegam a ser apresentados como o ridículo e peçonhento frei Lourenço, em *Romeu e Julieta*, ou a visionária Joana d'Arc não vai além da francesa inimiga e de moral duvidosa, totalmente subordinada ao elemento político. Já nesse sentido, Shakespeare é profundamente moderno, ele encarna um novo tipo de homem e supera a Idade Média, os seus santos e os seus demônios.

E mais surpreendente ainda é que Shakespeare é o primeiro dramaturgo que efetivamente põe-se a viajar. Na Grécia e na Idade Média, o teatro apresentava um sentido digamos vertical; eram tipos de espetáculos radicalmente regionais, ligados a uma mitologia acentuadamente local, e exibiam ao mesmo tempo um caráter supra-histórico, destinados que eram à manifestação das coisas divinas; o tempo como que se encolhia para as dimensões da manifestação do instante absoluto. Na Inglaterra, isso tudo desaparece. E Shakespeare põe-se a viajar, no espaço e no tempo. É no século XII dinamarquês que ele vai desenterrar o seu príncipe Hamlet; da Itália do século XIV retoma o amor adolescente de Romeu e Julieta; um pouco mais longe, de Veneza, toma e põe pela primeira vez em cena a figura de um negro, Otelo; e o gosto de outros lugares e outros tempos vai bem mais longe: pense-se na galeria de personagens romanos, Júlio César, Coriolano, Troilo e Créssida; sua última peça bate um novo recorde, Timão de Atenas é um grego. Claro: estamos no tempo das grandes navegações. Mas, por outro lado, estamos também distantes do advento da consciência histórica: tudo acontece, a começar pela impressionante galeria dos reis ingleses, dentro das coordenadas da mentalidade elisabetana, tudo se passa como que filtrado pelas injunções sociais, políticas, culturais da época. Por mais que se alarguem o tempo e o espaço, o sentido do todo, o seu estilo, permanece elisabetano; nem se poderia exigir uma rigorosa pesquisa histórica na composição de um *Júlio César*, por exemplo — *Júlio César é* elisabetano.

Mas esta breve análise teve por escopo o esclarecimento daquela questão dos universais. Claro que, como foi dito, reis e príncipes continuam sendo universais concretos à maneira da tradição, ainda que a aura religiosa neles apareça ao menos esmaecida em seu vigor divino. Nem faria sentido esperar tudo de Shakespeare, como se lhe fosse possível arvorar-se sem mais num ateu sem compensações. De resto, pouco se sabe do ideário shakespeariano. O decisivo para o nosso tema está, porém, no seguinte. Com Shakespeare tem de certa maneira início, na perspectiva que lhe é peculiar, o processo de transmutação do sentido do universal. Evidentemente, cabe afirmar que o nosso poeta, mesmo que de modo insciente, está como que amparado pelo clima geral de sua época. Contudo, seja como for, observa-se na obra shakespeariana um passo decisivo e possivelmente inaugural para a reinvenção daquela referida transmutação do sentido do universal concreto, reinvenção esta que tomaria corpo no evolver dos tempos modernos, e isso de modo cada vez mais definitivo. É que o universal concreto abandona o esteio nos valores religiosos, sempre tão exclusivos no passado, e passa a configurar um novo delineamento. O fato religioso — e é isto o que se faz claro na obra de Shakespeare — é substituído pelo espaço e pelo tempo, pela geografia e pela história. Uma das grandes conquistas da cultura burguesa consiste na evidência dessa virada. O homem se sabe agora situado num espaço bem definido em sua totalidade: o homem conhece sempre mais o seu hábitat como globalidade planetária, a geografia do globo terrestre, e o domina sempre mais. E pela primeira vez também o homem sabe situar-se dentro da totalidade da evolução histórica, ele consegue finalmente ver-se a si próprio, não apenas como partícipe de um momento político determinado ou como instante de uma cultura: ele se sabe agora pertencente à história da humanidade, do próprio evolver cósmico; e aqui também conjuga-se o avanço do conhecimento com as formas de dominação. Conformam-se, assim, as linhas mestras em função das quais os novos universais concretos passam a estruturar-se e a emprestar ao homem a completude do sentido em que se debate a única aventura realmente consentânea com a sua dimensão humana. Geografia e história constituem agora os limites últimos da realidade do homem.

A MULHER E A LEI

Maria Rita Kehl

> *Não vemos, efetivamente, que necessidade haveria de se proibir o que ninguém deseja realizar. Aquilo que se acha severamente proibido tem que ser objeto de um desejo.*
>
> Freud, *Totem e tabu*

Quando se fala em lei, na psicanálise, trata-se da lei que interdita o incesto. Essa é a proibição que funda as civilizações, na concepção freudiana. Interdição do incesto: obstáculo a que a pulsão esgote seu movimento de retorno à forma original de satisfação, que realize a eterna tendência de volta às origens, a qual, uma vez impedida, impulsiona a psique humana em busca das mais diversas formas substitutivas de satisfação até encontrar seu destino na morte. Entre a interdição inicial e a satisfação final, o universo humano foi — e segue sendo — criado.

O que o tabu do incesto impõe à pulsão não é uma renúncia completa: é um rodeio na busca de sua satisfação, ao mesmo tempo que uma parcialização dos modos dessa satisfação. Se o objeto total a que aspira a pulsão é interditado, abre-se a possibilidade, exclusivamente humana, de criar seus objetos e diversificar seu gozo. A lei é então necessária — talvez não suficiente, é o que veremos — para fundar uma ética. Ao impor um rodeio à satisfação da pulsão, a lei exige um duplo compromisso: com a interdição de um modo de satisfação, digamos, mais imediato, *e* com a busca de alguma ou algumas possibilidades substitutivas. A lei exige um trabalho de Eros contra as tendências conservadoras da Pulsão de Morte. O sujeito que se organiza segundo esta lei é o sujeito de um desejo; responsável por sustentá-lo ao longo da vida e também por procurar realizações parciais possíveis para ele. Por esse caminho, poderíamos pensar que toda ação e realização humanas são fruto de soluções de compromisso.

A concepção ética que se funda nas premissas freudianas não difere muito de uma concepção clássica, aristotélica. Para Aristóteles (certamente o autor mais citado ao longo deste seminário), a ética é o compromisso do homem com o bem supremo, que para os gregos seria, sem sombra de dúvida, a felicidade. E mais: felicidade no sentido de uma *vida feliz*, o que não é dito de graça aqui — há uma valorização também do prolongamento da vida até sua potencialidade máxima, o que implica a busca de uma felicidade tal que não se realize *contra* o corpo (e que, por isso mesmo, não dependa *só* do corpo). Além disso, para os gregos a concepção de sujeito (feliz) era indissociável da ideia do ser político, o cidadão da pólis. Acrescenta-se assim uma exigência a mais: "É mais perfeito o bem da pólis do que o do indivíduo", o que nos indica que não é na tirania nem no isolamento que se encontra o "bem supremo". A ética seria assim um conjunto mínimo de preceitos que tentam conciliar o bem individual com o coletivo.

O percurso de Aristóteles para a busca da felicidade passa pela questão dos prazeres. Ele privilegia os prazeres do espírito aos do corpo, em função da maior limitação dos prazeres corporais e de seu parentesco com os prazeres animais. Aristóteles não prega (como mais tarde os cristãos) a abolição dos prazeres corporais ou sua condenação como um mal em si, mas a sua superação pelas atividades do espírito, até a "afirmação do divino no homem". "A atividade perfeita consiste na atividade do pensamento", afirma, depois de examinar o parentesco dos prazeres corporais com os vícios e ignorando, com uma ingenuidade que só foi possível há 2300 anos, que as atividades do pensamento também portam vícios e são capazes de conduzir às mais sofisticadas manifestações do mal. Aristóteles fala da contemplação, da reflexão, da criação — prazeres do espírito aos quais Freud veio a chamar *sublimação* — como exemplos dos recursos à disposição do homem para recuperar no plano simbólico a onipotência perdida no plano das pulsões e do narcisismo (termos a que Aristóteles obviamente não se refere). A "afirmação do divino no homem" seria então o caminho mais perfeito para uma vida feliz.

Freud não se afasta de Aristóteles ao pensar a questão do bem e do mal, da felicidade e dos prazeres possíveis dentro dos compromissos impostos pela civilização. E, em 1929-30, no seu já clássico O *mal-estar na civilização*, Freud reafirma que o sentido da vida é a busca dos prazeres: "Quem fixa os objetivos da vida é simplesmente o Princípio do Prazer, que rege as operações do aparelho psíquico desde a sua origem". Mas como o Princípio do Prazer não reconhece limites, adiamentos e muito menos o outro, não se pode identificar suas demandas com os objetivos de uma "vida feliz". A civilização surge da necessidade de se impor restrições à sofreguidão do Princípio do Prazer, no mínimo para que ele não destrua ou danifique seus próprios objetos e alguma felicidade seja possível ao longo de uma vida. A subjugação dos poderes individuais da força bruta pelo poder coletivo, simbolizado na forma da lei, é um passo importante na construção das civilizações. É a lei que exige dos sujeitos uma certa renúncia, por exemplo, à posse sexual que desconhece os limites do outro, às rivalidades sem trégua, à satisfação imediata das pulsões agressivas etc. Desde 1920, em *Além do Princípio do Prazer*, Freud vinha advertindo que, se o Princípio do Prazer dominasse sem restrições o funcionamento psíquico, nos conduziria rapidamente à morte, ao repouso sem tensões, e não à felicidade.

Como compensação pelas renúncias exigidas pelo pacto civilizatório, Freud anuncia os prazeres sublimados, mas adverte: "A orientação estética da finalidade vital (sexual) da pulsão nos protege escassamente contra os sofrimentos, embora possa nos indenizar pelos pesares sofridos". Para além da sublimação, Freud afirma nesse texto a importância da diversificação dos investimentos libidinais para possibilitar-nos um pouco de prazer, e questiona: de que adianta simplesmente se garantir o prolongamento da vida se isso se der à custa do prazer? O que a civilização nos oferece — uma longa vida miserável? Como se Freud cobrasse da civilização, europeia pelo menos, a retomada de seu duplo compromisso ético: com a preservação da vida em sociedade e com os prazeres.

Nesse texto, como em vários outros (volto a ele), Freud descreve a mulher como a grande solapadora do pacto civilizatório e, ao mesmo tempo, como a grande defensora dos prazeres — principalmente dos prazeres do amor. A mulher, para Freud, é um ser muito pouco confiável no sentido de algum compromisso ético. Aliás, o grande mito freudiano que tenta explicar a origem da lei da interdição do incesto, em *Totem e tabu*, de 1913, apresenta a mulher como *objeto* da disputa que motiva o pacto civilizatório, e não como sujeito corresponsável por esse pacto. A substituição do pai tirânico, onipotente, detentor de todas as mulheres — assassinado pela força coletiva dos filhos — pelo pai simbolizado em forma de tabu se dá para garantir que a posse de alguma mulher para cada um dos membros da horda não se desse à custa de novos assassinatos. A clássica fórmula freudiana da resolução do complexo de Édipo do menino teria surgido da substituição do pai tirânico pela *lei do pai*: "Você pode ter tudo o que o pai tem, menos a sua mulher".

A lei contra o incesto representa um avanço contra a ordem do pai onipotente: tenta garantir a cada um dos filhos o direito à vida *e* a algum prazer. Ao mesmo tempo, se ela presentifica simbolicamente o pai, eterniza também o seu assassinato, o que significa que toda lei está sujeita não só à transgressão como também a cair, se não cumprir minimamente seu compromisso com o Princípio do Prazer. Onde a lei do pai é imposta pela força bruta, os filhos não são sujeitos — são submetidos. Não existe ética ou pacto, existe submissão ao mais forte. A simbolização da lei na forma de interdição do incesto (a proibição do acesso à "mulher do pai") vem mostrar novamente que o sujeito de um compromisso ético é o sujeito de um desejo (recalcado) — o desejo pela mulher-tabu. A mulher, nesse mito, não tem o lugar do sujeito. É o objeto do desejo, o objeto-tabu e o objeto tornado acessível pela nova lei. Não é responsável pelo pacto civilizatório. O que nos leva a pensar em *que mulher* Freud tinha em mente ao construir seu mito.

A CASA DE BONECAS

Para entender a mulher-paradigma do pensamento freudiano, tomo emprestada uma peça de Ibsen muito conhecida, escrita em 1879, que mostra uma personagem em transição de uma posição tradicional para uma posição, digamos, moderna. A Nora da *Casa de bonecas* é uma dona de casa obediente ao marido, infantil, encantadora, deliciosa — deliciosa *porque* infantil —, apelidada pelo marido amoroso com uma série de nomezinhos também infantis: cotovia, esquilinho, ave canora. O que nos encanta em Nora é que, apesar de sua completa ignorância sobre as coisas do mundo, ela exibe um imenso desejo de ser feliz. Mas o que é ser feliz, no caso dela? Ibsen nos descreve aqui os signos da felicidade doméstica; para Nora, a felicidade consiste no aconchego, na paz, na companhia dos filhos, na "ausência de preocupações", no amor familiar. Familiar. O lar e a intimidade são os dons que a mulher oferece ao homem, junto com o convite a uma retirada do mundo que é tão sedutora quanto a morte.

No começo da peça ficamos sabendo que essa doce criatura cometeu um crime: falsificou assinaturas do pai, gravemente doente, para conseguir de um agiota empréstimo de dinheiro para levar o marido, também doente, a uma viagem de cura. O objetivo do crime era poupar dois seres amados de preocupações — o pai, que deveria morrer em paz sem saber dos apuros da filha, e o marido, que deveria ignorar a gravidade de sua doença. Morto o pai, curado Helmer, o agiota descobre a falsificação e vem ameaçar Nora de chantagem. Nessa cena ela mostra que seus compromissos se limitam àqueles que ama. Não tem o menor interesse pelo código que rege a vida em sociedade. Quando o agiota argumenta que poderia ter sido prejudicado, Nora responde: "Mas que me importa a mim o senhor!". Em outra cena, quando o marido lhe diz que se não puder pagar alguns empréstimos vai prejudicar os credores, também objeta: "Essas pessoas... quem pensa nelas? São estranhos!". Ao que Helmer, enternecido (ainda sem saber do "crime"), responde que ela não deve ocupar a cabecinha com problemas desse tipo.

Quando o agiota ameaça Nora com o código penal ela se defende alegando seus nobres motivos. O agiota: "As leis não se preocupam com motivos". E Nora: "Nesse caso, são leis bastante ruins" — o que nos faz pensar na observação freudiana de que o superego da mulher seria "pessoal demais". Ao alegar nobres motivos, Nora está afirmando que os fins justificam os meios — princípio do arbítrio e da tirania ao qual não hesitamos em aderir quando os fins nos parecem bons, ou justos, mas sob que critérios? É justamente onde se instalam os critérios "pessoais demais", insuficientes mas inevitáveis, do superego de cada um.

Helmer, marido de Nora, é um homem "da lei" — advogado — e do dinheiro — um importante diretor de banco. Apaixonado por Nora, sempre desejoso dela, sacrifica imediatamente seu amor ao descobrir o crime cometido pela esposa. A ele também não importam seus nobres motivos. Pensa que ela não tem nenhum senso moral, e argumenta: "Suportaria tudo por você, preocupações, sacrifícios, privações... mas não existe ninguém que sacrifique sua honra pelo ente que ama". Ao que Nora responde: "Milhares de mulheres têm feito isso". "Você pensa como uma criança insensata", diz Helmer. "Não entende nada da sociedade da qual faz parte." Nora: "Você, porém, não pensa nem fala como o homem a quem possa me unir por companheira".

Durante todo o drama, Nora diz a uma amiga que ainda espera "um milagre" salvador: o milagre do amor e do perdão de Helmer. Que ele assuma publicamente a desonra, protegendo a esposa que um dia o protegeu. Mas o amor e o perdão só chegam quando o chantagista retira a ameaça de tornar público o caso. Nesse momento Helmer volta imediatamente a amar a esposa, tentando devolvê-la à inocência perdida. Nora, no entanto, está decepcionada. Já sabe que o amor do marido está condicionado ao cumprimento da lei. Ela esperava que o amor o levasse para fora do jugo da lei — como havia levado a ela mesma.

Deixo o fim da peça para depois. O que chama a atenção nas diferenças entre Nora e Helmer é que eles parecem representar duas éticas diferentes ou, mais, dois aspectos complementares de uma ética. Enquanto Nora parece comprometida com o amor e a felicidade daqueles que ama, Helmer tem como prioridade os compromissos com o "contrato social". Uma ética do espaço privado — tipicamente feminina — contraposta a uma ética do espaço público, masculina. Ou, dito de outra forma, a partir das "soluções de compromisso" entre as instâncias psíquicas e suas diferentes demandas: uma ética que prioriza o prazer contra uma outra que procura antes de tudo evitar o desprazer. Vale pensar, seguindo a trilha de Freud em *O mal-estar na civilização*, que o crescente apartamento entre os interesses do indivíduo e os da coletividade, entre aquilo que representa a felicidade individual e o que se considera o bem comum, torna cada vez mais difícil, se não impossível, a formulação de parâmetros éticos que atendam à dupla determinação aristotélica — a realização de "vidas felizes" e o exercício da cidadania. A ética feminina e a masculina.

O SUPEREGO E A LEI

Estou falando livremente de uma ética feminina sem ignorar que a psicanálise considera as mulheres como seres muito pouco éticos a partir de uma falha na formação do superego feminino. A questão é simples. O superego é o herdeiro do complexo de Édipo. Instância que se forma a partir de um duplo movimento psíquico: a renúncia às pretensões eróticas do amor edípico e o retorno de uma parte da libido sobre o próprio eu, na forma das identificações paterno e materna, e da formação dos ideais. Representa ao mesmo tempo um substituto para as pretensões do amor edípico e uma formação reativa contra ele: "Criando uma expressão duradoura da influência dos pais, [o superego] eterniza a existência daqueles momentos a que deve sua origem", escreve Freud em *O ego e o id*.

Ora, sabemos que o que força o menino a fazer tais renúncias e reorientar de tal maneira os direcionamentos libidinais é o complexo de castração que se cristaliza justamente quando ele descobre a falha no sexo da mulher. É pelo complexo de castração que o menino sai do Édipo; mas é pelo mesmo complexo que a menina *entra* nele, reorientando seu amor da mãe castrada para o pai fálico. Se ela já entra no Édipo (isto é, no segundo movimento edípico, de amor pelo pai) ao se constatar castrada como a mãe, que ameaça pode empurrá-la a sair? Como forçar a renunciar a um amor quem já entrou nele com o ímpeto dos que não têm nada a perder?

Antes de concluirmos depressa demais sobre a imperfeição moral da mulher, vale a pena investigar a relação entre o superego e a construção de uma ética individual. Quando Freud afirma que o superego "eterniza a existência dos momentos (de amor edípico pela mãe e pelo pai) a que deve sua origem", o que isso quer dizer? Que o superego eterniza, em sua relação com o ego, a elevadíssima exigência de perfeição narcísica que a criança imagina ser a condição para obter o amor incondicional dos pais; e que ele perpetua também a elevada exigência de prazer dos impulsos mais poderosos do id, dos quais se torna uma espécie de para-raios desde a tal renúncia exigida a partir da ameaça de castração. São exigências elevadas e também contraditórias, que o ego não pode cumprir por mais renúncias que faça; pois quanto mais renuncia aos prazeres para corresponder aos ideais, mais enfurece o id em sua demanda de gozo, que mais energia envia ao superego para que castigue o pobre ego, oferecendo ao id o consolo de um gozo sádico e nunca suficiente.

Como pode ser esta uma instância ética? "Com a severidade de seus preceitos e proibições", escreve Freud em *O mal-estar na civilização*, [o superego] "se despreocupa demasiado da felicidade do ego, pois não leva em conta nem as dificuldades para o cumprimento daqueles, nem a premência da energia pulsional do id, nem as dificuldades do mundo real" — a tal ponto que muitas vezes os psicanalistas têm a ingrata tarefa de comprar uma briga contra o superego dos analisandos.

Ora, se o superego joga o sujeito numa relação sadomasoquista consigo mesmo, gerando no limite desse impasse os chamados "delinquentes por sentimentos de culpa"; se não está comprometido com a felicidade do ego e sim com um padrão de perfeição correspondente ao narcisismo infantil; se promove uma repetição das exigências mais infantis pela vida afora, como se pode pensar nele como premissa para a fundação de uma ética? E, no entanto, assim é: condição necessária, mas não suficiente. O superego, apesar de tudo, é a instância que representa psiquicamente as exigências e limitações do real — e o real nesse caso pode ser visto como os limites impostos pela existência do Outro. Se não se pode conceber uma ética diretamente a partir das determinações do superego, também é certo que não se pode conceber qualquer tipo de pacto civilizatório que funcione minimamente sem ele. O superego é responsável, no mínimo, por estabelecer o suporte imaginário da relação dos sujeitos com a lei: a angústia de castração, o medo da perda do amor das figuras paternas internalizadas, representadas também pelo código de cada cultura.

A questão é que esse suporte imaginário é essencial mas não garante, por um lado, que a relação dos sujeitos com a lei não seja de mera submissão, ou, por outro, que não se transforme na compulsão a pequenas e grandes transgressões gratuitas típicas dos "delinquentes por sentimento de culpa". Alguma coisa precisa ser simbolizada na relação do sujeito com a lei para que ele ganhe mobilidade e algumas possibilidades de escolha na vida. No dizer de Mustafá Safouan: contra a angústia de castração, a castração. Simbólica.

É a simbolização da relação com a lei que abre caminho — por exemplo, na via dos prazeres — para uma sexualidade não perversa ou não *exclusivamente* perversa, permitindo que as pulsões parciais se realizem com a mesma finalidade da situação edípica mas com outros objetos. Uma "ética do erotismo" (Lacan) que sustente o prazer de desejar, isto é, paradoxalmente — o prazer de adiar, de experimentar o desprazer.

Numa outra vertente, diria que alguma coisa precisa *escapar* da relação de submissão à lei para possibilitar a sublimação — o acesso ao "bem supremo" aristotélico que ultrapassa as limitações dos prazeres sexuais. Lacan, em seu *Seminário* VII sobre a ética, dedica todo um capítulo à questão da sublimação, referindo-a à função significante do Nome do Pai, que faz com que "o recurso estruturante à potência paterna intervenha como uma sublimação". Aqui, podemos antever complicações para a mulher — complicações que serão ou não impeditivas da sublimação, a depender de como ela consiga se apossar, de alguma forma, do Nome do Pai.

Se a condição da sublimação é o "recurso estruturante à potência paterna", isso significa que o sujeito precisa se dar o direito de tomar certas liberdades, digamos, em relação ao que sejam os atributos do pai, sem sucumbir à angústia de castração. A tal fórmula freudiana — você pode ter tudo o que o pai tem, menos a sua mulher — entra tanto na condição do amor quanto da sublimação. É preciso que o sujeito possa se aventurar sem grandes riscos a roubar o fogo paterno, e isso por dois motivos. Primeiro, o pai não é dono do fogo; ninguém é. O fogo sempre terá sido legado, e parcialmente, por um outro. Segundo, o fogo é um elemento móvel possível de ser compartilhado infinitamente — o único elemento que se pode tomar a alguém, sem privar dele o antigo dono. O roubo do fogo pode representar alguma transgressão, mas não um crime.

Roubo que continua representando a pretensão humana de se equiparar aos deuses. Novamente Lacan: a frase bíblica "e Deus fez o mundo, e viu que era bom" pode ser aplicada igualmente ao oleiro que acaba de modelar um vaso... "Mas nem toda sublimação é possível no homem", adverte Lacan lembrando que o fogo que permite a criação não é só roubado ao pai: é também roubado ao id, como formulou Freud em seu texto sobre Prometeu. Portanto, convém não enfurecê-lo demais. Uma parte das pulsões sexuais deve poder se satisfazer diretamente: "Há uma exigência libidinal de satisfação direta, imperiosa [...] cuja frustração não só impede a sublimação como pode conduzir a sérias perturbações". Não é a satisfação sexual que inviabiliza a sublimação: é o recalque.

Se nem tudo da pulsão pode ser sublimado, fica difícil por outro lado pensar em alguma solução para o problema humano da ética dos prazeres que não passe pela sublimação. "Nem todo o prazer, nem todas as tendências unificadoras eróticas da vida de modo algum bastam para fazer do organismo vivo, das necessidades e precisões da vida o centro do desenvolvimento psíquico" (ainda Lacan, no *Seminário* VII). A correlação entre o prazer, a ética e a sublimação fica sugerida nesta fórmula: "Do lado da obra está o belo — o mal está do lado da matéria". Do lado da matéria, isto é, da mortalidade. Do lado da Coisa (*das Ding*), "aquilo que, no real, padece de significante". Do lado da mulher, portanto, e de seu sexo inominável — pois não é do feminino que se trata isso que "padece de significante"?

Então sublimar é tarefa imposta ao homem diante do enigma da matéria, da morte e da mulher. E para a mulher, que fica sempre um passo aquém nas tarefas da simbolização, já que não precisa simbolizar a evidência que porta concretamente no corpo — qual a tarefa da sublimação? Se (Serge André) "toda criação é uma tentativa de resposta à inexistência d'A mulher", o que faz a mulher ao criar? Talvez um dizer a si mesma — e daí todos os clichês sobre a subjetividade como marca da escrita feminina, por exemplo; uma tentativa de moldar um significante que *a* fale. De construir fora de seu corpo, o falo da fala — e assim introduzir-se no mundo.

O ÉDIPO FEMININO

Já sabemos: o homem sai do complexo de Édipo pela descoberta da castração, mas a mulher entra no Édipo — no "segundo tempo", do amor edípico ao pai — por aí. A diferença entre a severidade das ameaças que pairam sobre o homem e sobre a mulher no complexo de Édipo fez com que Freud perguntasse: o que força a mulher a deixar de ser incestuosa, infantil, onipotente etc., se ela já entra sabendo que não tem nada a perder? Nada a perder, a não ser suas pretensões amorosas. Nada a perder, a não ser seu narcisismo, ainda marcado pelo amor materno, e que ela tenta manter na relação com o pai. Nada a perder a não ser uma ilusão, uma pretensão jamais abandonada, segundo Freud, de um dia vir a receber, pelo amor que for capaz de despertar no pai ou um seu substituto, um falo igual ao dele. Nada a perder a não ser as fantasias fálicas que acompanham seu prazer clitoridiano, e que ela abandonará por decepção diante da evidente inferioridade de seu pequeno órgão sexual. Abandonará para viver a inveja, inveja que talvez só possa ser superada se essa mulher voltar a valorizar seu sexo e recuperar sua dupla inscrição de prazer — clitoridiana e vaginal, ativa e passiva, masculina e feminina. (Embora Freud tenha escrito que a aceitação da sexualidade vaginal e da posição passiva é suficiente para a superação da inveja, não encontramos na vida a tal mulher que corresponda ao ideal freudiano de feminilidade.)

Este "nada a perder" está na origem da formação do superego da mulher, que fica assim tão complacente quanto implacável. Se por um lado é difícil ameaçar alguém com a perda de um falo imaginário, por outro esse imaginário se incorpora ao próprio ser da mulher — seu falo é a feminilidade mesma, e podemos dizer que na rivalidade edípica ela não tem nada a perder a não ser... a feminilidade. Nada a perder a não ser tudo o que faz dela uma mulher.

Um superego mais complacente em relação à lei paterna e bem mais exigente em relação às demandas do narcisismo materno. Uma bissexualidade muito menos recalcada que a do homem, já que para ele toda identificação com a mãe é sentida como ameaça de perda e para a mulher toda a possível identificação paterna é lucro. Um destino para o amor edípico que depende inteiramente do corpo; do Édipo a mulher herdará, na melhor das hipóteses, a feminilidade e a promessa de receber (de volta?) o falo paterno na forma da maternidade. Não será esta a origem da exagerada demanda de gozo, o exagero no amor, a exigência de felicidade que parecem denunciar o tal superego malformado da mulher? Pois se só lhe resta o corpo como destino para o reinvestimento libidinal a que ela teve que renunciar na passagem (incompleta) pelo Édipo, é dali que ela vai tentar tirar *tudo*. Que os filhos sejam então o falo da mulher; que ela tente conseguir tudo o que o amor puder lhe dar, já que é do amor que lhe virão todas as compensações. Essa a condição da mulher, ou de alguma mulher: a mulher sobre a qual Freud formulou suas teorias. Apartada do convívio social, ignorante quanto às regras do jogo do mundo em que vivia, infantilizada por sua condição de dependente de pai ou marido, impedida de exercer livremente sua sexualidade, distante do acesso à grande maioria dos recursos que lhe possibilitariam sublimar — para onde poderia crescer essa mulher? Onde mais construir uma identidade a não ser onde Nora tentou constituir a sua — na maternidade, no aconchego doméstico, no amor? De onde mais extrair seu quinhão de prazer a não ser do corpo — amor, sexo e maternidade.

Então vejamos o que diz Freud dessa mulher. Que ela é a grande solapadora da civilização, com suas exigências de amor antissociais, que tentam roubar o homem de seus compromissos com as tarefas da cultura. (E, no entanto, completa Freud em seu texto sobre a "Feminilidade": "São essas mesmas mulheres que originalmente estabeleceram os fundamentos da cultura, com as exigências de seu amor" — onde podemos ler: com as exigências de uma "vida feliz".) Que ela tem escasso senso de justiça — e aqui devemos pensar no papel da inveja em relação ao senso de justiça: parece que este depende em parte da elaboração daquela.

Que a mulher tem "baixos interesses sociais e pobres realizações sublimatórias", prossegue Freud, acrescentando nesse mesmo texto que a grande contribuição da mulher às civilizações foi a invenção das técnicas usadas para fiar e tecer os panos "com que ela recobre a sua castração". E, por fim, que sua libido se cristaliza mais rapidamente que a do homem. "O homem aos trinta anos parece ainda jovem e inacabado, enquanto uma mulher da mesma idade mostra um aspecto de imutabilidade e inflexibilidade psíquicas — sua libido ocupou já posições definitivas e ela parece incapaz de mudá-las. Não existem caminhos para o desenvolvimento posterior, como se a árdua evolução em direção à feminilidade houvesse esgotado suas forças."

No entanto, em outro texto (*O ego e o id*) Freud observa outro tipo de mulher que parece diferir radicalmente do primeiro. "Nas mulheres de vida sexual intensa e diversificada", escreve ele, "podemos ver claramente os resíduos que as diferentes cargas de objeto deixaram em seu caráter"; a biografia da história amorosa dessas mulheres estaria escrita em seu caráter, composto de diferentes traços dos homens que ela amou. Ora, essa mulher não parece ser a mesma da primeira afirmação. Uma se cristaliza, se "cronifica" precocemente, como se seu desenvolvimento libidinal e de personalidade tivesse chegado muito depressa a um beco sem saída. A outra segue incorporando a essa personalidade os traços que vai herdando de seus diferentes investimentos libidinais. O divisor de águas não é a passagem pelo Édipo e a "árdua luta em direção à feminilidade", comum a todas as mulheres, mas a riqueza das histórias amorosas da vida adulta. Que uma mulher se alimenta de homens, e não só da identificação primária, materna, já se sabe; que ela possa ou não fazer escolhas e diversificar sua relação com os homens depende de determinações externas — da repressão ou da mais-repressão (Marcuse) — e não do recalque resultante do complexo de Édipo.

É a lei contra a sexualidade, e não a lei contra o incesto, que é capaz de submeter a sexualidade feminina, enquadrar a mulher em seu papel materno-passsivo-infantil e fazer dela uma feroz defensora das piores restrições do superego, por falta de possibilidades de prazer. É a lei contra a sexualidade que infantiliza a mulher, deixando-lhe os filhos como consolo — para depois se dizer dela que permanece sempre incestuosa. Mais realista que o rei, a resignação da mulher que abriu mão da sexualidade promove um recolhimento ao lar que é uma espécie de espera da morte — a cristalização precoce a que Freud se referiu. Também é o caso de se perguntar como é possível a sublimação nesse contexto, a não ser que se considere, e sobre isso a psicanálise é controversa, que qualquer emprego não sexual de energia — como, por exemplo, nas tarefas braçais repetitivas — consiste em sublimação. Ainda assim poderíamos distinguir as atividades sublimatórias criativas das repetitivas, do ponto de vista da obtenção de algum prazer que compense as renúncias no campo da sexualidade. Contra a perda da onipotência infantil, a "afirmação do divino no homem...".

O DESTINO DE NORA

Quando tudo se esclarece e Nora fica livre das ameaças do agiota, o marido se dispõe a esquecer tudo imediatamente e voltarem, os dois, ao que eram antes. Mas Nora já não quer mais voltar. Decide abandonar a casa, a segurança, os filhos. Helmer lhe promete o que ela mais queria, *antes*: "Nora! Aqui você está segura! Eu a guardarei como a uma pomba que foi acolhida depois de ser retirada sã e salva das garras do abutre". Mas ela já não quer mais. Parece que tem que acabar de crescer: "Quero dizer que das mãos de papai passei para as suas. [...] Olhando para trás agora, parece-me que vivi aqui como vive a gente pobre, que mal consegue ganhar o seu sustento. Vivi das gracinhas que fazia para você. Mas era o que lhe convinha. Você e papai cometeram um grande crime contra mim. Se eu de nada sirvo, a culpa é de vocês". Ela percebe que ser mulher, ser criança (das mãos do pai para as do marido) e ser pobre se equivalem.

O manifesto da emancipação de Nora, que hoje é pouco mais que um clichê surrado na boca de milhares de mulheres, anuncia no ano em que foi escrito (1879) uma das maiores transformações sociais dos últimos cem anos, para a qual a própria psicanálise viria a contribuir muito mais do que poderia imaginar o velho Freud quando começou a escutar suas pacientes. Que a mulher tenha se tornado no século XX capaz de amar e trabalhar — amar mais de acordo com suas escolhas sexuais e trabalhar num sentido bem mais abrangente do que as gracinhas que Nora fazia para garantir o sustento que vinha do marido — foi uma reviravolta que alterou não apenas os costumes mas até mesmo os sintomas e as insígnias da feminilidade.

Alguma coisa da identidade feminina se transforma quando "Nora sai de casa". O trinômio passiva-infantil-maternal já não dá conta de dizer a mulher, que começa a ampliar o leque de suas possibilidades identificatórias à medida que amplia o leque de suas atividades e, com isso, expande seus territórios pela sociedade da qual faz parte. Helmer ainda tenta intimidar a esposa, dizendo que ela não conhece o mundo e não entende nada das regras da sociedade, ao que ela responde: "Não, nada entendo. Mas quero chegar a entender e certificar-me de qual de nós tem razão: a sociedade ou eu".

Provavelmente nenhuma das duas, se se considerar a questão desse jeito. Provavelmente Nora tem muito a aprender com o código do mundo em que vive, mas sua ética da intimidade, do amor e dos prazeres também tem muito a dizer — e vem dizendo, neste século XX — a um mundo regido pelo código de ética masculino: dos compromissos públicos, do evitamento do desprazer e, paradoxalmente (mas isso Freud já tinha entendido em *O mal-estar na civilização*), da guerra. Coincidentemente ou não, a psicanálise, nascida nesse século, é feminina; e vem mostrar que a passividade — o abandono das resistências que permite a livre associação — é uma possibilidade enriquecedora para todo ser humano.

Freud não podia prever que as Noras surgidas de sua escuta iam se tornar sujeitas de sua sexualidade, perdendo com isso a posição narcisista de eternas desejadas, comprometidas com a indiferença e com a frigidez. Ao se lançar em iguais condições, em relação ao homem, na conquista de seu prazer sexual, a mulher também fica sujeita a outra lei: à do desejo do outro. Lei que só faz sentido quando seu próprio desejo entra em cena (que me importa o desejo do outro diante do silêncio do meu?). Fica também sujeita a competir com o homem num terreno que é tradicionalmente dele e assim — o que parece até hoje surpreender as mulheres — jogar o homem por sua vez na condição narcisista. Que a mulher lhe revele seu desejo, que ele experimente cada vez com mais frequência o lugar do desejado, que o preço do desejar venha sendo dividido entre homens e mulheres — são privilégios dos quais o homem ainda não terminou de gozar um tanto sadicamente, como se dissesse à companheira: "Você não queria? agora, toma!".

Por outro lado, a mulher que exprime mais diretamente sua sexualidade se depara com o horror masculino diante desse vazio-que-fala, já que no inconsciente toda mulher se confunde com a figura da mãe cuja voracidade seduz, mas ameaça — de onde se conclui que a tradicional interdição da sexualidade feminina, além dos motivos práticos de controle da linhagem dos herdeiros, fundava-se no temor inconsciente à mãe devoradora. Mitos antigos, como o das bacantes, já vinham dizendo que a sexualidade feminina livre de freios poderia ser muito perigosa.

Avançando um pouco mais: ao se referir às "pobres realizações sublimatórias" da mulher, Freud parece não ter levado em consideração as condições sociais que determinaram esse fato: as limitações biológicas da mulher-mãe, o confinamento doméstico etc. Não podia prever que a família iria se modificar, a maternidade iria se tornar uma opção, ao menos para as mulheres das sociedades mais ricas, e milhares de Noras entrariam no mercado de trabalho. Uma nova inserção social que lhes possibilitou conhecer as "regras do jogo" que Nora infantilmente ignorava, além de sair da condição de dependência (viver como "a gente pobre" dentro da própria casa) econômica, sustentar a si próprias e frequentemente aos filhos, ganhar acesso à instrução e à cultura, ampliando o campo simbólico onde a sublimação se enriquece e se torna mais gratificante do ponto de vista do prazer criativo e do narcisismo.

Todas essas mudanças sociais teriam sido suficientes para que a mulher estenda suas possibilidades de prazer além dos limites do amor e do corpo, aceite as restrições impostas pelo pacto civilizatório e contribua para o que as culturas humanas produzem de melhor, na forma do belo, do sublime? Tudo indica que ainda é necessária outra conquista para a mulher: que ela possa roubar o fogo paterno. Se a sublimação passa pelo "recurso estruturante" à potência paterna, a mulher tem que poder de alguma forma se identificar ao pai. Ora, a identificação é um jogo de espelhamentos, e muito frequentemente nesse jogo a mulher se vê expulsa de campo pelo próprio pai, que não quer, de parte dele, identificar-se a uma castrada (identificação à qual ele pensa ter escapado ao recalcar, no Édipo, sua parcela de espelhamento materno). Se a mulher consegue se apropriar simbolicamente do falo paterno — quando consegue —, frequentemente se sente culpada ou ameaçada com uma dupla perda de amor: por parte do pai expropriado e da mãe traída.

Assim, em suas conquistas de atributos considerados tipicamente masculinos e de espaço no mundo "dos homens" é frequente que a mulher exceda limites, ansiosa por demonstrar que merece o lugar recém-conquistado. Uma "nova rica" no mundo da cultura, observa o pensador romeno Cioran diante da produção intelectual de mulheres que parecem querer dar sempre provas a mais de sua competência e de sua capacidade de pensar, como se se sentissem pouco à vontade para fazer livre uso do falo roubado.

Uma falta de liberdade que, por outro lado, é amplamente compensada pelo "a-menos-de-recalque" do qual a mulher é de alguma forma beneficiada — pois não é o que escapa ao recalque que permite a sublimação?

Um tanto a menos de recalque — da ordem do vazio que representa seu próprio sexo, que tanto angustia o homem e que ela não precisa simbolizar já que o traz no corpo; uma necessidade de dar provas a mais de que é capaz de sustentar o falo que o pai *não* lhe cedeu; um superego que nunca substitui perfeitamente a demanda narcísico-materna de gozo pela lei paterna que interdita o gozo (Lacan: "Para a mulher, nenhum pai nunca é..." o bastante para remeter a mãe aos porões da pré-história) — tudo isso imprime às atividades da mulher a marca de certo exagero. O primado do amor, a exagerada pretensão à felicidade, a "má-formação" superegoica fazem da "capacidade de amar e trabalhar" (única definição de saúde mental que Freud se arriscou a formular) da mulher algo muito diferente do que é no homem.

Que a mulher frequentemente "perca as estribeiras" na política, na produção teórica, na ambição pelo poder — seria um traço a se domesticar? Ou é próprio da contribuição feminina a uma ética que costuma apelar preferencialmente à contenção e ao evitamento do desprazer? Que a mulher apareça como aquela que desconhece limites preestabelecidos, que porta moções de transgressão à lei em nome dos critérios "pessoais demais" que orientam sua ética — não é exatamente esta a contribuição feminina para a civilização? E o famoso masoquismo feminino, que este texto não abordou — não seria também um modo de a mulher dizer que o preço do desprazer às vezes *vale a pena*?

Uma última observação: ao começar sua peregrinação à procura de "entender a sociedade da qual fazia parte", Nora abandona os filhos. É provisório, avisa ela. Não se sente capaz de educá-los no estado de confusão em que se encontra; o próprio pai das crianças não a considera mais como um ser moral, e ela também tem suas dúvidas. Ao longo de um século de peregrinações femininas, os filhos vêm perdendo muito do seu antigo lugar junto às mães — um tanto da antiga proteção, da disponibilidade, da continuidade; mas também um pouco do papel de consolo, de falo, de compensação pelas inúmeras renúncias impostas às mulheres. Saíram ganhando *e* perdendo. Uma ética que leve em conta as injunções masculinas e femininas ainda está por ser formulada, e com ela a garantia de um lugar mais favorável e — por que não? — mais feliz para as crianças.

REFERÊNCIAS BIBLIOGRÁFICAS

S. Freud

O mal-estar na civilização

Totem e tabu

Além do Princípio do Prazer

O ego e o id

"Sexualidade feminina"

"Feminilidade", em *Novas lições introdutórias à psicanálise*

"A dissolução do complexo de Édipo"

"Algumas consequências psíquicas da diferença sexual anatômica"

"A organização genital infantil"

Psicologia de massas e análise do ego

"Sobre a conquista do fogo"

J. Lacan

Seminário VII: *A ética da psicanálise*

Seminário XX: *Mais, ainda...*

"A significação do falo", em *Escritos*

M. Safouan

Angústia, sintoma, inibição

S. André

O que quer uma mulher?

Aristóteles

Ética a Nicômaco

H. Ibsen

Casa de bonecas

M. Cioran

"Maria Zambrano, uma presença decisiva", em *Exercícios de admiração*

IMPASSES DA ÉTICA NATURALISTA: GIDE E O HOMOEROTISMO

Jurandir Freire Costa

Começo por uma definição suficiente para meus propósitos. Por ética naturalista entendo toda ética que busca na natureza os fundamentos da vida moral. O naturalismo é uma variante do fundacionalismo ético, ou seja, do pensamento segundo o qual nossas convicções morais, para serem verdadeiras, devem partir de "proposições básicas, epistemicamente privilegiadas, que conferem justificação a todas as proposições empíricas, aceitas pelo sujeito moral".[1] Mais simplesmente, para o fundacionalismo as decisões éticas podem ser fundadas ou demonstradas com base em argumentos racionais, independentes de crenças particulares e contingentes. No naturalismo, tais fundamentos encontram-se nos imperativos da vida biológica ou, de modo mais geral, na natureza. A boa vida, nessa concepção, é a resultante da adequação das regras éticas às leis naturais. O imoral ou amoral é o antinatural. Ética, portanto, sem desperdício ou possibilidade de equívoco.

A esse ponto de vista opõe-se um outro, que Larmore resume como se segue:

> [...] jamais somos desprovidos de crenças. E nossas crenças não têm nenhuma necessidade de justificação. A questão da justificação só se apresenta quando temos uma razão positiva para acreditar que algumas delas são falsas. Mas, mesmo quando reexaminamos estas crenças, nossa avaliação crítica perfila-se sobre o fundo de outras crenças.[2]

Dito de outro modo, a justificação de nossas crenças não é uma questão de adequação de seus discursos ou enunciados à natureza das coisas; aos dados elementares do espírito ou da sensação;

às regras lógicas da razão, ou às exigências internas da estrutura da linguagem: é uma questão de prática social ou contexto conversacional.[3] A essa ética, podemos chamar de historicista. A ética naturalista, então, visa descobrir o fundamento trans-histórico e universal capaz de justificar a necessidade das mesmas obrigações morais para todos os indivíduos. O desejo que a anima, para retomar a dicotomia proposta por Rorty,[4] é o *desejo de objetividade*. O historicismo ético, ao contrário, é animado pelo *desejo da solidariedade*. Abrindo mão da intenção fundacionalista, o historicismo entende que qualquer exame crítico de um corpo de crenças pressupõe a validade de outras crenças que fornecem o padrão de avaliação das ideias criticadas. Em vez de recorrer ao que transcende incondicionalmente a reflexão moral, reconhece seu pertencimento e sua solidariedade a uma dada comunidade e a uma dada tradição. Não pretende "descobrir" o "naturalmente dado" que deve obrigar todos os indivíduos a aceitar uma mesma moral, mas perceber o que os distingue uns dos outros e o que se pode fazer para ajudá-los a mais bem conviver com a pluralidade da condição humana. Ao objetivismo naturalista importa a *fundação de si*; ao historicismo, os diversos modos de *afirmação de si*.

É contra este pano de fundo que penso contrastar o esforço intelectual de Gide, na defesa da "condição homossexual". Preciso, entretanto, que só usarei o termo *homossexual* citando o pensamento de Gide ou de autores que, como ele, acreditam na isenção valorativa e descritiva da palavra, o que não é o meu caso. Acho que a palavra *homossexual* está inevitavelmente comprometida com a ideologia médica que lhe deu origem e, por conseguinte, saturada de preconceitos. A meu ver, o chamado homossexualismo ou a homossexualidade é apenas um episódio na história das práticas homoeróticas, muito mais amplas, diversificadas e culturalmente avaliadas do que o termo oitocentista dá a entender. Por acreditar nisso, prefiro falar deliberadamente de homoerotismo, embora sem a pretensão de canonizar o termo, que pode ser trocado por qualquer outro, contanto que, na troca, não venha a perder o sentido.

Esta ressalva introduz a matéria do estudo. Ao contrário de um Freud, que, não obstante o uso de noções datadas, viu na multiplicidade das morais sexuais uma expressão da contingência do desejo ou de sua contrapartida egoica, o narcisismo das pequenas diferenças; à diferença, ainda, de um Foucault, que fragmentou o campo do sexo, mostrando a ilusão de sua pretensa homogeneidade,[5] Gide quis fazer do homoerotismo uma obrigação natural. Mais que isso, reduziu a multiplicidade homoerótica ao homossexualismo, dando-lhe uma essência nominal e uma realidade objetiva inexistentes antes da medicalização e da moralização burguesa do sexo, nos finais do século XIX e começos do século XX. Tomando como um dado esses construtos culturais, elaborou uma teoria que acreditava livre de preconceitos, porquanto ancorada na moral natural. Enganou-se, e seu engano, creio, mostra pelo menos duas coisas. Mostra, em primeiro lugar, o que de longa data é afirmado pela psicanálise: não existe outro objeto do desejo a não ser as metáforas do objeto desde sempre e para sempre perdido. Isto é, a coisa nada mais é que sua falta. Mostra, em segundo lugar, que no fundamento do ideal de tolerância, ou, o que dá no mesmo, do direito à diferença, nada pode ser achado além do desejo narcísico de reafirmação de uma tradição de ideais que se quer manter.

Gide, contudo, não pensava assim. Era um intelectual honesto, um artista virtuoso e, num certo sentido, radical. Por isso, sonhou em alcançar o umbigo do limbo e de lá trazer o código Ur da verdadeira moralidade sexual. Não conseguiu. No entanto, deixou-nos como recompensa um belo retrato moral e intelectual de sua época, o que por si merece respeito e admiração.

UM HOMEM DE SEU TEMPO

André Gide nasceu na França em 1869. Data e lugar, aqui, não são indiferentes ao percurso do pensador. Nascer na França, em 1869, significava nascer no ano em que Karoly Benkert, médico húngaro, inventou a palavra *homossexual*. Esse neologismo macarrônico, como assinalou Boswell, veio posteriormente a condensar todo o imaginário ocidental e oitocentista tecido em torno do homoerotismo. Gide não escapou de sua teia como, aliás, a maioria de todos nós. Nascer na França, por outro lado, significava nascer sob a proteção do código napoleônico. Isto quer dizer não estar sujeito a punições pelo crime de homossexualismo, como os ingleses, sob a Emenda Labouchère, ou os alemães, sob o parágrafo 175 do código penal alemão. Por essa razão, Gide pôde escrever e publicar livremente o que pensava sobre o homoerotismo sem arriscar-se à cadeia ou a perseguições jurídico-policiais. Mas, por isso mesmo, deixou-se, talvez, envolver com mais facilidade na trama do mito da homossexualidade e de sua origem natural.

Na França, depois da revolução, a liberdade sexual deixou de ser vista como um problema de Estado. O código napoleônico ratificou a ideia de que o poder público nada tinha a ver com a vida privada do cidadão. No entanto, como seria de esperar, ser livre jurídico-politicamente não podia significar ir de encontro à ordem social burguesa. A retórica dos direitos individuais tinha limites. Uma coisa era a revolução, com suas palavras de ordem política e suas fantasias intelectuais; outra coisa era a burguesia, com seus interesses de raça, classe e suas aspirações imperialistas e nacionais. A liberdade política tinha de encontrar um freio, sob pena de minar a rede de poderes que mantinha de pé o edifício burguês. Descobriu-se, então, que a liberdade só era realmente livre quando obedecia à liberdade moral, cujo solo era a necessidade natural. Donde o relevo dado ao instinto e à evolução. As noções de instinto e evolução sexuais foram para as liberdades morais o que o progressismo e o transformismo foram para as liberdades sociais. Forneceram as justificativas para o controle dos sexos e corpos sem, aparentemente, ferir as leis das virtudes cívicas. Com o instinto e a evolução passou-se a saber, cientificamente, o que devia ser a normalidade moral, fronteira natural da liberdade política. A natureza não errava; simplesmente seguia sua tendência para a evolução. Portanto, o que fugisse a essa tendência era desvio, arcaísmo ou regressão.

Disso para as teorias da degenerescência ou das anomalias instintivas o passo foi tranquilo. O imoral era o anormal, e o anormal era um degenerado ou um anômalo. Anômalo que, logo em seguida, tornou-se o perverso, termo que, uma vez criado, veio adjetivar ou substantivar todo sujeito com inclinações homoeróticas. O que outrora era crime, agora era um misto de vício e doença; doença dos espíritos viciosos ou espírito vicioso de doentes mentais degenerados ou portadores de aberrações instintivas.

Gide herdou esse legado, que procurou reverter em favor de suas inclinações sexuais. Em 1911 começou a escrever *Corydon*, pequeno romance de tese, no qual pretendia criticar cientificamente os preconceitos contra o homoerotismo, provando que a pederastia era a forma mais adequada de a moral sexual inscrever-se na natureza.[6] Por escrúpulo e receio de reprovação social o livro só foi publicamente editado em 1920. Nesse meio tempo, Gide amadureceu seus argumentos, que, diga-se de passagem, continuaram os mesmos, após a publicação do trabalho. *Corydon*, ao lado do *Journal*, é o único texto em que o homoerotismo é explicitamente defendido com base em doutrinas científicas. Do ponto de vista da forma, organiza-se como um diálogo em que o médico Corydon procura persuadir o adversário de que sua opinião é científica enquanto a dele, adversário, nasce do senso comum. No final compete ao leitor decidir a quem cabe a vitória argumentativa.

De início, Gide leva seu interlocutor imaginário a desconfiar da naturalidade de seu modo usual de pensar. O artifício usado para esse fim é o argumento de autoridade. Por intermédio de Pascal, Montaigne e La Rochefoucauld diz que tudo o que sabemos sobre o instinto sexual ou sobre a natureza do amor e do sexo é produto de nossos hábitos e costumes. Em função desses hábitos, aprendemos, no presente histórico, a desejar a heterossexualidade e a repudiar a homossexualidade:

> Pense que, em nossa sociedade, em nossos costumes, tudo predestina um sexo ao outro; tudo ensina a heterossexualidade, tudo convida a ela, tudo a provoca: teatro, livros, jornais, exemplo dos mais velhos, jogos de salão, de rua. Se com tudo isto não nos tornamos *amoureux*, é que fomos mal educados, grita-se.[7]

Ora, esse hábito heterossexual, afirma Corydon, era uma contrafação do verdadeiro rumo da natureza. Contrafação que, entretanto, era facilmente desmontável, quando se analisava a fragilidade das ideias que a sustentavam. Por exemplo, a ideia de "instinto de reprodução". Gide diz que a noção de instinto sexual como sinônimo de instinto de reprodução é uma falsa ideia. Não existe na natureza algo que "precipita irresistivelmente um sexo para o outro" ou que age como uma "força imperativa categórica", à semelhança de um "mecanismo infalível".[8] Todas essas noções são "ídolos" que os antiteístas puseram no lugar de Deus. O homem, quanto mais se eleva na escala animal, mais se afasta do determinismo instintivo. O que o orienta, em matéria de sexo, não é o instinto de reprodução, é a volúpia. "Não é a fecundação que o animal busca, é simplesmente a volúpia. Ele busca a volúpia e encontra, por acaso, a fecundação".[9]

À primeira vista, a afirmação parece ter certa sonoridade psicanalítica. O princípio da volúpia poderia evocar o princípio do prazer, noção criada por Freud para emancipar o sexual da coerção instintiva. Mas o parentesco é superficial. A volúpia, como a usa Gide, estava mais próxima da volúpia positivista, termo empregado pela medicina psiquiátrica para explicar a fisiologia do amor. Enquanto, para Freud, o princípio do prazer era uma mera figuração da contingência e da indeterminação instintiva do desejo sexual, para Gide, a volúpia era o que fazia do homoerotismo uma meta previsível da natureza. Dito de outra forma, era a condição *sine qua non* do homoerotismo natural. A tese era a seguinte: Corydon, recorrendo a Lester Ward, "economista-biologista" americano e criador da "teoria ginecocêntrica", dizia que, "nas ordens inferiores, o excesso de machos em relação às fêmeas era um fato natural".[10] Isto é, o macho era um luxo biológico. Poucos machos bastavam para o trabalho da reprodução. Essa mesma opinião era defendida por Perrier, um discípulo de Bergson, para quem o "sexo feminino era o sexo da previdência fisiológica" enquanto o masculino era o do "dispêndio luxuoso mas improdutivo".[11] Além do mais, a prodigalidade do macho manifestava-se não só no número mas também na disponibilidade para a volúpia.

Conclusão, o grande problema da natureza não era o que fazer para manter-se ou perpetuar-se — problema da reprodução —, mas como lidar com o excesso de machos e de sua disposição para o coito — problema da volúpia.

Tendo em conta os postulados evolucionistas constantemente afirmados no estudo, a saída plausível seria o controle discriminado da população dos machos. Mas isso não resolvia o dilema moral de Gide. A boa solução seria aquela que impusesse logicamente a necessidade das práticas homoeróticas. Sendo assim, não houve outra saída. O corolário da "teoria ginecocêntrica" era o de que na maioria das espécies, inclusive na espécie humana, os machos eram mais bonitos e, portanto, sentiam-se mais atraídos uns pelos outros que pelas fêmeas. Desse modo, as fêmeas, vendo-se livres da volúpia, podiam dedicar-se com tranquilidade à criação dos filhotes. Precavido, Corydon adverte o interlocutor de que ele se engana, vendo aí a defesa do uranismo por um uranista. A supremacia da beleza masculina havia sido constatada por cientistas e pensadores que, em absoluto, não eram homossexuais.

Goethe, por exemplo, dizia que a existência da "aberração" homoerótica devia-se ao fato de que, do "ponto de vista da regra puramente estética, o corpo do homem era muito mais bonito, muito mais perfeito e muito mais bem-acabado que o corpo da mulher".[12] Stevenson, um naturalista, notara que, entre os polinésios, "a beleza dos jovens ultrapassa de muito a das mulheres".[13] Por último, Darwin, quando no Taiti, escreveu: "Confesso que as mulheres me decepcionaram um pouco. Elas estão longe de serem tão belas quanto os homens".[14]

Assentada a base natural, o raciocínio invertia-se. Agora era a cultura, no que tinha de melhor, que vinha demonstrar a cientificidade da especulação naturalista. A Grécia, mostrava Gide, realizara plenamente a intenção da natureza. Plutarco, por exemplo, séculos antes dele, já tinha observado que as mulheres, para se fazerem atraentes, precisavam de unguentos, pinturas, filtros e enfeites, enquanto os homens eram naturalmente belos. De outro ângulo, era visível que a grandeza da mulher na tragédia e na epopeia só existiu graças à pederastia. Sem a pederastia a mulher teria sido exposta ao adultério ou chamada à prostituição, pela volúpia do macho. A pederastia preservou o status de mãe-esposa da mulher grega, fazendo com que o excesso da volúpia masculina fosse despendido entre os homens. Diretamente, pelas relações sexuais, ou indiretamente, pelos jogos, competições, guerras e demais atividades exclusivas de sociedade de homens. Desprezando todo o contexto da erótica grega, em especial a questão dos amores masculinos, Gide lutava para enobrecer o homoerotismo, impondo a volúpia à reprodução, enquanto princípio básico da evolução natural e social. Não percebeu que, virando pelo avesso o naturalismo, continuava preso às noções preconceituosas de *norma* e *desvio naturais*. Insistindo em buscar fora da história a caução moral para suas preferências sexuais, concedeu ao inimigo o que pensou subtrair-lhe. O direito à escolha do estilo erótico de vida, no sistema de Gide, continuou sendo custodiado por fatores externos à liberdade política. A tolerância não era reclamada em nome dos direitos individuais, era uma concessão benfazeja das leis naturais. Sem suspeitar, o artista punha sua arte contra a vida, quando talvez bastasse pensar na vida como uma obra de arte, para liberá-la do tacão da necessidade.

A ÉTICA GIDIANA: ENTRE O SER E O TORNAR-SE

Para nossa sensibilidade atual Corydon envelheceu. Mas, se os argumentos de Gide, hoje, parecem-nos desusados, cômicos ou pueris, na época estavam amparados por um formidável dispositivo racional. A Gide não faltaram nem conhecimento, nem erudição, nem capacidade para refletir sobre os próprios limites da razão científica. Em certas páginas, Corydon parece fazer eco às modernas ideias de Kuhn, sobre a presença de paradigmas na orientação da produção científica. Assim, vemos Gide negar a unidade metodológica da ciência ou descrever a prática cotidiana do cientista como se segue:

> O grande homem de ciência é tão raro quanto qualquer outro homem de gênio. Os meio sábios são numerosos o bastante para aceitar uma teoria de tradição, que os guia ou desencaminha, e para tudo "observar" segundo ela. Tudo, durante muito tempo, confirmou o horror que a Natureza tinha do vazio; sim, todas as observações. Tudo, durante muito tempo, confirmou a existência de duas eletricidades diferentes e que eram atraídas por uma espécie de instinto quase sexual. Tudo, no presente, confirma ainda esta *teoria do instinto sexual*.[15]

Outras passagens curiosamente se aproximam das atuais posições neopragmáticas, no que diz respeito ao valor e à função das teorias científicas. Corydon diz em um trecho:

> É preciso reconhecer, de início, que é muito difícil supor que uma *observação* possa ser efeito do acaso, e que caia num cérebro como uma resposta fortuita a uma questão que o cérebro não teria formulado [...] As respostas que a Natureza gritou ou murmurou-me, peço que se as verifiquem. Só quero reter uma coisa: tendo interrogado a natureza com uma preocupação diferente ela me respondeu de maneira diferente.[16]

Ou ainda:

> Quero dizer que a importância de um novo sistema proposto, de uma nova explicação de certos fenômenos não se mede de modo algum unicamente por sua exatidão mas também e sobretudo pelo élan que ela fornece ao espírito por novas descobertas, novas constatações (mesmo que estas neguem a dita teoria), novas rotas que ela abre, pelos impedimentos que ela levanta, as armas que ela fornece.[17]

Como, diante disso, compreender a ingenuidade do cientificismo de Gide? Penso que três ordens de motivos influenciaram sua pretensão em derivar normas morais de leis naturais. A primeira, mais evidente, radica-se no clima cultural da época. Gide viveu num tempo mergulhado na esperança positivista em uma humanidade livre por obra da ciência. Nesse sentido, era um espírito crédulo. Ainda em 1930, lendo *Moby Dick*, comentava:

> Melville fala dos cachalotes fêmeas presididos por um único macho... e quanto aos machos excluídos, e que não terão acesso ao gineceu, que farão eles? O que se tornarão? Esta questão, tão simples, é possível que eu seja o primeiro a colocá-la? É possível que eu seja o único? É possível que só se responda a ela por meio de risos; ou não se responda absolutamente.[18]

Sua confiança na natureza ou numa explicação natural do direito social ao homoerotismo jamais arrefeceu. Embora sabendo que a natureza dá respostas diversas às questões diversas, continuava desejando tê-la como aliada, na luta contra o preconceito. No fundo, respeitava o que a maioria pensava. Basta, para tanto, comparar Corydon com a rebeldia de Vautrin, anti-herói de Balzac. Livre da hegemonia ideológica do instintivismo e do evolucionismo, Balzac, algumas décadas antes, fizera de Vautrin o protótipo do rebelde romântico. Em sua paixão por Rastignac, Calvi e sobretudo por Lucien de Rubempré, Vautrin ridicularizava a comédia burguesa, sem prestar contas a nenhum dos seus totens. Queria o máximo de liberdade e autenticidade e, para isso, dispensava o auxílio de qualquer força natural ou convenção social.

Gide, não. Desejava a todo custo ingressar na sociedade dos outros, dos que supunha conforme à lei. E, não podendo, quis transformar essa sociedade fazendo sua revolução naturalista-antropológica. Assim, Corydon diz: "o *outlaw* que sou pode aceitar ser posto no índex, abominado pelas leis humanas, pelos costumes de seu tempo e de seu país; mas nunca de viver à margem da natureza".[19] Bem dito, mas meia verdade. Pois a única natureza que lhe interessava era a natureza que lhe permitisse ser aceito e não abominado pelas leis humanas. Natureza que, aliás, forneceu o jargão legitimador da prática social excludente que o vitimava e infelicitava. Persistindo em cultuá-la e em fazê-la responsável pela superioridade cultural da vida homoerótica, Gide, à revelia de suas intenções, ajudou a consolidar o mito de que o "homossexual" é um tipo natural e como tal possui um "perfil psicológico" singular e intransferível.

A segunda ordem, creio eu, vem de seu ideal estético. Gide propôs-se, enquanto escritor, a seguir a regra da máxima objetividade e precisão. Detestava a desmedida e o preciosismo, fosse de sentimentos ou palavras. Certa vez indignou-se quando um crítico disse que seus escritos eram "pleins de Parmes et clair de lunes". Em outra ocasião, respondeu à acusação de "coqueteria no arranjo das frases" dizendo:

> Nada é mais falso. Eu só amo o estrito e o nu. Quando comecei a escrever as *Nourritures*, compreendi que o assunto mesmo de meu livro era banir dele toda metáfora. Não existe um único movimento de minha frase que não responda a uma necessidade de meu espírito; o mais frequentemente é apenas uma necessidade de ordem.[20]

Quando dialogava consigo, podia admitir que "o determinismo ao qual nosso espírito e nosso corpo parecem não poder escapar responde a causas tão diversas, tão múltiplas e tão tênues que parece infantil procurar desmembrá-las e, mais ainda, reduzi-las".[21] Porém, quando escrevia, negava-se a aceitar o caos, a improbabilidade e a imprecisão. Dizia que "não existe pior inimigo do pensamento que o demônio da analogia"; ou, então, perguntava: "o que pode existir de mais cansativo que a mania de certos literatos que não podem ver um objeto sem pensar, logo em seguida, em um outro?".[22] Seu ideal pode ser resumido na seguinte frase: "Todos os nossos escritores de hoje, falo dos melhores, são preciosos. Espero adquirir cada vez mais pobreza. No desnudamento, a salvação".[23]

Essa estética do despojamento sintonizava-se seguramente com o espírito do burguês protestante. Como quer que seja, parece ter invadido sua ética sexual, tornando-se parâmetro para justificação de seus desejos homoeróticos. Nada mais objetivo e nu que uma ética sexual natural. Nela, nada de metáforas ou indecisões; ambivalências ou deslizamentos. Dela deveriam desaparecer toda a volubilidade dos desejos humanos e toda a arbitrariedade das práticas socioculturais. Na natureza, o que não pode ser, não é; o que deve ser, é. Um homoerotismo natural seria aquele em que o sentimento e a descrição do sentimento, o desejo e sua expressão coincidiriam com a essência da coisa, sem restos ou ambiguidade. Talvez, por isso, Freud o incomodasse tanto e fosse por ele chamado de "imbecil de gênio".[24] Diante da ética-estética do nu, o mundo alucinado dos fantasmas, dos desejos ou das imagens plurais do sujeito parecia a Gide desordenado, supérfluo e precioso. Seu propósito era ultrapassar a metáfora e alcançar o sexual antes de a linguagem inventá-lo. Freud, em oposição, só entendia o sexo mediado por metáforas.

Enfim, a terceira ordem de motivos deve-se, a nosso ver, à tradição religiosa de Gide. A consciência cristã protestante e o forte apego à moralidade materna de sua infância nunca o deixaram verdadeiramente em paz com suas inclinações homoeróticas.

Em 1911, no seu *Journal*, dizia temer que alguns vissem em *Corydon* apenas a marca de uma obsessão doentia ou de uma impossibilidade de afastar o espírito de um assunto perturbador.[25] Pelo contrário, afirmava ele, "a dificuldade vem precisamente de que devo reatualizar artificialmente um problema ao qual, de minha parte, dei uma solução prática. De modo que, para dizer a verdade, ele não me atormenta mais".[26] A verdade, no entanto, é que, ainda em 1916, Gide debatia-se com o problema que acreditava, em 1911, ter solucionado praticamente. Naquele momento, escrevia: "Senhor, Vós o sabeis, eu renuncio a ter razão contra quem quer que seja. Ah! Senhor, desatai os elos que me retêm. Libertai-me do peso apavorante deste corpo. Ah! que eu viva um pouco; que eu respire! Arrancai-me do mal. Não me deixeis sufocar".[27] Perseguido pela consciência do mal e do pecado, jamais pôde suportar a imagem de transgressão associada ao homoerotismo. Não por acaso, suas primeiras experiências homoeróticas só vieram a ocorrer na África do Norte, como sabemos por meio de *Se o grão não morre* e de *O imoralista*.[28]

Entre as dunas e oásis da Tunísia ele parece ter conseguido fugir da atmosfera caseira de sua França religiosa. Em meio ao calor, a peles escuras, danças do ventre e absinto pôde entregar-se à paixão homoerótica, sem recear o dedo de Deus que, ali, parecia repousar de sua eterna vigilância. Mas, de volta à Europa, novamente as dúvidas, o remorso e a autopunição.

A descoberta da natureza foi uma solução de compromisso; uma trégua no conflito. Se o homoerotismo era um fato natural, o respeito à lei de Deus estava garantido, já que, para Gide, a natureza nunca foi, de fato, dessacralizada. Ela era apenas uma manifestação da grandeza de Deus. Em 1921, falando a propósito da evolução, dizia: "Compreendo que Deus é o ponto culminante e não o ponto de partida de toda a Criação. O que em nada impediria, aliás, a Criação inteira de ser sua obra. Mas Ele só se realiza depois de nós. Toda evolução deve culminar em Deus".[29] E, porque a natureza deveria cumprir os desígnios divinos, Gide tinha de localizar-se nela de modo a não contrariar suas sagradas finalidades. Mesmo sendo responsável pela presença do homoerotismo entre os homens, a natureza, refletindo a sabedoria de Deus, sabia separar o joio do trigo. Buscando aplacar a consciência da infração, Gide quis ver a marca do perdão mesmo quando entregue à volúpia. Os homossexuais, segundo ele, não eram todos iguais. Existiam aqueles conforme à natureza e aqueles contra a natureza. Entre 1918 e 1919, Gide escreve:

> Chamo *pederasta* aquele que, como a palavra indica, sente-se atraído por jovens. Chamo *sodomita* [...] aquele cujo desejo dirige-se a homens feitos. Chamo *invertido* aquele que, na comédia do amor, assume o papel de mulher e deseja ser possuído. Estas três espécies de homossexuais não são de forma alguma claramente diferenciadas; existem deslizamentos possíveis de uma à outra; mas, com frequência, a diferença entre eles é tal que experimentam, uns pelos outros, uma profunda repulsa, repulsa acompanhada por uma reprovação que em nada fica a dever àquela que os heterossexuais sentem pelos três. Os pederastas, entre os quais me incluo (por que não

posso dizer isto simplesmente, sem que logo vocês pretendam ver em minha confissão fanfarronada), são muito mais raros e os sodomitas muito mais numerosos do que de início pude crer [...] Quanto aos invertidos, que frequentei muito pouco, sempre me pareceu que eles apenas mereciam a reprovação de deformação moral e intelectual e cair sob os ataques [...] comumente dirigidos a todos os homossexuais.[30]

Essa opinião havia sido, com nuances, emitida por Corydon:

> [...] a homossexualidade, assim como a heterossexualidade, tem seus degenerados, seus viciosos e seus doentes; como médico pude isolar, junto com outros confrades, muitos casos tristes, desoladores e duvidosos; pouparei, deles, meus leitores: uma vez mais, meu livro tratará do uranismo *bien portant*, ou, como você dizia há pouco, da *pederastia normal*.[31]

A pederastia normal, ou seja, a preferência homoerótica de Gide, era responsável pela cultura da gloriosa Grécia ou pelo apogeu da beleza masculina na escultura renascentista. Já os outros, os "invertidos", eram degenerados, maníacos ou doentes.[32] Pouco importa que Gide temperasse a acusação feita a eles, afirmando que eram um fruto da oposição entre costumes sociais e apetites naturais. O importante é que sua "pederastia normal" brotava da natureza como a água da fonte, enquanto o homoerotismo alheio era uma aberração natural e social.

É verdade; entre os médicos, psiquiatras e sexologistas do século XIX, essa mesma hierarquia do estigma, no domínio das práticas homoeróticas, foi moeda corrente. Mas em Gide era signo de sua vontade de transfigurar o mal e o vício, mesmo à custa da fabricação de uma outra categoria de malditos. A benevolência divina tinha um preço, a danação do diferente. A natureza por ele inventada previa o lugar do puro e do pecador. Em outros termos, de um lado esta natureza falava a língua da economia, da biologia, da história e da antropologia; de outro, em contraponto, repetia o decálogo e os sete pecados capitais. O burguês cultivado, liberal e vítima do preconceito defendia o princípio da volúpia; a criança protestante, frágil e amedrontada buscava um remédio leigo para a alma atormentada.

Qual dos dois era o verdadeiro Gide? Deixemos de lado o jargão da autenticidade. Depois de Freud, sabemos que somos apenas um feixe de crenças e desejos. E, para evitar a acusação de advogar em causa própria, ou em defesa da corporação de praticantes da disciplina que exerço, repito com Genet: "Somos todos vítimas de *posters*". O Gide conformista, delegado das ideologias do século XIX, pretendia objetivar a natureza do erotismo humano, recorrendo à posse autoatribuída do conhecimento das leis da natureza. Como muitos espíritos atuais, temia aceitar a mortalidade dos vocabulários que, em cada época, apresentam-se como o fim das interrogações e da conversação da humanidade. Esse Gide, como tantos outros, antes e agora, queria exorcizar o fantasma da futilidade das instituições humanas. Queria encontrar um critério a-histórico que, revelado à razão pela intuição, permitisse aos homens afirmar *in petto* o que Rorty denunciou alto e bom som: mesmo que os persas tivessem exterminado os gregos; mesmo que os romanos tivessem eliminado o cristianismo; mesmo que a Restauração tivesse apagado os traços da revolução; mesmo que a Inglaterra tivesse esmagado a Revolução Americana; mesmo que Freud tivesse morrido em lugar de Fleischel; mesmo que Galileu tivesse sido queimado pela Inquisição; mesmo que Newton e Marx tivessem morrido prematuramente, ainda assim, um dia os homens futuros descobririam os valores e crenças da cultura ocidental, e construiriam um mundo à nossa imagem e semelhança.[33]

Esse medo narcísico de que nossa comunidade não tenha, a exemplo dos crentes, o direito à ressurreição, faz-nos temer a morte e acreditar que tudo aquilo que respeitamos e queremos conservar só é respeitável e desejável porque assim está escrito nas estrelas ou no coração de cada um. Esse medo, que Freud tão bem diagnosticou em "O futuro de uma ilusão", "O mal-estar da cultura", "Moisés e a religião monoteísta" etc., diz-nos que Deus ou a natureza falham mas não tardam. Portanto, se no princípio não era a "reprodução", então era a volúpia; e, se não for a volúpia, então serão os códigos genéticos; as leis da economia; os invariantes psíquicos; as estruturas de parentesco e da linguagem; as permutações simbólicas; a afirmação da vida ou os padrões funcionais e disfuncionais de comportamentos adquiridos. A verdade fala por si e, querendo ou não os homens, sempre encontra seus verdadeiros intérpretes, apesar da estupidez dos que tentam emudecê-la.

O outro Gide, pelo contrário, falava do oratório que existe ao lado de todo laboratório, como, jocosamente, rimou Lenoble. Sem aceitar que pudesse ser pecado o que sentia, resolveu o impasse pelo caminho mais curto. Recriou uma filiação em que o que era pecado tornou-se graça. Assim como Proust criou o mito da raça de Sodoma, plena em sua origem, e, agora, votada à produção do belo e sublime, no caminho de volta à perfeição perdida, Gide também criou sua Idade de Ouro. No começo era a Grécia. Ali, os machos amavam uns aos outros; o casamento era santificado; a esposa-mãe idealizada e a infância, protegida. Os homens, todos viris, cultivavam o gosto pela cidadania, pela honra, pela bravura, pela coragem, pelo companheirismo e pela abnegação ascética. Desejo de Deus, ordem natural e mandamentos éticos eram indistintos. Depois veio a queda, o império do mal, e com eles a primazia do heterossexual. Contrariando a harmonia das coisas, inventou-se o "instinto de reprodução", bisonho álibi da decadência moral. Mesmo assim, algo do Éden resistiu à desgraça. Por exemplo, dizia Gide, o código napoleônico e os costumes sexuais dos militares alemães. Segundo Corydon, se o código napoleônico evitava punir a pederastia, era porque Napoleão, sabiamente, quis proteger seus generais da infância e seus exércitos da derrota. E feliz era o país que, como a Alemanha, cultivava a pederastia em suas fileiras armadas. Um exército de amantes é imbatível. A sabedoria clássica intuíra isso, ou melhor, descobrira isso. Se assim não fosse, como explicar o sucesso de Esparta? E o que fazer dos exemplos de Agesilau, Epaminondas e, por fim, do exemplo mais que exemplo de Aquiles e Pétrocles? O Paraíso era homoerótico; quem duvidasse que olhasse o exemplo dos homens de Atenas, da vida animal ou dos militares franceses e alemães.

Essa imagem da decadência dos tempos modernos foi a mesma usada por Morel, psiquiatra francês, criador da teoria da degenerescência. Para explicar a degeneração sexual, Morel, com seu catolicismo conservador, também serviu-se da ideia de um Paraíso perdido, cujas sobras eram as aberrações mentais e sexuais que o século XIX presenciava. Gide, é claro, não reproduzia as teses de Morel, que não conhecia, ao que tudo indica. Reproduzia, isto sim, a ideologia que o manteve atado ao que Baldwin chamou "a prisão do macho". À semelhança de Ulrichs, criador da imagem do uranista como "uma alma de mulher num corpo de homem", Gide procurava convencer-se e convencer aos outros de que a verdadeira alma masculina era a alma do pederasta. Não pôde se dar conta do contrassenso ideológico implícito nessa ideia. O código moral que o discriminava definia a subjetividade masculina burguesa, entre outras coisas, como aquela que se opunha à forma abortada da masculinidade que era o homossexual. Querendo afirmar a masculinidade da pederastia, não só remava contra a maré, como engrossava a rasteira propaganda nacionalista e chauvinista que, na Europa, em especial na França, buscava desmoralizar o agressivo e belicoso Exército prussiano, pintando-o como covil de homossexuais. Pior que isso, comprando essa grosseira ideia feita, desconhecia que a suposta difusão do homoerotismo no Exército era um clichê manipulado pelo conservadorismo alemão, com vistas à defesa das instituições germânicas contra a "praga homossexual" que infestava a sociedade. Inadvertidamente, por submissão à ideologia da masculinidade, alinhava-se ao que de pior havia em matéria de repressão aos direitos individuais, e que redundou, tempos depois, na presença dos triângulos rosa, nos campos de concentração.

Porém, ao lado do Gide cientificista e do Gide protestante, havia o Gide artista. Este sim, podemos dizer, sabia sem saber ou sabia e não acreditou saber. Quando na maturidade, aos 58 anos, escreveu: "Je ne suis jamais, je deviens. Je deviens celui que je crois ou que vous croyez que je suis", Gide superou seu tempo.

Não nascemos e morremos sendo; todos, no curso da vida, nos tornamos. Tornamo-nos aquilo que as circunstâncias nos permitem ou aquilo que inventamos para modificar as circunstâncias. Porém, tanto as circunstâncias quanto o que as altera não são leis ou descobertas de leis que decretam o que a natureza humana verdadeiramente é *sub specie aeternitatis*. São coisas ou estado de coisas, eventos ou interpretações de eventos criados pelos homens, na interação com o mundo. Tudo isso, concordo, num certo sentido é trivial. Mas, sempre que esquecemos essa banalidade, passamos a querer que nossas convicções ou as crenças que aprovamos tornem-se uma obrigação de todos, inclusive daqueles que não pensam, não sentem e não vivem como nós.

Com este último Gide e não obstante ele próprio, entendo que não existe tal coisa como uma "identidade homossexual", uma "essência natural do homossexualismo" ou uma "estrutura da homossexualidade", se com essas expressões pensamos designar uma realidade objetiva que preexista às descrições e crenças contingentes que temos do assunto. Não penso, porém, substituir essas concepções por outra que diga qual a única ética sexual a ela adequada, porque dela decorrente. Esse foi o equívoco de Gide. Penso apenas em propor que: se descrevermos o homoerotismo como uma possibilidade a mais que têm os indivíduos de se realizarem afetiva e sexualmente; se descrevermos as práticas homoeróticas como um campo polimorfo e múltiplo, cujo enquadramento numa classe ou família natural deve-se apenas ao modo como catalogamos e valorizamos as condutas sexuais entre nós; se, enfim, desistirmos de ver o "homossexual" como uma realidade natural ou psíquica que antecede as formas de vida e os jogos de linguagem que o produziram, pois bem, se procedermos dessa maneira, poderemos mais facilmente continuar respeitando e cultivando outras crenças igualmente importantes para nossas vidas. Continuaremos cultivando, por exemplo, a crença de que o direito à vida, à liberdade e à busca da felicidade são direitos inalienáveis de todos os indivíduos; continuaremos cultivando a crença de que, se a vida e a liberdade são um problema de todos e por todos deve ser discutido e resolvido, a busca da felicidade é problema de cada um; finalmente, continuaremos cultivando a crença de que a busca da felicidade não precisa justificar-se, exceto quando esbarra na dor e na humilhação do outro.

Uma vez mais, entretanto, proponho que acreditar nisso tudo não é o mesmo que afirmar que todos os sujeitos, em todos os mundos logicamente possíveis, levarão a sério tais ideais éticos. Mais importante que tentar saber se os androides da galáxia XPTO serão obrigados por uma necessidade lógica ou estrutural a descobrir a verdade daquilo em que acreditamos, mais importante, penso, é estarmos dispostos a discutir suas ideias e, eventualmente, a aceitá-las se parecerem melhores que as nossas. Por enquanto, se mantemos nossas crenças e ideais, não é por achá-los fundados em princípios da razão cogente, mas porque, até o momento, nenhum outro candidato ou competidor apresentou credenciais suficientes para ocupar seu posto. Por tentar inventar uma verdade moral que fosse algo mais que as crenças que nos são úteis e que não exigem, no atual estado de conversação, razões suplementares para serem admitidas, Gide tropeçou na própria pretensão. Quanto mais tentava naturalizar o "homossexualismo", mais reforçava o preconceito que define os indivíduos homoeroticamente inclinados como uma espécie à parte de homens ou sub-homens. Seu exemplo, apesar de restrito ao sexual, pode ilustrar a tendência que temos a fazer dos nossos valores e ideais, em qualquer esfera da prática social, norma natural para a condenação do diferente.

Enfim, para concluir, não pretendo justificar o que penso, postulando a ideia de uma cultura sem interditos, cuja regra fosse tudo permitir. Essa ficção não é só inconcebível; é falaciosa. Falaciosa porque formulada justamente para exigir critérios a-históricos que definam o bem e o mal. A hipótese de uma cultura permissiva, tal como podemos imaginá-la atualmente, carrega com ela a ameaça do horror. Ora, uma cultura tolerante não é aquela que tudo permite. Esta seria, no melhor dos casos, uma cultura impossível, como disse Philip Rieff; no pior dos casos, uma cultura do cinismo e da indiferença, sala de entrada da monstruosidade. Tolerante é a cultura que não aceita viver sem ideais, mas aceita de bom agrado rediscuti-los, em função de ganhos e vantagens práticas. Ganhos e vantagens estes que só fazem sentido quando apreciados do prisma do vocabulário que criou a própria ideia de tolerância, ou seja, do vocabulário da tradição democrática. Só com base nesse vocabulário é possível falar-se de uma ética da tolerância, e, portanto, a circularidade da justificação não é, aqui, ocultada, é exposta e assumida. Ser tolerante, a meu ver, não é agir, pensar e falar conforme ordena a essência da tolerância, ou a essência da ideia de tolerância ou do conceito de tolerância. É agir, pensar e falar de modo a evitar os exemplos de intolerância que conhecemos; intolerância racial, sexual, étnica, estética, religiosa, política, social etc. Assim, creio eu, aprendemos a reconhecer o que é tolerância e intolerância, e não lançando mão de critérios ou regras de correspondência que permitam, em qualquer tempo e lugar, aplicar corretamente tais conceitos, independentemente do uso que se faz deles.

Ser tolerante com respeito ao homoerotismo, como de resto com qualquer uma das chamadas minorias, não significa afirmar que toda conduta humana é tolerável e pode aspirar ao direito de cidade. Esse raciocínio é típico do terrorismo-conservador que, explícita ou sibilinamente, deixa entender que, se dizemos sim às práticas homoeróticas, por que dizer não, por exemplo, à violência sexual contra os mais fracos? Isso é falso porque parte da premissa de que não temos ideais. A prática homoerótica entre iguais que consentem em participar da experiência não é lesiva a nenhum de nossos credos e ideais; o abuso de força, ao contrário, anula automaticamente ou o direito à vida ou à liberdade ou à busca da felicidade de quem a ele é submetido. Isso não é bastante? Pois bem, aceito discutir algo melhor. Até lá, repito com Freud: a quem renunciou encontrar o ponto onde as trevas se separam da luz, resta apenas tentar aclarar as pequenas e vizinhas obscuridades.

NOTAS

1. T. Triplett, "Rorty's critique of foundationalisme". In *Philosophical Studies* 52 (1987), p. 115.

2. Charles Larmore, "Les limites de la réflexion en éthique". In *Lectures phi-*

losophiques — Éthique et philosophie politique. Ed. François Recanati. Paris, Édition Odile Jacob, 1988, p. 209.

3. T. Triplett, op. cit., p. 115.

4. Richard Rorty, "Solidarité ou objectivité". In *Critique* 439 (dez. 1983), pp. 923-40.

5. Michel Foucault, *História da sexualidade II — O uso dos prazeres*. Rio de Janeiro, Graal, 1984.

6. André Gide, *Corydon*. Paris, Gallimard, 1987.

7. Idem, ibidem, p. 41.

8. Idem, ibidem, pp. 40-5.

9. Idem, ibidem, p. 48.

10. Idem, ibidem, p. 53.

11. Idem, ibidem, pp. 58-9.

12. Idem, ibidem, p. 104.

13. Idem, ibidem, p. 97.

14. Idem, ibidem.

15. Idem, ibidem, p. 71.

16. Idem, ibidem, p. 73.

17. Idem, ibidem, p. 87.

18. Idem, *Journal* (*1899-1939*). Paris, Gallimard, 1948, p. 997.

19. Idem, *Corydon*, op. cit., p. 49.

20. Idem, *Journal* (*1899-1939*), op. cit., pp. 716-7.

21. Idem, ibidem, p. 813.

22. Idem, ibidem, p. 822.

23. Idem, ibidem, p. 823.

24. Idem, ibidem, p. 785.

25. Idem, ibidem, p. 340.

26. Idem, ibidem.

27. Idem, ibidem, p. 573.

28. Idem, *Se o grão não morre*. Rio de Janeiro, Nova Fronteira, 1983; *O imoralista*. São Paulo, Círculo do Livro, s. d.

29. Idem, *Journal* (*1899-1939*), p. 725.

30. Idem, ibidem, pp. 671-2.

31. Idem, *Corydon*, op. cit., p. 32.

32. Idem, ibidem, p. 132.

33. Richard Rorty, op. cit., p. 937.

BOM DIA, SENHOR COURBET!

Jorge Coli

Courbet e sua obra revelam uma relação intrincada entre aquilo que é subjetivo e aquilo que é coletivo; entre aquilo que é biografia individual e aquilo que é pintura propriamente dita. Essas relações se passam de um modo muito específico, numa configuração singular dentro da história das artes.

Não se trata de uma obra, à primeira vista, sedutora. Ao contrário, ela elimina o fascínio mais imediato — o fascínio das belas cores, por exemplo; o fascínio dos temas, torturados ou felizes. Contraditória com o modo de ser do artista — que era truculento, tagarela, escandaloso, barulhento —, essa obra é grave e silenciosa. Ela exige recolhimento, meditação, ela exige a frequentação persistente, ela exige o olhar prolongado. Os quadros de Courbet dão a impressão de conterem elementos destinados a afugentar o olhar superficial e mesmo, algumas vezes, a horrorizá-lo.

Mas essa obra e seu autor, de modo cúmplice, promoveram o desgarramento dos vínculos que submetiam os artistas a *valores* que estavam constituídos *fora* deles. Até Courbet, os artistas dependiam de um universo ético que estavam encarregados de veicular — por exemplo, David celebra a Revolução Francesa, ou celebra o Império napoleônico; Delacroix tratará de temas que envolvem a liberdade política. O que nós assistimos com a arte de Courbet é ao seu afastamento desses critérios externos que possuem valores já constituídos, e o estabelecimento, para o artista, de um lugar que é independente e que lhe é próprio: este lugar é o da *marginalidade*. Courbet circunscreve pela primeira vez o campo da marginalidade, e o define como um território de eleição, um território privilegiado em relação ao dos outros homens.

O artista marginal é aquele que não deve mais nada nem ao mundo, nem a ninguém — a não ser a si próprio. Ele está acima dos outros homens. Ao mesmo tempo independente e consciente da elevação de sua tarefa artística, é obrigado, para manter-se à altura de si mesmo, a estabelecer os seus próprios valores. Isto é, ele é obrigado a construir uma ética para si.

Courbet não teoriza, como um filósofo faria, essa ética do novo artista. Não discorre: mas a faz emergir através de seus comportamentos, de seus quadros, através de uma prática, através de uma militância. O que proponho é que vejamos como isso se dá.

A ÉTICA DA RUPTURA

Em primeiro lugar, assistimos a uma série de rupturas proclamadas. Ruptura com o ensino — Courbet proclama incessantemente sua ignorância, insiste em fazer erros de ortografia, insiste em falar com um sotaque e em usar expressões camponesas e caipiras. Possui um profundo desdém por tudo o que é formação institucional.

No que concerne à pintura, é verdade que o essencial de seu aprendizado não se fez em grandes escolas, mas com um obscuro mestre de província. É em Ornans, na sua cidade natal, onde ele se criou (Franco-Condado, Jura, região profundamente camponesa), que ele aprende a pintar, com um certo Flajoulot, que se dizia aluno de David. E depois, em Paris, em 1841 (Courbet tem 22 anos), vai desenvolver esse aprendizado copiando Velásquez e Rembrandt no Louvre, estudando os espanhóis e holandeses, e, entre os modernos, particularmente Géricault e Delacroix. E, sempre que pode, vai se declarar um autodidata.

Em consequência, ele não teve discípulos, ele não ensinou. Com a exceção apenas de um episódio, breve, que transcorre no final de 1861. É quando um grupo de alunos da Escola de Belas-Artes de Paris pede a Courbet que abra um ateliê para que eles possam se iniciar no *realismo* — pois assim é denominada a arte de Courbet.

Courbet aceita, mas, em realidade, mais como uma oportunidade para proclamar seus princípios e causar algum escândalo que beneficie as suas concepções do que verdadeiramente para ensinar. A experiência, aliás, é muito breve: dura apenas alguns meses.

Nesse ateliê, Courbet começa por substituir os modelos, que tradicionalmente servem para as aulas de nus, os nus ditos de academia, por um boi — o que naturalmente vai provocar uma onda de caricaturas na imprensa satírica.

Charles Léger, um dos biógrafos de Courbet, reúne os mandamentos desse ensino. Eles são quatro:

1) Não faça o que eu faço.
2) Não faça o que os outros fazem.
3) Se você pintar como Rafael pintava em outros tempos, você não terá nenhuma existência.
4) Pinte o que você vê e o que você sente — faça o que você quiser.

Esse radicalismo se confirma pelo próprio artista. Veja-se um trecho de carta aberta de Courbet a seus "discípulos", datada de Paris, 25 de dezembro de 1861:

> Senhores e caros colegas
>
> Os senhores quiseram abrir um ateliê de pintura onde pudessem continuar sua educação de artista, e quiseram colocá-lo sob minha direção.
>
> Antes de qualquer resposta, é preciso que eu me explique com os senhores sobre essa palavra *direção*. Não posso permitir que seja questão, entre nós, de professores e de alunos.
>
> Devo explicar-lhes o que tive recentemente oportunidade de dizer no congresso de Antuérpia: não tenho e não posso ter alunos.
>
> Eu, que acredito que todo artista deve ser seu próprio mestre, não posso sonhar em me fazer professor.

E termina propondo um ateliê coletivo, nos moldes dos do Renascimento, onde ele, o "mestre", teria uma função estimuladora dos talentos, "deixando", diz, "a cada um, a inteira direção de sua individualidade, a plena liberdade de sua expressão própria".

Portanto, em primeiro lugar, existe uma ruptura com as formas convencionais de pedagogia. Courbet se quer fora das instituições e, mais ainda, fora de qualquer princípio de ensino. Ele despreza as escolas, despreza os acadêmicos, os juízes dos salões. Isso não significa para ele, entretanto, a celebração do espontaneísmo — e nisso também ele se distancia das rupturas românticas, da crença na inspiração. Há em Courbet a ideia da arte ligada à fabricação, e nela está subentendido o domínio dos processos que levam à realização do objeto artístico.

Em realidade, a discussão é, aqui, antes de tudo, uma discussão cultural. É a cultura transmitida pelas instituições que está, primordialmente, em causa, ou, de outro modo, através das instituições, é a cultura que está sendo visada. Portanto, ruptura com as instituições — mas ruptura também com as tradições culturais imediatamente imperantes.

De que tradições se trata? De um lado, a tradição clássica: Courbet recusa o belo ideal, a referência greco-romana, o modelo de Rafael e das formas depuradas. De outro lado, a tradição romântica, no que ela possui de imaginário, de literário, de eloquente e de sentimental. Courbet tem horror do ideal, Courbet tem horror do imaginário. Para Courbet, as formas da cultura são convencionais, superficiais, supérfluas e enganadoras.

Uma vez o vazio, pelas rupturas, tendo sido feito, uma vez tendo sido recusados pedagogia, instituições, cultura, ideal, imaginário, é preciso nos interrogarmos sobre aquilo que Courbet propõe para preenchê-lo.

A ÉTICA DA SIMPLICIDADE E A ÉTICA DO OLHO

Nós poderíamos seguir os caminhos de dois contemporâneos ilustres, que foram amigos de Courbet, Proudhon e Baudelaire, para tentarmos descobrir algumas linhas mestras de interpretação das escolhas de Courbet.

No caso de Proudhon, trata-se da interpretação social e política de suas obras. Isso é também sugerido pela própria militância política de Courbet. Ele se declarava um republicano, um anticlerical e um socialista — o que, sob o Segundo Império, significava ser triplamente subversivo. Procede, aliás, de uma família de republicanos históricos. Em 1848, participa com simpatia da revolução que depôs Luís Filipe — embora com restrições no que concerne ao emprego da violência — e desenha o frontispício para um jornalzinho político efêmero, intitulado *Le Salut Publique*.

Existe ainda um episódio marcante — e triste — no final de sua vida, que é sua participação no governo popular da Comuna.

Courbet é eleito presidente da Federação dos Artistas, que vai tomar medidas cuidadosas de proteção às obras de arte dos museus para salvá-las dos bombardeios mas que vai decidir também a demolição da coluna Vendôme, um monumento de caráter militar, celebrando o exército de Napoleão I. O envolvimento de Courbet, diretamente, com esse acontecimento, não ficou estabelecido. Mas, quando cai o governo da Comuna, e se inicia a Terceira República francesa, ele é condenado a seis meses de prisão. Em seguida, em 1873, Courbet é condenado a custear a reconstrução da coluna. Trata-se de um ato de vingança e de exemplo. Naturalmente, Courbet não tem os meios de pagar um monumento daquele porte, e se vê obrigado a se exilar na Suíça, numa região fronteiriça à de seu Franco-Condado natal, onde ele vai falecer em 1877.

Visto a partir desses fatos, Courbet surge, realmente, como um militante político, coisa que, aliás, não cessa de afirmar durante toda a sua vida.

Proudhon, que é seu amigo pessoal e de quem Courbet faz o retrato póstumo, em 1865, ano da sua morte, escreve uma série de textos cuja reflexão parte da obra do pintor. Eles serão reunidos num livro sob o título *Do princípio da arte e de sua destinação social*. O filósofo procura dar à pintura de Courbet uma interpretação que vai no sentido de militância política e social. Mas é preciso convir que essas interpretações são forçadas. Tomemos, como exemplo, *A fiandeira*, quadro de 1853.

Vejamos a análise de Proudhon:

> Que criatura magnífica, esta fiandeira, e como ela dorme! O fio caiu de sua mão; parece que ouvimos sua respiração lenta no lugar do zumbido da roca. Todos os dias ela se levanta de madrugada; ela é a última a se deitar; suas funções são multiplicadas, sua ação, incessante, penosa; é nos instantes "perdidos" que ela toma seu fuso, trabalho minúsculo, cuja leveza e o barulhinho não poderiam manter acordada a robusta camponesa. Compreendem agora por que Courbet fez de sua fiandeira uma robusta camponesa? Sem isto, ela seria um contrassenso; digo mais, ela cairia na indecência. Há muito tempo que as castelãs não fiam mais; as burguesas nunca fiaram; as operárias das grandes cidades nem sequer aprenderam: foram construídas fiações que as dispensam disso; elas não poderiam ganhar suas vidas com este trabalho.

Notemos alguns pontos:

1) A história social dessa fiandeira que Proudhon é obrigado a construir, sem que nada no quadro o indique.

2) O trabalho camponês, arcaico, oposto ao trabalho urbano, industrial, moderno, que, este sim, poderia nos dar a indicação de uma denúncia social.

3) É evidente que a robustez da personagem não parece denunciar miséria ou sofrimento. É certamente uma moça do campo — mas de um mundo de pequenos proprietários de terra, uma certa burguesia camponesa que se desenvolveu desde a Revolução Francesa. Além disso, Proudhon não percebe que Courbet retoma nesse quadro um episódio de sua constante indagação sobre o feminino — visão que passa pela preponderância de certa percepção orgânica, só observável nos momentos de sono, ou de torpor.

Mas Courbet realizou pelo menos dois quadros que poderiam estar ligados à ideia de denúncia social ou política. São, aliás, os dois quadros que servem de fundamento principal para os raciocínios de Proudhon. Infelizmente, ambos não existem mais. O primeiro é *Os quebradores de pedra*, de 1849, que representava um jovem e um velho quebrando pedras. Pertencia ao museu de Dresden, e foi destruído por um bombardeio dos Aliados durante a Segunda Guerra Mundial. Courbet, entretanto, dirá que o pintou apenas comovido pela miséria — e de modo algum o quadro aparece inscrito dentro de um programa de militância social.

O segundo tinha por título *O retorno da conferência*. Trata-se de um quadro anticlerical — figurava um grupo de padres bêbados, saindo de um almoço generoso em vinho. Mas aqui não há dúvida nenhuma: não se trata de um quadro político; o que Courbet procurava era o escândalo. Com efeito, um dos procedimentos constantes de Courbet era afirmar a sua presença por meio de escândalos muito calculados. E em 1863 — data do quadro — havia um clima de grande agitação nas artes, que culminaria no Salão dos Recusados, salão onde foi exposto, entre outras telas, o célebre *Almoço sobre a relva* de Manet. E, dentro dessa agitação toda, Courbet precisava do escândalo para se pôr em evidência. Georges Riat traz o testemunho de declarações de Courbet feitas durante uma visita, quando trabalhava na tela fora de Paris. Courbet diz:

> Vou chegar com minha tela prontinha. Eu a apresentarei ao Salão. Como eles vão berrar!... Ninguém vai dizer que está malfeito. Eu trabalhei com cuidado, fiz concessões... [do ponto de vista técnico] Vejam o acabamento destas cabeças. Vão dizer que parece Rafael, mas vão recusar. Se aceitarem, a imperatriz se oporá... Ah! que barulho, meus amigos, que barulho!

Courbet atinge plenamente seus objetivos. É recusado, como previsto, por razões morais, no Salão oficial. Mas é também recusado no Salão dos Recusados pelo mesmo motivo. E, enfim, esse quadro, que ficou um tempo enorme na galeria de Georges Petit, em Paris, acaba, depois da morte do artista, conseguindo um comprador — um católico ardoroso, que o adquire com o fim expresso de destruí-lo.

Em realidade, salvo por meio de uma visão fortemente tendenciosa como a de Proudhon, é impossível extrair da obra de Courbet uma militância social ou política. Ao oposto de Daumier, artista empenhado politicamente, genial ilustrador satírico de jornais, Courbet não é um pintor da atualidade, do imediato. E, se nós examinarmos com cuidado a sua militância pessoal, vamos descobrir que se trata muito mais de gestos espetaculares do que de uma militância, digamos, séria. Pelos seus escândalos, Courbet se torna, sobretudo aos olhos conservadores, uma espécie de espantalho político, e um símbolo. Mas não alguém que pertencesse a alguma organização, a algum partido, que pudesse atuar na política de modo consequente.

De qualquer modo, os quadros de Courbet não formam uma *arte* política ou socialmente militante. Se o seu caminho não é este, poder-se-ia perguntar se o seu realismo não estaria vinculado a uma representação do contemporâneo. Seria então possível fazer apelo a Baudelaire, que foi amigo do pintor e de quem Courbet fez também o retrato.

A hipótese, à primeira vista, seria de que o realismo de Courbet corresponderia ao princípio do heroísmo da vida moderna, enunciado por Baudelaire. Isto é, de que o artista, pelo poder da sua arte, possui a virtude de transformar a banalidade da vida moderna, o cotidiano vulgar da sociedade industrial em algo de heroico, em algo de sublime.

Existe um quadro com o qual Courbet parece responder à estética baudelairiana. Quadro importante, embora estranho e inacabado. Trata-se de *Bombeiros que correm para um incêndio*. Data de 1851, e tem 4 × 6 metros.

Qualquer análise dessa obra levará a interpretações insatisfatórias das estranhezas que contém. Existem complexas decifrações simbólicas propostas por especialistas, mas creio que é preferível perceber na tela a criação do mistério da cidade — trata-se do único quadro urbano e noturno de Courbet.

Outro quadro, ao qual a crítica já se referiu com certo perfume baudelairiano, é *O sono*, também chamado de *A preguiça e a volúpia*, quadro de 1866, de 1,35 × 2 metros, com figuras de tamanho natural. A razão da aproximação com Baudelaire é o tema do homossexualismo feminino.

Novamente aqui o quadro se insere numa poética feminina que Courbet desenvolve numa grande quantidade de obras — poética do sono, poética do orgânico, poética do mistério desses seres que os homens não podem compreender, mas apenas contemplar, porque são irredutivelmente *diferentes*, e cuja autonomia é, nesse caso preciso, absoluta, porque essas mulheres nem sequer dependem do homem para o prazer. Portanto, parece desnecessário invocar Baudelaire para compreender a tela, a não ser de modo muito longínquo e geral, e é melhor entender essa obra no conjunto da produção do próprio Courbet.

Os vínculos com a poética do urbano, da moda, do passageiro, própria de Baudelaire — ao contrário da estética de Courbet, que é a da natureza e dos ciclos lentos e imutáveis, do tempo eternizado nas estações, fora da história —, se existem, são pequenos. O heroísmo da vida moderna não corresponde à ideia de realismo, tal como Courbet a praticava. Mas esse realismo de Courbet, proclamado por ele, também não corresponde às concepções fundamentais de realismo que o século XIX nos deixou.

Porque não existe, em Courbet, a ideia de uma objetivação do real. Isto é, Courbet não toma o real como se ele tivesse uma existência autônoma, que o artista devesse, ou pudesse, explorar completamente. Basta pensar em Balzac ou Zola e no projeto de uma descrição da humanidade contemporânea. Basta pensar nos camponeses de Millet, fixados num gesto generalizador, em posturas sintéticas que concentram todo um universo social.

Courbet não observa de fora. Sua frase preferida era: "Eu pinto o que eu vejo". Há aqui o privilégio do olhar, vinculado a uma individualidade. Para Courbet, o artista só pode retratar aquilo que está ao seu alcance, e isso num sentido profundo de conhecimento íntimo, de vivido. É oposto dos levantamentos de Zola, por exemplo, sobre temas que não conhece e sobre os quais deve se instruir. O alcance do meu olho é determinado pela cultura à qual eu pertenço, por aquilo com o qual eu estou, verdadeiramente, familiarizado.

Não se trata de subjetivismo romântico, de reação sentimental a objetos amados. Trata-se de fazer surgir à tona, no mundo da pintura, o universo que eu, artista, conheço bem. Enquanto pintor, eu tenho o poder de tornar este mundo, que é o mundo no qual a minha experiência vivida se dá, culturalmente visível.

Do que é composto essencialmente o universo de Courbet?

1) Dele próprio. 2) Das mulheres. 3) Da natureza — mas em paisagens que ele conhece bem. 4) Dos camponeses, mas dos camponeses do Franco-Condado, da região de Ornans — isto é, da *sua* região, como os de *sua* família.

Eliminando todo sentimentalismo, toda eloquência, esse olhar deve ser simples. Deve tratar, sem efeitos fáceis, com grande fidelidade, aquilo que ele está representando.

Tomemos o *Depois do jantar, em Ornans* — que lhe valeu a medalha de ouro no salão de 1849. Há aqui a ideia do olhar antropológico, antissentimental, retratando objetos, práticas, costumes. Mais ainda, Courbet determina um olhar em curto-circuito, por assim dizer: ele é ao mesmo tempo antropólogo e objeto observado.

Esse ponto de partida serve também para uma de suas obras principais: *O enterro em Ornans* — 1849, exposto no salão de 1851 (3,13 × 6,64 metros). Os grandes formatos são aqui fundamentais. Eles permitem elevar, pela primeira vez, o tema vulgar dos camponeses — que sempre, na história das artes, foram confinados a pequenas telas da pintura de gênero — à dignidade da grande pintura, a pintura dita de história, que era, até então, a única merecedora das grandes superfícies.

O quadro sintetiza bem a ética da simplicidade e a ética do olhar — ambas muito importantes, porque a elas está ligado o princípio do autêntico, do verdadeiro.

A ÉTICA DA MARGINALIDADE

Mas o ponto capital da ética artística de Courbet se concentra no papel que ele atribui ao *artista* — e não, pelo menos diretamente, ao objeto artístico. Os camponeses de Courbet não são importantes aos seus olhos porque eles são camponeses, mas porque eles existem artisticamente por um ato instaurador do artista. É esse ato o ponto nevrálgico. Não se trata, portanto, de uma ética da arte, mas de uma ética do artista.

Muito se escreveu a respeito do narcisismo de Courbet, de sua autoglorificação, do modo como ele se põe em evidência, e do modo como ele se impõe *fisicamente* à sociedade. A ideia do corpo, para Courbet, é importante. Até 1855, ele era um homem bem-apessoado. Depois, grande bebedor de cerveja, ele se torna obeso, imenso. Isso não é irrelevante, porque seus inimigos vão atacá-lo com frequência, pelo seu físico — é um corpo que incomoda, e ao grande volume se acrescenta o falatório incessante, em voz alta. As caricaturas que o representam como um ser monstruoso são inúmeras; e um texto como o seguinte, deixado por Alexandre Dumas Filho, é testemunho do ódio que o pintor podia inspirar, e que se exprimia caracterizando seu *corpo* como abjeto: "Sob que redoma, com a ajuda de que esterco, em consequência de que mistura de vinho, de cerveja, de muco corrosivo e de edema flatulento, pôde crescer essa abóbora sonora e peluda?".

É que, se o narcisismo de Courbet se limitasse a um traço psicológico de seu caráter, ele não teria importância nem para os seus contemporâneos, nem para nós aqui. Porém, a militância de Courbet pelo novo papel do artista, do artista moderno, passa pela afirmação de sua própria imagem física. Ele utiliza seu narcisismo como um instrumento afirmador do lugar, ao mesmo tempo marginal e superior, do artista.

Esse narcisismo, na sua pintura, é muito evidente. *O ateliê do pintor*, de 1855, é o autorretrato mais megalomaníaco jamais executado: tela que possui aproximadamente 21 metros quadrados. O título completo é: *O ateliê do pintor ou alegoria real que determina uma fase de sete anos da minha vida artística*. O pintor reúne, como uma espécie de Deus no Juízo Final, à esquerda e à direita, os amigos e os inimigos.

Lembremos, a respeito desse quadro, alguns elementos:

1) O princípio da alegoria, que enfraquecera desde o final do antigo regime, aqui ressurge como uma manifestação pessoal: o artista impõe ao público não apenas sua imagem, mas os seus símbolos, as suas opiniões pessoais.

2) Apesar de possuir as dimensões e as aparências de um quadro da grande pintura, da pintura de história, ele celebra o gênero menos cultural possível, a paisagem. E também o olhar da infância, da inocência desprovida de preconceitos, mais capaz do que qualquer sábio, entretanto, ou do que qualquer acadêmico. Mas ele celebra, sobretudo, o artista.

Esse quadro é, em realidade, o ponto de chegada de uma série de autorretratos que nos permitem compreender o papel que Courbet consigna ao artista. Porque — como já foi dito —, ao se representar, Courbet está, em realidade, conferindo uma nova posição para o artista. É assim, por exemplo, no *Autorretrato com o cão negro*, de 1842, ou n'*O homem com o cachimbo*, de 1846. O pintor figura-se a si mesmo numa atitude altiva. Isto é, inverte os papéis: é o quadro que olha, superiormente, e que julga. Ao público é apenas conferida uma observação tímida, de baixo para cima.

Essa relação determinada pela obra entre ela mesma e seu público conhece confirmação clara por meio do quadro *O encontro, ou Bom dia, senhor Courbet!*

A tela é, à primeira vista, enigmática. Ela põe, face a face, o pintor e seu público, aqui representado por um colecionador de Montpellier, Bruyas, amigo de Courbet, que reuniu uma importante coleção de pinturas contemporâneas, hoje florão do museu daquela cidade. Entre elas figura, naturalmente, um significativo conjunto de obras do mestre de Ornans.

O papel de mecenas não confere a Bruyas, no entanto, uma posição lisonjeada dentro do quadro. Ao contrário, acompanhado por seu criado, ele presta uma homenagem cheia de reconhecimento, descobrindo-se diante do gênio.

Em verdade, nessa tela, Courbet transpõe aquela relação entre o artista e o público, disposta nos autorretratos precedentes, de um modo emblemático, incorporando dessa vez o público na imagem.

A reação dos críticos do tempo mostra que esse sentido fundamental foi perfeitamente compreendido.

Tomemos alguns breves exemplos.

Gustave Mathieu, em alexandrinos:

> *Passante, para, eis Courbet aqui*
> *Courbet, cuja fronte pura espera o diadema*
> *E não te espantes se ele te olha assim:*
> *Courbet, cuja fronte pura espera o diadema*
> *Courbet se olhando, se olha a si mesmo.*

Edmond About:

> O mais importante dos novos quadros do senhor Courbet é *O encontro, ou Bom dia, senhor Courbet!*, ou *A fortuna se inclinando diante do gênio*. O tema é de uma grande simplicidade. Faz calor; a diligência de Paris a Montpellier levanta ao longe a poeira da estrada: mas o senhor Courbet veio a pé [...] Seu admirador e amigo, senhor Bruyas, vem ao seu encontro e o cumprimenta educadamente. Courbet tira o chapéu de modo senhorial e lhe sorri do alto de sua barba. O senhor Courbet colocou cuidadosamente em relevo todas as perfeições de sua pessoa: até sua sombra é vigorosa, ela tem canelas como poucas no país das sombras. O senhor Bruyas é menos embelezado: trata-se de um burguês. O pobre criado é humilde e se encolhe, como se servisse à missa. Nem patrão, nem empregado desenham sua sombra no chão; só há sombra para o senhor Courbet, só ele pode parar os raios do sol.

Os textos irônicos entenderam tudo. Dão conta do olhar superior, da posição elevada do artista diante do público, da relação quase sacralizada entre público e artista (o criado, como se servisse à missa), e também do fato de que o artista é independente — ele vai a pé, ele escolhe os seus caminhos, ele não tem necessidade de ser levado por diligência, ou cocheiro. Caricaturistas da época também trazem confirmação a essa leitura.

Porém, além disso, alguns estudos vão mostrar fontes de inspiração que se encontram como substrato, como camadas arqueológicas por trás dessa imagem. O novo papel do artista é nitidamente estabelecido, mas um processo de referências alusivas particularmente à cultura popular vem enriquecer o processo simbólico. Alguns especialistas, Meyer Schapiro e, para essa obra sobretudo, Linda Noschlin, propuseram algumas chaves nessa direção.

Uma delas é uma gravura popular do ciclo do judeu errante. Champfleury, amigo de Courbet, desenvolvera um interesse sistemático pelas imagens populares, ao ponto de publicar uma *História das imagens populares* — em que exatamente essa gravura serve de frontispício. O ciclo do judeu errante traz uma história contada em versos, cujas primeiras origens remontam ao século XIII mas que está ainda presente em pleno século XIX, renovada e difundida que foi pelas gravuras, sobretudo no século XVIII. A última versão da lenda à qual se refere Courbet conta a aparição do judeu, condenado a errar pela eternidade afora, a alguns burgueses de Bruxelas que o recebem com muita polidez, tirando o chapéu.

Uma das versões do poema, certamente a mais difundida, encontra-se na *Encyclopédie Larousse du XIX siècle*. Ela demonstra muitos pontos em comum com o quadro de Courbet — a roupa desalinhada, e de caráter popular, do pintor e do judeu, a longa barba de ambos, a atitude deferente dos burgueses, e sobretudo, a saudação: *Bonjour, maître*: lembremos que Courbet se intitulava, num trocadilho de situações sociais, *Maître peintre*, o equivalente operário em pintura do que seria, para nós, o *mestre de obras* da construção.

Além disso, Courbet retoma, em seu quadro, alguns processos específicos das gravuras populares: a atitude hierática das personagens, as largas superfícies de cores unidas, a extrema simplificação da paisagem, onde as silhuetas se recortam contra o céu. Tudo isso confere, ainda mais fortemente, um valor emblemático ao conjunto.

Mas o que nos interessa aqui é perceber a identificação do artista com o judeu errante — isto é, com uma personagem que não tem o seu lugar, que está fora da sociedade, que está à margem dela.

Há ainda uma outra referência subjacente desse quadro — a do retrato do apóstolo Jean Journet, socialista iluminado que sai pelo mundo pregando a harmonia universal. Courbet fez dele um quadro a óleo, do qual tirou uma litogravura, em 1850. O chapéu na mão, a mochila carregada, o bastão, tudo isso encontra um eco na figura do próprio Courbet, tal como ele se representou no *Bom dia, senhor Courbet!* E mais uma vez se reforça a ideia de que o artista se assimila ao vagabundo, àquele que não possui o seu lugar na sociedade mas que deve construir, ele próprio, o seu lugar. O artista se identifica com o marginal.

Cito um texto de Courbet, de 1850, a seu amigo Wey:

> Em nossa sociedade, tão bem civilizada, é preciso que eu leve uma vida de selvagem; é preciso que eu me liberte mesmo dos governos. O povo tem toda a minha simpatia; é preciso que eu me dirija a ele diretamente, que eu tire dele meus conhecimentos, e que ele me faça viver. Para tanto, eu acabo de ingressar na grande vida vagabunda e independente de nômade.

Entretanto, o que o diferencia dos dois modelos (judeu e Journet) e do nômade pintor é que, dentro da sua marginalidade, o artista se encontra *superior*. Para tanto, ele é obrigado a estabelecer uma ética de fidelidade à sua arte, isto é, eu renuncio ao meu lugar no mundo porque eu sei que o meu lugar é no universo elevado da arte, e ela vale o meu sacrifício.

No século XIX, há um processo de transformação do papel do artista que começa logo depois de David. David é o último dos grandes pintores que aderem ao poder, e que celebram esse poder. Courbet será o primeiro a encarar, sem ambiguidades, a produção artística como independente, livre do poder e das instituições — e de qualquer ética que não seja a das exigências estritamente artísticas. Ao traçar o terreno da marginalidade, ele vai estabelecer o lugar (ou o não lugar) dos artistas de vanguarda que lhe sucederão. Estes serão mais radicais — podem chegar ao ponto de ignorar o mundo, ou sacrificar a razão, a vida pela atividade artística. Basta pensarmos em Cézanne, Van Gogh ou Gauguin. Este último, por sinal, depois da visita que faz ao museu de Montpellier e de contemplar, em companhia de Van Gogh, o *Bom dia, senhor Courbet!*, pinta, em 1889, um *Bom dia, senhor Gauguin!* no qual se mostra através de uma visão imaginária, que integra não mais um burguês, mas uma pequena bretã, uma camponesa.

Que o eixo primordial das atitudes de Courbet seja um eixo ético (e não político, ou moderno, no sentido do retrato da sociedade industrial) não há dúvida. O quadro *Bom dia, senhor Courbet!* é uma obra-chave na instalação dessa ética, cuja prática rigorosa levará o pintor a posturas individuais exemplares. É assim, caso notável, no momento em que o governo de Napoleão III, o traidor da República, o usurpador da vontade popular, tenta aliciar Courbet por meio de uma alta condecoração e recebe como resposta uma forte negativa, acompanhada de uma carta que é um dos grandes documentos da dignidade humana. Com ela, dando, portanto, a palavra a Courbet, encerro minha palestra.

> Senhor Ministro
>
> Foi na casa de meu amigo Jules Dupré, em L'Isle-Adam, que eu soube da inclusão no *Jornal Oficial* de um decreto que me nomeia cavaleiro da Legião de Honra. Esse decreto, do qual minhas opiniões bem conhecidas sobre as recompensas artísticas e sobre os títulos nobiliários deviam ter me poupado, foi determinado sem meu consentimento, e é o senhor, Senhor Ministro, que pensou dever tomar a iniciativa.
>
> Não tema que eu desconheça os sentimentos que o guiaram. Chegando ao ministério depois de uma funesta administração que parecia ter escolhido a tarefa de matar a arte em nosso país, e que o teria conseguido pela corrupção ou

pela violência se não houvesse encontrado aqui e ali alguns homens de coragem para contrariá-la, o senhor desejou assinalar sua chegada a esse posto por uma medida que contrastasse com as atitudes de seu predecessor.

Esse procedimento o honra, Senhor Ministro, mas permita-me dizer-lhe que ele não poderia mudar em nada nem minha atitude, nem minhas determinações.

Minhas opiniões de cidadão se opõem a que eu aceite uma distinção que provém da ordem monárquica. Essa condecoração da Legião de Honra que, em minha ausência e para mim, o senhor estipulou, meus princípios a recusam.

Em tempo algum, em caso algum, por nenhuma razão, eu a teria aceitado. Ainda menos hoje, quando as traições se multiplicam de todos os lados e a consciência humana se contrista com tantas palinódias interesseiras. A honra não está nem em um título, nem em uma fita, ela está nos atos e nos motivos dos atos. O respeito a nós próprios e a nossas ideias constitui a maior parte dela. Honro-me mantendo-me fiel aos princípios de toda a minha vida; se eu os desertasse, deixaria a honra para tomar os símbolos dela.

Meu sentimento de artista também opõe-se a que eu aceite uma recompensa que me é outorgada pela mão do Estado. O Estado é incompetente em matéria de arte. Quando decide recompensar, usurpa o gosto público. Sua intervenção é inteiramente desmoralizante, funesta ao artista, que ela engana a respeito de seu próprio valor, funesta à arte, que ela aprisiona nas conveniências oficiais e que ela condena à mais estéril mediocridade; seria sábio para ele abster-se. O dia em que ele nos deixar livres, terá preenchido seus deveres em relação a nós.

Aceite, portanto, Senhor Ministro, que eu decline a honra que o senhor acreditou fazer-me. Tenho cinquenta anos e sempre vivi livre; quando morrer, quero que digam de mim: aquele nunca pertenceu a nenhuma escola, a nenhuma Igreja, a nenhuma instituição, a nenhuma academia, sobretudo a nenhum regime, a não ser o regime da liberdade.

Queira receber, Senhor Ministro, com a expressão dos sentimentos que acabo de lhe expor, minha mais distinta consideração.

Gustave Courbet*

* A Maurice Richard, ministro das Belas-Artes em Paris, 23 de junho de 1870. Publicada em *Courbet raconté par lui-même et par ses amis*, v. II, a cargo de Pierre Courthion, Paris, Cailler, 1950, p. 124.

VER O INVISÍVEL: A ÉTICA DAS IMAGENS

Nelson Brissac Peixoto

Por um breve momento, diz Griffith — com a invenção do cinema —, deu-se uma aparição: a beleza do vento soprando nas árvores. Algo que não se mostra de imediato a todos os olhos, que não se deixa facilmente retratar. Um esplendor que, entretanto, acabaria desaparecendo — talvez para sempre — dos filmes.

A cena — em *Ordet*, de Dreyer — é inesquecível. Uma casa no campo, quase à beira-mar. Ao lado, uma colina, recoberta por um trigal. Uma escada conduz ao topo. Lá, postos para secar ao sol, estendidos num varal, lençóis brancos tremulam ao vento. Nenhum ruído ecoa na paisagem. Apenas a presença discreta mas consistente do vento se faz sentir, aragem que ondula a relva. Com a mesma força impalpável que o sagrado, por meio do louco, faz sua aparição na casa. Cena que não se pode descrever. Imagens do impensável. Um cinema que faz ver o indiscernível.

Assistir a um velho filme do cinema mudo. Na sala, nenhum ruído, salvo às vezes a música que o acompanha. O silêncio é completo. Vemos aquelas figuras fantasmagóricas se agitarem na tela com a certeza de que já pertencem ao passado. Os gestos bruscos e espontâneos ressaltam a naturalidade e a inocência com que se deixam retratar. Olhando sérios para a câmera. Aqui tudo é verdadeiro e transparente.

Então o cinema era capaz de uma apreensão imediata da realidade. Antes que esta lhe tivesse escapado, antes de o cinema ter se contentado com o "efeito de realidade". Com os filmes mudos, as imagens eram dotadas de materialidade. Revestiam-se do aspecto natural das coisas e dos seres. A imagem aqui remete a "uma natureza física inocente, a uma vida imediata que não tem necessidade de linguagem". O cinema mudo, diz Deleuze, sempre mostrou a cidade e tudo aquilo do que ela é feita, "entretanto ele lhes dá uma espécie de naturalidade, que é o segredo e a beleza da imagem silenciosa".[1]

Não é apenas o passado do cinema que se mostra nesses filmes. Estamos sendo confrontados com uma outra coisa: uma presença, vibrando particularmente nesses rostos e paisagens. É isso — esta evidência de algo que não podemos ver nem definir mas que nos arrebata — que dá consistência e verdade a essas imagens.

RETRATOS

Breve história de um gesto. Uma jovem acena, do portal de seu jardim, para o rapaz que acaba de deixá-la em casa. Um instante em que, sem pensar, ela se vira e levanta o braço, com leveza e graça, como se lançasse para o céu um balão colorido. Esse instante é maravilhoso. Todo o encanto da situação revela-se nessa fração de segundo.

E, no entanto, inesquecível: a aleia de areia brilhava como um jato dourado sob os raios de sol e de cada lado da cerca floresciam arbustos de jasmim. Esse gesto, ao mesmo tempo tão simples e tão perfeito, fica na nossa memória como um traço de luz. Convidando para alguma viagem distante e despertando um desejo indeterminado e imenso, sublime.

Gesto que ocorre quando da necessidade de expressar algo de importante e belo, que as palavras não podem dizer. Talvez porque esse movimento incluía magicamente a indefinível ideia do amor, do qual a jovem ainda nada sabia. O aceno então brota nela para dizer em seu lugar aquilo que não soubera exprimir.[2]

Todas as nossas questões estão colocadas aqui: a fugacidade do gesto, como se fosse uma aparição, sua peculiar luminosidade e sua irredutibilidade às palavras. Os gestos — como os rostos e as paisagens — são da ordem do inenarrável.

O gesto não pode tornar-se uma coisa. Ele é inapreensível. Para evidenciá-lo, pintores e cineastas isolam o gesto, no espaço e no tempo. Isolado o gesto, retrata-se um tempo absoluto, uma plenitude determinada apenas pela amplitude. O mesmo efeito de grandeza que supõe o sentimento do sublime, a satisfação de apreciar o infinito, de ser sensível à imensidão.

Isolado, o gesto manifesta, sem grandiloquência, uma energia que nada pode medir. Aqui ele não exprime nada. Encarna uma emoção, em vez de significá-la. Não acolhe as estrelas nem aponta para elas, não diz os pensamentos nem os sentimentos. É a manifestação mais corporal possível do indefinido, a marca perceptível do inapreensível.

Qual é o destino do gesto nas imagens contemporâneas? A televisão, com a tela pequena demais, não lhe dá lugar. Mas a pintura, a fotografia e o cinema — esses veículos nos quais o sublime do gesto pode se manifestar — poderão talvez nos mostrar *beaux gestes*, tomados em si mesmos, na sua plenitude, capazes de enriquecer a visão da paisagem?[3]

O retrato — ou um close cinematográfico — pode comportar, diz Deleuze, um espaço e um tempo, como se os tivesse apropriado às próprias coordenadas das quais se abstrai. Ele então carrega consigo um fragmento de céu, de paisagem ou do apartamento — um rasgo de visão — com o qual o rosto se compõe. É como um curto-circuito do próximo e do longínquo.[4]

É assim que o rosto parece uma paisagem. O muito grande e distante encontrando o muito perto e pequeno. Imagens dotadas do mesmo relevo, exigindo o mesmo movimento. A imagem — fotográfica, sobretudo cinematográfica — tem esta capacidade de ir do exterior para o interior, da natureza para o homem. Mesmo se parte do rosto humano, ela o toma como se fosse uma paisagem. Esta união do homem com a natureza se dá no sublime.

Não o rosto — para Lyotard — mas a face é uma paisagem. O retrato de Beckett, aos oitenta anos: feito de terra fendida pela aridez. Pela trama das rugas, a miséria e as fraquezas se infiltram, são acolhidas. Só depois de ser paisagem é que a face se cobre de rosto. A inocência — aquela mesma dos antigos retratos —, de tanto perambular por ela, se submete à expressão. A lei toma conta do olhar. Apenas a cabeleira e a luz que emana da pele escapam à disciplina. Quando a tragédia das paixões e das dívidas ocupa a cena, ela evacua a paisagem.[5]

Mas, se o rosto pode ser apreendido na paisagem, a paisagem também pode ser captada no rosto humano. O cinema clássico russo ensina, segundo Benjamin, que o ambiente e a paisagem só se revelam ao fotógrafo que sabe captá-los em sua manifestação anônima em um rosto humano. O que esse cinema fez foi oferecer, pela primeira vez, uma oportunidade de aparecer diante da câmera a pessoas que nunca haviam pensado em fazer-se fotografar.

Homens que não pretendiam chegar à posteridade pelas fotografias e, por isso mesmo, transportavam para as imagens todo o seu mundo cotidiano. Aí, "subitamente, o rosto humano apareceu na chapa com uma significação nova e incomensurável".[6] Ainda que não se trate mais, propriamente, de retratos. As séries de rostos reunidas pelo fotógrafo alemão A. Sander são antes, diz Benjamin, uma galeria fisionômica semelhante às elaboradas pelos cineastas russos, uma detalhada observação de todos os tipos sociais da época. Uma vista panorâmica, por meio de rostos, da Berlim de então.

As primeiras pessoas que tiveram suas imagens reproduzidas não eram identificadas. Nenhum texto fazia saber sobre suas vidas. Os jornais eram raros, a fotografia ainda não tinha virado seu instrumento, ainda não servia para ilustrar as notícias. Ao oposto do fotojornalismo atual, não havia como fundo o burburinho dos acontecimentos. Era como se tudo estivesse calmo, num mundo em paz. "O rosto humano era rodeado por um silêncio em que o olhar repousava." Uma quietude própria da paisagem, não da rua ou da guerra. O mesmo silêncio reinante nos parques fotografados por Atget. O retrato resulta, para Benjamin, dessa suspensão. "Todas as possibilidades da arte do retrato se fundam no fato de que não se estabelecera ainda um contato entre a atualidade e a fotografia."

Os primeiros retratos eram feitos — por imperativos técnicos — em parques pouco frequentados. A fraca sensibilidade das chapas primitivas exigia uma longa exposição à luz natural, o que obrigava o fotógrafo a colocar o modelo num lugar retirado, onde nada pudesse perturbar sua concentração. O tempo — a longa exposição — é o princípio mais importante do retrato, da constituição do rosto na fotografia.

A longa imobilidade resulta não apenas no conhecido *rictus mortis* mas, ao contrário, numa síntese da expressão. Faz aflorar os traços essenciais do rosto. Daí essas imagens evocarem no observador uma impressão mais persistente e mais durável que as produzidas — em geral — pelas fotografias modernas. São imagens mais autênticas. Imagens definitivas, feitas para ficar.

A exposição prolongada dá tempo para que a pessoa retratada encontre sua expressão diante da câmera. Trata-se aqui de uma questão de tempo. A própria técnica levava o modelo a "viver não ao sabor do instante, mas dentro dele". Essas imagens davam o tempo que as coisas precisavam para se cristalizarem. As pessoas "cresciam dentro da imagem". O oposto do instantâneo jornalístico, que decide da fama do retratado.

A pressa da vida moderna, o vórtice vertiginoso dos eventos históricos geram imagens condicionadas pela aceleração. Estas imagens não têm mais tempo. Uma exposição recente, *Pictures of peace* (MAM - Rio de Janeiro, 1991), foi organizada a partir da seguinte questão: "O que você fotografaria, se o mundo estivesse em paz?".

A guerra — e o crime — instaura o domínio do instantâneo, das imagens de ação. O fotojornalismo, do qual o correspondente de guerra — além do repórter policial — é uma das modalidades. Imagens feitas no calor da hora, no ritmo dos acontecimentos. Imagens movidas a velocidade.

O oposto do repórter — e do fotógrafo de guerra — é aquele que vagueia, a câmera na mão, sem direção nem horário, pelas ruas. Ou aquele que, como um paisagista, contempla o panorama do mundo. Eles têm calma. Suas fotos têm uma coisa em comum: tempo. Eles sabem esperar. Deixar as coisas se configurarem ante os nossos olhos.

Se o mundo estivesse em paz — se pudéssemos olhar para ele com vagar —, as imagens teriam tempo. Não por acaso praticamente todas as fotos apresentadas nessa exposição são retratos e paisagens. Essa atitude paciente só poderia nos reconduzir aos gêneros mais tradicionais da pintura, os seus temas básicos. O muito pequeno e o muito grande. Ambos sugerem grandeza e infinitude. Tudo aquilo que as imagens apressadas não são capazes de apreender. Aquilo que em geral — apesar de estar sempre ali, na nossa frente — não conseguimos ver.

Essas cenas — feitas à margem do ritmo acelerado das informações e dos acontecimentos — consistem, em geral, justamente nisto: imagens do invisível. Todas mostram rostos, gestos e vistas de lugares. A percepção do tempo, de outra *durée*, resgata gêneros tidos como anacrônicos e superados na arte atual, o retrato e o paisagismo.

Nós nos acostumamos a só ver aquilo que é dinâmico, que se agita ante os nossos olhos, que acontece. É disso que trata a foto jornalística. Mas e quando nada, aparentemente, está acontecendo? O vento soprando nas árvores ou uma mulher que levanta a mão, com graça, como se fosse soltar um balão. Aí não se vê nada. Mas, de fato, tudo está acontecendo. Essas cenas são delicadas demais ou grandiosas demais para ficarem impressas na retina habitual ao que é passageiro. São cenas praticamente imperceptíveis, a expressão num olhar, um jeito de andar ou uma luz particular incidindo sobre as montanhas.

Rostos, gestos e paisagens exigem contemplação. A fotografia atual, porém, só consegue ver a paisagem como palco, só consegue olhar para um rosto em busca de uma história. Mas retrata então não rostos, apenas poses e ações. É preciso saber ver, em determinadas imagens de hoje, aquilo que muitas vezes nos escapa. Essas imagens têm a beleza dos pequenos gestos e das grandes paisagens.

É preciso ter tempo para ver os rostos e a paisagem. Para se evidenciarem a força e a atmosfera que deles emanam. O drama interior das pessoas, a serenidade dos lugares. Tudo aquilo que não se estampa de imediato.

Quando a obra de arte perdeu seu caráter de objeto de culto, o sagrado parecia se escoar cada vez mais das coisas. Libertando-se das representações do divino, a pintura — por volta do século XVII — estruturou-se como linguagem moderna a partir de dois gêneros: o retrato e a pintura de paisagens. O *portrait* do indivíduo burguês e o registro dos seus domínios. A pintura deixa de retratar apenas rostos de santos ou reis para poder imortalizar a figura anônima. Deixa de mostrar cenas divinas para descortinar baías, campos e cidades, para mapear o mundo como cenário da operosidade. O capitalismo recusa toda transcendência às coisas.

Nesse universo desprovido de alma, onde teria ido se refugiar o sagrado? Toda pintura que, preocupada com essa questão, se fez desde então tentaria entrevê-lo justamente nestas figuras primárias — o rosto (gesto) e a paisagem. Trata-se para ela de buscar aquilo — basicamente a luz — que faz um rosto ou uma paisagem nos falar. Pois — é isto que as faz essenciais — a princípio nada acontece ali. Nenhum evento que dê sentido para a imagem. Nada que não aflore da própria figura. Aquilo que faça um rosto ou uma paisagem nos devolver o olhar.

O sagrado não se entrega sem resistência. Sua última trincheira, diz Benjamin, é justamente o rosto humano. Não por acaso o retrato era o principal tema das primeiras fotografias. Estas foram capazes de captar tecnicamente, por meio do claro-escuro, da transição contínua da sombra à luz mais clara, a aura que havia então em torno do olhar dos indivíduos. Aquilo que transmitia uma sensação de plenitude. "A aura acena pela última vez na expressão fugaz de um rosto, nas antigas fotos. É o que lhes dá sua beleza melancólica e incomparável."[7]

Ao se retirar o homem das fotografias, a aura seria também eliminada. Com Atget a fotografia reagiria contra sua vocação, tradicional, ao retrato. Para voltar-se na direção do pormenor, o objeto isolado, o lugar sem atmosfera nem intimidade. Panorama do mundo contemporâneo. Lugares assim desertos, porém, não são paisagens, mas o local de um crime. Fotografados por causa das pistas que contêm, dos indícios de uma ausência.

Essas imagens são, de certo ponto de vista, imagens de uma falta: do rosto, da paisagem.

Muitos dos retratos contemporâneos, porém — basta pensar nas fotos de Avedon — parecem evocar essa plenitude que só os rostos e as paisagens têm. Como as marinas fotografadas por Meyerowitz. Uma capacidade de nos olhar nos olhos. Uma força e um mistério que lhes parecem inerentes.

Mesmo as imagens que recorrem a técnicas mais recentes — vejam-se os retratos feitos por Cindy Sherman — sugerem, por vezes, o insondável desses relevos. Algo transparece neles, que se sente mas não se consegue definir. Indicação de que não depende exclusivamente de antigos procedimentos técnicos, da sombra que as câmeras mais sensíveis teriam eliminado. Não seriam os retratos e as paisagens depositários da significação e da grandeza que as imagens em geral perderam?

Ainda em meados do século passado começou-se a pintar — tanto pessoas como paisagens — por meio de fotografias. O resultado, diz Benjamin, são imagens humanas anônimas, não retratos. A pintura já conhecia rostos desse tipo, mas os quadros — a menos que ficassem com a família, na qual sempre haveria uma curiosidade pelo retratado — logo valeriam apenas como obras de arte.

Na fotografia, porém, surge "algo de estranho e de novo": na mulher

> [...] olhando o chão com um recato tão displicente e tão sedutor, preserva-se algo que não se reduz ao gênio artístico do fotógrafo, algo que não pode ser silenciado, que reclama com insistência o nome de quem viveu ali, que na própria foto é real e não quer extinguir-se na "arte".[8]

Uma presença. Outra vez, sob esse olhar recatado, o mesmo do cinema mudo, a beleza do vento soprando nas árvores.

Trata-se da possibilidade de a fotografia nos mostrar algo — o que um quadro nunca poderia fazer — que nem sequer fora visado pelo autor. Um relance de realidade imediata. A técnica mais exata pode, paradoxalmente, levar o observador a procurar na imagem algo que ali se imiscuiu, sem que o fotógrafo tenha planejado. "A pequena centelha do acaso, do aqui e agora, com a qual a realidade chamuscou a imagem." O invisível na fotografia, "o lugar imperceptível em que o futuro se aninha em minutos únicos, há muito passados, tão eloquentes que podemos descobri-lo olhando para trás".

A fotografia logo substitui a pintura nos retratos de rosto e paisagem. Isso quando a introdução da pintura ao ar livre estava abrindo novas perspectivas. É que a fotografia dava mais conta do "efeito criado pela transparência da atmosfera". Em suma: da luz. Aquilo que constitui a paisagem. Outra vez, o invisível.

Mas a verdadeira vítima da fotografia, com sua capacidade de captar a luminosidade das coisas, não seria, ainda segundo Benjamin, a pintura de paisagem e sim o retrato em miniatura. Nas primeiras fotografias "havia uma aura em torno dos indivíduos, um *medium* que atravessado por seu olhar lhes dava uma sensação de plenitude e segurança". A mesma luminosidade que envolve a paisagem, ao pôr do sol.

Aqui também temos o resultado de uma técnica: o continuum da luz mais clara à sombra mais escura. O claro-escuro, decorrente da técnica pictórica renascentista do *sfumatto*. O imperceptível *dégradé*, a variação da sombra, que envolve a figura com um halo luminoso. Aquela auréola que circunscreve, de modo belo e significativo, a forma oval hoje antiquada da foto.

Essa aura seria depois expulsa da imagem, graças à eliminação da sombra por meio de filmes mais sensíveis e dispositivos de maior intensidade luminosa. O resultado, porém, foi um tom crepuscular, permeado de reflexos artificiais. Por meio do retoque, que reforçava essa auréola, a má pintura ainda se vingaria da fotografia. Mas então o gênero entraria em decadência.

Esse efeito é, no entanto, mais uma vez, produto do tempo. O "tratamento coerente da luz", que segundo os fotógrafos da época "dá a estes primeiros clichês toda a sua grandeza", resulta igualmente de um longo período de exposição. Assim como é o tempo que permite que a expressão, no rosto da figura fotografada, encontre sua forma mais sintética. As primeiras fotografias são portadoras de tempo.

Tudo nas primeiras imagens era feito para durar. Até as dobras de uma roupa duram mais tempo, são tão valiosas quanto as rugas no rosto do seu proprietário. Tudo nessas imagens — tidas, no entanto, como efêmeros retratos de momentos — é uma profunda marca do tempo.

Outra vez, a presença do invisível na imagem. Há na fotografia, diz Barthes, algo de insidioso: ela faz, por vezes, aparecer aquilo que nunca se percebe diretamente no rosto. Algo que se esconderia, paradoxalmente, nos seus traços: a descendência. Uma linhagem que se nota em retratos de família. A imagem em suspensão é capaz de conter o tempo, a continuidade da espécie. Aflora o que se depositou, imperceptivelmente, naquelas fisionomias. "A fotografia é como a velhice: mesmo resplandecente, ela desencarna o rosto, manifesta sua essência genética."[9]

Por causa da sua força de evidência, a fotografia, para Barthes, é superficial. Não se deixa ver por dentro. Daí o problema dos retratos: queremos encontrar por inteiro, na sua essência, aquele que figura ali. É no caso do rosto, portanto, que essa superficialidade da fotografia é mais dolorosa: "ela só pode nos satisfazer por algo indizível, o *air*". A atmosfera que emana do seu semblante, a expressão que estampa. Um ar de tristeza que o sombreie, um estado de graça que o ilumine. Um certo clima que envolve a figura, tomando todo o quadro. Algo que, apesar da sua rarefação, ela contém.

Aí reside o mistério do retrato. O *look* de um rosto é uma evidência. Dá-se por inteiro, como uma aparição. Não pode ser decomposto. Não é uma forma esquemática, como uma silhueta. "O *air* é esta coisa exorbitante que leva do corpo à alma."

É como se o mesmo estupor que se tem ante a imensidão das cordilheiras ou dos mares pudesse ser experimentado com a fotografia. Quando nos deparamos com um retrato dotado desse misterioso clima. Aquilo que faz com que, ao percorrermos as fotos de alguém, uma nos leve à exclamação — "é isso! é ele!"

— na qual acaba toda linguagem. Brusca iluminação, evidência, onde falham as palavras. A foto em que enfim a pessoa efetivamente está.

O sublime, contido porém não no maior, a paisagem, mas no menor, o rosto. O *air* é para Barthes aquilo que se dá graciosamente, despojado de qualquer significação. Aquilo que transparece quando o indivíduo apenas está ali, com naturalidade, se deixando fotografar. Para além de toda pose. Quando ele simplesmente se deixa revelar, transparência que creditamos como ingenuidade nos antigos retratos e nos filmes mudos. Quando desaparecem as máscaras, restando apenas a alma. "O *air* exprime o sujeito, na medida em que ele não se dá importância."

O *air* é assim "a sombra luminosa que acompanha o corpo". Aquilo que misteriosamente faz a vida de alguém se refletir no seu semblante. Diferente, portanto, da aura que Benjamin percebe nos velhos retratos, feita de luz. Trata-se aqui, antes, de um intangível inscrito no rosto. A fotografia tem de conseguir mostrar esse *air*. Nos dizeres de Barthes, "dar à alma transparente sua sombra clara", o desenho dos seus contornos. É por meio dele que o fotógrafo dá vida — *anima* — ao retrato.

De todas as fotos que Barthes vasculha da mesma pessoa — sua mãe — é apenas numa que ele realmente a reencontraria. Em todos os outros retratos, ela apenas figura. Aqui, porém, tem-se A Fotografia. Aquela única em que não apenas a imagem se parece com ela, mas onde ela está. Onde a semelhança dá lugar à presença. Onde vibra o seu *air*. A fotografia como "imagem verdadeira".

Para Valéry, a pintura reproduz em uma imagem o que os olhos não se fartam de ver. Algo que, portanto, nunca se oferece imediata e inteiramente, que sempre alimenta esse desejo. Algo que reside na profundidade da imagem, que nos é invisível.

É o que estabelece a distinção benjaminiana entre a pintura e a fotografia: aqui esse desejo é saciado. A fotografia nos mostraria tudo. Ela não tem espessura, não vai fundo na alma do que retrata. Pois a câmera registra a imagem do homem sem lhe devolver o olhar. Mas é inerente ao olhar a expectativa de ser correspondido por quem o recebe. Quem é visto, ou acredita estar sendo visto, revida o olhar. Perceber a aura de uma coisa significa investi-la do poder de revidar o olhar.[10]

Essa investidura — essa capacidade de despertar o olhar dos homens e da natureza — é o manancial da poesia. Uma expectativa — de ter o olhar retribuído — que hoje, entretanto, acaba frustrada. Defrontamo-nos com olhos que perderam a capacidade de olhar. O que significaria então, tendo em conta que se perdeu o fascínio da distância, retornar justamente para aquilo que foi o seu depositário, os rostos e as paisagens? Seria possível uma fotografia e um cinema que, como a pintura, reproduziriam o que os olhos não se cansam de ver?

Barthes observa fotos atuais, do fotojornalismo contemporâneo — pessoas na rua, carros, uma aglomeração, um acidente... — percorrendo-as na expectativa de que alguém, nas fotos, olhe de volta. Mas isso nunca acontece. Nas fotos amigas, porém — como nos primeiros filmes —, os indivíduos comumente encaravam, fixamente, com espontaneidade, a câmera.

A fotografia, no entanto, diz Barthes, tem o poder de nos olhar direto nos olhos. Uma concepção do destino da fotografia diferente daquela formulada por Benjamin, para quem essa capacidade de revidar o olhar — a aura — já teria se perdido definitivamente. Um olhar que, é certo, não vê. Mas é isso que para Barthes produz o particular do *air*. Sem ver, o olhar parece contido por algo interior. Ele retém emoções e sentimentos dentro de si. Nisso é que consistiria O Olhar.

Mas é um poder que efetivamente se perde cada vez mais na fotografia atual na medida em que — diz ele — a pose frontal tende a ser tomada por arcaica. Ou mesmo, como no cinema, proibida pela ficção. Aí em geral nunca ninguém nos olha. De fato, não se posa mais como se fazia, antigamente, rígidos e atenciosos, nos retratos. O olhar agora vaga em outra direção, perdido. Ou gestos suspensos, introduzindo a ação, quebram a imobilidade do retrato. É preciso atender, nas imagens contemporâneas, para ver aqueles rostos — e as paisagens — que estão nos encarando.

Imagens que procurem olhar o mundo nos olhos, que tentem deixar as coisas nos olharem. Perceber aquilo que faz as coisas falarem, a sua luz, o seu rio subterrâneo. Essa atitude — esse respeito pelas coisas — é ética. Olhar o mundo como uma paisagem, algo dotado de luz, de uma capacidade de nos responder ao olhar. Não se trata de procurar cenas naturais, mas de um modo de ver. Ver rostos e cidades como paisagens. Uma ética do olhar.

PAISAGISMO

Italo Calvino diz que existem duas maneiras de falar de uma cidade.[11] A primeira é descrevê-la. Dizer de suas torres, pontes, bairros e feiras. Todas as informações a respeito da cidade no passado, presente e futuro. É como inscrevê-la num atlas. Nesse mapeamento, porém, a cidade desaparece como paisagem.

As cidades, mais do que qualquer outra paisagem, tornaram-se opacas ao olhar. Resistem a quem pretenda explorá-las. Uma simples panorâmica não dá mais conta de seus relevos, de seus rios subterrâneos, da vida latente em suas fachadas. Tornaram-se uma paisagem invisível. Um outro paisagismo é requerido para retratar esses horizontes que nunca resplandecem. Uma visão que se atenha ao encanto oculto em impressões fugazes, detalhes arquitetônicos, lembranças, nomes... Essas paisagens onde tudo o que se move à luz do sol é impelido pelas ondas que quebram sob o céu calcário das rochas. É o que Calvino vai pintar.

Todas as tentativas de descrição redundam numa mera enumeração que não dá conta da verdadeira paisagem. O desenvolvimento da fotografia e do cinema acarretou a morte da descrição clássica, os minuciosos painéis com que se reconstituíam lugares e personagens. O retratista e o escritor de folhetim são figuras desse período. Agora tudo se tornou visível demais. Com isso a literatura e a pintura perderam a paisagem.

A imagem explícita provoca o esgotamento da capacidade de descrever. O advento do cinema só aceleraria esse processo. Tudo passou a ser instantaneamente mapeado. A literatura —

mas também todas as outras formas de olhar, inclusive fotográfico — voltou-se então para o menos evidente. Resgatar o que, na paisagem, não se destaca imediatamente contra o horizonte.

Sob a ditadura da visão imediata, o olhar perdeu sua abrangência panorâmica. Isso vale também para o rosto: hoje não há mais o costume sistemático de retratar, com o que se fez uma verdadeira fisionomia de uma época. Sem personagens nem rostos, a literatura tornou-se introspectiva, voltada para os mistérios e percalços da alma humana. E a pintura, por seu lado, mergulhou cada vez mais na abstração.

Como fazer o olhar recuperar a paisagem? Trata-se aqui das possibilidades de narrar a cidade sem ser pela descrição — pelas cifras arrecadadas pelos impostos ou pelas dimensões das novas avenidas. A questão: é ainda possível pintar paisagens?

Não por acaso Calvino recria o estilo fabular das histórias clássicas de aventuras. Na figura do viajante — Marco Polo — ele reedita o marinheiro de Benjamin, arquétipo do contador de histórias, para quem a perda da experiência no mundo contemporâneo impossibilita a narração. Calvino retoma as personagens e o tempo em que se relatavam terras distantes. Uma tentativa de resgatar a narrativa, "esta arte hoje em dia tão negligenciada"? Nesse gênero tão anacrônico — como o paisagismo — mas ao mesmo tempo tão atual, a literatura encontra a pintura.

O imperador ouve com particular interesse o explorador: recém-chegado e ignorando completamente as línguas da região, este não pode se exprimir de outra maneira senão "com gestos, saltos, gritos de maravilha e de horror". O estrangeiro só pode transmitir as mesmas sensações que experimentara diante daquelas paisagens sublimes. Como se as estivesse contemplando naquele instante. Com o mesmo espanto e a mesma falta de palavras provocados pelo que é indescritível.

O aventureiro lança mão, para assinalar uma cidade, de pantomimas e objetos os mais variados, que é preciso interpretar. A relação entre os símbolos decifrados e os lugares visitados, porém, resta sempre incerta. Aqueles estranhos símbolos podem representar inúmeras coisas ou acontecimentos diferentes. Mas tudo o que ele mostra acaba ganhando o poder dos emblemas, que uma vez vistos não podem ser mais esquecidos.

Assim, mesmo depois de o viajante ter passado a fazer narrativas mais precisas e minuciosas, cada notícia traz à mente do imperador o primeiro gesto ou objeto com o qual o lugar lhe fora apresentado. As cidades estão agora dissecadas na sua frente, cada construção, cada ofício, mas ele só vê pedras douradas, plumas de avestruz e homens cantando para a lua. Tudo aquilo que, se fosse lá, não se poderia ver.

Mas o que o imperador considera interessante nos fatos referidos por seu inarticulado informante — diz ainda Calvino — é "o espaço que resta em torno deles, um vazio não preenchido por palavras". Aquilo que não se poderia traduzir em linguagem, os limites da descrição, a possibilidade de nela se perder ou abandoná-la a meio caminho. Tanto é que, com o passar do tempo, as palavras — que servem melhor para apontar as coisas mais importantes — foram substituindo os objetos e gestos nas narrativas de Marco. Todavia, quando conta como devia ser a vida — esse indescritível — naqueles lugares, as palavras escasseiam e ele volta a fazer uso de gestos e caretas.

Uma outra maneira de ver a paisagem, de retratá-la, está se anunciando aqui. Pois hoje em dia a descrição está substituindo a paisagem. Não se pode, na maioria das vezes, dizer nada a respeito de uma cidade além do que seus próprios habitantes repetem. O que já se disse recobre seus contornos e nuances. Em certas horas, em certas ruas, surge a suspeita de que ali há algo de inconfundível, de raro, talvez até de magnífico. Procura-se até saber o que é, mas tudo o que se disse até agora sobre a cidade aprisiona as palavras e obriga a rir em vez de falar.

Nas cidades, os olhos não veem coisas, mas figuras de coisas que significam outras coisas. Ícones, estátuas, tudo é símbolo. Signos urbanos, como as placas, letreiros, anúncios... Na natureza, a paisagem é muda, árvores e pedras são apenas aquilo que são. Aqui, porém, tudo é linguagem, tudo se presta de imediato à descrição, ao mapeamento da cidade. O olhar percorre as ruas como se fossem páginas escritas: a cidade diz como se deve vê-la. Como é realmente a cidade sob esse carregado invólucro de símbolos, o que conta e o que esconde, parece impossível saber.

Seria preciso saber ouvir — como faz o poeta C. Milosz — o seu silêncio, como se fosse uma paisagem feita apenas de árvores e pedras. Deixar as coisas como tais falarem. Livrar-se dos símbolos que anunciam as coisas. Só assim se pode entender a linguagem da cidade.

Uma outra paisagem, então, se descortina. Se não nos limitarmos às descrições costumeiras dos turistas, dos fiscais, dos cartógrafos e dos moradores habituais das cidades. Uma outra maneira de ver, um outro paisagismo. Cidades invisíveis se deixam entrever, ao se buscar contemplar essas paisagens essenciais. Vistas que até então passaram despercebidas dos lugares que já conhecemos, recantos que tinham ficado mergulhados na escuridão, edificações cujo perfil acabou esquecido.

Uma maneira diferente de falar de uma cidade: a partir das primeiras impressões que se têm ao chegar. A ideia que resulta daquele preciso instante, antes que o hábito venha criar outra imagem. Impressões de um olhar tomado pelo que jamais havia visto. Nenhum mapa ou almanaque estatístico, por mais abrangente que fosse, nos faria compreender como a cidade pôde abrir outras trilhas, para aquele que só conhecia as do deserto. Isso não está inscrito nas fachadas de seus prédios, não faz parte de seu traçado aparente.

Essas paisagens são feitas de cidades leves. Quando o mundo está recoberto de cidades que pesam sobre o solo e os homens, densas, sobrecarregadas de hierarquias e ornamentos, descortinam-se cidades delgadas, transparentes, capazes de crescer com leveza. Cidades que, como catedrais, apontem para o céu. Situadas no limite do alcançável, na extremidade do visível.

Elas podem ser também cidades desaparecidas, só imagináveis a partir das pedras e cinzas que restam delas mas que não poderão jamais reconstituí-las por inteiro. Ou então são cidades que ainda estão lá com todas as suas ruas, mas onde nada se pode ver de interessante: toda a sua antiga graça só pode agora ser apreciada por meio de velhos cartões-postais. Ou ainda cidades cuja imagem acabou indo residir nos seus nomes, capazes de evocar a vista, a luz, os rumores e até o ar no qual paira a poeira de suas ruas. É por meio de coisas assim — e não das descrições — que se pode obter um verdadeiro quadro dos lugares.

Essas são as tinturas com que Calvino desenha suas cidades invisíveis. Um paisagismo — fundado na luz, na cor, nos sons e na memória — que se assemelha ao delineado pelos panoramas urbanos de Benjamin. A mesma tentativa de surpreender o brilho intenso mas fugaz, a memória guardada nos objetos mais recônditos, o delicado sublime de horizontes quase desvanecidos. Em vez da grandiosidade da massa urbana, a beleza quase inapreensível presente nas primeiras impressões, na leveza, na memória e nos nomes das cidades.

Uma vontade insistente de fazer aflorar de cada frase — como se fossem pinceladas — mais uma coluna, mais um telhado, mais um vulto humano sentado à janela. Como se essas paisagens urbanas tivessem de ser resgatadas do limbo escuro em que ficaram confinadas e só se constituíssem nessas histórias. Como se as palavras — as imagens — tivessem de lutar sem descanso contra a opacidade e a retração da paisagem. Uma narrativa que se direciona sempre para um ponto onde algo ainda não foi dito, embora tenha sido obscuramente pressentido, que se desenvolve "na borda extrema do visível".

O mundo está tomado por um lento mas inexorável processo de petrificação. O pesadume, a inércia e a opacidade aderem à paisagem, se não soubermos fugir delas. Assim como Valéry, ser o olho que transforma o muro em nuvem. Apoiar-se, diz Calvino, sobre "o que há de mais leve, as nuvens e o vento, e dirigir o olhar para aquilo que só pode se revelar por uma visão indireta".[12]

"A leveza é um modo de ver o mundo": toda uma paisagística está contida aí. Capaz de — sem deixar de dar concreção e espessura às coisas — subtrair peso do mundo. Leve, mas preciso e determinado como o voo de um pássaro. Capaz de tratar a gravidade com graça. "Retirar o peso" é transformar o mundo em paisagem, pintá-lo com aquarela, com pastéis. Buscar imagens de leveza — grãos de poeira que turbilhonam no ar, o vento soprando nas árvores. Aliviar a paisagem de todo o seu peso até fazê-la semelhante à luz da lua. Transformar tudo em luz: ideário clássico — por mais paradoxal que hoje possa parecer — da pintura de paisagem.

Nossa questão: quando é que se tem paisagem? Lyotard a formula esboçando a figura do paisagista. O que se entenderia, hoje, por paisagismo? A primeira referência é Kant: aquele que vê os objetos de outro modo, deslocado, de um ponto muito afastado. Como o desenho a voo de pássaro, que permite um julgamento de uma paisagem montanhosa muito diferente daquele que se teria da planície.

Mas, diz Lyotard, o rato da planície — em contraposição ao pássaro — também seria um paisagista. Um outro alienado, fora de lugar. Em vez do longínquo, a toca sem vista da toupeira. Não há privilégio de um elemento. "Haveria paisagem cada vez que o espírito se transportar de uma matéria sensível a outra, conservando a organização sensorial conveniente para a primeira, ao menos na lembrança."[13] O campo visto pelo citadino. Enfim, um ponto de vista deslocado. "O desenraizamento seria uma condição da paisagem."

A função paisagística da luz, por exemplo, seria então o deslocamento no mundo. A paisagem é assim o contrário do lugar. É desprovida de toda função. Como os quadros num museu. "Uma marina, um lago de montanha, um canal numa metrópole podem assim ser suspensos acima de toda destinação, humana ou divina, e deixados ali" (p. 194). Na sua presença, aqui e agora. Não vamos nos perder nelas, o sentido delas é que se perde.

Trata-se, para Lyotard, do privilégio dos desertos, montanhas, oceanos, céus e ruínas no paisagismo: não terem destino, um fim determinado. Serem, portanto, capazes de nos tirar do lugar. O indeterminado é que os descortina como paisagem.

Sempre falta alguma coisa para se alcançar a paisagem — muros, obstáculos. É a melancolia de todas as paisagens. Elas exigem a consumação do espírito. Sem isso, não seriam paisagens, mas lugares. A paisagem não é nunca um lugar — a que se pertence. Nesse sentido, ela é que leva ao deslocamento, não o inverso. "A paisagem desola o espírito."

O que faz, então, um lugar tornar-se paisagem? Um lugar, diz Lyotard, tem de ser como um templo para se fazer paisagem. Mesmo uma praça, numa manhã de inverno, tomada por milhares de veículos. Um templo, espaço-tempo neutro, sem história nem geografia. Onde o caminhante solitário pode impor silêncio à intriga dos desejos e da inteligência. Não é preciso ter experiências ou opiniões sobre a paisagem. Ela existe sem associações ou sínteses. É preciso emudecer o espírito para que possa aparecer a paisagem. Aqui não há, definitivamente, como falar dela. Como, então, retratá-la?

Será que olhamos um quadro e vemos uma paisagem?, pergunta-se Lyotard. Como uma janela, diriam os italianos. "Mas o ideal da transparência, do suporte abrindo para uma visão em profundidade, cessou de comandar a organização figurativa." A *mise-en-scène* se mostra na frente do que é representado. O artifício se assinala. "A paisagem e o rosto são assim colocados em *sursis* de presença."[14]

A pintura, diz Lyotard, parece negar a presença. Mas aí, continua, por que pintar? Bastaria escrever. Porém, tudo num quadro — e sobretudo a cor — é signo de presença. O azul luminoso de uma certa manhã de verão, palidez muda que até hoje nos maravilha o espírito. E esse timbre cromático que o artista quer obter. Ou melhor: o quadro deve ser, para qualquer observador, um acontecimento, este azul, aquela manhã. A presença não se perde por ser representada, ela passa para o quadro.

Daí a importância dada à cor, em detrimento do desenho. A cor é a retração do traço. No desenho, a paisagem nos escapa — como se estivéssemos sentados de costas num trem. Na tela colorida a direção se inverte: a paisagem vem em nossa direção, revelada pela graça da luz, que o corte abrupto do traço ignora. "Um acesso à alma é aberto pelas tintas intermediárias entre noite e dia que banham o rosto e a paisagem."

Então, pintar o quê? Não importa, na verdade, para Lyotard, o que é representado no quadro. Pintar retratos e paisagens, não para mostrar seus contornos e relevos, as expressões e os eventos que neles se deem. Ao contrário, pintar rostos e paisagens para testemunhar a presença. Aquilo que parece impossível estar ali: "o céu do entardecer no olhar de uma criança". O que escapa à intriga e se aproxima — pela matéria, pela cor — do inenarrável.

Tentando fazer ver ao leitor as paisagens pintadas por Vernet, Diderot simula em seu texto que passeia por elas. Como se ele não estivesse diante da disposição das cores, mas em meio a elas. Com isso ele como que abole a oposição entre realidade e imagem, volume e superfície. Aqui reside, para Lyotard, a questão da pintura, mais atual do que nunca: ao mostrar que as imagens são exposições, Diderot sugere também que as exposições são paisagens. Esses quadros podem ser vistos como se fosse pela primeira vez, como se fossem paisagens.

É preciso, diz Lyotard, conseguir descrever a paisagem. Sempre o mesmo imperativo. Mas como, sem falar de como se chegou, quando — os acontecimentos, a ação? Basta ter o olhar desarmado. A narração faz correr o tempo, a paisagem o suspende. Não é impossível tornar-se disponível à invasão das nuances, tornar-se passível ao timbre. A cor é propícia a essa desmobilização do olhar. "Para ser passível da paisagem, é preciso se tornar impassível ao lugar." Este é, enfim, para Lyotard, o desafio da pintura: fazer ver a presença.

Mas a imagem contemporânea pode falar da paisagem, do sublime? A imagem seria capaz de, como postula Deleuze, exercer um choque sobre a imaginação, levando-a ao seu limite? Um choque que force o pensamento a aventar a presença de algo que não pode ser pensado. Mas como podem as imagens abordar essa impotência essencial do pensamento? A imagem cinematográfica, diz, opera uma suspensão que, longe de tornar visíveis as ideias, dirige-se ao que não se deixa pensar, ao que não se deixa ver. O pensamento, no cinema, é confrontado com sua própria impossibilidade.[15]

Esses grãos dançantes não são feitos para serem vistos. O cinza, o vapor, a névoa — em Dreyer ou Kurosawa — constituem um "aquém da imagem" que não é um véu indistinto colocado diante das coisas, mas um "pensamento sem corpo". Essas cenas, feitas de poeira luminosa, longe de serem abstratas, são as mais perturbadoras do cinema. Imagens em que a indiscernibilidade da terra e das águas, do céu e da terra, evidencia a impossibilidade do pensamento. Suspensão do mundo que torna visível. O visível do invisível.

Os amantes do teatro argumentam que ao cinema faltará sempre alguma coisa, a presença dos corpos. Ele só mostraria ondas e luzes que simulam coisas. Mas já se disse — desde A. Bazin — que existe outra modalidade de presença, cinematográfica, própria da imagem. Porque a imagem — operando com aquela "poeira luminosa" — afeta o visível de um modo que contradiz a percepção natural. Ocorre então a gênese de um visível que ainda escapa à visão. O advento de corpos em função de um branco, de um preto, de cores, de um começo de visível que ainda não é figura nem ação. Pois, para Deleuze, o problema não é o de uma presença de corpos, mas o de "uma crença capaz de nos devolver o mundo e o corpo a partir do que significa sua ausência".[16] A presença — pela ausência — de rostos e paisagens.

Quando a mídia parece querer transformar o mundo em imagens, multiplicando-as ao infinito, destituídas de necessidade interna, de significado, o problema está precisamente, diz Calvino, em apreciar a beleza do vago e do indeterminado. A beleza daquilo que justamente não tem imagem. O vento batendo nas árvores.

Um esforço para dar conta do aspecto sensível das coisas, de tudo aquilo que não é dizível. Sair na perseguição daquilo que escapa à expressão, da infinita variedade das coisas mais humildes e contingentes. Um aproximar-se das coisas com discrição e cautela, respeitando o que as coisas comunicam sem o recurso das palavras. Desenvolver o poder de evocar imagens *in absentia*. Imagens de tudo aquilo que não é, mas poderia ter sido. Imagens que não constem do repertório disponível, cada vez mais confundido com nossa experiência direta. "Fazer falar o que não tem palavra, o pássaro que pousa no beiral, a árvore na primavera e a árvore no outono, a pedra, o cimento, o plástico..."

TEMPO

Mas perceber esses horizontes invisíveis exige tempo. Assim como para apreender a expressão no rosto, o olhar que nos devolve. Mas poderiam as imagens contemporâneas salvar as coisas de sua crescente miséria? Haveria ainda imagens essenciais, realmente únicas e insubstituíveis? Será que elas ainda têm a força de significar e nos mobilizar?

Seriam a fotografia e o cinema — para não falar da televisão — comumente associados à avalanche de imagens que inunda nosso horizonte visual, ao clamor ensurdecedor com que coisas e sentimentos reivindicam sua presença, capazes de contribuir para sustar a fugacidade de tudo o que nos cerca? A reprodução técnica, tida sempre por responsável pela cancerosa proliferação das imagens, pelo fluxo vertiginoso em que nada dura, em que tudo se desfaz, poderia servir para selecionar e conservar as coisas? Para isso, é preciso que as imagens tenham tempo, que saibam esperar. Deixar as coisas crescerem, as situações se cristalizarem.

As imagens atuais têm tempo? Será que elas teriam história, a possibilidade de evidenciar passado? Seriam capazes de durar mais, de não passar tão rapidamente sob os nossos olhos? Nada parece mais impertinente e anacrônico do que pedir a estas imagens inquietas e vertiginosas que fiquem. Agora que tudo serve para ir cada vez mais rápido, não se trataria, ao contrário, de restituir lentidão às imagens?

A rapidez — um dos preceitos da cultura contemporânea — inclui também, como nota Calvino, o retardamento. Um olhar que, como na pintura, se demora. Agilidade combina com divagação, o saltar de um assunto a outro. A digressão é uma multiplicação do tempo. A literatura — diríamos também a imagem — deve levar em conta este "tempo que flui sem outro intento que o de deixar as ideias e sentimentos se sedimentarem, amadurecerem, libertarem-se de toda impaciência e de toda contingência efêmera".[17] O tempo pedido pelas coisas.

Uma *durée* que se acredita própria apenas à literatura. Em meio a tudo aquilo que proclama insistentemente sua existência — em particular pela publicidade — seriam as imagens mais contemporâneas também capazes de fazer cada coisa esperar a sua vez? Poderiam servir para, em vez de descartar as coisas, preservá-las?

Todo um cinema surge daí, capaz de observar a matéria se acumular, a geologia de elementos, lixo e tesouros que se constitui vagarosamente. Aí a imagem mais plana se vinca quase insensivelmente, se estratifica, formando zonas de espessura que forçam o percurso. É esta lentidão que conserva. Não se trataria então — seguindo o conselho de Godard — de ensinar as imagens contemporâneas a andar mais lentamente?[18]

Afinal, diz ainda Deleuze, por que se viaja, se não é para verificar? Verificar uma coisa qualquer, algo inexprimível que vem da alma, de um sonho ou pesadelo. Ainda que seja para saber se uma cor improvável, um raio de luz verde ou uma atmosfera púrpura existe mesmo em algum lugar. Ir ao Japão para verificar como o vento de lá desfralda as bandeiras de *Ran*, de Kurosawa. Sempre o vento, este invisível. Mas, como não ventava naquele dia, simples éolos vão substituí-lo e "como por milagre vão trazer à imagem este suplemento interior indestrutível, esta beleza ou este pensamento que a imagem conserva porque só existem na imagem, porque a imagem é que os criou".

O cinema é capaz de mostrar cenas como esta — a indizível beleza do vento nas árvores — porque ele conserva. Aparente paradoxo sugerir que um material tão frágil e perecível possa conservar. Mas, diz Deleuze, é a própria imagem cinematográfica que, em si mesma, é capaz de preservar. Ela conserva as crianças, as casas vazias, os plátanos... Ela conserva o vento. Não as grandes tempestades, mas quando a câmera brinca com o vento adiantando-se ou voltando atrás dele. O cinema preserva todas essas coisas que, de outro modo, não veríamos mais. Mas conserva apenas "porque o tempo cinematográfico não é o que flui, mas o que perdura e coexiste".

O cinema de Ozu, Bresson e Dreyer — para nos atermos aos mais citados — são exemplos de cinemas de imagens transcendentais. Imagens em que o tempo, liberado de suas amarras, apresenta-se em estado imediato. Imagens sem relação com o espaço e a ação. Presentação direta, contemporaneidade do passado e presente, do tempo. Os momentos — como que *lapsus* de tempo — de suspensão, em que nos filmes de Ozu o vento sopra ou passam trens.

O cinema foi capaz de efetivamente fazer aflorar essa dimensão essencial, a temporalidade. Mizoguchi inventou — em filmes como *Crisântemos tardios* (1939) — o "plano-sequência". De qual cultura, com efeito, poderia provir olhar cinematográfico mais contemplativo? Esse plano, também conhecido como *one scene/one shot*, consiste em fazer uma sequência inteira em uma só tomada, sem cortes. Não há montagem. Em vez de reconstituir, pela edição de diversos pontos de vista, sinteticamente, um acontecimento, a câmera — estática ou percorrendo a cena — apenas observa o seu desenrolar.

Não é o cinema que cria o evento, mas este é que ocorre à nossa vista. Faz-se presença. O plano-sequência é mais longo, dura mais. Dá tempo para o acontecer. O cinema respeita o ritmo e a disposição das coisas. É o que faz com que suas imagens sejam reais. Imagens únicas, essenciais. Esse distanciamento, a não interferência no fluxo da realidade filmada, é para esse cinema condição para se chegar à essência do real. Poucos são os momentos, no cinema contemporâneo, em que podemos sentir o escoar do tempo. No geral, ele é arrastado pela vertiginosa intensidade da ação e da violência.

Tarkóvski — autor de *Stalker* (1979) e *O sacrifício* (1986), dentre outros filmes — é que, no cinema atual, nos faz sentir o tempo. Para ele, o tempo é a própria condição de existência da imagem. O cinema, antes de mais nada, é a possibilidade de — pela primeira vez — apreender um fenômeno na sua duração. Mas não é só isso: a imagem, para ele, torna-se verdadeiramente cinematográfica quando não apenas vive no tempo, mas quando o tempo também está vivo em seu interior, em cada um de seus fotogramas.

O ritmo, então, é aqui o fator determinante da imagem cinematográfica. Mas esse fluir do tempo se dá não na montagem, e sim no interior do quadro. As tomadas já são impregnadas de tempo. Uma tendência interior do material filmado, a sua natureza e unidade essenciais, acaba determinando — se soubermos reconhecer este seu significado e princípio vital — o ritmo das imagens.

Assim, não é a extensão das tomadas, mas a pressão do tempo que passa através delas que deve modular a montagem. Tempo que se torna perceptível, em cada sequência, quando sentimos algo de significativo para além do que está sendo mostrado, indícios de algo que não se esgota no quadro, que leva a imagem a apontar para o infinito. Ao diretor cabe captar esse fluxo temporal, registrado no fotograma. Permitir que o tempo escoe com independência e dignidade, pois só assim as coisas encontrarão nele o seu lugar. Fazer cinema é "esculpir o tempo".[19]

A montagem pode, efetivamente, ser uma maneira de inscrever o tempo nas imagens cinematográficas. As diversas modalidades de montagem são, para Deleuze, modos de criar — ainda que indiretamente — esse impalpável. Modos de retratar as coisas na sua *durée*. Assim é que, no cinema soviético, o todo se sobrepõe às partes, como uma imensidão. Aqui as coisas mergulham verdadeiramente no tempo e tornam-se imensas, porque ocupam um lugar sem medida. Onde tudo encontra simultaneamente tanto o passado mais longínquo quanto o futuro profundo. Onde as imagens se comunicam com uma história milenar.[20]

É possível continuar produzindo imagens dotadas da mesma duração, portanto de permanência? Imagens tão carregadas de tempo quanto os planos-sequências? É ainda difícil dizer. Só podemos evocar situações nas quais a magia da técnica antiga parece subsistir nas novas imagens. Como *Dekalog*, a série — inspirada nos dez mandamentos judaico-cristãos — feita para a TV pelo polonês Krzysztof Kieslowski, em 1988.

Todas as histórias tratam de dilemas morais, de indivíduos tomados pela necessidade de valores e a dificuldade de sustentá-los num mundo em que as diferenças entre bem e mal, verdade e mentira, tendem a se diluir. Quando a mídia é dominada por histórias em que nada tem significado — a ação se justificando por si mesma — e por personagens desprovidas de qualquer drama interior, Kieslowski nos apresenta indivíduos confrontados com a crença, a integridade, a intimidade e a verdadeira entrega amorosa.

Não se poderiam imaginar questões mais distantes do horizonte da indústria cultural contemporânea. E, no entanto, o resultado são situações comoventes, carregadas de suspense e dramaticidade. Quando tudo é cada vez mais encenado e artificial, temos um mundo inequivocamente humano e vital. A TV pode ser veículo de histórias morais.

Um universo menor, povoado por gestos sutis, tensões pouco explicitadas e dramas pessoais que, no entanto, transcendem seus limites para atingir o essencial. As questões básicas da existência humana, da vida e da morte. Todo supérfluo é descartado, tudo é reduzido ao fundamental.

Essas imagens evitam a banalidade do atual: cada instante é a cristalização de toda uma existência. Uma mulher chora ao descobrir que estava sendo verdadeiramente amada por alguém que parecia espioná-la; um médico mente para fazer a paciente ter um filho que não é de seu marido... Consistência e sentido são devolvidos a esses gestos tão simples. Esses momentos são verdadeiros estados de graça.

O destino das imagens não está mais sendo jogado no experimentalismo de vanguarda nem no engajamento ideológico, discursos completamente integrados no sistema de produção de clichês. O futuro das imagens está na procura do sublime. O sagrado, refugiado nos objetos e paisagens tão sem transcendência do mundo contemporâneo. Poderiam a fotografia e o cinema — ruidoso universo do descartável — nos emudecer e voltar nossos olhos para o infinito? Poderiam suas imagens ganhar poder evocatório, carregando-se de história? Para isso, porém, é preciso saber ouvir o seu peculiar silêncio, sentir o ritmo particular da vida nos seus rostos e paisagens.

ÉTICA

A questão da paisagem é hoje ética. Retratar o mundo como paisagem, deixá-lo se constituir em horizonte. Mesmo que não se possa mais vê-lo como totalidade. Contemplar a cidade, permitir que ela se configure como paisagem, em vez de construí-la como cenário. Respeitar a estrutura, o tempo, a história do lugar. O quadro, a foto, o plano cinematográfico devem permitir — no enquadramento, na duração — que a paisagem se faça presente. Ainda que apenas para afirmar sua problematicidade.

Que fazer ante o intolerável do mundo e, logo, a impossibilidade de pensar, de retratar? Acreditar, diz Deleuze. Não em um outro mundo, mas na ligação do homem com este mundo. Reatá-lo novamente ao que ele vê e ouve. É preciso que o cinema filme não o mundo, mas a crença nele, este invisível. No que consistiria, enfim, a ilusão cinematográfica? Devolver-nos a crença no mundo, este é o poder do cinema moderno. A questão não é mais: "o cinema nos dá a ilusão do mundo?". Esse projeto — do século XIX — se esgotou na sobreexposição hiper-realista. Mas é: "como o cinema nos resgata a crença no mundo?". Esse ponto que instaura o reino do que não tem medida. Quando as imagens rompem seus laços para se reorganizarem segundo outras ordens. Aqui não há mais representação do exterior nem expressão do interior. Apenas a imbricação de ambos naquilo que, na imagem, é o invisível.

A mesma ética que esboça Calvino. Também uma profissão de fé no mundo. Mas naquilo que no mundo é menos evidente, menos granítico. Uma aposta na "persistência do que há de mais aparentemente perecível e nos valores morais investidos nos traços mais tênues".

É aqui que, para Barthes, se põe a questão ética. Não que a fotografia seja, como se dizia, imoral ou diabólica. Mas, ao se generalizar, ela "desrealiza" por completo o mundo dos conflitos e desejos. Passamos a consumir apenas imagens, eliminando toda experiência direta.

Daí suas referências aos momentos em que a fotografia parece religada imediatamente ao mundo. Como no caso do retrato. O *air* para Barthes teria algo de moral, refletindo misteriosamente no rosto de alguém o seu caráter, os seus princípios de vida. É essa capacidade de aflorar o mais interior de alguém, sua alma, que faz essa imagem mais verdadeira.

Essa exigência de se abrir ao que, na paisagem, não se evidencia, é que, por fim, para Lyotard, é ética. A pintura atesta a presença. Ética: testemunhar este evento. Exigência de apresentar o inapresentável, dizer o indizível. A pintura procura tornar visível, presente — não alguma coisa, mas a própria presença. O azul daquela manhã de verão. A possibilidade deste impossível: a ocorrência da paisagem. A beleza do vento soprando nas árvores.

NOTAS

1. G. Deleuze, *L'image-temps*, Minuit, 1985, pp. 292-3.
2. M. Kundera, *A imortalidade*, Nova Fronteira, 1990.
3. A. Masson, "Le geste, en peinture et sur l'ecran", em *Peinture et cinema*, Quimper, 1986.
4. G. Deleuze, op. cit., p. 147.
5. J. F. Lyotard, *L'inhumain*, Galilée, 1988, p. 200.
6. W. Benjamin, "Pequena história da fotografia", em *Obras escolhidas I*, Brasiliense, 1985.
7. Idem, "A obra de arte na era de sua reprodutibilidade técnica", em *Obras escolhidas I*, op. cit., p. 174.
8. Idem, "Pequena história da fotografia", op. cit., p. 93.
9. R. Barthes, *La chambre claire. Note sur la photographie*, Gallimard-Seuil, 1980, p. 162.
10. W. Benjamin, "Sobre alguns temas em Baudelaire", em *Obras escolhidas III*, Brasiliense, pp. 139-40.
11. I. Calvino, *As cidades invisíveis*, Companhia das Letras, 1990.

12. Idem, *Seis propostas para o próximo milênio*, Companhia das Letras, p. 16.
13. J. F. Lyotard, op. cit., pp. 193-4.
14. Idem, *Que peindre?*, ed. de La Difference, 1987, p. 10.
15. Idem, *L'inhumain*, op. cit., p. 162.
16. G. Deleuze, *L'image-mouvement*, Minuit, 1983, p. 262.
17. I. Calvino, *Seis propostas para o próximo milênio*, op. cit., p. 17.
18. G. Deleuze, "Optimisme, pessimisme et voyage", pref. S. Daney, *Ciné-Journal*, ed. Cahiers du cinema, 1986.
19. A. Tarkóvski, *Esculpir o tempo*, Martins Fontes, 1990, p. 11.
20. G. Deleuze, *L'image-mouvement*, op. cit., p. 58.

ILUSÕES PERDIDAS

José Miguel Wisnik

Balzac focalizou o jornal em estado nascente, na parte central de *Ilusões perdidas*, romance fascinante escrito entre 1835 e 1843. O romance é a narrativa dos esplendores e misérias de um poeta de província, Lucien de Rubempré, que faz carreira em Paris, obtendo sucesso fulgurante e meteórico quando entra para o jornalismo, e caindo em desgraça em boa parte pelos próprios poderes ambivalentes da imprensa. Além de fazer a anatomia financeira precisa da indústria editorial que naquele momento criava ao mesmo tempo o fenômeno da grande imprensa e da ficção para massas, com descrição exuberante e rigorosa dos vários tipos de livreiros, contratos, tráficos de influência, sistemas de benesses e modos de oscilação dos preços do prestígio pessoal, da folha de papel, dos gêneros literários e das posições políticas, o romance flagra uma série de situações típicas ou situações-limite da vida jornalística que, surpreendidas em seu impacto originário, mantêm uma extraordinária força analítica. Não me refiro às mazelas do tráfico de influência e da corrupção, de que Balzac se ocupa largamente, mas dos poderes que se abrem, graças a essa paraliteratura de mercado, aos novos "negociantes de frases" e "espadachins das ideias e das reputações".

O cenário cosmopolita, com a trama dos movimentos da ribalta e dos bastidores da vida parisiense, vem para o primeiro plano do romance na segunda parte ("Um grande homem da província em Paris"), depois das primeiras iniciativas intelectuais de Lucien em Angoulême, onde frequenta os saraus provincianos de uma certa senhora De Bargeton, mulher casada com quem acaba por fugir para Paris (adotando o sobrenome nobre decaído da mãe, Rubempré, contra o plebeu do pai, Chardon). Ao lado dos arroubos líricos, aventureiros e oportunistas de Lucien em busca do reconhecimento parisiense, temos os esforços pacientes e generosos de sua irmã Ève e de seu cunhado David Séchard para ajudá-lo entre dificuldades de toda ordem. David Séchard tenta, paralelamente, de maneira desinteressada e empresarialmente ingênua, inventar um processo novo de fabricação de papel que torne o produto mais barato para atender às necessidades crescentes da indústria editorial e da imprensa florescente na década de 1820 (quando se passa a narrativa), e na década de 1830, ao final da qual foi escrita.[1] As vicissitudes do inventor, às voltas com as dificuldades técnicas e com as ciladas dos fabricantes que querem se apropriar de sua possível descoberta, são o assunto central da terceira parte (quando Lucien, malogrado depois dos sucessos momentâneos em Paris, se vê obrigado a voltar a Angoulême, na penúria). A história de Lucien de Rubempré prosseguirá, no contexto maior da Comédia Humana, em *Esplendores e misérias das cortesãs*, com complicações novas. A relação entre Lucien e David Séchard não deixa de remeter à infra e à superestrutura da indústria editorial, cujo nervosismo atravessa o romance, indo, pois, da observação da produção artesanal e industrial do papel à análise das condições de produção do discurso literário e jornalístico, com todas as etapas intermediárias de quebra. Na segunda parte de *Ilusões perdidas* está o nó das relações entre literatura e jornalismo, anunciado e envolvido pelo contraponto que o livro estabelece entre esses dois diferentes tipos de "poetas": o jovem narcisista que, pelo triunfo e o fracasso mundanos, perde os seus ideais literários e morais, e o anônimo e impecável trabalhador-inventor que, moralmente avesso ao turbilhão da capital, e do capital, luta pelo melhoramento técnico dos meios impressos. (A província tende a ser, para o lado idealizante do antimodernismo de Balzac, o celeiro dos "bons": David Séchard não é movido pelo desejo do lucro nem da glória, embora diretamente envolvido, pela natureza do seu trabalho, com os movimentos da industrialização e do capital.)

Nas duas personagens conjugam-se de certo modo índices biográficos do próprio Balzac, projetados em antítese (o escritor foi empresário editorial utopista e falido, ao mesmo tempo que jornalista e crítico do jornalismo). A oposição entre Rubempré (que se atira no mercado literário) e David Séchard (que se mantém longe dele) dá um estatuto emblemático e idealizado às contradições vividas por Balzac, conservador assumido, católico-monarquista que tentou também, como Lucien, honorabilizar seu nome com atributos de nobreza duvidosa, burguês antiburguês detestando os grandes industriais, ele mesmo um industrial fracassado envolvido em empreitadas improváveis e ganhando, afinal, como escritor, dinheiro na indústria literária.[2] Mas esses "biografemas" não dizem nada da força da obra, se tomados por transposição direta e redutora. É corrente na melhor tradição crítica que, do seu lugar social e ideológico peculiar, Balzac viu a sociedade burguesa por dentro e por fora, e por isso mesmo, no âmago.[3]

Num plano superficial (ou na superestrutura moral), teríamos quase um melodrama romântico: um jovem artista desencaminhado dilapida seus bens espirituais (o cabedal literário de iniciante) e seus bens materiais (a modesta poupança familiar) ao tentar ascender pelo talento e pelo oportunismo. (De roldão leva a amante, pura e corrompida, artista e prostituta, para a miséria e a morte.) Mas o ritmo interno dessa trajetória romanesca é desencadeado pelo choque das idealizações líricas do jovem e ambicioso autor de "Margaridas" e "O arqueiro de Carlos IX" com a industrialização e a comercialização da literatura, sinalizada em detalhe a cada passo da sua iniciação parisiense. Se "uma resma de papel em branco vale quinze francos", argumenta um editor, enquanto que "impressa vale, segundo o êxito, cem sous ou cem escudos", o texto literário passa a ser o termo ao mesmo tempo necessário, imponderável e irrelevante de uma especulação sobre o preço do papel. A universalização do dinheiro e do mercado, que consolidará a vida burguesa pondo fim à sua fase de idealização heroica, está no centro desse "poema tragicômico da capitalização do espírito", como Lukács chamou *Ilusões perdidas*. Nele, tudo aquilo que será consabido *ad nauseam* pelo realismo posterior, já constitutivamente entranhado pelo "fastio das mercadorias mecanicamente produzidas", tem uma extraordinária força inaugural: "a transformação do espírito em mercadoria verifica-se diante de nossos olhos, como um fato novo", espantoso e "pleno de tensão dramática".[4]

É nesse quadro que o jornalismo aparecerá para Rubempré como a saída salvadora de uma carreira literária empatada pelas dificuldades de ingresso no mercado. A lógica da vida jornalística, no romance, está articulada a um processo difuso de tráfico de influência e de produtos (onde a crítica literária e de espetáculos, o publicismo político e a crônica mundana associam-se a formas incipientes de *merchandising*, transações com livros e bilhetes de teatro, manobras com a claque). É como se, nessa fase de "acumulação primitiva" da indústria cultural, as áreas da imprensa, da publicidade e da produção de espetáculo, necessariamente articuladas mas hoje melhor "definidas", participassem de um mesmo embrulho cuja confusão não deixa de ser significativa de sua interdependência estrita. Na cena parisiense descrita por Balzac, o ingresso no mundo jornalístico permite a um estreante hábil como Lucien o assalto ao renome súbito que o mundo literário vedava, exercendo o poder de elevar ou rebaixar o valor das imagens no mercado (sejam sentimentos, obras, ideias, reputações, a "água carminativa", o "óleo cerebral" ou a "pasta das sultanas").

Os poderes do jornalismo são objeto de uma anatomia virulenta: para Balzac a imprensa parece concentrar o mal do mundo consumado na mercantilização, dissipando o lastro do valor universal e pulverizando todo compromisso ético. É preciso entender essa vigorosa obsessão. Primeiramente, sabendo que ela não trabalha propriamente por um realismo literal, nem por um "realismo imaginativo", como bem definiu Oscar Wilde distinguindo Balzac de Zola, mas por uma "realidade imaginada" que resulta, pela acuidade sintética ou pela força da transfiguração, em símbolo mais real do que o real.[5] O que está em questão nessa poderosa obra de arte é o destino problemático da própria literatura diante desta nova máquina de representar o mundo: o jornal diário e de massa. E como Balzac abrangeu, com a vontade de potência napoleônica da sua visão inaugural,[6] nada menos que todo o arco histórico do problema, pode-se dizer também que a sua questão é a do destino problemático da cultura diante da indústria da cultura.

Ao lado disso, a sua percepção das modalidades dos poderes jornalísticos, mais do que anedótica, é a percepção de poderes discursivos: o poder de intimidação graças à derrisão, por exemplo (baixar programaticamente o nível da imagem das pessoas destruindo toda idealização, como o próprio romance realista iria fazer, e Balzac antes que todos, mas extraindo no caso do jornalismo dividendos pessoais dessa operação, dirigida contra pessoas reais). Ou então: tomar como verdade "tudo que é provável", isto é, converter o real na estatística dos verossímeis possíveis, manobrando o grande poder que o jornal tem de fazer e desfazer contextos (poder que faz do jornal um gênero ficcional não confessado). Balzac relaciona amostras hilariantes de "método" em que o crítico cultural afirma o verso e depois o reverso da mesma opinião, com desenvoltura sofística e puro "maquiavelismo das circunstâncias", que lhe permitem extrair uma suposta e permanente superioridade sobre os objetos culturais de que trata (como se ele estivesse, como disse Adorno, no último andar de um edifício ao qual não pertencesse).

O que atualiza ainda o romance é o fato de que seus jornalistas manifestam uma escancarada consciência, cínica, de todos esses processos de uso e abuso de poder, como se lessem nas vísceras da incipiente e florescente imprensa de então os futuros poderes ilimitados dessa que, aliada à publicidade, "fará e desfará monarquias" com a mesma facilidade com que faz e desfaz contextos. Mais do que personagens típicas de algum romance de costumes, e exatamente porque mais reais do que o real, no sentido wildiano, soam às vezes como metajornalistas pós-modernos, pela consciência exposta, em alguns momentos, de um processo que mal começava e no qual convergem arte, simulacro, poder e dinheiro. Tudo isso faz de *Ilusões perdidas* um extraordinário romance "de imagens" e de ideias.[7]

A sociedade burguesa, que exige, pela sua existência, um macrorromance das dimensões da Comédia Humana, onde se encena o seu grande teatro, parece inviabilizar, ao mesmo tempo, ou a médio prazo, a sua *mise-en-scène* totalizante: a imprensa é o grande sintoma viral desse fato, no romance de Balzac, pululando versões que pulverizam a aspiração à verdade em verossímeis sem lastro. A expansão da indústria editorial cria o campo litigioso em que se confrontam, no mesmo veículo, através da representação literária e da representação jornalística, duas formas de ficção que disputam a mimese da vida moderna. Balzac chamou para si, no corpo da própria obra, tomando-o de certo modo como uma afronta pessoal em grande estilo, ou em grandes proporções, o destino desse drama histórico-literário que ele percebeu talvez melhor do que ninguém.

A dedicatória de *Ilusões perdidas*, a Victor Hugo, é claramente indicadora de como o romance está situado num embate histórico onde se joga implicitamente o futuro da literatura. Mais do que uma dedicatória, Balzac faz ao outro escritor um pedido de aliança contra essa potência nova, a imprensa, que passa pela primeira vez a ser assunto de literatura, como os marqueses, os financistas, os médicos e os procuradores o foram em Molière. A inclusão é litigiosa, porque a imprensa vem a ser assunto da literatura depois que a literatura já é assunto da imprensa. "Por que a Comédia Humana, que *castigat ridendo mores*, haveria de excetuar uma potência, quando a imprensa parisiense não excetua nenhuma?" Há uma reversibilidade conflitiva na disputa do romance com o jornal pela primazia da representação num campo recentemente revirado pelo crescimento da indústria editorial e jornalística: por que não incluir os jornalistas na Comédia Humana, se os jornalistas escrevem e fazem diariamente a sua Comédia Humana? Por que poupar a imprensa se a imprensa é essa máquina de representar, máquina ficcional que não poupa nada nem ninguém? Assim, Balzac busca apoio literário para essa obra que, de algum modo, avança num terreno tabu, constituindo-se por isso mesmo num "ato de coragem tanto como (n)uma história plena de verdade".[8]

Se Mallarmé sonharia mais tarde com um mundo que desembocasse no Livro metafísico da pura e perfeita poesia da combinatória total, Balzac vislumbrou com horror o horizonte de um mundo todo feito para desembocar no jornal. Esse paralelo simétrico, que pode parecer estranho dadas as gritantes diferenças entre os dois autores, ganha mais nitidez se pensarmos que Mallarmé, que também foi jornalista, fez do espaçamento dos sinais gráficos na página e das modulações tipográficas (índices da materialidade sígnica da imprensa) elementos de uma revolução da linguagem poética, projetada radicalmente para fora da "moeda corrente" da linguagem cotidiana e utilitária. São dois estágios, já opostos, do mesmo choque da literatura com o mundo da mercadoria. Em Balzac, deflagrado com a força tremenda de uma percepção inaugural que desafia todos os poderes antigos e novos da representação ficcional. Em Mallarmé, quintessenciado em inscrições hiperelípticas que já supõem a distância abissal entre a poesia e o mundo da representação (ou a representação do mundo que tem sua expressão corrente na imprensa). Mas assim como em Mallarmé esse impasse vai em vertigem para o grande Nada totalizante e fundador, em Balzac é o grande Todo do teatro social burguês que guarda ainda o horror do vácuo "hediondo" que o funda. Nesse caso, por caminhos totalmente opostos, a poesia pura e a prosa da vida estão falando, a seu modo, não a mesma coisa, mas da mesma coisa.

O paralelo serve ainda à explicitação do ponto delicado da relação entre literatura e jornal em Balzac. O espaço público constituído pela nova imprensa articulada com a universalização da forma-mercadoria é, como na transformação do antigo publicismo em jornalismo gritante, demagógico e escandaloso, a quebra de um "espelho concêntrico" em estilhaços rebrilhantes exibidos à massa.[9] Isso implica um sintoma de comprometimento das próprias possibilidades da representação tal como ela se realiza no romance. Para Balzac, a imprensa será o domínio do jogo das representações desconectado do horizonte da verdade, ou da manipulação dos verossímeis sem o lastro de sentido que os fundamentaria.[10] Por sua vez, a literatura na qual o romancista se empenha, ao construir a Comédia Humana, aspira a uma representação totalizante do mundo que ao mesmo tempo experimenta a sua potência e perde terreno, como indica, entre outras coisas, o panorama entrópico dos meios de massa. Fazendo o pacto com as regras simbólicas da sociedade que quer representar e que ao mesmo tempo abomina — pacto sem o qual a própria representação não pode se dar, e regras dadas pelo mercado e pela dissolução das relações éticas —, o esforço totalizador da Comédia Humana é uma empreitada pressentida pelo próprio autor como um risco exposto entre o tremendo esforço de verdade e o malogro ou a mistificação. Embora o tema da "crise da representação", sabidamente marcante na literatura posterior, não faça parte expressa do universo de Balzac, a sua relação com a imprensa é sintomática da latência desse conflito: a imprensa, que é para ele o mundo da mentira, avança na verdade da literatura, e de certo modo contém a verdade desta, sinalizando o seu confronto inevitável com os limites do desejo de totalizar o mundo pela representação.

O título "Ilusões perdidas" é uma fórmula de amplo espectro. Em princípio, refere-se simplesmente às desilusões individuais internas ao romance. Mas já foi interpretada, em lance grandemente generalizador, como um movimento constitutivo do imaginário da história e do romance modernos. Lukács, para quem o confronto com o rebaixamento dos valores "autênticos" origina o gênero, viu nesse romance o próprio paradigma da destruição, pelo capitalismo, do humanismo revolucionário das primeiras concepções burguesas da sociedade e da cultura, assim como em *D. Quixote* o mundo dos ideais feudais cavalheirescos fora destruído pela sociedade burguesa em via de formação.[11] Mas a fórmula-título do livro, além de conter um retrospecto histórico latente, parece ter também o poder de se realimentar da própria história de maneira multifacetada e paradoxal. A história moderna pode ser lida, a partir de seu núcleo originário, como uma espiral de desilusões: do mundo feudal e aristocrático evocado nostalgicamente pelos primeiros românticos, do humanismo universalista burguês entregue aos especuladores (é o quadro de 1830) e rompido pela fratura da luta de classes exposta em 1848, desilusões agravadas no século XX pelo panorama das guerras mundiais, do nazismo, da desilusão do socialismo pelo stalinismo e pela ruína do império soviético (apontando somente alguns marcos da história política sem mencionar minimamente os naufrágios da história cultural). Assim, o mesmo Lukács, por exemplo, lido hoje, é atingido por um novo efeito de "ilusões perdidas" quando diz que Balzac, no crepúsculo de uma "época de transição", faz a ponte entre "o sol do humanismo revolucionário da burguesia" que "já se havia posto" e "o alvor do nascente novo humanismo democrático e proletário" que "ainda não era visível".[12] No pôr do sol atual de todo um ciclo da tentativa socialista, o processo das ilusões perdidas entra em verdadeiro curto-circuito. Pode-se dizer que, se as ilusões burguesas são destruídas pela ideia socialista, as ilusões do socialismo são destruídas ainda pelas ilusões burguesas (que parecem extrair a sua resistência, em grande parte, da própria capacidade de se alimentar da corrosão). Todo esse panorama aceleradamente controvertido e especular nos devolve, de alguma forma, ao romance de Balzac.

Em primeiro lugar, porque ele atualiza aquilo que se apontou como paradoxal na própria posição do autor: o conservador Balzac, diz Carpeaux, cria a literatura moderna porque talvez só um "reacionário", monarquista antiburguês, pudesse "descobrir e admitir", no calor da hora, a traição, pela burguesia vitoriosa depois de 1830, dos ideais do liberalismo em conflito com as "necessidades econômicas e utilitaristas" do século XIX. Esse conflito é camuflado ou ausente da obra daqueles autores do "romantismo social", politicamente mais "progressistas", como Victor Hugo, Lamartine e George Sand.[13] (Haja dialética capaz de acompanhar, com esse desenvolvimento desigual das ideologias, o rastilho espiralado dos seus paradoxos na vida contemporânea.) A virulência com que Balzac olhava o triunfo da burguesia, a universalização do dinheiro e do mercado, que dão contexto para essa pulverização de todo compromisso ético, tinha um fundo nostálgico e conservador, saudosista de um mundo feudal ou burguês "puro", pré-capitalista. Mas o seu mundo burguês de fato, pós-feudal e pré-socialista, acaba tendo uma ressonância simétrica no nosso mundo burguês de fato, neoliberal, pós-utópico e pós-socialista, onde parecem se pulverizar todas as ilusões que não sejam as da pujança e da legitimação universal pelo mercado.

Por outro lado, esse processo que alimenta a corrosão dos valores alimentando-se dela, em que as ilusões são continuamente negadas e repostas, em que nenhuma ilusão persiste dentro da reiterada circulação das ilusões, encontrou desde o começo seu tempo e seu espaço próprios no jornal. O jornal diário dá lugar a essa contínua dissipação do mundo em fragmentos, que rejeita qualquer ideia de permanência, que desmente pela sua própria materialidade toda transcendência e que centrifuga o sentido, mesmo quando pretenda sustentar uma interpretação unitária dos fatos. E ao mesmo tempo que detona o espaço da tradição e as interpretações cíclicas do tempo mítico, prolifera em mitologias pontuais, instantâneas, localizadas e voláteis, tendo como único lastro a aluvião estacionária dos estereótipos e dos clichês.

Por isso mesmo os jornalistas, mais do que nenhuma outra categoria, tomaram para si, sabendo-o ou não, o mote formulaico das "ilusões perdidas". Se o romance de Balzac critica o jornalismo, propõe junto com isso o lema heroico da classe: desfazer-se de falsas esperanças, denunciar entusiastas ingênuos, aposentar valores reconhecidos e aceitos, *sempre depois de tê-los alimentado um a um*. O jornal produz a ilusão que ele mesmo vai se encarregar de destruir e repor, num rito (e num ritmo) que se consuma em etapas sucessivas ou então no ato instantâneo de uma mesma representação, e do qual o jornalista se sai como o "campeão das ilusões perdidas" por excelência.

Nesse ponto preciso, há uma linhagem da arte que segue o caminho oposto, à frente do qual Balzac desponta como um *naïf*, um "gênio ingênuo" não só da economia política como da literatura, com sua grandiloquência apaixonada e muitas vezes descalibrada de observador agudo e visionário romântico, arrastando tudo com a energia do seu vitalismo universal.[14] Na linhagem radical da poesia e da prosa modernas, a arte empreende uma crítica das ilusões da própria linguagem, da representação ficcional (o que lhe custa um preço em negatividade); mas na arte a ilusão não pode deixar de ter assim mesmo um valor afirmativo, e essa afirmação é um diferencial inequívoco, ao mesmo tempo que gerador de uma sequência infinita de mal-entendidos com a crítica jornalística. A arte aceita a ilusão como seu bem de raiz, e isso lhe permite desfazê-la, além de suportar a desilusão. O paradigma jornalístico, tal como é percebido por Balzac, denuncia a ilusão que recusa no seu nascimento, e se vê condenado a produzi-la e reproduzi-la ao infinito.

Ao vermos mais de perto alguns aspectos do romance naquilo que interessa diretamente ao nosso tema, estaremos reencontrando nele a transfiguração imaginária, nas suas primeiras rodadas, de um longo e perfeitamente reconhecível campeonato de ilusões perdidas (frente ao qual a arte opõe muitas vezes e de muitas formas, como já em Balzac, o seu luto, que é, no entanto, luta contra a melancolia).

Ao chegarem a Paris, Lucien e a senhora De Bargeton sofrem as primeiras pequenas e grandes desilusões. Antes de mais nada, a sensação de perda que o impacto da metrópole imprime no provinciano, com a autodescoberta de um caipirismo súbito e incômodo, anotada aqui de maneira muito particular: "a gente da província não tem o mesmo aspecto nem o mesmo valor, quando separados das pessoas, das coisas, dos lugares que lhes servem de moldura". O deslocamento do meio nativo produz uma espécie de desbotamento, a falta de uma nuance essencial, "tal como o claro-escuro dos quadros flamengos é necessário à vida das figuras que o gênio dos pintores ali colocou". Essa perda de contexto não deixa de sinalizar o que será depois um dos problemas da representação jornalística: como a entrada na metrópole, ela tira as coisas do lugar onde elas guardam seu sentido, e dissipa o seu "segredo".[15]

Acresce que os amantes perdem a graça um para o outro. A sedução das novidades, a multiplicação indeterminada das pessoas nas ruas empalidecem a atração irresistível que recém tinha arrastado os amantes em fuga ("na província, não há escolha a fazer: o hábito de ver as fisionomias dá-lhes uma beleza convencional"). Lucien absorve a "assombrosa rapidez" da cidade onde meia hora no café ou no teatro ensinam mais "do que em dez anos de província". Ridículo na Ópera com suas vistosas vestimentas ingênuas, rompido com a senhora De Bargeton, esnobado pela aristocracia e literatos parisienses em meio aos quais tenta se insinuar, descobre por um momento Paris como a "capital do acaso" (um alfaiate alemão lhe sugere que, com um belo traje, a passeio pelas Tulherias, está arriscado a casar com uma inglesa rica em quinze dias). Mas, como descobre logo, esta é uma ilusão que tem seu preço ("Em Paris não há acaso senão para pessoas extremamente relacionadas").

Dois conhecimentos decisivos o colocarão numa encruzilhada: o jornalista Estevan Lousteau e o escritor Daniel de Arthez. Com o primeiro, conhecerá o relato de esperanças malogradas, as ilusões perdidas do jovem escritor que é engolfado pelo mundo da sobrevivência e da concorrência, mas que vê nas vantagens oferecidas pelo jornalismo a única saída realista. Com o segundo, que "vivia de artigos conscienciosos e mal pagos, feitos para dicionários biográficos, enciclopédicos ou de ciências naturais", os conselhos para que se afaste do "lupanar do pensamento" do jornalismo, como condição para realizar, fora do mercado e de qualquer expectativa de sucesso imediato, o seu trabalho literário. De Arthez é o mentor intelectual de um grupo de "sábios naturalistas, jovens médicos, escritores, políticos e artistas", o Cenáculo, onde monarquistas e republicanos, cristãos e ateus, metafísicos e cientistas, convivem num clima de utópica tolerância, "discutindo sem disputar" a serviço do saber (chamou-se Cenáculo, em 1824, um grupo de escritores reunidos logo sob a liderança de Victor Hugo, e do qual participaram, entre outros, Vigny, Nodier, Musset, Sainte-Beuve; o nome traz portanto a marca da associação literária, reiterando de certo modo os termos da dedicatória do romance em que se propõe a Hugo uma frente contra os poderes abusivos da imprensa; De Arthez, por sua vez, tende a ser visto como uma projeção idealizada de Balzac, o que é plausível desde que não se cristalize com isso a economia contraditória das *personae* em jogo no livro, e o papel também especular de Lucien de Rubempré).

Daniel de Arthez, "amálgama de um belo talento e de um belo caráter", é, de certo modo, a versão citadina e intelectual do cunhado David Séchard, o inventor modesto que lança todas as energias no trabalho reservado e quase invisível. O "sistema de submissa pobreza" pregado pelo Cenáculo, e a severidade de De Arthez, que raia o moralismo, chocam-se com a "doutrina militante" de Lousteau, posicionado contra "essa gente da glória póstuma", que impede as "jovens imaginações" de "se agitar na idade em que o movimento é possível e aproveitável". Lousteau faz aqui o papel mefistofélico que tem seu patrono, na economia geral da Comédia Humana, em Vautrin, o delinquente sedutor que aparece de maneira surpreendente, por sinal, ao final de *Ilusões perdidas*, travestido como o falso jesuíta espanhol Carlos Herrera. Sem estar investido das proporções "quase sobre-humanas" com que Vautrin surge "do mesmo modo imprevisto e misterioso que Mefistófeles no *Fausto* de Goethe", em momentos de crise, a Rubempré e Rastignac, Lousteau cumpre a mesma função de apresentar como o mais sensato realismo "o caminho do arrivismo nu e cru".[16]

Lucien está, portanto, nesse momento, entre o paradigma angelical de Séchard/De Arthez e o paradigma demoníaco de Lousteau/Vautrin, assim como, nos autos dramáticos medievais, a alma dividia-se entre as demandas da ascese e do sensualismo, da "glória póstuma" do paraíso e do imediatismo tentador do mundo. Mas o dualismo tradicional implícito no tema da tentação demoníaca, esta por sua vez explícita em algumas passagens, tem a feição moderna do pacto fáustico: contra o estatismo monacal, a adesão ao movimento que promove mais movimento, a agitação em cadeia que move tudo e que supõe a energia primária da idade juvenil, chamada a participar mimeticamente da turbulência do presente. Esse movimento do movimento é Paris e o mercado, o bazar das galerias e o jornal. A demanda energética, convincente no argumento de Lousteau, é o fundamento que tira o dilema de Lucien do plano medieval da alegoria moral, e o lança no universo onde as ambivalências e os contrários se rebatem. No entanto, o Mefistófeles jornalístico de Balzac não tem mais as proporções ambivalentemente negativas e renovadoras do Mefistófeles goethiano. A adesão ao movimento encadeado do mundo torna-se nele adesismo oportunista articulado em procedimentos bem definidos, em técnicas de manipulação precisas que encontram terreno fértil no mundo movediço e estacionário, camaleônico e ao mesmo tempo regressivo, como veremos adiante, do jornal.

É portanto nesse campo de forças mercurial que Lousteau lança as sementes da iniciação jornalística, ensinando a Lucien, antes de mais nada, que o jornalismo é uma forma de poder que abre portas antes inalcançáveis, desde que o jornalista saiba esgrimir o poder de derrisão imediata conferido pela escrita diária. Um teatrólogo inédito, por exemplo, pode se beneficiar desse poder de intimidação: "se o senhor tiver o poder de fazer com que digam que o jovem galã sofre de asma; que a jovem prima-dona esconde uma fístula onde quer que seja; que a soubrette tem mau hábito, será representado no dia seguinte".[17] Como toda a publicidade pessoal dependerá dos efeitos, mesmo os paradoxais, desse sistema de referências, "a polêmica é o pedestal das celebridades", banho lustral sem o qual não se entra no mercado das reputações.

No romance, o jornalista Lousteau tira proveitos venais da sua posição, e a literatura definida por ele vem vestida da metáfora romântica da prostituição: em degraus sucessivos, ela pode ser a moça pobre e desconhecida, a manteúda que tem no jornalista o seu rufião, ou a vitoriosa e brilhante cortesã insolente. Mas metáforas datadas como esta vêm acompanhadas de outras notações concretas de natureza discursiva, como aquelas que dizem respeito ao "método crítico" de Lousteau: sem ler o livro que resenha, a *Viagem ao Egito*, por exemplo, caça alguns erros de vernáculo aqui e ali e depois escreve que o autor conhece a linguagem dos obeliscos mas desconhece a própria língua, e que, "em vez de nos falar de história natural e de antiguidades, deveria ocupar-se com o futuro do Egito, o progresso da civilização, e os meios de ligar o Egito à França". Se o autor tivesse ido por esse caminho, explica Lousteau, o método consistiria em dizer que "em vez de nos fastidiar com política, deveria ter-se limitado à Arte, a pintar-nos o país pelo seu lado pitoresco e geográfico" etc. Em suma, encobrir a própria lacuna e parecer que está em posição superior ao objeto de que trata é a maneira simples e desenvolta de fundar a autoridade da própria posição. A ostentação de domínio do campo assuntivo, que abarca figuradamente todas as coisas, é o princípio dos princípios, e o trailer de uma série encadeada de procedimentos que fundam a coluna de atuação desse ativista do nada, que simula o seu domínio sobre o mundo a partir do momento exato em que, fechando um contrato fáustico rebaixado, se entrega à máquina que parece comandar.

"Tentado" por Lousteau numa encruzilhada que combina a Bíblia, o contrato fáustico e a esfera prosaica, ferido pela "horrível poesia das dificuldades", Lucien percebe no jornal "uma arma a seu alcance", e sente-se "bastante hábil para a manejar". Chegará lá através do percurso que passa pelo conhecimento dos livreiros, da bolsa dos boatos, glórias, conspirações e mentiras, depois de ter visto "os cordéis do comércio de livros e a cozinha da glória", atravessando o bazar das galerias onde, seduzido pelo alarido das vozes da multidão, pelos olhares e os corpos das mulheres, agarrado ao seu manuscrito prestes a perder-se com a aura num limiar pré ou quase-baudelairiano, desembocará no ponto-de-epifania que vem a ser a visão simultânea do espetáculo do palco e dos bastidores do teatro, onde percebe finalmente "o avesso das consciências, o jogo das engrenagens da vida parisiense, o mecanismo de todas as coisas".

Esse acesso ao teatro do mundo, em notável cena de estreia, coincide, como se verá, com a estreia jornalística de Lucien e com a sua estreia na vida amorosa parisiense. O poder e o sexo, através do jornal, o teatro e a mulher, entram em núpcias mundanas com o (ex-) poeta, para quem a publicação terá o sabor ambivalentemente fascinante e ameaçador da estreia teatral: "a letra de forma é para os manuscritos o que o teatro é para as mulheres, põe em relevo as belezas e os defeitos: tanto mata como faz viver". O jogo reverberante entre os três elementos magnetizadores, o teatro, a mulher e a letra impressa, que se espelham e se ofuscam, que ao mesmo tempo iludem e fazem ver excessivamente, entre o excesso de representação e o desnudamento cru, marca o lugar ambivalente do teatro como análogo e encadeado, numa rede de deslocamentos, ao significante literário — o *phármacon*, veneno e remédio que mata e dá vida. Note-se que a tessitura de todos esses termos converge, em condensação extrema, para o segredo poético do nome: comédia humana. A cena é uma espécie de simulacro epifânico da obra, *aleph* onde a personagem e o Autor se espelham num foco concentrado de semelhanças e divergências. Nesse ponto, quando se entregará à sedução da letra teatralizada que o projeta na cena pública entre fascínio e horror, tendo acesso ao esconde-esconde da mulher que se entremostra no palco visível e no bastidor, Lucien estará no cabo das tormentas, no ponto extremo do dilema entre o jornal e o fundamento da literatura, ali exatamente onde os mundos se tocam e se separam definitivamente.

A armação da cena vem de um duplo triângulo: Lousteau é amante de Florine, atriz sustentada por um velho negociante rico chamado Matifat; na noite do espetáculo, Lucien de Rubempré será por sua vez desejado por Coralie, atriz sustentada pelo burguês Camusot (ambas as atrizes estrelam a peça estreada, e Coralie, apaixonada por Lucien à primeira vista, recusa-se a desempenhar o seu papel se não receber o sinal positivo dele). Os dois triângulos são feitos de ambivalências: dois poetas de província extraviados no jornalismo, e duas jovens atrizes que se entregam por dinheiro a dois velhos burgueses que fazem, sem saber, o papel do freguês aproveitador aproveitado.

Antes do espetáculo, em lance não menos teatral, Lousteau revela a Lucien que está em jogo a possível compra de um jornal que os fará redatores, negociação que depende no entanto do dinheiro de Matifat e Camusot, cujo ânimo positivo só será confirmado, por sua vez, pelo efetivo sucesso de suas divas. A crítica positiva do espetáculo assim como a corte à atriz serão decisivas para o sucesso da negociata, que cai nas mãos de Lucien. O espetáculo inaudito da "mistura de altos e baixos, de transações de consciência, de elevações e covardias, de traições e de prazeres, de grandezas e de servidões" oferecido pela vida literária deixava

Lucien "fora de si". E agora, quando abre-se a cena do espetáculo, ele, "absorto a um canto do camarote, tendo um braço sobre o veludo vermelho do peitoril, e a mão pendente", vê do alto a cena parisiense que está finalmente prestes a empolgar, cena que lhe faz acessível "a fascinação dessa vida composta de raios e de nuvens", brilhando "diante dele como um fogo de artifício, depois da profunda noite de sua vida trabalhosa, obscura e monótona". Narcotizado pelo que vê e pelas possibilidades que se abrem à sua frente, mergulhado no sortilégio da representação em que "a vida não é mais nem santa nem real", em que "a gente ri de todas as coisas sérias, e as coisas impossíveis parecem verdadeiras", embriagado por tudo, desde a "*féerie* da cena", o espetáculo dos camarotes, os sujos corredores dos bastidores onde "reina como que uma peste que devora a alma", até o horror e o "vácuo hediondo" do teatro vazio e apagado, desprendendo ainda o "odor infecto" das candeias oleosas, Lucien experimenta, à maneira de uma iniciação profana, o desencantamento do mundo como representação sobre o vazio, como o conhecimento da grande ilusão — que se redobra e se recobre nele, no entanto, naquele momento forte frágil, com a ilusão de poder. E, com efeito, no jantar entre jornalistas que se segue ao sucesso da peça, no quarto de Florine sob os auspícios de Matifat, Lucien escreve a brilhante página que exalta o espetáculo, as atrizes, e que "revoluciona o jornalismo pela revelação de uma maneira nova e original", integrando-o ao novo órgão e à corporação.

Uma das coisas que faz a força da cena é o poder de intensificação, a potência da aposta que está lançada ambiguamente em direção ao conhecimento do mundo e ao seu obscurecimento, a aceleração centrifugada das contradições desse poeta "que é a harpa eólica dos vários ventos e das várias tempestades da sociedade" francesa no período pós-napoleônico.[18] Como diz Baudelaire, as personagens de Balzac são animadas pelo mesmo "ardor vital" do seu criador, todas são, de algum modo, geniais; sempre mais reais do que o real: mais ardilosas e ativas na luta, mais pacientes no sofrimento, mais gulosas no gozo, mais angélicas na devoção, suas almas "são armas carregadas de vontade até as tampas".[19] De fato, se toda iniciação ao jornalismo fosse digna dessa cena de Balzac, o mundo teria definitivamente um outro brilho. Na cena combinam-se, no mesmo lance e com extraordinária clareza, o "rito iniciático" e a anatomia moral; a revelação e a degradação; a religião, a poesia, o teatro e o jornal. A mescla de níveis, como essa, já foi apresentada como fraqueza, mas a ela também se deve, certamente, a força do estilo de Balzac. No caso, a "iniciação" de Lucien de Rubempré é uma experiência de escritor e jornalista, momento privilegiado que surpreende ainda o núcleo da contradição que está em jogo "como duas torrentes que, numa inundação, querem juntar-se".

Na cena do teatro em *Ilusões perdidas* não temos simplesmente, portanto, o confronto entre o mundo angelical do Cenáculo e o mundo demoníaco que teve suas portas abertas por Estevan Lousteau, mas a cisão deste segundo mundo num duplo aspecto fáustico: para o artista, a aceitação da ilusão que constitui a arte permite entrar no âmago da desilusão do mundo burguês; para o jornalista e campeão das ilusões perdidas, a desilusão de base levará à reprodução ativa das ilusões do mundo burguês, carregada pela universalização da forma-mercadoria. Essa extrema imbricação antitética do artista com o jornalista, que os aproxima e separa num momento crucial do destino da personagem, leva a corrigir a ideia de que o romancista se espelha em Daniel de Arthez e David Séchard contra Lucien de Rubempré, como se, com essa idealização, ele não tivesse entrado para valer no teatro do mundo e no mundo do mercado. O pacto com o mundo foi feito pelos dois, o narrador e a personagem: o narrador, que nesse ponto está mais longe de De Arthez e Séchard do que de Lucien de Rubempré, pelo poder de conquistar o mundo — a sociedade burguesa, seja dito — pela representação totalizante de sua verdade e da verdade de sua ilusão, e a personagem, que espelha e desmente as expectativas do narrador, pelo poder de conquistar o mundo apostando na dissipação das verdades, e na desilusão que produz e reproduz ilusões.

É nesse quadro complexo que tem de ser avaliada a pertinência das "observações visionárias" (como diria ainda Baudelaire) de Balzac sobre o jornalismo. Mais do que uma oposição literal entre "jornalista" e "artista" (cujos papéis podem ser, nesse ponto exato, reversíveis), o que está em jogo é a encruzilhada ética que opõe duas disposições de consequências contrárias, e que responde pela pergunta muito atual: qual o comportamento da ilusão (e dos profissionais da ilusão) numa época em que se perdem ilusões? Como se comporta a produção de ilusões (sempre reposta, necessária e incontornável) quando ela não é sustentada por nenhuma crença, e dá lugar à proliferação de ilusões a prêmio, sem jogo dialético e/ou estético com a verdade, legitimando-se do poder sobre os meios de fazê-las circular?

No caso de Lucien de Rubempré, a cena condensa, em transfiguração ambivalentemente elevada e rebaixada, o amadurecimento das condições necessárias para que a personagem se invista da posição, quase mítica, do jornalista ("mítica" aqui no sentido de que constitui um paradigma originário, cuja pertinência não está na referência individualizada, mas na descrição de uma posição virtual de tal modo bem percebida na sua raiz que está sendo sempre preenchida pelos casos concretos). A primeira dessas condições parece ser o enredamento imediatista no jogo de forças, mas a partir de uma posição distanciada pela superioridade do camarote, não como um demiurgo, que projetasse a cena que está no palco, mas como um mercúrio que se imiscui em todas as partes do teatro como se estivesse fora dele. O dramaturgo-romancista seria o demiurgo, que começa a perceber pelo espelho ambivalente do teatro e do jornal que a cena pode engolfar a própria representação, e que ela exige um redobrado e intensificado esforço, à beira da mistificação e do fracasso, de totalização ficcional. O mercúrio imiscuído é o produtor desiludido de imagens que aceita como fatalidade a condição definitivamente ilusória do mundo, poeta que trai (ou que sempre traiu) a sua origem como promotor da desilusão engajado no mercado de ilusões.

A segunda condição para o investimento "arquetípico" do jornalista em *Ilusões perdidas* é a chegada a um ponto ideal de desilusão e desencantamento que poderá tanto ser tomado como marca de superioridade frente ao estado atual do mundo, quanto como marco zero das ilusões a partir do qual elas podem começar a girar de novo, em falso, movidas agora pelo poder de produzi-las. É o que acontece com a manipulação virtuosística de qualquer ponto de vista, esgrimida conforme as necessidades mais imediatas da circunstância, e descolada de qualquer compromisso com a verdade ou com a coerência, que será praticada num verdadeiro festival retórico pelos jornalistas com os quais Lucien convive depois da sua primeira iniciação da estreia.

Importa ainda ao interesse literário dessa visão que ela não se faz só, em *Ilusões perdidas*, de descrições de tipo documental ou anedotas satíricas, mas de pastiches estilísticos brilhantes em que Balzac imita as várias modalidades ou possibilidades do texto jornalístico, carnavalizando por sua vez o dialogismo paraliterário do "negociante de frases" assumido, e o vácuo ético em cima do qual ele trabalha. É essa interpretação incorporada à textura do romance que nos interessa, e que, ao sondar os limites e os confins do discurso jornalístico, realizado ou virtual, mantém a sua validade para além das limitações pessoais ou das motivações ideológicas que moveram Balzac a fustigar a imprensa de maneira geral e a tentar politicamente limitar a sua liberdade (que ele observou ser, por outro lado, uma liberdade aparente regulada por interdições de linguagem nada explícitas).[20]

Depois da cena no teatro, segue-se a ceia em que Lucien, admitido entre os pares da imprensa, participa de um verdadeiro simpósio metajornalístico onde se discutem as perspectivas futuras do veículo. Não vou me furtar a parafrasear longamente a passagem, porque, como veremos adiante, nesse romance de "imagens" e de "ideias", para usar os termos caros a Balzac, é difícil separar às vezes o movimento cênico e o movimento conceitual. É o caso dessa ceia (capítulo XVIII da segunda parte, na edição brasileira) que por si só já sugere um contraponto antitético com o Cenáculo, e da qual participam um diplomata alemão e um grupo de jornalistas franceses. O diplomata dá vazão a seu germanismo contando uma anedota de guerra em que um general prussiano diz a um general russo, olhando Paris vencida do alto de Montmartre, em 1814, que em vez de incendiá-la, como quer o russo, é melhor deixar a França morrer desse "câncer que viam estendido a seus pés, ardente e fumegante, no vale do Sena", isto é, a própria cidade, com seu cosmopolitismo e sua imprensa (que o diplomata se rejubila de não ter em seu país). Diplomaticamente, acrescenta que ceia aquela noite "com leões e panteras que me fazem a honra de aveludar as patas".

Em resposta, os comensais franceses fazem uma demonstração quase jogralesca de sua confiança na capacidade de fazer qualquer coisa passar por verossímil: "poderíamos dizer e provar à Europa que Vossa Excelência vomitou uma serpente esta noite, que ela esteve a ponto de morder a senhorita Túlia, a mais linda de nossas bailarinas, e sobre isso tecer comentários sobre Eva, a Bíblia, o primeiro e o último pecado", diz um; "faríamos imprimir dissertações científicas sobre todas as serpentes encontradas no coração e no corpo humano para chegar ao corpo diplomático", diz outro; "poderíamos até mostrar uma serpente qualquer neste frasco de cerejas em aguardente", acrescenta um terceiro, completado por um quarto que afirma ao diplomata: "os senhores mesmos acabariam por acreditar". Esse *brainstorm* de pauta continua com outras observações enunciadas numa sucessão eletrizada: "a influência e o poder do jornal estão apenas em sua aurora", "o jornalismo está na infância, há de crescer. Tudo, daqui a dez anos, há de depender da publicidade. O pensamento tudo iluminará, e ele...", "tudo há de crestar", "fará reis", "desfará monarquias", concluindo: "se a imprensa não existisse, seria preciso não a inventar; mas existe, dela vivemos".

O simpósio prossegue com uma mistura de tiradas de efeito, cartadas de direita (da parte do "ministro" alemão e do jornalista Claude Vignon), entre lances cínicos, estocadas de inteligência, rasgos semipatéticos. Afirmações apocalípticas sobre o futuro da imprensa são feitas num bate-rebate de tons, entre o humor e o sarcasmo, a impotência, a autoflagelação, a atitude crítica, o cinismo franco etc. Circulando no jogo dialogal, elas não se cristalizam como afirmações categóricas, autoritárias e monológicas, mesmo que sustentem, de modo direto, indireto ou contrário, uma espécie de porta-voz ideológico do autor (à maneira do que acontece com alguns dos primeiros românticos, aristocratas nostálgicos e antiburgueses, faz-se uma crítica da indústria cultural afinal muito parecida com a dos modernos críticos "apocalípticos" da cultura de massa). Ouvindo aqueles homens "gritando o seu mal", "rasgando o ventre de sua nutriz para predizer o futuro", "metidos na armadura damasquinada de seus vícios e sob o brilhante capacete de sua análise fria", Lucien "gozava com embriaguez daquela sociedade inteligente", diante da qual o Cenáculo, "esse céu da inteligência nobre, teve de sucumbir sob tão completa tentação".

Dessa cena é possível reter e desdobrar algumas noções importantes. Em primeiro lugar, a ideia, colocada em registro satírico, de que é possível produzir e validar qualquer fantasia, uma vez que o contexto da representação pode torná-la verossímil e crível mesmo para quem conheça o referente do qual se partiu. O jornal, que se serve dos materiais extraídos da realidade, é, como a literatura e o ensaio o são de outro modo, bricolagem, isto é, construção de uma estrutura significativa com materiais feitos originariamente para outros fins. Assim, não só quando um texto é constituído de informações forjadas, como é o caso, mas de elementos "verídicos", existe nele uma tendência "ficcional" embutida nos procedimentos de recorte e montagem. Assim também, mesmo quando não é "ficção", ou exatamente por apresentar-se como não sendo, o efeito de sentido dado pela congruência dos elementos entre si investe-se de uma certa autonomia em relação ao contexto externo, o que torna o texto, também ele, "mais real do que o real". Esse campo permite uma margem grande e ao mesmo tempo sutil de manobras (nele está inscrito em sintonia fina o problema da ética jornalística). Pela suposta literalidade da sua representação, ao contrário do caráter declaradamente ficcional da literatura, o jornal aproveita-se duplamente daquela boa (ou má) fé inerente à leitura, dada pelo fato de que queremos acreditar no que lemos, e embarcamos por princípio, mesmo quando armados de recuo crítico, em tudo que se apresente por escrito como crível (esta talvez seja, em tudo o que constitui o mundo do jornal, a ilusão mais difícil de perder). Na cena da ceia, o jogo da ficção bizarra criada aos olhos do diplomata, e passível de tratamento jornalístico, acaba, como uma serpente que morde o rabo preso, por convencer o seu próprio objeto: "os senhores mesmos acabariam por acreditar — disse Vignon ao diplomata".

Mas isso ainda é pouco para dar conta do modo como Balzac representa o mundo diabolicamente mercurial que resulta da conjunção de literatura e mercado, capital e meios de massa. A propósito, parece ter intuído o poder desse símbolo em algum nível difuso, quando faz Claude Vignon lamentar-se de que estão todos condenados a escrever nos jornais como quem "explora uma mina de mercúrio, sabendo que ali há de morrer". Mercurial é o mundo da linguagem em contínua metamorfose, em que nenhum valor assenta, em que tudo o que é dito é descartado e reposto por um sistema de contrapesos infindável. Que essas propriedades por excelência da linguagem sirvam não propriamente ao jogo poético, mas como serviço ao dinheiro e dissipação do lastro do valor, ético, que complementa o fluxo mercurial da linguagem, é o ponto — demoníaco — da crítica balzaquiana à imprensa.

Essa contradição está ilustrada em dois episódios posteriores, "A primeira luta" e "Estudo sobre a arte de cantar a palinódia". Já em pleno exercício de suas funções de crítico, Lucien é encarregado pelo jornal de demolir sob pseudônimo o livro de Nathan, um romancista, que sai em segunda edição. Fica surpreso e confuso, porque admirava a obra, e não saberia como atacá-la. Lousteau mostra-lhe então que mesmo uma obra-prima pode e deve tornar-se, por acrobacia crítica, "sob a tua pena, uma estólida bobagem", "uma obra perigosa e malsã". O método consiste em conquistar a estima do leitor com uma isenção inicial, mas assumindo o compromisso da inteligência crítica francesa perante o mundo, compromisso este consubstanciado no elogio, caro ao leitor burguês, dos escritores já clássicos do século XVIII. É preciso mostrar que a língua francesa, impiedoso "verniz distendido sobre o pensamento", leva o escritor a pensar permanentemente, forçado à inteligência pela própria "natureza da língua". A essa "literatura de ideias", prossegue Lousteau, é preciso contrapor a tendência atual à "literatura de imagens", que substitui os sentimentos (ou pensamentos) pelos acontecimentos. "O movimento não é a vida, o quadro não é a ideia! Formula sentenças assim, e o público as repetirá." Segue-se um lamento pela decadência do bom gosto, a defesa da tradição voltairiana contra os românticos, acrescida das consequências esquerdistas desta crítica, e esmaga-se o livro de Nathan, que, embora tenha méritos, "dá em França direito de cidadania a uma literatura sem ideias". Para completar, lisonjeia-se o assinante dizendo que a França não se deixará surpreender, e "lamentarás que tão hábil editor conheça tão pouco os instintos do país". Diante de Lucien, estupefato por ouvir um discurso cheio de "verdades literárias de que não havia sequer suspeitado", arremata didaticamente: "Aí tens o arcabouço. Polvilha-me de espírito esse arrazoado, aviva-lhe o sabor com um fio de vinagre, e Dauriat (o editor e principal alvo de toda a operação) estará frito na panela dos artigos".

Num momento posterior, em nova conjuntura do mercado livreiro e da relação do jornal com o editor, trata-se de elogiar o mesmo livro de Nathan. Lucien, surpreso, é encarregado de fazê-lo também sob pseudônimo, e novamente não sabe o que dizer, dessa vez a favor, do livro. Blondet, que o julgava "mais forte", mostra-lhe que é preciso ser capaz de "considerar todas as coisas sob o seu duplo aspecto", sem acreditar literalmente nelas. "Em literatura, meu pequeno, todas as ideias têm direito e avesso; ninguém pode arcar com a responsabilidade de dizer qual o avesso. Tudo é bilateral no domínio do pensamento. As ideias são binárias. Jano é o mito da crítica e o símbolo do talento. Triangular não há senão Deus!" Seguem-se exemplos literários, de Molière, Corneille, Rousseau e Homero, tomando-se a lógica poética como equivalente do casuísmo crítico ("Quem de nós poderia pronunciar-se entre Heitor e Aquiles?"). Ao mesmo tempo que Blondet dá a literatura como exemplo a ser seguido por procedimentos ambivalentes, Vernou defende em seguida os mesmos procedimentos com um argumento contraliterário: "nós somos negociantes de frases e vivemos de nosso comércio. Quando você quiser fazer uma grande e bela obra, um livro, enfim, poderá colocar nele os seus pensamentos, sua alma, amá-lo, defendê-lo; mas artigos, lidos hoje e amanhã esquecidos, esses não valem a meus olhos senão aquilo que por eles nos pagam".

"Assombrados" de encontrar em Lucien escrúpulos excrescentes de ex-candidato a poeta, vestígios de ilusões não perdidas, "acabaram de rasgar-lhe a toga pretexta" (toga branca, franjada de púrpura, usada em Roma pelos mancebos das famílias patrícias) "para vestir-lhe a túnica viril dos jornalistas", em paródia de rito batismal.

O caminho crítico é indicado dessa vez por Blondet: mostrar que "a última perfeição da arte literária é exprimir a ideia pela imagem", na qual concentra-se a poesia, tão pouca numa língua marcada pelo excessivo positivismo do estilo francês. A contribuição de uma literatura de imagens é, pois, indispensável para que se processe a evolução do século XVIII para o novo século: "Inventa o Progresso! (uma admirável mistificação destinada aos burgueses)".

Enfim, trata-se de escrever um terceiro artigo, dessa vez assinado por "De Rubempré" ele mesmo, em que se critica os dois artigos anteriores, e se afirma que o livro é o mais belo da época. "Terás ganho quatrocentos francos nesta semana, além do prazer de haver escrito a verdade nalgum lugar. As pessoas sensatas darão razão a C., a L., a Rubempré ou aos três." Se, como diz a mitologia, a verdade é água no fundo de um poço, aí estão três baldes. "Vamos!"

Esses arrazoados brilhantemente oportunistas e talentosos são compostos de questões críticas perfeitamente relevantes, como, por exemplo, o caráter dialógico do texto literário, onde múltiplas vozes contrárias se superpõem em contraponto; o caráter ideologicamente construído da ideia burguesa de progresso; a contraposição entre uma literatura de ideias e uma literatura de imagens, que o próprio Balzac sustentou em escrito polêmico sobre a obra de Stendhal, e às quais corresponderiam de um lado a corrente voltairiana e stendhaliana, e, de outro, a corrente romântica de Chateaubriand, Lamartine e Victor Hugo (Balzac concebia a sua própria obra como uma síntese dessas duas linhas estilísticas, originariamente a iluminista e a romântica, combinando o crivo da inteligência e a "forma original das ideias" com as descrições e diálogos próprios à dramatização das imagens — combinação esta que tem em *Ilusões perdidas* excelente exemplo de realização). O romancista não poupou, dessa maneira, os cartuchos mais poderosos e caros do seu próprio pensamento para caracterizar o repertório imaginativo e crítico desse grupo jornalístico, ao qual não falta inteligência nem informação. Mas o alto investimento de valor na vivacidade discursiva das personagens realça por contraste o uso perverso das ideias a serviço de interesses localizados e cindido pela parcialização. Curiosamente Balzac projeta nessa "primeira luta" e sua "palinódia" uma paródia de seu próprio pensamento crítico, onde a dialética que permitiria pensar as relações entre as três correntes literárias (como a água de três baldes que se intercomunicam) é quebrada num curto-circuito que corta através dela, convertendo-a numa "diabólica" (no sentido etimológico: lance através, corte, cisão) ou na "pequena dialética" das contraposições mercuriais sem termo. Assim, o *três* que movimenta o pensamento e que encadeia a linguagem na interrogação da verdade (remetida aqui a um Deus abscôndito e descartado) reflui para o *dois* (o mito de Jano de dupla face) que é, em última instância, *um* (o indiferenciado indiferente que se consuma nas três críticas divergentes do mesmo texto).

Em suma, as mesmas ideias que sustentam um processo dialético são deslocadas de contexto no romance, e ilustram uma *démarche* regressiva em que o movimento discursivo remete ao estado de indiferenciação mítica (sem ter mais nada, no entanto, da integridade do mito). A triangulação simbólica é retraída para um imaginário "bilateral" que se reduz a uma especularidade vazia. É impossível imaginar uma autodemonstração mais completa do próprio princípio balzaquiano da literatura que sintetiza imagens e ideias, às quais as falas se referem e que elas mesmas ilustram num zigue-zague dialógico-aporético cujo corte só pode ser ético.

De maneira mais simples, pode-se dizer que a arte, trabalhando aqui sobre a ilusão ficcional, na construção do grande verossímil que reconhece e mostra o vazio que o constitui, vai na direção da des-mitização, contra a indiferenciação regressiva. Sua "ingenuidade" relativa e assumida na intensificação do mundo e no grão de utopia que lhe confere a graça é a garantia de sua superioridade ética — a aceitação da ilusão permite superar a ilusão, e suportá-la pelo direito e pelo avesso. O jornalismo, tal como é analisado pela ficção de Balzac, procede por desilusão remitizante, negação do mito que reconduz ao mito, esvaziado de sua verdade arcaica e reinvestido de sua crueldade primária.

Assim, o rito batismal de Lucien de Rubempré, que acabamos de comentar, coroa o processo pelo qual o poeta, atraído pelo mito de sua consagração, é arrancado em carne viva dos seus vagidos literários pelos sacerdotes do ofício jornalístico, para ser entronizado no alto da roda da fortuna, no ponto em que rompe definitivamente com o Cenáculo, e pouco antes que comece o colapso dessa glória instantânea.

Sobre o Cenáculo em retirada ficam ressoando duas frases curiosamente "atuais". Blondet diz, niilista, que se trata de uma "igrejinha filosófica e religiosa" que se inquieta "com o sentido geral da humanidade". Vernou acrescenta, como um *nouveau philosophe*, que suas teorias ociosas são palavras que se transformam, de tempos em tempos, "em tiros de fuzil ou em guilhotina" (denunciando o caráter totalitário da totalização filosófica e literária).

Ao final do livro, depois do fracasso, da volta à província, do arrependimento, da recaída oportunista, de novo arrependimento e tentativa de suicídio, Lucien encontra Vautrin, que lhe promete o poder e o dinheiro, no caminho de volta a Paris. Um homem da província ainda dirá sobre ele: "Esse rapaz não é um poeta é um romance sem fim". (Mais uma alusão reflexiva ao próprio texto, que se confunde com sua personagem como se nela estivesse a própria interminabilidade e a contradição insolúvel do mundo, com a qual o romancista pactua como condição incontornável da representação.)[21]

O interesse da análise balzaquiana do mundo do jornal não está no seu caráter "documental", descritivo, supostamente literal e estigmatizante, mas na maneira como surpreende na fonte uma atitude existencial e discursiva que tem força de paradigma e, assim, se realimenta do próprio real, que muitas vezes a imita com insistência e clareza espantosas.

Ao mesmo tempo, se a pessoa pública tornou-se uma ficção, e mero suporte imaginário dentro de um processo de pulverização da pessoalidade, que a mídia alimenta e realimenta com a sua "lança de Aquiles" que (ainda Balzac) tem o ambíguo poder indiferenciador de ferir e curar tudo o que toca, a questão ética será sempre o limite para essa ficção na relação desigual entre os poderes da imprensa e os da pessoa.[22]

Esse quadro interessa certamente à reflexão mais geral possível sobre a imprensa de um ponto de vista ético. Os problemas colocados pelo romance estão latentes todo o tempo na representação jornalística, e algumas vezes emergem de modo agudo. É claro, portanto, que a leitura do romance tem como contraponto a leitura diária da imprensa, que atualiza frente ao romance, com maior ou menor intensidade, aquele confronto originário a partir do qual ele se formou. E nesse caso, entre os jornais brasileiros, a *Folha de S.Paulo* merece menção especial pelo modo como trouxe à tona, nos últimos dez anos, com ênfase metajornalística, alguns dos motivos tipicamente balzaquianos (que em outros jornais estão presentes mas em geral e menos ostensivamente explicitados). A *Folha* (justiça seja feita) ganhou uma certa dianteira do processo jornalístico e cultural, deixando atrás de si, em dado momento, não só os seus concorrentes, mas também intelectuais, artistas, universidade, políticos, partidos, graças a um diagnóstico da situação contemporânea no qual o poder da imprensa foi pensado como poder em estado puro. Nos termos de Balzac: não mais sacerdócio, nem serviço aos partidos, mas negócio. O negócio supõe uma explicitação agressiva da concorrência aliada à inovação técnica, legitimação universal pelo mercado, e avaliação da cultura como território das ilusões perdidas (permeabilidade máxima com a moda, cenas de niilismo explícito e transgressões éticas e estéticas fizeram época no incêndio da "Ilustrada" de que hoje temos o rescaldo).

Tudo isso tem um caráter declarativo, e dá o tom a um discurso publicitário e doutrinário facilmente reconhecível, associado ao valor da "liberdade de informar", que de todo modo merece estar sempre em discussão, confrontado com o exercício de poder que ele supõe.

Em episódio recente, quando atacou a *Folha* com o instrumento do arbítrio, o presidente da República escolhia e discriminava a dedo a instituição que melhor lhe corresponde por conceber também o poder como jogo de mercado. Ele entende disso: não tinha história política pessoal e empolgou a Presidência com *marketing* político. Nesse quadro, ninguém polarizou tão bem com Collor como a *Folha*, por um duplo mecanismo de oposição e identificação.

A carta de Otávio Frias Filho, levantando-se contra o arbítrio do poder presidencial autoritário e demagógico, é um marco na história da imprensa além de obra de escritor (voltamos com todas as honras a Balzac). Mas ela implica pressupostos éticos que devem levar à discussão do arbítrio do poder e da desigualdade dos poderes. A palavra ética, que tem para esse jornalismo uma relevância restrita ou inseparável do contexto de mercado, deve ganhar então uma relevância nova na discussão das relações não só do Estado com a imprensa, mas da imprensa com a sociedade.[23]

NOTAS

1. A conexão da literatura com a imprensa diária produz um efeito tão revolucionário quanto a aplicação do vapor para uso industrial, diz sugestivamente um contemporâneo, citado por Hauser, a propósito das transformações que sofre a produção literária sob a Monarquia de Julho. Em 1836, e portanto no momento aproximado em que Balzac inicia *Ilusões perdidas*, o jornal *La Presse* introduz uma inovação decisiva para o extraordinário aumento de assinantes nos dez anos seguintes, com assinaturas pela metade do preço cobertas por anúncios e avisos pagos. A concorrência acirrada entre as empresas jornalísticas tem no produto literário um atrativo privilegiado. Os jovens de talento que não têm meios de fazer carreira política ou literária dedicam-se ao jornalismo, que é

ponte para a literatura, substituto dela e instrumento de influência. Os jornais publicam romances em folhetins (Balzac escreveu um por ano para *La Presse*, de 1837 a 1847). Em alguns casos, como no de Alexandre Dumas, o autor trabalha com inúmeros colaboradores anônimos, constituindo "fábricas literárias completas" em que as narrativas são produzidas "quase mecanicamente". "A obra literária converte-se em mercadoria no sentido mais absoluto do termo; tem sua tarifa de preços, confecciona-se segundo modelo e entrega-se em data prefixada." Os preços são regidos pela demanda e não têm nada a ver com o valor artístico do produto. Sob o lema "Enriquecei-vos!", dirigido à burguesia como "fórmula mágica", e tendo nos grandes industriais a sua nova aristocracia, a Monarquia de Julho de Luís Filipe é um período de florescimento industrial e comercial em que o dinheiro domina a vida pública e privada, rendendo tudo numa extensão até então nunca vista. O capitalista que monopoliza a direção da sociedade dispensa-se de apresentar-se como protetor da Igreja, da Coroa, das artes ou das ciências, pois agora terá todas as honras simplesmente pelo fato de ser rico. O novo tipo de herói nos romances de Stendhal e Balzac testemunha um clima ideológico de ilusões perdidas, pela "renúncia ao ideal, desprezo pela sociedade e, com frequência, por um desesperado cinismo frente às normas e convencionalismos em vigor". Arnold Hauser, "La generación de 1830", *Historia social de la literatura y el arte*, Madri, Guadarrama, 1968, vol. II, pp. 11-76.

2. "A sua própria situação social era mais ou menos a do seu Colonel Chabert ou de Julien Sorel: um burguês parisiense, entravado primeiro pela Restauração monárquica, depois pela revolução industrial. Não gostava de confessar isso." "O seu destino comercial tem algo da ascensão rápida e queda profunda de seu César Birotteau." "Atribuiu-se, como Musset, uma nobreza duvidosa, que só deu prestígio no ambiente da boêmia literária; sonhava, durante a vida inteira, com duquesas e condessas que enchem os seus romances como enfeites de casa, destinados a impressionar os credores." Otto Maria Carpeaux, "Literatura burguesa", *História da literatura ocidental*, Rio de Janeiro, O Cruzeiro, 1963, vol. V, pp. 2120 e 2123.

3. "É uma interessante consequência da dialética particular da história, do desenvolvimento desigual das ideologias, que Balzac com a sua visão do mundo muito mais indefinida, a miúdo francamente reacionária, reflita com mais perfeição e profundidade do que o seu grande rival (Stendhal), mais progressista e mais claro do que ele, o período que vai de 1789 a 1848. Balzac julga o capitalismo com os olhos da direita, da parte feudal, romântica. O seu ódio profundo contra o nascente sistema capitalista mundial vem daí, mas gera tipos imortais dessa sociedade, tais como Nucingen e Crével." Georg Lukács, "A polêmica entre Balzac e Stendhal", *Ensaios sobre literatura*, Rio de Janeiro, Civilização Brasileira, 1968, p. 139. "O catolicismo romântico, místico, influi sobre Balzac tanto como o socialismo feudal, e ele em vão procurava coordenar essas duas orientações com um monarquismo político construído sobre modelos ingleses, ou com a concepção poética da dialética evolutiva espontânea de Geoffroy de Saint-Hilaire." G.

Lukács, op. cit., p. 138. "O fato de Balzac, como Engels salientou com justeza, haver descrito 'com paixão e sem véus' exatamente os inimigos dessa sociedade, os heróis republicanos do convento de Saint-Merry, é a prova mais esmagadora do fecundo germe abrigado nessa sua fé na possibilidade do desenvolvimento da humanidade, apesar do pessimismo do seu mundo artístico e de todas as inevitáveis ilusões próprias das condições históricas em que se encontrava." G. Lukács, "Balzac: Les illusions perdues", op. cit., p. 120. "Balzac é o Machiavelli da burguesia, analisando-lhe e resumindo-lhe os processos. Deste modo, o grande realista, acreditando na permanência dos maus instintos na natureza humana, torna-se fatalmente reacionário. É verdade que a ideologia político-religiosa de Balzac não é tão sólida como os seus romances; o seu monarquismo é tão duvidoso como o seu catolicismo." O. M. Carpeaux, op. cit., p. 2124.

4. G. Lukács, "Balzac: Les illusions perdues", op. cit., p. 116.

5. "Uma leitura assídua de Balzac transforma nossos amigos vivos em sombras e nossos conhecidos em sombras de sombras. Seus caracteres têm uma vida inflamada. Eles nos dominam e desafiam o nosso ceticismo. Uma das maiores tristezas de minha vida é a morte de Lucien de Rubempré; e eu jamais pude me desembaraçar completamente da tristeza que ela me causou. Ela me atormenta nos meus instantes de prazer. Eu me lembro dessa morte quando eu rio... Mas Balzac não é mais realista que Holbein. Ele criava vida, não copiava a Vida." Oscar Wilde, "Intentions", citado por Ernst Robert Curtius, *Balzac*, Paris, Bernard Grasset, 1933, p. 405.

6. "Quatro homens tiveram uma vida imensa: Napoleão, Cuvier, O'Connell, e eu quero ser o quarto. O primeiro viveu a vida da Europa, e se inoculou exércitos! O segundo desposou o globo! O terceiro encarnou um povo! Eu carreguei uma sociedade inteira na cabeça!" Carta de Balzac a madame Hanska, em 1844, citada por E. R. Curtius, op. cit., p. 144.

7. A afirmação de que *Ilusões perdidas* é um grande romance de ideias não desconhece o fato de que os "exageros melodramáticos", "a falta de ordem e o desleixo racional do texto", ligados à própria pressa obsessiva com que era escrito, e que "só raramente prejudica a legitimidade do conjunto nas esferas baixas ou médias", segundo Auerbach, "não é capaz de criar a atmosfera certa para as zonas mais elevadas da vida — inclusive para as intelectuais". Erich Auerbach, *Mimesis*, São Paulo, Perspectiva, 1976, pp. 422-3. Mas, se está longe de ser um romance de ideias em estado puro, a combinação da tradição intelectual da narrativa iluminista francesa com a imagética narrativa romântica (através da qual Balzac definiu a sua própria obra, como se verá adiante), aplicada à conturbada atmosfera intelectual do meio jornalístico-literário, onde reina já uma certa imbricação de literatura com meios de massa, resulta, no caso de *Ilusões perdidas*, em enorme força.

8. Ao longo deste texto, cito pela tradução brasileira de Ernesto Pelanda e Mário Quintana, *As ilusões perdidas*, São Paulo, Victor Civita, 1978. Para o texto original, minha edição é *La comédie humaine — Études de moeurs: scènes de la vie de province*, II, Bibliothèque dc La Pléiade, Paris, NRF, 1935.

9. "Publiciste, ce nom jadis attribué aux écrivains comme Grotius, Puffendorff [sic], Bodin, Montesquieu, Blakstone [sic], Bentham, Mably, Savary, Smith, Rousseau, est devenu celui de tous les écrivassiers qui font de la politique. De généralisateur sublime, de prophète, de pasteur des idées qu'il était jadis, le publiciste est maintenant un homme occupé des bâtons flottantes de l'actualité. Si quelque bouton parait à la surface du corps politique, le publiciste le gratte, l'étend, le fait saigner et en tire un livre qui, souvent, est une mystification. Le publicisme était un grand miroir concentrique: les publicistes d'aujourd'hui l'ont mis en pièces et en ont tous un morceau qu'ils font briller aux yeux de la foule." Esse trecho faz parte da "Monographie de la presse parisienne", de 1843, publicada pela primeira vez em 1844 no livro coletivo *Grande ville, nouveau tableau de Paris, comique, critique e philosophique*. É um ensaio de tipologia detalhada dos homens de letras, politicamente empenhado na aprovação de leis reguladoras do exercício da imprensa, comparada ao final, em metáfora romântica típica, à mulher sedutora frente à qual o público, como um marido enganado, "succombe toujours".

10. Curiosamente, o axioma da imprensa parisiense do romance balzaquiano — "tudo que é provável é verdadeiro" — consiste numa apropriação, para fins não poéticos, da concepção aristotélica do verossímil, segundo a qual "a obra do poeta não consiste em contar o que aconteceu, mas sim coisas que podiam acontecer, possíveis do ponto de vista da verossimilhança ou da necessidade" (Aristóteles, *Poética*, IX). Se o verossímil assim entendido garante à poesia, em Aristóteles, a enunciação de "verdades gerais" mais elevadas do que aquelas de que dispõe a narrativa histórica que "relata fatos particulares", sua transposição deslocada para o jornalismo, que também relata fatos particulares, é um simulacro irônico da verdade poética ao mesmo tempo que uma traição à verdade histórica. Essa assunção pelo jornalismo de antigos atributos da literatura ilustra bem a espécie de inversão demoníaca que Balzac vê no fenômeno da imprensa. Por outro lado, a literatura realista remaneja o campo do verossímil, que passa a ser dado agora não propriamente pela legitimação do possível, mas pela "ilusão referencial", por aquelas notações descritivas que têm por função exclusivamente a criação de um "efeito de real", "fundamento dessa verossimilhança não confessada que forma", segundo Roland Barthes, "a estética de todas as obras correntes da modernidade" (Roland Barthes, "L'effet de réel", *Communications* 11, Paris, Seuil, 1968, pp. 84-9). Temos aí portanto um cruzamento complexo de "efeitos de verdade" trocados, em que a imprensa assume, com o novo poder dado pela sua posição no mercado, atributos não confessados da literatura, e essa sofre de volta, em contrapartida, uma espécie de consciência da ilusão que seus esforços referenciais não conseguem amenizar. Creio que está aí o núcleo teórico correspondente ao contraponto entre literatura e jornal desenvolvido em *Ilusões perdidas*.

11. G. Lukács, op. cit., p. 101.

12. Idem, ibidem, p. 120.

13. O. M. Carpeaux, op. cit., pp. 2119 e 2124.

14. A expressão "gênio ingênuo da economia política" é de Carpeaux. O traço descalibrado da escrita balzaquiana é analisado por Auerbach: "Balzac submerge os seus heróis bem mais profundamente na temporalidade; com isto, perdem-se-lhe a medida e os limites daquilo que, anteriormente, era considerado trágico; e a seriedade objetiva diante da realidade moderna, que se desenvolveu mais tarde, esta ele ainda não possui. Qualquer enredo, por mais trivial ou corriqueiro que seja, é por ele tratado grandiloquentemente, como se fosse trágico; qualquer mania é por ele vista como paixão". E. Auerbach, op. cit., p. 431. O vitalismo universal é um elemento importante na interpretação de Curtius, desenvolvida no livro citado, em especial no capítulo "Energie".

15. Curtius dedica também um capítulo à importância dada ao "segredo" na vida e obra de Balzac, como dimensão irredutível da intimidade sobre a qual o mundo moderno avança de modo "obsceno". A redução da margem da intimidade será apontada seja nos efeitos da especulação imobiliária que influi "sobre os costumes de Paris" diminuindo as residências, suprimindo os jardins e lançando a liberdade da "santa vida privada" para a faixa dos "cinquenta mil francos de renda" (*Les petits bourgeois*), seja à medida que "os olhos do jornal, Argos moderno, ganham em ousadia e avidez". E. R. Curtius, op. cit., p. 31.

16. G. Lukács, op. cit., p. 117.

17. "Soubrette" é uma personagem da tradição teatral, a camareira ou dama de companhia. A expressão "tem mau hábito", inexpressiva, corresponde no original a "tue les mouches au vol".

18. G. Lukács, op. cit., p. 107.

19. Em "Journaux Intimes", citado por E. R. Curtius, op. cit., p. 393.

20. "La presse n'est pas aussi libre que le public l'imagine, en France et à l'étranger, d'après ce mot 'liberté de presse'. Il y a des faits impossibles à dire, et des ménagements nécessaires avec les faits dont on parle. Aussi le jésuitisme tant stigmatisé par Pascal était-il biens moins hypocrite que celui de la presse. A sa honte, la presse n'est libre qu'envers les faibles e les gens isolés." "Monographie de la presse parisienne", op. cit.

21. Theodor W. Adorno, "Crítica da cultura e da sociedade", *Prismas*.

22. Esse mesmo tipo de problema, abordando a questão ética do jornalismo através de suas relações enviesadas com a literatura, é o tema do livro interessante de Janet Malcolm, *O jornalista e o assassino — Uma questão de ética*, São Paulo, Companhia das Letras, 1990.

23. Mantive nesta versão o mesmo roteiro da palestra apresentada no curso "A Ética" em maio de 1991, sem procurar desdobrá-la em função de situações novas; ao contrário, testemunhando, com as alterações próprias do estilo escrito, o quadro de ideias e a conjuntura daquele momento. De lá pra cá, alguns fatos mereceriam observação, se fosse o caso: o recrudescimento da concorrência entre empresas jornalísticas, aguçado na batalha dos anúncios classificados de domingo entre a *Folha* e o *Estado de S. Paulo*, por exemplo, fez aflorar, num

grau a mais, uma certa tendência que leva o jornal a tomar-se como o seu próprio assunto, de modo heroico (e como se a expansão febril do caderno de anúncios classificados fosse um fato histórico de uma relevância inaudita, mais do que uma escaramuça pela ampliação do espaço político-mercadológico em conjuntura de crise). No caso, o heroísmo a-histórico é uma remitização que esconde a história do próprio jornal que se põe no centro da cena. Por outro lado, a crítica cultural diária que foi dominante pela ostensibilidade sistemática com que fundava a autoridade da própria posição, durante um certo período, entrou, com a recessão, em fase recessiva, e não há o que lamentar quanto a isso, a não ser pela retração do espaço da discussão cultural. Em contrapartida, um jornalismo assumidamente ficcional e especulativo como o de Arnaldo Jabor contribui justamente na direção de mostrar que a reconciliação ética e estética com a ilusão coloca as coisas mais próximas de suas verdades (participando também de uma tendência que me parece animadora na vida cultural agora: o cineasta faz literatura e jornal como o editor do jornal faz teatro e o compositor popular faz romance enquanto o outro faz ensaio e o outro política, vídeo ou holografia). Já que a vida pública é um teatro, que o seja de melhor qualidade.

PÚBLICO, PRIVADO, DESPOTISMO*

Marilena Chaui

A "CRISE" DOS VALORES MORAIS

Fala-se hoje, em toda parte e no Brasil, numa "crise" dos valores morais. O sentimento dessa crise expressa-se na linguagem cotidiana, quando se lamenta o desaparecimento do dever-ser, do decoro e da compostura nos comportamentos dos indivíduos e na vida política, ao mesmo tempo que os que assim julgam manifestam sua própria desorientação em face de normas e regras de conduta cujo sentido parece ter se tornado opaco. Uma autora sueca, Sissela Bok, decidiu escrever um livro sobre a mentira, após ter verificado que, desde o século XVII, excetuando-se alguns momentos da literatura, do teatro e do cinema, reina o silêncio quanto aos dilemas do dizer-a-verdade na vida privada e na vida pública. Sociólogos de linha durkheimiana, examinando o desamparo dos indivíduos nas escolhas morais, a presença de práticas e comportamentos violentos na sociedade e na política, a multiplicidade de atitudes transgressoras de valores e normas, falam em anomia, isto é, na desaparição do cimento afetivo que garante a interiorização do respeito às leis e às regras de uma comunidade.

Na filosofia contemporânea a "crise" transparece na existência simultânea de três linhas principais de pensamento sobre a ética, resumidas por Agnes Heller: a niilista (baseada no relativismo historicista e na etnografia), que nega a existência de valores morais dotados de racionalidade e de universalidade; a universalista-racionalista (de origem iluminista), que afirma a existência de uma normatividade moral com valor universal porque fundada na ra-

* Este texto é a transcrição da palestra realizada durante o curso sobre a Ética. São anotações que ainda não foram plenamente sistematizadas e funcionam como indicativas de uma pesquisa mais ampla, ainda em andamento. (MSC)

zão; e a pragmática, que considera que a democracia liberal tem sido capaz de manter com suficiente sucesso os princípios morais da liberdade e da justiça no que tange às grandes decisões sobre a vida coletiva. Em nosso cotidiano, lembra Heller, somos bombardeados pelos três pontos de vista, ainda que se excluam reciprocamente, e sua presença simultânea constitui o sintoma do que chamamos de "crise" dos valores morais.

Alguns procuram nomear a "crise" dando-lhe o nome de pós-modernidade. A modernidade, nascida com a Ilustração, teria privilegiado o universal e a racionalidade; teria sido positivista e tecnocêntrica, acreditado no progresso linear da civilização, na continuidade temporal da história, em verdades absolutas, no planejamento racional e duradouro da ordem social e política; e teria apostado na padronização dos conhecimentos e da produção econômica como sinais da universalidade. Em contrapartida, o pós-modernismo privilegiaria a heterogeneidade e a diferença como forças liberadoras da cultura; teria afirmado o pluralismo contra o fetichismo da totalidade e enfatizado a fragmentação, a indeterminação, a descontinuidade e a alteridade, recusando tanto as "metanarrativas", isto é, filosofias e ciências com pretensão de oferecer uma interpretação totalizante do real, quanto os mitos totalizadores, como o mito futurista da máquina, o mito comunista do proletariado e o mito iluminista da ética racional e universal.

Se a modernidade havia se caracterizado pela confiança iluminista na razão como força que libera o homem do medo causado pela ignorância e pela superstição, a pós-modernidade proclama a falência da razão para cumprir a promessa emancipatória e exibe sua força opressora sobre a natureza e sobre os homens — a ecologia procura ouvir o "lamento da natureza oprimida" contra o ruído ensurdecedor da cultura, razão instrumental. Se a modernidade havia apostado na diferença entre sujeito e objeto como garantia de um saber objetivo não permeado pelas paixões e pelos interesses subjetivos, a pós-modernidade nega a validade dessa separação e proclama o reino do desejo e da sensibilidade contra as ilusões da objetividade. Se a modernidade acreditara na importância de constituir o poder político como esfera pública impessoal separada da sociedade civil e capaz de regulá-la por intermédio do Estado, tido tanto como instrumento de racionalização (pelos liberais) quanto como instrumento de dominação de classe (pela esquerda socialista e comunista), a pós-modernidade afirma que o poderio do Estado é ilusório e ilusória a dominação de classe, pois a realidade social é tecida por micropoderes capilares e disciplinadores da vida privada e sociopolítica. Se a modernidade trabalhava com grandes categorias como o indivíduo e o homem (no liberalismo) ou as classes sociais (no socialismo e no comunismo) ou o homem e os movimentos sociais (no anarquismo), a pós-modernidade fala nas pessoas, cuja identidade importa pouco porque seu ser é dado pelo sistema de diferenças que cria a alteridade ou o "outro": mulheres, homossexuais, negros, índios, crianças, idosos, sem-teto, religiosos.

Fala-se em descentramento. Toma-se a democracia a partir da pluralidade de ações e práticas sociopolíticas e não pelas instituições onde ela se realizaria. Declara-se o fim da separação moderna entre o público e o privado, em benefício do segundo termo contra o primeiro, fazendo-se o elogio da intimidade e criticando-se os pequenos poderes na família, na escola e nas organizações burocráticas; nega-se a possibilidade de teorias científicas e sociais de caráter globalizante, pois não possuiriam objeto a ser totalizado num universo físico e histórico fragmentado, descentrado, relativo e fugaz. Prevalece a sensação do efêmero, do acidental, do volátil, num mundo onde "tudo o que é sólido derrete no ar". Cidades são descritas e pensadas como "empório de estilos", "enciclopédia de signos", "teatro pluralista", onde não mais têm validade os valores modernistas da funcionalidade, do planejamento e da permanência. Os objetos são descartáveis, as relações pessoais e sociais têm a rapidez vertiginosa do *fast food*, o mercado da moda é dominante e a moda, regida pelas leis de um mercado extremamente veloz quanto à produção e ao consumo. Tempo e espaço foram de tal modo comprimidos pelos satélites de telecomunicações e pelos meios eletrônicos, assim como pelos novos transportes, que o tempo tornou-se sinônimo de velocidade e o espaço, sinônimo da passagem vertiginosa de imagens e sinais.

Em lugar da linguagem como rede de significantes e significados, signos e significações, haveria "jogos de linguagem" sem sujeito, e a comunicação seria feita por uma "nuvem de elementos narrativos", por séries de textos em intersecção com outros, produzindo novos textos nas instituições e fora delas. Em lugar das macroinstituições e dos macropoderes — particularmente o Estado — haveria discursos do poder como estratégias disciplinadoras de dimensão microfísica e capilar, sem qualquer relação com a dominação de classe, e cujo *locus* de exercício seria o corpo humano. A noção de intertextualidade desprovida de centro narrativo e significativo e a noção de micropoderes invisíveis desprovidos de centro, assim como a percepção da razão como essencialmente repressora, instrumental e dominadora desembocam tanto na crítica de valores que pudessem dar algum fundamento a uma ética racional e universalista quanto na crítica daquilo que permitisse nomear tal ética como ideologia, pois a noção de ideologia pressupõe, por um lado, a existência de um centro (a classe dominante) e, por outro lado, a existência da verdade (a gênese e reprodução ou a transformação de uma forma socioeconômica determinada).

Todavia, se, como pensam alguns, admitirmos que a definição exemplar da modernidade foi oferecida por Baudelaire, ao colocá-la como tensão entre o efêmero e o eterno, ou, como dizia Klee, a busca do essencial no acidental, poderíamos indagar se o pós-modernismo não seria apenas mais uma figura da modernidade, aquela que privilegia o efêmero e o acidental contra o eterno e o essencial. Admitamos, por enquanto, que o pós-modernismo seja uma figura da modernidade. Nesse caso, não podemos atribuir-lhe a origem da atual "crise" dos valores morais — ele pode, no máximo, expressá-la — e precisamos indagar se ela não se encontraria na própria modernidade.

Os antigos afirmavam que a ética, cujo modo era a virtude e cujo fim era a felicidade, realizava-se pelo comportamento virtuoso entendido como a ação em conformidade com a natureza do agente (seu *ethos*) e dos fins buscados por ele. Afirmavam também que o homem é, por natureza, um ser racional e que, portanto, a virtude ou o comportamento ético é aquele no qual a razão comanda as paixões, dando normas e regras à vontade para que esta possa deliberar corretamente. Embora Platão, Aristóteles, os estoicos ou os epicuristas divergissem quanto à definição das virtudes, da razão, da vontade, das paixões e da Natureza, concordavam com os princípios gerais acima expostos. Essa concordância derivava de uma outra, cuja definição também variava, mas que era a mesma como princípio geral, qual seja, a admissão da existência de uma ordem universal, de um cosmos racional, em cujo interior os homens e cada homem, assim como todas as coisas, possuíam um lugar próprio e definido que determinava a conduta racional de cada um segundo certos fins tidos universalmente como belos, bons e justos. Cada homem, no lugar que lhe era próprio, poderia, sob a conduta da razão, realizar a boa finalidade ética determinada pelo seu lugar na ordem do mundo, na ordem social e política e na ordem familiar. Ser justo, ser feliz, ser sábio, ser corajoso, ser generoso, ser prudente, ser honrado eram consequências de se estar em conformidade com a natureza: cósmica, social, política, familiar e individual. As virtudes éticas e políticas eram a atualização de uma potencialidade da natureza humana, desde que a razão pudesse comandar as paixões e orientar a vontade, pois só o ignorante é passional e vicioso.

O ideal da perfeita integração entre homens e cosmos e entre indivíduo e comunidade política (pois a cidade exprimiria a ordem natural e cósmica) levou Hegel a definir a época grega como a da *bela totalidade ética*, quando os valores éticos e políticos eram idênticos e formavam a moralidade propriamente dita. Por isso mesmo, duas grandes rupturas atravessaram a bela totalidade: a primeira, expressa na *Antígona*, quando a cisão entre os valores da família e as leis da cidade marcou a passagem da aristocracia para a democracia; a segunda, expressa pelo estoicismo, quando a cisão entre os valores éticos do indivíduo e as leis políticas indicou o desaparecimento da *pólis* independente, sob os efeitos do imperialismo da Macedônia e de Roma.

É bem verdade, como atestam os estudos dos últimos cinquenta anos, que nunca houve a "bela totalidade" grega. Não existiu como um fato. Mas foi desejada como um valor por uma sociedade e uma cultura que, marcadas pela desmedida, buscaram a todo custo encontrar uma medida que contivesse os homens dentro de limites postos como justos, a justiça sendo o *métron* do cosmos e da *pólis*. Quando Édipo é designado como *tyrannikós* (e não como rei, *basileus*), o que se procura indicar é sua desmedida injusta — parricídio e incesto. Quando o ostracismo é criado como instituição política, assinala o receio da cidade de que alguém, vencendo todos os outros pelo desempenho físico e argumentativo, ganhasse a supremacia e, sozinho, dominasse a *pólis*. Se a instituição foi criada, o perigo existia. A *hybris* — a desmedida — sempre rondou o ideal da vida ética justa.

Todavia, para o que queremos expor aqui, o importante no pensamento e nas instituições antigas é a ideia de uma ordem natural universal e racional onde cada ser, segundo seu grau de perfeição e de realidade, possui um lugar próprio que determina sua natureza, seu caráter, seus comportamentos e suas ações.

Mesmo com o advento do cristianismo, as mudanças, embora profundas, não abalaram a ideia da ética como pertencimento de cada ser humano a uma ordem universal cuja hierarquia determina para cada um de nós as virtudes que nos são próprias.

No entanto, algo já se anuncia, pondo em risco a integração entre ética e cosmos, preparando as dificuldades que marcarão a modernidade. Em primeiro lugar, como mostra Hannah Arendt, desloca-se o campo da liberdade. Para os antigos, a liberdade era um conceito essencialmente político, pois só na *pólis* alguém poderia ser livre e a liberdade era a definição mesma da cidadania. O cristianismo, porém, religião da salvação nascida fora do campo político e contra o Estado, desloca a liberdade para o interior de cada humano, articula liberdade e vontade e apresenta esta última como essencialmente dividida entre o bem e o mal. A liberdade surge como uma divisão interior entre mim e mim mesma, entre meu querer bem e querer mal, tornando-se livre-arbítrio. O cristianismo despolitiza a liberdade e, ao interiorizá-la, moraliza-a. Em segundo lugar, introduzindo o sentimento da culpa originária, coloca o vício como constitutivo da vontade e, dessa maneira, a ética não pode ser apenas a conduta racional que regula a vontade e submete as paixões, mas ainda exige a submissão da vontade humana a uma outra vontade, transcendente e essencialmente boa, que define desde a eternidade os valores e comportamentos morais, segundo uma finalidade que não é mais a da felicidade social, política e terrena, mas a da salvação extraterrena e extratemporal. A liberdade, além de luta interior, torna-se também luta pela ou contra a transcendência. Em terceiro lugar, e como consequência, o cristianismo subordina o ideal da virtude à ideia do dever e da obrigação, faz da humildade uma virtude desconhecida para os antigos e exige a submissão à vontade divina, tornando problemática e quase impossível a finalidade ética dos antigos, isto é, autonomia, o dar-se a si mesmo sua norma de ação. Por isso, a liberdade se reduz ao arbítrio, à escolha entre fins já estabelecidos, segundo critérios que só a Deus pertencem. Mas, em quarto lugar, e como consequência, a noção de responsabilidade individual assume um papel desconhecido para os antigos, pois torna-se universal e faz surgir uma virtude também desconhecida para os antigos, a caridade, como responsabilidade pela salvação do outro, seja este quem for. Salvação e pecado introduzem um conteúdo extramundano para a ética e criam um paradoxo insolúvel para a liberdade de escolha: como exercer o livre-arbítrio num mundo predeterminado pela onipotência e onisciência da vontade divina?

Sem dúvida, os antigos conheciam a ideia de Providência (inúmeros nomes ela teve), mas como esta não se apresentava como um poder extranatural, a ética não se opunha a ela, uma vez que o comportamento ético era justamente a conformidade com a Natureza que era a mesma na Providência e no agente humano. E o comportamento vicioso era tido como Contranatureza. Com o cristianismo, porém, bondade e vício tornaram-se igualmente constitutivos da natureza humana e a Providência, ainda que se espalhe pelo mundo, é essencialmente diferente dele. A ética cristã traduz a afirmação dos antigos — "a virtude é agir em conformidade com a Natureza" — para: "a virtude é agir em conformidade com a vontade de Deus". Em suma, a famosa dicotomia entre liberdade e necessidade é trazida pela teologia cristã e se transforma num paradoxo insolúvel para a ética dos cristãos, sobretudo porque a vontade divina se exprime por mandamentos e decretos anteriores e superiores aos homens, de sorte que ser livre é obedecer à exterioridade do comando divino. O vínculo entre virtude e obediência, virtude e obrigação, virtude e dever apaga a ideia da liberdade como esfera humana do humano e, portanto, como autonomia.

Ora, o que conhecemos com o nome de modernidade começa quando desaparece a ideia de uma ordem universal — seja ela imanente ao cosmos ou transcendente a ele. Em outras palavras, a modernidade começa quando termina a ideia de "mundo" (espaço finito, dotado de centro e de periferia e de "lugares" naturais) e de hierarquia natural dos seres, cedendo para as ideias de universo infinito, desprovido de centro e de periferia, e de indivíduo livre, átomo no interior da Natureza e para o qual já não possuímos a definição prévia de seu lugar próprio e, portanto, de suas virtudes próprias. É o cristão Pascal quem melhor exprime a angústia engendrada pela modernidade quando mergulha no infinito, "o centro em toda parte e a circunferência em nenhuma", e no pavor do "silêncio desses espaços infinitos": como Deus há de falar ao cristão e dar-lhe a conhecer Sua vontade no universo infinito?

A modernidade afasta a ideia (medieval e renascentista) de um universo regido por forças espirituais secretas que precisariam ser decifradas para que com elas entremos em comunhão. O mundo se desencanta — como escreveu Weber — e passa a ser governado por leis naturais racionais e impessoais que podem ser conhecidas por nossa razão e que permitirão aos homens o domínio técnico sobre a Natureza. A realidade passa a existir sob o modo da representação (isto é, pelo modo como é apreendida intelectualmente pelas operações do sujeito do conhecimento) e o saber se preocupa cada vez menos em dizer o que as coisas são e cada vez mais em conhecer como operam e funcionam. Pouco a pouco vai sendo cavada a diferença entre Homem e Natureza — no século XVIII, diferenciam-se Natureza e Civilização; no século XIX, diferenciam-se Natureza e Cultura, Natureza e História. A liberdade desaparece da Natureza e vem alojar-se no campo humano da civilização, da cultura e da história, campo da ação racional orientada por fins e valores. Pouco a pouco, a ética vai deixando de ser a conformidade com a Natureza para tornar-se, sobretudo com Kant, o abandono da Natureza e mesmo oposição a ela.

Sem dúvida, os primeiros momentos da modernidade conservam a ideia de que a virtude é obediência à razão contra o império caótico das paixões, que a virtude é dever e obrigação em face de normas e valores universais, que a liberdade é o poder humano para enfrentar com suas próprias forças a contingência e a adversidade — cujo nome é Fortuna —, que a responsabilidade é a marca da honradez virtuosa, pois não há liberdade sem responsabilidade. Mas todos esses termos perderam, *de facto* e *de jure*, a universalidade pretendida porque lhes falta o centro ordenador, o cosmos antigo e a ordem providencial medieval. Não será por acaso que Descartes consiga, no plano do conhecimento, fundar a universalidade da razão teórica moderna, mas seja incapaz do mesmo feito para o plano da ética, tendo que se satisfazer com uma "moral provisória". Somente com a aparição das ideias de civilização, cultura e história será possível definir um novo centro que permitirá o surgimento de uma razão prática com pretensões ao universal no campo ético. Esse centro, porém, é frágil e precário, seja porque a diversidade cultural e a mudança histórica tendem a relativizar a universalidade dos valores e das normas, seja porque a noção de progresso (que unificaria num só movimento e num só ritmo todas as civilizações e culturas, dando-lhes uma medida comum universal) precisa excluir tudo quanto não siga o modelo evolutivo (contestável, aliás), seja, enfim, porque o marxismo, de um lado, e a psicanálise, de outro, levantaram profundas suspeitas quanto à racionalidade daquela razão que fundava a universalidade prática ou ética.

A modernidade, inventando a ideia de *indivíduo* livre, torna problemática a ideia de valores éticos universais: Natureza, Deus, Razão, primeiro, Civilização, Cultura, História, depois, deixam de ser princípios universais, ainda que o trabalho do pensamento racionalista tenha sido feito para dar a eles uma nova universalidade e suprir a antiga, irremediavelmente perdida. Dizer que a ordem universal (cosmos, mundo) desapareceu com o surgimento do universo infinito não significa, porém, dizer que toda e qualquer ordem desapareceu. O universo segue a ordem heliocêntrica e a lei da gravitação é universal. O indivíduo livre é, na verdade, membro de uma ordem social definida, agora, por um centro organizador que procura evitar os choques com a hierarquia sociopolítica: o centro organizador é o mercado, que precisa do conceito de indivíduo livre que se relaciona com outros por meio da relação contratual, dotada de validade apenas se os contratantes forem livres e iguais. Justamente porque o mercado é o centro ordenador da nova realidade, algo interessante se passará no campo ético. As paixões, tidas como vícios que a educação moral corrigiria, tornam-se sinônimo de interesse e utilidade e já não podem ser afastadas pelo simples respeito a valores racionais, pois o movimento passional dos interesses e das utilidades torna-se o cerne da racionalidade moderna. Como, então, continuar a definir a virtude pelo domínio racional da vontade sobre as paixões?

Existem dois caminhos e apenas dois para a ética moderna: o caminho clássico, e depois ilustrado e liberal, segundo o qual trata-se de verificar a utilidade de cada interesse e fazê-la o critério de manutenção ou exclusão das paixões e erigir em valores morais aquelas paixões que são úteis para os novos interesses econômicos, sociais e políticos; o segundo caminho, também ilustrado, é aberto por Kant: trata-se de separar o reino empírico das necessidades e dos interesses e o reino transcendental da liberdade e da finalidade. O empírico segue causalidades particulares e somente o transcendental põe a universalidade ética como conjunto de máximas derivadas de um imperativo categórico da razão e não hipotético ("age tendo a humanidade como fim e jamais como meio" — não tratar os sujeitos como coisas — e "age como se a máxima de tua ação pudesse ser realizada por todos os homens e por qualquer homem" — a universalidade da razão garante a universalidade do sentido da ação). A materialidade particularista dos interesses e das paixões seria, assim, substituída pela formalidade absoluta dos valores éticos. Mas, com isso, ética e vida sociopolítica tornam-se incompatíveis. A moral dos interesses garante a nova economia e a nova política, mas pagando o preço da perda da universalidade. A moral do imperativo ético garante a liberdade e a responsabilidade éticas como valores universais, mas pagando o preço de não corresponder às exigências cotidianas da prática. Relativismo e universalismo legam para nós uma dupla moralidade: aquela que afirma que os fins justificam os meios e aquela que exige a adequação racional ou a proporção entre meios e fins.

Sabemos que é com Kant que o conceito da liberdade como absolutamente incondicionada — o imperativo categórico — leva a romper com uma ética material dos valores, isto é, com uma normatividade fundada em conteúdos empíricos e em humores, caracteres, temperamentos que condicionariam externa e internamente os atos morais. A liberdade incondicional é a pura forma dos atos que, se livres, tornam-se atos morais e ações virtuosas segundo o dever. Conhecemos também a crítica hegeliana à liberdade kantiana como abstração do entendimento, sem alçar-se à concretude da ideia que suportou o "calvário do negativo", que passou pela dialética do senhorio e da servidão, da consciência infeliz, da utilidade ilustrada abstrata e superou a "bela alma", atada aos princípios formais para ausentar-se do mundo. No entanto, Hegel, como Kant, mantém um princípio que fora formulado por Aristóteles: a liberdade só é possível quando foram vencidas e suprimidas as carências, as faltas e as necessidades. Na filosofia kantiana, carência, falta e necessidade formam o reino empírico das paixões e o reino da causalidade natural. Por isso, o reino ético precisa constituir-se à distância do natural. Na filosofia hegeliana, o lugar da carência, da falta e da necessidade é a sociedade civil, espaço da luta passional dos interesses e das classes sociais. Por isso, a liberdade só poderá efetivar-se no Estado, realização da razão na história, momento objetivo da liberdade. Sabemos, enfim, que Marx mantém e desenvolve o conceito hegeliano da sociedade civil como sociedade burguesa, isto é, como mercado e luta de classes no campo dos interesses privados, mas avança em direção ao Estado para expô-lo como resultado da luta de classes sob a supremacia burguesa e, portanto, como realização abstrata da liberdade (o Estado de Direito). A liberdade real e não formal é posta por Marx como movimento de emancipação do gênero humano pela ação política da classe proletária em face da exploração (necessidades e carências) e da dominação (direitos formais e burocracia estatal). Na medida em que o sujeito histórico do presente não é o Eu Transcendental kantiano nem o Espírito hegeliano, mas o Capital, cujos predicados são a burguesia e o proletariado, o modo de produção capitalista não pode conhecer a figura do Homem como sujeito (conhece o Capital e duas classes sociais contraditórias), estando por isso despojado das condições objetivas para a realização da liberdade — burguesia e proletariado são heterônomos, pois cada qual, à sua maneira, está a serviço de uma força estranha e externa que os governa, o Capital. A liberdade, que começa como movimento de emancipação na busca da autonomia, só se concretizará quando começar realmente a história, isto é, quando o Homem for sujeito autônomo, e terminar a pré-história, isto é, o período em que o Capital é sujeito. Compreende-se, então, que o comunismo seja a formação social que, superando carências e faltas, necessidades e exploração, realiza a liberdade.

Em outras palavras, a diferença entre Kant, de um lado, e Hegel e Marx, de outro, encontra-se na retomada da ideia grega e renascentista (a *vita activa*) de que a liberdade é um valor ético porque é um valor político. À moralização da liberdade trazida pelo cristianismo e à qual Kant permanece fiel, ambos contrapõem a politização da liberdade.

Não por acaso, dois filósofos contemporâneos, formados na tradição alemã, voltam a tematizar a liberdade exclusivamente como práxis. Marcado pela Ilustração kantiana, Habermas aposta numa "ética da ação comunicativa" que permitiria o surgimento de um espaço público de diálogo tecido numa intersubjetividade racional, cujo pressuposto seria o caráter incondicionado e incondicional da palavra ética. Marcada por Heidegger e pela ideia do *Mit-Sein*, Hannah Arendt define a política como "ação comum dos homens" e afirma que o nascimento da *pólis* e da *civitas* seria inconcebível sem a liberdade — a *pólis*, porque rompe o espaço privado dos desiguais e funda a política propriamente dita, isto é, o espaço dos iguais e livres (liberados das carências e necessidades); a *civitas*, porque introduz a ideia de fundação, isto é, do poder humano para começar radicalmente, inaugurar, criar.

Todavia, há algo perturbador no desejo de liberdade que definiria a política e a faria inseparável da ética: é ele realmente incondicional ou incondicionado? É casual que Habermas tenha ido buscar no mundo empírico (na psicologia genética de Piaget) as razões de possibilidade de uma comunicação ético-política plena? É casual que Arendt viesse a examinar a "crise da república" sob os efeitos da perda ética, isto é, da mentira e da "banalização do mal"? Ela, que criticara Marx, considerando-o, por princípio, impossibilitado de aceder ao campo da política porque teria reduzido a práxis ao trabalho como *labor* (reprodução da vida) sem alçá-la à ação livre dos que se emancipam das carências e necessidades vitais, não é ela forçada a repor no interior da política o jogo dos interesses e chamar de "crise" a presença inconteste da necessidade no campo político?

O que importa, porém, não são os impasses dos diferentes pensadores aqui mencionados. Se viemos a eles foi porque exprimem de maneiras variadas os dois problemas que o cristianismo legou para a modernidade: como conservar a ideia de que a virtude é poderio da razão sobre as paixões e como voltar a politizar a ética da liberdade? Em outras palavras, como pensar a relação e a diferença entre o espaço privado e o espaço público?

Não é nosso assunto a "crise" dos valores morais. Quisemos, com esta introdução, simplesmente sugerir que a "crise" não surge com a chamada pós-modernidade, mas com a própria modernidade, da qual a última figura que conhecemos é o pós-modernismo. Mas esta introdução pode ajudar-nos a trabalhar nosso tema, uma vez que nele está aberto o problema moderno da relação entre ética e política, a primeira colocada pela modernidade como esfera da vida privada, e a segunda, como esfera da vida pública.

De um modo geral, o conflito ou a contradição que atravessam a separação entre o público e o privado podem ser resumidos na pergunta que sempre atormentou os moralistas antigos e modernos: os fins justificam os meios? Um dos divisores de água que a modernidade traçou entre a ética e a política foi dado pela baliza posta por essa pergunta. No caso da ética, a resposta é negativa: os meios precisam estar de acordo com a natureza dos fins e, portanto, para fins éticos os meios precisam ser éticos também. Em outras palavras, se a finalidade da ética é a virtude e o bem, os meios precisam ser bons e virtuosos, sem o que não há ética, uma vez que as ações realizadas em vista de um certo fim já fazem parte do próprio fim a ser atingido, são o caminho para ele. Ao contrário, no caso da política, a resposta tende a ser positiva e, portanto, estabelece uma diferença de natureza entre meios e fins, exigindo-se, porém, que haja alguma proporção (ou racionalidade) entre eles. A ideia que parece prevalecer, portanto, é a de que, na política, todos os meios são bons e lícitos, se o fim for bom para a coletividade. A curiosa expressão eleitoral "rouba mas faz" exprime essa ideia.

No entanto, um fenômeno nacional como a chamada "lei de Gerson" ("levar vantagem em tudo") sugere que a separação entre meios e fins parece não se confinar à política, mas também ter invadido o interior da ética e é isso que surge para os sujeitos sociais como altamente perturbador ou como "crise dos valores". Todavia, podemos indagar se tal separação teria entrado inesperadamente na cena ética. De fato, numa sociedade que afirma o valor da competição e da vitória sobre os outros como prova de superioridade e, portanto, transforma a competição e a vitória em valores morais, poderia tal sociedade afirmar que houve separação entre meios e fins quando, para alcançar a vitória, todos os meios competitivos são considerados bons (se forem eficazes)?

Essa pergunta, porém, não está bem formulada. De fato, nela continuamos pressupondo que tanto na ética quanto na política há uma distância entre meios e fins. Distância menos acentuada na ética e mais acentuada na política. A "lei de Gerson" tornou-se perturbadora porque teria alargado essa distância, na ética, e tornado intransponível a separação entre meios e fins, na política. Em outras palavras, teríamos perdido a medida, a proporcionalidade (a *ratio*) que regularia a relação entre meios e fins tanto na ética quanto na política. Ora, o pressuposto da separação e o pressuposto da regulação proporcional entre meios e fins significam que estamos tomando a ética e a política como técnicas e não como práxis. A técnica, como Aristóteles mostrou, caracteriza-se pela heterogeneidade de natureza entre meios e fins, entre o ato fabricador e o produto final; a práxis, ao contrário, caracteriza-se pela homogeneidade entre meios e fins — fins éticos exigem meios éticos e fins políticos exigem meios políticos. A "lei de Gerson" não seria falta de ética, mas proposta de uma ética agonística, na qual a competição é um valor e a vitória, um fim. A "crise moral" estaria, antes, no conflito entre essa ética e a ética cristã do amor ao próximo, e não na ausência de uma ética. O problema, justamente, encontra-se do lado da política, pois quando poderemos dizer se um meio é ou não político?

Podemos esboçar uma primeira resposta (voltaremos a isso no final) dizendo que a política pertence ao campo da práxis e que meios são políticos quando estão referidos ao espaço público e às lutas e conflitos no interior desse espaço, de sorte que meios privados ou que privatizem o espaço público não são meios políticos. Mas podemos ir além e apanhar também a questão dos fins, se dissermos que a política é uma lógica da ação que se realiza à distância da finalidade ética (o dever) e da finalidade técnica (o produto), havendo, porém, uma medida de ética pública para a política, oferecida por dois pesos: o primeiro é a capacidade da ação para colocar meios e fins que excluam a violência e a força (usadas apenas *in extremis*) porque criam a esfera de sua própria legitimidade, isto é, de adesão e obediência voluntária pelos demais sujeitos do espaço público; o segundo é a capacidade para apreender a liberdade como um campo aberto de possíveis e que um dos possíveis se torna necessário apenas porque a ação política conseguiu torná-lo real, de sorte que a liberdade não é a simples vontade e a escolha, mas um modo de agir que tem a si mesmo como fim.

Essa primeira resposta, no entanto, transfere o problema para uma região que apanha simultaneamente a ética e a política. O adágio clássico — agir virtuosamente é agir em conformidade com a Natureza —, o adágio cristão — agir virtuosamente é agir em conformidade com a vontade de Deus —, o adágio moderno — agir virtuosamente é agir em conformidade com a Razão —, e o adágio maquiaveliano — agir com *virtù* é captar o momento oportuno para dobrar a caprichosa Fortuna — indicam algo nuclear nas discussões éticas e políticas, qual seja, como conciliar liberdade e circunstância, liberdade e contingência, já que a liberdade é posta como conformidade ao necessário (Natureza, Deus, Razão e *Virtù*). Mas, no mesmo momento, também a questão sobre a relação entre liberdade e necessidade está aberta, uma vez que esta última pode surgir na forma de uma força externa que comanda de fora os atos do sujeito moral e do sujeito político, que julgam escolher e agir livremente apenas porque desconhecem o poder da força que os dirige. Esse segundo problema torna-se ainda mais complexo quando Freud põe em dúvida o poderio da consciência, com a descoberta do inconsciente; quando os antropólogos descrevem a pluralidade cultural regida por necessidades internas a cada cultura; quando Marx revela o poderio da ideologia e também os imperativos econômicos do modo de produção capitalista que, por um lado, são ocultados pela ilusão ideológica e, por outro lado, exigem (por uma necessidade interna) sua autodissolução, sem deixar lugar para a prática política transformadora, enquanto escolha livre e consciente da emancipação.

Apesar dos problemas possuírem duas faces, a da relação liberdade-contingência e a da relação liberdade-necessidade, é extremamente sugestivo observar que a tradição que vai dos gregos aos anos 1960, com raríssimas exceções, se desdobra, apesar das diferenças profundas e das rupturas teóricas e históricas, na afirmação de que a liberdade é harmoniosa com a necessidade (ainda que essa harmonia seja de difícil definição) e está em conflito com a contingência (ainda que as aparências façam supor que o ato livre é um ato contingente, ou melhor, livre porque contingente, imotivado). A necessidade, receba o nome que receber, é vista como imanente ao sujeito (ser natural como a Natureza, ser criado por Deus à sua imagem e semelhança, ser racional como a Razão, ser cultural como a Cultura, ser histórico como a História) e essa imanência garante a autonomia, isto é, o "agir em conformidade" supõe que o sujeito, a causa, o motivo e o fim da ação são de mesma natureza. Ao contrário, a contingência é o acidental, o imprevisto, a indeterminação, são as paixões e os interesses flutuantes. O contingente é misto de acaso e destino, de fortuna e fatalidade, sua marca é a exterioridade em face do sujeito da ação: a contingência é o que se abate de fora sobre o sujeito e o torna heterônomo. Donde a luta dos antigos e medievais contra os caprichos da Fortuna e a afirmação de Maquiavel de que a *virtù* se conquista contra a Fortuna ao saber dobrá-la; donde a pergunta dos filósofos modernos: "o que está em nosso poder e o que está em poder da Fortuna?"; donde a ideia dos liberais de atribuir racionalidade necessária aos interesses e às paixões para arrancá-los da contingência e colocá-los sob as leis do mercado; o esforço kantiano de duplicar a natureza humana para que a liberdade possa exercitar-se de acordo com a necessidade dos fins e não segundo a necessidade causal da Natureza; a trajetória hegeliana para fazer da contingência uma "astúcia da razão" que segue o curso de sua necessidade imanente; o trabalho de Freud para elaborar uma terapia na qual as forças cegas da necessidade inconsciente sejam captadas pela consciência em sua significação; donde a afirmação de Marx de que a "liberdade é a consciência da necessidade", o saber agir sobre as condições materiais objetivas dadas para transformá-las segundo uma possibilidade que nelas está inscrita, isto é, a revolução.

Assim, a tradição que chega até nós — com três exceções no modo de determinar os três conceitos em pauta (Espinosa, na determinação do conceito de necessidade; Nietzsche, na definição da contingência; Sartre, na definição da ideia de liberdade) —, diante do par contingência-necessidade, opta pelo segundo termo como forma da autonomia do sujeito e da inseparabilidade entre virtude e razão (seja qual for a definição desses dois termos). Transformar o contingente em necessário e participar ativamente da necessidade imanente à Natureza, à Razão, ao Sujeito, à História definem tanto a ética quanto a política.

O pós-modernismo faz a opção pela contingência. E, com ela, opta pelo fragmentado, efêmero, volátil, fugaz, pelo acidental e descentrado, pelo presente sem passado e sem futuro, pelos micropoderes, microdesejos, microtextos, pelos signos sem significados, pelas imagens sem referentes, numa palavra, pela indeterminação que se torna, assim, a definição e o modo da liberdade. Esta deixa de ser a conquista da autonomia no seio da necessidade e contra a adversidade para tornar-se jogo, figura mais alta e sublime da contingência. Mas essa definição da liberdade ainda não nos foi oferecida pelo pós-modernismo; está apenas sugerida por ele, pois definir seria cair nas armadilhas da razão, do universal, do logocentrismo falocrático ou de qualquer outro monstro que esteja em voga. Donde o sentimento de que vivemos uma "crise" dos valores morais (e políticos).

PÚBLICO, PRIVADO, DESPOTISMO

"Tudo é de Um."
La Boétie

Costumamos empregar indiferentemente e como sinônimos os vocábulos *ditador*, *tirano* e *déspota*. No entanto, essas palavras reenviam a conceitos diferentes, determinados pelos diferentes contextos histórico-políticos em que foram formulados.

O ditador é uma figura criada pela República romana: trata-se de um homem ilustre, membro do patriciado romano, num momento de convulsão política chamado pelo Senado para resolver um problema determinado e por um tempo determinado. O ditador não governa sobre tudo nem permanece no poder por quanto tempo desejar ou puder. Sua função é temporária, parcial e legal, tendo por finalidade restaurar, numa esfera qualquer da vida social e política, as leis já estabelecidas e, para tanto, são-lhe conferidos poderes excepcionais para agir até que as leis sejam restauradas ou reformadas.

O tirano, por seu turno, é uma figura da política grega: refere-se ao homem excepcional (pela força física, pelas qualidades guerreiras, pela clarividência política, pela capacidade na argumentação persuasiva) que é chamado pelo povo para salvá-lo de uma crise, de uma guerra civil ou externa, do poderio das facções e que governa com o consentimento dos sujeitos, ainda que seu governo suspenda as leis antigas e crie outras, novas.

O déspota — em grego, *despotês* — é uma figura da sociedade e da política gregas; é o chefe da família (do *oikós* ou, em latim, do *domus*, donde *dominus*, senhor), entendendo-se por família e casa (*oikós* ou *domus*) três relações fundamentais: a do senhor e o escravo, a do marido e a mulher, e a do pai e os filhos. O déspota é o senhor absoluto de suas propriedades móveis e imóveis, das pessoas que dele dependem para sobreviver (escravos, mulher, filhos, parentes e clientes) e dos animais que emprega para manutenção de suas propriedades. A principal característica do déspota encontra-se no fato de ser ele o autor único e exclusivo das normas e das regras que definem a vida familiar, isto é, o espaço privado. Seu poder, escreve Aristóteles, é *arbitrário*, pois decorre exclusivamente de sua vontade, de seu prazer e de suas necessidades. Os primeiros reis, lembra Aristóteles, porque eram simples chefes de clãs e tribos ou de conjuntos de famílias, eram déspotas, assim como são déspotas os governantes bárbaros do Oriente, mas onde houver cidade e política, portanto, onde houver leis e cidadãos livres não pode haver déspota. O déspota (o *despotês*; o *pater familias*) só domina os dependentes e não os livres. Em outras palavras, onde houver espaço público e vida pública, onde houver *politeia*, não pode haver *despoteia*, não se pode manter o princípio do poder despótico, que pertence ao espaço privado e à vida privada.

A autoridade despótica (a *despoteia*) define o governo doméstico (a *oikonomia*) e, segundo Aristóteles, crítico de Platão e de Xenofonte, é uma autoridade derivada ou logicamente posterior à *politeia*, ainda que no plano empírico dos fatos lhe seja cronologicamente anterior. Com efeito, escreve Aristóteles na *Política*, a cidade (*pólis*) é uma espécie de comunidade (*koinonia*) feita com uma finalidade precisa: permitir a vida boa ou justa ou feliz, que só é possível para os que são livres ou independentes. Ora, por natureza, os homens são seres livres e destinados à vida política "porque somente ele[s] tem o dom da palavra", o *logos*, que lhes permite distinguir entre o bem e o mal, o justo e o injusto e todos os valores. A cidade é um todo e, logicamente, o todo é anterior às partes, sendo por isso anterior aos indivíduos e às instituições como a família. A anterioridade lógica da política em face da família faz com que esta dependa daquela, não podendo, portanto, ditar-lhe normas, regras e leis, mas, ao contrário, dela recebendo os valores. Nessa perspectiva, o déspota é rigorosamente um usurpador, uma vez que deseja fazer valer para o todo o que define uma parte e uma vez que deseja fazer a parte valer mais do que o todo. Donde a arbitrariedade que necessariamente caracteriza seu governo. Em outras palavras, o que é legítimo no espaço privado — a autoridade despótica — torna-se ilegítimo ao ser deslocado para o espaço público — a autoridade das leis livremente constituídas pelos cidadãos, a partir de sua natureza enquanto "animais políticos".

Se Xenofonte, no *Econômico*, ainda procura na figura do *despotês* o exemplo para o governante e se Platão, no *Político*, ainda tem como referência o modelo do rei patriarcal, Aristóteles, ao contrário, é o primeiro pensador a afirmar a diferença de natureza entre a cidade, esfera pública, e a família, esfera privada, e o primeiro a diferenciar de modo rigoroso o poder despótico e o poder político, isto é, o poder patriarcal dos antigos chefes e reis e o poder dos cidadãos e dos governantes políticos, diferença que para ele passa pela autoridade que se exerce em vista dos interesses particulares de seu detentor e a autoridade que é exercida em vista do bem viver e do interesse da coletividade ou da comunidade. Em outras palavras, a diferença entre o poder exercido pela vontade arbitrária do senhor e o poder exercido em conformidade com a justiça e com as leis, exercício que exige, pressupõe e repõe a liberdade dos cidadãos.

Se, portanto, déspota, tirano e ditador são figuras políticas determinadas, cada qual dotada de contexto próprio e de história própria, de onde vem que em nosso vocabulário os três termos sejam empregados como sinônimos?

Pelo menos três motivos determinam essa indiferença vocabular de nossa linguagem política: em primeiro lugar, porque o próprio Aristóteles não recusa a existência de regimes de governo despótico, mesmo que diga que, a rigor, não são *politeia*: a monarquia absoluta, a tirania sem consentimento dos sujeitos e com leis arbitrárias, feitas para servir aos interesses pessoais do governante, constituem regimes despóticos, desvios ou degradações dos regimes políticos propriamente ditos; monarquia e despotismo são espécies de um mesmo gênero, o do governo de um só (sob leis, num caso; sem leis, no outro); em segundo lugar, porque as teorias clássicas e modernas da tirania e da ditadura tendem a considerar que o tirano usa a força e o ditador se conserva ilimitadamente no poder e que ambos se tornam déspotas, isto é, governam pela violência, pelo arbítrio de sua vontade, segundo seus interesses privados e sem o consentimento dos cidadãos e das leis; mas, em terceiro lugar, é Montesquieu, certamente, o maior responsável por essa identificação dos termos, na medida em que, no *Espírito das leis*, ao seguir a tradição de classificação dos regimes políticos, em lugar de reproduzir a classificação tradicional (monarquia, aristocracia e democracia e suas formas corrompidas, tirania, oligarquia e anarquia) apresenta uma outra: monarquia (constitucional e não absoluta), república (que pode ser aristocrática ou democrática) e despotismo (os regimes políticos do Oriente), qualificando este último como regime onde impera a vontade arbitrária do governante e cujo princípio é o medo dos súditos.

Montesquieu distingue os regimes políticos por sua natureza, seus princípios e suas leis. A monarquia tem por natureza que o príncipe possua o poder soberano, mas o exerça de acordo com as leis estabelecidas; a república tem por natureza que todo o povo ou algumas famílias tenham o poder soberano; e é da "natureza do governo despótico que um só governe, segundo suas vontades e caprichos". O princípio da monarquia é a honra, isto é, um sistema objetivo de distinções, preferências, privilégios que deem nobreza, grandeza e glória às ações, tendo como máximas não dar importância à própria vida, mas à coragem para perdê-la, e jamais tolerar algo que nos inferiorize. O princípio da república é a virtude política como renúncia a si próprio pelo bem comum e que se exprime no amor pela pátria e pelas leis. O princípio do governo despótico é o medo, pois nele a virtude não é necessária (os cidadãos não existem) e a honra, perigosa (cria rivais). Aliás, o medo tem como função extirpar a virtude e a honra, criar "uma extrema obediência", fazer do homem "uma criatura que obedece a outra criatura que manda" e afirmar que "o quinhão dos homens, tal como o dos animais, é o instinto, a obediência e o castigo". A diferença fundamental entre Aristóteles e Montesquieu, portanto, reside no fato de que, para o primeiro, monarquia e despotismo são espécies de um mesmo gênero, enquanto para o segundo são dois regimes diferentes, na medida em que o governo de um só sob leis e divisão dos poderes é de natureza diversa à do governo de um só sem leis e com indivisão de poderes.

A descrição de Montesquieu foi tão poderosa que se consolidou na história do pensamento político. Para ele, como para Aristóteles, o despotismo é um fenômeno *oriental*. Essa ideia reaparece em Hegel, em Marx e em Weber.

A filosofia da história hegeliana, como se sabe, traça o movimento histórico num percurso que vai do Oriente para o Ocidente. O despotismo, julga Hegel, é a primeira forma da vida ético-política, algo instintivo para unificar o disperso sob uma única autoridade e, por isso mesmo, o governo despótico é oriental. Por outro lado, o movimento da história ético-política é também o caminho de efetuação da liberdade e por isso quando um só é livre, há despotismo (Oriente, Império romano, feudalismo); quando alguns são livres, há aristocracia (Grécia, República romana); quando todos são livres há regime misto sob a forma da monarquia constitucional (o vir-a-ser do mundo germânico). Descrevendo as formas pré-capitalistas, Marx usará a expressão "despotismo oriental" para referir-se àquelas formações socioeconômicas nas quais opera a forma da comunidade como uma entidade una e indivisa cuja unidade e indivisão decorrem de um conjunto de práticas, imagens e símbolos que produzem a identificação do social com a pessoa e o corpo do governante, o qual é o único proprietário de todos os bens, dos homens e dos funcionários que o servem. Por seu turno, Weber, no *Economia e sociedade* (*sociologia da dominação*), quando distingue os três tipos ideais da "dominação legítima", os apresenta numa descrição que lembra Montesquieu:

> A "autoridade" de um poder de mando pode exprimir-se num sistema de normas racionais estatuídas (pactadas ou outorgadas) que são obedecidas enquanto normas geralmente obrigatórias quando quem as invoca é quem pode fazê-lo em virtude dessas normas. [...] Obedece-se às normas e não à pessoa. A obediência também pode ser baseada na autoridade pessoal. Esta pode ter seu fundamento na santidade da tradição e, portanto, do costume, daquilo que foi sempre de um modo determinado e que prescreve a obediência a certas pessoas. Finalmente, pode basear-se na consagração do extraordinário, na crença no carisma, isto é, na efetiva revelação ou graça concedida a certas pessoas enquanto redentoras, profetas, e heróis de todo tipo.

Weber chamará a dominação pela tradição ou tradicional de dominação patriarcal e dirá que: "o tipo mais puro de semelhante dominação é o domínio *sultanesco*. Todos os verdadeiros 'despotismos' tiveram esse caráter segundo o qual o domínio é tratado como um bem corrente da fortuna do senhor". Fiel ao tratamento filológico, mas partindo da palavra latina — *pater familias* —, Weber falará em patrimonialismo como desdobramento da dominação patriarcal e o despotismo só é possível sob o patriarcalismo e o patrimonialismo. Como diria La Boétie, ali onde "tudo é de um".

A marca do despotismo — vontade arbitrária do governante, medo dos governados, apropriação privada do que é comum ou público — se expressa na linguagem antiga pelas imagens da desmedida do governante, movido por paixões e vícios e pela ausência de leis positivas ou objetivas que limitem o arbítrio de sua vontade. A avaliação antiga é, simultaneamente, política e ética — o déspota (enquanto figura da tirania) é vicioso e bestial. Na linguagem contemporânea, a imagem do déspota é articulada, por um lado, ao conceito de propriedade — isto é, o déspota se apresenta como proprietário privado daquilo que pertence aos fundos públicos — e, por outro lado, pela abolição das distinções entre o privado e o público, tanto pelo uso e exibição da vida privada para fins políticos quanto pela redução da ação política à esfera dos interesses de sua vida privada. Assim sendo, as exigências éticas da vida privada (as virtudes do indivíduo na intimidade) não são respeitadas por aquele que detém todo o poder sobre a sociedade, não prestando contas a ninguém; e, simultaneamente, as exigências da vida política (as virtudes cívicas) também não são respeitadas, uma vez que o espaço público se torna palco das exibições da pessoa do governante e não dos atributos de seu cargo. O governante despótico espera três sentimentos dos governados: amor, medo e reverência, isto é, não espera *ações*, conduzidas por normas objetivas, mas *sentimentos* que regem as relações intersubjetivas e interpessoais, naquilo que se costuma chamar de relações imediatas da vida privada ou o "cara a cara", o "olho no olho".

Sob essa perspectiva, o déspota de Montesquieu possui também os atributos que Weber colocara na dominação tradicional carismática e que fora distinguida por ele da dominação tradicional patriarcal. De fato, diz Montesquieu que o déspota corre o risco de ser contrariado pela religião, cujos preceitos são superiores à sua vontade. Por esse motivo, o déspota tenderá a cobrir-se da religião, de modo a garantir a inviolabilidade de seu poder. Ora, como escreve Weber, na dominação carismática, a autoridade se exerce "em decorrência da devoção afetiva à pessoa do senhor e aos seus dotes sobrenaturais (carisma), em particular: faculdades mágicas, revelações ou heroísmo, poder intelectual ou oratório. O sempre novo, o extraordinário, o nunca visto e a entrega emocional que provocam constituem aqui a fonte da devoção pessoal". Como o tirano antigo, o déspota precisa apresentar-se como além do humano, donde sua desmedida essencial. Assim, o deslizamento contínuo do privado para o público e do público para o privado é constitutivo da política despótica e da impossibilidade de traçar fronteiras entre a esfera ética das virtudes e a esfera política dos valores cívicos.

Sob um aspecto fundamental, porém, Montesquieu e Weber se distanciam de Aristóteles. Para este último, como observam Bovero e Bobbio, a diferença entre monarquia e tirania (ou despotismo) não provinha da existência, na primeira, e da inexistência, na segunda, de uma Constituição, mas das virtudes do rei e vícios do tirano (ou déspota). Para Montesquieu, como para Weber, isso seria apenas uma diferença acidental. A diferença essencial entre monarquia (constitucional) e despotismo, lemos no *Espírito das leis*, é a divisão de poderes que, na primeira, limita os poderes do rei, enquanto, no segundo, nada limita o poder do déspota que o exerce sozinho e sem intermediários. Numa palavra, para a modernidade, a diferença passa pela natureza das instituições e não pelas qualidades ou defeitos pessoais do governante. Nessa perspectiva, a avaliação política já não se deixa guiar, como em Aristóteles, por valores éticos e a separação entre público e privado tornou-se mais nítida e definitiva. Mas nem por isso deixou de ser uma distinção extremamente problemática, bastando aqui um exemplo.

Hegel, possivelmente um dos maiores defensores do Estado como esfera pública ético-política (tido por alguns como totalitário pela ênfase dada ao Estado em face da sociedade civil), recusa a origem contratualista do poder público. O contratualismo, diz ele, apoia-se numa concepção abstrata e confusa do direito privado e do direito público. O primeiro (cujas categorias são a propriedade — *res* —, a pessoa — *personae* — e o delito — *actiones*) toma o contrato como fundamento do Estado a partir de três pressupostos: 1) que o contrato procede do arbítrio dos contratantes; 2) que a vontade derivada do ato contratual é comum e por isso pode ser universalizada; 3) que o objetivo do contrato é uma coisa externa singular. Ora, se um dos contratantes quiser, o contrato pode ser rompido, mas um cidadão jamais pode interromper o vínculo ético-político; a vontade do Estado não é comum, mas universal, pois visa ao interesse geral e a ele pode e deve sacrificar os interesses individuais particulares ou privados; os objetos da vontade estatal são todas as coisas externas que caem sob seu poder, incluindo as vontades individuais, e o Estado pode exigir dos cidadãos sacrifícios que não podem ser objeto de nenhum contrato. O contratualismo engana-se na determinação da origem do espaço público por não compreender que o Estado é uma totalidade ético-política, é uma união e não uma associação, um organismo vivo e não um artefato (como imaginava Hobbes), uma totalidade e não um agregado, um todo anterior e superior às partes e à soma delas (como já dissera Aristóteles). O Estado é um ser ético-político porque é uma Constituição. Esta não se confunde com documentos nem com a lei maior de um país, mas é o conjunto dos costumes (*mores*) e das instituições (religião, arte, família, indústria, ciência) que constituem o *ethos* de um povo, seu espírito e sua vida. Sendo uma Constituição, o Estado não pode originar-se de um contrato que simplesmente transformaria o direito privado em direito público. Se não nasce do contrato, de onde nasce a esfera pública?

A resposta de Hegel é surpreendente: da força genial de um herói fundador, do grande homem que "possui dentro de si algo que leva os demais a chamá-lo de chefe, a obedecê-lo mesmo contra suas próprias vontades". O Estado nasce da boa tirania. Fundador heroico, o bom tirano é aquele que faz vir para a comunidade, primeiro, o sentimento e, depois, a consciência da lei que, ao ser interiorizada como obediência voluntária, encontra a vontade universal e apaga a particularidade da vontade tirânica que, no início, a encarnava. Assim, longe da esfera pública originar-se à distância da esfera privada e por oposição a ela (Hegel diria que tal distância e oposição seriam abstrações fixistas do entendimento), efetua-se passando pelo interior do privado, transfigurando-o para torná-lo público e para apagar sua própria origem, negando-a no movimento de passagem da dispersão inorgânica dos indivíduos à unidade pública e orgânica dos cidadãos. A origem do público depende, portanto, das qualidades extraordinárias de um indivíduo, o fundador (*tyrannikós*, diriam rigorosamente os gregos).

Como diria o conselheiro Acácio, a questão é complicada.

Um outro exemplo, diverso do anterior, pode assinalar a complicação.

Espinosa, tido como o filósofo intelectualista para o qual a liberdade é uma conquista do sábio solitário voltado para o recolhimento intelectual, longe do burburinho e das querelas da cidade, nega, como Hegel, que o Estado tenha nascido de um contrato social. Como Aristóteles, antes dele, define a vida política como "vida plenamente humana" e como Hegel, depois dele, não exclui a presença da força na origem do poder. Mas, justamente por isso, não exclui a presença da força depois de instituído o Estado. Por que o contrato não é a origem do poder público? Duas são as respostas espinosanas.

Em primeiro lugar, porque o contrato é apresentado pelos teóricos para explicar a passagem da força — o direito natural — ao direito positivo, que excluiria a força do campo político. Ora, diz Espinosa, o político não é o meramente jurídico, não abole o uso da força pelo direito e sim opera como lógica das forças em conflito. Em suma, o poder público não é passagem da força à lei, mas, entre outras coisas, é o exercício legal da força pelo mais forte (restando saber o que Espinosa entende por forte). Em segundo lugar, e sobretudo, porque o contrato é uma instituição que só pode operar depois de instituído o Estado, isto é, quando já há leis positivas que o regulamentem, não podendo estar na origem daquilo que é sua própria condição de existência. Em outras palavras (e anacronicamente, em nossa linguagem), o direito privado depende do direito público.

Se o Estado não nasce do contrato entre particulares que alienam a um terceiro (pessoal ou impessoal) o direito ao uso da força e o exercício do poder, de onde nasce? Da passagem da *multitudo* ao corpo político. Um corpo qualquer, demonstra Espinosa na *Ética*, só se constitui como corpo individual quando todos os seus elementos deixam de ser meras partes associadas e justapostas e operam em conjunto com uma causa comum para produzir um efeito determinado. Somente tornando-se agente ou causa ativa de uma ação, um corpo se constitui como tal. Assim também a *multitudo*, agregado de partes externas umas às outras, torna-se um corpo político quando seus componentes se transformam em constituintes, isto é, em sujeitos ativos de uma ação comum que opera como causa de um efeito determinado. Ora, por natureza, os homens desejam governar e não desejam ser governados. Como poderiam formar uma *multitudo* e instituir-se como corpo político? Realizando o desejo natural de não submissão a outrem. Por isso, a primeira e mais natural das formas políticas ou do espaço público é a democracia, único regime capaz de concretizar o desejo de cada um e da *multitudo*, único regime que pode receber o nome de poder absoluto, isto é, público, impessoal, comum e universal. É ela o mais forte dos regimes políticos, porque nascida do desejo de liberdade e porque organizada de modo a mantê-lo, criando instituições que impeçam que qualquer particular (indivíduos ou grupos de indivíduos) tome o poder e se identifique com ele. O despotismo, consequentemente, é a forma política mais fraca, o grau zero da política ou sua anulação. A posição de Espinosa possui uma fundamentação metafísica. Abandonando a tradição que julga a relação de causa e efeito uma relação transitiva e extrínseca, na qual cada um dos termos é uma positividade independente da outra, Espinosa trabalha com o conceito de causa imanente, na qual o efeito exprime internamente a causa, sem dela separar-se. O efeito é a própria causa manifestando-se de modo determinado. Assim sendo, a natureza da causa determina a do efeito. Se a esfera pública nascer da tirania, isto é, se a tirania for a causa de um corpo político, este, como efeito imanente, jamais poderá tornar-se não tirânico. Do herói fundador só se pode esperar tirania. E do "bom" déspota, despotismo. Um Estado nascido da ação de um déspota será despótico para sempre porque não fará outra coisa senão desdobrar no tempo os efeitos da causa originária. Eis por que, diz Espinosa, sempre foi fácil derrubar os tiranos e tão difícil destruir a causa da tirania.

Exemplificada grosseiramente a dificuldade para a nítida separação entre o público e o privado, regressemos a Hegel, não para examinar sua teoria do espaço público, mas para acompanhar a exposição acurada que faz de dois despotismos que estarão na preocupação de todos os pensadores políticos da modernidade: o Império romano e o feudalismo. Além de Hegel, mencionaremos, quando for o caso, outros estudiosos que nos auxiliem a ampliar a exposição hegeliana.

O despotismo, em geral, resulta de uma cisão profunda entre a universalidade política (perdida) e os particularismos (presentes). O poder se concentra nas mãos de um só e à maioria dos indivíduos resta apenas o direito à propriedade privada, mas mesmo esse direito provém de um favor do detentor do poder. É o que se passa no Império romano.

Antes de prosseguirmos na exposição hegeliana, vejamos brevemente como surge o direito privado, direito romano por excelência. Vários estudiosos têm mostrado que, na origem, o *jus* era uma fórmula (uma palavra ritualizada e regulamentada) usada para a resolução de um conflito entre partes em litígio e para o estabelecimento de relações regradas entre indivíduos numa instituição ou numa hierarquia. Era proferida pelo *judex* e as partes faziam o *jusjurandum*. Com o advento do Império, muda a natureza do *jus*. O imperador é posto como senhor do Império — *dominus* — e o Império, posto como propriedade do imperador — *dominium*. Tornando-se proprietário privado do território, das coisas e das pessoas, da *res publica* ou dos fundos públicos, o imperador pode ceder a posse e, depois, a propriedade para alguns de seus súditos, mediante um contrato. O *jus*, forma e objeto desse contrato, se distribui nas três grandes categorias que apontamos acima (*res*, *personae*, *actiones*). A *res publica* deixa de ser propriedade do *populus romanus* para tornar-se patrimônio do imperador que, doravante, disporá, segundo seu arbítrio e sua vontade, dos bens públicos. A distinção inicial que a República conhecera entre direito privado e público era puramente formal, sem nada dizer sobre conteúdos e coisas. O direito público era o *jus* quando publicado, afetando todos os cidadãos envolvidos pela publicação; o direito privado era o *jus* cujo conhecimento ficava limitado às pessoas que intervinham num determinado negócio. Quando a *res publica* se torna propriedade do imperador e quando o *jus* se torna monopólio da autoridade a quem se deve responder, o direito privado se torna público e o público deixa de ser público por sua própria força (sua fórmula ritual) e passa a ser público pela autoridade do imperador enquanto *dominus* ou senhor. Direito privado e direito público já não se distinguem, estando referidos ao ordenamento dos interesses privados do imperador e dos indivíduos que com ele contratam. O cidadão volta a ser apenas uma pessoa privada (o sujeito de direitos ou capaz de atos jurídicos de delimitação recíproca do arbítrio pelas pessoas jurídicas envolvidas) em face de outras pessoas privadas e, delas separada, encontra-se a pessoa do imperador, "senhor do mundo". O chamado "Estado de Direito" é essa cisão entre o senhor e o súdito, e entre os súditos, e a redução da esfera pública ao conjunto privado das esferas privadas. Despotismo político e formalismo jurídico (a igualdade formal ou abstrata das pessoas privadas, sujeitos de direitos) caminham juntos porque os insociáveis (os indivíduos privados) só podem ser reunidos por um poder despótico que os unifique externamente. Ao mesmo tempo, opera-se a separação entre despotismo e privacidade, isto é, entre o domínio de um só (senhor absoluto) e a igualdade formal e abstrata de todos os outros que estão apenas diante dele, pois sua liberdade só pode ser negativa (liberdade do indivíduo fora e contra o Estado).

Quais dos traços que desenham a figura despótica do imperador, agora que já conhecemos sua origem? Paul Veyne assim os apresenta:

1. o imperador é soberano por direito subjetivo, isto é, porque sua vontade assim o determina, uma vez que não foi posto no cargo pelo povo nem pelas leis; não é um mandatário nem um representante do povo, mas seu senhor. Sendo portador de seu próprio direito, é maior do que a sociedade e por isso não pode ser julgado por ela; é *absolutus*, isto é, encontra-se fora e acima das leis; é *a nemine judicatur*; isto é, não pode ser julgado por ninguém e, portanto, como a fonte de seu poder não é o povo, não pode ser deposto por ninguém. O imperador é senhor/*despotês/dominum* de seu domínio;

2. o imperador é um bom senhor, e por isso infalível, não podendo ter conselheiros (câmaras, senados, assembleias), pois não tem como dividir o poder; se possuir conselheiros e estes lhe disserem o que lhe desagrada ouvir, poderá expulsá-los, prendê-los e matá-los. Por isso, não pode estar cercado por conselheiros, mas por aduladores que o deixarão na ignorância do que se passa e na cegueira com relação ao Império, vivendo numa "ilha da fantasia". É déspota porque governa sozinho (já que não possui conselheiros e sim aduladores que lhe dizem o que quer ouvir); porque governa segundo seu arbítrio e capricho, já que somente sua vontade é a lei; porque governa pela violência, já que governa segundo suas paixões e interesses particulares, sem considerar direitos, interesses e paixões dos súditos, mas apenas os de sua corte, que é um prolongamento de seu corpo (o corpo político é o corpo físico do déspota multiplicado pela aquisição dos órgãos dos cortesãos); e, finalmente, porque governa na humilhação, já que não possui segurança quanto ao poder e recebe de volta o medo que impõe aos governados;

3. personalização do poder: na medida em que o poder do imperador é de direito subjetivo, ele não pode ser visto como símbolo ou emblema do poder, nem como representante do poder, mas como encarnação do poder, e sua pessoa *é* o Estado; não há como distinguir o homem e o cargo, a pessoa e as instituições políticas. A identificação entre o cargo e seu ocupante produz dois efeitos principais. Em primeiro lugar, como não foi a sociedade que criou o poder nem o seu detentor, a imagem

social produzida é a de que o imperador cria a própria sociedade, em vez de simplesmente governá-la; são suas ações, seus gestos, suas vontades, suas atitudes boas ou malévolas que fazem existir a sociedade. Ele adquire, assim, a figura do genitor, do pai cuja bondade o faz amado pelos súditos e mesmo adorado por eles. Em segundo lugar, a identificação entre o governante e o governo, entre o cargo e seu ocupante, faz com que sua vida privada, nos mínimos detalhes, ganhe dimensão e interesse políticos (a vinda de um filho, um casamento, os aniversários, seus gostos à mesa e na cama, seu vestuário, seus hábitos cotidianos passam a fazer parte do poder, vistos, admirados, aclamados, imitados). Escreve Paul Veyne:

> Quando o imperador Cômodo se exibia no anfiteatro como gladiador, não pretendia acrescentar à coroa os louros de campeão e o público não o admirava como uma estrela da gladiatura esquecendo-se de que era príncipe: os espectadores admiravam que seu soberano tivesse todos os dons e realizasse todas as virtualidades humanas; amavam também que o senhor fizesse ver à plebe que compartilhava com ela os gostos esportivos e não desprezava a cultura do povo. Cômodo tornava-se popular enquanto soberano.

Para o Senado romano, por sua vez, conhecer os hábitos e a vida privada do imperador tornou-se indispensável, pois da dignidade dessa vida dependia que se pudesse perceber que não massacraria os senadores, nem escarneceria de suas virtudes;

4. moralização do poder: o imperador só pode ser descrito em termos éticos, segundo virtudes e vícios dos quais ou é modelo exemplar ou é monstro execrado. Não por acaso, a tradição política de crítica à tirania e ao despotismo legou-nos um retrato moral do tirano ou do déspota, cujos traços mais marcantes são: desrespeito pelos deuses ou impiedade; desrespeito pela sua família e pelos amigos (matricida, parricida, fratricida, adúltero, incestuoso); crueldade arbitrária ou homem sanguinário; lubricidade depravada; corrupção financeira (uso dos fundos públi-

cos para si, distribuição de bens públicos aos próximos, furto dos bens deixados em testamento por algum súdito); ébrio sem compostura ou drogado permanentemente pelos vapores do vinho; desmedida em tudo quanto deseja e faz, tanto nos vícios como nas obras; medroso e covarde, temendo a rua e o palácio, sempre à espreita das emboscadas. Embora esse retrato seja um estereótipo (mesmo porque traçado pelos adversários políticos), o que nele interessa é o fato de ser traçado sob perspectiva ética e não política, pois, como escreve Veyne:

> O imperador não pode ser dito hábil ou inteligente, como não se diz isso dos deuses. Sua individualidade é exclusivamente ética, serão cantadas suas virtudes, mas será falta de respeito falar de suas qualidades políticas; não pode tê-las nem elas lhe podem faltar porque ele se confunde com sua função e essa função é imóvel e providencial. É um soberano virtuoso, mas nunca um "chefe genial", noção muito moderna, própria de sociedades com opinião pública em que o chefe é levado ao poder não por um direito que teria, mas pelo fato objetivo de que é julgado o melhor de todos, o que lhe vale uma delegação popular.

Observemos (observação que Veyne não faz) que é espantoso, aqui, o fato de que, no instante mesmo em que o poder se torna absoluto, em que não há distância entre ele e seu ocupante, entre este e a sociedade, em que o poder do soberano é visto como engendrando a própria sociedade e a vida dos sujeitos, nesse exato instante não há como julgar politicamente o poder, que passa a ser avaliado pelos critérios da ética;

5. busca da popularidade, do amor, da reverência e da admiração: o imperador, como todo déspota, não deseja ser apenas temido; deseja algo mais. Deseja mais do que não ser odiado: deseja ser amado e venerado. Para que esse amor e essa veneração se manifestem, espera-se que realize atos de bondade para com o povo e dê provas de sua magnificência. Para isso, faz uso de uma antiga instituição (sem relação direta com o despotismo):

o evergetismo, isto é, a colocação da fortuna pessoal para demonstrar liberalidade e magnificência, mediante a construção de obras gigantescas, o assistencialismo aos pobres e as festas, o pão e o circo.

O imperador, dissera Hegel, é um autocrata, e os súditos, pessoas abstratas "que se acham apenas numa relação jurídica", também abstrata. A autocracia e o formalismo jurídico definem, assim, o despotismo romano.

O despotismo feudal, ao contrário do romano, nascido da cisão no interior da República, nasce da cisão no interior do Império carolíngio e da predominância da forma da "comunidade bárbara", onde as relações sociais não adquirem o caráter de normas gerais nem de leis, mas se estilhaçam em particularismos locais de direitos e obrigações pessoais ou privados. O frágil direito público criado pelo Império de Carlos Magno é privatizado, pois o Estado, nascido para proteger os súditos por meio da lei, e o governante, encarregado por dever de oferecer essa proteção, desaparecem num sistema de proteção que depende exclusivamente da pessoa e da personalidade (moral) poderosa. O direito público se privatiza numa rede de proteção (relação privada do protetor com o súdito) e de vassalagem (relação privada de obrigações do súdito para com o protetor), ambas expostas ao arbítrio, à violência e à contingência.

É preciso, aqui, avançar um pouco mais e acompanhar os estudos dos historiadores medievalistas. Dentre os aspectos enfatizados por tais estudos, interessa-nos aqui a emergência da teoria jurídica do poder como favor, decorrente da teologia cristã de cunho agostiniano. Pelo pecado, diz santo Agostinho, o homem se torna um ser vicioso por natureza e, como tal, despojado de direitos e poderes. Estes permanecem concentrados exclusivamente na pessoa de Deus e se direito houver e se poder houver, somente duas serão suas fontes: a do direito ilusório e do poder injusto, cuja fonte é o demônio; a do direito e do poder justos, cuja fonte é a graça divina. Quando as Sagradas Escrituras declaram que "todo poder vem do alto, por mim reinam os reis e governam os príncipes", a declaração deve ser tomada literalmente: vicioso, o homem não possui qualquer direito ao poder e não possui qualquer força (moral) que lhe permita investir um outro no poder; o detentor do poder o detém por um especial favor divino e o governante é *rex Dei gratia*. O papa é imperador pela graça de Deus e, por meio da investidura, da unção e da coroação, estende ao rei o favor divino; o rei, pelo sistema da vassalagem, distribui aos barões uma parte desse favor que, a seguir, numa rede intrincada de obrigações do inferior para com o superior, é espalhado pelo interior da comunidade. A origem do bom poder é um ato misterioso e inteiramente pessoal (ou privado) realizado por Deus. A política feudal se efetua, portanto, como rede interpessoal de favores recíprocos e assimétricos, tendo em seu topo a majestade divina. Visto não ter sido o rei investido no poder por seus pares nem pelo povo, é *a nemine judicatur*. Visto ter recebido o poder por uma graça especial, pela qual a vontade divina vem depositar-se na vontade régia, o rei é *legibus solutus* e tem a lei "inscrita em seu peito", motivo pelo qual "o que apraz ao rei tem força de lei".

À teologia política do favor vem, pouco a pouco, acrescentar-se a teoria cristocêntrica do poder e a construção da figura do governante como rei litúrgico e jurídico. Essa elaboração, que Kantorowicz denominou de "os dois corpos do rei", é essencial na fundamentação do despotismo feudal.

O *imperium*, isto é, o poder, traz, desde os romanos, quatro determinações fundamentais: perpetuidade, ubiquidade, invisibilidade e, como consequência, a extranaturalidade. A Pessoa Imperial — o Estado — não pode, portanto, ser confundida com a pessoa física do imperador, pois não sendo *physica* ou *naturalis*, é *persona ficta*, pessoa artificial. A teologia-política cristã irá mais longe: a *persona ficta é persona mystica*. O problema a ser resolvido resume-se em saber como dar ao corpo físico natural, visível, finito e mortal do rei as marcas do *imperium*. A resposta será a construção do corpo político do rei.

Na perspectiva cristocêntrica, o rei é *persona geminata* ou *mixta* que imita a natureza dupla de Cristo, homem e Deus. *Christomimétes*, o rei, por seu corpo físico, imita a humanidade de

Cristo, e, pela graça, seu corpo místico-político imita a divindade do Senhor. Pela unção, consagração e coroação, a liturgia transmuta o corpo físico em corpo político invisível, perpétuo, contínuo, que desconhece doença, senilidade e morte, ubíquo e indestrutível. *Rex Dei gratia*, o rei litúrgico, humano por natureza e divino pela graça, realiza a *mimesis* que não é apenas a da cópia, mas também a da encarnação ou incorporação, pois é *Imago Christi*. Duplo, o rei litúrgico é *maior et minor se ipso*, maior do que seu corpo físico e menor do que seu corpo deificado. Enquanto maior, cria a lei; enquanto menor, submete-se a ela. Eternizado pela graça, tudo que é do rei é eternizado com ele e sua figura tanto quanto seus *regalia* serão iconograficamente representados com o "halo da perpetuidade".

A unção e a consagração de Carlos Magno como *Rector Europae* e como *Imperator* iniciam a transferência jurídica do rei cristocêntrico para o rei teocêntrico. Agora o rei não é mais *Christomimétes*, mas *Imago Dei*, e não é rei apenas por graça divina, mas por direito divino. De rei litúrgico torna-se rei jurídico.

A fundamentação jurídica ganha solidez com a passagem do rei para *imago aequitatis*, imagem da justiça, e seu corpo é agora duplicado em pessoa privada e pessoa pública, sua vontade sendo a *res publica*. Por sua vontade, o rei é *legibus solutus*, ou maior do que a lei, pois é a imagem da justiça, mas, simultaneamente, sua vontade é *serva aequitatis*, ou menor do que a justiça. Essa peculiar relação do *major* e do *minor* faz do rei pai e filho da justiça, e desta, mãe e filha do rei. Como pai, sua vontade subordina a lei; como filho subordina-se à justiça. É porque depende inteiramente de sua vontade submeter-se ou não à lei, que o príncipe precisa ser instruído para que sua vontade seja submetida à razão que não é dele, mas razão pública (*ratio leges et patria*). Como "lei viva" (*lex animata*), o rei é órgão, criador e instrumento da lei, e esta é o "príncipe inanimado". Donde, invertendo a afirmação de Aristóteles, o adágio: "é melhor ser governado por um bom rei do que por uma boa lei".

Se o problema inicial da construção do corpo do rei atendia à necessidade de conciliar natureza e divindade, à medida que essa elaboração se consolida, um novo problema precisa ser resolvido. Enquanto o rei é feudal, o tempo régio se mede por sua vida e pela de seu patrimônio, porém tornando-se rei nacional e rei fiscal, seu tempo já não poderá ser confundido com o da vida de seu corpo físico e com a duração de seu patrimônio. Passando do *dominium* para o *imperium*, a continuidade ou o "halo da perpetuidade" encontrarão, agora, um recurso jurídico ímpar.

Aristóteles dissera que a justiça é "um hábito que nunca morre". Interpretada platonicamente, essa afirmação se transforma em "a Justiça nunca morre". Sendo imagem da justiça, o rei se torna, por incorporação mimética, imortal. O halo da perpetuidade que o recobre recobrirá também tudo o que é seu: coroa, bens patrimoniais (que se tornam públicos, inalienáveis e imprescritíveis), fisco (*sanctissimus et sacratissimus*, *Christus fiscus*), pátria (o território nacional), dignidade (o ofício), majestade (*imperium*) e dinastia. Cada um desses elementos é definido como *persona ficta* e, nessa qualidade, "nunca morre". A relação do rei com os *regalia* ou *personae fictae* é a do *matrimonium morale et politicus* (o que é simbolizado pela entrega do anel durante a cerimônia da coroação), ou seja, o rei é esposo da coroa, dos bens públicos, do fisco, da pátria, da dignidade, da majestade e da dinastia, com os quais forma o corpo político e místico do reino do qual é a cabeça e cujos membros são o povo. Esposo da pátria e do povo, pai e filho da justiça, o rei está em toda parte, pois as principais características das *personae fictae* são a ubiquidade e a imortalidade. O fisco está em toda parte, como o povo, e ambos "nunca morrem". Simultaneamente, há uma santificação do rei e de seus *regalia*, e como rei "nobílimo e santíssimo", protetor do povo e da Igreja, manifesta sua santidade operando milagres e expulsando demônios: torna-se taumaturgo.

Dois símbolos cristalizam a imortalidade e ubiquidade do corpo do rei: a imagem da Fênix (o rei será dito Fênix; seu primogênito, "petit Phénix") e a cerimônia fúnebre. Presente em todas as efígies e moedas (na França), a Fênix possui duas características principais: a imortalidade num tempo contínuo e a absoluta singularidade, pois só há uma Fênix de cada vez. É um indivíduo que contém o gênero, porque, sendo hermafrodita e *gemina vita*, é herdeira de si mesma e nela nascimento e morte coincidem. Eis porque, ao lamento "Le roi est mort", segue-se o grito triunfal "Vive le Roi". Filosoficamente interpretada, a Fênix significa que a forma do gerado é a mesma que a do gerador e, juridicamente, garante a dinastia. Não sendo apenas o rei, mas todo o seu corpo político, a Fênix incorpora o povo, a prática e seus símbolos: a bandeira, a flor de lis, a âmbula e a auriflama, que, como ela, "nunca morrem". O funeral, por seu turno, celebra a vitória do corpo do rei sobre a morte. O corpo físico do rei, paramentado com os *regalia*, é posto para veneração pública durante dez dias, sendo, em seguida desnudado, posto num caixão e guardado fora da vista de todos, enquanto os *regalia* são transferidos para sua imagem em efígie e cerimônias sucessivas (missas, bênçãos, ceias, discursos) são realizadas em sua homenagem, comemorando sua eternidade. A bandeira, que "nunca morre", é hasteada tão logo a morte seja anunciada; o herdeiro não deve vestir luto nem participar das cerimônias e do cortejo, pois como rei "nunca morre", o novo rei nada tem a chorar. Os magistrados, em contraponto ao clero enlutado que lamenta a morte do corpo natural, vestem-se de púrpura e dourado, porque, como partes do corpo político, "nunca morrem". O cortejo fúnebre escondendo o corpo físico do rei, normalmente visível, sobrepõe ao caixão a efígie paramentada, seu corpo político normalmente invisível, para que o povo saiba que o rei "nunca morre". Enterrado o corpo físico, a efígie permanece visível, deixada sobre o túmulo, para que "do leito do rei erga-se o leito da justiça".

Personalidade e imagem, o corpo político do rei é um corpo total: é o corpo do poder, da comunidade, do saber e da lei. Sua pessoa privada, transfigurada, torna-se pessoa pública e o espaço público, privatizado, comporta duas e apenas duas formas de relação: a do favor (expressa no sistema de proteção e vassalagem) e a da imitação. Representante de Deus na terra, o governante encarna a comunidade e oferece-se a ela como espelho. Ser governado significa imitar as qualidades pessoais do governante.

A imitação recoloca, no interior da política, a moral, uma vez que a qualidade da comunidade — boa ou má, feliz ou infeliz, justa ou injusta — depende do modelo régio a ser imitado. Como impedir o surgimento do mau governante? Como impedir que o vício defina a forma das relações sociais?

Para responder a essas questões, desenvolve-se, primeiro em Bizâncio e depois na Europa, um gênero literário, que perdurará até o século XVIII, e um conceito, que perdurará até o século XIX: o gênero literário chama-se Espelho dos Príncipes — trata-se da educação moral do príncipe para que seja um *bom governante* ou um *governante virtuoso*; o conceito chama-se Bom Conselho — trata-se do modelo ético-político do governo guiado pela Prudência contra a Fortuna (a adversidade). A construção teológico-política do governante como pessoa privada com encargos e deveres públicos coloca a ética como responsável pela qualidade do regime político, na medida em que tal qualidade depende das virtudes ou dos vícios do governante. Não há valores políticos e critérios políticos para a política, mas critérios teológicos e valores morais.

O *bom príncipe* possui as quatro virtudes cardeais (sabedoria, justiça, coragem e temperança) e as qualidades morais principescas: a honra (disposição para manter seus princípios e sua palavra, sejam quais forem as circunstâncias); a magnanimidade ou clemência; e a liberalidade ou magnificência. O *bom governante* deve aspirar à fama e à glória por meio de seus feitos, mas para isso deve ser virtuoso e a virtude está na capacidade (definida por Cícero) de não ser astuto como a raposa nem violento como o leão, isto é, jamais cair na animalidade e na bestialidade. As qualidades do reino e dos súditos dependem inteiramente das do príncipe e por isso uma comunidade ou um reino entram em corrupção e em decadência quando o governante for vicioso, pois seus vícios se transmitem ao corpo político como doença incurável.

Um parêntese.

Grande é a tentação de passar à análise do totalitarismo como forma contemporânea do despotismo. Não encontramos nas formações totalitárias a retomada da ideia e do sentimento da comunidade, corporificada no chefe? O "culto à personalidade" não é a forma contemporânea da antiga *imitatio*? O totalitarismo não é a retomada plena da imagem do corpo político, agora também corpo social sem fissuras e transparente, e da corporificação em alguém da totalidade do poder, do saber e da lei?

No entanto, a passagem não é possível, ainda que as analogias sejam fortes. O totalitarismo é o oposto do despotismo: neste, não há esfera pública; naquele, não há esfera privada. O déspota impede o surgimento do campo político; o chefe totalitário, do campo social. No despotismo, há privatização do público; no totalitarismo, publicização do privado, incorporação da vida privada à vida estatal e desaparecimento da primeira na segunda.

Fechemos o parêntese.

Mesmo o republicanismo da Renascença italiana mantém o ideal do príncipe virtuoso, espelho para a sociedade. Embora afirme a liberdade republicana (o direito da cidade de dar a si mesma suas leis, independentemente do Papado e do Império germano-romano), que a fonte da lei é o povo (o *populus* e não a *plebs*, isto é, o patriciado e não a plebe) e que este elege o governante, a eleição deve recair sobre o homem dotado de *virtù*. O príncipe virtuoso possui, além das virtudes cristãs, aquelas que Cícero, no *De officiis*, e Sêneca, no *De clementia*, atribuíram ao governante: honra (manter seus princípios em todas as circunstâncias e manter a palavra dada), clemência (capacidade para perdoar e educar), liberalidade ou magnificência (saber gastar sua própria fortuna para o bem da cidade), glória (grandeza ilustre de seu nome por seus feitos militares), piedade (respeito pela religião dos antepassados) e veracidade (jamais mentir).

A partir desse momento, porém, duas tradições do pensamento político irão surgir e, embora possuindo um fundo comum, serão opostas. A primeira delas nasce com Maquiavel, com a separação entre ética e política, de sorte que o despotismo será uma instituição política e não um defeito de caráter do governante. A segunda nasce com Pascal, que mantém o vínculo entre ética e política, porém não mais a partir da figura do governante virtuoso e sim da natureza viciosa do homem. Reaparece o pessimismo agostiniano. A teologia cristã, segundo Pascal, nos ensina que há dois reis: o verdadeiro, Rei da Caridade, que é Deus, e o usurpador, Rei da Concupiscência, isto é, o governante humano.

O fundo comum a essas duas tradições é a negação de uma origem transcendente do poder: nem Deus, nem a Natureza, nem a Razão criam o poder e lhe conferem bondade, legitimidade e racionalidade. A origem do poder é arbitrária: é a força, mas não como violência nua e bruta e sim como *ilusão* (no caso de Pascal) ou como lógica da divisão originária do desejo dos Grandes e do Povo (em Maquiavel). Para ambos, a lei pertence a uma ordem diferente daquela que ela está encarregada de fundar, isto é, o poder como força. A lei transfere para o campo simbólico aquilo que, no início, não é um valor, mas um fato, não é símbolo, mas algo físico. O simbólico deve ocultar a origem do poder para que este possa ser aceito e exercido, cabendo à imaginação realizar essa passagem do fato ao valor, da força ao poder, da violência ao legal e legítimo, pois é próprio da imaginação esconder a origem das coisas. O governante não despótico é aquele que governa pela imaginação para não ter que reinar pela força; o governante despótico é aquele que não consegue fazer a passagem do arbitrário para o necessário e que deixa à mostra a origem violenta do poder.

Numa passagem célebre dos *Pensamentos*, o "Discurso sobre os Grandes", Pascal narra uma fábula para expor a origem acidental e arbitrária do poder (o rei legítimo desapareceu; um naufrágio traz à praia um desconhecido que é, fisicamente, o sósia do rei desaparecido; feliz, o povo o reconduz ao palácio onde, no início, com estranhamento e dificuldade e, depois, com naturalidade, o estrangeiro ocupa o lugar vazio e passa a governar). O governante é, literalmente, *persona* (isto é, Ninguém) e *persona ficta* (isto é, uma construção imaginária). Não governa por natureza, nem por mérito, nem por direito divino. É um usurpador, pois, na origem, todo poder é astúcia e usurpação. É um *ser-em-representação* e um signo, uma função, uma imagem e uma personagem. Tendo tomado o poder pela força (astúcia e mentira), nele se mantém pelo ocultamento de sua origem, pois a imaginação social e os símbolos do poder devem ocultar-lhe a origem e conservá-lo mediante a lei. Esta deve ser obedecida simplesmente por ser a lei, isto é, costume consolidado, e não porque possua qualquer sacralidade ou qualquer valor ético. Justamente por serem ocultamento da origem real do poder, os símbolos e a lei não devem jamais ser contestados, pois sua contestação teria como resultado atualizar a origem e fazer proliferar o número de usurpadores, trazendo anarquia e caos a um mundo já vicioso e viciado.

Como distinguir o governante do déspota ou tirano?

Déspota é aquele que julga possuir direito ao poder por méritos pessoais (físicos e éticos) e por qualidades naturais; que julga as leis, procura mudá-las e se apresenta como reformador. O revolucionário, o reformador, o contestador são tiranos e déspotas por dois motivos: em primeiro lugar, porque procuram lembrar ao povo a origem acidental e arbitrária do poder e das leis; em segundo lugar, porque sonham com direitos naturais, justiça originária, abolição da força e da concupiscência. Déspota — rei ou reformador-contestador — é aquele que questiona a simbologia do poder, a origem dos costumes e a justiça das leis estabelecidas. Por que déspota? Porque, em nome de sua vontade particular ou da vontade particular de um grupo, contesta a ordem estabelecida e pretende reduzir a imagem e os símbolos do poder a fatos empíricos.

Ora, que surpresa nos aguarda quando descobrimos que nem mesmo o ilustrado Kant escapa ileso dessa tradição. Como todo ilustrado, Kant não espera da ética régia o apoio para a racionalidade e legitimidade do governo. Distingue o monarca do tirano e do déspota invocando a potência legislativa do primeiro contra a arbitrariedade da vontade dos segundos. A potência da lei contra o arbítrio da vontade guiada pelas paixões e pelos interesses separa política e despotismo. No entanto, pronunciando-se sobre a Revolução francesa, Kant afirma que esta poderia ter sido uma "conspiração heroica e patriótica", mas, ainda assim, conspiração e crime, cujos "autores sonham menos em servir à pátria do que em submetê-la, menos em livrá-la dos tiranos do que em tornar-se tais". Essas conspirações se fazem com desordens e perturbações e com o derramamento de sangue, "e o sangue de um só homem tem mais preço do que toda a liberdade do gênero humano". Em lugar de sucumbir à violência do crime de conspiração que é a revolução, cabe ao governante realizar reformas, portadoras de mais liberdade e mais paz às sociedades e aos estados. Na *Doutrina do direito*, Kant escreve:

> A origem do poder supremo é para o povo, que a ele está submetido, insondável do ponto de vista prático, isto é, o súdito não deve discutir ativamente essa origem como um direito contestável relativamente à obediência que ele lhe deve. [...] Uma lei é tão sagrada (inviolável) que, do ponto de vista prático, pô-la em dúvida, portanto suspender por um momento o seu efeito, já é um crime; uma lei que é tão sagrada só pode ser representada como tendo sua fonte não em algum homem, mas num legislador supremo e infalível e tal é o sentido da afirmação "toda autoridade vem de Deus", que não exprime um fundamento histórico da constituição civil, mas uma ideia como princípio prático da razão: deve-se obedecer ao poder legislativo atualmente existente, seja qual for a origem que tenha tido.

Se, para Pascal, existe apenas a origem empírica e arbitrária do poder, nascido do uso da força e da usurpação, e se, para Kant, estão contrapostas a origem empírica (que pode ser arbitrária e violenta) e a origem transcendental do poder como lei sagrada e inviolável da Razão, para ambos, o fundamental na definição da tirania e do despotismo encontra-se na tentativa perversa de desocultar a origem da política, em fazer o simbólico cair para o plano factual. E é isso que realiza toda revolução, na medida em que dessacraliza e desnaturaliza o poder e toma a divisão social entre um Baixo e um Alto como inaceitável e devendo ser desfeita.

Assim, o percurso aberto pela tradição pascaliana, isto é, pelo pensamento político conservador, produz um deslocamento da figura do déspota. Este, que surgira inicialmente como aquele que se apropria privadamente do espaço público — portanto, como figura do governante passional e violento —, vem terminar na figura daquele que contesta a sacralidade e naturalidade do poder e das leis enquanto costume e tradição invioláveis — portanto, na figura do revolucionário. Era déspota aquele que produzia, por suas paixões, o encolhimento do espaço público, submetido à sua vontade privada. Torna-se déspota aquele que, agora, alarga o espaço público pela ação de uma vontade coletiva. E, tanto num caso como noutro, essa tradição julga-o eticamente: o déspota é perverso e agente da corrupção política.

A tradição inaugurada por Maquiavel (e, não por acaso, retomada pelo revolucionário Gramsci) segue outro rumo, ainda que, como a anterior, se ocupe com a separação entre ética e política e com a recusa do caráter transcendente do poder. Entre outras diferenças face a Pascal, Maquiavel não deixa qualquer brecha por onde possa regressar a transcendência de Deus ou da Razão para avaliar a política. Porque Deus, absoluto escondido, permaneceu como referência avaliadora para Pascal, Ele pode reaparecer na figura do insondável kantiano e referido à razão prática transcendental. Com Maquiavel, a lógica política possui seus próprios critérios de compreensão e avaliação à distância da ética e da teologia, da razão prática e da razão teórica. Justamente por isso, os críticos (de ontem e de hoje) criaram o mito do maquiavelismo e do governante maquiavélico, isto é, a imagem da satanização da política.

Recusando o ideal da cidade ética dos antigos e do príncipe medieval virtuoso, Maquiavel, dizem os críticos, teria feito surgir a figura do Estado como obra maléfica do engano, da astúcia, da violência e da força. O príncipe seria a imagem de um poder sem rosto e sem lugar, de um mal que se abateria sobre a comunidade para fazê-la realizar atos que a conduzam à sua própria ruína. Agente diabólico, violento e astuto, senhor do engano e da ilusão, agente secreto da destruição, o governante maquiaveliano seria a encarnação de todos os vícios e figura exemplar do Mal que corrompe e degrada a boa sociedade una e indivisa, justa e bela, livre e independente. É o déspota.

Qual a origem dessas imagens de cunho ético que serviram

para a construção do mito do maquiavelismo e para a representação do governante maquiavélico? A própria obra de Maquiavel, na medida em que é a primeira a mostrar que a política não é um fato que encontre seu fundamento na Natureza, em Deus ou na Razão, mas precisa encontrá-lo nela mesma enquanto resposta a uma questão social precisa: não há *comunidade social*, mas *sociedade*, isto é, divisão originária entre o desejo dos Grandes de oprimir e comandar e o desejo do povo de não ser oprimido nem comandado. A cidade não é comunidade, não é "boa sociedade" una, mas é perpassada pela divisão social e *do* social; a política é o trabalho que a sociedade realiza sobre si mesma para criar um polo separado — o poder político — pelo qual, dividida, ganhe unidade e identidade. A política surge como diabólica porque deixa de ser obra de Deus, da Natureza e da Razão para tornar-se obra social e trabalho histórico dos próprios homens.

O "bom governo" do príncipe virtuoso, diz Maquiavel, é uma máscara que encobre a impossibilidade da verdadeira política. Não há modelo ético para guiar as ações do governante porque não há o "bom príncipe" contraposto ao "mau príncipe" tirânico e despótico, e sim a lógica própria da ação política. Maquiavel realiza uma verdadeira desincorporação do poder, pois a qualidade virtuosa deixa de ser um atributo da pessoa privada do governante para tornar-se a qualidade da ação política como tal. Mesmo que a ação política receba qualificativos morais, sua lógica não é a da moralidade privada do príncipe e dos sujeitos sociais. A lógica do poder é diferente da lógica da ética individual, é diferente da lógica da força e é diferente da lógica mística; essa lógica transparece nas qualidades próprias do governante enquanto governante, isto é, na qualidade das ações políticas como resposta às lutas sociais. Assim, contra a tradição, Maquiavel dirá que o governante deve possuir a astúcia da raposa e a força do leão, desde que não faça da primeira mentira política, nem da segunda, uso puro e contínuo da violência, mas saiba quando é preciso dissimular e quando é preciso usar a força. Grande dissimulador e paciente ouvinte do verdadeiro, o governante não é um teórico nem um intelectual, mas não pode ser ignorante dos negócios públicos, das lutas sociais, dos conflitos de interesses entre grupos, dos efeitos das ações que realiza. O governante maquiaveliano é o homem da *virtù* vencedora da Fortuna, pois é capaz de conhecer os tempos e os lugares, as circunstâncias de sua ação, de calcular e fazer alianças.

Com Maquiavel, surge a ideia moderna de que a qualidade das ações políticas revela-se na capacidade para alimentar e ampliar a liberdade republicana (autonomia legal da república; expressão e solução dos conflitos internos). A liberdade política se contrapõe ao despotismo porque se manifesta na criação das instituições políticas capazes de conservá-la e de impedir que um só homem ou um punhado deles tome o poder e o utilize em seu próprio benefício. A finalidade da política não é a felicidade nem o bem comum, pois estes são seus efeitos e não seus fundamentos. A finalidade da política é a liberdade cívica, a segurança dos cidadãos e a paz externa entre as cidades. Tais finalidades não dependem das qualidades pessoais do governante, mas das instituições republicanas e, portanto, do espaço público.

A liberdade cívica ou pública é o que define a verdadeira república e se, no início, depende da *virtù* do príncipe que vence a caprichosa Fortuna, só poderá ser conservada se a *virtù* e o desejo de liberdade penetrar no espírito dos cidadãos, pois embora um só tenha condição de organizar um governo, nenhum governo poderá ter esperança de ser duradouro "se repousar nos ombros de um só". Como lembra Skinner, a salvação de uma república não é tanto "ter um príncipe que governe prudentemente ao longo de sua vida, mas ter um príncipe que a organize de tal modo que, posteriormente, a *virtù* não venha a depender dele próprio, mas da *virtù* do povo".

Atento ao risco permanente da corrupção política que destruirá a república, Maquiavel se volta para as *ordini nuovi*, isto é, as novas instituições, capazes de impedir a corrupção (sempre entendida como a ação de um particular ou de um grupo de particulares, saídos do seio dos Grandes, que usam a república para seus próprios interesses privados). Um dos nomes da corrupção, portanto, é o despotismo e a resposta política contra ele não se encontrará na substituição de um governante por outro, mas na qualidade das instituições que o impeçam.

Seguindo essa tradição, Espinosa desenvolve, no *Tratado político*, uma linha de argumentação na qual a desmontagem do moralismo político é condição para a vida propriamente política, por intermédio das instituições. Como Maquiavel, Espinosa afirma que a origem do poder político não se encontra em Deus ou na Natureza, mas na natureza humana passional e, portanto, na força — o que ele chama de direito natural como desejo de autopreservação e de governar e não ser governado. A importância das instituições públicas como garantia única para a preservação da república passa pela recusa de que a política seja um ramo da ética e uma "ciência aplicada". Em outras palavras, que seja normativa, no sentido tradicional da moral como dever de submeter-se a fins postos como bons e justos em si. Escreve Espinosa:

> Os filósofos concebem os afetos que se combatem entre si, em nós, como vícios em que os homens caem por erro próprio; é por isso que se habituaram a ridicularizá-los, deplorá-los, reprová-los ou, quando querem parecer mais morais, detestá-los. Julgam assim agir divinamente e elevar-se ao cume da sabedoria, prodigalizando toda espécie de louvores a uma natureza humana que em parte alguma existe, e atacando através dos seus discursos a que realmente existe. Concebem os homens, efetivamente, não tais como são, mas como eles próprios gostariam que fossem. Daí, por consequência, que quase todos, em vez de uma ética, hajam escrito uma sátira, e não tinham sobre política vistas que possam ser postas em prática, devendo a política, tal como a concebem, ser tomada por quimera, ou como respeitando ao domínio da utopia, daquela idade de ouro, isto é, a um tempo em que nenhuma instituição era necessária. Portanto, entre todas as ciências que têm uma aplicação, é a política o campo em que a teoria passa por diferir mais da prática, e não há homens que se pense menos próprios para governar o Estado do que os teóricos, quer dizer, os filósofos. Os políticos, em contra-

partida, crê-se que estão mais ocupados em preparar armadilhas aos homens do que em dirigi-los pelo melhor, e pensa-se serem mais hábeis do que sábios. A *experiência* ensinou-lhes, efetivamente, que haverá sempre vícios enquanto houver homens; preocupam-se, portanto, em evitar a maldade humana e isto através de meios cuja longa experiência demonstrou a eficácia, e que homens mais movidos pelo medo que guiados pela Razão têm o costume de utilizar. E agindo, em tudo isto, de uma forma que parece contrária à religião, principalmente aos teólogos: segundo estes últimos, o soberano deveria conduzir os negócios públicos consoante as regras morais que o particular deve observar. Não há dúvida, todavia, de que os políticos tratam, nos seus escritos, da política com mais êxito do que os filósofos: tendo tido a *experiência* por mestra, nada ensinaram, na realidade, que fosse inaplicável.

A tradição do moralismo político sempre julgou que a razão é uma força imperial que pode e deve dominar as paixões (os vícios do governante). Ora, diz Espinosa, somente uma paixão mais forte domina outra mais fraca, e somente uma ação domina uma paixão. Se, na ética, trata-se de passar da passividade para a atividade, na política, a tarefa é outra, pois

> um Estado cuja salvação depende da lealdade de algumas pessoas e cujos negócios, para serem bem dirigidos, exijam que aqueles que os conduzem queiram agir lealmente, não terá qualquer estabilidade. Para poder subsistir, será necessário arranjar as coisas de tal modo que os que administram o Estado, quer sejam guiados pela Razão ou movidos por uma paixão, não possam ser levados a agir de forma desleal ou contrária ao interesse geral. E pouco importa à segurança do Estado que motivo interior têm os homens para bem administrar os negócios, se de fato os administrarem bem. Com efeito, a liberdade da alma, quer dizer, a força d'alma é virtude privada; a virtude necessária ao Estado é a segurança.

Para o que aqui nos interessa, o texto espinosano, ao desvincular a política da ética normativa e colocar as instituições como centro da política, repõe o direito das paixões no campo público, mas de maneira singular: trata-se de aceitar a naturalidade das paixões e dos interesses e de operar com eles, de sorte a fazê-los simultaneamente propulsores, guardiães e perigos para a república. Propulsores, porque as paixões e os interesses visam à autoperseveração na existência; guardiães, porque atentos ao que pode impedir o desejo de autopreservação; e perigos, porque são ilimitados e podem gerar a tirania ou o despotismo.

Espinosa é, provavelmente, o pensador que melhor formula uma ideia que terá um longo futuro pela frente. O princípio capaz de resguardar a república contra o despotismo é simples: o governante nunca deve estar só, mas deve governar num sistema institucional constituído por redes de assembleias eletivas com mandato determinado e onde cada assembleia é controlada e fiscalizada e controla e fiscaliza as demais e os atos do dirigente. Essa ideia culminará na teoria de Montesquieu da divisão dos poderes e da relativa autonomia entre eles. Essa mesma ideia regerá a política liberal norte-americana como sistema de *checks and balances* e a afirmação da soberania popular e do Estado. Numa palavra, o governante não pode identificar-se com o cargo nem com o poder. Este deve sempre aparecer como vago, de direito, e, de direito, ser preenchido periodicamente por sufrágio popular. Assim, o espaço público se constrói desfazendo a imagem do corpo político enquanto corpo místico-político do governante, criando instituições públicas que impeçam a corporificação do poder político e a identificação da sociedade com o dirigente. Há um processo de despersonalização e desincorporação do poder que permite o surgimento das virtudes cívicas como virtudes públicas dos cidadãos, à distância das virtudes éticas, próprias da vida privada. Nem por isso, porém, desaparece o problema da relação entre o público — político — e o privado — ético. As paixões retornam à cena da discussão política.

Por suas origens no interior da ética protestante, o liberalismo terá que elaborar uma concepção da política e do poder que resultará nas distinções acima mencionadas. Mas, para aí chegar, o pensamento liberal precisou oferecer expressão política para questões que eram puramente éticas, particularmente uma: a da tirania ou despotismo das paixões, concepção herdada da ética cristã e estoica que define a paixão como vício e fonte da discórdia no interior do indivíduo e na comunidade. A paixão exprime interesses particulares e, como tal, é contrária à vida comunitária como vida justa e de equidade. A paixão é a concupiscência e o egoísmo. É sediciosa (nos divide interiormente) e facciosa (divide a comunidade).

Como, porém, poderia o capitalismo manter essa ética? Como poderia propor a antiga política do bem comum, fundada numa ordem cósmica e hierárquica desejada por Deus (onde cada qual tem seu lugar predefinido e preordenado) se opera com a noção moderna de indivíduo? Como poderia propor uma política da ética comunitária e do interesse geral, se é fundado na competição, na propriedade privada dos meios de produção, na divisão social das classes, na exploração econômica, no lucro, na desigualdade social? Como poderia manter a ética da frugalidade e do ascetismo numa lógica de mercado fundada na acumulação do capital? Como poderia, em termos hegelianos e marxistas, criar uma política do espaço público, se seus pressupostos são o direito privado, a vontade privada, a ética individual e individualista? Entre as várias respostas dadas a essas dificuldades, uma nos interessa aqui porque atua diretamente com a relação entre a ética e a política. Trata-se da formulação de Madison, no capítulo X do *Federalista* e que o historiador Pocock designa como "o fim da política clássica", isto é, a formulação que inaugura a política liberal.

Apenas dois aspectos da formulação de Madison nos interessam aqui: um deles se refere ao despotismo e o outro, à superioridade da república representativa sobre a democracia. Ambos se baseiam na concepção madisoniana das paixões e da ética.

A natureza humana é movida por paixões e interesses e, por isso mesmo, sua tendência é ser sediciosa ou facciosa, pois toda paixão — *affectus* e *affectio* — é *factio*, facção, divisão interna a cada homem e divisão entre os homens. A paixão não possui medida nem freio e por isso cresce sem limite. Seu crescimento desordenado gera as facções e estas, dando autoridade aos mais fortes, geram a tirania e o despotismo, uma vez que a paixão é interesse e o despotismo é o governo dos interesses de um só ou de uns poucos, segundo o arbítrio de suas vontades. Escreve Madison:

> Entendo por facção uma reunião de cidadãos, quer formem a maioria ou a minoria do todo, uma vez que sejam unidos e dirigidos pelo impulso de uma paixão ou interesse contrário aos direitos dos outros cidadãos, ou ao interesse constante e geral da sociedade. Há dois métodos de evitar as desgraças da facção: ou prevenir-lhe as causas, ou corrigir-lhe os efeitos. Os métodos de prevenir as causas das facções são igualmente dois: o primeiro, destruir a liberdade essencial à sua existência; o segundo, dar a todos os cidadãos as mesmas opiniões, as mesmas paixões e os mesmos interesses. O primeiro remédio é pior que o mal. É certo que a liberdade é para a facção o mesmo que o ar é para o fogo — um alimento, sem o qual ela expiraria no mesmo momento; mas seria coisa tão insensata destruir a liberdade que é essencial à vida política, só porque ela é o alimento das facções, como desejar a privação do ar, só porque ele conserva ao fogo a sua força destrutiva. O segundo meio teria tanto de impraticável como o primeiro de insensato. Enquanto a razão do homem não for infalível e ele tiver a faculdade de exercitá-la, há de haver diversidade de opiniões; e enquanto existirem relações entre a sua razão e o seu amor-próprio, as suas opiniões e as suas paixões hão de ter umas sobre as outras uma influência recíproca. A diversidade de faculdades nos homens, que é a origem dos direitos de propriedade, é um obstáculo igualmente invencível à uniformidade dos interesses. A proteção destas faculdades é o primeiro fim do governo. Da proteção das faculdades desiguais, de que resulta a aquisição, resulta imediatamente a desigualdade na extensão e na natureza da pro-

> priedade; da sua influência sobre os sentimentos e sobre as opiniões dos proprietários resulta a divisão da sociedade em diferentes interesses e em diferentes partidos.

Todavia, Madison é um moderno. As paixões e os interesses são naturais e não há equívoco maior do que tentar extingui-los. Por isso, trata-se de saber usá-los e de fazê-los bons instrumentos da política. Se a marca das paixões é estar sempre em expansão, é preciso criar instituições políticas que canalizem para o bem comum esse crescimento e essa expansão do interesse privado. Em lugar de opor o público ao privado, façamos deste o instrumento daquele, com um arranjo institucional astucioso que estabeleça a adequação da ética privada para fins públicos. Nessa perspectiva, sua tarefa é definir o regime político e as instituições públicas que possam conciliar as paixões e interesses privados expansionistas e a estabilidade, a ordem e a paz sociais.

A democracia, dirá ele contra Benjamin Franklin e Jefferson, não responde a essa necessidade. A opção deve ser pela república representativa, pois

> uma pura democracia, composta de um pequeno número de cidadãos, que se reúnem todos e governam por si mesmos, não admite remédio contra as desgraças da facção. A maioria terá, em quase todos os casos, paixões e interesses comuns: as formas do governo trarão necessariamente consigo comunicação e concerto e nada poderá reprimir o desejo de sacrificar o partido mais fraco, ou o indivíduo que não se puder defender. [...] Os políticos especulativos, que têm sustentado esta espécie de governo, têm discorrido sobre o princípio falsíssimo de que a perfeita igualdade de direitos políticos pode trazer consigo igualdade de propriedades, de opiniões e de paixões. Uma república, quero dizer, um governo representativo, oferece um ponto de vista diferente e promete o remédio que se deseja. [...] A república aparta-se da democracia em dois pontos essenciais; não só a primeira é mais vasta e muito maior o número de cidadãos, mas os

poderes são nela delegados a um pequeno número de indivíduos que o povo escolhe. O efeito desta segunda diferença é de depurar e de aumentar o espírito público, fazendo-o passar para um corpo escolhido de cidadãos, cuja prudência saberá distinguir o verdadeiro interesse da sua pátria e que, pelo seu patriotismo e amor da justiça, estarão mais longe de o sacrificar a considerações momentâneas ou parciais. Num tal governo é mais possível que a vontade pública, expressa pelos representantes do povo, esteja em harmonia com o interesse público do que no caso de ser ela expressa pelo povo mesmo, reunido para este fim.

Como observa Pocock, no pensamento de Madison duas consequências são tiradas. Em primeiro lugar, o equilíbrio e a separação dos poderes a serem construídos na estrutura federal asseguram que o interesse não corrompe e que a retórica do equilíbrio e da estabilidade pode ser invocada em favor de um edifício não mais fundado na virtude. Em segundo lugar, a estrutura federada surge como altamente capaz de absorver e conciliar os interesses conflitantes, ilimitadamente. Não há um único interesse que não possa ser representado e ter um lugar na distribuição do poder e poderia crescer e mudar com o crescimento e a mudança do povo que gera novos interesses. A república federal sempre pode crescer e mudar para acomodá-los. O "fim da política clássica" encontra-se nesse primeiro deslizamento do republicanismo para o liberalismo, isto é, da teoria clássica do indivíduo como um ser ativo e cívico, diretamente participante da *res publica* de acordo com sua medida, para uma teoria na qual ele aparece principalmente como consciente de seu interesse e toma parte no governo a fim de pressionar a realização desse interesse, dando apenas uma contribuição indireta para aquela atividade mediadora pela qual o governo consegue a reconciliação dos conflitos e faz disso o único bem comum existente. Surge a república dos interesses representados como sociedade política em expansão. E a expansão federalista se tornará, pouco a pouco, expansão imperialista, pois o liberalismo e o capitalismo, propondo a teoria da fronteira em expansão, operam no espaço público por meio de uma ideologia geopolítica. As ideias de Madison, por seu turno, explicitam os princípios do Estado Moderno que levarão Hegel a afirmar que o Estado ainda não existe em sua plenitude pública.

Em linhas muito gerais, esse foi o quadro de pensamento elaborado pela modernidade e que, hoje, parece estar em crise, a "crise" dos valores não sendo apenas moral, mas também política.

Se quiséssemos resumir conceitos e procedimentos teóricos desenvolvidos pela modernidade (após o fim do Antigo Regime) para cercar e combater o despotismo, poderíamos, tentativamente, assinalar os seguintes:

1. ruptura com a ideia de comunidade (una, indivisa, corporificada no dirigente) e passagem à ideia de sociedade (originariamente dividida em interesses conflitantes, em classes antagônicas, em grupos diversificados), desprovida de centro e de identidade, mas constituindo a esfera privada (como sociedade civil, como sociedade burguesa, como sociedade de mercado) com aspiração à esfera pública (do poder e dos direitos sociais, cívicos e políticos);

2. ruptura com a ideia e a prática teológico-política do poder político enquanto poder encarnado na pessoa do dirigente e passagem à ideia da dominação impessoal (Marx) ou da dominação racional (Weber) e das instituições públicas como conjunto regulador, controlador e fiscalizador da ação política, isto é, nascimento da ideia moderna de Estado;

3. distinção entre a esfera privada dos interesses, das paixões, vícios e virtudes e a esfera pública impessoal das leis como campo simbólico da vontade geral e dos direitos;

4. passagem da ideia medieval e romântica da Constituição como caráter e espírito de um povo ou de uma nação à ideia da Constituição como lei maior que regula o espaço público;

5. percurso feito da ideia e da instituição da república representativa à ideia e à instituição da democracia representativa (ou democracia formal, como dizia Marx), isto é, da república oligárquica censitária à democracia baseada no sufrágio e no igual direito de todos os cidadãos de ocupar os cargos públicos de direção;

6. surgimento da ideia de opinião pública como reflexão que um indivíduo ou um grupo de indivíduos realiza a propósito de seus interesses e direitos e a expõe livremente em público quando os sente lesados ou prejudicados pelo poder público ou por outros grupos sociais.

Ora, cada um desses traços tem sido contestado ao longo dos últimos 150 anos e, hoje, mais do que nunca. No caso específico do despotismo, as críticas puseram em dúvida a eficácia dos traços acima resumidos para impedir regimes despóticos. A absorção da esfera pública (o Estado) pela sociedade civil foi apontada por Marx na análise do particularismo estatal como domínio de classe. A absorção da esfera privada pelo Estado foi criticada com o advento do totalitarismo. O formalismo democrático foi contestado não só pelos socialistas e marxistas, como ainda pelos movimentos sociais dos anos 1960 e 1970. Mas, também, a "invasão" do espaço público pelas diferenças do espaço privado, com o feminismo e a luta dos homossexuais, entre outras, levaram à crítica da privatização do público. O surgimento dos *mass media* destrói a ideia moderna de opinião pública, ao mesmo tempo que se apresenta como defesa da liberdade de pensamento e de opinião. Enfim, se o totalitarismo é a publicização desenfreada do privado, o neoliberalismo é a privatização ilimitada do público.

Com isso, somos levados de volta à questão do pós-modernismo, com a qual pretendemos encerrar nossas considerações.

À GUISA DE CONCLUSÃO

O percurso que fizemos até aqui, passando pela sobreposição progressiva do conceito de tirania ao de despotismo e vice-versa, permite perceber que o déspota (enquanto tirano) não aparece sempre da mesma maneira.

Assim, o tirano socrático-platônico (que não é identificado ao déspota, pois o rei platônico é pensado a partir da figura paterna) lega para a tradição política a imagem do governante desmedido porque irracional, dominado por uma única paixão e desprovido da virtude da temperança e da justiça; o tirano aristotélico lega para a imagem do despotismo a figura daquele que pretende elevar-se acima do humano e que, não podendo ser um deus, decai aquém da humanidade; o déspota medieval é legitimado como figura do bom governante, contraposto ao tirano, o mau governante que se apresenta como governante contra-Deus e contra-Natureza, mas que não pode ser deposto nem resistido porque "todo poder vem do alto" e o tirano é um flagelo enviado e desejado por Deus para punir os pecados do homem (ideia que reaparece na afirmação corrente, encontrada em nossos dias, de que "todo povo tem o governo que merece"); o déspota de La Boétie é aquele que se apropria da totalidade da vida pública e privada e impõe à sociedade uma relação narcísica com o poder; o de Maquiavel é a imagem do governante que age sem *virtù* e se apoia nas armas da Fortuna inconstante, aliando-se ao desejo dos Grandes e temendo ser por eles derrubado; o déspota de Montesquieu é o que governa sem leis, na indivisão dos poderes; o déspota hegeliano aparece na figura daquele que privatiza o espaço público, dispersa os súditos como pessoas privadas abstratas e os unifica pelo exterior; o tirano, segundo Nietzsche, é aquele que se apropria da totalidade do campo político e impede a continuação do jogo agonístico das forças; o déspota pascaliano e kantiano é aquele que desoculta a origem empírica e violenta do poder ao contestar as leis e os símbolos que apagaram a origem na legitimidade imaginária.

Um fundo comum, porém, perpassa todas essas concepções: o déspota só é capaz de um tipo de relação social e política, a do senhor e o servo. Ele não é tanto a vontade arbitrária e sem lei, mas a presença de um regime — o despotismo — que, mesmo com leis, concretiza uma única forma de relação social e política, cuja marca é a realização da liberdade (de um só) pela servidão (de todos os outros) e é por isso (e pelas instituições que o déspota mobiliza, sobretudo as forças militares e o imaginário religioso) que sua vontade surge como ilimitada. Mais do que tudo, o traço preponderante do despotismo está em que, mesmo existindo leis, os governados as obedecem não por elas mesmas, mas pelo amor e fascínio que sentem pela pessoa do governante, ou pelo medo e ódio que por ela experimentam. O despotismo dispensa instituições mediadoras nas relações políticas. A personalização do poder acaba pondo em evidência paixões, vícios e virtudes porque restam somente critérios morais para se avaliar a ação e a reação das forças políticas. Assim, no caso do Brasil, o despotismo se manifesta menos em períodos de ditadura (quando o reino da força é visível) e muito mais em períodos de populismo (quando a violência está dissimulada pelos sentimentos de veneração ou ódio à pessoa do governante que pretende governar numa relação direta e imediata com o "povo", seja na qualidade de pai, seja na de "doutor").

Procuramos, também, em nosso percurso, assinalar as perplexidades contemporâneas quanto à relação entre a ética e a política, perplexidades que se exprimem no sentimento da "crise dos valores". Fomos observando os esforços para a ampliação do espaço público e para uma presença cada vez menor da ética no campo da política, em decorrência da separação gradual entre esfera privada e esfera pública. Foi nesse percurso que mencionamos a paradoxal transformação da figura do déspota no pensamento conservador (de tirano perverso a revolucionário corruptor) e no pensamento liberal (de tirano passional a democrata faccioso). Finalizamos com a menção de alguns fatos da política dos últimos oitenta anos que poderiam ser assim resumidos: como explicar que a criação da esfera pública pelo pensamento desembocou na privatização administrativa (o surgimento das grandes burocracias estatais) e na privatização política trazida pelo neoliberalismo? Como explicar que o alargamento do espaço público, proposto pelas revoluções socialistas, desembocou na publicização totalitária e autocrática (que procurou absorver e destruir o espaço privado)? Como explicar que, nos dois casos, a política deixou de ser encarada como práxis (imanência entre meios e fins) e passou a ser praticada como técnica (exterioridade entre meios e fins)? Como explicar que a normatividade ética e o moralismo tenham se tornado os critérios para avaliar políticas? Evidentemente, não possuímos respostas para essas questões. Tentativamente, escolhemos um fio condutor para examinar apenas um aspecto das perplexidades atuais, aquele sugerido pela presença do neoliberalismo e do pós-modernismo e a maneira como aparecem no Brasil.

Via de regra, a discussão pós-moderna enfatiza a perda de força explicativa dos "paradigmas" modernos, isto é, de modelos teóricos e sobretudo de categorias como os pares ou as dicotomias sujeito/objeto, natureza/cultura, signo/significação, totalidade/individualidade, público/privado, burguesia/proletariado, reforma/revolução, sociedade civil/Estado. Em resumo, todos os termos que empregamos até aqui perderam capacidade explicativa. Alguns consideram suficiente realizar a "desconstrução" dos conceitos. Outros estão à procura de novos "paradigmas". Antes, porém, de prosseguirmos nas mazelas do pós-modernismo, vale a pena retomar algumas distinções que foram apenas sugeridas ao longo deste texto, sem que tivessem sido melhor explicitadas.

Até aqui, falamos em modernidade e modernismo como se se tratasse do mesmo fenômeno. Convém, agora, procurar distingui-los, no que for possível, uma vez que consideraremos o modernismo uma figura da modernidade (como, aliás, cremos ser o caso do pós-modernismo). Simplificando extremamente o que em si é de extrema complexidade, diremos que a modernidade é um projeto que se desenvolve durante o processo de desenvolvimento e queda do Antigo Regime ou das monarquias absolutas (cuja cronologia é diversa para os vários países europeus), enquanto o modernismo poderia ser datado a partir da revolução e da reação conservadora de 1848 e, finalmente, o pós-modernismo estaria datado a partir dos anos 1970, sob os efeitos das mudanças do modo de produção capitalista (a chamada sociedade pós-industrial), do esgotamento da principal manifestação política do século (as revoluções comunistas) e do enfraquecimento de um novo sujeito político que entrou em cena nos anos 1960 (a contracultura dos movimentos sociais).[1]

Ainda de modo bastante simplificador diremos que o liberalismo é o pensamento predominante da modernidade; o marxismo, do modernismo; e o neoliberalismo, do pós-modernismo (sendo sugestivo que o pensamento político se tome por uma espécie de *revival* — é "neo" — enquanto as artes, a cultura, as teorias e práticas sociais se tomem por uma superação — são "pós").[2]

Diremos, por fim, que os modernos e modernistas estão convencidos de que é possível colocar o particular e o contingente sob as determinações do universal e do necessário, sem que isso os destrua em sua particularidade e contingência, mas fazendo-os ganhar sentido mediante a passagem pela universalidade e pela necessidade. Em contrapartida, os pós-modernos afirmarão a irredutibilidade do particular e do contingente e o caráter ilusório (mistificador e destrutivo) do universal e do necessário. Se obedecermos aos critérios dos "paradigmas", diremos que o liberalismo opera com a lógica da identidade, o marxismo, com a contradição dialética, enquanto o pós-modernismo neoliberal invoca a lógica das diferenças para desfazer a antiga ideia da razão. Isso não significa que o liberalismo não tenha lidado com contradições e diferenças, mas sim que tratou as primeiras como conflito e as segundas como diversidade; nem que o marxismo não tivesse operado com identidades e diferenças, mas sim que considerou as primeiras como aparência e as segundas como momentos da contradição; nem, afinal, que o neoliberalismo não lide com identidades e contradições, mas sim que procura reduzir as primeiras e as segundas a ilusões racionalistas, isto é, as racionalizações da diferença. Em outras palavras, modernos e modernistas, na tensão entre essencial/acidental, efêmero/eterno, teriam feito a opção pela Essência contra a Aparência, enquanto os pós-modernos teriam feito a opção inversa, deslocando o lugar anteriormente atribuído à Ilusão. O liberalismo acusou o marxismo de haver promovido a síntese totalitária dos termos; o marxismo, por seu turno, demonstrou que o liberalismo forjou uma síntese fetichizada e alienante dos termos. O pós-modernismo critica ambos pela ideia mesma de síntese, tida como suprema violência desejosa de destruir a indeterminação do real.

Para nosso tema, interessa observar por onde passa o corte que separa liberalismo (moderno) e marxismo (modernista), de um lado, e neoliberalismo (pós-modernista), de outro. Esse corte passa pela intenção dos dois primeiros de fazer surgir e consolidar um espaço público e pelo abandono dessa intenção por parte do último. Alargamento do espaço público e encolhimento do espaço público distinguem modernidade e pós-modernidade. Evidentemente, como já observamos, a intenção liberal e ilustrada não pode cumprir-se porque a ética da utilidade e do interesse (a presença do mercado capitalista fundado na propriedade privada dos meios de produção), a fragilidade da teoria contratual do Estado (a substituição da liberdade pelas liberdades ou franquias), a crescente presença do Estado na sociedade civil (pela intervenção direta sobre a economia e pelo desenvolvimento de uma burocracia poderosa baseada na hierarquia e no segredo) e a submissão da opinião pública aos imperativos da sociedade administrada e da indústria cultural puseram em xeque os princípios ético-políticos do liberalismo (o Estado do bem-estar e a intervenção estatal na economia foram os sinais do fracasso liberal).

Por seu turno, o marxismo viu sua utopia emancipatória desmanchar-se sob os efeitos da burocratização e do totalitarismo. Se o liberalismo não pode evitar a crescente privatização do público (as liberdades, em lugar da liberdade; os contratos fundados no direito privado, em lugar do predomínio do direito público), o marxismo foi forçado a assistir a destruição da esfera privada pela invasão total do Partido e do Estado para produzir uma sociedade organicamente cimentada por um sistema de funções e controles, supostamente sem rachaduras, sem conflitos e sem diferenças internas. A sociedade unidimensional e administrada sob o tacão do Plano e dos serviços secretos de informação, a transformação dos indivíduos em Trabalhador Coletivo e militantes de células partidárias verticalizadas e ligadas a um centro onde o social, o político, a lei e o saber se tornaram idênticos, eis como a experiência totalitária destruiu tanto o espaço público quanto o privado.

O pós-modernismo neoliberal pretende dar as costas a esses dois fracassos da modernidade. Seu debate principal tem como alvo o modernismo e, portanto, do lado liberal, a crítica se dirige ao modelo administrativo (empresarial e estatal) trazido pelo fordismo e, do lado totalitário, ao modelo burocrático-administrativo trazido pela ideia de Plano e de necessidade histórica. A isso acrescente-se também a crítica ao marxismo, encarado como "metateoria" repressiva e mistificadora, particularmente no que se refere aos conceitos de alienação (pois este pressupõe a existência de um sujeito, de uma consciência centrada e significativa que se aliena) e de fetichismo da mercadoria (pois este pressupõe que as relações sociais entre pessoas tornaram-se relações sociais entre coisas).

Alguns exemplos podem ajudar-nos a acompanhar a ruptura pós-moderna em face do marxismo. Assim, a pergunta sobre o fetichismo poderia ser formulada da seguinte maneira: como passamos a depender objetivamente, em todos os detalhes de nossas vidas (sentimentos, trabalho, cotidiano, artes, ciência), de outras vidas inteiramente desconhecidas e opacas, totalmente escondidas e mediadas por relações impessoais? A resposta marxista foi a teoria do fetichismo da mercadoria para arrancar o véu da superfície social. Os pós-modernos consideram que não há máscara alguma e que a valorização da intimidade pode corrigir a opacidade trazida pela sociedade de massa. O marxismo procurava compreender como o dinheiro se torna mercadoria que representa todas as mercadorias, um meio que se torna o fim de todos os desejos. Os pós-modernos consideram o dinheiro um significante e não significado (força de trabalho, trabalho social), uma ficção e não uma função (representar), um signo e não um valor (ético, estético). O marxismo mostrava que a conversão do trabalhador em força de trabalho assalariada e alienada o transforma numa alteridade (o Outro do Capital, a mercadoria como *seu* outro). Os pós-modernos fazem da fragmentação social e da alteridade econômica entes dotados de peso ontológico: o Outro é um ser.

Ao vincularmos pós-modernismo e neoliberalismo quisemos sugerir que o primeiro não surge no vácuo e sem bases materiais. Nascido do rescaldo das lutas dos anos 1960 — a contracultura em oposição à racionalidade tecnológica e burocrática e a todas as formas de autoritarismo; o cosmopolitismo em oposição aos particularismos localistas; a resistência à hegemonia da alta cultura modernista e ao *hi-tech* —, o pós-modernismo se constrói exprimindo a grande mudança do modo de produção capitalista que alguns designam com a expressão "acumulação flexível do capital", em oposição ao keynesianismo e à organização industrial fordista.

Em linhas muito gerais, a economia neoliberal caracteriza-se pelo abandono de um princípio keynesiano (intervenção do Estado na economia e endividamento estatal para distribuição da renda e promoção do bem-estar social, diminuindo o excesso das desigualdades) e um princípio fordista (planejamento, funcionalidade, organização do trabalho industrial sob a forma do planejamento de longo prazo, centralização e verticalização das plantas industriais, grandes linhas de montagem concentradas em um único espaço, formação de grandes estoques, ideia de racionalidade e durabilidade dos produtos, política salarial de promoção do trabalhador e ampliação de sua capacidade de consumo). Privatização, de um lado, desregulação do mercado, de outro, rompem com o princípio keynesiano. Desintegração vertical da produção, tecnologias eletrônicas, diminuição dos estoques, velocidade na qualificação, desqualificação e requalificação da mão de obra, aceleração do *turnover* da produção, do comércio e do consumo pelo desenvolvimento das técnicas de informação e distribuição, proliferação do setor de serviços (ênfase em pequenas empresas de subcontratos de serviços e com alta competitividade, crescimento da economia informal e paralela) e novos meios para prover serviços financeiros (a desregulação econômica, isto é, os grandes conglomerados financeiros, e novos instrumentos para o mercado financeiro, formam um único mercado mundial com poder de coordenação financeira) rompem com o princípio fordista. Cresceu o consumo de serviços e diminuiu o consumo de bens, e no consumo surgiu inconteste o mercado da moda, veloz, efêmero e descartável.

As mudanças do modo de pensar, sentir e agir formam um mundo pós-moderno onde prevalece, no dizer de Harvey, a "compressão espaço-temporal" (o conto, em vez do romance; o *paper*, em vez do livro; o videoclipe, em vez do documentário; o localismo, em vez do cosmopolitismo; mercado da "tradição" e mercado da imagem). Para o que nos interessa aqui, o fenômeno mais importante é a passagem do espaço público à condição de *marketing*, *merchandising* e midiazação e a do espaço privado à condição de privacidade intimista, mas sobretudo a perda de fronteiras entre ambos, abrindo comportas para formas inéditas de despotismo.

A peculiaridade pós-moderna — o gosto pelas imagens — se estabelece com a transformação das imagens em mercadorias, isto é, em lugar de colocar um produto no mercado, coloca-se uma imagem com a finalidade de manipular o gosto e a opinião. A publicidade não opera para informar e promover um produto, mas para criar desejos sem qualquer relação imediata com o produto (a imagem vende sexo, dinheiro e poder). A própria imagem precisa ser vendida, donde a competição enlouquecida das agências de publicidade que sabem que uma imagem é efêmera e que seu poder de manipulação é muito limitado no tempo, sendo imprescindível seu descarte e troca veloz. Na política, as imagens tornam-se muito sofisticadas e complexas porque precisam garantir, simultaneamente, estabilidade e permanência ao poder e sua adaptabilidade, flexibilidade e dinamismo para responder às conjunturas. A competição pública não se faz entre partidos, ideologias ou candidatos, mas entre imagens que disputam valores como "credibilidade", "confiabilidade", "respeitabilidade", "inovação", "prestígio". Essas são as novas virtudes do novo bom governante. As eleições presidenciais de 1989, no Brasil, são o melhor exemplo do pós-modernismo no espaço público.

Ora, havíamos visto que a marca do despotismo encontrava-se na moralização do poder (as virtudes da corporificação e personalização do poder identificado com a figura do governante). É exatamente isso que procura o neoliberalismo pós-moderno: à veloz dispersão e fragmentação da esfera privada do mercado e à veloz desintegração do espaço público sob os imperativos da dispersão econômica, a política procura contrapor o centro identificador perdido e o localiza na pessoa-em-imagem do governante — no ser-em-representação, de que falava Pascal. Parte integrante do universo da *midia* — imagem e moda, publicidade e manipulação do desejo —, a política se privatiza: a vida privada do governante ocupa toda a cena pública e, como o antigo imperador romano, seus gostos e preferências à mesa, na cama, na praça desportiva, em sua biblioteca, com seus animais de estimação e sua família são cotidianamente exibidos para o julgamento fascinado dos cidadãos. Qual imenso Narciso, como o tirano de La Boétie, o governante identifica-se com o poder, torna-se centro do saber, da lei e da direção social. Por isso a privatização do público se realiza pela perda de sentido e de poder de todas as instituições políticas capazes de servir como mediação entre o poder executivo e a sociedade. Privatização significa desinstitucionalização do espaço público e corresponde ao fortalecimento dos centros privados onde se dá a decisão econômica e ao enfraquecimento dos Estados nacionais.

No Brasil, o pós-modernismo cai como luva. De fato, a política neoliberal é conservadora, contrária aos direitos sociais e civis, contrária aos movimentos sociais e à divisão dos poderes. Se cai como luva num país como o nosso é porque a sociedade brasileira sequer chegou aos princípios liberais da igualdade formal e das liberdades e muito menos aos ideais socialistas da igualdade econômica e social e da liberdade política e de pensamento. Sociedade sem cidadania, profundamente autoritária, onde as relações sociais são marcadas com o selo da hierarquia entre superiores e inferiores, mandantes e mandados, onde prevalecem relações de favor e de clientela, onde inexiste a prática política da representação e da participação, a sociedade brasileira sempre teve fascínio pelo *populismo* como forma da esfera pública da política. O populismo, como se sabe, opera pela relação direta e imediata entre o governante e o "povo", à distância das mediações institucionais, alimentando o imaginário messiânico da salvação e o imaginário feudal da proteção. Assim, no ponto mais alto da contemporaneidade — o pós-modernismo —, encontramos uma formulação do público que veste perfeitamente a mais velha e anacrônica tradição política brasileira. O chefe populista tem uma relação despótica com a sociedade (pai, "coronel", "doutor" competente, messias dos pobres e descamisados) e pode, agora, ir recoberto com os paramentos do que há de mais moderno — aliás, pós-moderno — quando fabrica sua imagem e seu poder com os recursos da publicidade pós-moderna.

Que se passa na esfera privada? Os movimentos sociais tornam-se cada vez mais "específicos" (cada vez mais "diferentes") e cada vez mais localistas. A intimidade torna-se um valor como resposta ao anonimato de massa e à insegurança gerada pela flutuação incessante do sistema ocupacional e do mercado de mão de obra. A busca da satisfação imediata dos desejos, num universo de compressão temporal e de velocidade do mercado da moda, fortalece a competição e o narcisismo. Insegurança quanto ao presente e ao futuro, competição, infantilização pela propaganda, perda dos referenciais socioeconômicos que ofereciam identidade de classe ou de grupo, tudo contribui para a desaparição (lá onde havia) e para a não aparição (lá onde não havia) de formas de sociabilidade mais amplas e generosas. Os movimentos sociais duram o tempo em que dura a demanda que, uma vez satisfeita, dispersa os que estavam unidos numa ação.

Quatro traços parecem marcar a esfera privada pós-moderna: a insegurança, que leva a aplicar recursos no mercado de futuros e de seguros; a dispersão, que leva a procurar uma autoridade política forte, com perfil despótico; o medo, que leva ao reforço de antigas instituições, sobretudo a família e a pequena comunidade da "minha rua" e o retorno a formas místicas e autoritárias de religiosidade; o sentimento do efêmero e a destruição da memória objetiva dos espaços, que levam ao reforço dos suportes subjetivos da memória (diários, fotografias, objetos), fazendo, como disse um autor, com que a casa se torne uma espécie de pequeno museu privado. No caso do Brasil, além dos traços anteriores, reforça-se a ética da desigualdade: são *meus* iguais, *minha* família, *meus* parentes e *meu* pequeno círculo de amigos, enquanto os demais são o "outro" ameaçador ou estranho. Se a "lei de Gerson" pode funcionar é porque, malgrado os pruridos morais de seus praticantes, ela exprime a solidão e o medo diante de uma sociedade sentida como perigosa e hostil.

É interessante observar a maneira como a pós-modernidade acaba determinando o próprio esforço e pensamento dos que ainda desejam ser modernistas e modernos.

Arendt (do lado liberal), Adorno e Horkheimer (do lado marxista), por vias diferentes, haviam concluído que a utopia do espaço público, desejado pela emancipação marxista, seria impossível em decorrência do princípio mesmo que orientava a sociedade futura: o Trabalho Social. Seja, como dizia Arendt, porque o marxismo não teria como acender ao espaço público da práxis (a política) por ficar preso ao *labor* (esforço biológico de sobrevivência e reprodução da espécie) e ao trabalho (esforço heterônomo da técnica); seja, como diziam Adorno e Horkheimer, porque o marxismo (entenda-se leninismo taylorista e stalinismo stakanovista) prendeu-se a uma categoria inseparável da razão instrumental, da dialética do iluminismo e da sociedade planejada e administrada. Ora, quando lemos os textos mais recentes de economistas de origem marxista, percebemos dois vetores principais de análise para livrar-se do Trabalho como categoria central: contra a razão instrumental-administrativa, encarnada na ideia de Plano, erguem a ideia de um mercado socialista (socializado) como esfera pública (e não privada, como no mercado capitalista, nem estatal, como no totalitarismo); contra a ideia do trabalho como centro regulador da nova sociedade, oferece-se a ideia de direitos do consumidor, isto é, o centro não é a produção (como queria Marx), mas o consumo (como quer o neoliberalismo). Assim, o momento da escolha e da troca seria o regenerador do socialismo, no plano econômico.

Quando examinamos os textos mais recentes de Habermas, crítico ferrenho do pós-modernismo como irracionalidade e defensor da continuidade do "projeto da modernidade", observamos que, ao contrário do que aparecia em suas antigas obras, agora também foi abandonado o "paradigma" do trabalho pelo da linguagem, em cujo centro encontra-se o ideal da comunicação ativa e veraz, utopia de um novo espaço público do qual a ética não estaria ausente, uma vez que a decisão de atividade e veracidade dos argumentos entre os interlocutores seria uma decisão ética anterior à entrada no espaço público.

Notamos, assim, que dois temas privilegiados pelo pós-modernismo — o consumo e os jogos de linguagem —, isto é, dois temas do campo da circulação — mercadorias e palavras — rondam os que ainda desejam manter o projeto modernista e acabam determinando a maneira mesma como se debatem numa problemática cujos termos, afinal, foram postos pelo pós-modernismo.

Do modo de produção a formas ético-políticas de interação social, tal poderia ser o resumo do percurso de uma marxista, seguidora de Habermas, como Agnes Heller. Em *The postmodern political condition*, Heller procura um espaço público onde operam as virtudes cívicas e os princípios políticos da democracia. Como ficar satisfeito numa sociedade de insatisfação? indaga ela (a própria pergunta é sugestiva, ao fazer da satisfação o *motto* democrático). A resposta é uma ética (de estilo kantiano) e uma política (de estilo socialista) que possam equilibrar a "lógica da demanda" (o querer de cada um) e a "lógica do necessário" (a busca da autodeterminação, da autonomia e da liberdade). O equilíbrio, que somente a democracia será capaz de trazer, dependeria da exposição em público, da discussão em público, da deliberação em público e do reconhecimento público dos conflitos entre as duas lógicas. A isegoria seria restaurada e não estaria descartada a utopia da bela cidade ética. No caso de Heller, como dos marxistas que buscam um mercado socialista baseado no direito do consumidor, a preocupação está voltada para os indivíduos (não para classes sociais) e seus desejos, carências e direitos. Admite-se o conflito, mas aposta-se na chegada progressiva ao consenso, tema preferencial da política neoliberal.

Lógica da circulação em lugar da produção; lógica da comunicação, em lugar do trabalho; lógica da satisfação-insatisfeita dos indivíduos, em lugar da luta de classes — eis alguns exemplos de como a ideologia pós-moderna passou a determinar o pensamento dos "últimos modernos".

Estamos confrontados com o encolhimento do espaço público e o alargamento do espaço privado que, do ponto de vista da economia, tornou-se espaço mundial (os grandes conglomerados transnacionais, os centros planetários de decisão financeira, a compressão temporal, trazida pelos satélites, e a geopolítica renascida com a compressão do espaço).

Quando se inicia o filme *O declínio do Império americano*, uma das personagens (a historiadora que escrevera um livro com esse mesmo título), assumindo um tom que lembra Tácito, Hegel e Gibbons, afirma que dispomos sempre de um sinal para avaliar a queda ou o começo do fim de um poder político enquanto político. Este sinal, diz ela, foi percebido no crepúsculo da democracia grega, no final do Império romano e na longa agonia do Antigo Regime. Pode ser percebido agora, no "declínio do Império americano": trata-se do momento em que a sociedade e seus pensadores voltam-se primordialmente para as relações pessoais, para os indivíduos e suas paixões, carências, demandas e interesses, para a vida privada, desinteressando-se das preocupações cívicas e políticas. Família, religião da salvação, amor, juventude, felicidade, moral tornam-se assuntos preferidos. Olha-se com profunda desconfiança para a política, vista como ilusão, mistificação e corruptora dos costumes; critica-se a sociedade por seu egoísmo, por ser repressora dos sentimentos e da espontaneidade, dotada de mecanismos invisíveis para a obtenção da obediência; fala-se na cisão benfazeja entre o indivíduo e a comunidade mais ampla, defende-se o direito à vida feliz, em geral identificada com o "retorno à Natureza".

Microfísica dos poderes e dos discursos, "ecologia mística", obsessão narcísica pelo corpo sadio, belo e jovem, elogio da família e das religiões de possessão extática: eis alguns dos temas preferenciais do nosso tempo. Mas, teremos de escolher entre a idealização da bela cidade ética perdida e a volatização do espaço público sob o manto protetor da intimidade... exibicionista? Que sentido teria a palavra "declínio"? Parece-nos que o risco que corremos neste final de milênio perplexo encontra-se noutro lugar: no rearranjo, em escala mundial, das forças conservadoras que poderão capturar "mal-estar na cultura" para convertê-lo em amortecedor benévolo do conformismo e da resignação sem esperança.

NOTAS

1. Essa "periodização" é bastante contestável e não pretendemos tomá-la como rigorosa e fundamentada. Está sendo proposta apenas para facilitar a análise. Assim, por exemplo, um autor como Perry Anderson considera as monarquias absolutas não como modernas e sim como última expressão do feudalismo. O historiador Arno Mayer julga que o Antigo Regime termina apenas com a guerra de 1914-1918. Um conservador como François Furet nega que tenha havido a Revolução francesa (senão como insurgência popular de superfície), pois a burguesia já criara a modernidade no interior do Antigo Regime. O debate é longo e sugerimos ao leitor a consulta de Perry Anderson, *Linhagens do Estado absolutista* (São Paulo, Brasiliense, 1985); Colin Mooers, *The making of bourgeois Europe* (Londres, Verso, 1991); François Furet, *Pensando a Revolução francesa* (Rio de Janeiro, Paz e Terra, 1989); Eric Hobsbawm, *Echoes of the Marseillaise* (Londres, Verso, 1990); George Cominel, *Rethinking the French Revolution* (Londres, Verso, 1987); Olivier Betouné e Aglaia Hartig, *Penser l'histoire de la Révolution* (Paris, La Découverte, 1989); Arno Mayer, *A força da tradição: persistência do Antigo Regime* (São Paulo, Companhia das Letras, 1987). Também a data proposta para o modernismo não é tranquila, uma vez que, como dissemos, há autores que não poderiam admitir 1848 como referência e deslocariam a data para a Primeira Guerra Mundial. Sobre o problema, sugerimos ao leitor que consulte, além de Marx evidentemente, Walter Benjamin, *Illuminations* (Nova York, 1969); T. Adorno e M. Horkheimer, *Dialética do Esclarecimento* (São Paulo, Brasiliense, 1986); Marshall Berman, *Tudo o que é sólido desmancha no ar* (São Paulo, Companhia das Letras, 1986). Finalmente, o pós-modernismo poderia ter sua data recuada para o final dos anos 1960, em lugar de ser datado nos meados dos anos 1970, uma vez que crítica dos "paradigmas", da razão e do centro ordenador, do Estado como determinante do poder, assim como a defesa das descontinuidades, rupturas, diferenças e alteridades já aparecem nos anos 1960. Sugerimos ao leitor a consulta de David Harvey, *The condition of postmodernity* (Cambridge, Basil Blackwell, 1989); J. Arac, *Postmodernism and politics* (Manchester, 1986); J. Baudrillard, *L'Amerique* (Paris, 1986); W. Halal, *The new capitalism* (Nova York, 1986); F. Jameson, "Postmodernism or the cultural logic of late capitalism", *New Left Review* 146 (1984); P. Burger, "O declínio da Era Moderna", *Novos Estudos Cebrap* 14 (1986); F. Lyotard, *O pós-moderno* (Rio de Janeiro, José Olympio, 1986); Vários Autores, *Pós-modernidade* (Campinas, Unicamp, 1987); A. Heller, *The postmodern political condition* (Cambridge, Basil Blackwell, 1988).

2. Novamente é bom observar a fragilidade da "tipificação" que estamos oferecendo. Bastaria a cronologia bruta para contestá-la empiricamente: Weber teria ficado fora do modernismo, assim como Freud, para mencionar apenas dois nomes entre muitos outros. A "classificação" apresentada visa apenas a sugerir qual o pensamento político que organiza para os demais a adesão, a crítica ou a recusa, servindo de referencial predominante para as interpretações das práticas sociais, econômicas, políticas e culturais.

Newton Bignotto é doutor em filosofia pela École des Hautes Études en Sciences Sociales (Paris) e professor do Departamento de Filosofia da UFMG. Publicou *Maquiavel republicano* (Loyola, 1991), *O tirano e a cidade* (Discurso Editorial, 1988), *Origens do republicanismo moderno* (UFMG, 2001) e ensaios em *Tempo e história* (1992), *Ética* (1992), *A outra margem do Ocidente* (1999) e *O avesso da liberdade* (2002), todos pela Companhia das Letras.

Gerd Bornheim foi professor de filosofia na UFRJ. Escreveu, entre outros, *Dialética, teoria e práxis* (Globo, 1977), *O idiota e o espírito objetivo* (Globo, 1977), *Sartre* (Perspectiva, 2000) e *Brecht, a estética do teatro* (Paz e Terra, 1992). Dele, a Companhia das Letras publicou ensaios em *O desejo* (1990), *Rede imaginária* (1991), *Ética* (1992), *Tempo e história* (1992), *A crise da razão* (1996), *Libertinos libertários* (1996), *A descoberta do homem e do mundo* (1998) e *O avesso da liberdade* (2002). Morreu em 2002.

Antonio Candido é professor aposentado de teoria literária e literatura comparada da USP, crítico e historiador da literatura. Publicou, entre outros, *Formação da literatura brasileira* (1959) e *Literatura e sociedade* (1965).

Marilena Chaui é professora de filosofia no Departamento de Filosofia da USP. Publicou, entre outros, *A nervura do real: imanência e liberdade em Espinosa* (Companhia das Letras, 1999), *Da realidade sem mistério ao mistério do mundo* (Brasiliense, 1999) e *Brasil: mito fundador e sociedade autoritária*, (Perseu Abramo, 2000), além de ensaios em *Os sentidos da paixão* (1987), *O* *olhar* (1988), *O desejo* (1990), *Ética* (1992) *A crise da razão* (1996), *Brasil 500 anos: a descoberta do homem e do mundo* (1998) e *Brasil 500 anos: a outra margem do Ocidente* (1999), todos pela Companhia das Letras.

JORGE COLI é professor de história da arte no Departamento de História da Unicamp. Mestre pela Universidade de Provence e doutor pela USP. Publicou *O que é arte* (Brasiliense, 1985), *Van Gogh: a noite estrelada* (Brasiliense, 1985) e ensaio em *Libertinos libertários* (1986), pela Companhia das Letras.

JURANDIR FREIRE COSTA é psicanalista e psiquiatra, professor adjunto do Instituto de Medicina Social e Saúde Coletiva da UERJ. Publicou *História da psiquiatria no Brasil* (Campus, 1980), *Ordem médica e norma familiar* (Graal), *Violência e psicanálise* (Graal), *Psicanálise e contexto cultural* (Campus, 1989), e "O narcisismo em tempos sombrios" em *Tempo e desejo* (Brasiliense, 1989).

CATHERINE DARBO-PESCHANSKI é diretora adjunta do Centre Louis-Gernet de Recherches Comparées sur les Sociétés Anciennes, da École des Hautes Études en Sciences Sociales e professora do Centre National de la Recherche Scientifique (CNRS), ambos em Paris. Publicou, entre outros, *Le discours du particulier: essai sur l'enquête hérodotéenne* (Seuil) e *Gregos, bárbaros, estrangeiros* (Editora 34, 1993).

JOSÉ ARTHUR GIANOTTI é professor emérito da Faculdade de Filosofia, Letras e Ciências Humanas da USP. Ex-presidente do Cebrap. Além de artigos em periódicos especializados, publicou, entre outros, *Origens da dialética do trabalho* (Difel, 1966) e *Exercícios de filosofia* (1977). É autor de *Trabalho e reflexão: ensaios para uma dialética da sociabilidade* (1983), *Filosofia miúda e demais aventuras* (1985), *Universidade em ritmo de barbárie* (1986), pela Brasiliense. Pela Companhia das Letras publicou *Apresentação do mundo: considerações sobre o pensamento de Ludwig Wittgenstein* (1995), *Certa herança marxista* (2000) e um ensaio em *Ética* (1992).

MARIA RITA KEHL é psicanalista, ensaísta, doutora em psicanálise pelo Departamento de Psicologia Clínica da PUC-SP, autora de ensaios publicados na imprensa e em coletâneas e também dos livros *A mínima diferença* (Imago, 1996), *Deslocamentos do feminino* (Imago, 1998), *Processos primários* (Estação Liberdade, 1996), *Sobre ética e psicanálise* (Companhia das Letras, 2002). Organizou a coletânea *Função fraterna* (Relume-Dumará, 2000) e participou dos livros *O olhar* (1988), *O desejo* (1990) e *Libertinos libertários* (1996), da Companhia das Letras.

CELSO LAFER é professor de direito internacional público e filosofia do direito na Faculdade de Direito da USP. Publicou, entre outros livros, *Hannah Arendt — Pensamento, persuasão e poder* (Paz e Terra, 1979), *Hobbes, o direito e o Estado moderno* (Associação dos Advogados de São Paulo, 1980), *A reconstrução dos direitos humanos — Um diálogo com o pensamento de Hannah Arendt* (Companhia das Letras, 1988), e *OMC e a regulamentação do comércio internacional — Uma visão brasileira* (Livraria do Advogado, 1998).

NELSON LEVY é mestre em filosofia pela UFRJ. Publicou *A crise do imperialismo e a revolução* (Brasil Debates).

NICOLE LORAUX é diretora da École des Hautes Études en Sciences Sociales, em Paris. Publicou, entre outros, *Les experiences de Tirésias: Le féminin et l'homme grec* (Gallimard, 1989), *Maneiras trágicas de matar uma mulher* (Jorge Zahar, 1998) e *Les mères en deuil* (Seuil).

SCARLETT MARTON é professora de filosofia moderna e contemporânea, mestre em filosofia pela Sorbonne e doutora pelo Departamento de Filosofia da USP. Publicou, entre outros, "Por uma genealogia da verdade" em *Discurso*, n. 19, (1979), *Nietzsche* (col. Encanto Radical, Brasiliense, 1982), "Linguagem e consciência na obra de Nietzsche" em *Epistemologia das ciências sociais* (Educ, série Cadernos PUC 19, 1984), "Foucault leitor de

Nietzsche" em *Recordar Foucault* (Brasiliense, 1985), *Nietzsche hoje?* (como organizadora, 1985), "Notas sobre a vida — Reflexões sobre este conceito, em Nietzsche" (Anais da ANPDF, I, 1, 1986), e *Nietzsche, das forças cósmicas aos valores humanos* (Brasiliense, 1990).

ADAUTO NOVAES estudou filosofia na França e foi jornalista e professor. Dirigiu, durante vinte anos, o Centro de Estudos e Pesquisas da Fundação Nacional de Arte/Ministério da Cultura. Organizou, entre outros, os seguintes ciclos de conferências, depois transformados em livros: *Os sentidos da paixão* (1987); *O olhar* (1988); *O desejo* (1990); *Ética* (1992); *Tempo e história* (1992) (Prêmio Jabuti); *Rede imaginária: televisão e democracia* (1991); *A crise da razão* (1996); *Libertinos libertários* (1996); *A descoberta do homem e do mundo* (1998); *A outra margem do Ocidente* (1999); *O avesso da liberdade* (2002) e *O homem-máquina* (2003), todos editados pela Companhia das Letras. Foi também organizador de *A crise do Estado-nação* (Record, 2003). Atualmente é diretor do Centro de Estudos Artepensamento.

ANTONIO ALCIR BERNÁRDEZ PÉCORA é crítico literário e professor livre-docente de literatura na Unicamp. Publicou, entre outros, *Teatro do sacramento* (Edusp/Editora da Unicamp, 1994); *Máquina de gêneros* (Edusp, 2001); *As excelências do governador* (Companhia das Letras, 2002) e *Rudimentos da vida coletiva* (Ateliê, 2003). Organizou dois volumes de *Sermões* (Hedra, 2000-1), além das antologias *A arte de morrer* (Nova Alexandria, 1994) e *Escritos históricos e políticos* (Martins Fontes, 1995). Com Régis Bonvicino, é coeditor da revista *Sibila*.

NELSON BRISSAC PEIXOTO é doutor em filosofia pela Universidade Paris I e professor do Departamento de Comunicação e Semiótica da PUC-SP. É autor de *A sedução da barbárie* (Brasiliense, 1982), *Cenários em ruínas* (Brasiliense, 1987), *Paisagens urbanas* (Senac, 2004) e *Intervenções urbanas* (Senac, 2002). Pela

Companhia das Letras publicou *América* (1998), com João Moreira Salles, e ensaios em *O olhar* (1988), *O desejo* (1990) e *A crise da razão* (1996).

JOSÉ AMÉRICO MOTTA PESSANHA foi professor de filosofia na UFRJ e FGV-RJ e diretor do Centro Cultural São Paulo na gestão da prefeita Luiza Erundina. Escreveu, entre outros, "Clarice Lispector: o itinerário da paixão" (*Cadernos Brasileiros*, 1965, republicado em *Remate de males*, 1989) e "A teoria da argumentação ou Nova Retórica" em *Paradigmas filosóficos da atualidade* (Papirus, 1989). Dele, a Companhia das Letras publicou ensaios em *Os sentidos da paixão* (1987), *O olhar* (1988), *O desejo* (1990), *Tempo e história* (1992) e *Ética* (1992). Morreu em 1993.

PAULO SÉRGIO PINHEIRO é professor de ciência política na USP, diretor científico do Núcleo de Estudos da Violência da mesma universidade. Publicou *Política e trabalho no Brasil*; *O Estado autoritário e os movimentos populares*; *A classe operária no Brasil, 1889-1930* (com Michael M. Hall); *Violência brasileira*; *Crime, violência e poder*, *Escritos indignados — Polícia, prisões e política no Estado autoritário*, e *Estratégias da ilusão — A revolução mundial e o Brasil, 1922-1935* (Companhia das Letras, 1991).

RENATO JANINE RIBEIRO é professor de filosofia política e estética da USP, mestre pela Sorbonne e doutor pela USP. Publicou, entre outros livros, *A marca do Leviatã* (Ática, 1978); *A etiqueta no Antigo Regime* (1ª edição, Brasiliense; 4ª edição, Moderna, 1999); *Ao leitor sem medo — Hobbes escrevendo contra o seu tempo* (1ª edição, Brasiliense; 2ª edição, UFMG, 1999) e ensaios em *Os sentidos da paixão* (1987), *O olhar* (1988), *Ética* (1992), *Tempo e história* (1992), *Libertinos libertários* (1996) e *O avesso da liberdade* (2002), todos pela Companhia das Letras.

SERGIO PAULO ROUANET é doutor em ciência política pela USP, é autor de *Édipo e o anjo* (Tempo Brasileiro, 1990), *A razão* *cativa* (Brasiliense, 1990), *As razões do Iluminismo* (Companhia das Letras, 1997) e *O espectador noturno* (Companhia das Letras, 1998). Publicou ensaios em *Os sentidos da paixão* (1987), *O olhar* (1988), *Brasil 500 anos: a outra margem do Ocidente* (1999) e *O avesso da liberdade* (2002), todos pela Companhia das Letras.

JOSÉ MIGUEL WISNIK é professor de literatura na USP. Publicou *Coro dos contrários: A música em torno da Semana de 22* (Duas Cidades, 1978), *O nacional e o popular na cultura brasileira: música*, com Ênio Squeff (Brasiliense, 1982), e *Sem receita — ensaios e canções* (Publifolha, 2004). Pela Companhia das Letras lançou *O som e o sentido* (1989; reeditado com CD em 1999) e teve ensaios publicados em *O olhar* (1988), *Ética* (1992) e em *Poetas que pensaram o mundo* (2005).

COMPANHIA DE BOLSO

Jorge AMADO
Capitães da Areia
Mar morto
Carlos Drummond de ANDRADE
Sentimento do mundo
Hannah ARENDT
Homens em tempos sombrios
Origens do totalitarismo
Philippe ARIÈS, Roger CHARTIER (Orgs.)
História da vida privada 3 — Da Renascença ao Século das Luzes
Karen ARMSTRONG
Em nome de Deus
Uma história de Deus
Jerusalém
Paul AUSTER
O caderno vermelho
Ishmael BEAH
Muito longe de casa
Jurek BECKER
Jakob, o mentiroso
Marshall BERMAN
Tudo que é sólido desmancha no ar
Jean-Claude BERNARDET
Cinema brasileiro: propostas para uma história
Harold BLOOM
Abaixo as verdades sagradas
David Eliot BRODY, Arnold R. BRODY
As sete maiores descobertas científicas da história
Bill BUFORD
Entre os vândalos
Jacob BURCKHARDT
A cultura do Renascimento na Itália
Peter BURKE
Cultura popular na Idade Moderna
Italo CALVINO
Os amores difíceis
O barão nas árvores
O cavaleiro inexistente
Fábulas italianas
Um general na biblioteca
Os nossos antepassados
Por que ler os clássicos
O visconde partido ao meio
Elias CANETTI
A consciência das palavras
O jogo dos olhos
A língua absolvida
Uma luz em meu ouvido
Bernardo CARVALHO
Nove noites
Jorge G. CASTAÑEDA
Che Guevara: a vida em vermelho
Ruy CASTRO
Chega de saudade
Mau humor
Louis-Ferdinand CÉLINE
Viagem ao fim da noite
Sidney CHALHOUB
Visões da liberdade
Jung CHANG
Cisnes selvagens
John CHEEVER
A crônica dos Wapshot
Catherine CLÉMENT
A viagem de Théo
J. M. COETZEE
Infância
Juventude
Joseph CONRAD
Coração das trevas
Nostromo
Mia COUTO
Terra sonâmbula
Alfred W. CROSBY
Imperialismo ecológico
Robert DARNTON
O beijo de Lamourette
Charles DARWIN
A expressão das emoções no homem e nos animais
Jean DELUMEAU
História do medo no Ocidente
Georges DUBY
Damas do século XII
História da vida privada 2 — Da Europa feudal à Renascença (Org.)
Idade Média, idade dos homens
Mário FAUSTINO
O homem e sua hora
Meyer FRIEDMAN,
Gerald W. FRIEDLAND
As dez maiores descobertas da medicina
Jostein GAARDER
O dia do Curinga
Maya
Vita brevis
Jostein GAARDER, Victor HELLERN, Henry NOTAKER
O livro das religiões

Fernando GABEIRA
O que é isso, companheiro?
Luiz Alfredo GARCIA-ROZA
O silêncio da chuva
Eduardo GIANNETTI
Auto-engano
Vícios privados, benefícios públicos?
Edward GIBBON
Declínio e queda do Império Romano
Carlo GINZBURG
Os andarilhos do bem
História noturna
O queijo e os vermes
Marcelo GLEISER
A dança do Universo
O fim da Terra e do Céu
Tomás Antônio GONZAGA
Cartas chilenas
Philip GOUREVITCH
Gostaríamos de informá-lo de que amanhã seremos mortos com nossas famílias
Milton HATOUM
A cidade ilhada
Cinzas do Norte
Dois irmãos
Relato de um certo Oriente
Um solitário à espreita
Patricia HIGHSMITH
Ripley debaixo d'água
O talentoso Ripley
Eric HOBSBAWM
O novo século
Sobre história
Albert HOURANI
Uma história dos povos árabes
Henry JAMES
Os espólios de Poynton
Retrato de uma senhora
P. D. JAMES
Uma certa justiça
Ismail KADARÉ
Abril despedaçado
Franz KAFKA
O castelo
O processo
John KEEGAN
Uma história da guerra
Amyr KLINK
Cem dias entre céu e mar
Jon KRAKAUER
No ar rarefeito
Milan KUNDERA
A arte do romance
A brincadeira
A identidade
A ignorância
A insustentável leveza do ser
A lentidão
O livro do riso e do esquecimento
Risíveis amores
A valsa dos adeuses
A vida está em outro lugar
Danuza LEÃO
Na sala com Danuza
Primo LEVI
A trégua
Alan LIGHTMAN
Sonhos de Einstein
Gilles LIPOVETSKY
O império do efêmero
Claudio MAGRIS
Danúbio
Naguib MAHFOUZ
Noites das mil e uma noites
Norman MAILER (JORNALISMO LITERÁRIO)
A luta
Janet MALCOLM (JORNALISMO LITERÁRIO)
O jornalista e o assassino
A mulher calada
Javier MARÍAS
Coração tão branco
Ian McEWAN
O jardim de cimento
Sábado
Heitor MEGALE (Org.)
A demanda do Santo Graal
Evaldo Cabral de MELLO
O negócio do Brasil
O nome e o sangue
Luiz Alberto MENDES
Memórias de um sobrevivente
Jack MILES
Deus: uma biografia
Vinicius de MORAES
Antologia poética
Livro de sonetos
Nova antologia poética
Orfeu da Conceição
Fernando MORAIS
Olga
Toni MORRISON
Jazz
V. S. NAIPAUL
Uma casa para o sr. Biswas

Friedrich NIETZSCHE
Além do bem e do mal
Ecce homo
A gaia ciência
Genealogia da moral
Humano, demasiado humano
O nascimento da tragédia
Adauto NOVAES (Org.)
Ética
Os sentidos da paixão
Michael ONDAATJE
O paciente inglês
Malika OUFKIR, Michèle FITOUSSI
Eu, Malika Oufkir, prisioneira do rei
Amós OZ
A caixa-preta
O mesmo mar
José Paulo PAES (Org.)
Poesia erótica em tradução
Orhan PAMUK
Meu nome é Vermelho
Georges PEREC
A vida: modo de usar
Michelle PERROT (Org.)
História da vida privada 4 — Da Revolução Francesa à Primeira Guerra
Fernando PESSOA
Livro do desassossego
Poesia completa de Alberto Caeiro
Poesia completa de Álvaro de Campos
Poesia completa de Ricardo Reis
Ricardo PIGLIA
Respiração artificial
Décio PIGNATARI (Org.)
Retrato do amor quando jovem
Edgar Allan POE
Histórias extraordinárias
Antoine PROST, Gérard VINCENT (Orgs.)
História da vida privada 5 — Da Primeira Guerra a nossos dias
David REMNICK (JORNALISMO LITERÁRIO)
O rei do mundo
Darcy RIBEIRO
Confissões
O povo brasileiro
Edward RICE
Sir Richard Francis Burton
João do RIO
A alma encantadora das ruas
Philip ROTH
Adeus, Columbus
O avesso da vida
Casei com um comunista
O complexo de Portnoy
Complô contra a América
A marca humana
Pastoral americana
Elizabeth ROUDINESCO
Jacques Lacan
Arundhati ROY
O deus das pequenas coisas
Murilo RUBIÃO
Murilo Rubião — Obra completa
Salman RUSHDIE
Haroun e o Mar de histórias
Oriente, Ocidente
O último suspiro do mouro
Os versos satânicos
Oliver SACKS
Um antropólogo em Marte
Enxaqueca
Tio Tungstênio
Vendo vozes
Carl SAGAN
Bilhões e bilhões
Contato
O mundo assombrado pelos demônios
Edward W. SAID
Cultura e imperialismo
Orientalismo
José SARAMAGO
O Evangelho segundo Jesus Cristo
História do cerco de Lisboa
O homem duplicado
A jangada de pedra
Arthur SCHNITZLER
Breve romance de sonho
Moacyr SCLIAR
O centauro no jardim
A majestade do Xingu
A mulher que escreveu a Bíblia
Amartya SEN
Desenvolvimento como liberdade
Dava SOBEL
Longitude
Susan SONTAG
Doença como metáfora / AIDS e suas metáforas
A vontade radical
Jean STAROBINSKI
Jean-Jacques Rousseau
I. F. STONE
O julgamento de Sócrates

1ª edição Companhia das Letras [1992] 10 reimpressões
1ª edição Companhia de Bolso [2007] 3 reimpressões

Esta obra foi composta pela Verba Editorial em Janson Text
e impressa pela Prol Editora Gráfica em ofsete
sobre papel Pólen Soft da Suzano Papel e Celulose